国家出版基金项目
NATIONAL PUBLICATION FOUNDATION

DISASTER REDUCTION TECHNOLOGY
FOR MOUNTAIN ROAD AND MOUNTAIN AREA

山区道路山地灾害减灾技术

崔 鹏 王成华 邓宏艳 陈宁生 等 编著

人民交通出版社股份有限公司
北 京

内 容 提 要

泥石流、滑坡等山地灾害是制约山区道路建设的重要因素。本书基于多年对山地灾害原型的观测、研究和大量工程治理实践，建立了我国山区道路的山地灾害理论与技术体系，全面系统地阐述了山地灾害的区域规律、形成机理、活动特征、成灾机制、监测预警、遥感调查和减灾工程的理论体系与技术路线；基于山区道路在勘察设计、施工建设、运营管理不同阶段的需求，提出了道路工程在泥石流、滑坡等山地灾害环境下建设的核心减灾技术，构建兼顾生态效益与工程稳定性的综合治理模式。

本书可供从事山地灾害研究和公路/铁路勘察设计、工程建设及运用维护相关的技术人员参考，也可作为高等院校防灾减灾、公路或铁路工程、岩土工程、地质工程等专业的教学参考书。

图书在版编目(CIP)数据

山区道路山地灾害减灾技术 / 崔鹏等编著. — 北京：人民交通出版社股份有限公司，2019.5

ISBN 978-7-114-15489-8

Ⅰ. ①山… Ⅱ. ①崔… Ⅲ. ①山区道路—山地灾害—灾害防治 Ⅳ. ①U421

中国版本图书馆 CIP 数据核字(2019)第 074069 号

Shanqu Daolu Shandi Zaihai Jianzai Jishu

书　　名：山区道路山地灾害减灾技术
著 作 者：崔　鹏　王成华　邓宏艳　陈宁生　等
责任编辑：王　霞　李　娜　张　晓
责任校对：刘　芹
责任印制：刘高彤
出版发行：人民交通出版社股份有限公司
地　　址：(100011)北京市朝阳区安定门外外馆斜街 3 号
网　　址：http://www.ccpcl.com.cn
销售电话：(010)59757973
总 经 销：人民交通出版社股份有限公司发行部
经　　销：各地新华书店
印　　刷：北京印匠彩色印刷有限公司
开　　本：787×1092　1/16
印　　张：32.25
字　　数：838 千
版　　次：2023 年 3 月　第 1 版第 2 次印刷
书　　号：ISBN 978-7-114-15489-8
定　　价：188.00 元

作者简介

Brief Introduction of Author

崔　鹏　中国科学院地理科学与资源研究所和成都山地灾害与环境研究所研究员，中国科学院院士。长期从事泥石流等山地灾害研究，在泥石流形成机理、运动规律、成灾机制、监测预警、灾害防治方面取得了系统的理论认识；揭示了地震次生灾害的活动规律和形成机理，提出了基于动力过程的灾害风险评估方法；发展了山区城镇、道路、风景区等减灾模式与风险防控关键技术。把减灾理论和技术应用于汶川地震、舟曲特大山洪泥石流、委内瑞拉特大泥石流、尼泊尔地震、巴基斯坦堰塞湖等国内外重大减灾工作中，产生了良好的成效。目前致力于川藏铁路等重大工程减灾研究。曾获国家科技进步奖二等奖、全国创新争先奖、四川杰出创新人才奖、世界水土保持协会（WASWC）“杰出研究者奖”等奖项和荣誉。

前言
Preface

我国山地(包括高原和丘陵)面积约有666万km^2,占陆地国土总面积的69.4%。山地特有的能量梯度和环境梯度使其成为泥石流、山洪、滑坡、崩塌、雪崩、土壤侵蚀等自然灾害的发育区。这些山地灾害,通过冲击、冲刷和淤(堆)积过程,摧毁城镇和乡村居民点,破坏道路、桥梁和工程设施,淤塞河道和水库,严重威胁山区人民生命财产与公路、铁路等工程安全,制约山区资源开发与经济发展。受自然灾害影响,资源富集的山区成为“中国地形上的隆起区和经济上的低谷区”,减轻山地灾害是构建山区人与自然和谐共存格局,实现社会经济发展的基本保障。

“道路通,百业兴”,公路、铁路等道路运输在我国山区综合运输体系中占据主导地位,对山区发展起到引领和支撑作用。然而,山区道路沿线泥石流、滑坡、崩塌等灾害分布广泛、暴发频繁、灾害严重,其影响贯穿于山区道路从选线、设计、施工到建成运营的全过程,往往形成一处受灾、全线瘫痪的局面。据有关部门统计,2018年全国山区道路灾害共计504处,造成直接经济损失1.85亿元,约占全国地质灾害总损失的12.6%;2019年全国山区道路灾害741处,直接经济损失6.7亿元,约占全国地质灾害总损失的24.2%。全国铁路沿线已查明崩塌近万处,大中型滑坡1 000多处,大型泥石流沟13 864条,有数千公里长的铁路线路面临山地灾害的威胁。这些线路灾害种类多、分布广、密度高、规模大、暴发频繁、危害严重,常常毁坏路面、冲蚀路基、冲毁桥梁、淤塞涵洞,造成巨大损失,形成许多“天险”路段,长期制约山区道路的通行能力。伴随交通基础设施进一步向西北、西南山区推进,活动强烈的灾害是制约山区道路高质量建设和安全运营的重要因素,对山区道路灾害防治的理论与技术提出了新的需求。

基于作者团队多年对山地灾害的原型观测、理论研究和工程治理实践,针对目前山区中低等级公路(国道、省道、县道、通村路等公路,重大工程临时施工便道和进场道路)和普速铁路减灾防灾缺少比较系统、便于查阅的实用参考资料这一状况,本书旨在对山区低等级道路减灾领域存在的问题进行梳理,根据目前山区低等级道路文献回溯比较困难的情况,对前人的研究成果进行了比较系统的概括和总结,形成我国山区道路山地灾害理论与技术体系。同时,梳理山区道路灾害防治中的主要问题,提出新的减灾理念,并结合可操作的减灾技术,发展新的道路减灾模式和支撑技术,希望借此提升我国山区低等级道路灾害防治的技术支撑能力。

本书分4篇,共16章,系统阐述了山地灾害(泥石流、滑坡)的区域规律、形成机理、活动特征、成灾机制、监测预报、危险性分析,以及灾害防治工程的理论与技术;提出了低等级山区道路工程泥石流、滑坡等山地灾害防治的系统技术。同时,作者也希望在介绍系统实用的山区道路泥石流、滑坡防治技术的基础上,促进新理念和新技术在山区低等级道路灾害防治中的应用,为构建山区交通廊道,建成安全、便捷、高效、绿色的现代综合交通运输体系提供助力,为"一带一路"沿线基础设施建设提供科学的防灾减灾技术,为川藏铁路等艰险多灾山区工程建设所面临的重大挑战——频发的山地灾害、脆弱的生态环境,提供应对思路与技术方法。

本书第1~3章由崔鹏编写;第4章由陈宁生编写;第5章由陈宁生、崔鹏(5.5节和5.6节)编写;第6章由崔鹏编写;第7章由陈宁生编写;第8章由陈晓清、陈剑刚(8.7节)编写;第9~12章由王成华、邓宏艳编写(其中溜砂坡相关内容为王成华与张小刚的共同成果);第13章由李尧、何易平编写;第14章由邹强、向灵芝编写;第15章由崔鹏(15.1节)、郭晓军(15.2节)、邓宏艳(15.3节)、陈宁生(15.4节)编写;第16章由邓宏艳、王成华、蒋忠信(16.5节和16.6节)编写。全书由崔鹏和邓宏艳统稿、审阅并修改;中国科学院水利部成都山地灾害与环境研究所谢洪和西南科技大学陈兴长审阅了全稿并提出了修改意见。王成华研究员是滑坡灾害机理与防治研究的老前辈,他学风严谨、建树颇丰、为人平实、诲人不倦,在本书的先期组织编写过程中贡献良多。非常遗憾的是,在本书成稿之前,王成华因病去世,令我们无尽怀念,谨以此书献给王成华老先生。

在此,谨向所有作者、审稿专家、协助编写和作图的研究生,国家出版基金项目以及人民交通出版社股份有限公司的编辑致以衷心的谢忱!同时感谢对本书提出宝贵意见和建议的各位读者!

中国科学院院士

崔鹏

目录
Contents

第1篇　山区道路泥石流、滑坡灾害特征

第2篇　山区道路泥石流及其防治

第 3 篇　山区道路滑坡及其防治

第1篇

山区道路泥石流、滑坡灾害特征

本篇提要

山区地质条件复杂,地势高亢,地形险峻,环境脆弱;道路沿线泥石流、滑坡等灾害发育,暴发频繁,常危害道路,中断交通,形成一处受灾全线瘫痪的局面,造成严重损失。新建线路更是从展线到施工都严重地受制于泥石流、滑坡等灾害。在河谷地段,泥石流、滑坡甚至成为线路布设的控制性因素。泥石流、滑坡已成为制约山区道路,特别是中低等级道路建设和安全运营的重要因素。本篇简要论述了我国山区道路泥石流、滑坡的形成条件、分布规律及危害特性等基本特征,提出了山区道路建设和运营期间减灾工作亟待解决的关键科学技术问题,例如:

(1)潜在泥石流、滑坡灾害的判识与预测;

(2)泥石流、滑坡对线路展布的制约与灾害多发路段的减灾选线;

(3)泥石流、滑坡对道路个体工程设计的影响;

(4)道路泥石流、滑坡防治模式与道路跨越灾点设计方案优化;

(5)工程活动对泥石流、滑坡的影响;

(6)减灾工程与道路工程的匹配;

(7)运营期间的防灾减灾与行车安全。

The First Chapter

第 1 章

山区道路泥石流、滑坡形成的环境背景

1.1 道路泥石流、滑坡概况

我国山区地域辽阔,自然资源丰富,但山区经济的发展往往与其交通状况密切相关,道路规划、建设、运输能力等严重受制于复杂的地形地质条件。山区道路建设是“交通强国”战略实施中基础设施建设的重点领域。

山区工程地质条件复杂,新构造运动强烈,地形起伏大,气候多变,为泥石流、滑坡发育创造了条件。泥石流、滑坡广泛发育,灾害频繁,造成交通中断,形成一处受灾全线瘫痪的局面,严重影响运力发挥和运输安全,造成巨大损失和不良社会影响(崔鹏等,2004)。泥石流、滑坡的广泛发育和强烈活动,给道路选线设计和工程建设带来极大困难,增加了道路建设的技术难度和工程成本。川藏公路西藏段南线有滑坡(崩塌)389 处,平均每 3.2km 发育一处;帕隆藏布流域 271.4km 的公路沿线就有泥石流沟 125 处,平均每 2.2km 有一条泥石流沟,在大规模改建以前,常常发生车毁人亡、中断交通的事件(罗德富,毛济周，1995；蒋忠信，2002）。我国铁路沿线已查明的大中型泥石流沟约 1 390 条，仅 1978 年铁路沿线就发生滑坡（崩塌）4 901 处，受损线路长 575km，占路基病害总长度的 8.6%（石文慧，1991）。宝成、宝天、成昆等铁路自建设之初就一直受到泥石流、滑坡威胁，其中成昆铁路受威胁和危害的车站 13 个，桥梁 45 座，涵洞 2 座，隧道 1 座。1987 年 8 月 21 日，暴雨引发的泥石流淤埋了宝成铁路的 5 个车站，冲毁 8 座桥梁，漫灌隧道 4 处，停运抢修 2 个月，造成重大损失（中国科学院成都山地灾害与环境研究所，1989）。川藏公路 102 滑坡、南昆铁路八渡滑坡和成昆铁路利子依达沟泥石流成为行业内著名的灾点实例（朱平一等，1999；陈光曦等，1983）。自新中国成立以来，已累计发生铁路泥石流灾害 1 200 余起，直接造成行车中断超过 200 次，中断行车时间累计达 7 500h 以上，36 个车站被淤埋 44 次，给国家和人民造成了巨大的经济损失，也产生了不良的社会影响。新建山区线路更是从展线、设计到施工都严重地受制于泥石流、滑坡等灾害，沿着河谷展线的道路更是受到泥石流和滑坡以及地形条件的双重胁迫，灾害性影响贯穿于从道路选线、设计、施工到建成运营的全过程。国外道路泥石流、滑坡灾害也非常普遍，山区道路灾害事件不胜枚举（Rice，2002；Wilkerson，2003；Ko Ko C，2004；Xeidakis，2004；Pamuk，2004；AI-Homoud，1998；AI-Homoud，2000；Gude，2005；Shaban 等，2001）。因此，泥石流、滑坡已成为制约山区道路建设和安全运营的重要因素。本书把对道路和交通设施造成直接危害和潜在影响的泥石流、滑坡称为道路泥石流和道路滑坡。

公路和铁路部门对泥石流、滑坡防治非常重视，在其相关规范和标准中都对不稳定边坡、滑坡、泥石流问题，以及可能引起泥石流和滑坡的地质条件、地貌条件和水文气象条件调查分析给予高度重视。例如，《公路工程技术标准》（JTG B01—2014）（中华人民共和国交通运输部，2015）明确规定："必须在勘察设计阶段做好地质灾害评价，加大对不良地质地段的调查与勘测工作的力度，并在此基础上论证线路通过的合理方案以及应采取的工程措施，避免造成地质病害。"随着国家山区道路建设工程的快速发展，对道路泥石流、滑坡防治的需求明显增加，行业队伍不断壮大，已经积累了大量工程经验，促进了道路减灾技术的发展。同时，也对形成相对系统的道路泥石流、滑坡减灾理论与技术提出了需求。

1.2 道路泥石流、滑坡形成的环境背景

我国大部分山区地质构造复杂，地震活跃，地形起伏大，地貌类型多样，降雨集中，侵蚀强烈，人类活动影响大，泥石流、滑坡形成条件较为充分，灾害频发，对穿行于其间的道路和交通安全影响严重。例如，西（昌）攀（枝花）高速公路穿行于著名的南北向构造带——攀西裂谷带，沿线地层出露较齐全，区内广泛分布工程性质极差的半成岩晚新生代昔格达组地层，断裂构造发育，新构造运动强烈，地层破碎，地震烈度为Ⅶ～Ⅸ度（中华人

民共和国住房和城乡建设部,中华人民共和国国家质量监督检验检疫总局,2016),沿线滑坡、泥石流等灾害暴发频繁,对线路的展布、设计和施工均带来很大影响。

道路泥石流、滑坡形成的环境背景主要有:地质、地形地貌、水源(水文气象)、植被和人类活动等。其中地质、地形地貌、水源和人类活动是主要影响因素。

1.2.1 地质

地质背景主要包括地质构造、新构造运动、地震和岩性等。

1)地质构造

我国西部山区构造运动强烈,断裂发育,特别是以纵向构造和“歹”字形构造最为突出。这些断裂规模大,活动性强,影响到区域地壳稳定性、地震活动、斜坡岩体稳定和地貌发育,基本控制了我国泥石流、滑坡的发育和区域分布特点。断裂构造的破碎带可长达几公里至几百公里,沿断裂带岩石破碎,形成了糜棱岩、碎裂岩和角砾岩等动力变质岩,易受风化作用,形成带状深厚风化壳,为泥石流、滑坡(崩塌)发育提供极为有利的条件,是灾害发生的控制因素。例如,龙门山断裂带、金沙江断裂带、安宁河断裂带、小江断裂带、波密易贡断裂带等,成为我国泥石流、滑坡最发育的地区。其中,位于云南省的小江深大断裂带从金沙江边的昭通市巧家县城附近起,至昆明市宜良县境,断裂破碎带宽 1 500 ~ 2 000m,有松散厚层的构造角砾层,岩体破碎,泥石流、滑坡非常发育,仅泥石流沟就有 120 多条。

2)新构造运动

新构造运动的性质和强度对泥石流、滑坡发育起着控制作用。地壳的垂直升降运动对泥石流、滑坡发育的影响最为巨大。地壳抬升强烈,断裂发育,相对高差大,地形坡度陡,有利于泥石流、滑坡的发育。如安宁河东岸为强抬升区,西岸较稳定,东岸抬升量高于西岸约 100m,东岸发育有 124 条泥石流沟,而西岸只有 39 条,泥石流面积分布率东岸为 34.2%,西岸为 12.9%(唐邦兴,2000)。

3)地震

地震是地壳能量集中释放的表现形式,它所产生的强烈震动荷载,造成山体开裂,土石松动,破坏自然斜坡的稳定性,直接导致滑坡(崩塌)的发生,促进泥石流的发展。在Ⅶ度以上地震烈度区,泥石流、滑坡分布与地震关系密切。四川省甘孜州炉霍县发生的里氏 7.6 级地震(1973 年)和四川松潘—平武地震里氏 7.2 级地震(1976 年),造成山体破坏,产生大量的滑坡(崩塌),诱发了众多泥石流,仅在松潘小河区一带就暴发了 51 处泥石流。汶川地震同震诱发约 3 万处滑坡和崩塌;大量的滑坡、崩塌堆积物成为震后泥石流发育的物源,使得震后相当长一段时期泥石流非常活跃;滑坡和泥石流的发生改变流域下垫面(产汇流)条件和河道地形,也有利于山洪的形成和成灾,从而形成了具有长期危害的灾害链(崔鹏等,2011;Cui 等,2012)。这些灾害不仅在同震时期毁坏公路,使得不少村镇成为救援孤岛,而且震后这些公路也常常遭受泥石流的破坏,如处于汶川地震灾区的都汶(都江堰—汶川)高速、绵茂(绵竹市—茂县)公路等(崔鹏等,2011)。

4)岩性

岩石的类型和软硬程度以及岩性组合类型决定岩土体的力学强度和抗风化能力,进而影响到坡体的稳定性和地表侵蚀的难易程度,是泥石流、滑坡形成的又一重要影响因素。岩性软弱的岩层或软硬相间的岩层比岩性均一的坚硬岩层易遭破坏(表 1-1),有利于泥石流、滑坡形成(康志成等,2004)。我国容易形成泥石流、滑坡的岩层主要有:

(1)新生界地层中固结较差的黏土类和各种成因的松散堆积物,力学强度差,容易破坏和侵蚀,易产生滑坡、泥石流,如四川攀西地区的昔格达地层、西北地区的黄土等。

(2)中生界陆相地层胶结程度差,抗剪强度低,容易软化,在干湿度变化下胀缩作用明显,岩石表层崩解迅速,常形成较厚的风化碎屑层,含膏盐地层在水的作用下,膨胀或溶蚀,当岩层倾向与坡向一致时,坡体容易失稳,产生滑坡,并为泥石流提供物质条件。

(3)煤系地层强度低,遇水易软化失稳,发生泥石流、滑坡灾害,如贵州六盘水的煤矿区属灾害易发区。

(4)凝灰岩或凝灰碎屑岩,力学强度低,对岩体稳定性影响大,当倾向与坡向一致时,边坡易失稳,产生滑坡,导致泥石流,云南禄劝大型滑坡就发育在该岩层中。

(5)变质岩地层节理、裂隙发育,常有较厚的风化带,特别是在水的作用下,其中的绢云母、绿泥石易发生泥化,易产生滑坡、泥石流,如云南东川蒋家沟和甘肃武都火烧沟等著名的泥石流沟均发育于变质岩出露区。

(6)在炎热多雨气候条件下的花岗岩,易形成深厚的风化壳,厚度可达 50 ~ 100m,呈砂土状,强度低,有利于泥石流、滑坡(崩塌)发育。

主要岩土体及其性质　　表 1-1

分类				产生滑坡泥石流难易程度
按岩石强度分	按岩石类型分			
	岩浆岩	沉积岩	变质岩	
硬质岩石	花岗岩、花岗斑岩、闪长岩、辉长岩、安山岩、玄武岩等	石英砂岩、硅质砾岩、石灰岩	片麻岩、大理岩、白云岩、石英岩	不易产生
软质岩石及半成岩	—	页岩、泥岩、粉砂岩、含煤地层、半成岩	板岩、片岩、千枚岩	容易产生
松散土层	—	第四系松散层、黄土	—	容易产生

1.2.2　地形地貌

对泥石流、滑坡形成影响大的主要地形地貌背景因素有:相对高度、坡度和坡向、临空面（对滑坡而言）、沟床比降和沟谷形态（对泥石流而言）。

1）相对高度

相对高度决定势能的大小，相对高度越大势能越大，形成泥石流的动力条件越充足。我国的地形具有西高东低呈阶梯状的特点，从西到东，分布有高原、高山、中山、低山、丘陵和平原，可分为三大地貌阶梯：青藏高原为第一级阶梯，平均海拔4 000m以上；中间阶梯为高原高山和盆地，海拔为1 000～2 000m；东部为平原和低山丘陵。三大地貌阶梯的过渡带是岭谷相对高度悬殊、切割强烈的山地，其中第一阶梯和第二阶梯交接带上的横断山脉、西秦岭和祁连山，平均相对高度为2 000～3 000m，最大达5 000m，是我国泥石流、滑坡最集中的分布区；第二阶梯与第三阶梯之间为燕山、太行山、大巴山、雪峰山等，平均相对高度1 000～1 500m，是泥石流、滑坡比较集中的区域。

2）坡度和坡向

山坡坡度影响松散固体物质的分布和聚集，直接为滑坡的形成提供能量条件，影响到泥石流的规模及固体物质的补给方式与数量。据统计，有利于提供泥石流固体物质的沟坡坡度，在东部中低山区为10°～30°，在西部边缘高山区则为30°～70°。一般小于45°的山坡风化壳较厚，松散物质较丰富；25°～45°残坡积物内摩擦角大致与山坡坡度一致，暴雨期间，发生滑坡的可能性最大；大于45°的山坡多为基岩裸露坡，风化碎屑层薄，多发生崩塌性滑坡；平均坡度小于25°的山坡相对比较稳定，少有滑坡（康志成，2004）。由于坡向的不同，接收到太阳的辐射和降雨条件有差异，对泥石流、滑坡的形成也有不同的影响：北半球的南坡（阳坡）接收太阳辐射多，并对南来的暖湿气流起到拦截作用，接受较北坡（阴坡）多的降水，岩土体风化作用比北坡强烈，松散土体较厚，各种侵蚀作用活跃，容易形成泥石流和滑坡，如东西走向的川藏公路北侧（阳坡）泥石流、滑坡较南侧（阴坡）发育密集，活动强度大。

3）临空面

坡脚剪出口的临空面是滑坡形成的有利条件。临空面与滑移控制面的侵蚀方向一致，坡度较滑移面的坡度大，高度大于或接近于前缘控制滑移的软弱结构面的埋藏深度，最有利滑坡形成。河流沟谷的下切作用是造成有效临空面的自然因素，道路边坡开挖是造成临空面的人为因素，因而滑坡往往沿着道路和河道呈带状分布。

4）沟床比降和沟谷形态

沟床比降是流体位能转变为动能的基本条件，是泥石流形成和运动的重要因素。一般来说，沟床比降越大，越有利于泥石流的发生，约90.7%的泥石流沟谷的沟床比降在50‰～300‰之间，54.7%的泥石流沟谷的沟床比降在100‰～300‰之间，说明这一沟床比降能为泥石流提供最有利的能量条件（国家防汛抗旱总指挥部办公室，中国科学院·水利部成都山地灾害与环境研究所，1994）。流域的形状和面积大小影响泥石流的汇流和形成的松散固体物质量，泥石流大多形成于集水面积较小的沟谷，大多数泥石流发生于集水区面积0.5～10km^2的沟谷内。漏斗状和勺状的集水区易于水流快速汇集，形成满足泥石流起动的水动力条件，是典型的泥石流集水区形态。

1.2.3 水源

水源环境背景主要包括降水、地下水、溃决洪水和冰雪融水。

1）降水

降水与泥石流形成的关系非常密切。据初步估计，约60%的滑坡和80%的泥石流由降水引起。我国处于典型的季风气候区，受东南季风和西南季风的影响，雨量充沛，降雨集中，多暴雨和特大暴雨，但降雨的时空分布不均。在时间上，我国的降水主要集中在6—9月，期间降水量占全年降水量的60%～80%，极端地区如西南地区的干热河谷区甚至高达90%。在空间上，我国降水量自东南向西北递减，依次分为湿润、半湿润、半干旱、干旱四个区域。半湿润到半干旱的气候对泥石流的形成最为有利，如受西南季风控制的川滇两省，干湿季分明，雨季降雨集中，局地性强暴雨频繁，成为我国泥石流、滑坡的集中发育区。局地性短历时强暴雨是泥石流的激发因素，我国川西地区激发泥石流的1h雨强在30mm左右。中尺度到大尺度的长历时强降雨过程，往往导致大面积群发性滑坡泥石流，如1981年长江上游的强降雨过程，仅四川省内就暴发了2万处滑坡和1 000多处泥石流，造成巨大损失；2004年8月13—14日云娜台风导致的强降雨过程，在浙江省乐清市发生大面积群发性泥石流、滑坡灾害，倒塌房屋18 300余间，造成63人死亡、15人失踪。

2）冰雪融水

在高寒地区，冰雪融水成为泥石流、滑坡形成的重要水源。我国现代冰川集中分布于西藏东南部的念青唐古拉山、喜马拉雅山中东段、横断山中段、唐古拉山东段、昆仑山、天山和祁连山等，其中念青唐古拉山和横断山的冰川属海洋性冰川，活动性强，年积累和消融量大。在春夏升温和高温季节，冰雪消融，为泥石流、滑坡形成提供水源条件。当冰雪融水和降雨同期发生时，最容易激发泥石流，据统计，有80%冰川泥石流在升温条件下发生。例如，西藏波密县的培龙沟源头是一条海洋性冰川，冰川长8.2km，宽0.3km，厚约50.0m，水源相当丰富，加之沟谷两侧有数米厚的古冰碛台地；1983—1986年连续4年，在夏季冰雪消融及暴雨共同激发下发生特大泥石流灾害，多次冲毁川藏公路，堵断波都藏布形成培龙湖。

3）地下水

浅层地下水对泥石流和滑坡的形成具有很大影响，对滑坡的影响尤为突出。地下水位往往随着降水和冰雪融水的补给而变化；水库和河道水位的变化也会影响岸坡地下水位的波动，地下水位的这种变化是滑坡形成的诱发因素。由于水库运行调度导致地下水位升降而诱发的库岸滑坡(崩塌)等库岸再造,是地下水位变化诱发滑坡的典型例子。

4)溃决洪水

溃决洪水往往造成沿程带状群发性滑坡和大规模泥石流(水石流)。溃决洪水主要有泥石流、滑坡堵塞河道的堰塞堤溃决和冰湖的冰碛堤溃决,溃决洪水在瞬间以巨大的动能冲刷沟床和两岸坡脚,导致沿程斜坡失稳而产生滑坡(崩塌),滑塌形成的固体物质和水流在河床中混合形成大规模泥石流或水石流,造成大范围的灾害。冰湖溃决的主要原因是气温升高,冰雪消融而引起的。例如,波密县境内的米堆沟位于川藏公路南侧,沟源是贡扎冰川,冰川前缘海拔3 800m处为冰碛湖光谢措,由于全球气候变化、气温升高,导致冰川快速消融,湖水位上升,冰碛体局部出现管涌,同时,在冰舌处发生冰崩,坠落冰体激起3~4m高的涌浪,左侧堤体在动水和静水压力作用下突然溃决,使米堆沟内的流量在瞬间增大150倍,对沟床和沟岸不稳定的冰碛和坡面风化物产生强烈冲蚀,大量松散固体物质与水流混合形成泥石流,席卷沟内村落农田,波及波密县城,堵塞帕隆藏布,冲毁川藏公路,造成时长一年的断道阻车(朱平一等,1999)。

1.2.4 人类活动

人类活动通过影响泥石流和滑坡发育的基本条件而对泥石流、滑坡形成产生影响,不合理的人类活动往往促进或激发泥石流和滑坡的形成。不合理的人类活动主要有:陡坡垦殖,过度森林采伐,不合理的矿山开采与弃渣、工程开挖与弃土等。

1)陡坡垦殖

陡坡垦殖破坏坡面原有的生态系统,使土壤裸露和松动,改变了坡面的入渗和产流条件,在暴雨期间易产生侵蚀,为泥石流形成创造条件。坡地上的简易灌溉设施防渗措施差,易产生渗漏,导致不稳定斜坡失稳滑动。例如,四川喜德县1974年5月27日的一场泥石流,即是因在沟谷源头水源涵养林区毁林种田和环山渠道渗漏,导致滑坡活动,为泥石流发生提供丰富的固体物,在暴雨激发下形成致泥石流,造成严重损失(唐邦兴,2000)。

2)森林采伐

森林过度采伐减小水分涵养和水土保持作用,加剧水土流失,会导致泥石流、滑坡灾害。粗放采伐方式下的串坡集材道,往往会发育成坡面泥石流。如四川会理林场采伐区,自20世纪60年代开始采伐,在20年间将10km^{2}的林木采伐殆尽,并在采伐迹地进行农业耕作,1981年山洪泥石流暴发,当地农田等遭受严重损失。

3)矿山开采与弃渣

不合理的矿山开采与弃渣是造成泥石流、滑坡的重要原因之一。矿山建设和开采破坏森林植被,导致环境退化,引起泥石流、滑坡的发生。如云南东川铜矿自清朝乾隆年间(1736—1796年)就开始炼铜,最盛时年产铜8 000t,每年需砍伐近10km^{2}的森林,到20世纪初,这里的森林已砍伐殆尽,原来优美的环境已变为侵蚀最为剧烈、泥石流和滑坡最为严重的区域。矿山排土场如果处理不当,往往在暴雨中直接产生滑坡和泥石流,如四川冕宁县泸沽盐井沟因采矿弃渣堆放于沟中,堵塞河道,在暴雨激发下暴发泥石流,造成百余人丧生,威胁成昆铁路和孙水河大桥的安全(中国科学院成都山地灾害与环境研究所,1989)。

4)工程开挖与弃土

不合理的工程开挖和弃土往往直接导致滑坡、泥石流的发生。在道路修建的过程中,坡脚开挖破坏山坡稳定性,造成山坡失稳,引起滑坡和崩塌,破坏道路设施,影响交通安全。例如,南昆铁路在修建八渡车站时,由于对后方坡脚开挖,引发了古滑坡复活,威胁铁路和车站安全,仅滑坡治理费用就高达 9 100 多万元。

1.3 道路工程对泥石流、滑坡形成的影响

1.3.1 道路工程对泥石流形成的影响

泥石流是山地环境演化或山地环境演化与人类不合理的经济活动共同作用的产物,水、土体及土中部分空气相互作用后,在沟谷内沿坡面运动的流体,具有极大的侵蚀、输移和堆积的能力,能携带大量松散碎屑物质,摧毁前进道路上的一切建筑物,如桥涵、路基、村镇等,也能淤埋农田、道路、河道、塘库等,造成巨大的灾害。一条典型的泥石流流域(沟谷),通常可分为 4 个区,即清水汇集区、形成区、流通区和堆积区。本书主要讨论直接危害和潜在影响道路和交通设施的道路泥石流。

影响泥石流形成的因素很多,归纳起来主要有丰富的松散固体物质、一定的地形坡度和充足的水分供给三个因素。这三个因素达到适当的组合,就可以发生泥石流。凡是影响到这三个因素量值变化和组合形式的外界条件,都会影响到泥石流形成。

对于道路泥石流而言,除了地质、地貌、水文、气象、植被等自然因素影响泥石流形成以外(1.2 节),道路工程对泥石流形成也有很大影响,主要表现在道路施工和建成以后两个阶段。

1)道路工程在施工阶段对泥石流形成的影响

(1)道路施工中将大量弃土堆放于邻近沟道或沟坡,为泥石流形成提供了丰富的松散固体物质,在"Z"字形展线的坡体上部弃土,更易于形成泥石流。

(2)道路施工改变了坡面和小型集水区的汇流路径,甚至使得相邻集水区的地表产流汇入沟道,增加了沟道水动力条件,有利于泥石流的形成。

(3)工程弃土压缩了沟道行洪空间,在洪水期间容易产生沟道洪水的集中冲刷、侵蚀岸坡,产生滑坡或坍塌,形成泥石流。

(4)道路施工会破坏植被,如果植被破坏达到一定程度,则减弱了植被对坡面水—土过程的调控作用,这有利于坡面侵蚀,使得沟道在降雨尤其是暴雨过程中易于汇集水流和泥沙,为泥石流形成提供有利条件。

2)道路工程在建成以后对泥石流形成的影响

(1)道路施工中堆放于邻近沟道或沟坡的弃土,可能处于不稳定状态且易被侵蚀,降雨过程中坍塌和侵蚀的土体随雨水向沟道、溪流汇集演变成泥石流,这一影响会持续较长时间。

(2)道路施工改变了集水区的汇流路径,路边排水沟把集水区以外的路面产流和坡面产流导入沟道,增加了沟道水动力条件,有利于泥石流的形成。

(3)道路的建成改善了当地人民的通达条件,并进一步改变当地的产业结构和土地利用方式,在经济利益驱使下可能造成不合理的土地利用,使得生态破坏,侵蚀加剧,利于泥石流的形成。

1.3.2 道路工程对滑坡形成的影响

滑坡是指构成斜坡的岩土体在重力作用下,沿着坡体内部的软弱面(带)发生剪切而产生的整体性下滑现象。斜坡岩土体在重力作用下沿软弱结构面整体下滑是滑坡的典型特征。滑坡的破坏能力很大,大型、巨型高速滑坡常造成毁灭性灾害。本书主要针对直接危害和潜在影响道路和交通设施的道路滑坡。

影响滑坡形成的条件有内部条件和外部条件。内部条件是斜坡坡体本身具备的有利于滑坡发生的地质地形条件,在滑坡发育中起着决定性作用,主要有易滑的地层岩性,断裂带、断层面、节理裂隙、层间错动带、岩层层面等岩体结构,坡度和临空面等地形条件。外部条件是各种作用在坡体上,促使内部条件发挥作用,从而导致坡体滑动的外界因素,它通过改变斜坡的内部特征促使滑坡发生,主要有降雨、地下水、地表水、振动荷载、局部加载减载和坡脚掏蚀等,也有工程开挖等人为因素。滑坡的发生往往是由内部条件和外部条件共同作用的结果。

对于道路滑坡而言,除了内部条件和外部条件的自然因素如地形、地层岩性、地质构造、降雨等以外,道路工程对滑坡形成也有很大影响。这主要表现在道路修建过程中和修建以后两个阶段。

1)道路工程在施工阶段对滑坡形成的影响

(1)道路施工开挖坡脚,形成临空面,有利于滑坡形成。

(2)道路施工开挖形成人工边坡,使得坡体应力松弛,有利于边坡失稳。

(3)道路施工开挖阻滑段,减小了抗滑力,容易形成滑坡。

(4)道路施工开挖破坏了土体表层结构,使得岩土体水分入渗性能改变,增大降雨入渗能力,有利于土体水分增加,减弱土体强度。

(5)道路施工开挖破坏了地下水的运移路径,可能导致岩土体内部水分在易滑层局部集中,诱发滑坡。

(6)工程弃土堆放于坡体上部时,使斜坡下滑力增大而失稳;若弃土堆放于邻近沟道,河水冲刷弃土坡脚,也可使土坡失稳。

(7)施工时序不当也会导致边坡失稳,产生滑坡。

2)道路工程建成以后对滑坡形成的影响

(1)路边排水沟导流不当,开挖导致的地表水和地下水路径改变,都会对潜在不稳定斜坡产生影响,有利于滑坡形成。

(2)道路施工开挖建成后,边坡具有3~5年的应力调整期,在应力调整期,边坡易失稳滑动,如遇到长历时强降雨,会产生群发性滑坡。

(3)高等级道路在运营期间,道路行车的震动荷载在其他条件适宜时,会诱发滑坡,地震也会诱发开挖边坡的破坏。

(4)堆放于邻近沟道或沟坡的弃土,部分处于不稳定状态,且易于被侵蚀并发生滑坡。

根据以上分析,道路工程对泥石流、滑坡的影响主要表现在开挖、堆填、排水和施工工序等方面,道路工程施工中的减灾应注意处理好上述问题。

本章参考文献

陈光曦,王继康,王林海,1983. 泥石流防治[M]. 北京:中国铁道出版社.

崔鹏,何思明,姚令侃,等,2011. 汶川地震山地灾害形成机理与风险控制[M]. 北京:科学出版社.

崔鹏,杨坤,朱颖彦,等,2004. 西部山区交通线路的泥石流灾害及减灾对策[J]. 山地学报,22(3):326-331.

国家防汛抗旱总指挥部办公室,中国科学院·水利部成都山地灾害与环境研究所,1994. 山洪泥石流滑坡灾害及防治[M]. 北京:科学出版社.

蒋忠信,2002. 西藏帕隆藏布河谷崩塌滑坡、泥石流的分布规律[J]. 地理研究,21(4):495-503.

康志成,李焯芬,马蔼乃,等,2004. 中国泥石流以及[M]. 北京:科学出版社.

罗德富,毛济周,1995. 川藏公路南线(西藏境内)山地灾害及防治对策[M]. 北京:科学出版社.

石文慧,1991. 中国铁路地质灾害及防治对策[J]. 铁道工程学报,(3):63-68.

唐邦兴,2000. 中国泥石流[M]. 北京:商务印书馆.

中国科学院成都山地灾害与环境研究所,1989. 泥石流研究与防治[M]. 成都:四川科学技术出版社.

中华人民共和国交通运输部,2015. 公路工程技术标准:JTG B01—2014[S]. 北京:人民交通出版社股份有限公司.

中华人民共和国住房和城乡建设部,中华人民共和国国家质量监督检验检疫总局,2016. 建筑抗震设计规范:GB 50011—2010[S]. 北京:中国建筑工业出版社.

朱平一,何子文,汪阳春,等,1999. 川藏公路典型山地灾害研究[M]. 成都:成都科技大学出版社.

AI-Homoud A S,Masanat Y,1998. A classification system for the assessment of slope stability of terrains along highway routes in Jordan[J]. Environmental Geology,34(1):59-69.

AI-Homoud A S,Tahtamoni W W,2000. SARETL:an expert system for probabilistic displacement-based dynamic 3-D slope stability analysis and remediation of earthquake triggered landslides[J]. Environmental Geology,39(8):849-874.

Cui P,Lin Y M,Chen C,2012. Destruction of vegetation due to geo-hazards and its environmental impacts in the Wenchuan earthquake areas. Ecological Engineering. 44:61-69.

Gude M,Barsch D,2005. Assessment of geomorphic hazards in connection with permafrost occurrence in the Zugspitze area(Bavarian Alps,Germany)[J]. Geomorphology,66:85-93.

Ko Ko C,Flentje P,Chowdhury R,2004. Interpretation of probability of landsliding triggered by rainfall[J]. Landslides,4:263-275.

Pamuk A,Kalkan E,Ling H I,2005. Structural and geotechnical impacts of surface rupture on highway structures during recent earthquakes in Turkey[J]. Soil Dynamics and Earthquake Engineering,25:581-589.

Rice J R,Decker R,Jensen N,et al,2002. Avalanche hazard reduction for transportation corridors using real-time detection and alarms[J]. Cold Regions Science and Technology,34:31-42.

Shaban A,Khawlie M,Kheir R B,et al,2001. Assessment of road instability along a typical mountainous road using GIS and aerial photos,Lebanon-eastern Mediterranean[J]. Bulletin of Engineering and Geologic Environment,60:93-101.

Süzen M L,Doyuran V,2004. A comparison of the GIS based landslide susceptibility assessment methods:multivariate versus bivariate[J]. Environmental Geology,45:665-679.

Wilkerson F D,Schmid G L,2003. Debris flows in Glacier National Park,Montana:geomorphology and hazards[J]. Geomorphology,55:317-328.

Xeidakis G,Koudoumakis P,Tsirambides A,2004. Road construction on swelling soils:the case of Strymi Soils,Rhodope,Thrace,Northern Greece[J]. Bulletin of Engineering and Geologic Environment,63:93-101.

The Second Chapter

第 2 章

山区道路泥石流、滑坡活动特征与分布规律

不同地区的泥石流、滑坡有其自身的活动和分布特征，这些特征影响到泥石流和滑坡的成灾特点、防治工程参数取值和减灾模式等。通过分析以往泥石流和滑坡灾害对公路、铁路的危害实例，研究山区道路泥石流、滑坡的活动特征和危害方式，揭示道路泥石流、滑坡分布规律，对于山区道路工程建设和交通运输安全保障具有重要的科学意义和工程实用价值。

2.1 山区道路的易损性

山区新构造运动强烈，地貌类型多样，山高谷深，道路工程地质条件复杂。山区河谷人口分布密集，经济相对发达，重要居民点多沿河谷分布。山区中低等级道路一般多沿河谷展线。顺山沿水展布的道路称为沿河线，通过垭口再下降的路段称为越岭线，沿分水岭布设的线路称为山脊线。一般越岭线是为了连接沿河线穿越山脊的路段，路线不会太长；山脊线较少见，长度有限；沿河线是山区道路的主要路段(高冬光，2002)。

山区河谷是在漫长的地质历史时期由水流下切和侧蚀共同作用下形成的，断面往往呈“V”字形和“U”字形。受地质构造影响，河谷沿程多为宽谷段和峡谷段相间，地形复杂多变。峡谷段坡陡流急，急流险滩交错，两岸山坡陡，谷底平面地形狭窄，岩石多裸露，构造活动强烈，滑坡、泥石流发育，线路展布空间小，道路易受滑坡、泥石流危害。宽谷段河谷由河槽、河漫滩和阶地组成，地形较为开阔，线路展布空间大，一般多在阶地或较为稳定的河漫滩上布线，有一定空间可以避开滑坡的影响，但往往穿行于泥石流堆积扇上，很难避开大规模泥石流的危害，必须采取防护措施，才能保障行车安全。

山区道路受地形控制，平面线形弯道多，沿河路基多为填挖结合型（图 2-1），道路一侧受到河水冲刷，一侧具有高陡边坡。高陡边坡在土体含水率变化、坡面侵蚀、加载或其他人为影响下易失稳滑塌；河流凹岸掏蚀会使路基坍塌。若道路与河流两侧均有泥石流汇入，道路一侧的泥石流往往直接冲击跨沟桥梁和泥石流堆积扇上的路基；对岸泥石流堆积物易挤推河道，使河水冲蚀对岸路基。山区道路易受泥石流和滑坡危害的特点，为选线、设计和工程建设带来极大困难，影响到运营安全。

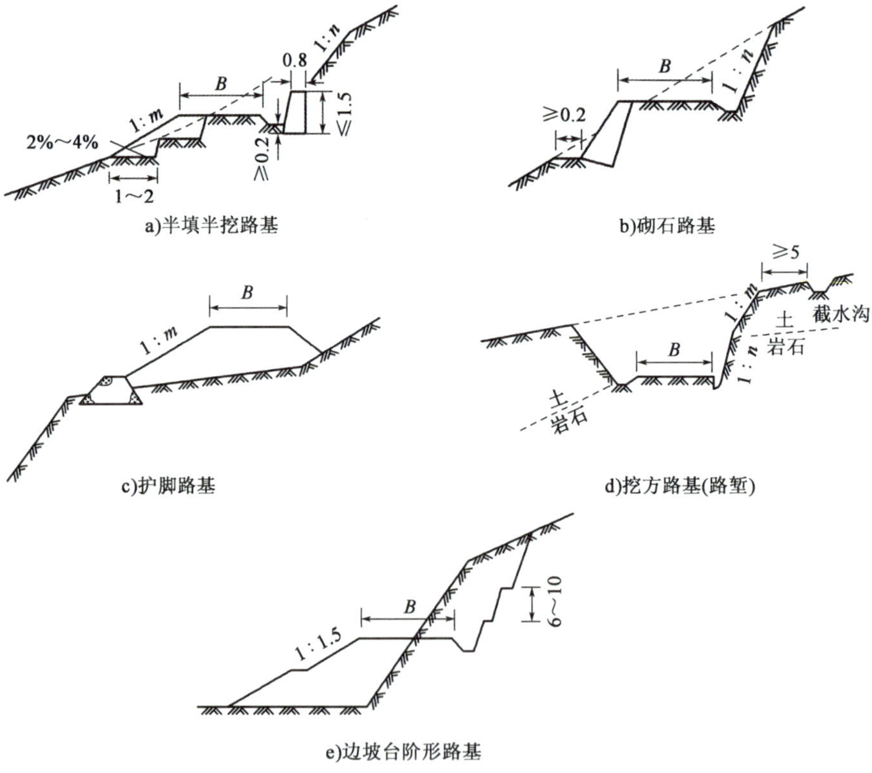

图 2-1　沿河路基常用典型断面形式（尺寸单位：m）（高冬光，2002）

B-路基宽度；*m*，*n*-边坡坡度

2.2 泥石流、滑坡对山区道路的危害特征

我国山区泥石流、滑坡活动频繁，对道路危害严重。而道路工程建设又容易导致山体破坏、边坡失稳，诱发滑坡（崩塌）和泥石流灾害，加剧工程危害。新建线路更是从展线到施工都严重地受制于泥石流、滑坡等灾害。进行道路减灾需要首先了解灾害对道路建设和运行的危害特点与方式。

2.2.1 道路泥石流、滑坡危害概况

（1）对公路的危害

山区公路运行中，常受到泥石流、滑坡的危害，一处受灾、全线瘫痪，影响极大。例如，新疆天山公路北段巴音沟—哈克桥地段，在1987年7月13日下午，因暴雨全线多处发生泥石流、塌方，路基多处被冲断，其中K614+550和K630+900处路基全部被冲毁。这两处路基均属半填半挖地段，下面是近百米深的奎屯河谷，路基恢复十分困难，灾害损失严重（陈洪凯等，2004）。又如川藏公路，东久2号滑坡（K4 132+420～K4 132+650），于1991年9月16日下午暴雨后失稳下滑，使公路断道至1991年10月23日（罗德富，毛济周，1995）；加马其美沟从20世纪60年代至今，泥石流反复活动，多次冲毁公路桥；古乡沟自1953年9月至今发生泥石流达600余次，搬运松散固体物质约1.5亿m^3，形成扇顶角95°、半径2.25km、扇缘长4.25km的堆积扇，常常冲毁和淤埋道路设施，中断交通，每年耗费大量人力物力保通，成为川藏公路上最难治理的典型路段。据不完全统计，在泥石流灾害严重地区，泥石流毁损公路构筑物，导致交通中断总时间占公路可通行时间的30%～40%（陈洪凯等，2004），其中川藏公路在灾害整治以前平均每年断道3～6个月。

（2）对铁路的危害

泥石流、滑坡同样是山区铁路的主要灾害。在新构造运动强烈、植被稀少、岩性破碎、松散物质丰富且日暴雨强度大于100mm的区域，铁路沿线常常是泥石流、滑坡多发地区如东川支线、成昆线、宝成线、宝天线、襄渝线等。目前我国铁路沿线已查明的泥石流沟总计约1 600条，分布在32条铁路线上，受泥石流威胁的铁路累计长度为3 000km左右，受危害的桥涵长度为200km左右，存在泥石流危险的区间约370余个。成昆铁路自建成通车至1989年期间，每年都有泥石流灾害发生。1981年7月9日，成昆线利子依达沟暴发大型泥石流，1h内冲出挟带着巨石的固体物质达84万m^3，将利子依达大桥冲毁，导致一列旅客列车翻覆，300余人遇难，直接经济损失达2 000余万元，断道1 200h。后改建隧道绕避泥石流，耗资2 000余万元，严重影响交通运输（中国科学院成都山地灾害与环境研究所，1989）。宝成线宝广段、阳安线和陇海线宝天段共851km，仅

1981 年 7 月至 9 月就发生泥石流、滑坡等灾害 1 366 处，累计长度 750km，占总长度的 88.13%，中断行车 4 个月。其中，宝天段 1949—1984 年灾害整治经费达 3.14 亿元，平均 213.6 万元/km，是修建造价的 4.3 倍（造价约 50 万元/km）。宝成铁路 1987 年 8 月 21 日一次暴雨泥石流淤埋 5 个车站，冲毁 8 座桥梁，漫灌隧道 4 处，停运抢修 2 个月，损失严重。同时，滑坡（崩塌）可瞬间摧毁铁路设备，导致行车中断，造成重大的生命及财产损失。如 1980 年成昆线铁西滑坡约 220 万 m^3 的滑坡体，滑行了 80 ~ 120m，摧毁铁路，中断行车 40 余天，整治费用达 3 686 万元；1981 年宝成线 K313 约 20 万 m^3 的崩塌性滑坡滑入嘉陵江中，使水位壅升 15m，死亡 13 人，断道 371.5h（石文慧，1991；付永胜、蒋爵光，1992）。新中国成立以来已累计发生铁路泥石流灾害 1 200 余起，由于泥石流造成的行车中断已超过 300 次，中断行车时间累计达 7 500h 以上，36 个车站被淤埋 44 次，造成了巨大的经济损失，并产生严重的社会影响。

（3）对在建道路的危害

山区道路建设常常要开挖边坡、填筑路堤、开凿隧道等，如果设计或施工不当，造成的失稳边坡土体或大量弃入沟道的工程弃土，都可能成为泥石流的物源，一旦遇到合适的水源条件便可诱发泥石流灾害。如 1970 年 5 月 26 日，在成昆铁路修建过程中，盐井沟发生泥石流，冲毁大量筑路物资、材料、机具和临时建筑物，造成 104 名筑路工人死亡（中国科学院成都山地灾害与环境研究所，1989）。不稳定的斜坡可能因施工开挖而滑动形成灾害。如川藏公路二郎山—康定段 K2 794 + 860 ~ K2 795 + 000 段左侧滑坡，由于边坡下部道路开挖施工，斜坡稳定性遭到破坏，施工过程中下部曾发生垮塌，2003 年 8 月中旬一场特大暴雨后，坡体发生滑动，滑坡后壁裂缝宽 10 ~ 20cm，下错 50 ~ 150cm，摧毁了已修好的护面墙，严重影响道路安全（周永江，杨雪莲，2005）。

上述实例充分说明，滑坡、泥石流不仅对公路和铁路的危害十分巨大，而且其危害方式也是多方面的。

2.2.2 道路泥石流、滑坡危害方式

山区线路呈带状延伸，多沿河谷行进，回旋躲避泥石流、滑坡的空间很小（Cui 等，2003），即使轻微、小规模的灾害，也会对道路造成很严重的危害，轻则毁坏局部路段，使通行能力下降，重则导致人员伤亡，堵塞乃至长时间中断交通，造成重大损失（严炎等，2014）。这也是道路泥石流和滑坡灾害频度高、灾情严重的主要原因之一。道路泥石流、滑坡的危害方式主要有以下几种：

（1）淤埋危害

泥石流和滑坡可直接淤埋道路及其附属设施，使其破坏、失去作用或缩短其使用年限，这是最为普遍的道路灾害。淤埋危害的方式主要有：直接淤埋道路、使河床抬升淤埋

道路、淤埋隧道和涵洞等。公路路面和铁路轨道经常受到泥石流的淤埋，仅成昆铁路就有7处车站曾遭到泥石流淤埋。20世纪60年代以来，昆明市东川区老干沟泥石流每年平均淤积上涨1m，7m高的3孔12m中桥梁被淤埋变成路基，靠清淤维持通车，1971年被迫改建成明洞，洞口仍常被淤埋堵塞。

(2)冲击危害

泥石流具有巨大的冲击力，能直接冲毁道路构筑物。跨沟桥梁最易遭受泥石流冲击，泥石流往往冲毁桥梁，造成铁路列车颠覆，发生车毁人亡的事故。前述成昆铁路利子依达沟泥石流，流速高达10m/s，重度达23.5kN/m^3，冲毁利子依达大桥桥台，剪断2号桥墩，毁坏桥梁两孔。1978年7月，天宝铁路伯阳车站K1 391+635沟在暴雨中发生泥石流，使120万m^3的泥沙倾泻到沟外，将1孔10m钢筋混凝土梁冲走，桥台剪断，淤埋铁路150m，中断行车300h。川藏公路加马其美沟泥石流多次冲毁公路桥。1991年7月26日川藏公路上索通沟暴发大型泥石流，将桥梁拱脚破坏，造成桥面坍塌，数人死亡，断道20余天(罗德富，毛济周，1995)。另外，泥石流具有直进性，在流通区和堆积区上部的弯道处直进爬高，泥石流在堆积区中下部漫流改道，绕过桥孔，冲毁路基。东川铁路的拖沓沟大桥，桥位布置在堆积扇扇缘轴部，为3孔16m桥，1960年泥石流漫流改道，淤塞桥孔，冲毁桥头路堤(陈光曦，1983)。1987年7月11日，成昆铁路蔡家沟暴发泥石流，在铁路桥上游约300m的弯道处，泥石流超高爬坡形成分流，分流流体直泻铁路，造成1人死亡和电话设施毁坏，且淤埋铁路250m，中断行车16.25h。2013年7月10—11日，四川省汶川县普降暴雨，威州镇七盘沟、绵虒镇簇头沟等暴发大规模泥石流，都汶高速多处被冲毁淤埋，交通一度中断(严炎等，2014；曾超等，2014)。

(3)冲刷危害

泥石流具有很强的冲刷能力，道路构筑物常受到泥石流冲刷，主要表现在墩台基部的强烈冲刷，危害桥梁安全。如一次泥石流过后，东川铁路发窝大桥5号桥墩冲刷深度为5m。1981年8月，格达泥石流沟的一次泥石流过程，在成昆铁路格达大桥的墩台基部，冲刷深度达7~13m(陈光曦等，1983)。

(4)抬升河床，危害线路

泥石流的频繁活动将大量泥沙输入主河，使河流泥沙增多，造成中、下游河床因泥沙淤积抬升，出现频繁的水毁现象，危害漫滩线和低阶地线，对线路产生区段性的重大影响。东川铁路大桥河至小江桥段，长约10km，1959年建成的河滩线，高出床面6m左右，由于泥石流活动并携带大量泥沙进入小江河道，至1972年线路被小江河床抬升所淤埋。1972年改建后，至1982年又被淤积3m。

(5)堵河及二次灾害

泥石流发生后，往往阻塞河道，产生一系列的次生灾害。当河道被完全堵断后，就会形成堰塞湖上游水位上涨，淹没沿河道路、农田及两岸建筑物；当发生溃决后，在下游形成溃决洪水冲毁路基、桥梁等；在上游水位回落过程中，可能导致上游路基沉降或局部崩塌。如果堆积物局部阻塞河道时，将主河挤压到对岸，使河道变窄，造成挑流，束窄水流，引起河岸冲刷，导致岸坡失稳产生滑坡，或冲刷墩台和路基，危害道路工程。如2000年4月9日川藏公路帕隆藏布流域内易贡藏布支沟的扎木弄巴发生特大崩塌→滑坡→碎屑流→泥石流灾害链，堵塞易贡藏布成湖，易贡湖62天后溃决，形成特大规模洪水，溃决洪水水位高出正常水位约50m，洪峰持续达6h之久，冲毁沟口G318线的通麦大桥。洪峰沿帕隆藏布直泻雅鲁藏布江，毁坏下游公路近30km（何易平等，2001）。

此外，由于边坡开挖、坡脚冲蚀、严重风化等作用，也会使得边坡失稳，产生滑坡或崩塌，直接毁坏路基或淤埋路面，造成交通中断。云南元（江）—磨（黑）高速公路全长147km，有滑坡161处，平均1.1处/km，对道路建设造成严重影响（刘红卫等，2005）。

2.3 道路泥石流、滑坡活动特征

2.3.1 泥石流的活动特点

由于复杂的地质构造、悬殊的地形高差以及独特的气候条件，我国山区道路沿线泥石流类型齐全，包含了除火山泥石流以外的各种类型泥石流（谢洪等，2001；崔鹏等，2003），道路遭受到不同类型泥石流的危害。道路泥石流活动具有如下特点。

（1）泥石流沿线路发育具有地段性（地域性）。

由于岩性、地形、水文、气象条件的差异，不同区段发育的泥石流从规模、性质、重现率都不同，其破坏能力也不同。

（2）泥石流活动具有（准）周期性。

形成泥石流的物质条件（松散固体物质和水源）以及激发因素（降水、地震等）都表现出不确定的周期性，因而，泥石流发生也具有不确定的周期性。认识这一点有助于对灾害的预测和预防。

（3）泥石流的暴发具有群发性。

一个地区一般具有相近的地质、地貌等灾害形成的环境背景条件，一场暴雨或强降雨过程往往激发多条沟谷同期暴发泥石流，形成群发性灾害。

（4）泥石流具有巨大的冲击力和破坏力。

泥石流流体的颗粒越粗、流速越大、冲击力越大，相应的破坏能力也越强。

（5）泥石流运动具有直进性。

泥石流的密度越高，其直进性越强。在设计跨沟道路建筑物时应当考虑到这一点。

(6)泥石流具有大冲大淤的特点。

一次泥石流的冲淤变幅可达十几米甚至几十米,这不论是对于道路已有建筑物的破坏,还是对于新建道路桥梁的设计,都是非常重要且必须考虑的因素。

(7)泥石流具有强大的输沙能力。

泥石流能输送大量泥沙,淤积甚至堵塞河道,产生水毁灾害,危害沿河道路。

2.3.2 滑坡的活动特点

滑坡活动也有沿河流和道路分布的地段性特点。由于河流下切和侧蚀、道路工程的边坡开挖等,沿河流或道路山脚形成带状临空面,改变了坡体应力状态和边坡稳定性,形成了沿河流和道路呈不连续带状发育的滑坡群。滑坡的活动特点与泥石流多有不同,例如,不像泥石流可以在一条沟谷中重复出现,滑坡活动通常具有不可重复性,除巨型滑坡外,一般是斜坡土体的一次性过程;滑坡运动以后直接与路基和桥梁接触,对道路的危害具有毁灭性;滑坡活动对工程开挖的响应更为敏感,施工中容易导致滑坡发生;滑坡活动与降雨的关系比较复杂,预测比较困难。

2.3.3 人类活动诱发泥石流、滑坡

(1)道路工程诱发灾害

山区道路建设要进行开挖、填筑等工程活动,若设计或施工不当,没有采取相应的防灾措施,就会造成边坡失稳,或将大量剥离废弃的土石块体弃入沟道,就为泥石流的形成提供了物源,遇到合适的水源条件便诱发泥石流灾害。汉罗沟1972年由于修筑公路,开挖边坡,将约8万 m^3 的土石弃入沟道,在暴雨径流冲刷下形成泥石流,淤埋成昆铁路新铁村车站全部股道(中国科学院成都山地灾害与环境研究所,1989)。由于边坡开挖造成的滑坡和崩塌更为普遍,几乎每条公路和铁路在修建过程中,都会遇到这类问题。云南大(理)—保(山)高速公路全长166km,有滑坡107处,平均0.64处/km;元(江)—磨(黑)高速公路全长147km,有滑坡161处,平均1.10处/km,其中绝大多数是由人工切坡引起(刘红卫等,2005)。

(2)人为破坏影响大

西部山区人口增长和经济建设的发展,导致陡坡耕种,过度垦殖,破坏森林植被,盲目进行采矿、弃渣、采石等不当活动,致使生态失衡、水土流失,诱发泥石流,加重交通线路灾害。如成昆铁路沿线泥石流中,人类不合理活动所导致的超过1/3(段家英,1991)。又如西藏八宿县境内的瓦达沟是昌都市煤炭生产基地,大量的爆破和弃渣造成该沟崩塌、滑坡及泥石流活动频繁,多次冲毁公路桥,堵塞冷曲河谷,使上游公路被水淹没(罗德富,毛济周,1995)。1973年成昆线弯丘车站小沟发生泥石流淤埋股道,中断行车1周,这次泥石流的暴发是流域上部小水库设计不合理,在暴雨过程中溃决而激发的(中国科学院成都山地

灾害与环境研究所,1989)。

2.4 道路泥石流、滑坡分布规律

我国山区道路沿线泥石流、滑坡发育,受地质、地形和气候条件等因素的控制,具有显著的分布规律(崔鹏等,2004),主要表现在以下几个方面。

2.4.1 地带性

由于气候分布具有地带性,导致泥石流、滑坡的分布也具有地带性。我国西南地区处于热带和亚热带,降雨十分丰富,且集中于雨季,道路沿线发生的泥石流主要为暴雨型泥石流,常常一场暴雨,出现多沟并发泥石流的现象。如成昆铁路四川段沿线有 367 条泥石流沟,截至 1987 年底,其中的 77 条泥石流沟共发生泥石流 169 次、37 次成灾、7 次淤埋车站、2 次冲毁桥梁、3 次颠覆列车。而我国西北地区干旱少雨,但局地暴雨较多,泥石流暴发突然、规模大,道路沿线多雨洪型泥石流。黄土区地表容易侵蚀,固体物质以粉砂等细粒为主,缺乏粗大砾石,主要发育泥流。在高海拔山区有因冰川融化而引发的冰川型泥石流。青藏高原气候寒冷,冰川发育,山区的寒冻风化作用强烈,因而在高山峡谷区道路沿线冰川型泥石流最为发育,如川藏公路(赵永国,1993;罗得富,毛济周,1995;吕儒仁等,2001;李尧等,2022)、青藏公路(张培众,王锡来,1997;吴春成,2001)、中尼公路(何易平等,2002)等都深受冰川泥石流的危害。在横断山区,由于山岭与河谷排列紧密,相对高差大,地形破碎,自然条件恶劣,区内道路少、等级低,沿线多出现暴雨型泥石流,危害甚为严重。滑坡分布也具有一定的地带性规律,在高海拔区,主要发育受冻融作用影响的岩质滑坡;高山峡谷区,坡体陡而长,多产生大规模岩质滑坡和崩塌;在低山丘陵区,主要形成中小规模滑坡;在湿热地区,主要形成风化层滑坡;在黄土地区,发育独特的黄土滑坡;干旱地区滑坡较少,主要在为数不多的暴雨激发下产生滑坡。

2.4.2 密集性

泥石流、滑坡沿山区交通线路分布较为广泛,但又表现出相对的集中性。例如新藏公路仅新疆境内就有泥石流 149 条,主要分布在依山傍河段,如哈拉斯坦河及其支流峡谷、叶尔羌河宽谷、喀拉喀什河宽谷地带以及赛图拉沟等地段,其他地段只是零星分布(杨坤,2002)。泥石流、滑坡沿道路分布的密集性在地貌阶梯的过渡带上表现得尤为突出,穿越三大地貌单元过渡带道路沿线的泥石流、滑坡较为发育,其中尤其以第一阶梯与第二阶梯的过渡带最集中(崔鹏等,2004;申泽西等,2022)。据 1992 年的调查,川藏公路沿线(南线和北线)的成灾泥石流沟 1 036 条,主要分布在伯舒拉岭以东的横断山区和西部藏东南地区,其他地区的泥石流分布相对较少。川藏公路在帕隆藏布流域段泥石流、滑坡最为集中,有泥石流125处,大小滑坡140处,溜砂坡18处,灾害类型众多、分布密集、活动频繁、危害巨大,成为四川、云南进藏道路的"盲肠"段,严重制约了川藏公路的畅通和滇藏铁路的建设,规模巨大的古乡沟泥石流和102滑坡群就位于这一路段。

2.4.3 沿程地段性

山区线路两侧泥石流、滑坡的分布受地质构造的影响,表现出沿着交通线路成串珠状分布,据此可以进行道路沿程灾害分区,为道路选线、规划、设计以及已建道路的改建提供科学依据。如四川境内成昆铁路沿线共有泥石流沟367条,基本上沿安宁河大断裂等地质构造带发育,主要分布在峨边、金口河、甘洛、越西、喜德、冕宁、西昌、德昌、米易、攀枝花一带。由于受北西—南东向的构造线控制和气象水文条件的影响,川藏公路在帕隆藏布沿河路段泥石流、滑坡呈带状分布,在271.4km路段中就有泥石流沟125条(北岸80条,南岸45条),主要为冰雪融水泥石流,其次为雨水泥石流;较大的滑坡63处,边坡小型坍塌76处,直接危害公路长达15.6km,滑坡(崩塌)主要发育于古滑坡体、断层破碎带及巨厚的第四系松散地层中,多为牵引式动力类型,以通麦—东久段最为发育,以拉月大塌方、102滑坡群规模最为巨大,对然乌—松宗和通麦—鲁朗路段危害最大;北岸有溜砂坡18处,累计危害公路长约10.5km,集中分布于米堆—中坝段(第84~86道班)的26km长范围内(K3 906~K3 932)。

2.4.4 坡向差异性

北半球在地质地理条件类似的情况下,阳坡比阴坡的日照时间长,太阳辐射强,气温高,日较差大,蒸发强烈,湿度低。这种水热条件的坡向差异导致植被、水文、土壤、地形等自然地理要素的规律性分异,从而使滑坡、泥石流的分布呈现出坡向差异规律。以近于东西流向的帕隆藏布为例,北岸谷坡为阳坡,南岸谷坡为阴坡,虽然两岸的岩性、构造、降水等条件相似,但自然地理要素的坡向分异较明显。北岸与南岸相比,寒冻风化更强烈,雪线、积雪较高,地形较陡,植被较疏,土层较薄,松散固体物质更丰富,地表径流与冰雪融水较多。这种坡向差异性规律,导致泥石流、滑坡(崩塌)在北岸比南岸更发育,数量多且分布密集,规模大,灾害重。仅就泥石流灾害而言,帕隆藏布河谷北岸有泥石流80条,南岸有45条。

本章参考文献

陈光曦,王继康,王林海,1983. 泥石流防治[M]. 北京:中国铁道出版社.

陈洪凯,唐红梅,马永泰,等,2004. 公路泥石流研究及治理[M]. 北京:人民交通出版社.

崔鹏,韦方强,谢洪,等,2003. 中国西部泥石流及其减灾对策. 第四纪研究,23(2):142-151.

崔鹏,杨坤,朱颖彦,等,2004.西部山区交通线路的泥石流灾害及减灾对策[J].山地学报,22(3):326-331.
段家英,1991.泥石流防治工作中的科学管理初探[M]泥石流防治理论与实践.成都:西南交通大学出版社,197-203.
付永胜,蒋爵光,1992.铁路地质灾害的基本状况/原因及其对策.中国地质灾害淤防治学报,3(2):83-85.
高冬光,2002.公路与桥梁水毁防治[M].北京:人民交通出版社.
何易平,胡凯衡,韦方强,等,2001.川藏公路迫隆藏布流域段泥石流[J].水土保持学报,15(3):76-80.
何易平,马东涛,崔鹏,等,2002.西藏中尼公路沿线的泥石流[J].地理学报,57(3):275-283.
蒋忠信,2002.西藏帕隆藏布河谷崩塌滑坡、泥石流的分布规律[J].地理研究,21(4):495-503.
李尧,崔一飞,李振洪,2022.川藏交通廊道林波段冰川泥石流发育动态演化分析及监测预警方案[J].地球科学,47(06):1979-1984.
刘红卫,苏生瑞,姜海波,等,2005.云南山区公路滑坡治理及统计分析[C]//交通部科技教育司,交通部公路司:公路边坡及其环境工程技术交流会论文集.北京:人民交通出版社,11-17.
吕儒仁,李德基,谭万沛,等,2001.山地灾害与山地环境[M].成都:四川大学出版社.
罗德富,毛济周,1995.川藏公路南线(西藏境内)山地灾害及防治对策[M].北京:科学出版社.
申泽西,张强,吴文欢,等,2022.青藏高原及横断山区地质灾害易发区空间格局及驱动因子[J].地理学报,77(05):1211-1224.
石文慧,1991.中国铁路地质灾害及防治对策[J].铁道工程学报,(3):63-68.
王成华,陈永波,朱平一,等,2001.溜砂坡的形成演化规律与防治对策[C]//海峡两岸山地灾害与环境保育研究(三).昆明,282-289.
吴春成,2001.铁路风沙害、泥石流灾害的综合治理[J].铁道建筑,(9):38-40.
谢洪,刘世建,钟敦伦,2001.西部开发中的泥石流问题[J].自然灾害学报,10(3):44-50.
严炎,葛永刚,张建强,等,2014.四川省汶川县簇头沟"7·10"泥石流灾害成因与特征分析[J].灾害学,29(3):229-234.
杨坤,马东涛,崔鹏,2002.新藏公路(新疆境内)沿线道路病害[J].山地学报,20(1):53-58.
张培众,王锡来,1997.青藏线西岭台泥石流形成条件及防治建议[J].路基工程,(2):34-37.
曾超,崔鹏,葛永刚,等,2014.四川汶川七盘沟"7·10"泥石流破坏建筑物的特征与力学模型[J].地球科学与环境学报,36(2):81-91.
赵永国,1993.川藏公路泥石流灾害及其整治对策[J].水土保持学报,7(1):69-74.
中国科学院成都山地灾害与环境研究所,1989.泥石流研究与防治[M].成都:四川科学技术出版社.

周永江,杨雪莲,2005. 国道318线二康路K2794滑坡工程地质评价及处治方案选择[C]//交通部科技教育司,交通部公路司:公路边坡及其环境工程技术交流会论文集. 北京:人民交通出版社,177-182.

朱平一,何子文,汪阳春,等,1999. 川藏公路典型山地灾害研究[M]. 成都:成都科技大学出版社.

Cui P, Chen N S, He Y P, et al, 2003. Characteristics of debris-flow activity and strategy of hazards mitigation along highways in Tibet (Xizang Autonomous Region) [C] // Rickenmann & Chen (eds), Debris-Flow Hazards Mitigation: Mechanics, Prediction and Assessment. Rotterdam: Millpress, 1281-1289.

The Third Chapter

第 3 章

山区道路泥石流、滑坡防治的问题与对策

我国山区自然条件差异大,地质地貌条件复杂,泥石流、滑坡灾害十分发育,给道路选线设计和工程建设带来极大困难。同时,道路工程建设又改变了环境条件,诱发潜在灾害。如何避免和防治在山区道路建设不同阶段出现的泥石流、滑坡灾害,已成为山区开发中的重要科学技术问题。

3.1 山区道路泥石流、滑坡防治的特点和需求

山区道路建设与运营的实践表明,道路泥石流、滑坡防治以在勘测设计阶段就着手最为主动。若选线不当,往往可能造成很多病害工点,在防治工程措施上付出高昂的代价;且道路一旦建成,由于受邻接的线路与桥隧工程的限制,再进行改建与防护常常存在着极大的困难,甚至可能造成大段线路的废弃。因此,高质量的勘测设计对道路建成后的抗灾能力、运行安全起着决定性作用。选线不但在节省初期投资和减少未来工程失事风险的矛盾中起着统筹决策的作用,还将各局部工点抗灾能力有机组合设计,形成线路系统可靠

性结构体系。因此，选线不仅是最首要的技术环节，更是投资控制最重要的阶段。

我国铁路、公路路网中的长大干线，很大一部分是在20世纪中后期建成的，限于当时对泥石流、滑坡灾害的认识和勘察技术水平，泥石流、滑坡问题在勘察设计阶段未能得到很好处理；此外在当时国民经济底子尚十分薄弱的特殊历史条件下，道路建设方针偏重于降低造价节约初期投资，有时不得不把泥石流、滑坡灾害防治工程的投资放在运营后的运维和技术改造中，采用分期加强方案逐步实施。基于上述两点，事实上大部分的泥石流、滑坡防治工程是在运营阶段逐步实施完成的。既有线泥石流、滑坡防治工程已构成道路泥石流防治工作的主体。

保障运输安全是交通运输部门永恒的主题，尤其是铁路运行具有连续、高速、运输密度大、避难余地小等特点，线路一旦受损，轻则造成线路断道，重则使列车脱轨、甚至颠覆列车，造成重大的生命财产损失。新中国成立以来，已发生泥石流破坏铁路造成列车脱轨、颠覆的重大行车事故10余起。因此，如何在泥石流、滑坡断道事件发生后防止危及行车安全的二次灾害发生就成为铁路行业特殊的课题。铁路、公路长大干线均是维持国民经济正常运转的大动脉，而它们又都是呈带状延伸的串联系统，只要一处断道，就可能造成全线运输中断。发展以尽快恢复运营为目标的抢险救援技术也成为道路行业特殊需求，提高道路灾害防灾管理水平也构成道路泥石流、滑坡减灾体系的重要环节。

综上所述，发展道路泥石流、滑坡勘察选线设计技术，既有线灾害防治工程规划与设计技术，运营防灾管理与安全保障技术，已成为西部山区铁路、公路部门特殊的生产需求。

3.2 山区道路泥石流、滑坡灾害防治需要注意的科学技术问题

泥石流、滑坡对山区道路交通危害巨大，给道路选线设计和工程建设带来极大困难。如何避免或减轻泥石流、滑坡对山区道路建设工程的危害，已成为山区开发中的重要科学问题。在道路泥石流、滑坡减灾工作中，需要深入研究的科学技术问题有：对潜在泥石流、滑坡的判识与预测；泥石流、滑坡对线路展布的制约；泥石流、滑坡对道路个体工程设计的影响；道路通过灾点设计方案的优化；工程活动对泥石流、滑坡的影响及其预防措施；减灾工程与道路工程的匹配；考虑环境影响和减灾的道路工程反馈设计原理；运营期间的防灾减灾与行车安全等。

3.2.1 加强前期勘察，判识潜在泥石流和滑坡灾害

相当一部分道路灾害形成的原因，是对灾害的认识不足，在道路展线和工程设计中未给予重视，没有采取适当的应对措施。因此，在道路减灾中，不仅要对已发生过的泥石流和有明显不稳定迹象的滑坡采取相应的防治措施；更应注意那些特征不明显，容易被忽

视,有可能发生的潜在泥石流和滑坡,及时采取防治措施,防止或减轻可能发生的灾害。为了准确判明潜在灾害及其发生条件与发展趋势,应进一步加强道路建设的前期勘察工作,查明泥石流、滑坡形成的环境背景条件,进行泥石流活动敏感性分析和边坡稳定性分析,判识沟谷产生泥石流和斜坡发生滑坡的可能性,分析其形成条件,作为道路减灾的依据(崔鹏等,2004)。

3.2.2 注重机理研究,认识道路工程与环境相互作用机制

环境因素特别是不良地质因素与泥石流、滑坡,影响到山区道路建设的各个环节。道路工程的实施必然会对山地环境产生一定的影响,导致局部环境恶化,诱发泥石流、滑坡。由于山区环境和道路工程建设本身的复杂性,道路工程与环境的相互作用,是相当复杂的基础性科学问题,目前对这一问题的认识还有待深入。对道路工程与环境相互作用机制的深入认识,将会从勘察、设计、施工等不同层面为道路建设提供理论和技术上的支撑,既有利于道路建设与环境协调,又能保证山区道路的安全(崔鹏等,2004)。因此,应加强道路工程与环境相互作用机制这一基础理论问题的研究,及时将研究成果应用于山区道路建设中,不断提高我国道路建设水平和与环境的协调性。

3.2.3 总结经验教训,发展山区道路选线理论

选线是保障线路方案的合理性和从源头上防治灾害的关键环节。在我国已建成的山区路网中,不乏选线合理的成功范例和由于选线不当而造成长期受灾的失败教训。例如,东川铁路支线,在选线时对泥石流的活动性及其危害估计不足,桥梁跨度和净空不够,线位较低,铁路建成不久就遭受到严重的泥石流危害,路基、桥梁被冲毁,涵洞、车站被淤埋的事件屡有发生,1971—1985 年间,停运断道 500 多天,维修费用达到建设费用的 4 倍,而后由于小江河床的急剧上涨,使得小江河段的线路全部废弃(陈光曦等,1983),又在 21 世纪初重建,这是选线失败的典型案例。随着我国山区道路建设技术的发展,目前山区道路选线已经由"地形选线""地质选线"阶段发展到"减灾选线"的新阶段。减灾选线是以规避、防范道路全寿命周期(建设及运营期间)可能发生的地质灾害为根本目的和出发点,运用系统工程、风险管理等先进的理论、方法,对灾害风险进行判识,并在此基础上科学选择道路线位、工程方案及灾害防控措施的技术过程。减灾选线工作包括:识别灾害风险→评估灾害风险→采取措施规避重大风险,对风险进行防控,必要时对潜在风险进行监测、预警,以避免或降低灾害损失(朱颖等,2018;宋章等,2020)。

3.2.4 发展源头减灾,创建与环境协调的道路工程反馈设计理论

道路灾害的很大一部分是由设计和施工中对环境因素处理不当所引起的。如边坡开

挖对坡体稳定性的影响估计不足,处置不当,造成滑坡或诱发古滑坡的复活;边坡工程开挖和加固的时序不合理,导致边坡失稳;工程弃土没有采取水土保持措施,导致水土流失,引发泥石流;施工过程中的排水不当和工程对地表水与地下水水文条件的扰动,也会导致滑坡和泥石流的形成。因此,道路工程的设计,应该充分考虑环境对路基、桥梁、隧道等的影响。同时,还要考虑工程活动本身对环境的扰动及其带来的次生灾害,尽量减少对环境的扰动,预留一定的空间,根据环境变化及时调整设计方案,尽可能减少工程对环境的影响。通过对上述问题的深入研究,发展与环境协调的道路工程反馈设计理论,为从源头上减灾提供理论依据。

3.2.5 集成减灾技术,构建山区道路泥石流、滑坡减灾技术体系

我国是世界上泥石流、滑坡灾害防治开展比较好的国家之一,在泥石流、滑坡减灾方面已经积累了许多好的经验,其中有些已经在道路减灾中应用,如泥石流排导槽、明洞渡槽、拦砂坝,以及排水工程、削坡减重、抗滑桩、挡土墙、锚杆锚索、边坡监测等。在地形地质条件复杂的地区,道路会遇到不同类型灾害的综合作用,需要同时考虑多种因素,采取综合措施处理。对泥石流减灾来说,虽然已有专门针对道路减灾而开发的技术,如V形排导槽等(王继康,1996),但由于道路面临着多种形式的泥石流危害,山区道路泥石流防治是以保护线路为目的的,其减灾与一般性的泥石流防治措施有所不同,目前的防治技术还不能满足减灾工作的需要。今后,山区道路建设规模将进一步扩大,工程建设中会遇到更多的灾害问题,迫切需要针对我国山区复杂地形地质条件下道路减灾的需求,展开深入广泛的调查研究,总结已有技术,有针对性地开发新技术,并加以集成,构建山区道路泥石流、滑坡减灾技术体系,并及时更新相关规范。

3.2.6 重视减灾管理,构建道路环境灾害信息和监测预警系统

道路功能的正常发挥和安全运营,在很大程度上取决于管理水平,山区道路的减灾管理尤为重要。道路环境与灾害信息系统有利于及时处置灾害和事故,保障道路畅通,实现安全高效运营。因此,应该对沿线泥石流、滑坡环境背景和灾害情况进行普查,掌握第一手资料,揭示区域活动规律,收集详实的灾害信息,同时考虑人类活动及其对灾害的影响,构建道路环境与灾害信息系统。运用现代高新科学技术,如计算机技术、地理信息系统技术、遥感技术、全球定位系统技术,建立定量、标准、完备和高效的数据库,并通过网络实现信息共享,在此基础上建立和完善泥石流、滑坡灾害形成和损失评估的数学模型。进而,通过动态监测,接收沿线天气信息,进行泥石流滑坡的预测、预报和警报,及时采取主动减灾措施,把泥石流滑坡灾害损失减少到最低限度,以达到道路防灾减灾目的。道路环境与灾害信息系统以及灾害监测预警系统的建立将为道路防灾减灾工作及其研究提供有效的

手段，增强道路运营安全的保障能力，提高道路减灾防灾管理的实效。

3.3 山区道路建设不同阶段减灾的主要工程技术问题与对策

道路建设和管理分为勘察选线、设计、施工和运营四个阶段，道路减灾贯穿于整个过程之中。在道路建设和运营的不同时期，有着各自应该注重的道路减灾科学技术问题。以下针对道路建设不同阶段中的减灾问题，分别提出具体的对策，供道路建设工程减灾参考。

3.3.1 道路选线阶段需要注意的问题与对策

选线是道路建设的首要环节，如选线适当，即使灾害极其发育，也可避免或减少危害；如选线不当，可能造成病害工点，在工程上付出高昂代价，给运营遗留后患，甚至线路无法正常使用。建设新线时，如对泥石流、滑坡的漏判、错判或防治不力，可能会造成严重灾害，影响道路建设和运营，甚至要花费较高的费用进行整治。因此，山区道路建设必须掌握泥石流、滑坡的规律，采取有效措施，满足通过灾害段的特定技术要求。我国地质灾害防治相关的条例均明确规定，“道路工程项目立项，需要进行专项的地质灾害危险性评估”。结合地质灾害的危险性评估结果，进行合理的选线是防治灾害积极有效的措施。然而，在实际工作中依然存在一些问题。其主要表现：一是在地质灾害的危险性评估时，由于工作深度不够，对灾害预测的科学性和准确性依然满足不了选线的需要；二是地质灾害危险性评估作为选线的重要依据之一，应该在选线之前完成，在实际的工作中，依然存在所谓的“三边工程”（边设计、边施工、边进行地质灾害危险性评估），使得选线工作没有很好地利用地质灾害危险性评估成果，对灾害考虑不充分，导致一系列道路灾害问题。

针对这些问题，应严格管理，确保地质灾害危险性评估工作在道路选线之前完成，加强灾害调查和勘察工作。选线阶段需要注意的问题与对策如下：

（1）充分掌握资料，查明灾害性质

进行详细勘察，获取第一手资料，查明泥石流和滑坡的形成条件、分布规律、类型特征、发育阶段、发展趋势、规模大小，分析泥石流、滑坡可能对道路产生的危害。

（2）分析环境背景，判识潜在灾害

综合分析灾害形成的环境背景，特别是对于活动迹象不明显的边坡滑坡和沟谷泥石流，进行详细考察和深入分析，判识潜在泥石流、滑坡并确定其危害的可能性，在确定线路方案时应作为灾点考虑并采取相应的措施，以避免由于漏判和误判可能导致的重大灾害。

(3)分析灾害影响,确定道路设计的限制条件

分析泥石流、滑坡对道路的影响程度,提出道路通过每一条泥石流沟或滑坡点必须满足的特定技术条件和保证这些条件的防治要点;勘测分析灾害多发区河床冲淤变化规律,确定多砂河道的淤积速率,提出线位高程参数。

(4)点、面结合,处理好灾害工点与整段线路的关系

在选线时,既要考虑线路安全通过灾点,又不能出现工程处理复杂,工程量大,带来更大的技术难度,大幅度提高工程造价等问题。在考虑线路的线形与工程条件的便利时,对潜在灾害的可能损失进行预评估,对灾点避让和防灾措施的布设进行综合分析,处理好灾害工点与整段线路的关系。

(5)分析利弊,安全利用泥石流扇形地

由于受断裂构造和不均匀升降的影响,山区河谷两岸发育不对称,在上升强烈一侧地形狭窄,不良地质作用活跃,而相对稳定一侧地形开阔,泥石流扇发育完整。虽然一般的线路尽可能避免跨越泥石流沟,但是对于比较稳定的泥石流扇,在正确判断道路使用年限之内不会出现超大规模泥石流,或通过一定措施能有效限制泥石流规模情况下,可以充分利用泥石流扇相对平坦和开阔的地形展线和设置车站,以避绕另一岸的不良地质条件。

(6)尊重自然规律,协调线路与环境的关系

选线时要充分认识到道路工程与环境相协调的重要性,遵循自然规律,在地形选线、地质选线和环境选线的原则下,尽可能减少道路工程对边坡和路域生态的扰动,减少对河道的挤占,科学规划弃土;在不得不扰动的情况下,应布设坡面防护和生态修复措施,力求道路与自然环境相适应,二者构成有机和谐的整体,保证道路的长久安全。

3.3.2 道路个体工程设计阶段需要注意的问题与对策

泥石流、滑坡防治措施设计是灾害区段道路个体工程设计的重要组成部分。如发现选线过程中有考虑不周的地方,应加强防治措施,予以补救;如发现选线不当之处,即使采取防范措施也难以保证道路安全,则应提出对选线方案的改善意见。灾害防治措施的设计过程,也就是对灾害多发区段道路总体设计的核对和完善过程(陈光曦等,1983)。根据选定的线路方案,进行灾害防治措施设计时,在了解该区段灾害发育规律的基础上,应进一步详细勘测和分析每一工点灾害的发展趋势、运动特征、力学性质、破坏方式,分析道路构筑物与灾害的相互制约关系,判断道路可能会受到的危害方式和强度,提出经济合理的防治措施。在灾害防治工程设计阶段需要注意的问题及采取的对策如下所述。

(1)工点详细勘测,确定灾害物理参数

当灾害工点确定后,应对工点灾害进行详细勘测,确定与工程设计相关的灾害物理参数,如泥石流重度、峰值流速、峰值流量、最高泥位、冲击力、冲出物的总量和携带的大石

块、沟床淤积和冲刷的速率、单次泥石流最高淤积厚度和最大的冲刷深度、沟岸冲刷强度、弯道超高、泥石流沟和道路的交接关系等；潜在滑坡体的临空面条件、后缘高度、厚度、体积、滑动面位置、c 值和 φ 值、应力状态、地表水和地下水条件、滑体前沿与道路的相对位置、可能出现滑坡的类型与破坏能力等。在实际工作中，有时难以准确确定 c 值、φ 值和冲淤速率等参数，因此在工点详勘中应特别加强这方面的工作。

(2)分析灾害特征，综合确定灾点防治方案

在灾害防治方案制订时，系统分析区段灾害特征，综合确定灾点防治方案。沿线泥石流、滑坡往往都是群发性的，在制订每一个单点灾害防治方案时，不能把眼光局限于单一的灾点，要有全局观念，注重防灾减灾工作的整体性，系统分析多灾道路区段灾害特征和灾点之间的相互关联及其对道路的影响，充分利用地形条件，统筹防治工作，确定最佳的线路通过方案(线位、通过方式、与灾害关系的处理等)和与之相匹配的灾害防治方案。

(3)针对减灾需求，综合配置减灾工程

在灾点防治工程设计时，应综合考虑跨越工程(桥梁和涵洞)、穿过工程(隧道、明洞和渡槽)、排水工程(排水沟、截水沟、仰斜孔、盲沟等)、防护工程(护坡、挡墙、丁坝等)、排导工程(排导槽、导流堤等)、拦挡工程(拦砂坝、谷坊等)、抗滑工程(抗滑挡土墙、抗滑桩、预应力锚固体系等)和生态工程措施(水土保持、生态修复等)等，根据灾害性质和道路减灾要求，综合配置减灾工程。对于规模和流域面积较大、对道路危害严重的泥石流沟，泥石流形成区远远超过路域范围，仅仅在道路附近采取拦挡和排导措施，往往不能满足道路减灾需求，难以保障道路安全；应与地方主管部门和当地居民密切配合，充分协商，在互惠互利的原则上，进行流域综合治理，实施源头主动减灾，有效控制灾害发生规模，保障道路安全。

(4)考虑灾害极值，确定工程设计的控制性参数

在单项工程设计时，应充分考虑历史最大灾害的极值，结合灾害发展趋势分析结果，确定工程设计的控制性参数。如在桥梁设计时，根据泥石流的规模和淤积速率来确定桥梁的跨度和净空；根据泥石流的冲刷深度来确定墩台的基础埋深；根据泥石流的漫流特征确定桥位；根据泥石流冲击力确定桥墩的抗冲性。在涵洞和渡槽设计时，根据泥石流的流量、流速和流体性质来确定过流断面和纵比降。在穿越泥石流下方的隧道和明洞设计时，根据泥石流冲刷速率和最大冲刷深度来确定隧道和明洞的位置。

(5)注重环境保护，进行与环境协调的设计

在工程设计过程中，应在经济技术许可条件下，以对环境的最小扰动为目标，进行工程设计，尽量减少边坡开挖、工程创伤、河(沟)道挤占、陡坡弃土和植被破坏，做好道路工程水土保持规划和设计，注重生态恢复，进行与环境协调的工程设计。

3.3.3 道路施工阶段需要注意的问题与对策

道路工程建设的施工不可避免地会对地质环境产生扰动,其扰动作用可以归纳为工程荷载、爆破振动、岩土开挖堆填、水文条件改变、工程热力作用等。其中,岩土开挖堆填和水文条件改变是工程活动影响地质环境最重要的两大作用方式,影响到风化营力、岩土体应力、水动力条件,进而造成环境的灾害性效应。道路边坡开挖的环境影响尤为突出,边坡开挖引起的应力松弛、坡体水环境改变两种作用方式对地质环境直接造成影响,作用强烈,影响范围大,能够造成严重的环境效应,引发边坡环境地质灾害,如滑塌、崩塌、落石、滑坡和水土流失等。我国山区道路均不同程度地出现由于工程活动而导致的道路病害,约40%的滑坡都是工程滑坡(苏生瑞等,2005)。

施工过程可能存在如下问题:一是由于实际情况的变化,出现施工条件与设计条件不同的情况时,没有及时调整设计方案;二是未严格按照设计标准进行施工,导致强度等标准不能满足要求;三是不同的开挖、支挡顺序对边坡岩土体的变形影响很大,如果对施工工序科学安排重视不够,就会影响边坡稳定性;四是施工过程中不注重对潜在灾害的设防,将工棚等临时性建筑物布置在地质灾害危险区范围内。道路施工对环境的扰动是导致道路灾害的重要原因之一,因此,在道路施工期间,应充分考虑到工程与环境的相互影响,及时采取适当的措施,把灾害影响减小到最低程度。

通过环境与道路工程相互作用机制分析,提出如下道路施工中需要注意的问题及采取的对策。

(1)深入分析边坡性质,制订科学施工方案

仔细阅读边坡勘测资料,对照工程设计,通过现场会诊,汇集专家经验,核对待开挖边坡的稳定性分析结果,根据最终核定的边坡性质,制订科学的施工方案。对现场核对结果有较大出入者,及时将信息反馈勘察、设计部门,并提出详勘或修改设计的建议。

(2)合理安排施工措施,尽量保持原坡体的稳定性

在施工中,应尽量减少对下部坡体的开挖和在坡体中上部的加载,尽量保持原坡体的稳定状态。在必须进行大规模开挖的情况下,应先进行稳定性分析,合理安排施工工序,及时进行支护,对于高切坡进行超前支护,保持坡体稳定性。充分发挥坡脚支挡的收坡作用,使路堑边坡顺应坡面地形地质和环境特征,解决高边坡稳定性问题。

(3)加强排水措施,防止诱发灾害

施工中应注意加强滑坡范围内的排水措施,认真按照设计做好排水系统(地表排水沟、盲沟、截水沟和仰斜孔等),拦截滑坡表层四周来水,防止降水过量下渗,拦截和疏干滑体内部地下水,合理排泄施工用水和生活用水,防止水分渗流诱发灾害。

(4)开展边坡监测,及时调整施工方案

对开挖坡体特别是高边坡,应进行边坡位移和变形监测,通过监测信息进行动态策略调控,及时调整设计和施工方案,采取应对措施,防止灾害发生(谢振文等,2022)。

(5)进行环境友好施工,保护路域生态

在施工中,应注意对路域环境和生态的保护,落实水土保持方案,科学处置工程弃土,采取保护措施,防止由弃土产生的水土流失、坡体失稳以及滑坡和泥石流灾害;尽可能减少工程创伤和植被的破坏,维系路域生态系统的功能,保障路域环境对坡面水土过程的调节能力,尽量减小由于环境和生态的破坏而导致的环境影响和次生灾害。

(6)注意施工安全,预防人员伤亡

在施工过程中,应注意施工人员安全,加强对工点的监控和预警,制订临灾预案,在灾害发生时保证人员及时撤离,减少人员伤亡。在施工人员生活区选址时,要进行灾害的危险性评估,避免将工棚等生活设施置于泥石流或潜在滑坡的危险区内,以免发生类似于成昆铁路上盐井沟工棚被泥石流冲毁造成104人死亡的重大伤亡灾害(中国科学院成都山地灾害与环境所,1989)。

3.3.4 道路运营阶段(道路灾害整治)需要注意的问题与对策

山区道路在长期的运营中难免受到泥石流、滑坡的危害,造成一处断道而全线中断的情形,必须及时整治,保证行车安全。由于线路的平面、剖面和主体工程已经定型,整治灾害远不及新线设计灵活,往往一个小的泥石流或滑坡,也需要付出高昂的代价。因此,与新建道路的灾害治理比较,已建道路的灾害防治工程受到很多因素制约,难度相对较大,应因势利导,因地制宜,因段制宜,因沟(坡)制宜,深入分析灾害性质和危害方式,综合考虑灾害防治工程和既有道路主体工程在灾害防治中的关系,确定最适合的灾害整治方案。既有道路灾害整治应注意的问题与采取的对策如下所述。

(1)正确处理抢通与防治的关系

运营道路遭受灾害以后,道路养护部门往往注重抢险保通,特别是对滑坡、崩塌的处置,多采用清除的方法,少有重视保护生态与环境、积极采取综合治理方案者,以至于有的小型滑坡、崩塌越清越大,方量越清越多,最后发展成难以治理的大型滑坡、崩塌(蒋焕章,2002)。应正确处理抢通与防治的关系,在抢险保通的同时,注重灾害的治理,消除病害,治理一处,成功一处,灾害就会不断减少,最终会达到根治的效果。

(2)利用自然规律,制订综合灾害整治方案

开展详细的考察和勘测,查明灾害性质、活动规律和道路构筑物破坏情况,分析道路工程破坏的根源,采用以避为宜、以治为辅、因势利导、顺势而治、因害设防,防、避、治相结合的原则,发挥拦、排、固等岩土工程措施的作用,结合生态工程措施,制订综合整治方案。

在方案制订时,如果利用灾害整治措施能够消除病害,则作为首选方案;如果不能达到控制灾害的目的,则需要考虑改造有关道路主体工程,并作为第二层次的方案;在前两种方案不可实施的情况下,再考虑改线措施。

(3)注意环境保护,预防次生灾害

在道路灾害整治中,特别是清理路面和沟道堆积物时,应注意按照道路工程环境保护和工程建设水土保持的要求施工,选择合适地段堆放弃土,并采取防护措施。在地形窄陡的路段,由于道路工程已经占据一定空间,这对灾害整治工程的施工可能造成一定困难,在减灾工程施工时,要严格控制切坡、排水和对坡面生态的破坏。灾害整治构筑物不应造成边坡中部加载,挤占沟道和河道,避开泥石流高流速强冲刷段,以保证不会因灾害整治工程施工而引起次生灾害。

(4)进行灾害监测,预防重复成灾

对于已经确定的灾害点和潜在灾害点,设立标示牌和警示牌,采取群测群防措施。有条件时尽可能开展监测,对重点灾点安装监测报警装置;在次要灾点设置雨量点,监测潜在灾害的发展变化。铁道对运营安全的要求高于公路,在灾害多发区段,应建设全线灾害监测预警系统,由专人负责灾害监测工作,及时分析监测数据,做出预报预警,保护人员和财产安全,减轻灾害影响,保证汛期行车安全。

(5)加强灾害管理,构建信息系统

科学管理是提高道路抗灾能力,保障运营安全的重要手段。公路和铁路部门应有专门机构和专业人员负责道路减灾管理,收集整理道路环境背景条件信息和灾害基本资料,包括灾害发生情况与损失、勘察设计资料、施工单位移交的施工日志和竣工图、养护和抢险记录、沿线社会经济状况等,建立道路环境灾害信息系统。对沿线灾害进行定期和不定期的调查,掌握灾害动态,总结归纳并提出适合本路线灾害激发因素的临界值,不断更新环境灾害信息系统。结合高新技术,运用环境灾害信息系统,建立灾害预警体系,进行道路减灾管理,开展主动防灾,提高线路运营安全的保障能力。

本章参考文献

陈光曦,王继康,王林海,1983. 泥石流防治[M]. 北京:中国铁道出版社.

崔鹏,杨坤,朱颖彦,等,2004. 西部山区交通线路的泥石流灾害及减灾对策[J]. 山地学报,22(3):326-331.

蒋焕章,2002. 公路水文勘测设计与水毁防治[M]. 北京:人民交通出版社.

宋章,魏永幸,王朋,等,2020. 复杂艰险山区地质灾害特征及减灾选线研究[J]. 高速铁路技术,11(05):8-12.

苏生瑞,孙芳强,吴华金,等, 2005. 山区公路滑坡灾害问题及对策分析[J]. 工程地质学报, 13 (3):340-345.

王继康,1996. 泥石流防治工程[M]. 北京:中国铁道出版社.

谢振文,巢万里,刘文劼,等,2022. 基于空—地协同的公路边坡施工监测与策略调控探究[J]. 公路工程,47(03):97-103+142.

中国科学院成都山地灾害与环境研究所,1989. 泥石流研究与防治[M]. 成都:四川科学技术出版社.

朱颖,魏永幸,2018. 复杂艰险山区铁路减灾选线[J]. 高速铁路技术,9(6):1-4.

第2篇

山区道路泥石流及其防治

本篇提要

泥石流广泛分布于我国山区，暴发突然，破坏力强，是山区道路的主要灾害之一。它对道路的危害主要表现在：冲毁桥梁、路基和其他道路设施；淤埋路面，堵塞交通；淤塞桥孔，减小桥梁过流能力；淤积河床，抬高洪水位，并形成河水曲流，冲蚀路基；堵塞主河，导致上游路段的淹没灾害和下游路段的溃决洪水灾害。

本篇首先分析泥石流的形成条件和机理，并对发生规模巨大、危害严重的冰川泥石流进行专门研究，探索其形成机理和演化规律，进行活动性分析，提出新的流量计算方法。在泥石流形成基本规律认识的基础上，较系统地介绍泥石流的判识方法、道路泥石流勘察技术、泥石流防治工程设计参数确定方法；并针对道路泥石流减灾特点，介绍道路泥石流防治的模式、技术和典型减灾示范工程，为道路泥石流灾害防治提供参考。

The Fourth Chapter

第 4 章

泥石流形成条件

4.1 引言

道路运营过程中不胜枚举的灾害实例说明,多数毁灭性灾害产生的主要原因是在道路修建时对泥石流沟的性质判识不准,没有按照泥石流危害设防,或者对未来发生泥石流的规模估计不足,没有按照相应的规模进行泥石流危害设防。

另外,在公路、铁路的泥石流防治方面,传统的方法一般都是局限在路域范围内,被动地设置以排导措施为主的防治工程。这对于中小规模和活动危害比较轻的泥石流灾害,可以收到很好的防治效果,满足道路减灾的要求。对于大型和特大型泥石流而言,仅在路域范围内防控,技术上很难实施;现代泥石流的扇形地发育,漫流改道频繁,过沟建筑物难以布设,减灾工程设计难度大。但是,在以下几种情况下,仅采用在路域范围内设防的减灾方法,很难消除灾害隐患或在经济上极不合理。

(1)对大型和特大型泥石流,从减灾工程的布设难度和经济角度考虑,采取源头治理的综合措施比仅在路域范围内设防更具合理性。

(2)对于泥石流活动强烈,可能造成堵河灾害的工点,不宜采用单纯排导的方法。

(3)在泥石流产输砂能力大于主河输砂能力的情况下,应该采取措施限制泥石流的输砂,遏制主河上涨趋势,不适宜采用以排泄为主的治理方法。

(4)对于地方政府有进行小流域综合治理愿望的工点,可以采用小流域治理和道路减灾方案相结合,考虑源头防灾的主动减灾措施。

出现以上情况且难以通过道路改线达到绕避灾害的目的时,应该破除以往道路泥石流防治只考虑道路两侧狭窄范围被动设防的传统做法,选择主动减灾的方法。在流域上游采取主动措施,控制泥石流形成条件,遏制灾害的发育和产生,或有效控制泥石流的规模,减小危害程度。

总之,要达到有效减轻道路泥石流灾害的目的,需要对泥石流沟做出正确判识,采取合适的防治措施。所以,深入研究泥石流的形成条件和机理,根据泥石流的形成特点,采取主动减灾措施,从源头上治理公路、铁路泥石流灾害是十分必要的。

4.2 泥石流形成条件概述

泥石流形成的关键条件有水源、土源和坡降。丰富的松散固体物质是泥石流形成的物质基础。世界范围内许多泥石流流域,都具有丰富的松散固体物质。典型的如我国滇东北东川地区(吴积善等,1990),意大利南部的 Campania 地区(Pareschi 等,1998,2002;Rolandi 等,2000),尼泊尔中部的 Kulekhani 流域(Dhital,2003),委内瑞拉中部滨海区的小流域(Garner,1959)。水源是泥石流产生的激发因素,在我国的云南东川(吴积善等,1990)、台湾中部山区,法国境内的阿尔卑斯山(Alps),意大利北部的 Motharone 山等地区,均有强降雨激发泥石流的案例。坡降提供泥石流产生的能量条件。在世界范围内泥石流起动的有利坡度一般在 15°~30°范围内(唐邦兴等,2000)。

我国山区道路分布广泛,穿过众多的地质地貌单元,从沿海一带海拔几十米的低山地区,到海拔 5000m 以上的青藏高原地区。这些地区在一定的坡降、土源和水源条件的组合作用下,就可以发育泥石流。在西部山区,沿河谷展布的道路,其建设和运营常常受到泥石流的危害。

泥石流的形成需要一定的有效松散土源、一定的有效水源、一定的地形坡度。这里讲的有效土源和有效水源是指那些能够参与泥石流形成的水源和土源。以影响山区道路泥石流的土源、水源和地形三个互相影响的基本要素为基础,分析其他条件(地质、地形地貌、水文、气象、植被、土壤、人类活动)对泥石流形成的影响,有利于人们从形成机理上认识不同因素对泥石流的影响作用(图 4-1)。

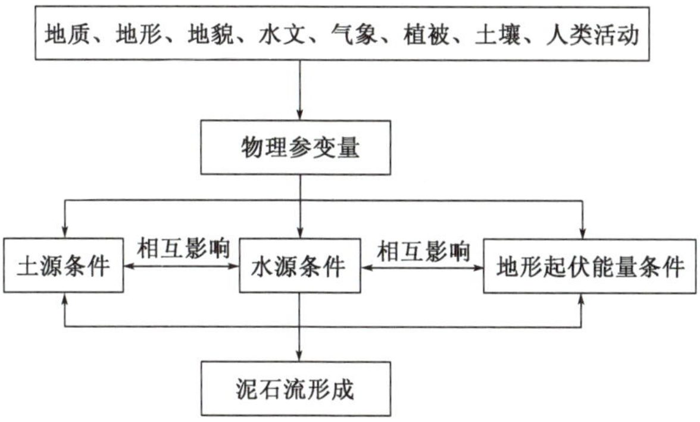

图4-1 影响泥石流形成的因素

4.3 土源条件

土源是泥石流形成的重要条件，指泥石流形成区域内可提供的所有松散土石物质（为便于阐述，在本书中有时也用土体表示土源）。通过对泥石流流体组成计算可知，重度大于18kN/m³的泥石流，其固体物质一般占总质量的77%以上。土源的性质和规模影响着泥石流的形成与规模。

土源特征可以通过一系列的指标来衡量。这些指标包括土体的收缩性、强度、黏土颗粒含量、砂含量、砾石含量和土源的方量等。对土源影响的主要因素有地震、构造运动、岩性、风化作用、植被和人类活动等。这些因素影响着泥石流的类型、规模、频率和形成的模式（图4-2）。

4.3.1 土源条件对泥石流形成的影响

泥石流的土源主要有崩滑体、冰碛物、沟床堆积物和残坡积物。一般情况下，土源越多越有利于泥石流的形成。在西部山区，尤其是青藏高原的山区道路两侧发育有众多的雨水类和冰川类泥石流。在高海拔山区，泥石流沟发育有众多的冰碛物，这些冰碛物的起动是形成泥石流的根源，如位于西藏东南波密县川藏公路K4 035处的古乡沟拥有数千万立方米的冰碛物物源。在侵蚀强烈的流域，沟床堆积物成为重要的土源，泥石流多由水流冲刷沟道松散土体形成。如贵州省习水县的龙蛇子沟，其主要的土源为沟床的松散堆积物，在2003年6月25日暴雨径流作用下形成了大规模的泥石流。如果流域内没有明显的滑坡和崩塌等松散堆积物，泥石流的土源多来自流域坡面的残坡积物，如九龙县九龙河孙家沟和谢家沟暴发的低频泥石流，其土源即是源区大面积的残坡积物。

1）土源数量对泥石流的类型和频率的影响

土源数量的多少与泥石流的类型密切相关。根据泥石流的重度值，把泥石流依次分为四类：稀性泥石流、过渡性泥石流、黏性泥石流和塑性泥石流。土源数量较多时，有利于形成黏性泥石流；土源数量较少时，泥石流则多为稀性泥石流，或为水石流。泥石流沟松散物质量与泥石流类型统计见表4-1。由表4-1可知,稀性泥石流沟单位面积上松散物质的储量一般都较少,黏性泥石流沟谷的松散物质储量则较多。

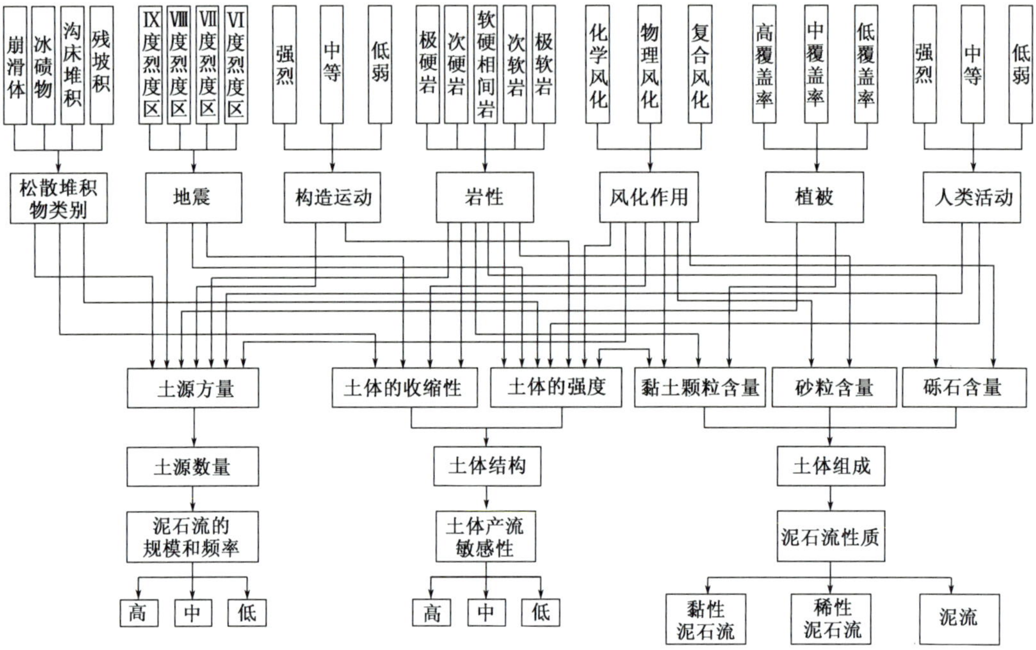

图4-2　土源条件对泥石流形成的影响示意图

土源数量与泥石流发生频率也有密切关系。土源数量较多的流域,则泥石流活动的规模大、频率相对较高。现以不同地区山区道路泥石流沟的土源数量资料(表4-1)为例,用流域单位面积所拥有的松散固体物质方量作为标准分析泥石流形成与土源数量的关系。统计发现,大部分泥石流流域均有丰富的土源,即大于$1m^3/m^2$的流域占了总流域数的70%。泥石流发生规模和频率较高的流域,松散固体物质均十分丰富,如我国西藏的古乡沟,其流域面积$25.2km^2$,流域内土源数量平均达到$22.2m^3/m^2$,平均每年暴发2~3次泥石流。森格宗沟(川藏公路G318线K3 824+720~K3 825+100段)单位面积上的松散物质量较小($1.25m^3/m^2$),且大部分松散物质集中于流域的中下游,所以该沟泥石流以稀性为主,而且近20年来泥石流活动趋于减弱。

泥石流沟松散物质量与泥石流类型统计表　　表4-1

序号	沟　　名	位置(影响道路)	松散物质量分布特点(m^3/m^2)	流域面积(km^2)	重度(kN/m^3)
1	森格宗沟	西藏八宿县境内冷曲河西侧(川藏公路G318线K3 824段)	1.25	58.60	14.0
2	腊利沟	小江流域的一条支沟,位于昆明市东川区南侧(县级公路)	0.52	28.70	13.0~15.0
3	深沟	发源于小江右岸最高峰的支沟(县级公路)	0.31	28.32	15.0
4	田坝干沟	—	1.49	15.03	15.0

续上表

序号	沟　　名	位置(影响道路)	松散物质量分布特点(m^3/m^2)	流域面积(km^2)	重度(kN/m^3)
5	桃家小河	昆明市东川区南面的阿旺镇,小江中游右岸支沟(县级公路)	0.57	75.50	15.0
6	许家小河	昆明市东川区南面的阿旺镇,小江中游右岸支沟(县级公路)	1.26	10.16	15.0
7	米堆弄巴	然乌以西 22km(川藏公路 84 道班)	3.45	123.80	15.3
8	石羊沟	昆明市东川区南端(县级公路)	0.48	10.61	16.0
9	龙蛇子沟(陈宁生,2003a)	贵州习水县城北 15km 处的长嵌村附近(县级公路)	2.00	0.92	16.0
10	热水塘沟(陈宁生,2003b)	四川石棉县蟹螺乡集中村(县级公路)	4.00	1.62	17.0
11	黑水河	东川小江流域(县级公路)	4.76	4.20	13.0~18.0
12	尖山沟	小江县右侧(县级公路)	0.38	173.80	19.0
13	索通沟	波密县索东村侧(川藏公路)	4.63	43.40	19.0
14	瓦达沟	西藏八宿县川藏公路 K691 段	5.40	22.60	18.0~20.0
15	邛山沟(陈宁生等,2004)	四川丹巴县大金川支沟水卡子沟的右支沟(县级公路)	0.30~0.60	32.33	20.0
16	大白泥沟	小江大白河左岸(县级公路)	14.07	18.05	20.0
17	小白泥沟	小江大白河左岸(县级公路)	11.46	12.50	20.0
18	角弄弄巴	紧邻古乡沟(川藏公路)	25.94	21.20	20.6
19	嘎玛沟	西藏八宿县嘎同乡(川藏公路白马段)	2.18	66.5	18.0~21.0
20	集中沟(陈宁生,2003b)	四川石棉县蟹螺乡集中村(县级公路)	2.00	2.66	21.0
21	罗坝街沟(第宝锋等,2003)	黑水河左岸,距黑水县城 7km(县级公路)	3.09	18.60	20.0~22.0
22	沙拢沟	西藏松宗以东 18km(川藏公路从沙拢沟口帕隆藏布大河右岸穿过)	2.91	13.20	21.0~22.0
23	太平村沟	小江下游右岸(县级公路)	6.02	17.16	22.0
24	铜厂箐	昆明市东川区南面的阿旺镇,小江中游右岸一支沟(县级公路)	4.02	8.48	22.0
25	陪龙沟	西藏波密县—通麦乡 10km 处(川藏公路里程 K4 100 段)	6.70	86.10	22.0
26	古乡沟	西藏波密县境内古乡村(川藏公路里程 K4 035 段)	22.20	25.2	22.0
27	黑沙沟	昆明市东川区南面的阿旺镇,小江中游右岸一支沟(县级公路)	2.59	3.28	22.0~23.0
28	无名沟	雅拉河右岸,康定城北(县级公路)	2.07	0.90	21.0~23.0
29	茶园沟(刘希林,2003)	四川阿坝州汶川县克枯乡下庄村(县级公路)	2.00	19.40	21.0~23.0
30	冬茹弄巴	西藏波密县(川藏公路波密以东 80km)	7.60	23.74	23.0

2)影响土源数量的因素

影响土源的数量主要因素有构造运动、地震、岩性、风化作用、植被和人类活动。

(1)构造运动

在构造运动强烈的地区,岩体的节理发育、X形剪节理和不同产状的裂隙常常将岩体切割成大小不同的块体,这些块体易风化成松散堆积物,并成为泥石流的土源。我国山区道路延伸穿越许多构造带,有印支褶皱带、喜马拉雅褶皱带、横断山褶皱断裂带、秦岭褶皱带等。这些褶皱带与断裂带由于地质构造复杂,岩体破碎,流域内土源丰富,泥石流发生频繁。在我国的藏东南地区,由于印度板块与欧亚板块的强烈碰撞挤压和隆升作用,构造活动强烈,岩体破碎,角砾岩、糜砾岩等地层发育。这些构造岩易风化,其组成的坡体常常处于不稳定状态,为泥石流形成提供丰富的固体物质。例如,攀西断裂带、小江断裂带、波密—易贡断裂带以及白龙江断裂带等,由于岩体破碎,流域内固体物质丰富,广泛发育泥石流。这些地区泥石流数量之多、规模之大、活动之强、灾害之重,成为国际著名的泥石流活动带。此外,还有怒江断裂带(巴青—丁青、邦达—左贡)、澜沧江断裂带(昌都—察雅)、金沙江断裂带(巴塘—奔子栏)等也因为构造运动形成了大量的土源,泥石流比较发育。如中尼公路K4 980和K4 981区间出露众多的玄武岩,由于构造运动,基岩被切割成方形的块体,进入沟道,直接参加泥石流活动,而成为泥石流土源的一部分。

此外,构造运动强烈的地区,由于断层、裂隙等构造面的发育,常促使滑坡滑面沿着构造面发育,滑坡的发生增加了松散堆积物数量。如丹巴县邛山沟2003年7月11日发生特大规模的泥石流,其源区的片麻岩褶皱发育,并有断层穿越流域,在上游地区形成的两个沿薄弱构造面发育的典型滑坡,土源十分丰富(陈宁生等,2004)。

(2)地震活动

地震是现代地壳活动最明显的反应,地震活动影响泥石流的作用有两种形式。

①直接诱发泥石流。地震产生构造断裂带和大量地裂缝,激发崩滑,导致土体孔隙水压力升高,土体强度下降或局部液化,引起土体失稳,直接为泥石流沟道提供充足的土源条件,增强了泥石流的活动性。这些土源在强径流的作用下极易暴发泥石流。在进藏公路沿线许多泥石流的暴发与地震有关,典型的案例有1897年印度阿莎姆8.7级的大地震导致了我国易贡地区发生泥石流,1984年的巴塘地震导致公路沿线多处暴发泥石流。

②间接诱发泥石流是通过导致岩体破碎和滑坡(崩塌),为泥石流流域积累大量松散固体物质,在降雨作用下间接诱发泥石流。

实际调查发现,绝大部分的地震泥石流灾害均经历了长期的物源累积过程,有的流域震后数十年还暴发了泥石流。我国云南小江活动断裂带,土源丰富,发育有蒋家沟等140条泥石流沟;西藏古乡沟1953年大规模泥石流的暴发与1950年察隅发生的8.5级地震使不稳定土源增加息息相关;2008 年汶川地震后,在汶川、崇州、都江堰、绵竹、北川等地接连出现了十余年的泥石流活动(崔鹏等,2018;李宁等,2020)。

(3)岩性与风化

不同岩性的地层其抗风化能力差异较大,进而影响着土源数量的多少。通常千枚岩、片岩、泥岩、页岩等软质岩类容易被风化,产生大量风化碎屑物,增加了土源的数量。而强度较大的硬质岩类不容易被风化,形成的土源数量则较少。不同的岩性组合形式也会影响土源的数量,例如软硬相间的岩性组合,软岩易风化、硬岩易崩落,有利于土源数量的增加。同时,风化强度也影响土源的数量,物理和化学风化强烈的地方,风化壳较厚,土源的数量就较多。

(4)植被与人类活动

植被的覆被能保护表土层,减缓侵蚀,减少表土层参与形成泥石流的数量;反之植被减少,表土层易于侵蚀,容易产生更多的松散堆积物,参与泥石流的形成。人类活动,诸如坡地的耕作、矿山的开采、弃土的不合理堆放等均可能增加泥石流的土源。

4.3.2 影响泥石流形成的土体结构特征

(1)土体结构特征

土体的结构直接影响其强度及起动泥石流的难易程度。土体的结构很难用某一个可以定量的参数来表示。泥石流形成的过程中,土体结构特征影响着土体的饱水过程和土体的强度变化过程。土体饱水的过程特性与土体的孔隙、颗粒结构、微结构相关,是衡量土体结构与泥石流形成关系的重要特征。通常当饱和土体发生破坏时,其体积增量越小,孔隙水压越高,土体结构越容易被破坏,越有利于泥石流的形成。土体的强度变化与土体的结构特征变化有关。如土体在渗透水流的作用下,发生颗粒迁移,进而导致骨架坍塌,强度迅速降低,形成泥石流(陈晓清等,2006;廖丽萍等,2017;李伟等,2019)。这一现象主要发生于具有架状结构的松散土体中。

(2)影响泥石流土源结构的因素

不同的土源类型有它自身的土体结构特征。崩滑土体、冰碛物和残坡积物的结构多样,其饱和过程特性和土体的强度变化较大;沟床堆积物大部分松散,强度较低,但饱和过程中表层松散物质起动的数量有限,不易产生高重度的泥石流。影响土体结构的因素主要有土源类型、地震、岩性和风化作用。地震的影响分为两种情况:一种情况是当地震早于泥石流发生时,地震扰动使原有的土源更加疏松,土体的孔隙率增加,含水饱和过程中土体的体积增量较小,有利于孔压的增大,更有利于液化或形成泥石流;另一种情况是当地震与激发的水源(暴雨、洪水等)同时发生时,地震使土体的孔隙水压力迅速增加,导致液化或降低土体强度,直接激发泥石流形成。不同岩体风化后的土体结构不同,对于较软的碎屑岩和由碎屑岩变质而成的板岩、片岩和千枚岩，由于岩石风化后可以形成大小不等的颗粒，在饱水过程中，细颗粒尤其是黏土会堵塞部分孔隙，导致孔隙水压力升高从而有利于泥石流的产生。

4.3.3 土源组成对泥石流形成的影响

(1)土源组成对泥石流性质的影响

泥石流土源主要由黏土颗粒、砂土颗粒和砾石颗粒三部分组成，同样，泥石流流体组成的固体物质也是由这三部分土源构成的。以黏土和砂土为主的土源易形成泥流；以砾石土为主的土体易形成水石流，或稀性泥石流；三种成分均有相当比例的宽级配土体则形成黏性泥石流。

(2)影响土源组成的因素

松散堆积物的类型不同，通常其土源的组成也极不相同，如冰碛物含有大量的漂砾，由冰碛物起动产生的泥石流砾石组分含量普遍较多，而一般的残坡积物含巨砾相对较少。影响土源组成的因素较多，对不同类型土源的砾石组分影响较多的有岩性、风化作用等。硬岩和软硬相间的基岩有利于砾石组分的增加，有时会有巨大的漂砾；纯粹出露软岩的地区，砾石组分相对较少。例如云南东川蒋家沟的主沟多照沟、门前沟和支沟大凹子沟相比，由于前者的源区为板岩和千枚岩，而大凹子沟的岩性为板岩、千枚岩和变质的白云岩互层，所以支沟大凹子沟泥石流组成中，砾石尤其是漂砾的组分较主沟多。风化作用强烈地影响着泥石流土源的组成。一般地化学风化强的地区黏土颗粒等细颗粒组成的物质多。而物理风化作用强的地区则有利于粗大颗粒组分的形成，进而更多地形成粗颗粒土。如冰川活动地区，冻融风化作用使得冰川泥石流物源大多为粗颗粒土。物理与化学风化侵蚀共同作用，容易形成宽级配的土源，如云南蒋家沟干旱河谷区。物理与化学风化共同作用，形成宽级配的泥石流物源。

(3)黏土特性对泥石流形成的影响

黏土颗粒强烈地影响着泥石流的形成。黏土颗粒多，易于形成泥流；黏土颗粒少，易于形成水石流；黏土颗粒含量中等易于形成泥石流。基于运动特征的泥石流观测显示，泥石流黏土颗粒(粒径 <0.005mm)含量与泥石流重度的关系密切。研究表明(陈宁生，2003a,2003b)，黏粒含量在5%以下的时，泥石流的重度随黏粒含量的增加而增大；黏粒含量在5%～10.5%之间时，泥石流的重度在21.5kN/m^3左右波动；黏粒含量超过10.5%后，泥石流的重度开始随黏粒含量的增加而降低。另外，当黏粒含量很低(2.5%以下)时，泥石流体的重度一般很小，一般不超过18kN/m^3，即以稀性泥石流为主。黏土和砂土以及砾石需要有良好的级配，才有利于泥石流的形成。表4-2列出川藏公路和其他山区道路17条泥石流沟组成物质颗粒级配，以说明颗粒组成对泥石流性质的影响。对于含一定黏土

的宽级配砾石土体，其砾石组分往往在 50% 以上，同时黏土颗粒组分一般为 3% ~5%，这样的土体有利于黏性泥石流的发育。

山区道路泥石流性质与颗粒组成统计表　　表 4-2

序号	沟　名	重度 (kN/m³)	>2mm 颗粒含量 (%)	<0.005mm 颗粒含量 (%)
1	森格宗沟	14.0	65.73	2.53
2	腊利沟	13.0 ~ 15.0	90.60	1.51
3	桃家小河	15.0	84.65	0.67
4	深沟	15.0	68.47	4.88
5	米堆弄巴	15.3	53.65	3.44
		—	64.42	1.65
6	老干沟	14.6 ~ 18.0	85.39	1.57
7	尖山沟	19.0	79.80	4.48
8	小白泥沟	20.0	71.02	6.24
9	大白泥沟	20.0	61.09	7.99
10	黑沙沟	17.0 ~ 21.0	71.53	2.29
		—	83.83	1.71
11	达德沟	21.8	—	7.79
		—	—	2.87
12	罗坝街沟	20.0 ~ 22.0	68.28	3.09
		—	55.28	3.86
13	豆腐村沟	22.0	70.72	5.82
14	幸福村沟	22.0	—	5.52
15	无名沟	21.0 ~ 23.0	75.34	2.71
		—	73.28	3.16
16	茶园沟	21.0 ~ 23.0	80.00	—
17	蒋家沟	23.7	85.09	4.10
		—	74.30	1.39

注："—"表示数据无法核实。

影响黏土颗粒含量的因素较多，主要有岩性、松散堆积物的类型、风化作用和植被等。不同岩性地区的泥石流黏土颗粒含量差别较大。通常板岩、千枚岩、片岩和泥岩、页岩地区，基岩风化物或其本身含有大量的黏土物质组分，这类岩性出露的地区，土源黏土颗粒含量较高；对于诸如玄武岩、石灰岩等岩性，基岩本身或其风化物不含黏土或极少含有黏土，此类岩性区域的泥石流黏土物质含量较少，而以稀性泥石流为主。一般地，以化学风化作用盛行的地区，土体的黏土含量普遍较高；而以物理风化为主的地区，黏土的含量普遍较低。以花岗岩地区为例,在湿润地区的花岗岩风化壳较厚,黏粒含量高;而干燥地区的花岗岩,由于以物理风化为主,风化壳普遍较薄,且黏土颗粒的含量较低。典型的例子如中尼公路K4 742坡面泥石流沟,为干燥气候条件下的花岗岩区,其黏土颗粒的含量为1.728%;湿润地区的如浙江乐清花岗岩地区,2004年暴发的台风暴雨泥石流,其黏土含量达3.1%。植被能影响黏土颗粒的含量,尤其对于很少产生黏土的岩性影响更为显著,在这些地区由于基岩本身不含有黏土颗粒,黏土的来源唯一取决于化学风化形成的表土层。如果植被良好,表土层的侵蚀受到限制,只有很少黏土提供给形成泥石流的土源,土源中的黏土颗粒含量就低,反之则会升高。

4.4 水源条件

我国山区道路两侧泥石流形成的水源,主要有降雨径流、冰川融水、坡面产流和沟道径流、冰湖溃决洪水等。其中分布最为普遍的是降雨径流,在高山和高寒地区冰雪融水和冰湖溃决起重要作用。

冰川融水和冰湖溃决是高山和高寒地区泥石流激发的重要水源。在持续升温情况下,形成大规模的融水径流,冲刷沿途的松散固体物质起动土体,形成泥石流。在高海拔的山区,由于温度上升,冰雪消融加速或冰碛堤中的埋藏冰消融,会导致冰湖溃决,突然增加的溃决洪水冲刷沿途的土源,也容易形成泥石流。如川藏公路波密县古乡沟泥石流是典型的冰雪融水泥石流;米堆沟泥石流则是典型的冰湖溃决泥石流。由冰雪融水和冰湖溃决导致的泥石流分别被称为冰川泥石流和冰湖溃决泥石流,这两种泥石流在青藏高原道路沿线分布普遍,活动强烈。

降雨径流是我国山区道路两侧形成泥石流最主要的水源。泥石流的形成雨量包括前期雨量(降雨)和激发雨量。前期雨量是指激发泥石流时段之前的降水,它的作用在于使松散土体的含水率增加,有时达到饱和,降低土体的强度。一般情况下,水分入渗土层的位置越深,越有利于泥石流的形成。激发雨量是促使泥石流产生的雨量,其作用是通过超渗产流的作用,产生一定深度的径流,使土体的孔隙水压力迅速增加,土体液化导致强度快速降低,同时在径流的作用下,冲刷侵蚀土体,激发土体破坏进而形成泥石流。

当降雨强度大于土壤的渗透速率或降雨量大于土壤的入渗能力时,就会在地表形成超渗产流。土体的渗透性对超渗产流的产生起重要作用,它受下列因素的影响:土体的孔隙、饱和度、土粒的形状与排列、细粒土的吸附层厚度等。其中,最主要的因素是孔隙的形状、大小及渗流路径的长度。土体渗透系数(k)是反映土的透水性能的系数,是水力梯度为1时的渗透速度,其量纲与渗透速度相同。其物理含义是单位面积单位水力梯度单位时间内透过的水量。土的渗透系数是渗流计算时必须用到的基本参数。不同类型的土,渗

透系数 k 值相差较大。表4-3列出了渗透系数 k 的参考值。

自然界各种土的渗透系数参考值(方云等,2003) 表4-3

土　类	渗透系数 k(m/s)	1h渗透量(mm)
黏土	$<5\times10^{-9}$	<0.018
粉质黏土	$5\times10^{-9}\sim10^{-8}$	0.018~0.036
粉土	$5\times10^{-8}\sim10^{-6}$	0.18~3.6
粉砂	$10^{-6}\sim10^{-5}$	3.6~36
细砂	$10^{-5}\sim5\times10^{-5}$	36~180
中砂	$5\times10^{-5}\sim2\times10^{-4}$	180~720
粗砂	$2\times10^{-4}\sim5\times10^{-4}$	720~1 800
砾石	$5\times10^{-4}\sim10^{-3}$	1 800~3 600

前期雨量和激发雨量对泥石流的形成均十分重要。根据搜集的四川境内100多条道路泥石流沟的前期降雨资料,泥石流的暴发均有不同程度的前期降雨。当前期降雨较为充足时,土体达到一定的饱和,泥石流沟道的地表将产生超渗产流。饱和的土体在渗流的作用下将产生超蓄产流,或称蓄满产流。在超渗产流和超蓄产流的作用下,泥石流容易发生。如2003年7月11日暴发特大灾害性泥石流的丹巴水卡子沟,其流域基岩为变质花岗片麻岩、闪长片麻岩和少量的变质大理岩。由于流域基岩表面风化形成的30~60cm的残坡积物在70多天的断断续续降雨过程中达到饱和,在7月11日晚突降暴雨的作用下,坡面产生超渗产流,土体同时起动产生坡面泥石流,坡面泥石流汇流后演化为高重度的黏性泥石流。土体的颗分试验结果表明(陈宁生等,2004),土体级配宽,黏粒含量为4.5%。

激发雨量:激发雨量是起动泥石流的关键。泥石流激发雨量受雨强和持续时间的影响,有时也用雨强直接分析泥石流的形成。激发雨强受土源物质组成、结构、堆积量、地形条件、前期雨量等的影响,变幅比较大。据《四川省山洪灾害防治规划》的调查统计资料,有10min临界雨强纪录的泥石流沟25条,泥石流发生的雨强变化在3.5~18.7mm之间;有30min临界雨强纪录的泥石流沟24条,雨强变化在9.3~35.8mm之间;有1h临界雨强纪录的泥石流沟124条,雨强变化在0.1~64.7mm之间,其中雨强≥9mm的有76条,占总数的61.3%;有3h临界雨强纪录的泥石流沟121条,雨强变化在0.3~80.9mm之间,其中雨强≥9mm的有92条,占总数的76%;有6h临界雨强纪录的泥石流沟79条,雨强变化在0.3~93.2mm之间,其中雨强≥9mm的有67条,占总数的84.8%;有24h临界雨强纪录的泥石流沟141条,雨强变化在0.4~149.4mm之间,其中雨强≥9mm的有128条,占总数的90.8%。从以上数值可以看出,不同流域泥石流起动的临界雨强差别较大。一般地,临界雨强越小的区域,泥石流就越容易发生。

4.5　地形条件

影响泥石流形成的地形条件主要有沟坡比降、流域高差和流域面积等。

泥石流的产生在很大程度上受沟坡比降的影响。在不同的流域中,坡面坡度和沟道比降对泥石流的形成有不同的作用。一般来说,较陡的坡面有利于泥石流的形成,泥石流一般首先在坡度相对较大的坡面产生,然后汇入沟道。泥石流能否继续发展,沟床比降起着能量控制的作用,较大的沟床比降有利于泥石流的形成和发展。沟坡比降(以下简称"比降")主要通过影响泥石流沟土水物质的势能而影响泥石流的形成,比降大者有利于泥石流的形成。

流域地形坡度对泥石流发生的影响较大。坡度可大致划分为四个等级,即<10°、10°~25°、25°~45°、>45°。四川省3 268条泥石流沟的统计结构显示,泥石流易发区的地形坡度主要集中在10°~45°,其中以10°~25°所占面积比例最大,达36.31%;低易发区多为坡度小于10°的地区,占统计面积的26.85%。

沟床的比降通常比坡面比降小,依据其大小可划分为<10°、10°~20°、20°~30°、>30°的几个等级。泥石流起动的沟床坡度普遍分布在10°~20°之间。沟床坡度大于30°的泥石流沟一般为坡面泥石流沟,规模和流域面积都较小。据统计,大部分泥石流的起动(发生)临界沟床坡度大约为14°,相当于249.3‰沟床纵坡(周必凡等,1991)。表4-5列出了川藏公路典型泥石流沟的沟床纵坡统计值,数值显示泥石流的沟谷比降多为100‰~300‰(梁光模,2007),其次是300‰~500‰。从表4-4还可以看出,沟床比降为100‰~500‰对泥石流的形成和运动最为有利。西藏波密县古乡沟(川藏公路K4 035)自峡口至源头的平均比降为283‰,波密县通麦区以东8km的加马其美沟(川藏公路K1 015+650)平均比降为262‰,这两条泥石流沟均为西藏境内泥石流暴发最为频繁的典型泥石流沟。西部山区38条泥石流沟道的沟床比降大部分也集中在100‰~300‰的范围内,这一区间共有25条,占65%(图4-3)。

川藏公路典型路段泥石流沟床纵坡分级统计(单位:条)　　表4-4

序号	沟床纵坡(‰)	<50	50~100	100~300	300~500	>500	最大	最小	平均
1	拉萨—鲁朗段	6	8	85	29	—	444.2	42	225.1
2	鲁朗—安久拉段	2	4	40	34	4	686	43	313.4
3	安久拉—金沙江段	3	5	94	24	3	755	43	211.4

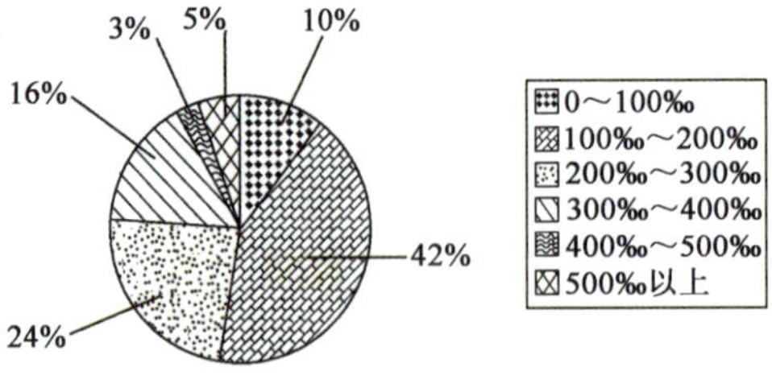

图4-3　西部山区泥石流沟道沟床比降统计

流域高差决定势能的大小，高差越大，形成泥石流的动力条件越充足。因此泥石流主要发生在中高山区和起伏较大的高原周边山地。例如，川藏公路穿越青藏高原东部地形急变带，地势高低悬殊，道路两侧的泥石流沟岭谷最大高差一般都在500m以上，甚至可达2 000m以上，流域山坡的坡度多在30°以上，为泥石流固体物质运移提供了较好的能量条件。

一般地，河谷及高山地区的山坡坡度和沟床比降较大，容易形成泥石流。从《四川省山洪灾害防治规划》统计的3 268条泥石流可知，泥石流灾害易发区（高、中、低易发区）集中分布于大起伏山地，其次为中度起伏山地、丘陵、小起伏山地。其中，大起伏山地和中起伏山地地貌类型的面积占泥石流高易发区面积的77.34%。

泥石流沟的流域面积反映流域演化程度，并且与沟床的比降呈负相关关系。面积大的流域一般沟床比降都相对较小，不容易产生泥石流。大部分泥石流的流域面积都在$50km^2$以下，尤其是$10km^2$以下的流域更多。通过分析面积在10～$50km^2$的泥石流沟床比降和面积小于$10km^2$的泥石流沟床比降（表4-5、表4-6），发现面积在10～$50km^2$的泥石流沟其比降集中在100‰～370‰之间，比降大于300‰的泥石流沟只有2条，占所统计泥石流沟总数的7.1%。面积小于$10km^2$的泥石流沟其沟床比降分布于105‰～580‰之间。

面积在10～$50km^2$的泥石流沟坡降统计数值表　　表4-5

序号	沟名	分　布	流域面积（km^2）	主沟长（km）	平均比降（‰）	相对高差（m）
1	达德沟	昆明市东川区铜都街道姑海村，大白河右岸县级公路	14.1	8.6	185	—
2	勒古洛夺沟	成昆线K305+038处	36.63	10	170	1 450
3	水磨房河	德钦县城区（县级公路）	36.75	10	150	2 174
4	莫残溪	苍山十八溪之一，穿过滇藏公路、大丽公路后汇入洱海	18.38	10.83	364	270.7
5	茶园沟	四川阿坝州汶川县克枯乡下庄村（县级公路）	19.4	8.94	235.8	2 867.3
6	古乡沟	西藏波密县境内古乡村川藏公路里程K4 035段	25.2	8.69	256.1	3 574
7	瓦达沟	西藏八宿县川藏公路K691段	22.6	—	178	2 126.5
8	沙拢沟	西藏松宗以东18km（川藏公路）	13.2	6.26	257	2 164.9
9	角弄弄巴	紧邻古乡沟（川藏公路）	21.2	8.33	270.6	2 943
10	冬茹弄巴	川藏公路波密以东80km	23.74	10	214	2 500
11	索通沟	西藏波密县索东村侧（川藏公路）	43.4	9.3	288	3 520
12	罗坝街沟	黑水河左岸，距黑水县城7km（县级公路）	18.6	5.475	370	2 114
13	蒋家沟	昆明市东川区（县级公路）	46.8	13.9	180	2 227
14	许家小河	县级公路（县级公路）	10.16	6.05	125.3	1 500
15	拖沓沟	县级公路（县级公路）	10.15	7.025	164.1	1 571
16	大白泥沟	小江大白河左岸（县级公路）	18.045	11.8	106.6	1 800
17	小白泥沟	小江大白河左岸（县级公路）	12.5	7.25	162	1 680

续上表

序号	沟名	分　布	流域面积（km^2）	主沟长（km）	平均比降（‰）	相对高差（m）
18	腊利沟	昆明市东川区南侧小江流域一支沟（县级公路）	28.7	11.16	146.2	2 600
19	石羊沟	紧靠昆明市东川区南端（县级公路）	10.61	4.61	246.9	1 870
20	深沟	发源于小江右岸最高峰（县级公路）	28.32	9.05	166.7	2 907
21	田坝干沟	县级公路	15.03	8.86	173	2 887
22	太平村沟	小江下游右岸（县级公路）	17.16	11.49	213.5	1 768
23	豆腐村沟	（县级公路）	17.16	10.16	121.8	1 285
24	邛山沟	四川丹巴县大金川支沟水卡子沟的右支沟（县级公路）	32.33	10.99	250	3 260
25	段家河	南昆铁路红果支线家竹箐隧道出口端（贵州省西南部盘县特区）	44.5	16	>100	602.4
26	桃关沟	汶川县南28.4km（二级公路）	49.85	13.25	145	2 700
27	登基沟	汶川县南12.1km（二级公路）	46.3	10.7	167	3 257
28	彻底关沟	汶川县南31.9km（二级公路）	16.7	7.1	167	2 052

面积小于10km^2的泥石流沟坡降统计数值表　　表4-6

序号	沟名	分布（所处道路）	流域面积（km^2）	主沟长（km）	平均比降（‰）	相对高差（m）
1	拥岬顶沟	G318线川藏公路海子山至竹巴笼段	0.37	1.35	423	550
2	通戈顶沟	G318线川藏公路海子山至竹巴笼段	5.625	5.5	393	2 160
3	只曲河	德钦县城区（县级公路）	8.38	4.35	132	—
4	曹家沟	九龙县城北38km九龙河左岸（县级公路）	1.03	2.223	548	1 220
5	黄家沟	九龙县城北38km九龙河左岸（县级公路）	1.66	3.516	539	—
6	德华沟	黑水河右岸，罗坝街沟下游（县级公路）	4	1.66	580	1 142
7	无名沟	雅拉河右岸，南距康定城14km（二级公路）	0.9	2.2	562.6	1 380
8	倍水沟	康定雅拉河木格措·金盖电站下库（县级公路）	2.5	7.5	375	1 640
9	大干沟	康定雅拉河木格措·金盖电站下库（县级公路）	3.15	8	357	1 632
10	铜厂箐	昆明市东川区阿旺镇，小江中游右岸支沟（县级公路）	8.48	5.25	174	985
11	红砂沟	昆明市东川区小江流域（县级公路）	0.667	1.7	376	1 100
12	黑水河	昆明市东川区小江流域（县级公路）	4.2	3.95	210	758
13	老干沟	与大白泥沟相对（县级公路）	7.67	5.68	173.4	1 179
14	尼拉姑沟	深沟主沟左侧（县级公路）	4.06	4.62	178.6	1 260
15	幸福村沟	县级公路	5.74	4.85	311	1 160
16	龙蛇子沟	贵州习水县城北15km处的长嵌村附近（县级公路）	0.92	1.729	463	1 145
17	集中沟	四川石棉县蟹螺乡集中村（县级公路）	2.66	—	577	800.2
18	热水塘沟	四川石棉县蟹螺乡集中村（县级公路）	1.62	—	577	1 955
19	杜家沟	陇海铁路宝鸡至天水段元龙车站前后	4.90	6.34	105	1 955

续上表

序号	沟名	分布(所处道路)	流域面积(km^2)	主沟长(km)	平均比降(‰)	相对高差(m)
20	李家沟	陇海铁路宝鸡至天水段元龙车站前后	2.65	5.62	155	—
21	堡子沟	陇海铁路宝鸡至天水段元龙车站前后	2.01	4.78	193	—
22	王家沟	陇海铁路宝鸡至天水段元龙车站前后	7.05	7.84	195	—

影响流域坡降的因素有构造运动、岩性和风化作用等。在新构造运动活跃区,强烈的新构造运动造成山体快速隆升,河流下切,地势陡峻,地质作用强烈,有利于泥石流产生。如泥石流多发的青藏高原、攀西地区、小江流域、横断山区、陇南地区等均有新构造运动的行迹。其中,青藏高原的新构造运动表现最为强烈,近300万年以来,地壳垂直上升的速率为3mm/年,末次冰期以来达6.2mm/年,基岩被河流下切速率约1.1mm/年,从而成为泥石流的强烈活跃区(丁开华,2010)。仅在中尼公路就有800多条泥石流分布,川藏公路西藏段就有1 000多条泥石流沟(梁光模,2007)。一般软硬岩相间分布地区地形坡降较大,有利于泥石流的形成。以物理风化作用为主的地区,常常发育较陡的斜坡,而以化学风化为主的地区则坡度通常较和缓,前者更有利于泥石流的产生。

4.6 泥石流形成机理

泥石流形成就是在一定斜坡上水和土体耦合作用的复杂过程。本节在上述形成条件分析的基础上,从分析泥石流形成过程入手,探讨泥石流形成机理,建立概念模型,并对其中的关键过程进行深入研究。

4.6.1 泥石流形成过程中土源、水源和沟坡比降的相互影响

土源、水源和沟坡比降是相互影响的三个泥石流形成因子。对于数量较多、结构组分有利于泥石流产生的土体,其产流所需的激发雨量或径流量以及前期的水量数量就少,即临界雨量相对较小。对于坡度较大的区域,泥石流产生的临界雨量也较小;反之比降较小的区域激发泥石流所需的临界水量就较大。同样地,比降较大的地区,土源相对容易转化为泥石流,泥石流产生也相对容易。总之,三者形成此消彼长的关系,可以用图4-4来表示这三个因素之间的相互制约关系。

图4-4反映出沟坡比降、土源和水源的组合对泥石流形成的影响。如果比降较小,产生一定数量的泥石流所需的土源和水源数量较多。反之,当一个流域的比降较大,产生一定规模泥石流所需要的土源和水源条件就相对容易满足,许多结构差、强度大的松散固体物质也会转化为有效的泥石流土源。我国西南山区的干旱河谷区,通常沟坡比降比较大,降雨在夏季十分集中,雨强较大,有效土源容易起动形成泥石流。特别是软弱的岩层,风

化作用极强，则会提供丰富的有效土源，因而，这一地区成为我国泥石流最为发育的地区。

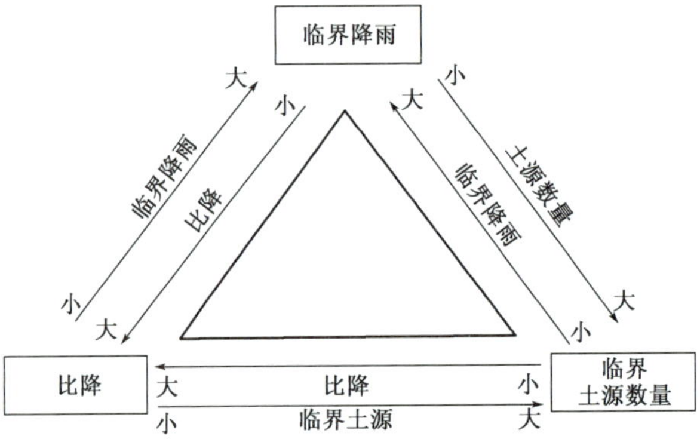

图 4-4　泥石流产生过程中土源、水源和沟坡比降之间的关系

4.6.2　泥石流形成过程

泥石流形成是地质作用和地表过程作用的产物。最常见的流域松散坡积物在降雨或径流的作用下形成泥石流的过程，可以用以下几个具有时序关联的子过程描述。

(1)土体累积过程

风化作用、滑坡(崩塌)作用、冰川作用、堆积作用、前期泥石流搬运作用、人类工程活动作用(开挖与堆填等)等形成宽级配松散固体物质，为泥石流的形成准备了物质条件。这些位于沟道中、上段，经过初次搬运的松散堆积物，具有类似于泥石流体的组成和结构特征，将其称为准泥石流体。该过程即为准泥石流体的形成过程。

(2)土体渗透饱和过程

在降雨或径流作用下，土体含水率增加，含水率增加到一定程度时出现地表径流，即产生超渗产流。伴随此过程，土体结构发生改变，孔隙水压力上升。

(3)土体剪切破坏过程

在离坡脚一定距离处，强度较低的土体出现颗粒之间的蠕动，土体内部产生优先流，颗粒之间的黏土和细颗粒在蠕动和优先流作用下流失，土体结构重新调整，孔隙水压力上升到接近峰值，土体局部出现破坏；接着，孔隙水压力上升到峰值，土体局部破坏面连通，土体破坏规模增大。

(4)土体液化过程

伴随着土体的破坏和急剧运动，其前方饱和或近饱和土体在冲击力作用下，土体的孔隙水压力迅速升高并完全支撑土体的应力，实现土体的液化过程。

(5)土体流态化过程

土体液化过程在空间和时间上连续发展，规模会进一步扩大。整个过程中，邻近空间单元的液化土体出现过程耦合和能量互激作用，促使液化土体沿重力梯度方向流动，形成一定规模的泥石流。

(6)地震激发过程

暴雨作用下的饱和或近饱和土体在地震荷载作用下,强度急剧下降,产生破坏,液化土体进而发展成泥石流。地震激发泥石流的现象偶有发生,这类灾害过程一般在震前有暴雨或强径流饱和土体的过程。

在泥石流实际形成中,上述过程(2)~(5)常常连续出现,构成完整的泥石流形成过程。地震期间,地震荷载往往叠加在上述过程(2)~(5)之上,进一步加剧泥石流的发生。泥石流形成过程中从土体累积到出现流动的阶段可以称为泥石流起动过程。由泥石流的形成过程可见,泥石流起动是泥石流形成过程的核心环节。

4.6.3 泥石流起动机理与起动模型

根据第4.6.1节的分析,决定泥石流形成的三个主要因素(松散土源、水分和比降)之间存在着相互制约关系。松散固体物质(即准泥石流体)的颗粒级配决定着它的结构和连接特征,直接影响到维持其三维结构的起动静切力 τ_B 和结构内部的水分渗流与存在状态(康志成,1987;褚君达,1982),松散固体物质的数量则决定泥石流起动时的规模。对于一个准泥石流体,底床坡度和级配确定后,决定于颗粒级配的抵抗力维持着它的稳定性。当水分参与到准泥石流体以后,其结构发生改变,强度降低,当抵抗力 τ_s 小于或等于起动力 τ_d,达到极限状态而起动。因而,在这三个主要因素中,底床坡度和准泥石流体级配是基本条件,水是诱发因素。准泥石流体和泥石流体的区别就是水分作用程度的不同,当水分作用未达到临界值以前,它是准泥石流体;超过临界值以后,就起动转化为泥石流体。这一临界水量值又随着基本条件(底床坡度和颗粒级配)的不同而异。如果将坡度、水分和颗粒级配这三个基本条件用确定的定量关系表示出来,这种函数关系就反映泥石流的起动机理。

通过大量试验观测泥石流起动的物理现象,测定泥石流起动时底床坡度 θ、土体细粒含量 C 和土体细粒部分的饱和度 S_r 的临界状态参数。试验发现,随着土体细颗粒含量由少向多的增加过程,泥石流起动时分别表现出加速效应、分离效应和连接效应,相应地出现加速起动、常速起动和缓慢起动三种起动类型。综合考虑 S_r-C-θ 的关系,得到 θ、S_r、C 空间中的泥石流起动条件——曲面 S_c(图4-5)。任何一个准泥石流体,就是 θ、S_r、C 空间中的一个点 $P(\theta、S_r、C)$。当点 P 位于曲面 S_c 上时,准泥石流体处于临界起动状态;当点 P 位于曲面 S_c 以下时,准泥石流处于稳定状态;当点 P 位于曲面 S_c 以上时,已经产生起动,此时,作为准泥石流体的物体已不存在(崔鹏,1990,1991)。

由试验可知,当 $S_r > S_{rc2} = 1.0$ 时,水分在准泥石流体起动中已不仅是参与其组构和降低强度的作用,而是形成表层径流,对准泥石流体起到动力冲刷的作用。因而,可用 S_{rc2} =

1.0 平面将曲面 S_c 分为两部分,在左侧,准泥石流体的水分未完全饱和,水分作为准泥石流体的组分而影响起动,起动后形成黏性泥石流;在右侧,水分对准泥石流体起动的作用是以水动力作用为主,起动后形成稀性泥石流。

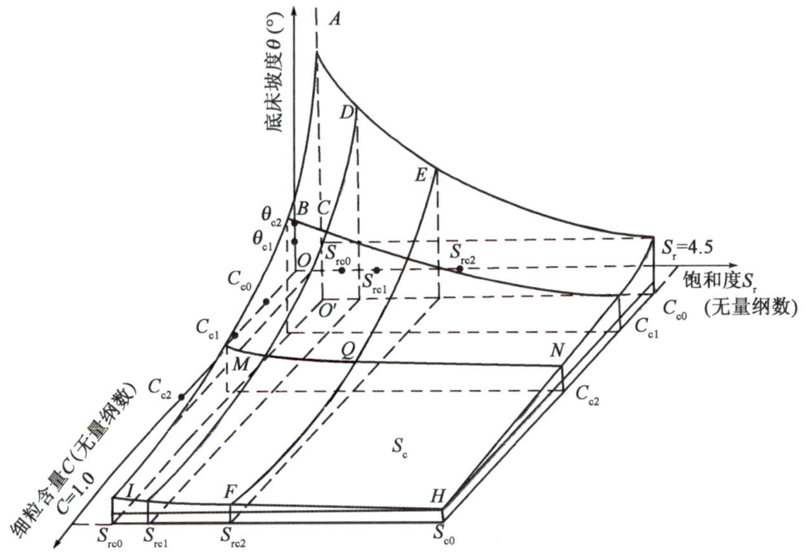

图 4-5　泥石流起动模型(Cui,1992)

起动条件 S_c 曲面较为全面地反映了泥石流起动特征。准泥石流体的起动特征决定于其结构强度,而结构强度又由颗粒级配和水分含量所决定。分别用平面 $S_{rc1}=0.4787$,$C_{c1}=0.25$,$C_{c2}=0.5$ 把曲面 S_c 分成三个区。当水分含量小于第一临界值 S_{rc1},细粒含量小于第一临界值 C_{c1} 时,位于图 4-5 中 *ABCD* 区,准泥石流体屈服强度大,结构破坏强度与屈服强度的差值小,加速效应明显,产生加速起动。当水分含量小于第一临界值 S_{rc1},细粒含量大于第二临界值 C_{c2} 时,位于 *FIMQ* 区,准泥石流体结构性质发生了根本变化,连接效应显著,为缓慢起动。细粒含量介于 C_{c1} 和 C_{c2} 之间,位于 *BCDEQMB* 区,剪切强度和破坏强度都有一定量值,起动具有分离效应,形成常速起动。

另外,对于 $S_r \geqslant S_{rc2}$ 的部分,*QNHF* 区细粒含量多,水分作用强,连接效应减弱,结构强度降低,细颗粒间的连接易于在水分作用下破坏而解体,分散于水体中,形成稀性泥流。*EGNQ* 区细粒含量少,具有一定的骨架结构,强度值较高,起动坡度较大,起动后形成稀性泥石流。

4.6.4　泥石流形成关键过程及其参数确定

坡面土体不同组分和结构具有不同的应力响应状态,表现出不同的破坏过程和起动形式,以下为典型的三类模式:如山坡上滑坡(崩塌)发生后,在快速的运动过程中土体液化直接转化为泥石流;坡脚侵蚀导致坡体失稳,侵蚀形成泥石流;土坡的松散堆积物在降雨或径流的作用下液化而形成泥石流。在第4.6.3节中虽然已经建立了泥石流起动的概念模型，但是，要定量描述泥石流的起动和形成过程，还有许多问题需要深入研究，特别是泥石流形成和起动过程中的关键环节，如土体强度的减弱、土体的破坏和移动、土体变形导致土体孔隙水压力的上升，以及土体黏土颗粒或细颗粒在水分作用及其随之产生的土体结构强度变化等。日本的Sassa(1997,2005)通过三轴排水和不排水试验分析了破坏的四种状态，即初始状态，此时孔压为0；排水状态，此时虽然有外界的附加应力，但孔压为0；非膨胀的不排水状态，此时土体内部的孔压等于外界给予的附加应力；不排水滑面液化的状态，此时孔压等于土体的初始应力和增加的附加应力，即土体实现液化。在此基础上，Sassa把泥石流的形成过程分为四个阶段，第一阶段为上部土体的快速失稳，第二阶段是失稳松散土体在冲击作用下初始液化，第三阶段为泥石流的初始起动阶段，第四为泥石流的发展阶段。美国的Iverson(1989)采用均一塑料球体构成理想对象，模拟剪切破坏过程中土体孔压上升和液化的机理与过程。但形成泥石流的土体，为宽级配的砾石土，含有一定量的黏土颗粒，砾石磨圆度较低，大多呈棱角和次棱角状，土体的渗透性较强，其入渗和破坏过程更为复杂。本节就形成泥石流土体的渗透、剪切破坏和液化等泥石流形成的关键过程做进一步的分析。

1)土体渗透特征

泥石流源区大部分为松散的砾石土。由坡面松散土体失稳导致泥石流形成的规律已由国内外许多学者从理论上和实验上得到证实(Iverson R M,Reid M E,1992;Iverson R M,1997)，其主要影响因素有坡脚的侵蚀和水流渗透力的作用等(Carla G,2000)。径流的产生是点暴雨或冰川融水和渗流汇流的结果。在研究土体渗流时可以参考前人已经建立的模式，常见的有以下三种。

1932年Kosyiakov提出的：

$$f_p = kt^{\alpha} \tag{4-1}$$

1940年Horton提出的：

$$f_p = f_c + (f_o - f_c)e^{-t\beta} \tag{4-2}$$

1957年Philip提出的：

$$f_p = f_c + \frac{1}{2}st^{-\frac{1}{2}} \tag{4-3}$$

式中：f_p——t时刻的下渗率(mm/h)；

f_o——土壤初始下渗率(mm/h)；

f_c——稳定渗率(mm/h)；

s——土壤吸水系数；

e——自然对数底；

t——时间(s);

k、α——试验参数;

β——常数,即下渗曲线的递减参数。

在这些渗透规律研究的基础上,以云南蒋家沟泥石流源头为典型研究区,采用双环法在野外测定和计算土壤入渗速率,进行了现场渗透和人工降雨试验,研究泥石流形成区降雨入渗过程及泥石流源区土体的崩滑起动等问题(崔鹏,1990),发现坡面砾石土体的渗透规律可以用 Horton 模式表示(陈宁生等,2001),拟合的方程为:

$$f_p = 0.11 + 0.44e - 0.56t \tag{4-4}$$

坡面产流和径流作用对泥石流形成具有重要作用。坡面水流不同于一般明渠流动,其水深极浅(一般只有几毫米),坡度陡,沿程不断有质量和动量加入,边界条件更为复杂,使其随时间和空间有较大的变化。这些特点使得对坡面水流的研究有相当的难度。田连权等(1993)为了观测源区超渗产流与泥石流的关系,在源区做了大量的径流场试验,促进了对坡面降雨产流影响泥石流形成的理解。Woolhiser 和 Ligget 的研究结果表明在运动波波数 $k>10$ 时,运动波模型可以很好地描述坡面水流运动,而实际坡面流的运动波波数一般远大于 10(沈冰等,1994)。因此,运动波近似理论在大多数情况下可以很好地描述坡面流运动过程,且计算简单,可以采用一维运动波理论建立坡面流基本方程。

$$\frac{\partial h}{\partial t} + \frac{\partial q}{\partial x} = \rho\cos\theta - i \tag{4-5}$$

$$q = \frac{1}{n}h^{\frac{5}{3}}S_0^{\frac{1}{2}} \tag{4-6}$$

式中:x——沿坡面向下的坐标;

t——时间(s);

h——水深(m);

q——单宽流量(m^2/s),降雨方向垂直向下;

ρ——流体密度(kg/m^3)

i——入渗率;

S_0——坡面坡度,$S_0 = \sin\theta$;

θ——坡面倾角(°);

n——曼宁糙率系数。

式(4-6)直接使用了水力学中熟知的谢才公式(Chezy)和曼宁公式(Manning)。

2)土体的破坏过程与机理

(1)土体剪切破坏的基本规律

一般而言,泥石流源区土体的破坏可以用莫尔—库仑定律来描述。如果已知在某一平面上作用着法向应力 σ 以及剪应力 τ,则依据 τ 和抗剪强度 τ_f 的对比,土体受剪破坏极限状态可能有以下三种情况:

$\tau < \tau_f$（在破坏线以下），安全（或称弹性平衡）；

$\tau = \tau_f$（在破坏线上），临界状态（或称极限平衡）；

$\tau > \tau_f$（在破坏线上方），破坏（或称塑性破坏）。

由剪切试验可知，即使总应力 σ 相同，但若排水条件不同，则土中有效应力 $\bar{\sigma}$ 也不同。根据有效应力原理，其应力表达式为：

$$\tau_f = c' + (\sigma - u)\tan\varphi \tag{4-7}$$

式中孔隙水压力 u 的发展变化是土体变形和强度变化的根本因素，因此确定不同条件下土中孔压的发展变化规律就显得极为重要。

(2) 土体的剪应力

一般泥石流源区土体的剪应力由土体的重力，土体表面的超渗产流的拖曳力组成。从土力学的角度出发，泥石流源区土体的强度可由土体的黏聚力 c、内摩擦角 φ 这两个参数来描述确定，若考虑土体的孔隙水压力，则用有效黏聚力 c'、有效内摩擦角 φ' 来表示。如果土体的骨架应力和其间的径流的动水压力是分别考虑的（土体试验采用排水剪或慢剪的情况）土体的剪应力还要考虑土体的渗透力。

(3) 斜坡上饱和土层理论滑移面深度的计算

松散土体坍塌滑移破坏是泥石流形成的最初阶段，这一过程可借助浅层土质滑坡的分析方法，研究其破坏特征。坡面土体微型模型如图 4-6 所示，设边坡长度为 L，自然坡面角度 θ 为 35°；斜坡土体浅层为完全饱和土层，滑移起动面为完全饱和土层的中界面，即该界面可能是饱和土层的下界面也可能是内含在饱和土层中的一个面。由于斜坡上部和底部的土体性能有差异（高士钊，1998），假定从边坡上部土体到下部土体的摩擦角和黏聚力都是线性变化，且坡顶和坡脚的内摩擦角分别为 φ_1、φ_2，黏聚力分别为 c_1、c_2，建立如图 4-6 所示的直角坐标系，则由以上的假设可以写出边坡上饱和土层中任意 P 点处的摩擦角与黏聚力分别表示如下：

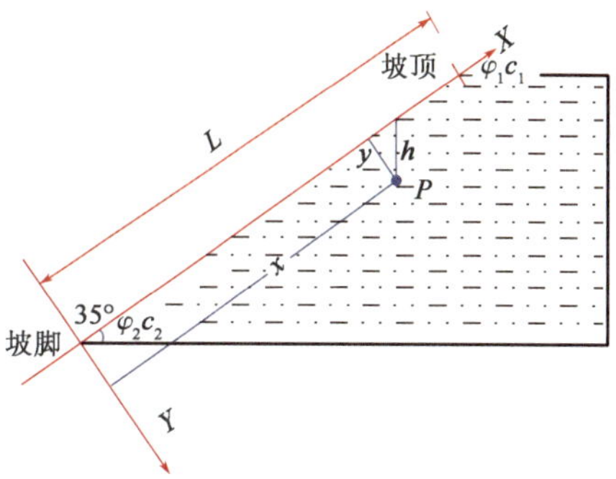

图 4-6 微型坡面土体滑动分析示意图

$$\varphi_{P(x,y)} = \varphi_2 - \frac{x}{L}(\varphi_2 - \varphi_1) \tag{4-8}$$

$$c_{P(x,y)} = c_2 - \frac{x}{L}(c_2 - c_1) \tag{4-9}$$

P 点土体自重力 W 为：

$$W = \gamma g \frac{y}{\cos\theta} \tag{4-10}$$

由此，可以写出 P 点抗滑阻力 T_S 和下滑力 T_R 如下：

$$T_R = \gamma g \frac{y}{\cos\theta}\sin\theta \tag{4-11}$$

$$T_S = \gamma g y \tan\varphi_{P(x,y)} + c_{P(x,y)} \tag{4-12}$$

由滑动面控制方程，构造新函数 $g(x,y)$ 为：

$$g(x,y) = K \cdot T_R - T_S \tag{4-13}$$

式中：K——坡面的安全系数；当 $K=1$，$g(x,y)=0$ 时，斜坡处于临界滑动状态。

由式(4-8)、式(4-9)可知，当坡顶与坡脚的摩擦角及黏聚力确定后，按上述土体性质的线性关系的假设，斜坡上任一点的摩擦角与黏聚力，取决于该点与坡脚的水平距离和总坡长度的比例。因此，对斜坡在水平距离参数进行无量纲化处理，可以得到理论的滑动层的深度随该比例变化的关系如下：

$$y = \frac{c_{P(x,y)}}{\gamma g[\tan\theta - \tan\varphi_{P(x,y)}]} \tag{4-14}$$

按东川区大凹子沟的饱和土样计算，取其坡顶及其坡脚处的摩擦角分别为 $\varphi_1 = 5°$，$\varphi_2 = 15°$；黏聚力为 $c_1 = 0.6\text{kPa}$，$c_2 = 0.8\text{kPa}$，则由公式(4-13)计算可得，破坏深度随比例值的变化如图 4-7 所示。

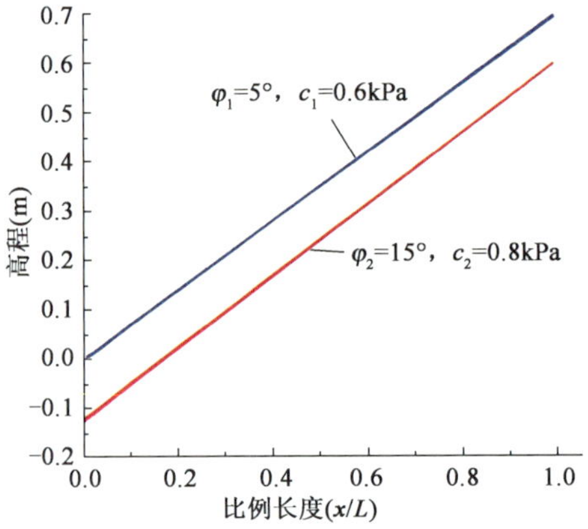

图 4-7　理论滑动层深度示意图

由图 4-7 可见：可能引起滑动的饱和土层在坡脚处较深，到坡面上部逐渐变浅，与实地观测和试验现象相一致。

(4)滑移起动点楔形滑移模型

在实地的泥石流起动实验中，最初出现的蠕动形态多为薄片状饱和土层从坡面上滑移出来。参考上面分析，建立楔形微型滑移模型如图 4-8 所示，设表层滑移深度与比例长度为线性关系，比例系数为 F，滑坡部分为完全饱和土层，滑移出的土层形状为楔形，则由上述构造函数 $g(x,y)$ 第一次出现的零点为片状滑移起动点。

则由：

$$y = F \cdot x \tag{4-15}$$

同时，$g(x,y)$ 的表达式可写为：

$$g(x,y)=\gamma gFx\left\{\tan\left[\varphi_2-\frac{x}{L}(\varphi_2-\varphi_1)\right]-\tan\theta\right\}+\left[c_2-\frac{x}{L}(c_2-c_1)\right] \quad (4\text{-}16)$$

对东川大凹子沟的土样参数，依照公式(4-12)，取比例系数 $F=0.15$，计算出的阻力空间变化曲线如图 4-9 所示，相应的饱和土层的滑移起动点的位置(x/L)为 0.68，起动点的饱和土层面的深度 $y=6.41\text{cm}$，这个深度等同于式(4-14)中计算的坡顶饱和起动深度。而由饱和起动深度是从坡脚到坡顶线性逐渐变浅的性质可知，当起动点饱和深度达到 6.41cm时，其上部的饱和深度均为临界理论滑移深度，可以假定该点能起动。

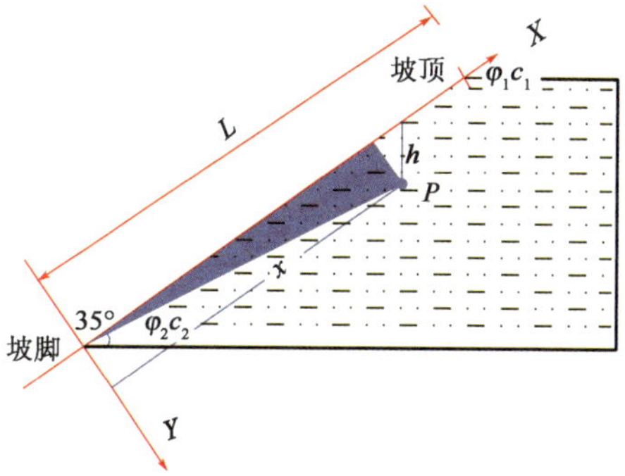

图 4-8 楔形模型滑移起动点计算图

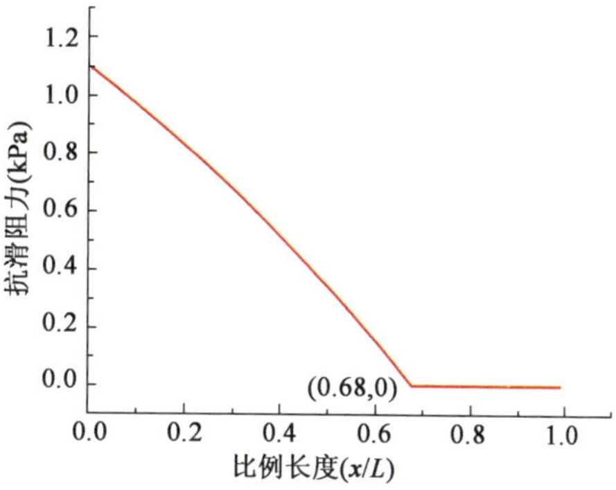

图 4-9 坡面抗滑阻力变化曲线

本章参考文献

陈宁生,2003a. 贵州习水 2003-06-25 泥石流灾害考察报告(摘要)[J]. 山地学报,21 (5):631.

陈宁生,2003b. 四川石棉 2003-08-28 泥石流灾害考察报告(摘要)[J]. 山地学报,21 (5):639.

陈宁生,高延超,李东风,等,2004. 丹巴县邛山沟特大灾害性泥石流汇流过程分析[J]. 自然灾害学报,13 (3):104-108.

陈宁生,张军. 2001. 泥石流源区弱固结砾石土的渗透规律[J]. 山地学报,19(2):169-171.

陈晓清,崔鹏,韦方强,2006. 泥石流起动原型试验及预报方法探索[J]. 中国地质灾害与防治学报,17(4):73-78.

崔鹏,1990. 泥石流起动机理的研究[D]. 北京:北京林业大学.

崔鹏,1991. 泥石流起动条件和机理的实验研究[J]. 科学通报,1991,36(21):1650-1652.

崔鹏,邓宏艳,王成华,2018. 山地灾害[M]. 北京:高等教育出版社.

崔鹏,何思明,姚令侃,等,2011. 汶川地震山地灾害形成机理与风险控制[M]. 北京,科学出版社.

第宝锋,陈宁生,谢万银,等,2003. 罗坝街沟泥石流特征分析[J]. 山地学报,21(2):216-222.

丁开华,2010. 青藏高原中东部地区的现今地壳形变研究[D]. 武汉:武汉大学.

方云,林彤,谭松林,2003. 土力学[M]. 北京:中国地质大学出版社.

康志成,1987. 泥石流产生的力学分析[J]. 山地研究,5(4):225-230.

李宁,唐川,卜祥航,等,2020."5·12"地震后汶川县泥石流特征与演化分析[J]. 工程地质学报,28(06):1223-1245.

李伟,魏学利,李宾,等,2019. 公格尔山区融水冲刷形成泥石流的起动试验研究[J]. 泥沙研究,44(6):59-65.

梁光模,2007. 川藏公路南线(西藏境内)泥石流灾害与防治对策[D]. 成都:西南交通大学.

廖丽萍,朱颖彦,杨志全,等,2017. 震区砾石土泥石流起动临界状态与力学性状[J]. 山地学报,35(4):506-516.

刘希林,2003. 汶川茶园沟 2003-08-09 泥石流灾害调查[J]. 山地学报,21(5):635-637.

沈冰,李怀恩,沈晋,1994. 坡面降雨漫流过程中有效糙率的实验研究[J]. 水利学报,10:61-68.

唐邦兴,等,2000. 中国泥石流[M]. 北京:商务印书馆.

田连权,吴积善. 康志成,等,1993. 泥石流侵蚀搬运堆积[M]. 成都:成都地图出版社.

汪闻韶,常亚屏,左秀泓,1986. 饱和砂砾料在振动和往返加荷下的液化特性[C]//水利水电科学研究院科学研究论文集第 23 集:195-203.

吴积善,等,1990. 云南蒋家沟泥石流观测与研究[M]. 北京:科学出版社.

云南省计委国土整治农业区划办公室,中国科学院·水利部成都山地灾害与环境研究所,2000. 云南滑坡泥石流灾害防治[M]. 昆明:云南大学出版社.

周必凡,等,1991. 泥石流防治指南[M]. 北京:科学出版社.

褚君达,1982. 泥沙在浑水中的沉降规律[J]. 华东水利学院学报,(01):28-36.

Brancaccio L, Cinque A, Russo F, et al, 2000. Le frane del 5-6 maggio 1998 sul gruppo monutoso Pizzo d' Alvano (Campania): Osservazioni geomofologiche sulla loro distribuzine e sulla dinamica delle connesse colate[J]. Quad. Geol. Appl. 7(1):5-36.

Carla G, 2000. Experimental evidence from the triggering of debris flow along a granular slope[J]. Phys. Chem. Earth(B). 25(4):387-390.

Chen N S, Cui P, Liu Z G et al, 2003. Calculation of the debris flow concentration based on clay content[J]. Science in China Ser. E Technological Sciences, Vol. 46:163-174.

Cui P, 1992. Study on condition and mechanisms of debris flow initiaton by means of experiment[J]. Chinese Science Bulletin. 37(9):759-763.

Dhital, 2003. Causes and consequences of the 1993 debris flows and landslides in the Kulekhani watershed, central Nepal[C]//Rickenmann &Chen (Eds) Debris-Flow Hazards Mitigation: Mechnics, Prediction, and Assessment. Rotterdam: Millpress, Vol. 2:931-942.

Garner, 1959. Stratigraphic-sedimentary significance of contemporary climate and relief in four regions of the Andes Mountains[J]. Bullentin of the Geological Society of America, 70:1327-1368.

Iverson R M, Lahusen R G, 1989. Dynamic pore-pressure fluctuations in rapidly shearing granular materials[J]. Science. 246:796-799.

Iverson R M, Reid M E, 1992. Gravity-driven groundwater flow and slope failure potential[J]. Water Resources Research, 28(3):925-950.

Iverson R M, 1997. Slope instability from groundwater seepage discussion[J]. ASCE Journal of Hydraulic Engineering.

Pareshi, 2000. Debris flows in circumvesuvian areas (southerns Italy): Insights for harzard assessment[J]. Geology, 28:639-642.

Rolandi G, Bartollini F, Cozzolino G, et al, 2000. Sull' origine delle coltri piroclastiche presenti sul versante occidentale del Pizzo d'Alvano(Sarno-Campania)[J]. Quad. Geol. Appl. 7(1):37-47.

Sassa K. 1998. Mechanisms of Landslide Triggered Debris Flows[J]. Environmental Forest Science, Vol 54:499-518.

Sassa, K, Fukuoka H, Wang G et al, 2004. Undrained dynamic-loading ring-shear apparatus and its application to landslide dynamics. Landslides, Vol 1:7-19.

The Fifth Chapter

第 5 章

泥石流沟的判识与分类

道路沿线泥石流沟判定和预测十分重要。若出现误判,可能会导致疏于防范造成不必要的损失。在山区和道路建设中,把尚未暴发泥石流的沟谷作为清水沟道或一般山洪沟谷来处理,而酿成巨大灾害的事件屡见不鲜。即使已判定了的泥石流流域,也存在着对泥石流规模(最大流速、流量等)估计不足的问题。在进行山区道路工程建设项目时,给出泥石流沟的判识和预测指标与方法,准确判识泥石流沟道,预测泥石流规模与频率等是非常必要的。

判识一条沟道是否为泥石流沟,对其暴发的规模和频率等进行预测一直是目前研究的重要问题之一。泥石流沟的判识,是要科学地区分泥石流沟和一般的洪水沟。崔鹏(1994)归纳出泥石流沟判识的必要条件——泥石流形成的基本条件和泥石流判识的充分条件——泥石流的活动遗迹。谭炳炎(1986)依据沟谷的地形、地貌、地质和水文等条件采用统计打分的方法对泥石流沟进行判识。泥石流的产生是土源、水源和地形地貌共同作用的结果,这三方面的因素缺一不可,因此统计打分会导致分值与实际不符的情况。从泥石流的形成条件和运动行迹,按照一定的程序来综合判断泥石流沟是最实际的常用方法,而判识方法与步骤仍需要进一步细化和研究。

在确定泥石流沟后,还需要判定泥石流的性质和预测其规模等。最主要的是要判识泥石流的性质是黏性还是稀性,预测泥石流在一定频率下的流量规模。泥石流性质的判定主要是通过重度来确定的,通常大于 18kN/m^3 的泥石流为黏性泥石流(崔鹏,2000),具体计算参见第 7 章泥石流防治工程参数确定。泥石流规模的确定通常在水文上采用配方法(国家防汛抗旱总指挥部办公室,1994)。实践上也有采用依据物源条件确定规模的。如美国的 Benda(1987)和 Whipple(1992)依据源区固体物质的稳定条件和可能补给泥石流的数量去预测泥石流按需分配的流量过程。

本章依照泥石流的形成条件和行迹进行泥石流沟的判别,同时依据泥石流行迹确定泥石流的性质,在土源、水源和坡降条件分析的基础上,分析泥石流可能的规模与进一步的发展趋势。

5.1 泥石流沟的判识

我们把所有发生过泥石流或存在产生泥石流潜在危险的沟谷统称为泥石流沟(国家防汛抗旱总指挥部办公室,中国科学院・水利部成都山地灾害与环境研究所,1994)。泥石流沟的认定有三种情况:第一种情况,肯定某条沟为泥石流沟;第二种情况,肯定某条沟不是泥石流沟;第三种情况为某条沟可能是泥石流沟。判识泥石流沟的条件有必要条件和充分条件。必要条件是泥石流形成的基本条件,只要具备这一条件,该沟就有可能产生泥石流;充分条件包括泥石流的活动遗迹与历史资料,一条沟道只要具备其中之一,就可判定为泥石流沟谷。从判识步骤上,应从简单明了的工作入手,主要工作流程如图 5-1 所示。

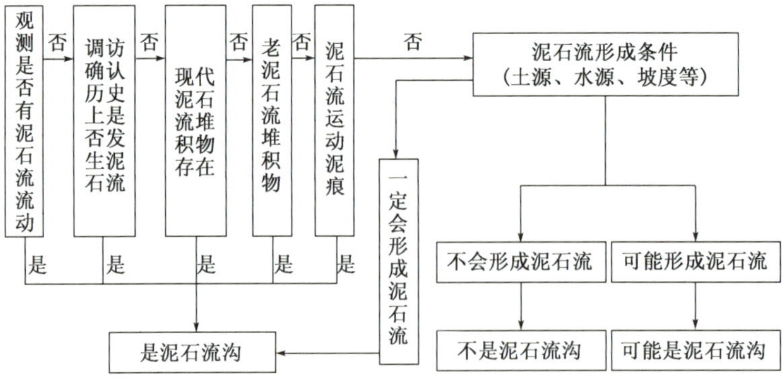

图 5-1　泥石流沟判识工作流程图

5.1.1 通过观测判识泥石流

如果观测到某条沟道有泥石流正在活动,那么这条沟道肯定是泥石流沟,这是最简单也最准确的判定泥石流沟道的方法。但是泥石流的暴发偶然性比较大,如果不是固定设置观测站,不容易直接观测到泥石流的暴发,所以依据直接观测方法判断泥石流沟虽然简单,但是许多沟道不能用该方法判断,需要用其他方法来判定。

5.1.2 通过调访判识泥石流

泥石流来势凶猛,破坏力强,往往给当地居民带来严重的危害。群众对大的泥石流事件记忆犹新。判识沟谷是否为泥石流沟道时,可以邀请几位熟悉情况、年纪较大的当地群众进行访问、座谈。请他们详细回忆当时情况,并到现场指认痕迹,讲述泥石流暴发时的各种情况。访问的主要内容如下:

(1)泥石流所造成的灾害,并要注意区分山洪和泥石流。

(2)灾害发生时间、规模、次数、持续时间,以及历次泥石流暴发的具体过程等。

(3)泥石流流体的性状。包括:流态,含泥沙、块石的数量,流动时的声响、状态,以及沟谷其他情况(如垮塌、振动)等。

(4)堆积物状况。包括有无堆积扇存在、堆积扇形状、堆积物组成、大石块的粒径、有无超高抛高残留物等。

(5)流体过后山坡、沟道、沟岸的破坏情况;沟床冲淤及堵塞情况。

(6)泥痕(泥位)及其位置高度。

(7)伴生现象。包括降雨量、降雨历时、降雨强度、地震、滑坡、崩塌等。

对于年代久远,记忆模糊的泥石流事件,可以引导群众结合生活中印象最深刻的事件(如重大政治、历史事件,个人生活中的生育、婚丧、属相、搬迁……)进行回忆,并且根据沟谷的其他判别条件仔细验证。通过调查访问,根据当地群众提供的材料,就能够判断调查沟谷是否为泥石流沟。

5.1.3 通过堆积物调查判识泥石流

泥石流堆积分为现代泥石流堆积和老泥石流堆积。虽然同是泥石流堆积物,现代泥石流堆积比较容易判定;老泥石流堆积由于新构造运动、环境变化等因素的影响,这种泥石流堆积物往往被深埋地下或者堆积于山坡较高的地段,需要根据其堆积物的组成物质和结构构造特征,判定是否为泥石流堆积物。泥石流堆积物有其特有的性状,它携带着泥石流形成和流动的许多信息,通过对沟谷或沟口混杂堆积物的考察与分析,就能鉴别是否为泥石流沟道。具体特征如下:

(1)堆积物形态。泥石流堆积扇在断面上呈锥形,在平面上呈扇形,其纵、横比降较大,坡度为3°~12°。表面垄岗起伏,坎坷不平;而洪积扇纵、横比降小,为1°~3°,表面较为平整。此外,泥石流常常在沟道下游留下残留堆积和堤状堆积。

(2)堆积剖面。在堆积剖面上,一般可用表泥层或粗化层将泥石流堆积分为若干层次,每层代表一次泥石流活动,层内黏土、砂、砾石粗细混杂,无分选,粒径相差悬殊。稀性泥石流堆积物的砾石粗看杂乱无章,仔细观察则可显示出明显的定向排列。

(3)颗粒特征。泥石流体中的砾石往往存在碰撞擦痕;与冰川擦痕比较,泥石流擦痕短而浅,擦痕面粗糙;黏性或偏黏性泥石流堆积物中常常有泥球或泥裹石。

凡是堆积物具有以上特征的沟谷,就是泥石流沟。位于宽谷段的泥石流沟道往往堆积扇发育完整,堆积特征明显,易于鉴别。若位于峡谷段,主河冲刷往往使堆积扇残缺不全,但有时还能保留部分上述特征。若主河侵蚀严重,堆积扇完全被冲刷掉,这样的沟谷就不能用这一方法判别。

5.1.4 通过泥石流的运动痕迹判识

一般而言泥石流的规模都比同一沟谷的山洪规模大,泥位也比洪水位高,只要没有受到人为的影响和破坏,泥石流痕迹就能够保存较长时间,也容易发现和判识。判识标准如下:

(1)残积物。泥石流过后,在沟道两侧地形变化处、基岩裂缝中、沟谷两侧较高部位、树杈、树皮、杂草间及建筑物上,都会遗留下泥石流物质。

(2)抛高和超高堆积物。泥石流在直进中遇到障碍物(孤石、建筑物、陡坎等)形成上抛运动,在这些障碍物上留下高于正常面(泥位)的堆积物;泥石流流经弯道时,在凹岸强烈碰撞产生超高,在低于超高高度的沟岸留下堆积物。

(3)擦痕。泥石流过后,在弯道凹岸和顺直段两岸基岩面上常留下冲蚀、刻蚀痕迹,如冲光面、冲击坑、擦痕等,由于其他应力也可以形成类似痕迹,这一指标与其他指标配合使用。

(4)其他痕迹。泥石流过后,还会留下一些具有特殊颜色和形态的特征,如房屋墙壁上留下的泥痕,土墙被冲刷后留下的粗糙斑痕,青砖墙被浸润后表面由灰色变为褐色,建筑物被冲毁后留下的残痕,沟床两岸被泥石流冲刷后不易生长植物的区段等。

泥石流活动痕迹是判识泥石流沟的最有力标志。除擦痕不能单独作为判别依据外,在一个沟谷中,只要发现其中任何一种痕迹,都可判定为泥石流沟道。

5.1.5 通过泥石流形成基本条件判定泥石流沟道

上面的几种方法是通过直接观测和调查已经暴发过的泥石流,并且泥石流的痕迹比较清楚,容易被人们发现。但是某些沟道可能以前从未发生过泥石流活动,或者虽然暴发过泥石流,但是年代久远,已经被当地居民忘记,并且泥石流留下痕迹已不可寻。这些沟道可能在条件成熟的时候暴发泥石流,造成极大的损失。这就需要通过泥石流形成的基本条件入手,分析沟道是否为泥石流沟,为泥石流防治提供依据。基本条件包括松散固体物质的供给与储存、地形坡度与水分供给这三个方面的内容。具体判别内容及标准如下所述。

1)松散固体物质的供给与储存条件

(1)构造作用。沟谷处在活动大断裂附近;沟内有破碎带存在,断层、节理、裂隙发育,岩体比较破碎。

(2)岩性。沟内出露软硬相间或软弱易风化岩层,如泥岩、页岩、千枚岩、胶结差的半成岩地层和土类堆积物等;存在较厚实的残坡积层,并与其下伏基岩之间有相对不透水层。

(3)侵蚀。沟内崩塌、坍塌、滑坡等重力侵蚀比较活跃,分布相对集中;水土流失、坡面侵蚀比较强烈;物理风化比较发育。

(4)松散固体物质丰富。沟道中有大量滑塌等重力侵蚀和坡面侵蚀堆积物(往往为倒石堆);存在被切去扇缘的支沟泥石流与坡面泥石流堆积扇;沟床上具有较丰富的砂砾石层;谷坡上存在较厚的冰碛物或堆积台地。

2)地形坡度条件

(1)流域特征。多为漏斗形、条形流域;相对高差一般在 300m 以上,坡面泥石流的相对高差一般在 200m 以上(中国科学院成都山地灾害与环境研究所,1989);沟谷切割比较强烈,沟网密度较大。

(2)沟道特征。沟床平均比降一般在 100‰以上,起动段沟床比降一般大于 260‰,部分衰退期泥石流沟沟床平均比降往往小于 100‰;沟道中部多为峡谷地形,存在陡坎和跌水。

(3)坡面坡度。山坡较陡,平均坡度一般大于 25°。

3)水分供给条件

(1)降雨。沟谷所在地出现大于某一量值的降雨(称作“临界雨量”),它随雨型、区域气候与松散固体物质补给条件而异。一般来说,秦岭、淮河以南稍小,以北稍大。

表 5-1 列出了我国部分地区泥石流形成降雨条件的经验标准(王兰珍等,1986;甘肃省交通科学研究所,1981)。

(2)冰雪消融。沟内存在冰川积雪,5—8 月日平均气温在 9 ~ 10℃时,会产生大量冰雪融水;若雨热同期出现,则更易激发泥石流。

我国部分地区泥石流形成的降雨条件　表 5-1

地　　区	年降水量(mm)	雨季降水量在年降水量的比例(%)	发生泥石流的一次最大降水量(mm)	激发泥石流的临界降水量(mm)	备　　注
东川	839.8	88	—	6.8~14.8	临界降水以10min计
大盈江	1 486.8	63.1	—	5.0~10.0	
西昌	1 042.6	93	127	>10	
武都	479.1	86.8	170	10	
兰州	328.5	80	120	30~50	临界降水以1h计
天水	544.9	80	101	30~50	
北京郊区	662.4	—	252	100	
秦岭(宝成铁路北段)	730.4	—	143.7	>16	

(3)堤坝溃决。沟道上游存在稳定性较差的各种坝体,如强度不够或有结构缺陷的塘库水坝,滑坡、崩塌、地震等堵沟形成的天然堆石坝,冰碛堰塞坝等。

(4)地下水活动。沟内有较强的地下水活动,地下水位在松散层与基岩界面上下波动。

凡具备上述固体物质、地形、供水三种条件相组合的沟谷,都有可能发生泥石流。

综上所述,满足充分条件之一,就是已经发生过泥石流的沟谷,属于泥石流沟道;满足必要条件的沟道,具备泥石流的条件,以前虽不一定暴发过泥石流,在条件组合适宜时,将会暴发泥石流,属于泥石流沟道;对于任何一个必要条件不具备的沟谷,不管其他条件是否发育充分,而且在相当长的时间内,其条件不会改变,不会导致泥石流的发生,这种类型的沟道不属于泥石流沟。另外,虽然必要条件都具备,但是某些条件不是很发育,在一般条件下不会暴发泥石流,但是在特殊条件满足(比如强地震、强降雨等)还是可能暴发泥石流,这类沟道是否会发生泥石流,不易确定,属于可能是泥石流沟。总的来说对于一条沟的判识,往往要将必要条件和充分条件配合使用,才能准确地判定其是否为泥石流沟。

5.2　泥石流性质的判定

泥石流的性质是泥石流防治研究的重要基本要素之一,关系到泥石流防治方法和防治措施的确定。研究一条泥石流沟,首要任务是要搞清楚该沟泥石流的性质,为进一步研究泥石流奠定基础。泥石流的性质主要是根据泥石流的重度和土水比来确定的。可把泥石流分为黏性、稀性以及过渡性泥石流。目前泥石流的性质判定主要有以下几种方法。

5.2.1 根据重度确定泥石流性质

在有条件观测对泥石流进行观测的流域可以通过称重法来确定泥石流重度，进而判定泥石流的性质。称重法是用固定体积圆桶直接采集泥石流样，称重后，按下面公式计算泥石流重度（国家防汛抗旱总指挥部办公室，中国科学院・水利部成都山地灾害与环境研究所，1994）。

$$\gamma = \frac{W_1 - W_2}{V} \tag{5-1}$$

式中：γ——泥石流重度（kN/m^3）；

W_1——桶与泥石流总重力（kN）；

W_2——空桶重力（kN）；

V——桶内泥石流体积（m^3），重复多次取其平均值。

测定泥石流的重度，可在调查现场由目击者配制和认定泥石流样品，用公式（5-1）求得重度。样品认定也可以用泥痕对比法，即将堆积样品调制后溅在留有泥痕的物体上，如此进行多次，直至配制样品的泥痕与原泥痕基本一致时，再用称重法或体积比法算出泥石流重度。最后根据 5.5 节的泥石流分类方法，确定泥石流体的性质。

5.2.2 根据调访资料确定泥石流性质

调访当地目击过泥石流发生的居民，根据受访者对泥石流发生时候的性状描述，可以初步确定泥石流的大概性质。在进行调访时，可用当地居民平常生活中所熟悉的现象来启发他们，对当时泥石流的性质进行描述。一般常用的描述泥石流浓度现象有类似“米汤、稀饭、混凝土”三类，根据他们的描述可粗略地确定泥石流的性质。

5.2.3 公式法判定泥石流性质

公式法判定泥石流性质的依据也是先计算出泥石流重度，然后再根据重度分析泥石流的性质。公式法计算重度是采集具有代表性泥石流堆积物进行室内颗粒级配试验，然后根据该颗粒组分中小于 0.005mm 的黏土含量来计算泥石流重度（具体计算方法见本书第 7 章）。最后再根据所计算出来的重度确定该泥石流的性质。

以上三种方法使用的条件不同，其中第二种方法准确度较低，第一和第三种方法计算的重度准确度相对较高。在实际调查中应根据需要和实际的情况选取合适的方法，在条件允许的地区也可以多用几种方法来验证，为泥石流的防治研究工作提供较为准确的依据。

5.3 泥石流规模与频率的判别

对于物源丰富的泥石流沟,泥石流的暴发频率完全取决于降雨或其他类型的水源的发生频率,而对于物源有限的泥石流流域,泥石流的暴发更多地取决于物源的状况。对泥石流的规模和频率的判别,可以通过以下几个方面来确定。

5.3.1 历史调查法判定泥石流的规模与频率

对于可获取较多信息的泥石流沟道,可以通过调访确定泥石流的规模和频率。具体方法是通过询问老乡,了解近百年来暴发过泥石流的年代,从而初步推算出泥石流的暴发频率。

5.3.2 沉积物剖面分析法

对于堆积剖面完整、便于观察的泥石流沟道,可以根据泥石流的历史痕迹,来判定泥石流发生的年代、性质和规模。对于保存比较完整的泥石流堆积剖面,分析各个层面堆积物的特征,根据堆积物层序判定泥石流暴发的次数和频率,根据每层的厚度和扩展范围估算它的规模,进而重建泥石流的发展历史,初步确定泥石流的发生频率。如果有比较好的测年代样品,还可以测定泥石流暴发的年代,较好地确定灾害暴发频率和演化历史。

5.3.3 模拟计算法

模拟计算法是在计算一条泥石流沟清水流量的基础上,根据配方法计算泥石流的规模(流量)和频率。从理论上讲,泥石流和山洪不同,它不能用流域洪水的频率计算方法来计算它的流量。由于在很大程度上受控于固体物质的供给,泥石流的峰值流量可以远远大于相应的清水洪峰流量(具体方法见本书第7.2节)。

也可用调查、勘测、测量得到历史上的泥石流事件的水力参数,确定其重现期,计算其流量,并把野外调查的流量与配方法相互印证。

西部山区道路沿线的泥石流沟,大部分流域内的松散固体物质是有限的,泥石流的暴发频率取决于有效物源提供的频率。这类泥石流的有效物源除了风化产物外,主要是由崩塌、滑坡等重力侵蚀逐步累积的。预测此类泥石流暴发的频率,首先要调查泥石流暴发的历史,分析计算泥石流的规模;其次,分析崩塌作用或地震等突发因素对泥石流形成的影响确定这些物源的供给程度和再生周期;再次,泥石流暴发的有效物源通常是由暴雨的激发起动的,要分析该区域降雨特征特别是可激发泥石流的暴雨出现频度;最后,通过模拟计算不同频率下的泥石流规模,进行综合分析验证。

5.3.4 泥石流频率与规模预测实例

以黑水河罗坝街沟为例说明泥石流频率与规模预测的调查方法。罗坝街沟流域地形如图5-2所示。

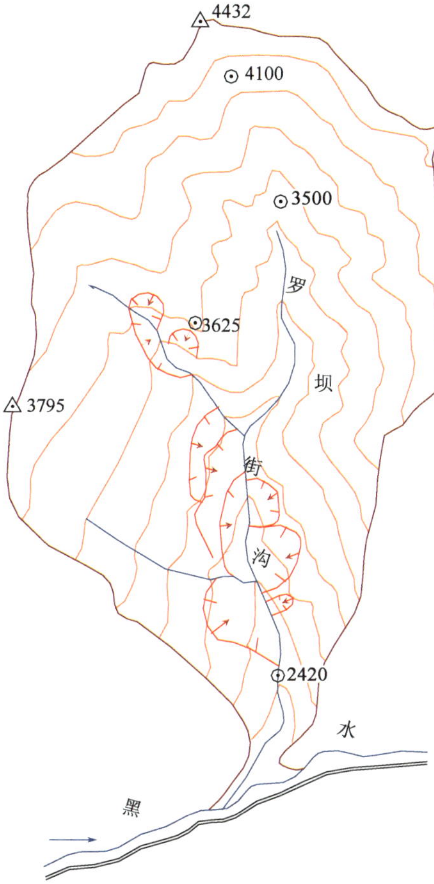

图5-2 罗坝街沟流域地形图

1)历史资料调查

通过调访可知,罗坝街沟自1885年前后曾先后暴发过6次规模较大的泥石流。获得以下信息:

(1)1933年泥石流

罗坝街沟1933年曾暴发过一次大规模的泥石流,一位当地70岁老人听父辈说,当时堆积扇上还有几户人家,泥石流冲走了一家人。泥石流后堆积扇上的居民搬到山上。勘探资料表明,当时的泥石流属于黏性泥石流,其规模超过百年一遇的标准。

(2)1983年泥石流

调访和水文气象资料显示,罗坝街沟于1983年7月20日晚上10时左右暴发了泥石流，泥石流规模是当地 70 岁以上老人所见最大的，泥石流把沟谷左岸房子全部冲毁，致 2 人残废。泥石流历时两天，流量时大时小，流动声响很大，其浆体犹如刚搅拌好的混凝土，龙头高度 8 ~ 10m；泥石流铺床宽度 50 ~ 60m，填塞沟床 4 ~ 5m 厚。这次泥石流暴发之前下了 2 ~ 3h 大雨，几天前还下了几次小雨。连续降雨导致沟谷两侧土体饱和失稳而滑下，在强大的水动力作用下形成黏性泥石流。

(3)1984 年泥石流

1984 年 9 月 22 日凌晨罗坝街沟又暴发了一次规模较大的黏性泥石流，其规模略小于 1983 年泥石流。这次泥石流龙头高 3 ~ 4m，宽 20 ~ 30m，冲毁了堆积扇上一间房屋。泥石流暴发前有数日的前期降雨过程，并伴有较大规模的冰雹，冰雹在泥石流的形成过程中起了促进作用。

(4)1997 年泥石流

1997 年 6 月 8 日凌晨，在连续大雨作用下，又暴发了泥石流。泥石流冲毁粮田 300 多亩，使 17 家人搬家，受灾 48 户人家，共计 200 多人。

另外，在 1985 年至 2001 年的 17 年间，除了 1997 年大规模泥石流外，还暴发规模较小、重度较低的稀性或过渡性泥石流。

根据该沟现代泥石流暴发和间歇时间，可以将罗坝街沟泥石流分为三个阶段：第一阶段为 1885—1933 年，曾暴发过三次大规模泥石流，在这段时期内泥石流的暴发频率为 16 年一次；第二阶段为 1933—1983 年的间歇期，这段时间没有暴发过大规模的黏性泥石流，仅有小规模的稀性泥石流或夹沙水流；第三阶段为 1983—2001 年，共暴发了三次大规模的黏性泥石流，暴发频率平均为 6 年一次。经计算分析，初步推算 1933 年的泥石流规模超过百年一遇，1983 年为百年一遇，1984 年为五十年一遇。

2）沉积物剖面分析

在罗坝街沟泥石流堆积区左岸（海拔 2 400m 处）发现一个比较清晰的泥石流堆积剖面（图 5-3）。该剖面高度为 3.9m，堆积物从下到上可分为 5 层。0 ~ 80cm 的堆积物分选和磨圆程度均较好，颗粒最大粒径为 36cm，小的粒径为 10cm 左右，判断该层为洪积物层。80 ~ 200cm 范围内的颗粒分选和磨圆都差，颗粒大都为菱角状，大小混杂，成分主要为砂岩和砂板岩，土体的颜色为黄灰色，这说明该堆积层为较老的泥石流堆积。200 ~ 250cm 的堆积物为黄灰色，粗大颗粒组分均被黏土颗粒包裹，是一个典型黏性泥石流，但规模较小。250 ~ 310cm 的堆积物大小混杂，分选性和磨圆度都较差，堆积物呈黄色，反映泥石流的物质来源除滑坡、崩塌体外，还有黄色的风成堆积物；结合调访资料可以推测，该层为 1933 年前后一次大规模泥石流堆积物。310 ~ 390cm 层位的泥石流堆积层为 1983 年泥石流的龙头堆积，巨大的石块为青灰色的石英砂岩。从以上的分析可以得出结论，罗坝街沟 1933 年曾发生过一次大规模的泥石流，并且在这以前还至少发生过两次泥石流。

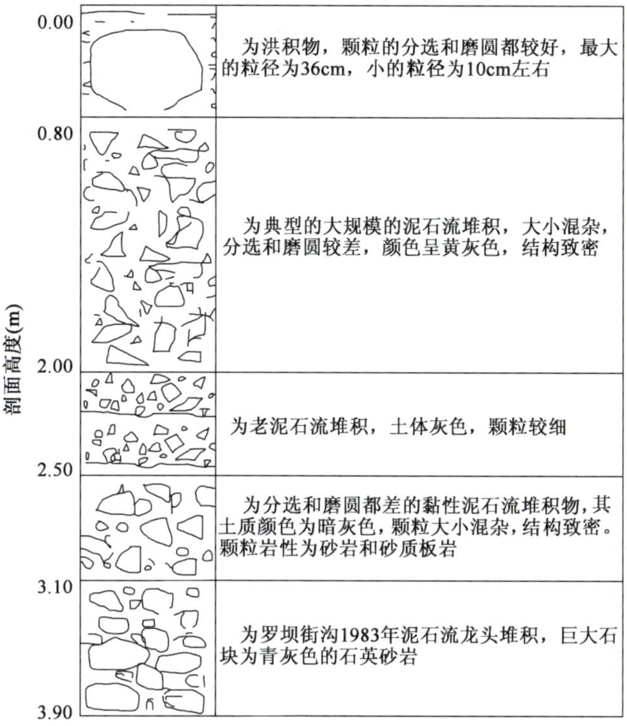

图5-3　罗坝街沟海拔2 400m处泥石流堆积物剖面图

对以上剖面的不同层位取样进行颗粒分析，得到各层的颗粒级配曲线，如图5-4所示。由图5-4可知，190～310cm处的泥石流黏粒成分较高，达6.1%，而大于2mm的砾石相对较少；其他层位的泥石流黏粒组分相对较少，砾石组分相对较多。

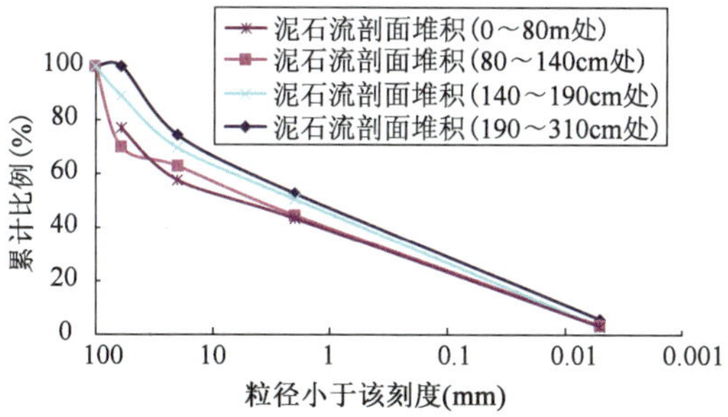

图5-4　海拔2 400m处剖面堆积颗粒组成累计比例曲线图

综合上述泥石流堆积剖面和调访资料可知，罗坝街沟的泥石流，除在人们记忆中的1997年、1984年、1983年和1933年暴发过泥石流外，1933年以前还暴发过至少两次泥石流。在这个泥石流的活跃期之前，是一个相当平稳的稳定期。

3)流量计算

泥石流流量计算采用配方法和断面测量法相结合进行。通过计算可见，1933年泥石流洪峰流量超过百年一遇，最大为 3 000 m^3/s 左右；1983 年为 1 000 m^3/s 左右；1984 年则小于 1 000 m^3/s；而 1997 年仅为 200 m^3/s 左右。

4）综合分析

根据调访资料可知该沟自 1885 年至今曾先后暴发过 6 次规模较大的泥石流；根据泥石流剖面资料分析该沟泥石流从 1983 年以前暴发的泥石流在剖面上形成了 4 个层位比较清楚的堆积层，说明该沟在 1983 年泥石流以前至少暴发过 3 次以上规模较大的泥石流，这与通过调访得来的资料相一致；根据模拟计算可以确定泥石流暴发时的频率与规模，由此推断的泥石流规模与频率也大致相同。这说明根据不同的方法可以确定泥石流的频率与规模，并且在条件许可的情况下，尽量用不同的方法相互验证，以增加评判分析的准确性。

5.3.5 特殊条件下泥石流可能最大规模预测

在道路泥石流中，有时候会形成一种规模远超过预计的泥石流灾害，已有的预防措施不能够防御这种突发性的泥石流灾害，往往造成难以估量的损失。规模预测不准的主要原因是，大多数的预测只考虑了单因素影响下能够形成的泥石流规模，忽视了两种以上突发性因素叠加形成更大规模泥石流灾害的情形。下面以具体实例来讨论高地震烈度区地震因素和暴雨因素同时叠加可能形成的泥石流最大规模。

假设造成无名沟处于Ⅸ度烈度区的地震与百年一遇的暴雨叠加作用导致泥石流。从康定的雨季多雨和最大日降雨量 49.4mm 的气象条件可知，长时间的大到暴雨，可满足泥石流形成的土体饱和条件，暴雨满足激发泥石流的雨强条件。另外，地震的作用一方面使土体松动，增加土源的数量；另一方面，地震使得饱和土体或近饱和土体的孔隙水压力增大，强度降低，有利于土体的失稳破坏。

无名沟的砾石土体的黏粒含量较少，砾石组分较高，土体的孔隙不易封闭，使得地震作用下孔压的上升受到影响。依据云南蒋家沟源区砾石土（大于 2mm 的颗粒含量大于 50%，小于 0.005mm 的黏粒 8%）的振动液化试验，在一定的振幅和频率下，不同深度的土体的孔压与围压的比值多数可达 0.6 以上，少数在 0.4 以下（陈宁生等，2003）。在Ⅸ度烈度区域地震强度 0.34g 的作用下，饱和土体孔隙水压力相当于围压的 0.3 ~ 0.6 之间，无名沟土体取 0.4。参照蒋家沟及其他泥石流沟类似的砾石土的三轴剪切试验，该坡体土源强度的计算参数取内摩擦角 $\varphi = 34°$、黏聚力 $c = 5 \sim 8$kPa（对计算贡献小，可以忽略不计），计算简图见图 5-5。

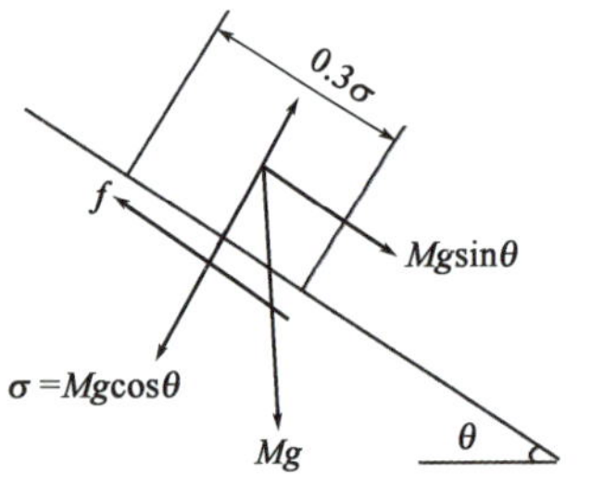

图 5-5 坡面下滑物体计算示意简图

设土体处于临界平衡状态，计算稳定坡角 θ，由平衡方程推导如下：

下滑力 $$F = Mg\sin\theta$$

阻力 $$f = c + (\sigma - \mu)\tan\varphi$$

由于无名沟泥石流黏粒组分含量较少，黏聚力 c 很小可以忽略不计，扣除孔隙压力的作用，则

阻力 $$f = \tan\varphi \times (0.6Mg\cos\theta)$$

由 $$f = F$$

得 $$\theta = \arctan(0.6\tan\varphi) = 22°$$

即在Ⅸ度烈度 0.34g 的地震波的作用下，源区饱和土体的内摩擦角会因为孔压的升高，阻力的减少，而减少至 22°，在此坡角以上坡面堆积的土体可能破坏贡献泥石流。

依据以上的分析与计算，可以推测无名沟 1 号滑坡（图 5-6），强地震下最可能的滑面（图 5-7）。通过计算可知，该滑体的平均厚度为 2.5m，滑动面积为 26 800m^2，在土体全部饱和或准饱和的假设条件下，一次强地震（无名沟烈度为Ⅸ度）可以提供松散物质量为 $V = 26\ 800 \times 2.5 = 67\ 000m^3$。依据蒋家沟泥石流观测研究站的观测数据，通过实际数据分析可知，无名沟百年一遇的暴雨可能能饱和的土体厚度约为 15cm，这一条件下可能起动的泥石流土源方量为 $V = 26\ 800 \times 0.15 = 4\ 020m^3$，即强地震（无名沟烈度为Ⅸ度）与百年一遇的暴雨同时叠加作用下无名沟可能形成的泥石流的一次最大方量，较 1995 年 6 月泥石流一次输砂方量增加约 8 倍。

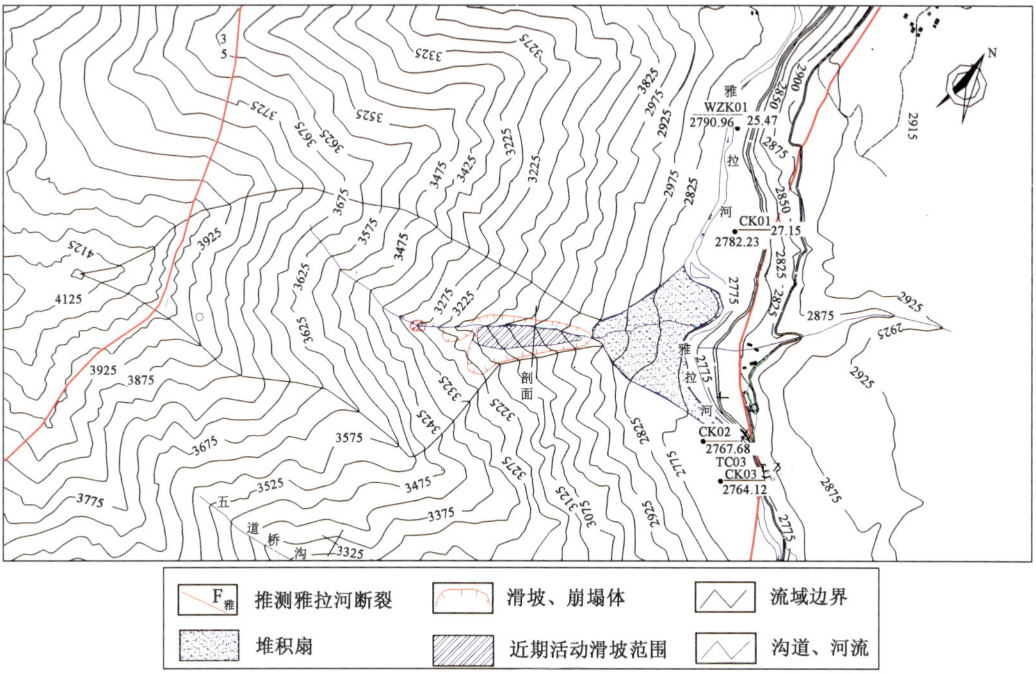

图 5-6　无名沟滑坡分布示意图

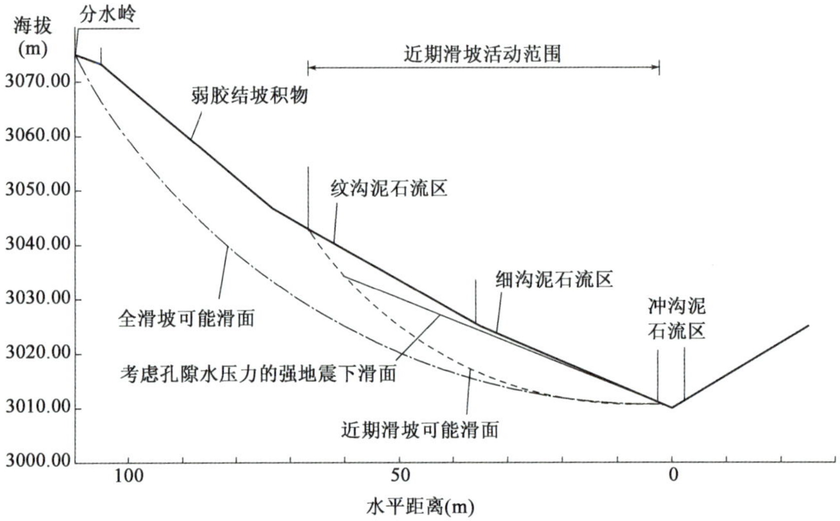

图 5-7　无名沟坡面崩滑产流示意图

5.4　泥石流发展趋势预测

泥石流的发展趋势预测是一系列统计和计算结果的综合判断，这种预测是建立在对调查区域的地形地貌、土源条件及水源条件这几个激发泥石流发生和发展的基本条件信息基础上，并结合实地调访了解到该沟道泥石流发展的历史，综合各方面的因素确定该沟道泥石流今后的发展方向。

1）从泥石流活动历史分析泥石流发展趋势

判断一条沟的发展趋势，首先要了解该沟道泥石流活动的历史，对于近百年来曾暴发过泥石流的沟道，泥石流的活动为当地居民所知晓，我们可以通过实地访问当地居民了解该沟在历史上泥石流的发生发展情况。对于近百年来从未来过泥石流的沟道，人们无从知晓泥石流活动信息，则可以通过对沟道的堆积物的特征，推断该沟在历史上是否发生过泥石流，以及各次泥石流发生的大概时间。根据调查和分析研究该沟泥石流的发展，判断该沟泥石流的活跃期和规模的演变规律，从而预测该沟泥石流在今后一段时期内的发展趋势和规模。

2）从地貌条件分析泥石流发展趋势

地貌因素影响着泥石流的发生和发展的能量和形成过程，进而影响到泥石流的规模和特征。在泥石流形成的三个基本条件中，地貌条件是相对稳定的，其变化是缓慢的。泥石流形成的地貌条件，主要是泥石流沟床比降、沟坡坡度、集水区面积和沟谷形态等。一般说来沟床比降是流体由势能转变为动能的条件，是影响泥石流形成和运动的重要因素，泥石流沟床比降愈大，则愈有利于泥石流的发生；沟坡坡度影响着泥石流的规模和固体物质的补给方式与数量。从多数泥石流沟来看，在东部中低山区有利于提供泥石流固体物质的沟坡坡度为10°~30°，固体物质的补给方式主要是滑坡；在西部边缘高山区则为30°~50°，固体物质补给方式大多为崩塌、滑坡和岩屑流。泥石流大多形成于集水区面积较小的沟谷，一般说来，较小的集水区面积有利于泥石流的形成和活动。

3）从地质构造与岩性分析泥石流发展趋势

断裂活动不仅强烈塑造了该区域的地形地貌，而且对斜坡岩体的破坏作用显著。大断裂分布的地区通常地形陡峻，岩体节理裂隙发育，滑坡、崩塌多发。断裂活动既为泥石流的形成与发展提供了地形条件，又为其提供了大量的松散固体物质。

地层岩性与泥石流的发育有着密切的关系。通常软弱岩层或软硬相间的岩层比坚硬岩层更容易风化，提供的松散固体物质量多，对泥石流的形成和发展有利。在页岩、泥岩、泥质灰岩、粉砂岩、黏土岩等沉积岩，以及以沉积岩为母岩的片岩、千枚岩等变质岩分布的地区，岩层易风化而形成粉细砂、亚黏土、黏土和碎屑，多形成黏性泥石流。在岩浆岩和变质岩浆岩分布的高山地区，物理风化与冻融作用使岩体沿节理裂隙面崩解成巨大岩块，碎石和粗砂，多发育成大型稀性泥石流。在石灰岩等碳酸盐岩分布的地区，岩石具有可溶性，只有物理风化与冻融作用形成的岩屑或其残积土能够成为泥石流的土源补给，固体物质量较少，泥石流发育较少。

4）从土源条件分析泥石流的发展趋势

流域有大量的松散固体物质是泥石流形成的必要条件之一。在泥石流激发条件的作用下，在松散物质储量充分的沟道，才有可能形成一定规模的泥石流。实际调查中表明，在泥石流暴发时并不是所有的松散固体物质都能参与泥石流运动，所以在分析松散固体物质的储量时，分析固体物质参与泥石流起动的有效性是十分重要的，这关系到泥石流能否暴发及暴发的规模的判定。

5）从水源条件分析泥石流的发展趋势

泥石流发生、发展与水源条件密切相关，泥石流发生的水源主要来自大气降水，其次为地下水和冰雪融水。一方面水体是泥石流物质的组成部分；另一方面汇流过程中水体又是泥石流运动的动力条件。只有当水汇集成强大的径流，才能携带大量的固体物质运动并汇流形成泥石流。中雨、大雨、暴雨、大暴雨和特大暴雨均可激发泥石流。另外，泥石流发生与前期降雨量，特别是与10min和1h的短历时的强降水量有十分密切的关系。

6）泥石流发展趋势判定实例

下面就从地形地貌、土源条件和水源条件这几个方面并结合康定雅拉河无名沟泥石流来讨论泥石流发展趋势的综合预测。

分析无名沟沟口堆积扇形态，可以确定该沟为泥石流沟。依据对金盖村的居民访问调查得知，该沟于 1995 年 6 月（农历五月）曾暴发过一次泥石流，在此之前的 100 年内没有暴发过此类规模的黏性泥石流。但从堆积扇的泥石流堆积与侵蚀的痕迹来看，该沟在更早的历史上曾经暴发过至少 8 次泥石流，这些更老的泥石流堆积物上长满了植被。这表明该沟是一条较老的泥石流沟，在近期进入了一个相对活跃的时段。由此可见今后依然会发生黏性泥石流。

无名沟平均坡度较大，主沟平均坡降 562.6‰，坡度 29.4°，流域的最大高差达 1 380m，流域的能量条件较好。从流域的发展阶段看，该流域为地貌上的幼年期，故其泥石流将继续发展。但其流域面积仅 $0.9km^2$，加上流域的汇流条件相对较差，故该沟的泥石流规模不会很大。

无名沟大部分地区为易风化的砂板岩和千枚岩，容易为泥石流产流提供松散固体物质。固体松散物质黏粒含量仅为 3.2%，大于 2mm 的砾石组分则占 63.1%。由于黏粒组分相对较少，泥石流的运动阻力较大，通常为低速泥石流。此外，无名沟沟口与雅拉河的交汇处有断裂穿过，且位于Ⅸ度地震烈度区，在地震作用下，沟坡松散物质可为泥石流的产生提供良好的物质基础。同时，地震还能够进一步促进饱和或近饱和的泥石流物源孔隙压力的增加，使物源起动的阻力减少，促进泥石流进一步发展。

经统计分析，无名沟沟内由崩滑形成的松散固体物质共有 168.5 万 m^3，面积为 $0.06km^2$，占流域总面积的 7%，近期可活动的为 57.4 万 m^3，后者为泥石流的形成提供了物质基础。根据对 1995 年 6 月泥石流的实际调查，泥石流一次总的堆积量在 $500m^3$ 以内，此量可以代表今后百年一遇的泥石流总量，故近期活动的松散固体物质可以供此类的泥石流活动 1 148 次。假设泥石流活动规模类似，则该沟的松散固体物质可供较长时期的泥石流活动。从土源的物质组成可知，大于 2mm 的砾石成分含量极大，而黏粒组分十分少，土体不易液化，所以一般的条件下难以形成泥石流。这决定了该沟泥石流的低频率特征。

无名沟在夏季有基础径流，9 月 10 日源区实测其流量为 $0.02m^3/s$。这一基础径流渗入坡面冲沟的堆积层，使部分土体饱和，有利于泥石流形成。所在区域年均降雨量为 815.7mm，近 40 年内的最大的一次日降雨量为 49.4mm，在丰富的前期雨作用下，此降雨强度可以引发黏性泥石流。

综上所述，无名沟具备了泥石流发生的必要条件，并且该条件在相当长的时间内不会发生改变，所以无名沟泥石流在今后相当长的时间内还将继续下去，并且该沟泥石流以黏性泥石流为主。

5.5 冰湖溃决泥石流的判识

5.5.1 冰湖溃决机理

根据成因可将冰碛湖溃决分为两类。一类是终碛堤内埋藏冰融化导致的管涌使终碛堤破坏;另一类是由于冰滑坡和冰崩入湖使水位上涨并叠加涌浪,使通过溢流口的水位增高,流速增大,产生强烈冲刷导致溃堤,即溢流型溃决。通常溢流型溃决分布广,成灾多(王欣等,2016;刘建康等,2018;张太刚等,2021)。

一般情况下,冰碛湖通过终碛堤的渗流与输入湖内的冰雪融水保持着水量平衡。当暖期冰雪融水增多时,则通过终碛堤最低处漫溢排出。冰滑坡入湖会使冰湖水面急剧上升,形成高于溢出口的溢流水头。在溢流水头足够高的情况下,形成的溢流流速大于溢出口泥沙的起动流速,溢流就会冲刷和下切终碛堤。如果堤坝下切速率大于溢流导致的湖水水位下降速率,则溢流口水头会随下切而增加,流速进一步增大,导致更快和更强的冲刷下切,形成终碛湖在局部堤段的瞬时溃决。在少数情况下,因冰湖规模过小,或因终碛堤宽厚坚实,冰湖水位下降速率大于溢流口下切速率时,溢流水位逐步降低,流速减小,冲刷下切能力减弱,冲刷到一定深度时自动中止。在下次遇到强烈溢流时,继续下切,直至堤坝溃决。这两种情况都会产生溃决灾害,称为局部瞬时溃决。

5.5.2 冰湖溃决条件

1)气候条件

气候通过影响冰川的积累和消融、前进和后退,进而影响冰湖溃决的形成。在气候条件中,温度和降水是两个最重要的因素。湿冷的气候条件有利于冰川的积累和前进,湿热和干热的气候条件则使冰川强烈消融以至退缩。从湿冷气候转向湿热或干热气候的过渡年份最有利于冰湖溃决发生。在湿冷气候条件下冰雪积累,当气候变暖时冰雪消融。一般来说,大量融水会集中到冰川前部,当冰内水位升高到冰体总厚度的0.9倍时,就达到冰舌运动的临界平衡状态,冰舌将出现运动的跃变,以快速运动的冰崩或冰滑坡形式瞬间将数量庞大的冰块拥入或抛入湖内,击起涌浪,这会冲蚀终碛堤并在其薄弱部位产生强烈冲刷,导致冰湖溃决。

2)水文条件(崔鹏等,2003)

局部瞬时溃决的临界水文条件是冰湖溃决的关键。冰滑坡入湖导致的静水位上涨值为 H_1,在 H_1 大于临界溢流水头高度 H_0 情形下,当溢流口处的流速达到终碛堤物质的起动流速时,产生冲刷下切,冰湖开始溃口。因此,$H_1 > H_0$ 是冰碛湖溢流型溃决的充分条件,即，$H_1 > H_0$必定发生溢流型溃决。当 $H_1 < H_0$但($H_1 + H_2$) $> H_0$且 H_2持续作用时(H_2涌浪衰减至溃口处的高度)，冰湖可能发生溃决；否则，冰湖可能发生、也可能不发生溢流型溃决(这是因为传至溢流口的涌浪高度 H_2若瞬间即逝，H_2 与 H_1 的叠加虽大于 H_0，但瞬间的冲击不一定使溢流口产生持续下切。)；当($H_1 + H_2$) $< H_0$ 时，冰湖不会发生溢流型溃决。

综上所述，冰碛湖溢流型溃决的临界水文条件为：

$H_1 > H_0$，一定溃决；

$H_1 < H_0$且($H_1 + H_2$) $> H_0$，可能溃决；

($H_1 + H_2$) $< H_0$，不会溃决。

5.5.3 影响冰湖溃决泥石流演化的因素

1)冰湖溃决洪水特征

冰湖溃决洪水的冲蚀和挟沙能力决定着泥石流的沿程演化，主要表现在溃决方式和溃决水量两方面。冰湖溃决洪水演变有突变和渐变两种形式，前者的规模较大，洪峰大，历时短暂，暴涨暴落；后者流量变化较小，流速也较稳定，持续时间较长。溃决水量与冰湖大小、溃决口的宽窄、位置高低以及下切深度有关，同时受到冰雪融水和冰面湖、冰下湖溃决洪水后续补给等的影响。

2)松散固体物质特征

水砂的相对数量关系决定着泥石流的流体性质。因此，松散固体物质的类型、数量、稳定程度和分布状况是影响冰湖溃决泥石流演化的基础。现代冰湖大多发育在末次冰期、新冰期和小冰期形成的终碛和侧碛垅以上沟道中，其下游段往往还存在着年代更老的多期终碛和侧碛垅，这些冰碛物的稳定性和体积在溃决初期就决定着泥石流的性质和规模；沟床中常堆积着冰水沉积物和洪积物，其数量和稳定程度与泥石流的进一步演化关系密切；沟岸两侧堆积着寒冻风化形成的倒石堆、滑坡和崩塌等斜坡重力侵蚀堆积物，其岸坡稳定性和易蚀性则会影响到泥石流的后续演化。

3)沟床特征

沟床特征主要包括三个方面：

(1)沟床纵断面，即沟床长度和纵比降。

(2)沟床横断面，即沟床的宽度、沟槽深度、沟边形状及其可蚀性等。

(3)沟床的平面形态，即沟床的弯曲程度(弯道、直道)和部位(溃决口、上游、中游、下游)以及与主河交汇情况等。

上述沟床特征决定着水流边界条件，也是影响泥石流演化的边界条件。

5.5.4 冰湖溃决泥石流沿程演化模式

根据冰湖溃决洪水特征、沟床特征和松散固体物质特征及其对泥石流的影响，现将冰湖溃决泥石流沿程演化概括为以下6种模式(崔鹏等,2003)。

1)冰湖溃决洪水—稀性泥石流演化模式

当冰湖溃决后,由于冰湖规模较大,大量溃决水体突然释放,冲蚀冰碛物在溃决口部位即形成稀性泥石流。由于沟床稳定,沟道较宽,沟道较为顺直,沟床纵坡均一,沿程岸坡和沟床物质补给相对分散,较为均匀,沟道中没有卡口、滑坡和崩塌堵塞体。泥石流沿沟道顺流而下,沿程流体流量、流速、性质和颗粒组成变化较小。

2)冰湖溃决洪水—黏性泥石流演化模式

冰湖溃决后,由于溃决水体较少,而冰碛物储量相对丰富,洪水在溃决口附近冲蚀冰碛物形成黏性泥石流。由于沟床及岸坡多为基岩,沟道狭窄,沟床陡峻,较为顺直,且没有降水和冰雪融水补给,流体性质没有改变,一直保持黏性泥石流直至主河或沟口。该类泥石流多发生在规模较小的冰川沟内。如西藏定结县吉莱普沟1964年9月21日暴发的冰湖溃决泥石流。

3)冰湖溃决洪水—稀性泥石流—黏性泥石流演化模式

该类泥石流多发生规模较大、沟床及岸坡堆积物丰富、沟床比降大的冰川沟内。冰湖溃决后,大量溃决水体冲蚀冰碛垅迅速形成稀性泥石流,向中下游运动。由于中下游沟床堆积物质地松散,可蚀性强,加之沟道狭窄,岸坡两侧松散坡积物储量大,沿程固体物质补给充分,泥石流重度、流量逐渐增大,流体由稀性逐渐过渡到黏性。如西藏工布江达县唐不朗沟上游达门拉咳1964年9月26日暴发的冰湖溃决泥石流即为此类型。

4)冰湖溃决洪水—黏性泥石流—稀性泥石流演化模式

冰湖溃决后,由于起始时溃决口位置较高,洪水流量小,在溃口处先形成重度较高、规模较小的黏性泥石流。随着溃口的扩大和下切,溃决水体逐渐加大,并形成洪峰,稀释黏性泥石流并冲蚀沟床和岸坡松散堆积物,使流体性质发生改变,逐渐演变为稀性泥石流,流向下游。如1981年7月15日西藏聂拉木县波曲章藏布沟次仁玛错特大冰湖溃决泥石流。

5)冰湖溃决洪水—稀性泥石流—黏性泥石流—稀性泥石流演化模式

该类泥石流初期的形成和演化同第三种模式。只是后期随着溃决水量的增加、降雨或冰雪融水、冰面湖、冰下湖的溃决等,大量洪水冲蚀沟床松散堆积物、稀释先期形成的黏性泥石流,在沟道中下游流体逐渐演变为规模更大的稀性泥石流。

6)冰湖溃决洪水—黏性泥石流—稀性泥石流—洪水演化模式

该类泥石流初期的形成和演化同第四种模式。只是后期随着降雨、冰雪融水、冰面湖、冰下湖的溃决等,洪水流量迅速增加。由于中下游沟床和岸坡较为稳定,松散堆积物少,洪水稀释稀性泥石流,逐渐演变为一般的挟砂洪水。如西藏定日县境内的铜曲流域的阿亚措,该沟在1968年至1970年间连续3次暴发冰湖溃决泥石流和洪水。

5.6 泥石流分类

在以上泥石流判识基础上,通过泥石流分类,进一步了解泥石流的成因,运动规律,冲淤特征,泥石流发生、发展过程等,加深对泥石流现象的认识。泥石流类型划分的方法很多,如崔鹏(2000)从泥石流的规模、水源、地貌形态、活动频率、发育阶段、危害程度、固体物质组成、流体性质及与人类经济活动的关系 9 个方面进行了详细的分类。又如,康志成等(2004)归纳了国内外常见的分类方法,主要是按沟谷地貌特征、水源条件、土源条件、发展历史、发育阶段、发生频率、规模大小、力源条件、运动流态、运动流型等不同的指标分类。以下介绍国内外几种主要的泥石流分类。

5.6.1 按地貌特征分类

1)按沟谷地貌特征的分类

(1)沟谷型泥石流沟。此类泥石流流域为长条形,形成区不明显,两侧谷坡为泥石流物质的主要供给区,流通区很长,有时替代了形成区;堆积区视汇入的主河是淤积性或是下切侵蚀性的,处在前者发育有明显的堆积扇,处在后者就没有堆积扇存在。

(2)坡面型泥石流沟。此类泥石流发育在山坡上的各种类型不良地质作用下,流域面积较小,没有明显的受水区,仅仅是山坡上发育的冲沟和切沟。

2)按发育阶段的分类

按泥石流发生、发展和消亡的过程,大体上可分为:

(1)幼年期泥石流。此类泥石流上游侵蚀不太明显,小规模不良地质过程,沟道和堆积扇不明显,有零星的泥石流堆积物。

(2)壮年期泥石流。此类泥石流处在泥石流发育的旺盛时期,上游侵蚀强烈,各类不良地质过程发育,沟道和冲积扇上有明显的泥石流堆积物并有多条流路通过,冲积扇上无灌丛和树林,仅有稀疏的杂草。

(3)老年期泥石流。此类泥石流上游沟道已侵蚀到分水岭,并有坚硬的基岩出露,侵蚀沟两侧已有杂草丛生,沟道内阶地(台阶)发育,形态明显(是泥石流堆积物下切而形成的),冲积扇扇面已无明显的泥石流堆积,并有灌丛和林木生长,有固定的沟道通过冲积扇,沟内有近期泥石流的堆积物。

5.6.2 按形成因素分类

1)按水源条件的分类

水是泥石流的重要组成部分,也是泥石流形成的激发条件。按照水源可将泥石流分为：

(1)暴雨型泥石流(包括台风雨)。此类泥石流分布最为广泛，特别是我国的西南山区，每年由于暴雨产生的泥石流给当地造成严重的危害。

(2)冰雪融水型泥石流。此类泥石流主要发源于高寒山区，由于冰川积雪的消融，雪崩等都可能激发泥石流的产生。这类泥石流主要分布在我国西藏高原的东南部冰川积雪地带。

(3)水体溃决型泥石流。此类泥石流主要是由于水库、堵塞湖、高山冰湖以及滑坡、崩塌形成的临时性湖泊溃决而引起。

2)按土源条件的分类

土源是泥石流的物质来源。按土源条件主要分为：

(1)水石流。这类泥石流主要发育在风化不严重的玄武岩、灰岩、花岗岩等基岩山区，在我国陕西华山一带分布最为典型。

(2)泥流。泥石流只要发育在第三、第四系地层广泛分布的地带，特别是我国西北的广大黄土高原，那里发生的泥石流由于缺乏粗颗粒砾石，因此一般都是泥流或高含砂水流。

(3)泥石流。这类泥石流在我国西南山区最为常见，其物质组成颗粒级配非常宽，从最小的黏土(粒径 <0.005mm)到最大的漂石(粒径 >100cm)。泥石流按其性质又常分为四类：稀性泥石流、过渡性泥石流、黏性泥石流、塑性泥石流。

5.6.3 按泥石流物理特性分类

1)按发生频率的分类

(1)高频率泥石流。此类泥石流 5 年以内暴发 1 次或多次。我国的高频率泥石流沟是世界上少见的，例如，云南东川的蒋家沟，大盈江的浑水沟，甘肃的火烧沟等。

(2)中频率泥石流。此类泥石流 6 ~ 50 年暴发一次，在我国和日本分布较为普遍。

(3)低频率泥石流。此类泥石流一般 50 年以上才发生一次，且多发生在山区大比降溪沟中。平常洪水带走了沟床内的细粒物质，经长期的作用河床形成一层粗大块体相互嵌夹的结构，粗化层以下的混杂物受到大石块的隐蔽作用，为一般洪水所不能搬运。只有经过长时段的前期降雨或超强暴雨而引发的大洪水才能掀揭保护层，形成灾害性泥石流，此类泥石流较为少见。如 2003 年 7 月 11 日发生的丹巴邛山沟即属此类，造成 51 人失踪和死亡的惨剧。

2)按规模大小的分类

划分的原则有两种(表 5-2)：一种是按一次泥石流总量和单宽流量的原则(PG 库尔金标准)；另一种是按泥石流的峰值流量和一次泥石流总量大小的原则(李德基标准)。两种都是评价泥石流危害的方法(钟敦伦等,2014)。

泥石流规模划分表

表 5-2

类型名称	PG 库尔金标准		李德基标准	
	一次泥石流总量(m^3)	单宽流量(m^3/s)	峰值流量(m^3/s)	一次泥石流总量(m^3)
特大型泥石流	$>1\times10^6$	8~9	2 000	$>1\times10^6$
大型泥石流	$5\times10^5\sim1\times10^6$	5~7	300~2 000	$1\times10^5\sim1\times10^6$
中型泥石流	$1\times10^5\sim5\times10^5$	3~5	50~300	$1\times10^4\sim1\times10^5$
小型泥石流	$<1\times10^5$	<3~5	<50	$<1\times10^4$

3)按力源条件的分类

(1)土力类泥石流。此类泥石流主要是以土石体的滑动、错落、崩塌和坠落为动力,引起土石体转化为泥石流。据蒋家沟的观测资料表明:泥石流固体物质量的 90% 是由上游形成区以重力侵蚀形式补给,不到 10% 的固体物质是由降雨径流侵蚀补给的(钟敦伦等,2014)。

(2)水力类泥石流。此类泥石流多发育在山区的沟谷和有长流水的溪流中。它们的产生是靠特大洪水冲刷河床物质而形成泥石流的。我国西南山区稀性泥石流和低频率泥石流均属此类。

4)按运动流态的分类

(1)紊流型泥石流。此类泥石流体可划分为浆体和固体两部分。水和细颗粒组成浆体,作为输送介质,粗颗粒作为被输送物质。这类泥石流重度一般在 15~18kN/m^3,石块随浆体推移跳跃前进,整个流体波浪翻滚,流面破碎,紊动明显。

(2)层流型泥石流。此类泥石流浓度很高,一般重度达 19~23kN/m^3,流体中除漂石外,石块与浆体同速,浪头有紊动,其后流面光滑平顺,层间有摩擦,流线受到干扰,石块略有转动。流速一般在 4m/s 左右。

(3)蠕流型泥石流。此类泥石流重度高达 23kN/m^3 以上,已接近极限浓度,所有的粗颗粒物料紧密镶嵌排列,粒间浆液黏滞力很大,流动时结构不受破坏,无层间交换,但速度缓慢,像蟒蛇蠕动,其速度一般小于 1m/s。

5)按运动流型的分类

(1)连续型泥石流。此类泥石流从发生到结束是一个连续的过程(无断流),仅有一个高峰,可有一定的波状起伏或不规则的阶梯,这种起伏与普通洪水相比要明显的多。连续流多见于稀性泥石流。

(2)阵流型泥石流。阵性流是此类泥石流运动的一大特点。以云南东川蒋家沟最具代表性。通常阵流型泥石流两阵流之间有断流、泥深、流速、流量过程线为锯齿状,且过程线两齿间流量为零(阵与阵之间有泥深,无速度,所以流量是零)。

除了以上几种常见的泥石流分类外,科学界还有许多分类,不再赘述。

5.6.4 道路减灾常用的类型

道路通过泥石流沟时,一般要采取一定的措施,这些措施包括渡槽,过水路面,桥梁等。这些措施在采取之前,需要了解泥石流的基本特性,而上述分类过于冗繁,把上述泥石流分类适当简化(表 5-3),以便道路减灾工程应用。

道路常用泥石流分类及其防治措施 表5-3

分类指标	分类	特征	相应的主要防治对策
泥石流流域的沟谷地貌形态	沟谷型泥石流	泥石流流域为长方形，形成区不明显，两侧谷坡为泥石流物质的主要供给区，流通区很长，有时替代了形成区；堆积区视汇入的主河是淤积性或是下切侵蚀性的，处在前者发育有明显的堆积扇，处在后者就没有堆积扇存在	进行沟谷综合整治，如拦蓄、稳坡护岸、固床、合理利用山坡等措施
	坡面型泥石流	泥石流的发生、运动过程沿山坡或在山坡冲沟中进行，堆积在坡脚或冲沟出口与主河交汇处，固体物质主要来自沟坡	进行坡面冲沟治理，如植树造林、合理利用土地等措施
泥石流水源条件	暴雨型泥石流	此类泥石流在地球上分布最广泛，特别是中国的西南山区，每年由于暴雨和台风雨产生的泥石流给当地造成严重的危害	加强气象、水文部门的监测、预警、预报措施，加强汛期群测群防
	冰雪融水型泥石流	此类泥石流主要发源于高寒山区，由于冰川积雪的消融，因此有时雪崩暴发等都可能激发泥石流的产生，这类泥石流主要分布在我国西藏高原的东南部冰川积雪地带	利用冰川活动特征进行预测预报
	水体溃决型泥石流	此类泥石流主要是由于水库、堵塞湖、高山冰湖以及滑坡（崩塌）形成的临时性湖泊的溃决而引起	加强预测预报
泥石流流体性质	黏性泥石流	重度从15～23kN/m^3，黏粒占固体总量的3%以上，颗粒组成的直方图为双峰型，流型为阵性运动，流态无明显的紊流现象	拦挡宜用实体坝，排泄坡度宜陡
	稀性泥石流	重度一般小于15kN/m^3，黏粒占固体总量小于3%，颗粒组成的直方图为单峰型，流型为连续性，有明显的紊流现象	拦挡宜用缝隙坝，排泄坡度适中
泥石流发生频率	高频率泥石流	一年暴发多次或几年暴发一次的泥石流称为高频率泥石流。我国的高频率泥石流沟是世界上少见的，例如，云南东川的蒋家沟，大盈江的浑水沟	根据频率制定防治措施，并考虑有增补和加强的余地，加强监测预测预报
	中频率泥石流	十几年至几十年暴发一次的泥石流称为中频率泥石流沟。此类泥石流在我国和日本分布较为普遍	控制环境恶化因素，防止措施需考虑有增加的余地，加强监测和预测预报
	低频率泥石流	一般为百年以上到几百年才发生一次的泥石流称为低频率泥石流。这类泥石流多发生在山区大比降溪沟中	加强环境保护，防治泥石流发生

本章参考文献

陈宁生,陈清波,2003.有限物源流域不同规模的泥石流频率分析——以川西黑水河罗家坝泥石流沟为例[J].成都理工大学学报(自然科学版),(06):12-16.

陈宁生,崔鹏,刘中港,等,2003.基于黏土颗粒含量的泥石流容重计算[J].中国科学(E辑)技术科学,33(增刊):164-174.

崔鹏,马东涛,陈宁生,等,2003.冰湖溃决泥石流的形成、演化与减灾对策[J].第四纪研究,23(6):621-628.

甘肃省交通科学研究所,1981.中国科学院兰州冰川冻土研究所,泥石流地区公路工程[M].成都:四川省科学技术出版社.

国家防汛抗旱总指挥部办公室,中国科学院·水利部成都山地灾害与环境研究所,1994.山洪泥石流滑坡灾害及防治[M].北京:科学出版社.

国家防汛抗旱总指挥部办公室,中国科学院水利部成都山地灾害与环境研究所,1994.山洪泥石流滑坡灾害及防治[M].北京:科学出版社.

康志成,李焯芬,马蔼乃,等,2004.中国泥石流研究[M].北京:科学出版社.

李泳,刘晶晶,陈晓清,等,2007.泥石流流域的概率分布[J].四川大学学报(工程科学版),(06):36-40.

刘建康,周路旭,2018.国内外冰碛湖溃决研究进展[J].探矿工程(岩土钻掘工程),48(8):44-50.

谭炳炎,1986.泥石流沟严重程度的数量化综合评价[J].水土保持通报,6 (1):51-57.

唐邦兴,周必凡,吴积善,等,2000.中国泥石流[M],北京:商务印书馆.

王兰珍,蔡祥兴,丁永建.1986,宝成铁路北段"81.8"泥石流暴发的雨量条件初析,泥石流学术讨论会兰州会议文集[M].成都:四川科学技术出版社.

王欣,刘时银,丁永建,2016.中国喜马拉雅山冰碛湖溃决灾害评价方法与应用研究[M].北京:科学出版社.

张太刚,王伟财,高坛光,等,2021.亚洲高山区冰湖溃决洪水事件回顾[J].冰川冻土,43(06):1673—1692.

中国科学院水利部成都山地灾害与环境研究所,1989.泥石流研究与防治[M].成都:四川科学技术出版社.

钟敦伦,谢洪,2014.泥石流灾害及防治技术[M].成都:四川科学技术出版社.

Benda L, Dunne T,1987. Sediment routing by debris flow[A]. Process erosion and sedimentation in pacific rim[C]. JAHS Publication,165:213-223.

Whipple K X,1992. Predicting debris flow run out and deposition on fans[C]//The importance of the flow hydrographic procedure of the Chengdu symposium. IAMS Publication,209:337-345.

The Sixth Chapter

第 6 章

道路泥石流调查与工程勘察

6.1 道路泥石流调查的目的与内容

6.1.1 道路泥石流调查的目的

道路泥石流调查的目的是：获取泥石流基本信息，查明泥石流的形成条件和活动特征，确定泥石流对道路的危害和威胁，为泥石流灾害治理和预防的规划设计以及道路通过泥石流沟路段的展线、设计、施工和维护管理提供基础资料。

6.1.2 道路泥石流调查的内容

道路泥石流调查的内容主要包括：泥石流活动状况、环境背景、勘察测绘、观测、试验等。要查明地质、地貌、气象水文、固体物质储量、植被、人类活动等泥石流形成的环境背景条件，调查泥石流的活动历史、成因、发生规模、流体性质、运动和危害特征、对道路（及其周边)建筑物的危害方式与程度(曹晨等,2019;乐嘉祥等,2019);判断泥石流的发展趋势和沟谷发生泥石流的可能性等(已在第5章中介绍)。

调查的工作方法主要有:航空和卫星影像解译、大比例尺地形图和地质图等图件与文献资料分析、现场查勘和测绘、野外填图、观察记录、采样分析、现场测试、简易观测、调查访问、摄影摄像、分析归纳等。泥石流调查勘察工作的深度和精度,依据道路类型(公路或铁路)等级和勘设的阶段而不同而定,应满足道路勘察设计各阶段工作详细程度的要求,根据规划、工程可行性研究、设计各阶段的内容和要求以及具体线路所经地区的环境背景情况而定。

6.2 泥石流活动状况调查

泥石流活动状况调查主要调查泥石流灾害情况、发生规模、成灾特征、危害范围、对道路的危害方式、激发条件和重现期分析等(国土资源部国际合作与科技司,2006)。

6.2.1 灾害调查

灾害调查主要调查泥石流造成的人员伤亡和财产损失。泥石流能破坏途经区域的所有物体,如村镇、工矿、农田、水利水电工程、港口、码头、森林、管线、铁路、公路、航道、风景区等。道路泥石流灾害调查主要内容有路面的淤埋长度和堆积方量、路基的损坏长度、桥梁破坏程度、桥梁净空损失的高度、墩台的冲刷和磨蚀程度、车辆毁坏的数量、财产的损失、断道时间及其对交通的影响、人员伤亡数量等,还包括路域以外地方上所遭受的人员伤亡和财产、建筑物损失。通过调查,掌握灾害造成的损失,并根据当地的实际情况计算或估算间接经济损失,评价灾害后果和对当地社会经济的影响。

6.2.2 暴发与危害特征调查

泥石流暴发与危害特征调查的主要内容有:断面与泥痕调查、发生过程调查、冲淤调查、与主河交汇的调查、对道路影响的调查等。

1)断面与泥痕调查

调查泥石流流过后遗留的痕迹,确定泥位高程和弯道超高,用于确定泥石流规模(表6-1),判断流体性质。可以借用以下方式判识泥痕:沉积在石缝中、树干上、杂草间及河岸上的泥石流冲积物或泥痕;石质沟岸及建筑物上被泥石流冲刷的痕迹和泥浆涂迹,非石质岸坡上泥石流淘蚀的痕迹;泥石流发生后两岸及建筑物上引起的物理化学及生物作用的标志,如植物生长分界线及植物、砖、石颜色变化分界线等。

泥石流规模划分表(中国科学院成都山地灾害与环境研究所,1989)　表6-1

泥石流规模等级	特大规模	大规模	中等规模	小规模
最大一次泥石流堆积量(万 m^3)	>50	10~50	1~10	<1

选择沟道断面较稳定的沟段,量测沟壁上的泥痕高度(h)及沟道断面尺寸,绘制沟谷横断面图,计算过流断面面积 A,再利用上、下两断面泥痕点的高差(h_1-h_2)与其水平距离(L)之比,计算泥位纵坡 i,即:$i=(h_1-h_2)/L$,利用泥位纵坡 i 按相关公式计算泥石流流速(详见第 7 章),接着可按式(6-1)计算泥石流流量。

$$Q_c = A \cdot v_c \tag{6-1}$$

式中:Q_c——泥石流流量(m^3/s);

A——过流断面面积(m^2);

v_c——泥石流流速(m/s)。

2)发生过程调查

请当地居民到现场,回忆泥石流暴发时间、历时、流动状态(有无撞击声响、夜间有无火花、有无阵流、阵流次数和每阵间隔时间)、峰值流量到达时间和结束时间,由此了解泥石流的发生过程,来判断泥石流的过程和运动特征。

3)冲淤调查

主要调查泥石流的冲刷(冲击)、淤埋和堵塞等危害,掌握其危害特征,以便有针对性地采取工程防治措施。

泥石流的冲(撞)击主要包括:泥石流体直接作用于其危害对象和泥石流体中巨大漂砾作用于其危害对象。另外,泥石流龙头掀起的泥浆或石块还可能飞溅起来砸向其危害对象。由于泥石流体密度大、惯性大,高速运动时直进性极强,遇弯道冲起后形成爬坡,若弯道高度不足,可冲出弯道凹岸,对弯道外围附近地段造成危害。

泥石流冲刷包括下蚀、侧蚀和磨蚀。泥石流下蚀沟床,导致沟床被刷深,使过沟建筑物(如桥墩等)和护岸(坡)的基础被掏空,产生破坏;泥石流侧蚀沟床,破坏岸坡稳定,引起崩塌、滑坡等边坡失稳现象发生,促使泥石流活动更加活跃,危及岸坡之上的各种设施。泥石流会对全衬砌排导槽、拦挡坝溢流面、桥下过流护面等过流建筑物产生强烈的磨蚀作用,造成磨损破坏。

冲击和冲刷主要发生在泥石流沟的流通区、堆积区上部和弯道处。应仔细观察和记录泥石流冲击(冲刷)的部位、方式、范围和强度[如冲击力大小、冲刷宽度(m)与深度(m)、泥浆石块飞溅高度(m)、弯道超高高度(m)、磨蚀速率(cm/年)等],供室内分析使用。

在堆积区,泥石流携带的泥沙石块会造成淤埋危害。泥石流规模、暴发频率、堆积区地形等的差异,导致泥石流的淤埋速率和范围不同。调查中应尽可能查清不同部位、不同规模、不同频率泥石流的淤埋速率和范围。

泥石流沟道中的堵塞一般是由于沟道弯曲、沟槽宽窄不一、卡口、主沟与支沟交汇角较大、沟岸崩塌或滑坡及泥石流黏度大等原因引起。一旦堵塞，堵塞体以下泥石流断流，但堵塞体溃决后又造成泥石流流量成倍增加，使泥石流的破坏能力和危害范围相应增大。调查中应查明引起堵塞的原因，并将易于发生堵塞的部位标注在地形图上，供分析泥石流堵塞系数参考或使用。此外，泥石流阵流堵塞系数还可参考表6-2确定。

泥石流阵流堵塞系数 D_c 值表(陈光曦等，1983)　　表6-2

堵塞程度	特　征	密度 γ_c (t/m^3)	黏度 η_m (Pa·s)	堵塞系数 D_c
严重	沟槽弯曲，沟段宽窄不均，卡口、陡坎多。大部分支沟交汇角度大，形成区集中。物质组成黏性大、稠度高，沟槽堵塞严重，阵流间隔时间较长	1.8~2.3	1.2~2.5	>2.5
中等	沟槽较顺直，沟段宽窄较均匀，陡坎、卡口不多。主支沟交角多数小于60°，形成区不太集中。沟床堵塞情况一般，流体多为稠浆~稀粥状	1.5~1.8	0.5~1.2	1.5~2.5
轻微	沟槽顺直均匀，主支沟交汇角小，基本无卡口、陡坎，形成区分散。物质组成黏稠度小，阵流的间隔时间短而少	1.3~1.5	0.3~0.5	<1.5

4)下游沟床变迁以及与主河交汇的调查

泥石流沟道下游，特别是堆积区，沟槽冲淤变化和沟床演化剧烈。由于急剧淤积、冲刷和主槽变迁，破坏桥梁和路基，压缩桥梁净空。调查中应确定冲刷和淤积沟段，最大冲刷和淤积量、冲刷和淤积速率、入汇河床高程(泥石流沟的侵蚀基准)及其涨落变化，主槽摆动的幅度等。

大型泥石流会堵塞其汇入的主河，根据堵塞程度可分为部分堵塞和完全堵塞。部分堵塞是指泥石流进入主河堆积，挤压主河道，但未堵断主河的现象。由此，使泥石流沟口附近主河形成急流险滩，河水主流线改变，迫使主河移向对岸，冲刷对岸岸坡，进而导致山坡或路基失稳。完全堵塞是指泥石流在其汇入的主河内形成天然拦河坝，将主河完全堵断，其危害较部分堵塞更为严重。泥石流堵断主河后在上游形成堰塞湖，水位不断增高，淹没沿河两岸的各种设施(包括道路)，形成淹没灾害；堵塞体一旦溃决，对河下游两岸道路及建筑物形成强烈的冲刷危害。应调查泥石流堆积物堵塞现状、泥石流沟与主河的交角、泥石流最大流量和主河汛期流量、泥石流沟沟床比降和主河河床比降，还应调查历史上是否堵断过主河，以及堵断主河的次数、每次堵断持续的时间、上游河水位上涨高度、淹没损失、堵塞体溃决后的河水流速与流量、冲刷破坏程度及范围等，并分析泥石流再次堵河的可能性。

5)对道路影响的调查

在泥石流上述危害方式中，通过调查确定具体工点的泥石流对道路的主要危害方式和程度，为道路通过方式、泥石流防治工程的方案制订及工程设计提供依据。

6.2.3 激发条件与重现期调查

通过调查激发泥石流的水量条件和泥石流发生历史，分析泥石流的激发因素和重现期。

1）泥石流激发水量调查

水分是发生泥石流的水动力条件和最主要的激发条件，导致泥石流发生的水源主要有降雨、溃决洪水和冰雪融水等。在高寒地区调查冰雪融水量的增加和温度升高幅度；在其他地区主要调查引发泥石流的降雨过程特征，包括前期降雨，当次降雨历时、降雨量、最大日雨量、1h 雨量、10min 雨量，同时到当地气象部门了解当次降雨的区域性特点（降雨天气系统的尺度）等。这些参数可用于分析泥石流的临界雨量、规模和频率。

2）泥石流灾害历史调查

通过查阅可靠传说、文字记载，访问当地年纪较大的人或亲身经历泥石流事件的目击者，调查工点泥石流灾害发生情况，包括泥石流发生的时间（年、月、日，白天还是夜晚），发生次数和每一次的历时（小时或分钟），运动有无阵性，阵性泥石流的阵间间隔（分钟），泥石流有无龙头及龙头高度（m），泥石流搬运的最大石块粒径（m）及搬运距离（m），泥石流响声大小和造成的灾害等。泥石流发生前的降雨情况，暴雨持续时间，是否发生过冰雪崩滑、地震、滑坡、崩塌、水库（塘堰）及水渠渗水与溃决等，了解泥石流活动的历史和特征。

3）泥石流活动频率调查

调查泥石流活动周期（次/年），并结合泥石流发生历史调查资料和激发条件出现的频率分析。确定泥石流活动频率如下：每年发生泥石流一次或以上者为常发性泥石流，1～5 年内发生一次者为高频泥石流；6～50 年发生一次者为中频泥石流；50 年以上发生一次者为低频泥石流。

6.3 泥石形成条件调查

泥石流的形成必须满足三个基本条件：丰富的松散固体物质，充足的水源，陡峻而易于水和松散固体物质汇集的地形。主要调查与之相关的地质、地形、气候与水文、土壤与植被、人类活动等状况。

6.3.1 地质条件

地质条件影响到形成泥石流的松散固体物质来源和数量的多少，包括地层岩性、地质构造、地震、新构造运动、不良地质现象等。

1）地层岩性

通过1:20万或1:10万区域地质图获知泥石流沟内地层出露情况。不同的岩石类型具有不同的矿物成分、结构构造、物理力学性质和抗风化侵蚀的能力，其风化物质具有不同的形成速率和组成，从而对泥石流的形成和泥石流体性质的影响不一样。根据岩石的物理力学性质（抗压强度、耐风化能力），大致可划分为硬质岩石和软质岩石两大类（表6-3）。在泥石流勘察中，表6-3对于判别岩石软硬、抗风化能力强弱等有较大参考价值。一般而言，硬质岩石为主的区域泥石流发育较差，且多出现稀性泥石流；软质岩石为主的区域泥石流发育活跃，为常见黏性泥石流。

岩石强度等级划分表　　表6-3

岩石等级		饱和抗压极限强度 R_b（MPa）	耐风化能力		代表性岩石
			程度	现象	
硬质岩石	极硬岩	$R_b > 60$	强	暴露后一两年尚不易风化	（1）花岗岩、闪长岩、玄武岩等岩浆岩类；（2）硅质、铁质胶结的砾岩及砂岩、石灰岩、泥质灰岩、白云岩等沉积岩类；（3）片麻岩、石英岩、大理岩、板岩、石英片岩等变质岩类
	硬质岩	$30 < R_b \leq 60$			
软质岩石	软质岩	$5 < R_b \leq 30$	弱	暴露后数日至数月即出现风化壳	（1）凝灰岩等喷出岩类；（2）泥砾岩、泥质砂岩、泥质页岩、炭质页岩、泥灰岩、泥岩、黏土岩、劣煤等沉积岩类；（3）云母片岩或千枚岩等变质岩类
	极软岩	$R_b \leq 5$			

注：此表根据文献（关宝树，1978；交通部第一铁路设计院，1975）略作修改。

另外，勘察中应对岩体、土体的工程地质性质进行调查，以满足泥石流防治工程设计的要求，这方面的勘察参见有关道路工程地质勘察规范。

补给泥石流的松散碎屑物质的粒径大小、矿物成分、颗粒级配及含水率状况对其力学性质影响极大，进而影响泥石流的性质。土体组成中，细粒部分以含黏粒组成分较高的黏性土为主的区域，常发黏性泥石流；而细粒部分以含砂粒组或粉粒组成分较高的非黏性土为主的区域，则常发稀性泥石流。各类土体在不同的状态下其力学性质差异较大，野外工作时可参阅表6-4进行分析，必要时需取样带回室内试验分析。

部分土体重度 γ_s、内摩擦角 φ_s、内摩擦系数 f 关系表（南昌铁路局工务处，1979）　　表6-4

土体名称	土体状态	稍湿土			潮湿土			饱和土		
		γ_s（kN/m³）	φ_s（°）	f	γ_s（kN/m³）	φ_s（°）	f	γ_s（kN/m³）	φ_s（°）	f
种植土	松散	15.0	40	0.84	15.0	33	0.65	—	—	—
	密实	17.0	40	0.84	18.0	33	0.65	—	—	—
亚砂土	松散	10.0~16.0	22	0.40	16.0~17.0	20	0.36	18.0~18.5	15	0.27
	中等密实	16.0~18.0	25	0.47	17.0~19.0	22	0.40	18.5~20.5	17	0.31
	密实	18.0~19.5	27	0.51	19.0~20.5	25	0.47	20.5~21.5	18	0.32

续上表

土体名称	土体状态	稍湿土			潮湿土			饱和土		
		γ_s(kN/m³)	φ_s(°)	f	γ_s(kN/m³)	φ_s(°)	f	γ_s(kN/m³)	φ_s(°)	f
粉砂及粉砂性亚黏土	松散	15.0~16.0	27	0.51	17.0~18.0	22	0.40	18.5~19.0	18	0.32
	中等密实	16.0~18.0	30	0.58	18.0~19.0	25	0.47	19.0~20.0	20	0.36
	密实	18.0~20.0	33	0.65	19.0~20.5	25	0.47	20.0~21.5	22	0.40
细砂	松散	15.0~16.0	27	0.51	16.5~17.5	25	0.47	18.5~19.0	22	0.40
	中等密实	16.0~17.5	30	0.58	17.5~19.0	27	0.51	19.0~20.0	25	0.47
	密实	17.5~19.0	33	0.65	19.0~20.0	30	0.58	20.0~21.0	28	0.53
中砂	松散	16.0~17.0	30	0.58	17.0~18.5	27	0.51	19.0~20.0	25	0.47
	中等密实	17.0~18.0	33	0.65	18.5~19.5	30	0.58	20.0~20.5	28	0.58
	密实	18.0~19.5	33	0.65	19.5~20.5	30	0.58	20.5~21.5	28	0.36
粗砂及砂砾	松散	18.5~19.0	33	0.65	19.5~20.5	30	0.58	20.5~21.0	30	0.58
	中等密实	19.0~20.0	35	0.70	20.0~21.0	33	0.65	21.0~22.0	33	0.65
	密实	20.0~21.0	37	0.75	21.0~21.5	35	0.70	22.0~22.5	35	0.70

2)地质构造与地震

地质构造作用直接导致岩体变形和破坏,形成褶皱、断层和构造裂隙等构造结构面,有利于松散碎屑物质产生,为泥石流形成与发展提供固相物质。地质构造的调查与评价是区域稳定、泥石流沟坡稳定和泥石流防治工程基础稳定评价的基础。

在调查之前,应收集有关的地质构造资料,如《1:250万中华人民共和国及其毗邻海区构造体系图》(地质出版社,1984)、《1:400万中国大地构造图》(地图出版社,1977)及流域所在省区市的1:100万~1:50万构造体系图和1:20万区域地质图、相关的地质论著、报告及图件等,查明调查区的构造背景。

在实地勘察中,对褶曲的调查内容包括其形态、规模、组合形式、轴线延伸方向、组成褶曲的地层岩性,两翼岩层的厚度变化及产状、褶曲的形成时代等。对岩体的结构面要注意调查构造结构面(断层、构造裂隙、层间错动面等),原生结构面(层面、层理、软弱夹层、片理等)和次生结构面(卸荷裂隙、风化裂隙、风化夹层等),其中构造结构面是调查重点。对断层的调查包括位置、性质(正断层还是逆断层,或平移断层)、规模(长度、宽度和断距)、产状、断层两盘的地层及岩性、破碎带中构造岩的特点,主干断裂和伴生与次生构造形迹的组合关系,断层的形成时代及活动性等。对构造裂隙的调查包括形态特征、产状、规模、密度和充填情况等,最好选择典型地段进行产状、规模和密度的量测与统计,并做出玫瑰花图,以分析它的分布规律及对坡面稳定的作用和影响。在此基础上,评价地质构造作用形成的各种软弱结构面对岩体与斜坡稳定性的影响,及其对泥石流发育的影响。

地震还能显著地降低岩石强度,破坏斜坡稳定性,诱发滑坡、崩塌,为泥石流提供固体物质,甚至使滑坡直接转化成泥石流。在地震烈度为Ⅶ度以上的区域常产生大量崩塌和滑坡,因而泥石流也就十分发育,并且烈度越高产生的松散固体物质越多,越有利于泥石流发育(钟敦伦,1981)。同时,地震烈度值也是泥石流防治土建工程设计所必须考虑的重要参数。一般通过查阅国家地震局编制的《1:400 万中国地震烈度区划图》(地震出版社,2015)或调查区域地震部门编制的相应地震地质调查报告,地震基本烈度鉴定报告等,可获取地震震级和地震烈度等设计参数值。

3)新构造运动

新构造运动对第四纪地貌的发育起着控制作用,其垂直升降运动对泥石流的发生发展影响较大(国家防汛抗旱总指挥部办公室,中国科学院·水利部成都山地灾害环境研究所,1994),垂直升降强烈的地区同时也是泥石流集中分布地带。通过调查区地貌特点如河谷形态、构造盆地、河流阶地、夷平面、成层溶洞、跌水、堆积扇、沉积物厚度及剖面等,分析新构造运动的性质、强度、趋势、频率等特性,查清不同区段的构造运动特征,为分析泥石流发育规律与发展趋势提供依据。

4)不良地质现象

不良地质现象对泥石流固体物质的补给起着重要作用,泥石流松散固体物质储量估算要先调查流域内的各种不良地质现象。不良地质现象是指发生在地壳表层的,由重力作用形成的崩塌、滑坡、冰崩、雪崩和由风化作用形成的各种松散碎屑物质及其在重力和水体作用下发生的自上而下的移动和堆积过程(包括泥石流过程本身)。调查中应对不良地质现象的规模、活动状况和发展趋势进行调查和预测,调查沟内松散固体物质(包括崩塌、滑坡、沟床堆积物质、冰碛物、冰水堆积物和人工弃渣等)体积、堆积位置、稳定性和抗蚀性,估算流域可供泥石流活动的松散固体物质潜在储量,作为预测泥石流发展趋势的主要依据和泥石流防治工程设计的重要参数。

6.3.2 地貌条件

泥石流形成区是泥石流孕育、形成、运动、堆积整个生命过程的发生地。流域地貌特征是泥石流形成发育的重要因素,也是调查的重点。一般山坡越陡,坡体越不稳定,物质越容易汇集,越有利于泥石流形成。通常把泥石流流域分为形成区、流通区和堆积区。

1)确定流域基本参数

地貌条件调查首先要确定流域基本参数(又称“流域特征值”)(钟敦伦等,1998),主要有:流域面积 A、主沟长度 L、沟床比降 J、流域出口海拔 h_0、流域最高点高程 h、流域相对高度 Δh、流域周界长度 l、流域形状 S、流域相对切割程度 q、山坡坡度等。这些参数可利用比例尺大于或等于 1:10 万的地形图或遥感卫星影像获取,也可以野外现场实测。用以评价泥石流流域地形提供的能量大小、水流汇集条件、松散碎屑物质聚集条件、泥石流的运动条件等。

2)判别流域发育程度

利用流域相对切割程度 q 对流域发育阶段进行分期,其为流域最大相对高度 Δh 与流域周界长度 l 之比,可由式(6-2)计算。

$$q = \frac{\Delta h}{l} \tag{6-2}$$

式中的 q 为无量纲值,以小数表示。利用该值对流域发育程度进行判别,q 值越小,流域发育越成熟,反之则发育越不成熟。并以此作为判别泥石流沟发育成熟阶段的参考值。即:$q<0.1$,沟谷发育完善,多处于老年期;$q=0.1\sim0.2$,沟谷发育较完善,多处于壮年期;$q>0.2$,沟谷发育不完善,多处于幼年期。

3)流域灾害地貌和动力地貌特征调查

地貌条件调查还应包括流域侵蚀地貌、灾害地貌和动力地貌特征。调查分为形成区、流通区和堆积区三部分。在形成区:主要调查支毛沟发育情况、冲沟切割密度、宽度和深度、不良地质现象的发育程度、水土流失状况,查明可以补给泥石流的松散碎屑物质的分布范围和储量、主要补给方式,评价沟道的溯源侵蚀趋势与谷坡稳定性,取样做颗粒级配分析并根据黏粒含量评估泥石流体的性质,评价采取稳沟固坡措施的可行性和适合沟段。在流通区:量测沟床的坡度、弯曲度和粗糙程度;调查沟床切割程度、沟道断面变化情况、沟道阻塞情况、沟床冲淤变化特征(淤积速率、冲刷量等)和泥石流泥痕等;查明沟床陡坎(跌水)、急弯和卡口的位置,有无道路通过和修建泥石流防治工程的条件等。在堆积区:描述堆积扇的形态(扇形、锥形、扇裙等),量测堆积扇大小和纵横坡度,查明泥石流堆积物粒径沿程变化及沉积剖面特征,记录大石块数量、粒径和分布,调查堆积扇发展历时、堆积速率、堆积纵坡、发展趋势、沟道变迁的幅度和频率、扇缘被主河切割状况,泥石流挤压主河状况,是否曾经堵河以及堵河的可能性,估算泥石流的规模及一次泥石流的最大堆积量,了解人类活动及堆积扇开发利用现状(人口、建筑物、道路、财产),预估可能的损失,评价道路通过的难易程度。

6.3.3 气候与水文条件

气候与水文条件既影响形成泥石流的松散碎屑物质,又影响形成泥石流的水体成分和水动力条件,而且还往往是泥石流暴发的激发因素。

1)气候条件

气候资料包括气温、降水、蒸发与湿度,与泥石流形成和防治均有密切关系,其资料主要从当地气象台(站)获取。根据气象台(站)与泥石流沟的距离、高差等参考使用;也可以从当地气候图集的相应等值线图上查取;必要时,还应设站观测,获取所需气候资料。

调查分析年平均气温、气温年较差、极端最高气温、极端最低气温、气温极端较差，以及年最高与最低气温出现日期、年积温、冻土的冻结深度等；调查分析年平均蒸发量、多年平均相对湿度、最小相对湿度等资料；评价岩石物理风化条件、泥石流防治工程冬季施工条件及生物工程植物生长条件等。

调查分析多年平均年降水量、降水年际变率、降水年内变率、年降水日数、暴雨日数（日降水量≥50.0mm 的暴雨日数，≥100.00mm 的大暴雨日数，≥150.0mm 的特大暴雨日数）及其出现频率、1 日最大降水量、60min 最大降水量、30min 最大降水量、10min 最大降水量、夏半年降水量、冬半年降水量等。分析与确定泥石流的激发雨量和前期雨量，计算不同频率的设计暴雨量，为泥石流流量计算提供基础资料。另外，年降水量及其分布也是泥石流防治生态工程所需的重要参数。

2）水文条件

当泥石流流域内有水文测站时，应收集丰水年和枯水年的最大流量、最小流量、平均流量、径流总量、径流模数、径流深度等资料。但绝大多数泥石流流域都属无水文测站的无资料地区，可采用洪痕调查、推理公式、经验公式等方法推算洪峰流量，也可根据泥石流沟所在省市自治区的水文勘测部门编制的暴雨洪水计算手册及相关图表，查阅和计算有关水文参数，再结合流域降水条件及岩性、植被、地形、表层土体等下垫面状况，分析水文条件。对处于季节性积雪或现代冰川发育区的泥石流流域，需调查积雪洼地或现代冰川的发育情况，如面积、消融量、消融时期等，还需收集气温、降水变化对冰川或积雪消融的影响及其时间耦合资料。

通过上述工作评价流域水文条件及其与泥石流形成的关系，为泥石流防治工程设计提供清水洪峰流量等基本参数。

6.3.4 植被与土壤条件

植被可以保持水土，调节泥石流形成条件，在泥石流形成过程和防治工程中均能发挥作用。调查流域植被垂直分带状况，植被类型（森林、灌丛、草地、耕地等及其面积大小）、植被覆盖度（森林覆盖度、灌丛覆盖度等）、森林林型（自然林或人工林、原始森林或次生林、针叶林或阔叶林或针阔混交林等）、适生树种（优势树种、先锋树种、经济树种、薪炭树种等），现场填绘流域植被现状图。

流域的土壤状况对降水的渗透和蓄积、地表产流、植被生长等均有着重要影响。应调查土壤类型及其分布高度和范围、发育程度、土层厚度、肥力状况、土壤颗粒级配、适生性、土壤侵蚀方式与程度（片蚀、切沟、冲沟发育状况）等特征，填绘流域土壤类型和土壤侵蚀图。

泥石流流域的相对高度一般均较大，应注意调查流域内气候、植被、土壤的垂直地带性特征,为泥石流防治生态工程提供立地条件的基础资料。

6.3.5 人为活动的影响

主要调查人类活动对泥石流发育的影响并收集相关资料,包括森林砍伐情况(时间、范围、规模、集运材方式),毁林开荒状况(时间、范围、规模),森林火灾发生情况(时间、起火原因、范围等),闸沟垫地及筑淤地坝情况,陡坡耕作(坡度、面积、耕作方式),草场是否超载和有无退化沙化现象及其产生原因,边坡开挖(开挖量、临空面高度及其稳定性),工程弃渣量及其处理方式,有无病险水库,是否发生或有无可能发生人为泥石流(如采矿弃渣处理不当而引起的矿山泥石流、水库(塘堰)溃坝或水渠溃渠引发的溃决泥石流、水渠渗漏引起的泥石流等),小流域治理措施,已有的防灾措施、工程类型及其使用效果等。依据这些资料评价人类活动对泥石流发育的影响。

6.4 泥石流勘察与测绘

根据泥石流防治工程规划设计的要求,进行泥石流流域地质地貌勘测,查明防治工程可能选择的场地及其地形地质条件,供方案对比及选择场址使用。全流域勘测一般采用野外考察、勘测并结合遥感图像判释的方法,绘制中比例尺(1∶10 000～1∶5 000)图,在重点地段(如工程场地等)采用大比例尺(1∶5 000～1∶1 000)实际测图。

6.4.1 流域地质地貌填图

填图内容以与泥石流形成和活动有关的各种地质地貌现象为主,主要包括:

(1)第四系地层分布范围、厚度、岩性、成因、地层产状及地层年代,冰川分布线、湖面扩展界线、季节性和永久性冻土分界线等。

(2)灾害地质现象(如崩塌、滑坡、支沟泥石流、坡面泥石流)的分布、活动状况、体积等。

(3)沟谷已有的泥石流堆积及地貌现象的分布及特征,如泥石流阶地、龙头、垄岗、爬高、弯道超高、侧积、堆积扇等。

(4)峡谷、陡崖分布及长度、高度等。

(5)泉、井的分布位置,所属含水层类型,水位、水质、水量、动态及开发利用状况。

(6)历史上破坏性地震造成建筑物、山坡、地面变形破坏的主要位置及灾害点分布状况。

(7)流域内断裂在第四纪以来的活动性及活动特征,断裂的产状、规模、性质及破碎带特征,有无最新充填物,切割的最新地层,断裂两侧地貌景观和微地貌特征等。

(8)岩石风化变异程度,风化壳厚度、形态和性质等。

除尽量利用沟谷内的天然剖面调查研究各种地质地貌现象外,还应进行适当的坑探、槽探及取样分析;必要时应进行勘探工作,以查明堆积物的分布、厚度、性质及下伏基岩的坡度等(《工程地质手册》编写委员会,2018)。编制流域地貌与第四系地质图或泥石流工程地质图。

6.4.2 工点测绘

(1)泥石流流域平面图:用于分析泥石流水源特征,计算清水流量,进行防治工程和跨沟道路工程总体布设,流域生态工程布置。流域平面图可利用现有的地形图或用航空影像片(或带经纬度参数的卫星影像)制图,比例尺一般在1:5 000 ~ 1:50 000之间,图上应勾绘出泥石流形成区、流通区和堆积区的分界线。如果流域比较小(小于1km^2),地形图不能满足工程需求,需要用航空影像和高清晰度的卫星影像成图,或者现场直接测图,应采用较大的比例尺(1:5 000 ~ 1:1 000)。

(2)泥石流工程地形平面图:主要用于布置桥梁、隧道、泥石流防治工程等构造物尺寸,计算工程量和征用土地用。采用现场实测成图,比例尺根据工程规模和沟谷地形在1:1 000 ~ 1:200之间选用。测图范围应包括泥石流防治工程设计需要地段上下游各超出50m,拦砂坝用的地形图则测至库容和设计淤积终点以外适当范围。图上应表明工程地质、地形(包括水下地形)、不良地质现象、建筑物和测量标志等。

(3)沟床纵坡断面图:主要用于设计排导槽、导流堤、渡槽等排导工程和拦砂坝,并用于推算水文参数和库容计算。采用现场实测成图,比例尺根据规模选用,一般水平比例尺在1:1 000 ~ 1:200之间,垂直比例尺在1:1 000 ~ 1:100之间选用。测图范围应包括上下游防治工程和回淤范围。图上应表明工程地质资料。

(4)泥石流工程横断面图:用于泥石流防治工程设计,计算设计流量和相应的流速、泥位等。采用现场实测成图,比例尺根据工程规模和沟谷地形在1:500 ~ 1:100之间选用(纵横比例尺一致)。测图范围到泥石流防治工程设计需要以外一定范围(高程高于拟建工程5 ~ 10m,水平外延5 ~ 10m),并在图上绘制工程地质资料及说明。

6.4.3 工点勘察

工点勘察是对泥石流防治工程场址所在地段泥石流堆积物的组成、厚度、冲淤速率和地质基础条件等进行详细勘察,勘察数据是进行工程基础设计、地基处理的依据,勘察点的位置和数量应满足泥石流防治工程设计的需要,勘察精度要高于全流域的勘察精度。

勘察采用大比例填图,比例尺为1:5 000 ~ 1:1 000,对各种地质地貌现象进行详细研究,以满足对选定场址所需的各种资料。对已确定的防治工程场址,需用仪器定点,并测绘专用大比例尺地形图(详见6.4.2小节)。在场址开展钻探或坑探、槽探等专项地质勘查,为查明泥石流堆积物厚度的钻孔,钻入基岩的深度应超过沟内所见最大石块长径3~5m(王继康,1996),对勘察结果详细而准确编录,绘制钻孔柱状图、坑(槽)探剖面图及勘探处沟谷横断面地质图。采取岩石或土体样品,室内测定其物理力学性质,或现场进行原位测试,确定地基承载力,提出供工程设计使用的建议值。

泥石流防治工程建筑物所需的块石料和粗细骨料,一般可在泥石流沟谷内就地解决(黄土及泥流发育区除外),勘察中需对沟内岩性、抗风化能力、空间分布、开采条件、储量及开采对流域环境的影响做出评价。

6.5 泥石流样品试验与流体性质判定

泥石流样品试验的目的是获取泥石流流体密度、固体物质粒径组成、黏度和静剪切强度等特征值。这些特征值是判断泥石流流体性质和进行泥石流防治工程设计的重要参数。勘察中要求样品采取的地点和数量尽可能有代表性,使试验结果能较真实地反映出泥石流体的特征。

6.5.1 泥石流流体性质判定及重度试验

1)泥石流的性质现场调查

勘察时注意发现和调查泥石流黏附在沟岸上的泥浆的浓稠状态;弯道超高;泥石流堆积物特征;泥石流阵性特征(通过访问目击者);泥石流运动整体性特征;泥石流体中固液两相物质的比例等,参照表6-5初步判定泥石流的性质是黏性还是稀性。泥石流特征介于表6-5中两种泥石流性质之间者可定为过渡性泥石流。

野外调查泥石流性质判别表(谢洪等,2000) 表6-5

泥石流性质	特征						
	泥浆	弯道超高	阵性流	堆积物特征	固体与液体比例	运动时的整体性	重度 (kN/m^3)
黏性泥石流	浓稠	大	通常有	土、砂、石块大小混杂,颗粒大小差异大,无分选,无空间排列,常有巨大漂砾,可保存有泥球	≥2	强,进入主河不被河水稀释或截断	≥20.0
稀性泥石流	稀	较小	通常无	砂、石块混杂,土含量少,有一定分选和空间排列,一般不发育泥球	<1	较弱,进入主河易被河水稀释或截断	<17.0

2)泥石流重度确定

(1)现场取样实测泥石流重度。在泥石流活动过程中的某一或某几个时期采取泥石流样品,根据样品重力与体积之比求得重度γ,具体计算公式详见本书第5.2节式(5-1)。

采取样品的体积和重量目前尚无统一标准,一般每个样品体积不应小于$5\times10^{-3}m^3$或重量不小于100N(0.1kN)。由于受取样筒大小限制,该方法获取样品仅为泥石流体中较细粒部分。

(2)现场调查确定泥石流重度。泥石流过后,在沟道内选择有代表性的泥石流堆积物取样,现场加水搅拌配制成泥石流流体样品,找泥石流过程目击者数人进行样品鉴定。一般样品不少于3个,每个样品体积不小于$15\times10^{-3}m^3$。根据每个样品的重量和体积,利用式(5-1)计算重度。也可以利用下式计算泥石流重度。

$$\gamma = \frac{\gamma_s f + 1}{f + 1} \tag{6-3}$$

式中:γ——泥石流重度(kN/m^3);

γ_s——泥石流体中固体物质重度(kN/m^3),可从《工程地质手册》中查得;

f——泥石流体中固体物质与水的体积之比,由现场调查确定。

6.5.2 泥石流堆积物干重度确定

在野外选定的泥石流堆积区试验点,将表土除去,表面整平,挖掘成边长1m、深0.3~0.4m的正方形试坑,取出土石全部称重。然后将塑料薄膜平铺于坑底,并紧贴四周坑壁,用水桶作量筒向坑内注水,当水面与坑口地面齐平时,记下用水量。水体的体积即为试坑的容积。用下式计算泥石流堆积物干重度γ_d。

$$\gamma_d = \frac{W_s}{V_d} \tag{6-4}$$

式中:W_s——烘干后的土石重力(kN);

V_d——试坑容积(m^3)。

一般按上述步骤重复试验两次,取平均值。

6.5.3 泥石流固体物质粒径组成取样分析

泥石流固体物质的粒径分布范围较大,大到巨石小到黏粒,同一沟内泥石流固体物质的颗粒粒径变幅可达10^7。调查时应取样进行粒度分析,以了解泥石流的固体物质粒度特征。根据样品的重力可分为大样和小样。大样的重力一般在10~26kN之间,小样的重力一般为50N左右。

1)大样分析

在泥石流堆积区选定取样地点,清除表面杂土,整平表面,按一定的几何形状(尽可能成正方体或长方体,以便于测量和计算体积)挖坑取样,样坑深度不应小于0.5m,体积不应小于0.5m^3,最好为0.5~1.0m^3。对于取出样品中粒径大于100mm的石块,用卷尺或直尺量测它的三轴长度,取算术平均值作为其直径,并单个分别过秤称重;其余用筛分法分为100~50mm,50~20mm,20~10mm,10~5mm,5~2mm,每级分组称重;对于2mm以下颗粒用平均分割法采取0.1~0.5N,用激光粒度仪测定细颗粒分级,也可以对2mm以下颗粒在室内筛分出2~1mm、1~0.5mm、0.5~0.1mm三种粒径,粒径小于0.1mm的颗粒用比重计法测量。最后计算分组重量与总重量之比,算出颗粒级配特征值,绘制颗粒级配曲线。为使分级称重准确,在大石块过秤前,应用毛刷刷干净黏附在其上的细小土粒。大样分析也可与泥石流堆积物干重度测定结合进行。

2)小样分析

大样的代表性较小样好,但工作量大。小样由于量少(一般仅50N左右),取样灵活方便,所以在泥石流勘测中应用较多。为了解泥石流形成、运动、堆积这一系列过程中的固体物质粒度变化情况,实际工作中常常在泥石流的形成区、流通区和堆积区分别取样,带回室内做粒度分析。实验室粒度分析按照土工试验规程测定。

根据我国西南、西北、华北及东北地区数百条泥石流沟的实地调查与粒度特征分析,利用粒度分析资料基本上可以判别泥石流的性质,黏性泥石流堆积物中的黏粒(粒径<0.005mm)含量一般大于3%。

6.5.4 泥石流黏度和屈服强度测定

泥石流体的黏度η_m和屈服强度τ_w是判别泥石流性质的重要物理指标。受测试技术手段的限制,目前尚无法直接测试泥石流体的黏度和屈服强度,只能测试泥石流泥浆体或人工配制的泥浆样品的相应值,近似代替泥石流体的黏度和屈服强度。一般认为泥石流浆体近似宾汉体,可采用宾汉体的方法来测试和计算泥石流浆体的黏度和屈服强度。

1)样品采取和配制

在泥石流暴发时采样,可以在沟槽边岸用绳索系上铁桶抛入泥石流体中取样,但不能采到泥石流中部样品,且应注意安全;在有观测条件的沟段,可以通过架设的缆索用专制采样器沉入泥石流体中采样,样品代表性强。取样品中的浆体用作试验样品。

在泥石流发生以后调查时,选择典型泥石流堆积部位,清除表面杂质,采样并去除大砾石,取具有代表性的细颗粒约30N,放在容器中加水搅拌成泥浆,存放24h以上,当没有固液两相物质分离时,可用作试验浆体样品。

2)泥石流浆体黏度和屈服强度测定

可以采用毛细管(漏斗)黏度计和旋转式黏度计测定泥石流浆体黏度,一般黏性泥石流体的黏度≥5Pa·s,稀性泥石流体黏度<2Pa·s,黏度为2~5Pa·s的为过渡性泥石流

(周必凡等,1991;唐邦兴,2000)。

(1)毛细管(漏斗)黏度计测定

使用1006型标准漏斗黏度计,泥石流浆体中最大颗粒粒径通常定为1.2mm。步骤为:先用孔径1.2mm的分析筛制备泥石流浆体,再量测浆体重度和温度,然后按照仪器规定的步骤和方法测定管内浆体平均流速 v_p(m/s)、毛细管沿程阻力损失 ΔF(N/m^2),浆体重度 γ_m(N/m^3)、附加压力 f_p(N/m^3)等值,利用式(6-5)~式(6-7)计算相关值,点绘毛细管壁切应力 τ_w(N/m)与平均切变率 $8v_p/D_c$ 的关系曲线,即 τ_w-$8v_p/D_c$ 曲线,求得泥浆体黏度 η_m(Pa·s)和泥浆宾汉剪切强度 τ_B(N/m^2)。

$$\tau_W = \frac{4}{3}\tau_B + \frac{\eta_m 8v_p}{D_c} \tag{6-5}$$

$$\tau_W = D_c \frac{\Delta F}{4L_c} \tag{6-6}$$

$$\Delta F = f_p + \gamma_m(h_c + L_c) - \gamma_m(\alpha + \beta)\frac{v_p^2}{2} \tag{6-7}$$

式中:L_c——毛细管的长度(m);

D_c——毛细管的直径(m);

v_p——管内浆体平均流速(m/s);

h_c——储浆筒内泥浆深度(m);

$\alpha+\beta$——仪器综合系数,取值范围1.5~2.5,由仪器标定确定取值;

其余符号意义同前。

(2)旋转式黏度计测定

该方法对泥浆样品的要求是,泥浆体中最大颗粒粒径与旋转黏度计两个转子之间的间距之比为1∶5。先用符合此比例孔径的分样筛制备浆体样品,并测试其温度、重度等,然后按照仪器规定的步骤和方法测定。从仪器上读出不同剪切速率下旋转角速度 Ω(rad/s)和内筒所受力矩 M(N·m),分别将其换算成 dv/dy 和 τ 值,点绘 τ-dv/dy 曲线,可求得泥浆体黏度 η_m(Pa·s)和泥浆体宾汉剪切强度(Pa)。还可按式(6-8)计算各剪切速率下的泥浆体黏度 η_m。

$$\eta_m = \left[\left(\frac{M}{4}\pi h_c\right)\left(\frac{1}{R_{s1}^2} - \frac{1}{R_{s2}^2}\right) - \tau_B \ln\frac{R_{s2}}{R_{s1}}\right]\cdot\frac{1}{\Omega} \tag{6-8}$$

式中:h_c——内外筒间隙中被测定泥浆充填高度(m);

R_{s1}——外筒半径(m);

R_{s2}——内筒半径(m);

其余符号意义同前。

6.6 道路泥石流简易观测

对危害大、治理难度大、活动频率较高的泥石流,应设立观测点,进行泥石流原型观测,实测泥石流流量、流速、泥深和泥位等运动要素,了解泥石流过程特征和冲淤特点,观测和掌握激发泥石流的临界雨量和前期雨量,为泥石流防治工程设计提供准确数据。

道路泥石流一般采用简易观测方法,观测泥石流的流速、流量、泥位、重度、沟床冲淤、雨量等主要参数。在沟道比较顺直和稳定的地方,设置观测断面,根据测量断面(纵断面和横断面)地形,在坚硬岩壁上按相对高程设置泥位标尺,安装雨量计,准备浮标、秒表、采样器、照相机、录像机、照明灯、经纬仪或全站仪等观测和测量仪器。

当泥石流暴发时,直接观测第一阵泥石流的泥位、用浮标法测量泥石流流速,采取泥石流流体样品。同时进行录像和照相,记录泥石流的流动过程。泥石流流动过程结束以后,分析降雨过程,测量沟道纵断面和横断面变化,并对断面进行详细考察,校对泥石流泥位,采集堆积物样品。

利用校正的泥位值和事先测得的断面面积计算泥石流过流断面,结合浮标法所测得的泥石流流速,用式(6-1)计算泥石流流量。比较分析泥石流暴发前后的断面测量结果,确定泥石流冲刷和淤积的量值和幅度,查明沟道变化特征。对运动过程和堆积物所采样品进行实验室分析,确定泥石流的粒度特征、重度、流体性质、黏度和屈服强度等参数(分析方法见第6.5节)。分析降雨过程,结合当地气象站历史气象资料、当场气象资料和该沟泥石流暴发历史以及相关降雨资料,在资料充足的情况下综合分析泥石流暴发的降雨条件特别是雨量临界值。

上述资料可作为泥石流治理和预测的依据。对于泥石流危害严重,难以避绕,灾害治理工程和道路跨沟建筑物设计难度大、造价高的工点,还应针对泥石流防治工程和道路跨沟建筑物设计的要求,进行模型实验,取得进一步的参数。

近年来,无人机技术在泥石流调查中得到广泛应用,具体方法将在第15章介绍。其他相关调查勘查技术可参见《泥石流勘查技术》(陈宁生等,2011)。

本章参考文献

曹晨,余斌,马二龙,等,2019.四川汶川县佛堂坝沟“7·10”泥石流调查研究[J].泥沙研究,44(1):38-43.

陈光曦,王继康,王林海.1983.泥石流防治[M].北京:中国铁道出版社.

陈宁生,等,2011.泥石流勘查技术[M].北京:科学出版社.

《工程地质手册》编写委员会.2018.工程地质手册(第五版)[M].北京:中国建筑工业出版社.
关宝树,1978.铁路隧道围岩分类[M].北京:人民铁道出版社.
国家防汛抗旱总指挥部办公室,中国科学院·水利部成都山地灾害与环境研究所,1994.山洪泥石流滑坡灾害防治[M].北京:科学出版社.
国土资源部国际合作与科技司,2006.泥石流灾害防治工程勘察规范:DZ/T 0220—2006[S].北京:中国标准出版社.
交通部第一铁路设计院,1975.铁路工程地质手册[M].北京:人民交通出版社.
乐嘉祥,刘勇,谭伟,2019.龟峰山泥石流调查与防治措施研究[J].资源信息与工程,34(2):161-162.
李德基,1997.泥石流减灾理论与实践[M].北京:科学出版社.
唐邦兴,2000.中国泥石流[M].北京:商务印书馆.
王继康,1996.泥石流防治工程技术[M].北京:中国铁道出版社.
谢洪,韦方强,钟敦伦,1994.哈尔木沟泥石流形成剖析[C]//第四届全国泥石流学术讨论会论文集.兰州:甘肃文化出版社,214-220.
谢洪,钟敦伦,韦方强,等,2000.泥石流信息范畴与信息收集[J].地理科学,20 (5):474-477.
中国科学院成都山地灾害与环境研究所,1989.泥石流研究与防治[M].成都:四川科学技术出版社.
钟敦伦,1981.试论地震在泥石流中的作用[C]//泥石流论文集.重庆:科学技术文献出版社重庆分社,30-35.
钟敦伦,谢洪,程尊兰,等,1993.低山丘陵区(岫岩满族自治县)山地灾害综合防治研究[M].成都:四川科学技术出版社.
钟敦伦,谢洪,韦方强,等,1998.泥石流编目的标准化与规范化:中国泥石流滑坡编目数据库与区域规律研究[C].成都:四川科技技术出版社,6-13.
周必凡,李德基,罗德富,等,1991.泥石流防治指南[M].北京:科学出版社.

The Seventh Chapter

第 7 章

泥石流防治工程设计参数确定

在山区道路泥石流的防治过程中，工程设计参数的确定至关重要。由于山区道路两岸的泥石流暴发经常是突然的，目前除了极少数路段的泥石流沟设置观测断面或曾经一段时间设置观测断面之外（如 20 世纪 60—80 年代期间，西藏古乡沟和加玛其美沟、甘肃火烧沟、四川三滩沟等，曾经为公路和铁路减灾和科学研究设开展过现场观测），绝大部分的泥石流沟都没有设置观测断面，所以泥石流的流速、流量、重度、冲击力、冲淤速率等防治工程的参数无法直接测得，只有通过从间接的调查、分析和计算获得。间接而较准确地估算泥石流的这些参数成为道路泥石流防治工程设计的关键。在历史上就有许多道路跨越泥石流沟的工程由于泥石流的相关参数没有估算准确，道路路基、路面、桥涵和排导工程经常被毁坏。

山区中低等级道路往往沿着河谷两岸延伸，与主河两岸泥石流沟的交汇不可避免。而由于不同山区的地形、地貌、地质、水文和气候等条件的差异，形成了不同类型的泥石流，不同类型的泥石流其运动力学参数都会在运动过程中有所体现。因此，通过科学、合理地野外调查和测量，获取基本的参数，采用多种模型和方法，估算泥石流防治设计工程的基本参数,并相互校验,成为目前泥石流防治参数估算的基本途径。

本章归纳总结了国内外目前估算泥石流的流速、流量、重度、冲击力等的确定方法(崔鹏等,2016;费祥俊,舒安平,2004;唐金波等,2018;王勇,2018),结合我国多年的泥石流观测模拟确定的方法和近年来一些新的模型,力图给读者介绍获取泥石流这些基本参数的基本方法,以便工程技术人员在我国山区道路泥石流防治中使用。

7.1 泥石流流速的确定

泥石流流速是泥石流流量和冲击力计算的基础,是泥石流冲淤变化的基本参数,也是泥石流防治工程设计必不可少的重要参数,更是泥石流学科研究的重点之一。对于可观测的泥石流,直接进行人工观测或采用仪器设备进行观测确定流速是最可靠的。在山区道路泥石流调查时,对于已暴发的泥石流,通过第6章介绍的方法,获取泥石流遗留信息,人们可以采用直接观测法、调访法、跃高法、公式法、弯道超高法等方法来确定泥石流的流速数值,最好用多种方法进行流速的计算,相互验证。泥石流的流速在整个沿程,随着断面比降、泥深、沟床糙率等数据的变化而变化。

7.1.1 泥石流流速直接观测法与调访法

1)直接观测法

通常在泥石流流通区的顺直沟道,选择两个较为标准的断面,测量两个断面的距离 l,在泥石流到来时,用秒表等时间记录仪器测量泥石流的龙头经过两个断面的时间 t,泥石流的平均流速 v_c 即可以获得。对于龙头不十分清楚的连续流,则可以选择流体中的木头或泥球等标志明显的物体,测量该物体经过两个断面所需要的时间来确定泥石流的流速。该方法仅适用于少数可观测的泥石流,对于大多数难以观测的泥石流无法使用。

2)调访法

山区道路沿线两侧的泥石流沟常有居民居住,对于新近暴发的泥石流,看到泥石流的当地居民或道班工人记忆依然十分清楚,可以通过调访当地的居民了解泥石流运动的速度范围。由于当地的居民大都居住在堆积扇上,他们看到的泥石流大部分都是出沟口后的泥石流,可以通过询问了解泥石流的流速状况,如像汽车行驶、像人快跑、像人慢跑或像人走路,这样可以知道泥石流的大致流速范围。泥石流的流速沿程是变化的,所以需要确认调访的位置。一般地,在堆积扇区域调访获得的泥石流流速较小,而通过流通区堆积台地的泥石流流速要大一些。

7.1.2 跃高法

泥石流的跃高是泥石流运动过程中遇到障碍物表现出的现象。在泥石流沟道中不平直的沟段,泥石流遇到突出于沟道的障碍物或急弯处的顶冲物,泥石流会跳起一定的高度。基于动能和势能守恒的原理,通过测量泥石流跳起的高度 h,就可以估算出泥石流的流速值 v_c。

$$v_c = (2gh)^{\frac{1}{2}} \tag{7-1}$$

式中:v_c——泥石流流速(m/s);

h——泥石流跳起的高度(m);

g——重力加速度,一般取 9.8m/s^2。

由于泥石流体经常包含一定量的气体,气体受到浆体的包裹,在撞击阻碍物时,会使少量的浆体跃高大于其动能提供的能量。在使用跃高法计算泥石流的流速时,要注意通过泥痕位置来准确确定跃高高度,着重区别实际跃高高度与个别浆体跳跃的高度。

7.1.3 公式法

以水力学为基础,人们在曼宁公式等一系列水力学经典公式的基础上,结合泥石流沟的实际经验数值,用经验公式计算泥石流流速。公式归纳见表 7-1。

国内外常见的泥石流流速计算公式 表 7-1

序号	推荐或观测年代	观测试验的泥石流沟名	公式形式及参数说明	适用情况	作者
1	1964—1965 年	西藏波密古乡沟	$v_c = \frac{1}{n_c} H_c^{\frac{3}{4}} I_c^{\frac{1}{2}}$ (A) 式中:v_c——泥石流断面平均流速; H_c——计算断面的平均泥深(m); I_c——泥石流水力坡度; n_c——泥石流沟床糙率系数,$n_c = \frac{1}{M_c}$,见表 7-2	特别适用于黏性、稀性含大漂砾的冰川泥石流	王文睿,章书成(1985)
2	20 世纪 50—60 年代	—	$v_c = \frac{\rho \cdot gIH_c^2}{2\eta}$ (B) 式中:I——泥石流流面纵坡; ρ——泥石流密度; g——重力加速度; η——系数	黏性泥石流	美国 R. P. 夏普(兰州冰川所推荐)
3	1965—1975 年	云南东川蒋家沟	$\left.\begin{aligned} v_c &= \frac{1}{n_c} H_c^{\frac{2}{3}} I_c^{\frac{1}{2}} \\ \frac{1}{n_c} &= 28.5 H_c^{-0.34} \end{aligned}\right\}$ (C) 符号意义同前	黏性泥石流	康志成(1985)

续上表

序号	推荐或观测年代	观测试验的泥石流沟名	公式形式及参数说明	适用情况	作者
4	1889	试验	$$v_c = \frac{1}{n_c} R^{\frac{2}{3}} I_c^{\frac{1}{2}} \quad (D)$$ 符号意义同前	河流	Manning 公式（吴望一，1982）
5	1999	理论计算与推导	$$v_c = C_2 H_c^{\alpha} I_c^{\beta} \quad (E)$$ 式中：C_2——经验常数； α——H_c 的经验指数； β——I_c 的经验指数； 其他符号意义同前	泥石流	Rickenmann D（1999）
6	2000	北京地区公路泥石流	$$v_c = \frac{15.5}{\alpha} H_c^{\frac{2}{3}} I_c^{\frac{1}{2}} \quad (F)$$ 式中：M_w——河床外阻力系数，见表 7-3； R——河床计算断面的水力半径（m）； α——运动碰撞阻力系数； 其他符号意义同前	稀性泥石流	北京市市政设计院（唐邦兴等，2000）
7	1981	—	$$v_c = \frac{15.5}{\alpha} H_c^{\frac{2}{3}} I_c^{\frac{1}{2}} \quad (G)$$ 符号意义同前	稀性泥石流	铁道部第三勘察设计院（1981）
8	1963—1965 1972—1973	甘肃武都火烧沟、柳湾沟、坭湾沟	$$v_c = M_c H_c^{\frac{2}{3}} I_c^{\frac{1}{2}} \quad (H)$$ 式中：M_c——泥石流沟床糙率系数，见表 7-4； 其他符号意义同前	武都地区的黏性泥石流	吴积善等（1993）
9	2000	—	$$v_c = \frac{H_c^{\frac{3}{2}} I_c^{\frac{1}{2}}}{n_c} \quad (I)$$ 符号意义同前		Rickenmann D，Weber D（2000）

这些公式的应用大都涉及沟床的糙率系数确定问题。在总结考察和计算经验的基础上，分析泥石流和沟床特征与糙率系数的关系，总结出依据沟床和泥石流特征参数大致确定沟床糙率和外阻力系数的方法（表 7-2 ~ 表 7-4）。

公式(A)和公式(C)中黏性泥石流沟床糙率确定的方法 表7-2

序号	泥石流体特征	沟床状况	糙率值	
			n_c	$1/n_c$
1	流体呈整体运动;石块粒径大小悬殊,一般粒径为30~50cm,2~5m粒径的石块约占20%;龙头由大石块组成,在弯道或河床展宽处易停积,后续流可超越而过,龙头流速小于龙身流速,堆积呈垄岗状	沟床极粗糙,沟内偶有巨石和挟带的树木堆积,多弯道和大跌水,沟内不能通行,人迹罕见,沟床流通段纵坡在100‰~150‰,阻力特征属高阻型	0.10~0.50	2~10
2	流体呈整体运动,石块较大,一般石块粒径20~30cm,含少量粒径2~3m的大石块;流体搅拌较为均匀;龙头紊动强烈,有黑色烟雾及火花;龙头和龙身流速基本一致;停积后有垄岗状堆积	沟床比较粗糙,凹凸不平,石块较多,有弯道、跌水;沟床流通段纵坡70‰~100‰,阻力特征属高阻型	0.05~0.20	5~20
3	流体搅拌十分均匀;石块粒径一般在10cm左右,挟有个别2~3m的大石块;龙头和龙身物质组成差别不大;在运动过程中龙头紊动十分强烈,浪花飞溅;停积后石块不分离,向四周扩散呈叶片状	沟床较稳定,河床质较均匀,粒径10cm左右;受洪水冲刷沟底不平而且粗糙,流水沟两侧较平顺,但干而粗糙;流通段沟底纵坡55‰~70‰,阻力特征属中阻或高阻型	0.04~0.10	10~25
4	流体搅拌均匀,石块粒径一般在10cm左右,挟个别2~3m的大石块,龙头和龙身物质组成差别不大;在运动过程中龙头紊动十分强烈,浪花飞溅;停积后石块不分离,向四周扩散呈叶片状	泥石流铺床后原河床黏附一层泥浆体,使干而粗糙河床变得光滑平顺,利于泥石流体运行,阻力特征属低阻型	0.01~0.05	20~100

公式(F)中河床外阻力系数 M_w 值表 表7-3

分类	河床特征	M_w	
		$I_c>0.015$	$I_c\leq0.015$
1	河床顺直,河床平整,断面为矩形或抛物线形的漂石、砂卵石或黄土质河床,平均粒径为0.01~0.08m	7.5	40
2	河床较为顺直,由漂石、碎石组成的单式河床,河床质较均匀,大石块直径为0.4~0.8m,平均粒径为0.2~0.4m,或河床较弯曲、不太平整的1类河床	6	32
3	河床较为顺直,由巨石、漂石、卵石组成的单式河床,大石块直径为0.1~1.4m,平均粒径为0.1~0.4m,或较为弯曲、不太平整的2类河床	4.8	25
4	河床较为顺直,河槽不平整,由巨石、漂石组成的单式河床,大石块直径为1.2~2.0m,平均粒径为0.2~0.6m,或较为弯曲、不太平整的3类河床	3.8	20
5	河床严重弯曲,断面很不规则,有树木、植被、巨石严重阻塞河床	2.4	12.5

公式(H)中黏性泥石流沟床糙率表 表7-4

序号	河床特征	M_c			
		H_c(m)			
		0.5	1.0	2.0	4.0
1	黄土地区泥石流沟或大型的黏性泥石流沟,河床平坦开阔,流体中大石块很少,纵坡为20‰~60‰,阻力特征属低阻型	—	29	22	16
2	中小型黏性泥石流沟,河谷一般平顺,流体中含大石块较少,沟床纵坡为30‰~80‰,阻力特征属中阻型或高阻型	26	21	16	14
3	中小型黏性泥石流沟,河床狭窄弯曲,有跌坎;或沟道虽顺直,但含大石块较多的大型稀性泥石流沟,沟床纵坡为4%~12%,阻力特征属于高阻型	20	15	11	8
4	中小型稀性泥石流沟,碎石质沟床,多石块,不平整,沟床纵坡为100‰~180‰	12	9	6.5	—
5	沟道弯曲,沟内多顽石、跌坎,床面不平顺的稀性泥石流沟,沟床纵坡为120‰~250‰	—	5.5	3.5	—

7.1.4 弯道超高法

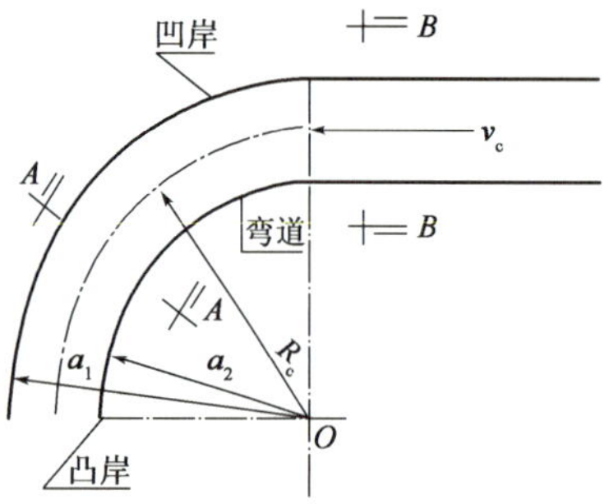

图7-1 弯道示意图

a_1-弯道凹岸内径;a_2-弯道凸岸外径;R_c-弯道中心半径

在泥石流运动过程中,弯道超高是十分普遍的现象,它是泥石流在弯道运动时,在离心力作用下,凹岸的流速较凸岸大,导致凹岸的泥位较凸岸高,形成的一种流动超高现象(图7-1~图7-3)。弯道超高值是泥石流防治工程和相关的道路桥梁工程设计需要的参数。国内外许多学者采用泥石流弯道超高现象,来分析计算泥石流的流速。

可采用不同的方法,通过弯道超高来计算泥石流的流速。在沟道宽度较小的情况下,一般假设处于凹岸和凸岸的泥石流的角速度是相等的,推导泥石流流速计算公式,且公式相对简单。由于泥石流的液面是弯液面,当沟床的宽度较大时,这种假设就会带来一定的误差。所以在实际计算泥石流流速时,可分凹岸、凸岸角速度相等和不等两种情况进行。以下介绍这两种流速计算公式的推算。

图7-2中阴影部分是假设凹岸和凸岸角速度相等时计算得到的泥石流液面与实际的泥石流液面的差距,沟道宽度(B_c)越大则差距越大。在实际情况下,泥石流沟道的宽度一般都很小,采用角速度相等的计算公式与实际的误差不大,但是,如果泥石流沟道宽度大

于 30m，则应该采取凹岸、凸岸角速度不相等的计算公式（何杰等，2001）。

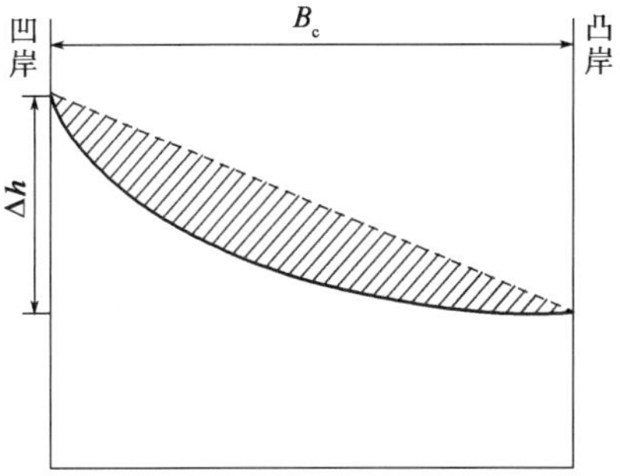

图 7-2 *A-A* 剖面示意图

B_c-沟道宽度；Δh-凹岸和凸岸角速度相等时计算得到泥石流液面与实际的泥石流液面的差距

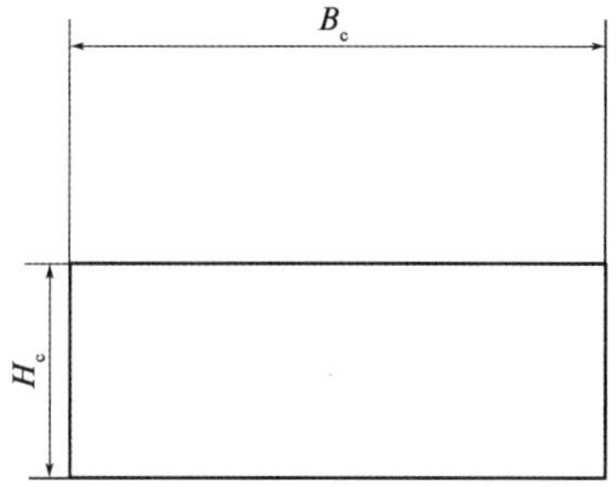

图 7-3 弯道 *B-B* 剖面示意图

H_c-泥石流进入弯道前的液面高度；B_c-同图 7-2

1）凹岸和凸岸角速度相等的流速计算

假设泥石流在凹岸和凸岸的角速度相等，凸、凹岸的线速度分别是 v_{c1}、v_{c2}，a_1 为弯道凹岸内径，a_2 为弯道凸岸外径，利用弯道流速与半径的关系有：

$$\frac{v_{c1}}{a_1} = \frac{v_{c2}}{a_2} \tag{7-2}$$

凹岸的泥石流流速较凸岸的大，利用产生的动能差和弯道超高的势能差相等的关系建立一个等式：

$$2g\Delta h = v_{c2}^2 - v_{c1}^2 \tag{7-3}$$

由于凹岸和凸岸的角速度假设相等，流速沿断面的分布是直线形的，所以平均流速可以表述为最大流速与最小流速的平均值。因此有：

$$\overline{v_c} = \left(\frac{1}{2}\Delta hg\frac{a_2 + a_1}{a_2 - a_1}\right)^{\frac{1}{2}} \tag{7-4}$$

这一表达式与日本和欧洲国家采用的弯道超高流速计算的公式一致。

2）凹岸和凸岸角速度不相等的流速计算

当泥石流沟道较宽，需要精确地采用弯道超高计算泥石流流速时，由于黏性泥石流是一种黏性的流体，弯道流动泥石流的运动状况，与在两个同心圆桶之间的黏性流体以不同角速度运动的规律一致，所以弯道运动的泥石流流体的流速分布可用旋转的 Couette 流动的流速分布模式来描述。弯道河床内外两岸的流体运动角速度分别为 Ω_1，Ω_2，其流速 v_c 随半径 r 的变化可表述为：

$$v_c = Ar + \frac{B}{r} \tag{7-5}$$

该式表明泥石流的流速随沟道半径的变化过程呈曲线形式，其中：$A = \dfrac{\Omega_2 a_2^2 - \Omega_1 a_1^2}{a_2^2 - a_1^2}$，$B =$

$\frac{(\Omega_1-\Omega_2)a_1^2a_2^2}{a_2^2-a_1^2}$，$a_1$ 为弯道凹岸的内径，a_2 为弯道凸岸的外径，通过对流速方程的积分，取积分数值的平均值得到泥石流的平均流速。

由于客观上，泥石流的角速度是难以测量的，对于无法观测的山区泥石流更是如此。所以用角速度表述的泥石流流速方程式(7-2)在实际泥石流流速计算上意义不大。依据流体力学的基本原理推出的基本方程，分析参数 A、B 可以用泥石流沟测定的泥深、弯道的半径、横截面的面积及河道超高等几何参数来表示。

依据流体力学静力学的基本方程，选流体的自由面上的任一点为研究对象，可以建立如下的平衡式：

$$P_0=-\rho gz+\rho\int\frac{v_c^2}{r}\mathrm{d}r \tag{7-6}$$

P_0 是液面压强，将式(7-5)代入式(7-6)得出泥深 z 和半径 r 的关系如下：

$$z=\frac{1}{g}\left(\frac{1}{2}A^2r^2+2AB\ln r-\frac{B^2}{r^2}\right)+C_0 \tag{7-7}$$

其中的 C_0 是一个积分常量，$C_0=z_1-\frac{1}{g}\left(\frac{1}{2}A^2a_1^2+2AB\ln a_1-\frac{B^2}{a_1^2}\right)$

由于$\frac{1}{2}A^2r^2\cdot\left(\frac{B^2}{r^2}\right)^{-1}=\frac{A^2}{2B^2}r^4$，随着 r 的增大而快速变大，$\frac{B^2}{r^2}$和$\frac{1}{2}A^2r^2$ 相比是一个小量，所以在公式中可以略去，故式(7-7)可改写为：

$$z=\frac{1}{g}\left(\frac{1}{2}A^2r^2+2AB\ln r\right)+C_0 \tag{7-8}$$

为了便于分析计算，假设泥石流沟的横断面为矩形，这样由自由面坐标 z 的函数式可得出横截面积 S 的表示形式如下：

$$S=\int_{a_1}^{a_2}z\mathrm{d}r=\int_{a_1}^{a_2}\left[\frac{1}{g}\left(\frac{1}{2}A^2r^2+2AB\ln r\right)+C_0\right]\mathrm{d}r \tag{7-9}$$

利用野外可以测定的弯道凸岸泥深 z_1 和凹泥深 z_2，以及泥深表面呈抛物线决定的矩形断面面积，可以写成以下 3 个方程式，联立 3 个方程可以求出参数 A、B 和常数项 C_0，可解得：

$$A=\sqrt{3g\frac{a_2\Delta h+(a_2-a_1)z_1-S}{a_2^3-a_1^3}} \tag{7-10}$$

$$B=g\frac{(a_1+a_2)S-(a_2^2-a_1^2)z_1+(2a_1^2-a_1a_2-a_2^2)\Delta h}{4A(a_1^2+a_1a_2+a_2^2)\ln\frac{a_2}{a_1}} \tag{7-11}$$

$$C_0=z_1-\frac{1}{g}\left(\frac{1}{2}A^2a_1^2+2AB\ln a_1\right) \tag{7-12}$$

或者：

$$A = \sqrt{3g\frac{a_1\Delta h + (a_2 - a_1)z_2 - S}{a_2^3 - a_1^3}} \tag{7-13}$$

$$B = g\frac{(a_1 + a_2)S - (a_2^2 - a_1^2)z_2 + (2a_2^2 - a_1a_2 - a_1^2)\Delta h}{4A(a_1^2 + a_1a_2 + a_2^2)\ln\frac{a_2}{a_1}} \tag{7-14}$$

$$C_0 = z_2 - \frac{1}{g}\left(\frac{1}{2}A^2a_2^2 + 2AB\ln a_2\right) \tag{7-15}$$

式(7-10)～式(7-12)是用 a_1、a_2、z_1、S 和 Δh 表示的方程系数，式(7-13)～式(7-15)是用 a_1、a_2、z_2、S 和 Δh 表示的方程系数，可以根据野外不同测量参数而在这两式中选择使用。同时，这些系数只是以不同变量表示的形式，其本质是一样的，依据积分所得的平均流速 $\bar{v}_c$ 可以表述为：

$$\bar{v}_c = \frac{A(a_1 + a_2)}{2} + \frac{B}{a_2 - a_1}\ln\frac{a_2}{a_1} \tag{7-16}$$

式(7-16)是基于泥石流沟道测量的几何参数(最小半径 a_1，最大半径 a_2，最小泥深 z_1，最大泥深 z_2，横截面积 S)表示的变量。而式(7-5)中流速 v_c 是随半径变化的变量。

在特别的情况下，当弯道内的泥石流流动时如果角速度相等时，即存在：$\Omega_1 = \Omega_2 = \Omega_0 = \left(\frac{1}{2}\Delta hg\frac{1}{a_2^2 - a_1^2}\right)^{\frac{1}{2}}$ 时，$A = \Omega_0$，$B = 0$，该方程组就简化为：

$$v_c = \Omega_0 \cdot r \tag{7-17}$$

$$v_c = \frac{\Omega_0 \cdot (a_1 + a_2)}{2} = \left(\frac{1}{2}\Delta hg\frac{a_2 + a_1}{a_2 - a_1}\right)^{\frac{1}{2}} \tag{7-18}$$

$$Z = \frac{\Omega_0{}^2 \cdot r^2}{2g} + C_1 \tag{7-19}$$

此时有 $C_1 = z_1 - \frac{\Omega_0{}^2 \cdot a_1{}^2}{2g}$，式(7-18)与先前推导的公式一样。

3)两种方法计算比较

依据弯道角速度相等假设的计算公式与一般情况下弯道泥石流计算公式不同，前者相对简单，参数可以直接在野外测得，但存在一定的误差。以川藏公路海子山到竹巴笼段的通戈顶泥石流沟为例，说明这种泥石流流速计算方法的实际应用。

(1)通戈顶流域概况

G318 线川藏公路海子山至竹巴笼段通戈顶沟(K330)是川藏公路四川境内典型的泥石流沟(图 7-4)。它位于金沙江畔干热河谷，沟长 5.5km，流域面积为 5.625km^2，流域海拔介于 2 507～4 800m 之间。其形成区发育有大量的风化和崩解的松散堆积物。1998 年 8 月 28—30 日暴雨后，于 30 日暴发数百年一遇的特大规模泥石流。

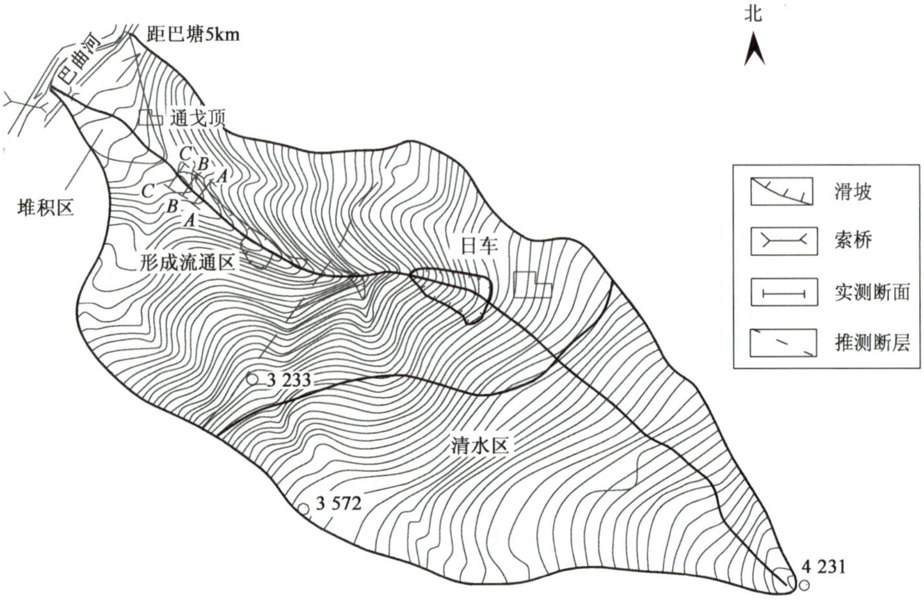

图 7-4　通戈顶沟流域地形图

(2)平均流速

通戈顶沟 1998 年泥石流在弯道留下良好的泥痕,当地的居民对泥石流沟床和泥石流的泥深记忆犹新。可以对断面 C 弯道弧的弦长 L、弦切角 α、沟床宽度、两岸泥石流泥痕的高度、超高 ΔH 和泥石流沟道断面面积进行测量(图 7-5),测量数值和计算结果见表 7-5。

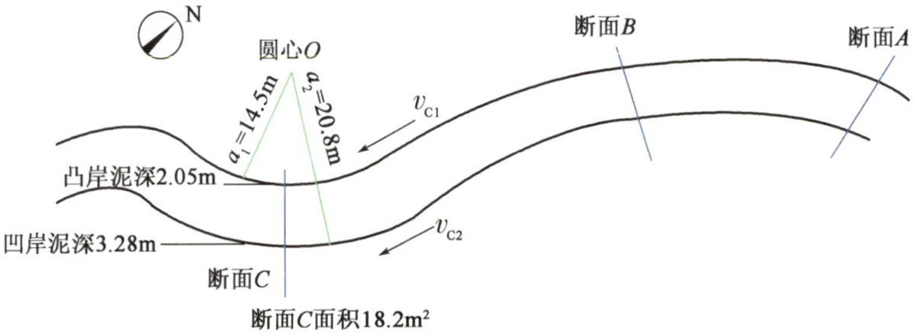

图 7-5　通戈顶沟河床断面示意图

弯道 C 断面基本参数测量值与流速流量计算值　　表 7-5

1998 年野外实测沟道参数									室内计算参数			
弯道弦长 L(m)	弦切角 α(°)	最高泥深(m)	最低泥深(m)	沟床坡度(°)	断面面积(m^2)	弯道超高 ΔH(m)	弯道内径 a_1(m)	外径 a_2(m)	v_{c2}(m/s)	v_{c1}(m/s)	平均流速 v_c(m/s)	采用的方法
35	50	3.07	1.68	14	18.2	1.39	14.2	20.8	7.14	4.88	6.01	方法一:角速度相等,式(7-3)
									6.81	4.65	5.62	方法二:角速度不相等,式(7-16)、式(7-17)

(3)流速分布

通过测量的参数分析,在参数 A、B 分析取值的基础上,计算出方法一和方法二的流速分布图(图7-6)。

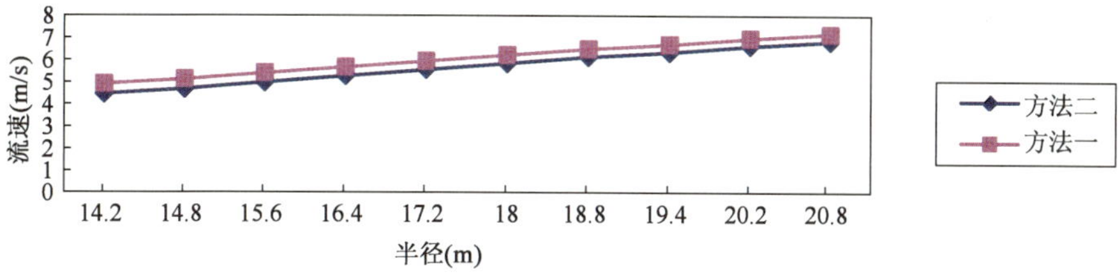

图7-6 泥石流流速沿沟道断面分布

从图7-6分布可知,泥石流弯道的流速分布从凸岸到凹岸逐步增加。假定角速度相等的方法二计算的流速较大,流速分布线是直线;而方法一计算的流速值较小,流速的分布线是一条曲线。但二者相差较小。

(4)两种方法流速分布的比较分析

对于重度达到20kN/m³的泥石流,在弯道运动时的泥面从理论分析和实际观测都是一个典型的抛物线曲面,弯道角速度不等的流速模拟结果更接近实际情况,说明该方法在理论上是合理的;由于泥石流运动的许多参数难以获取,该方法具有明确的实用性。另外,假设弯道的角速度相等情况下,流速计算的结果比较接近,这说明在一般的情况下,假设弯道泥石流角速度相等计算的流速和流量误差不大,但应用起来更简单。

7.2 泥石流流量的确定

泥石流流量包括泥石流峰值流量和一次泥石流输砂总量,是泥石流防治工程和桥梁设计以及评估运营线路路、桥、涵等构筑物抗灾能力的一个重要参数。尤其是泥石流的峰值流量,在泥石流工程防治的设计中尤为重要。本节主要介绍关于泥石流峰值流量的计算方法。

7.2.1 配方法

1)配方法分析

泥石流均由一定的水和土组成,清水流量的计算,可借助水文学的方法。在清水流量中配上土体含量,得到泥石流总量的计算方法就形成了配方法。其具体计算方法如下:

(1)只考虑泥石流体中的土体含量

$$Q_c = Q_w\left(1+\frac{C_v}{C_w}\right) = Q_w\left(1+\frac{\gamma-1}{\gamma_s-\gamma}\right) = Q_w(1+\phi_c) \tag{7-20}$$

式中：Q_c、Q_w——相应的泥石流和清水流量（m^3/s）；

C_v、C_w——泥石流中固体和水体的体积浓度；

γ_s、γ——泥石流固体物质重度和泥石流体的重度（kN/m^3）；

ϕ_c——泥石流考虑土体含量的修正系数，即

$$\phi_c = \frac{C_v}{C_w} = \frac{\gamma - 1}{\gamma_s - \gamma} \tag{7-21}$$

（2）同时考虑土体含量和土体中的前期含水率

$$Q_c = Q_w(1 + \phi'_c) \tag{7-22}$$

式中：ϕ'_c——同时考虑土体和土体天然（前期）含水率的修正系数，即

$$\phi'_c = \frac{\gamma - \gamma_w}{\gamma_s - \gamma} \tag{7-23}$$

式中：γ_w——水的重度（kN/m^3）；

其他符号意义同前。

根据西藏波密古乡沟泥石流的研究（王文睿，章书成，1985）：

$$\phi'_c = \frac{1 - C_w}{C_w - p'(1 - C_w)} \tag{7-24}$$

式中：p'——考虑冰川融水参与泥石流活动的土体物质（主要是冰渍物）的原始含水率，实际上 $p' = p$；

其他符号意义同前。

（3）同时考虑土体含量、土体前期含水率和泥石流堵塞的影响

$$Q_c = Q_w(1 + \phi'_c)D_u \tag{7-25}$$

式中：D_u——堵塞系数；

其他符号意义同前。

此式是由铁道部第二设计院根据云南东川观测资料，考虑到黏性泥石流具有堵塞的影响，从而增加了一个堵塞系数 D_u，此时适用于土力类泥石流。在水力类的稀性泥石流运动过程中，当流体中含有大量石块时（又称稀性泥石流的龙头），在特定的沟床条件下，可以出现堵塞，使水位壅高，然后出现溃决，挟带石块继续前进，流量有所增加，但 D_u 一般都小于1.3。

配方法是基于区域水文手册的基础上建立起来的，是目前泥石流流量计算的基本方法。由于水力类的泥石流多数形成稀性泥石流，所以对稀性泥石流的流量计算与实际结果差别不大。而大部分黏性泥石流为土力类泥石流，所以对于黏性泥石流来说，特别塑性泥石流，计算值远小于实际值（小于采用形态调查法计算的结果），因此国外的许多学者都在配方法的基础上，再乘上一个系数来表示某种原因引起的黏性泥石流流量的增值。

2)配方法计算

(1)洪水流量计算

依据当地资料如《四川省中小流域暴雨洪水计算手册》中提供的推理公式为：

$$Q_B = 0.278\psi\left(\frac{s}{t^n}\right)F \tag{7-26}$$

式中：Q_B——设计洪水洪峰流量(m^3/s)；

ψ——洪峰径流系数；

t——汇流时间(h)；

n——暴雨衰减指数；

s——暴雨雨力(mm/h)；

F——流域面积(km^2)。

(2)泥石流流量计算

泥石流流量采用配方法予以计算：

$$Q_c = K(1+\Phi)Q_B \tag{7-27}$$

式中：Q_c——设计频率的泥石流峰值流量(m^3/s)；

K——堵塞系数；

Φ——泥石流流量增加系数；

Q_B——设计频率的洪水洪峰流量(m^3/s)。

$$\Phi = \frac{\gamma - \gamma_w}{\gamma_s - \gamma} \tag{7-28}$$

式中：γ——泥石流重度(kN/m^3)；

γ_w——清水重度(kN/m^3)；

γ_s——泥石流中固体物质重度(kN/m^3)。

7.2.2 经验公式法

经验公式法是依照实际经验总结出来的泥石流流量计算方法，是根据各地区泥石流的特点和统计资料所建立的经验公式。

经验公式法的普及性有限。首先它是建立在观测的基础上，而泥石流的观测存在着极大的困难。多数沟道泥石流的暴发频率很低，几年甚至更长时间才会发生一次，建立经验公式的样本缺乏。其次它有极强的地域性，由于经验公式中的参数大多在特定流域的地域经过长期的观测总结出来的经验取值，这些参数具有地域背景，要将公式用于不同的流域的流量计算，其结果往往和实际情况相差较大。经验公式只适合于一定范围内的泥石流的流量计算工作，要将它们用于其他地区的泥石流流量计算，需要考虑它们的适用条件。表 7-6 列出了常用的经验公式及其适用条件(吴积善等,1997)。

各类泥石流流量的计算经验公式及适用条件　　表 7-6

公　式	系数符号	系数的物理意义	公式的适用条件
$Q_c=(1+\phi_c)Q_B$ 式中:Q_c——泥石流峰值流量; ϕ_c——泥石流流量修正系数	$\phi_c=\frac{\gamma-1}{\gamma_s-\gamma}$ 式中:γ_s——泥石流固体物; γ——泥石流体的重度	仅考虑固体体积和水体在一定浓度条件下的泥石流流量	适用于水石流和稀性泥石流沟谷
$Q_c=Q_B(1+p)$ 式中:p——泥石流补给物质的原始含水率	$p=\frac{1-C_{VB}}{C_{VB}-\varepsilon(1-C_{VB})}$ 式中:C_{VB}——体积比含水率	考虑泥石流固体补给物质的原始含水率和天然含水率	适用于水力类连续性泥石流和黄土泥流
$Q=Q_B(1+\phi_c)q$ 式中:q——泥石流堵塞系数,其值取 1.0~3.0	q	考虑堵塞条件不同而引起的流量增加,$q=1.0$,没有堵塞;$q=1.3\sim2.0$,一般堵塞;$q=3.0$,严重堵塞	适用于携带有大量巨大颗粒的稀性泥石流
$Q_c=Q_B(1-\phi_c)\xi$ 式中:ξ——泥石流流量累计系数	ξ	表示由于土体含水率,堵塞、涌动叠加等引起的泥石流流量增加的综合指标	适用于流域面积较大的稀性泥石流沟谷
$Q_c=0.006v_c^{0.83}$ 式中:v_c——泥石流流速	—	—	适应于火山泥石流
$Q_c=0.019v_c^{0.79}$	—	—	适应于黏性泥石流

7.2.3　形态调查法

形态调查法是根据实测或调查获得的泥石流过流断面面积乘以实测或计算所获得的断面平均流速 v_{ccp},获得泥石流流量的一种方法。它的计算不涉及产、汇流过程,适用于各种类型的泥石流流量计算,应用最广。

泥石流观测或调查断面要求相对比较稳定和顺直,在泥石流发生后留下的泥痕处测得泥位和断面尺寸,确定过流断面面积 W_c。如在泥石流发生过程中出现明显的冲淤,则根据冲淤的情况对泥深 H_{ch} 和宽度 B_c 进行校正。再用第 7.1 节的方法确定流速。

对于可观测的泥石流，也可用高速摄影、录像、雷达流速仪、浮标等测定泥石流表面流速 v_c'，将表面流速 v_c' 换算成断面平均流速 v_{ccp} 需乘一个系数 K_v，即

$$v_{ccp} = K_v v_c' \tag{7-29}$$

式中的 K_v，稀性泥石流多为 0.6 ~ 0.7，故泥石流流量

$$Q_c = W_c v_{ccp} \tag{7-30}$$

7.2.4 冰湖溃决泥石流流量计算

冰湖溃决泥石流洪峰流量是冰雪活动区泥石流防治工程设计的必须参数之一。目前国内外对冰湖溃决泥石流流量提出了多种计算方法（陈储军，1996；Daniel 等，2001；刘波，2021），主要采用方法是洪水计算方法，推算溃决口泥石流流量，没有考虑泥石流的特征；在沿程流量变化计算方面，主要采用洪调法计算。下面结合泥石流本身的特征，针对瞬间部分溃决的工况，采用行波法推导冰川终碛湖溃决口处的泥石流流量和沿程泥石流变化的计算方法。

1）冰川终碛湖溃决口泥石流洪峰流量计算

（1）一般湖泊溃决口洪水洪峰流量计算

一般湖泊溃决口洪峰流量的大小与溃坝前上、下游水深和坝址断面形状及尺寸有关，而其计算方法则取决于溃坝形式：瞬间全部溃决、瞬间部分溃决和逐渐溃决。前两种工况的计算方法已较为成熟。

①瞬间全部溃决工况

在分析坝址处溃坝后初瞬水流流态的基础上，假定河道的底坡水平，忽略阻力影响，并近似认为溃坝前上下游流速为零。利用特征线法，联解动力方程和连续方程，可归纳出统一的峰顶流量计算公式（叶秉如，1985；晏鄂川等，2001）：

$$q_m = \lambda B \sqrt{g} H_1^{\frac{3}{2}} \tag{7-31}$$

式中：q_m——峰顶流量（m^3/s）；

λ——流量参数，$\lambda = [1/(n+1)]^{\frac{3}{2}} \times [(2n+2)/2n+d]^{2n+3}$；

B——坝长或全溃时溃口宽度（m）；

g——重力加速度（s/m^2）；

H_1——溃坝前（上游）水深（m）；

n——河槽形状指数。

②瞬间部分溃决工况

冰川终碛湖堤坝的局部溃决以横向（沿坝长方向）溃决较为普遍，形式如图 7-7 所示。同

样假设平底、无阻力河道外，还假定坝轴线垂直于流向、溃口顶部近水平、坝前水体静止，堰塞湖水面高程在负波通过后即维持不变。此时局部溃口宽度为 b，残留坝高为 a，溃决洪水流态控制参数为 H_1、Z_1、Z_0，如图 7-8 所示。

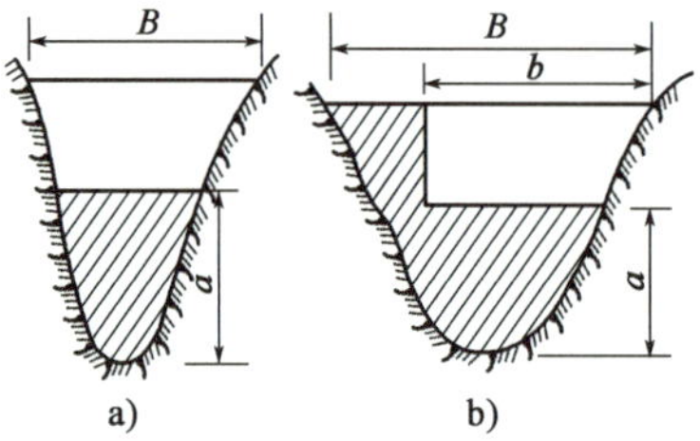

图 7-7　堤坝溃决断面示意图

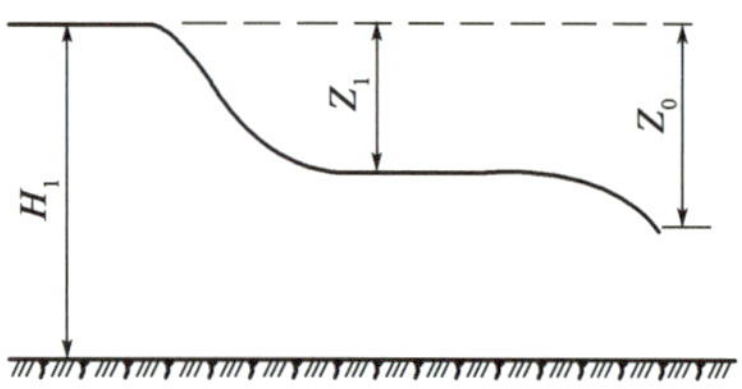

图 7-8　溃决洪水流态示意图

根据波能量变化与外力的关系，可得出局部溃决时的洪峰流量公式（陈晓清等，2004）：

$$Q_{\max} = 2BH_1^{\frac{3}{2}}\sqrt{g}\left(1-\frac{Z_1}{H_1}\right)\left(1-\sqrt{1-\frac{Z_1}{H_1}}\right) \tag{7-32}$$

其中，$\frac{Z_1}{H_1}$由已知的$\frac{B}{b}$、$\frac{a}{H_1}$求得。$B/b = \dfrac{\frac{\sqrt{2}}{3\sqrt{3}}\left[5-3\frac{Z_1}{H_1}-4\left(1-\frac{Z_1}{H_1}\right)^{\frac{1}{2}}-\frac{a}{H_1}\right]^{\frac{3}{2}}}{\left(1-\frac{Z_1}{H_1}\right)\left[1-\left(1-\frac{Z_1}{H_1}\right)^{\frac{1}{2}}\right]}$

特别对于湖泊型冰川终碛湖，$B/b \to \infty$ 和 $Z_1/H_1 \to 0$，则清水的洪峰流量为：

$$Q_{\max} = \frac{2\sqrt{2}}{3\sqrt{3}}b\sqrt{g}H_1^{\frac{3}{2}}\left(1-\frac{a}{H_1}\right)^{\frac{3}{2}} = 1.705bH_1^{\frac{3}{2}}\left(1-\frac{a}{H_1}\right)^{\frac{3}{2}} \tag{7-33}$$

（2）冰川终碛湖溃决口泥石流洪峰流量计算

对于冰湖溃决，由于泄流水所携带的冰碛物和溃决口土体的加入，向下游排泄的是一种水和土体的混合体——泥石流。泥石流的洪峰流量不但与单一洪水洪峰流量有关，而且还与溃决时加入土体的量以及土体与水相互作用有关。可以将泥石流洪峰流量 $Q^{d}_{\max}$ 表示为：

$$Q^{d}_{\max} = kq_{m} \quad （适用于瞬时全溃） \tag{7-34}$$

$$Q^{d}_{\max} = kQ_{\max} \quad （适用于瞬时部分溃决） \tag{7-35}$$

式中：q_m——冰川终碛湖瞬时全溃时溃决口洪水的洪峰流量（m^3/s）；

$Q_{\max}$——冰川终碛湖瞬时部分溃决时溃决口洪水的洪峰流量（m^3/s）；

k——考虑土体的洪峰流量系数，主要由加入的土体量决定，按照泥石流的特征，可以用泥石流的重度来计算。

$$k = 1 + \frac{\gamma - \gamma_w}{\gamma_s - \gamma} \tag{7-36}$$

式中：γ——泥石流体的重度（kN/m^3）；

γ_w——水的重度（kN/m^3），取 $10kN/m^3$；

γ_s——泥石流固体物质的重度（kN/m^3），一般为 $26.5\sim27.5kN/m^3$。

2）冰川终碛湖溃决泥石流洪峰演进过程计算

（1）一般湖泊溃决洪水洪峰演进过程计算

冰川终碛湖溃决后洪水洪峰演进是决定灾害程度的直接因素。溃决洪水过程线与溃坝形式、最大流量、下游水位等有关，采用水量平衡原理分析的概化过程线，作为近似的洪水过程线（图7-9）。图7-9a）为四次抛物线形式，在溃决初期瞬时流量即达 Q_{max}，紧接着流量迅速下降，最后趋近于基流流量 Q_0；图7-9b）为无因次溃决洪水过程线形式，即溃坝初期瞬时流量由初始流量迅速增至最大流量，再逐渐趋近于 Q_0。

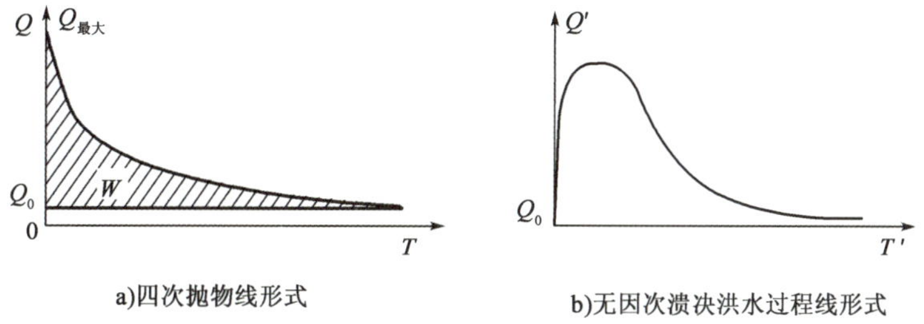

图7-9 溃决洪水过程曲线

理论分析表明，坝体突然溃决后，溃坝洪水向下游传播的流态可分为上游静水区、过渡区、涌波区和下游静水区。一般采用不恒定流计算方法进行洪流演进计算，经检验采用以下公式计算下游距堤坝某处的洪峰高度 H_{max}（晏鄂川等，2001）。

$$H_{max} = H_{10}\left[1 + \frac{4R^2(2n+1)H_1^{2n+1}}{n(n+1)^2 i_0 W^2}\cdot x\right]^{-\frac{1}{2n+1}} \tag{7-37}$$

式中：H_{max}——距堤坝 x 远处洪峰高度（m）；

H_{10}——堤坝溃口处最大水深（m）；

R——沟谷断面系数，$R=A/H^m$；

A——断面面积（m^2）；

H——断面高度（m）；

i_0——河床比降；

W——堰塞湖库容（m^3）；

x——下游计算断面距堤坝的距离（m）。

按照计算公式（7-37），所得计算结果如图7-10所示。

经验证，式（7-37）适用于瞬时全溃和瞬时部分穷溃决的情况。

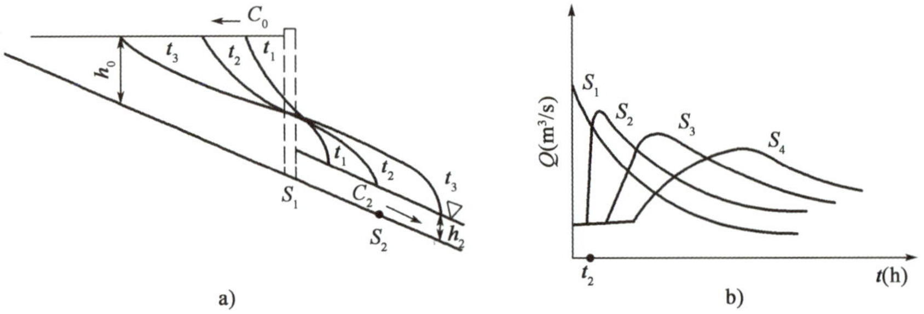

图 7-10　溃决口下游各断面流量过程线示意图

(2)冰川终碛湖溃决泥石流洪峰演进过程计算

泥石流在向下游沟道排泄的过程中，沿程与下游沟道不断进行物质和能量的交换，泥石流中的固体颗粒物质部分沉积在沿程的沟道内，沿程沟道内的松散固体物质可部分进入泥石流中，成为泥石流的组成成分，向下游输移。这一过程与沿程沟道的比降和沟道宽度、沟道形态有关。

泥石流的洪峰传播到下游某处的高度不但与洪水洪峰高度有关，还与沿程交换的固体物质量以及沟道形态有关。可以将下游某处泥石流洪峰高度 H_{max} 表示为：

$$H_{max} = k_H H_{max}^{d} \tag{7-38}$$

式中：H_{max}^{d}——冰湖溃决口洪水的洪峰最大高度(m)；

k_H——泥石流的洪峰高度系数，主要由土体占泥石流体的比例和沟道形态决定，即：

$$k_H = k \cdot k_G \tag{7-39}$$

式中：k——洪峰流量系数，由式(7-36)确定；

k_G——与沟道形态有关的参数。

3)计算实例——米堆沟冰湖溃决泥石流流量计算

(1)调查流量成果

米堆沟流域位于北纬 29°23′18″ ~ 29°32′10″，东经 96°27′45″ ~ 96°35′05″，东距然乌 22km，西距波密县城 94km，于川藏公路 84 道班处汇入主河，流域面积 117.5km^2。1988 年，米堆沟冰湖由于连日高温和大量降雨，使光谢错湖水位达近 40 年最高，并在 7 月 15 日 23 时左右，发生瞬时部分溃坝，历时约 10min 后溃决口便下拉到底，历时 2.5h 左右排空湖水，排泄水量为 $2.78 \times 10^6 m^3$。

通过实地考察，米堆沟 1988 年暴发的冰川终碛湖溃决泥石流属于稀性泥石流。通过对米堆沟沿程各断面的测量(图 7-11)，计算出沿程不同断面泥石流流速和流量(表 7-7)。

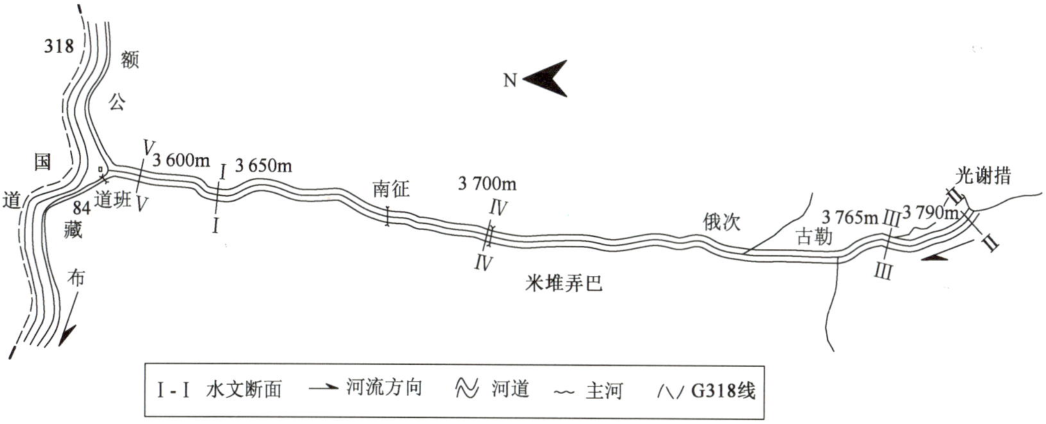

图7-11 米堆沟测量断面分布图

泥石流断面流量计算表

表7-7

断　面　号	沟床坡度(%)	糙率($1/n_c$)	流速 v(m/s)	断面面积(m^2)	断面流量 Q(m^3/s)
Ⅱ-Ⅱ	4.8	10.5	15.89	1 556	2 472.8
Ⅲ-Ⅲ	4.6	18	9.94	132	1 312.1
Ⅳ-Ⅳ	0.9	18.5	3.37	321	1 081.8
Ⅴ-Ⅴ	1.0	5.5	2.7	529	1 438

从以上的计算可知,泥石流流速沿程的变化总体趋势降低[图7-12a)],从15m/s降低到2.7m/s。由于沿途地形条件和物质汇入条件的不同,局部地段的流速会升高,在汇口处由于主流的顶托,随着表面比降迅速地降低流速变到最小。泥石流流量总的趋势是降低的[图7-12b)],由于沿程物质的加入或局部的堵溃会使局部流量增加。整个流程的流量变化在2 472~1 081m^3/s之间。

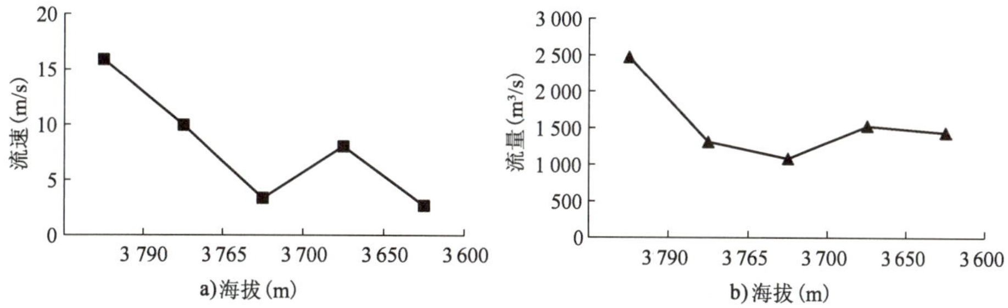

图7-12 米堆沟泥石流流速、流量的沿程变化

(2)泥石流洪峰流量系数的确定

确定泥石流洪峰流量系数 k 和 k_G 是计算的重要步骤。对于已经发生冰湖溃决的沟道,可以利用沿程残存的沟道固体物质,通过颗粒分析来确定;对于还没有发生冰川终碛湖溃决的,可以参照已经发生的,通过试算模拟出泥石流的洪峰及其演进。

在米堆沟各断面采取泥石流堆积物样品，分析泥石流颗粒组成特征的沿程变化（表7-8）。在冰湖溃决过程中泥石流组成变化是：小于0.005mm的黏粒组分含量呈逐渐减少的趋势；大于2mm的砾石组分含量变化波状起伏，由溃口向下先是降低，而后增加。颗粒组成的变化反映了流通区物质补给的不稳定性，同时也说明沿程的重度和泥石流的静力学特征是有变化的。总体而言，泥石流重度沿程不断减小，由于地形和松散物质补给的影响，局部可能偏大（图7-13）。依据泥石流重度沿程演进，可以计算出泥石流洪峰流量系数k，见表7-8。对于冰湖溃决型泥石流，泥石流洪峰流量系数k的变化趋势是从上游到下游减小（图7-14）。

泥石流重度沿程变化　　表7-8

自上而下断面号	黏粒含量(%)	重度γ(kN/m^3)	泥石流流量系数k
Ⅱ-Ⅱ′	2.010	18.9	2.07
Ⅲ-Ⅲ′	1.646	17.4	1.77
Ⅳ-Ⅳ′	0.671	16.3	1.58
Ⅰ-Ⅰ′	0.883	16.5	1.61
Ⅴ-Ⅴ′	0.648	16.2	1.56

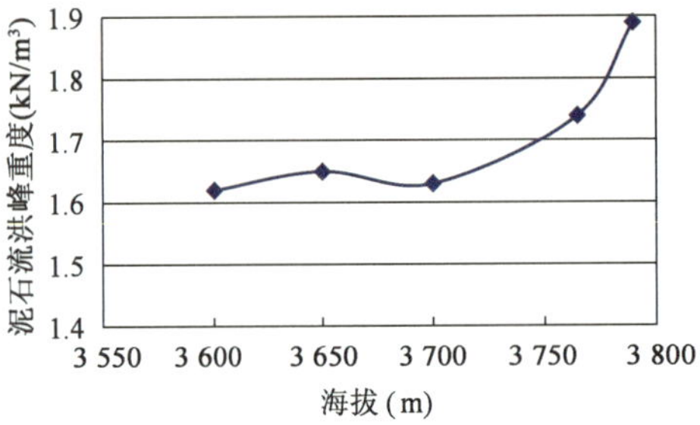

图7-13　泥石流重度演进曲线

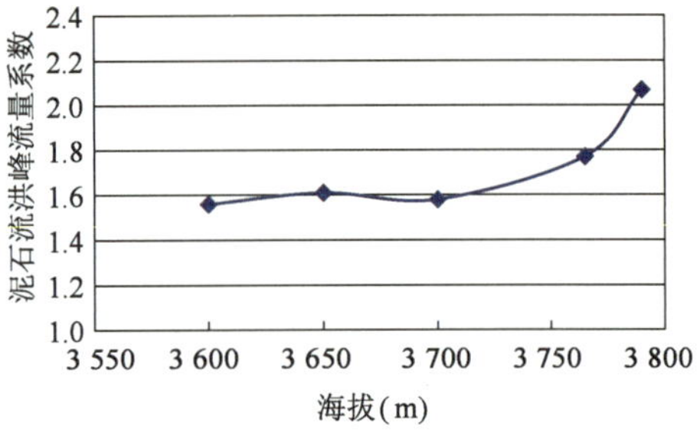

图7-14　泥石流的洪峰流量系数k变化趋势

k_G的确定主要依据沟床断面形态与溃决口形态的差别。沿程沟道的宽度变化及弯道，直接影响泥石流固体物质与沟床固体物质的交换，沟道宽处泥石流固体物质沉积大于冲刷，流量系数k_G减小；沟道窄处可能会形成沟道局部的堵溃现象，增大泥石流的流量系数k_G。

k_G的确定比较复杂，对于精度要求不高的情形，可以简化为：

$$k_G = \left(\frac{B_x}{B_0}\right)^{\frac{1}{2}} \tag{7-40}$$

式中：B_x——计算断面处的平均沟床宽度(m)；

B_0——溃决口的平均宽度(m)。

米堆沟汇口处，B_x为120.1m，B_0为21.8m，由式(7-40)计算得k_G=2.35。

(3)实例计算

根据实测,米堆沟局部溃决口的宽度 b 为21.8m,坝前水位的高度 H_1 为10m,残留坝高为0m,由式(7-33)计算得出溃决洪水的清水最大流量为 $Q_{max}=1\ 175.4(m^3/s)$。

依据表7-8,k 为2.07,得出溃决口处泥石流的最大流量 Q_{max}^d 为2 433.1m^3/s,而实测为2 472.8m^3/s,计算误差为1.6%,计算值比测量值偏小。

在汇口处,由测量断面可以确定 $R=70$,$n=1.1$,$H_{10}=H_1=10m$,$i_0=0.01$,$W=2.67\times10^6 m^3$,$x=7\ 600m$,从而算出洪水最大高度为 $H_{max}=6.5m$。又 $k=1.56$,$k_G=0.43$,得 $k_H=0.78$,由式(7-38)得 $H_{max}^d=4.36m$。这与实际测量得到的4.40m比较接近。再通过常用水力学公式可以计算出汇口处的最大泥石流流量2 438m^3/s。

7.3 泥石流流速和流量综合分析法

泥石流流速和流量是沿着泥石流沟道变化的,通过对整条沟道上下游的分析才能准确得出最大流量和流速。另外经验公式法求出的泥石流流速和流量和实际往往具有较大的误差。本节提出的泥石流流速和流量综合分析法,综合利用了前两节介绍的泥石流流速和流量的计算方法,可在实际应用时参考。

7.3.1 计算步骤

泥石流流速和流量综合分析法的计算步骤如下所述(图7-15)。

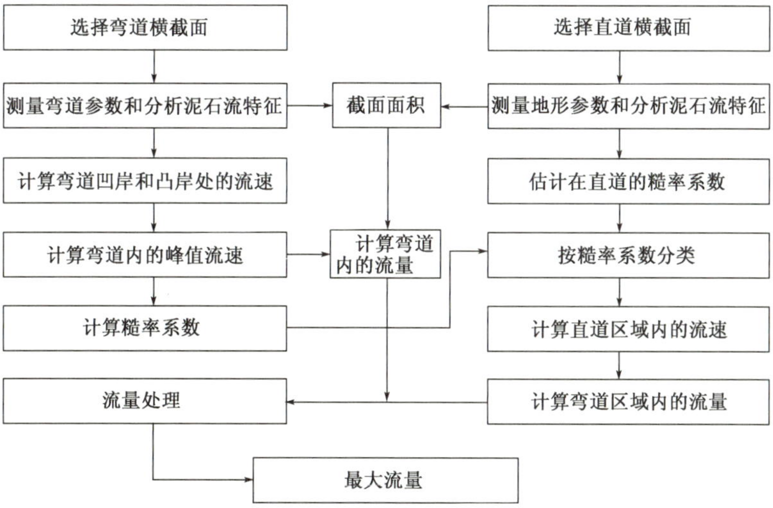

图7-15 泥石流最大流量估算流程图

(1)选择一定数目的泥石流弯道,每个弯道都应该有明显的凹岸和凸岸,两岸的泥痕应当是清晰的,另外弯道超高应该是可测的。

（2）选择一定数目的泥石流直道，在直道底部，应该有岩床或者老的沉积物，沟道河岸应该有新泥痕和植被。

（3）测量弯道和直道的参数。弯道需要测量的参数有：弯道超高 Δh、弦长 L、弯道宽度 D、弦切角 θ、凸岸半径 r、凸岸半径 R、最大泥深 H、沟床坡度 I 和沟道横截面面积 S。

直道需要测量的参数有：沟道弯度 D、原始沟床面、沟道横截面面积 S、最大泥深 H、沟道比降 I，另外还需要了解新泥石流物质、沟道河床物质以及老地表物质的某些特性（颗粒个体重量和颗粒级配情况）。

（4）测量出的数据用来计算泥石流弯道流速，得到的弯道流速用来进一步估算弯道和直道的糙率系数。

（5）估算出的直道糙率系数通过表 7-1 中的经验公式得出相应直道的流速。

（6）分别用步骤（4）和（5）计算得到的弯道流速和直道流速来估算弯道和直道的峰值流量，可以通过流速与相应的沟道横截面积的乘积得到峰值流量。

（7）这些弯道和直道的流量中的最大值即为整条沟道的最大流量。

7.3.2 计算实例

1）概况

无名沟距离康定北部大约 14km，流域面积 0.9km^2，海拔高度在 2 780～4 160m 之间，沟岸南岸上部发育滑坡，是雅拉河的一条支流（图 7-16）。区内地震烈度为Ⅸ，年平均气温为 7.1℃，年平均降雨量为 815.5mm，最大日降雨量为 49.4mm。

图 7-16　1995 年滑坡泥石流的发生位置

通过采访当地居民可知，在前期一周降雨和13日当晚暴雨作用下，1995年6月13日的午夜发生滑坡并转化成泥石流。泥石流扇区上的沟道长超过400m，形状为V形或者U形（图7-17、图7-18）。

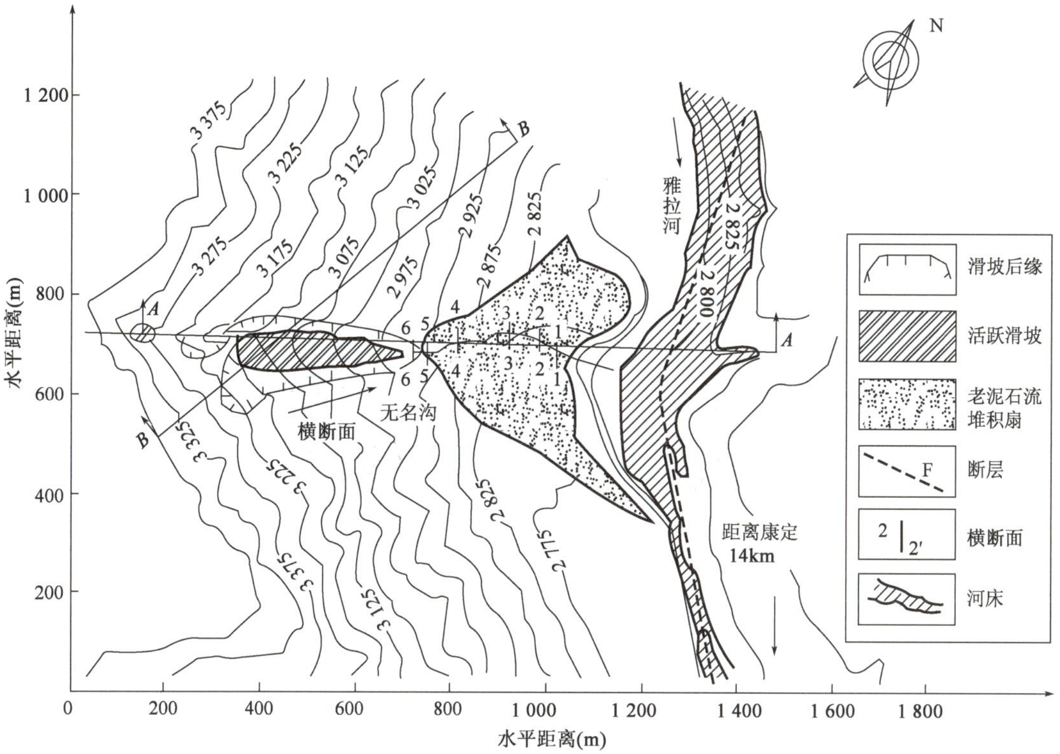

图7-17　1995年滑坡引发泥石流发生地和邻近区域的地形图

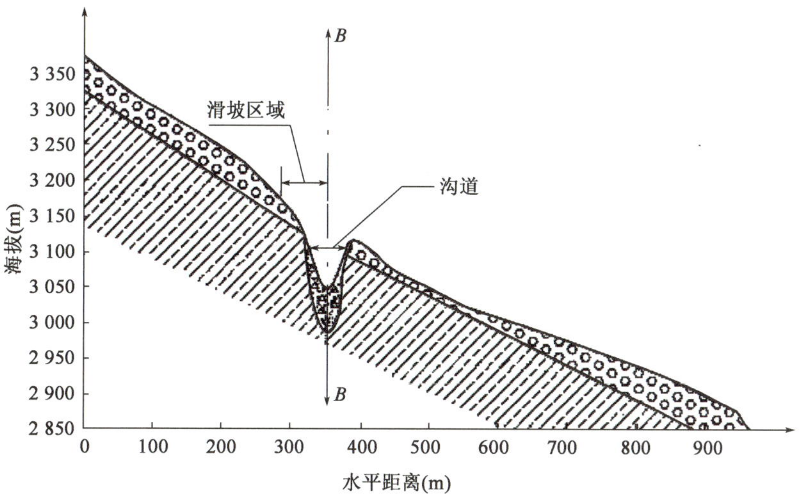

图7-18　集水沟和滑坡引发泥石流的 *B-B* 横截面

2)泥石流沟道断面的选择和参数的测量

沿着沟道选择6个比较泥石流痕迹比较明显的断面,从上游到下游分别是1~6号断面(图7-19、图7-20),其中1号,5号和6号断面是弯道,另外的2号,3号和4号断面是直道。图7-21为1~6号断面的横截面示意图。表7-9提供了3个弯道区域测量到的几何参数。

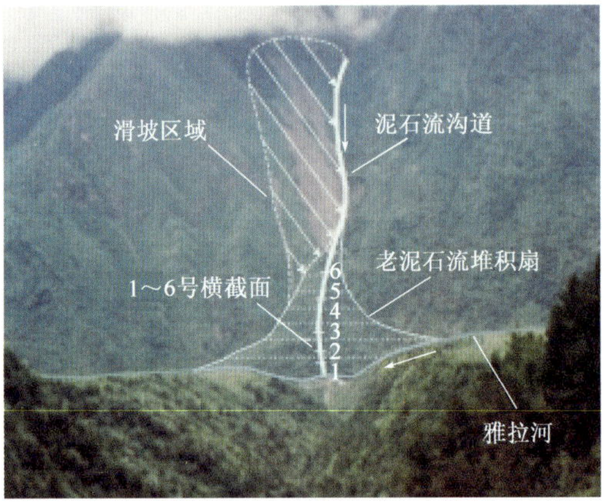

图7-19　沿着沟谷两岸斜坡的泥石流和老泥石流堆积扇区上的1~6号断面

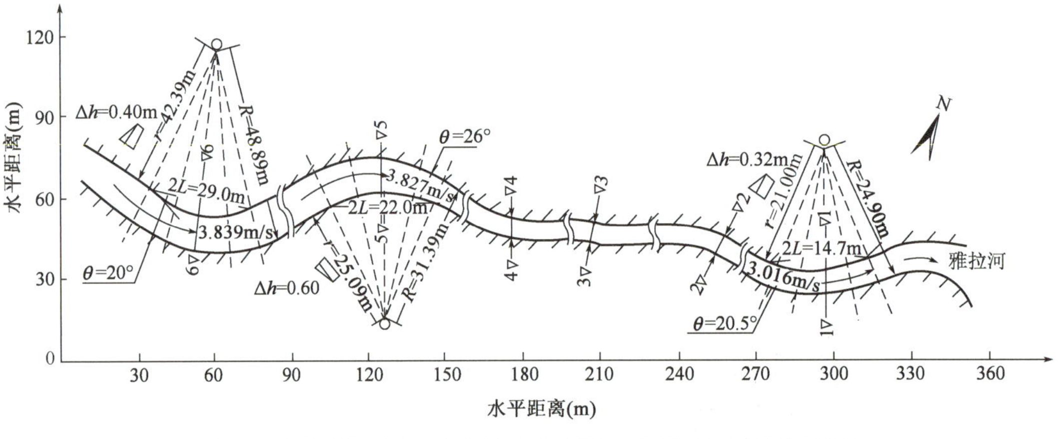

图7-20　老泥石流堆积扇上的沟道、3个弯道和3个直道几何参数的概略图

在3个弯道中,6号弯道位于老泥石流堆积扇的顶部并且截面面积最大,1号弯道位于老泥石流堆积扇的底部并且截面面积最小,5号弯道具有最大的弯道超高。在3个直道中,4号直道具有最大的截面面积和水深。1995年那次泥石流堆积物能够在4号直道和6号弯道之间的老堆积扇上观察到。另外,1号弯道到3号直道也分布有这些物质。

3)弯道峰值流速的估算

用弯道凸岸凹岸泥石流角速度相等的计算公式(7-4),可以算出1号、5号和6号弯道的峰值流速为3.02~3.84m/s(表7-9)。

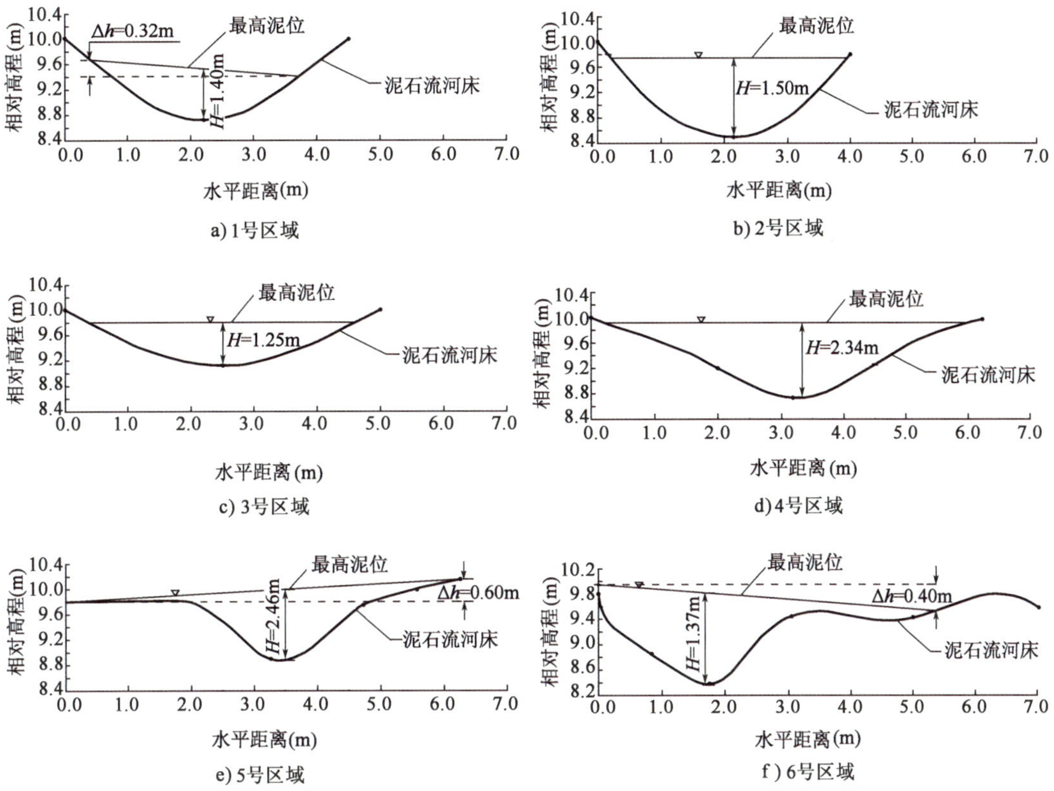

图 7-21 1~6 号区域的横截面示意图

3 个弯道的几何数据及估算的峰值流速和糙率系数 表 7-9

截面(高程)	Δh(m)	2L(m)	D(m)	θ(°)	r(m)	R(m)	v(m/s)	n(m/s)
1-1(2 815m)	0.32	14.7	3.96	20.5	21.0	24.9	3.02	0.28
5-5(2 920m)	0.60	22.0	6.30	26.0	25.1	31.4	3.82	—
6-6(2 930m)	0.40	29.0	6.50	20.0	42.4	48.9	3.84	0.22

注:因为 5-5 截面的最大泥深很难确定,所以它的糙率系数也不能确定。

4)泥石流沟道糙率系数确定

泥石流直道峰值流速可以利用表 7-1 中的经验公式来估算。这些公式通常都有糙率系数,因此需要为直道确定适当的糙率系数。

利用得到的弯道峰值流量,可以通过表 7-1 中的经验公式反推糙率系数。

泥石流属黏性,其砂砾占泥石流沉积物总质量的 60%。根据泥石流沟道条件和特征,可以判断出此沟和表 7-2 中的第一行的类型相符合。由此得出糙率系数大致为 0.10 ~ 0.50。

利用表 7-1 中的经验公式(J)和表 7-9 中的 1 号和 6 号弯道的峰值流速,能够估算它们的糙率系数分别为 0.22 和 0.28。

通过上面的两个方法,能确定2号、3号和4号直道的糙率系数(表7-10)。

泥石流弯道和直道的峰值流速和峰值流量　　表7-10

截面序号	海拔(m)	H(m)	I(‰)	n	v(m/s)	截面面积(m^2)	流量(m^3/s)
1-1	2 815	1.40	436.33	0.28	3.02	2.77	8.36
2-2	2 825	1.25	296.71	0.27	2.38	2.81	6.68
3-3	2 850	1.50	366.52	0.25	3.28	5.49	18.0
4-4	2 880	2.34	383.97	0.25	4.69	7.61	35.7
6-6	2 930	1.37	453.79	0.22	3.84	5.41	20.8

5)直道峰值流速的估算

由上面得到的1号和6号弯道糙率系数用来进一步估算直道峰值流速。可以用表7-1中的经验公式计算出2号、3号和4号直道的峰值流速分别是2.38m/s、3.28m/s和4.69m/s(表7-10)。

7.4　泥石流重度的确定

泥石流重度是单位体积泥石流流体的重力,单位是kN/m^3。依据重度的不同可将泥石流划分为黏性泥石流、过渡性泥石流和稀性泥石流。泥石流的重度是决定泥石流性质的重要参数,也是泥石流防治工程设计的必要参数。对其数值的确定目前也有许多方法。

7.4.1　实测法

实测法是在暴发泥石流的时候用采样法实际测量泥石流体的重度。取样筒体积和形状目前尚无统一标准。取样由机械取样和人工取样两种形式。机械取样是在取样断面架设缆索,悬挂电动滑车,以铅鱼将取样筒坠入泥石流中取样。中国科学院东川蒋家沟泥石流观测实验站的机械取样筒体积15L,铅鱼重200N;人工取样是由人站在沟岸用铁桶取样,云南浑水沟泥石流观测人工取样筒的容积约为10L。

具体计算公式参见第5.2节式(5-1)。该方法虽然精度高,但由于实际上可以观测到的泥石流十分的有限,所以该方法的应用受到局限。

7.4.2　现场调查法

在泥石流的流路上和堆积区,取泥石流堆积物样品,体积一般要大于15L。然后在调查现场由目击者配制和认定泥石流样品,用式(5-1)求重度。一般要重复3次取其平均值来作为此次泥石流的重度。

样品认定也可用泥痕对比法,即将堆积样品调制后溅在留有泥痕的物体上,反复多次,直至配制样品的泥痕与原泥痕基本一致,再用称重法或体积比法算出泥石流重度。

7.4.3 泥浆痕迹相似法

泥石流经常会在流路或在某些建筑物上留下泥浆痕迹。根据这些痕迹的颜色,形状和厚度等形态特征,用泥石流形成区或堆积物加水混合搅拌,取样溅在留有泥浆痕迹的目标上,进行多次对比观测,当搅拌体溅出泥浆留下的痕迹,其颜色、形状和厚度与泥石流浆痕迹一致时,测出相应的土水混合体的重度即为泥石流浆体重度。

7.4.4 公式法

泥石流的密度(ρ_{df})由其固体和液体成分的密度来决定。可以用式(7-41)来求得(Iverson,1997)。

$$\rho_{df} = \rho_{solid}V_{solid} + \rho_{fluid}V_{fluid} \tag{7-41}$$

式中:ρ_{solid}——泥石流固体组成成分的密度(kg/m^3);

V_{solid}——固体物质的体积(m^3);

ρ_{fluid}——泥石流液体组成成分的密度(kg/m^3);

V_{fluid}——液体的体积(m^3)。

当混合物是全饱和时,$V_{solid} + V_{fluid} = 1$,此时 V_{fluid}可以被假定和混合物的气孔相等。通过干的沉积物的干密度来计算混合物的孔隙率,同时假定它和混合物初始的孔隙率十分相似。该公式适用于堆积后体积缩小较少的黏性泥石流,尤其是高重度的黏性泥石流。

7.4.5 基于黏粒含量的泥石流重度计算法

大部分泥石流体含有一定量的小于0.005mm的黏土颗粒(以下简称"黏粒"),不同重度的泥石流,其黏粒含量有较大的差别。一般地,高重度的黏性泥石流大多在5%左右(我国定义的黏粒为小于0.005mm);而稀性泥石流的黏粒含量较少。低黏粒含量的泥石流体限制了泥石流搬运粗大颗粒的能力,所以泥石流的黏粒含量的多少通过影响泥石流粗大颗粒的含量而影响其重度,即泥石流的黏粒含量与泥石流的重度之间存在一定的关系(陈宁生等,2003)。因此,选择我国泥石流高发的西南地区泥石流样本,系统统计泥石流黏粒(粒径小于0.005mm)与泥石流重度之间的定量关系。

1)黏粒含量和泥石流的重度关系分析

取蒋家沟泥石流观测站1998年、2000年和2001年146场泥石流的黏粒含量和重度观测值;另外,通过野外调查,获得我国西部44条沟泥石流的黏粒含量和重度值。通过分析这190组黏粒含量和重度数据,得到黏粒含量和泥石流的重度关系曲线(图7-22)。

图7-22显示,黏粒含量在5%以下时,泥石流的重度随黏粒含量的增加而增大;黏粒含量在5%~10.5%之间时,泥石流的重度在21.5kN/m^{3}左右波动;黏粒含量超过10.5%

后泥石流的重度开始随黏粒含量的增加而降低。

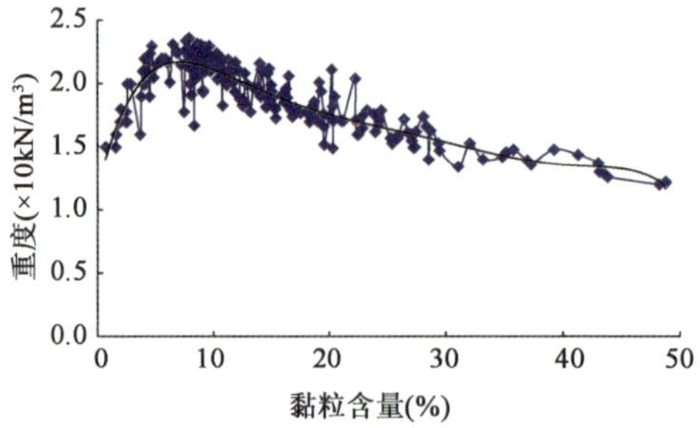

图 7-22　黏粒含量和泥石流重度的关系

当黏粒含量很低(2.5%以下)的时候泥石流体的重度一般很小,一般不超过 18.0kN/m³,以稀性泥石流为主;且黏粒含量在 10%以下的所有稀性泥石流,黏粒含量的平均值为 2.41%。当黏粒含量在 3%～18%之间,泥石流的重度一般不小于 18.0kN/m³,为黏性泥石流。当黏粒含量过高(18%以上),形成的泥石流以稀性为主。对于黏粒含量低的稀性泥石流,随黏粒含量的降低向水石流的方向发展;而黏粒含量高的稀性泥石流,则随黏粒含量的增加向泥流的方向发展。

2)不同类型泥石流重度与黏粒含量的关系

通过对图 7-22 的曲线进行回归分析,得到平均相对误差最小(7.9%)的方程:

$$\gamma = -1.32\times10^3x^7 - 5.13\times10^2x^6 + 8.91\times10^2x^5 - 55x^4 + 34.6x^3 - 67x^2 + 12.5x + 1.55 \tag{7-42}$$

将用方程式(7-42)计算得到的重度与实际重度值相比较,多项式计算的结果相对误差小于 5%、10%、15% 和 20% 的样本数分别占总计数据的 36.5%、67.01%、84.36% 和 94.31%。这说明该模型的计算值与实际值的误差在 15%水平上具有较强的可信度和实用性。该方程所计算得到的泥石流最大重度为 21.8kN/m³,这表明对于高重度的黏性泥石流来讲,其应用具有一定的局限性。由于多项式各项的物理意义不明确,限制了方程式(7-42)的应用。

通过对图 7-22 中黏粒含量在 3%～18%且重度大于 18.0kN/m³的 125 个黏性泥石流样本,进行重度和黏粒含量对数关系式拟合得出:

$$\gamma = \lg\left(\frac{10x + 0.23}{|x - 0.089| + 0.1}\right) + e^{-20x-1} + 1.1 \tag{7-43}$$

计算结果显示,误差在 5%内的样本数目为 55 个,占总样本数的 44%;误差在 10%以内的样本数为 100 个,约占总样本数的 80%;误差在 15%以内的样本数为 115 个,约占总样本数的 92%;误差在 20%以内的样本数为 123 个,约占总样本数的 98.4%。说明用对数关系更适用于黏性泥石流的重度计算,具有很高的可信度,计算结果与实际值吻合较好。用公式(7-43)计算得到的泥石流重度最大值为23.2kN/m³,适用于黏粒含量大于3%,小于18%的黏性泥石流体。

1988年米堆沟光谢湖溃决形成的稀性泥石流沿程留下了泥石流堆积物,依据前人调查,重度为1.53g/cm³,为稀性泥石流。通过各断面泥石流堆积物取样分析(图7-11),获得泥石流颗粒组成特征的沿程变化,冰湖溃决泥石流组成沿程变化表现为粒径小于0.005mm的黏粒组分含量呈逐渐减少的趋势(图7-23),粒径大于2mm的砾石组分含量变化波状起伏,由溃口向下先是降低,而后增加。颗粒组成的变化反映了流通区物质补给的不稳定性,影响到泥石流重度沿程的变化,计算结果与原来确定的米堆沟稀性泥石流的定性是一致的。

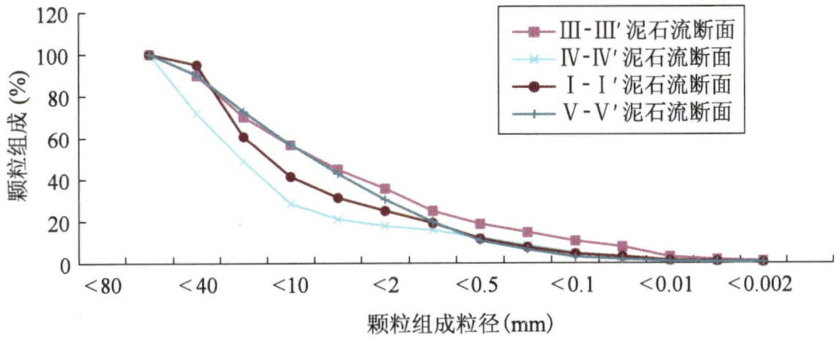

图7-23 不同断面泥石流堆积物颗分累积曲线

7.5 泥石流冲击力的确定

泥石流的运动速度较快,其动能(冲击力)较大,经常破坏建筑物,因此泥石流冲击力是泥石流防治工程设计的重要参数。泥石流对其冲击对象的冲击力包括两种荷载:一是泥石流体的动压力荷载,二是泥石流中大石块的冲击力荷载。

7.5.1 流体动压力

泥石流体动压力用下式计算:

$$T = \frac{\gamma}{g} v_{ccp}^2 \tag{7-44}$$

式中:T——作用在垂直于泥石流流速矢量方向单位面积上的流体动压力(kPa);

v_{ccp}——泥石流流经断面的平均速度(m/s);

γ——泥石流的重度(kN/m³);

g——重力加速度,一般取为9.8m/s²。

7.5.2 泥石流中大石块的冲击力

(1)按弹性球的冲击理论,两球相撞时(图7-24),其冲击力的表达式为:

$$F_c = na^{\frac{3}{2}} \tag{7-45}$$

$$n = \left[\frac{16r_1r_2}{9\pi(k_1+k_2)^2(r_1+r_2)}\right]^{\frac{1}{2}}, k_1 = \frac{1-\mu_1^2}{\pi E_1}, k_2 = \frac{1-\mu_2^2}{\pi E_2}, a = \left(\frac{5v_s^2}{4n_1 n}\right)^{\frac{2}{5}},$$

$$n_1 = \frac{m_1+m_2}{m_1 m_2}$$

式中：F_c——大石块的冲击力(kN)；

r_1、r_2——球1和球2的半径(m)；

μ_1、μ_2——球1和球2的泊松比；

E_1、E_2——球1和球2材料的杨氏弹性模量(kPa)；

v_s——两球运动的相对速度(m/s)，它在数值上等于 v_1+v_2；

m_1、m_2——球1和球2的质量(kg)。

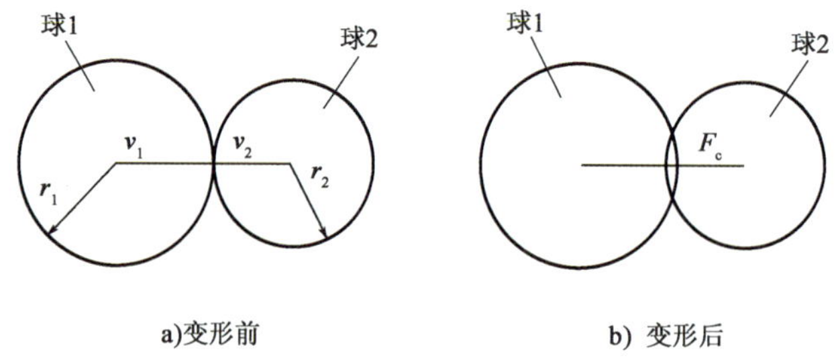

图7-24　弹性球的冲击力

(2)泥石流中大石块对拦砂坝的冲击，如图7-25所示。相当于一个弹性球与一个速度等于0，而半径和质量都十分巨大的球相冲击。于是式(7-45)中的 n 为：

$$n = \left[\frac{16r_2}{9\pi^2(k_1+k_2)^2}\right]^{\frac{1}{2}}, n_1 = \frac{1}{m_2}$$

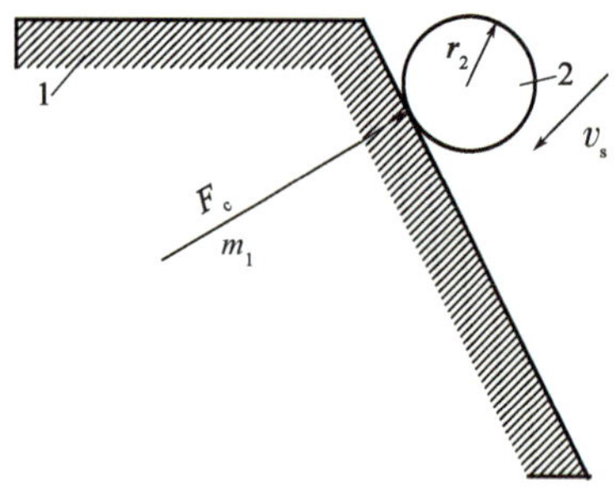

图7-25　大石块对拦砂坝体的冲击

1-坝体；2-大石块

式(7-45)是理论上的推导，而实际上大石块对坝体冲击时，不完全符合弹性假设，接触面要发生断裂、摩擦、微小凹凸破坏，以及流体压力的缓冲作用等，应考虑修正系数 k_c，于是

$$F_c = k_c na^{\frac{3}{2}} \tag{7-46}$$

式中，k_c 应根据试验和野外实测资料确定，可引用日本烧岳泥石流的冲击力试验资料，k_c 大致等于0.1，考虑观测值的精度，取 k_c 等于0.2。

7.5.3 其他的冲击力计算公式

(1)按塑性体平面与刚性球冲击(图7-26)假设,计算泥石流大石块的冲击力公式为:

$$F_c = \pi r a \sigma_p \tag{7-47}$$

$$a = v_s \sqrt{\frac{m}{\pi r \sigma_p}}$$

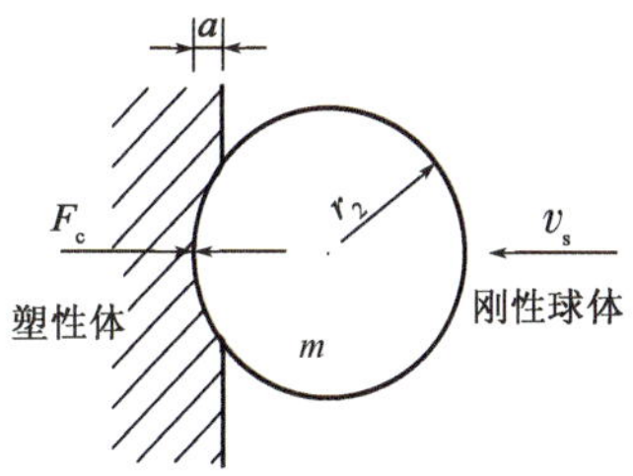

图7-26 塑性体与刚性球体的冲击

式中:π——圆周率;

r——刚性球体半径(相当于大冲击石块半径)(m);

σ_p——塑性体塑性极限强度(kPa),如C20混凝土其塑限强度为 $\sigma_p = 1.47 \times 10^4 \mathrm{kN/m^2}$;

m——刚性球体的质量(相当于大石块的质量)(kg);

v_s——冲击时的相对速度(m/s)。

(2)落石对地基的冲击力公式,可用于越坝落石对下游护坡或河床的冲击力计算。

$$F_c = 32.1 v_v^{1.2} r^2 \tag{7-48}$$

式中:r——大石块半径(m);

v_v——冲击时垂直流速(m/s),$v_v = \sqrt{\frac{2h_d}{g}}$;

h_d——落差(m);

其他的符号意义同前。

(3)按材料力学对受力结构的冲击荷载理论,计算泥石流中大石块的冲击力公式。

①大石块冲击悬臂梁的冲击力公式:

$$F_c = \left(\frac{3EJv_s^{1.2}W}{gL_l^3}\right)^{\frac{1}{2}} \tag{7-49}$$

②大石块冲击简支梁的冲击力公式:

$$F_c = \left(\frac{48EJv_s^2 W}{gL_1^3}\right)^{\frac{1}{2}} \tag{7-50}$$

式中:E——构件材料的杨氏模量(kPa);

J——受力断面的惯性矩,在悬臂梁时为固定断面,在简支梁时为梁的中点断面(公式中设冲击在梁的中点)($\mathrm{m^4}$);

L_1——梁的跨度,悬臂梁时为冲击点至固定端的距离(m);

W——大石块的重力(kN);

v_s——大石块的速度(m/s)；

其他符号意义同前。

公式(7-49)可用于桥墩、格栅坝支墩等计算，公式(7-50)可用于格栅坝横栏的计算。

7.6 泥石流冲淤速率的确定

1)沟床冲刷与淤积

泥石流冲刷和淤积主要决定于沟床坡度与流体及沟床质特征。实际沟床坡度大于泥石流运动的最小坡度，且达到某一临界值时，泥石流将对沟床产生冲刷。反之，泥石流将在沟床中淤积。由于泥石流体的土粒组成、重度和流量常常发生较大变化，其运动的最小坡度亦发生较大变化，从而造成沟河床冲淤变化较大。

一般泥石流淤积过程是：当泥石流流动到较小比降沟段时，粗颗粒首先淤积，泥石流重度减小，土体颗粒变细，还可继续流动；随着坡度继续变缓，泥石流中的土体颗粒亦由粗至细相继淤积，直至变为一般夹砂水流。淤积段上游沟床质较粗，下游的较细。由于河床坡度变缓，黏性泥石流会出现整体淤积，形成垄岗或舌状体。

泥石流冲刷过程一般由表层到下层，从下游向上游牵引。当泥石流流速很大时，可能出现从上游向下游推移式冲刷。若沟床质大体与泥石流土体一致时，则往往出现整体性冲刷，即该段沟床质成为泥石流体向下游运动。

理想状态下，泥石流沟的流通段坡度，可以作为该沟泥石流运动的平衡坡度。

泥石流运动的最小坡度大于水流动所需的坡度。按泥石流设计的排导槽，通过夹沙水流和清水时会产生严重冲刷，故需要采取防冲刷措施。泥石流沟床坡度受侵蚀基准面控制，修建排导槽时若不能满足泥石流运动的最小坡度，需要在上游适当地段修建拦挡或停淤工程，以减小泥石流中的土体颗粒粒径和重度，使其能在沟床中顺畅流动，防止淤积。

处于平衡坡度的泥石流沟床，由于泥石流运动相关因素发生变化，如侵蚀基准面下降或上升、流域产沙量减少或增多、上游植被变好或变坏等，也会出现冲刷或淤积。因此，在设计泥石流排导槽或泥石流沟道整治工程时，要考虑到出现这种情况，采取相应措施。沟床冲刷坡度公式可按以下推导求得。

(1)当泥石流通过时，沟床受剪切力作用(图7-27)，泥石流运动剪切力 τ_m 为(田连权等，1993)：

$$\tau_m = \rho_c g H_c \sin\theta_b \tag{7-51}$$

泥石流运动阻力为：

$$\tau_c = C_v H_c (\rho_s - \rho_y) g \cos\theta_b \tan\phi_m + \tau_0 \tag{7-52}$$

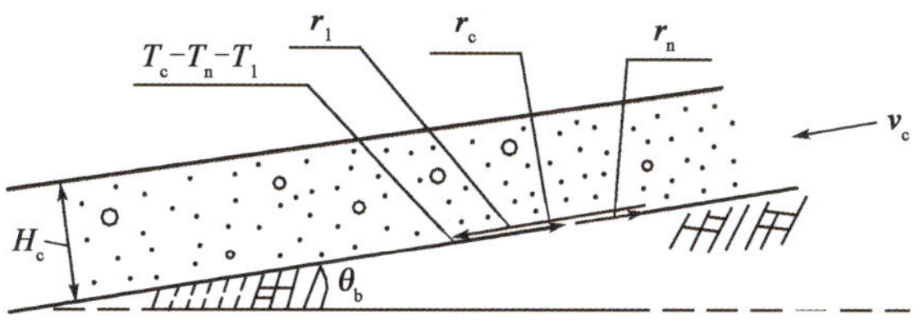

图7-27 泥石流沟床受剪切力示意图

沟床质表层土体的抗剪强度 τ_f(不计河床质的黏聚力 c 值)为:

$$\tau_f = f_p \tan\phi_s \tag{7-53}$$

$$f_p = C_v H_c (\rho_s - \rho_y) g \cos\theta_b \tag{7-54}$$

式中:f_p——沟床表层以上的泥石流中土体的压力(kPa);

ϕ_s——沟床质饱和状态下的内摩擦角(°);

C_v——泥石流体中土粒所占体积百分比(%)。

(2)当泥石流的运动剪切力 τ_m 克服其阻力 τ_c 后的余值,大于沟床质的抗剪强度 τ_f 时,沟床质产生运动,而形成冲刷,满足下式:

$$\tau_m - \tau_c > \tau_f \tag{7-55}$$

将式(7-51)~式(7-53)代入式(7-55),经整理得沟床冲刷坡度 $\tan\theta_b$ 为

$$\tan\theta_b > \frac{C_p(\rho_s - \rho_y)\tan\phi_s}{\rho_c} + \frac{C_v(\rho_s - \rho_y)\tan\phi_m}{\rho_c} + \frac{\tau_0}{\rho_c g H_c \cos\theta_b} \tag{7-56}$$

若式(7-56)右边第三项甚小时,可以忽略,并近似取 $\phi_s = \phi_m$,式(7-56)可简化为:

$$\tan\theta_b > 2C_v(\rho_s - \rho_y)\tan\frac{\phi_s}{\rho_c} \tag{7-57}$$

2)越坝泥石流冲刷公式(田连权等,1993)

越坝跌落的泥石流对坝下沟床会产生严重的局部冲刷,冲刷深度和长度的计算公式列举如下:

(1)冲刷深度计算公式

冲刷深度如图7-28所示,其计算公式如下:

①利地格(Riediger)公式

$$h_t = h_{t0}\frac{\rho_{c1}}{3\rho_{c2} - 2\rho_{c1}} \tag{7-58}$$

式中:h_t——跌落泥石流贯入深度或称冲刷深度(m);

h_{t0}——上下游流体密度相等时的贯入深度(m),$h_{to} = 2h_d$,h_d 为上、下游水位差;

ρ_{c1}——贯入流体的密度(kg/cm³);

ρ_{c2}——下游侧流体的密度(kg/cm³)。

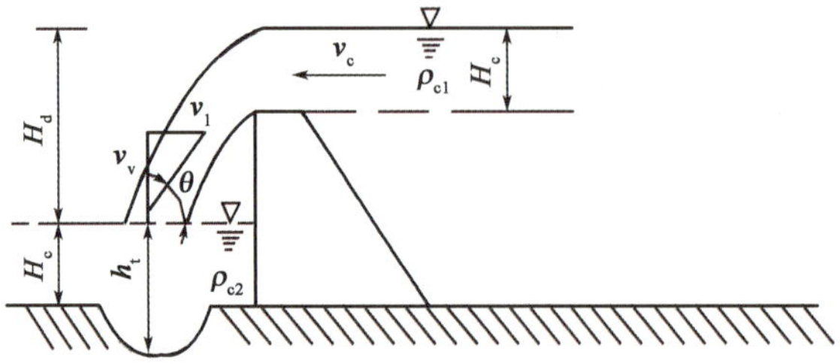

图 7-28　越坝泥石流冲刷示意图

②肖克里特希(Schohlitsch)试验式

$$h_t = \frac{4.75}{D_s^{0.32}} h_d^{0.2} q_c^{0.57} \tag{7-59}$$

式中:D_s——沟床砂石的标准粒径(mm),即 90% 的颗粒小于该粒径,10% 的颗粒大于该粒径;

q_c——单宽流量[$m^3/(s.m)$];

其他符号意义同前。

③伏谷伊一氏试验公式:

$$h_t = (0.095/D_s^{0.2})[102.04 q_c U_{wo} - 0.0139(G_s - G_w) D_s^{1.63}]^{0.42} \tag{7-60}$$

式中:v_{wo}——下游水面的流速(m/s);

G_s——砂石的相对密度;

G_w——水的相对密度;

其他符号意义同前。

④柿德市简化式:

$$h_t = 0.6 h_d + 3H_c - 1.0 \tag{7-61}$$

式中单位以 m 计。

按跌落石块的动能计算冲刷坑深度公式(图 7-29):

冲刷坑深度 H_s 为:

$$H_s = \frac{1}{12} g^2 H_c h_d \frac{\rho_s}{\sigma_s} \tag{7-62}$$

式中:ρ_s——跌落石块的密度(kg/m³);

σ_s——坝下游沟床质的允许承载力(kPa);

其他符号意义同前。

(2)冲刷长度公式

冲刷长度如图 7-30 所示,其计算公式如下:

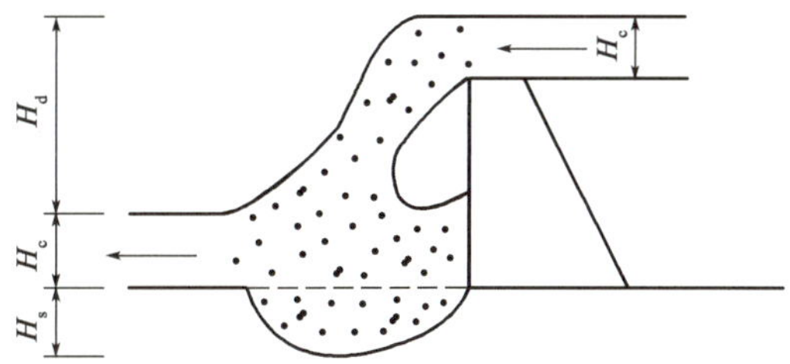

图 7-29 越坝跌落石块冲击示意图

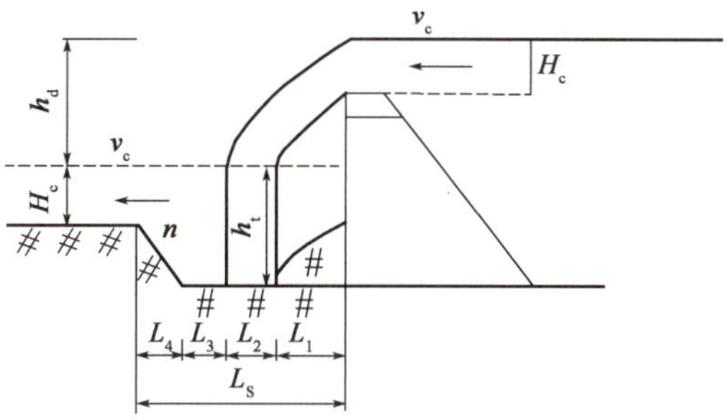

图 7-30 冲刷长度示意图

①利地格公式

$$
\begin{aligned}
L_s &= L_1 + L_2 + L_3 + L_4 \\
&= v_c\sqrt{\frac{2(h_d - H_c)}{g}} + h_t\frac{v_c}{\sqrt{2g(H_d - H_c)}} + \frac{H_c}{\text{cotarctg}\sqrt{2g(h_d - H_c)}} + \\
&\quad n(h_t - H_c)
\end{aligned}
\tag{7-63}
$$

式中:L_s——冲刷长度(m);

v_c——越坝洪流水平流速(m/s);

n——冲刷坑边坡坡度比;

其他符号意义同前。

②安格荷尔兹(Angerholzen)公式

$$
L_s = (v_0 + \sqrt{2gH_c})\sqrt{\frac{2h_d}{g}} + H_c \tag{7-64}
$$

式中:v_0——坝上游流体接近坝的流速(m/s);

其他符号意义同前。

③副坝位置公式

根据式(7-63)副坝距主坝的最近距离 l 为:

$$
l = L_s - L_4 = L_s - n(h_t - H_c) \tag{7-65}
$$

本章参考文献

陈储军,刘明,张帜,1996. 西藏年楚河冰川终碛湖溃决条件及洪水估算[J]. 冰川冻土,18(4):347-352.

陈宁生,等,2001. 雅拉河木格措·金盖电站下库泥石流调查报告[R]. 中国科学院水利部成都山地灾害与环境研究所.

陈宁生,等,2002. 竹格多水电站泥石流专题调查报告[R]. 中国科学院水利部成都山地灾害与环境研究所.

陈宁生,崔鹏,刘中港,等,2003. 基于黏土颗粒含量的泥石流重度计算[J]. 中国科学(E),33,12(supp):164-174.

陈宁生,王旭,王晓颖,2002. 康定雅拉河无名沟崩塌坡面泥石流峰值流速流量的沿程变化特征[J]. 成都理工学院学报,29(6):674-679

陈晓清,陈宁生,崔鹏,2004. 冰川终碛湖溃决泥石流流量计算[J]. 冰川冻土,26(3):357-362.

崔鹏,唐金波,林鹏智,2016. 泥石流运动阻力特性及其研究进展[J]. 四川大学学报(工程科学版),48(3):1-11.

费祥俊,舒安平,2004. 泥石流运动机理及其灾害防治[M]. 北京:清华大学出版社.

甘肃省交通科学研究所,中国科学院兰州冰川冻土研究所,1981. 泥石流地区公路工程[M]. 北京:人民交通出版社.

何杰,陈宁生,2001. 黏性泥石流弯道超高在流速计算中的应用[J]. 成都理工学院学报,28(4):425-428.

康志成,1985. 云南东川蒋家沟黏性泥石流流速分析[C]//中国科学院兰州冰川冻土研究所集刊(4). 北京:科学出版社,108-117.

刘波,胡卸文,何坤,等,2021. 西藏洛隆县巴曲冰湖溃决型泥石流演进过程模拟研究[J]. 水文地质工程地质,48(05):150-160.

唐邦兴,周必凡,吴积善,等,2000. 中国泥石流[M]. 北京:商务印书馆.

唐金波,胡凯衡,苏凤环,2018. 黏性泥石流冲起爬高计算[J]. 山地学报,5(6):842-848.

田连权,吴积善,康志成,等,1993. 泥石流侵蚀搬运与堆积[M]. 成都:成都地图出版社.

王文睿,章书成,1985. 西藏古乡沟冰川泥石流特征[M]. 北京:科学出版社.

王勇,2018. 泥石流灾害特征值计算探讨[J]. 地下水,40(3):122-125.

吴积善. 1981. 泥石流流态及流速计算[C]//中国科学院成都地理研究所泥石流论文集(1). 重庆:科学技术文献出版社重庆分社,79-86.

吴积善,田连权,等,1993. 泥石流及其综合治理[M]. 北京:科学出版社.

吴积善,王成华,程尊兰,1997. 中国山地灾害防治工程[M]. 成都:四川科学技术出版社.

吴望一,1982. 流体力学[M]. 北京:北京大学出版社.

晏鄂川,郑万模,唐辉明,等,2001. 滑坡堵江坝溃决洪水及其演进的理论分析[J]. 水文地质工程地质,6:15-17.

叶秉如,1985. 水利计算[M]. 北京:水利电力出版社.

章书成,袁建模,1985. 泥石流冲击力及其测定[C]//中国科学院兰州冰川冻土研究所集刊

(4). 北京：科学出版社,269-274.

周必凡,李德基,罗德富,等,1991. 泥石流防治指南[M]. 北京：科学出版社,80-82.

Cannon S H,2000 Debris-flow reponse of southern Canifornia watersheds burned by fire[C]. Wieczorek,G. F.

Naeser N D,2000. Debris-flow hazards mitigation:mechanics,prediction,and assessment[C]//Proceedings of the second intemational conference on debris-flow hazards mitigation,Taipei:45-52.

Cenderelli D A,Wohl E E,2001. Peak discharge estimates of glacial-lake outburst floods and "normal" climatic floods in the Mount Everestregion[J]. Geomorphology,40: 57-90.

Chen C,1987. Comprehensive review of debris flow modelling concepts in Japan[J]//Debris flow/avalanches: Processes,recognition and mitigation,Reviews in Engineering Geology,Costa J E and Wieczoreck G F (eds),Geol. Soc. Am.,Vol VII:13-30.

Hungr O,Morgan G C ,Kellerhalsr,1984. Quatitative analysis of debris torrent hazards for design of remedial mesures[J]. Canadian Getechnical Journal,21. 663-677.

Iverson R M,Reid M E, LaHusen R G,1997. Debris-flow mobilization from landslides[J]. Annual Review of Earth and Planetary Sciences 25:85-138.

Pierson T C,Scott K M,1985. Downstream dilution of a lahar: transition from debris flow to hyperconcentrated stream flow,Water Resources Research 21:1511-1524.

Rickenmann D,1999. Empirical relationships for debris flows[J]. Natural Hazards 19:47-77.

Rickenmann D,Weber D,2000. Flow resistance of natural and experimental debris flows in torrent channels[C]//Proceedings of the second international conference on debris-flow hazards mitigation,Taipei:245-254.

Scott K V,1988. Origins,behavior,and sedimentology of lahars and lahar-runout flows in the Toutle-Cowlitz river system[J]. U. S. Geological Survey Professional Paper,Denver:51-52.

Suwa H,Yamakoshi T,2000. Estimation of debris flow motion by field surveys[C]//Proceedings of the second international conference on debris-flow hazards mitigation. Taipei:245-254.

Takahashi T,1991. Debris flow:IAHR-AIRH monograph[M]. Balkema,Rotterdam.

Tritton D J,1996. Physical fluid dynamics[M]. Van Nostrand Reinhold Company.

The Eighth Chapter

第 8 章

道路泥石流防治技术

8.1 泥石流防治体系

泥石流防治体系，就是根据泥石流的基本性质、发生条件、活动规律、发展趋势、危害程度及其相应的地质、地貌条件等，按照客观需要，从全流域出发，对泥石流流域进行统一防治工程规划，在相关地段采取一系列切实可行、相互关联、不同功能配置的防治措施，包括岩土工程措施、生态工程措施、管理措施以及监测预报措施等。通过这些措施，使治理区域内泥石流的发生、发展得到控制，危害得以减轻或消除，流域生态环境得到改善和恢复，并逐步建立起新的良性生态环境。

1）泥石流防治的三种体系

根据不同的防护目的和要求，泥石流防治一般可分为以下三种体系及相应的组合选择（唐邦兴，2000）。

(1)防止泥石流发生的体系

在泥石流的形成区域,采取岩土工程措施、生态工程措施和管理措施。岩土工程措施可以用于治坡、治沟、治水,形式如谷坊、引水渠等。生态工程措施也可用于治坡、治水,如水源涵养林、水土保持措施、沟头防护林和沟底防冲林等。管理措施包括行政管理措施,确保治理工程实施并得到保护。通过这些措施对泥石流形成区域进行综合治理,使该区的生态环境得到恢复和改善、水土流失和泥石流形成条件得以控制,达到了防止泥石流发生或减轻活动性的目的。

(2)控制泥石流运动的体系

在泥石流流通区,采取相应的拦挡、调节工程,如梳齿坝、缝隙坝、透水坝、拱基坝等,使泥石流发生后形成的洪峰得以逐渐消减,让泥石流以设计流量或小于设计流量进入下游区段,并对泥石流中土体颗粒组成进行分选,拦截大颗粒,排泄小颗粒,从而减小泥石流对下游保护对象的危害或威胁。在泥石流堆积区,采取排导、停淤工程,如排导槽、导流堤、停淤场等,将流通区排泄下来的泥石流安全地向主河或下游排放,或堆积在预定的区域,对保护区的人身财产不造成威胁和危害。

(3)预防泥石流危害的体系

在泥石流发生之前,就采取一系列的预防措施,包括泥石流的中长期预测、短期预报及临灾警报措施等;对已有的防治工程措施进行维护、加固;制定泥石流灾害发生时的疏散、抢险、救灾准备措施,以及实施组织管理等,达到在泥石流发生时避免或减轻危害的目的。

一般来说,对于规模巨大、活动频繁、危害严重的泥石流,应对全流域进行综合治理,上述三种体系可以同时采用。对于规模不大、暴发频率较低、危害又不太严重的泥石流流域,可以根据防护的实际需求和投入资金的多少,采取部分或单一的防治体系及措施,亦能达到预期的效果。

低等级山区道路为线性工程,一般是利用山脚至河岸的缓坡地带或平坦地带展线,或者是利用山区河流阶地的台地展线,还有就是利用山脊展线。就前两种情况,在泥石流分布的山区,采取合理的线路防治体系,对于保护道路工程(公路、铁路)的安全畅通,具有重大意义。

2)道路泥石流防治体系的构建

根据川藏公路、宝天铁路、西攀高速公路、东川铁路支线等线路泥石流防治经验(康志成等,2004),道路泥石流防治体系(图8-1)的构建应从以下几个方面进行考虑。

(1)选择合理的线路

对于泥石流分布集中、规模较大、发生频繁、危害严重的地段,通过技术与经济的比较,在有条件的情况下,尽量采取绕避的线路方案。在堆积区,可采取堆积扇顶部通过方案。堆积扇的顶部一般有较高的台地，沟床相对比较稳定、冲淤变化较小，是线路通过的最佳方案。泥石流的冲击力随着在堆积扇上运动距离的增加而减弱，到达堆积扇边缘时其破坏能力大大减弱，堆积扇下部较中部的冲击、淤埋等危害轻微，当顶部通过方案难于实施时，可以采用堆积扇下部通过方案，即沿河方案。

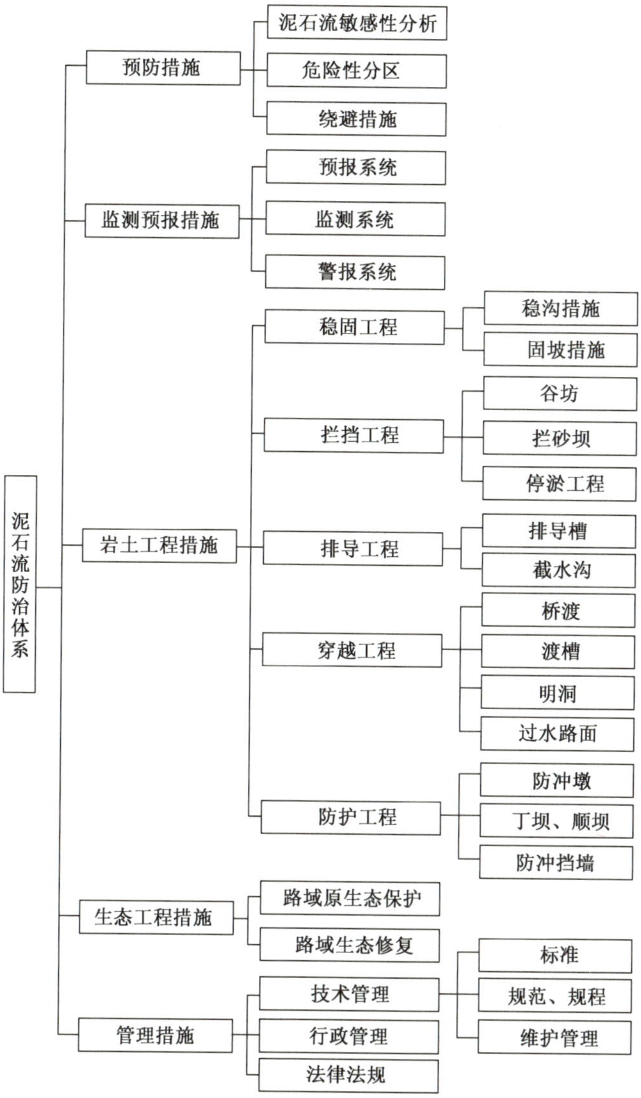

图 8-1　道路泥石流防治体系

（2）桥渡方案

道路工程无论是从堆积扇的哪一个部位通过，多数情况下是以桥渡方案通过。泥石流桥渡最常见的形式有两种：一种是泥石流堆积扇比较宽大且散流发育，线路在此段跨越时，可以按自然沟床分散设桥通过，如著名的冰川泥石流——西藏波密的古乡沟就是采用此方案，它对于暴发中小规模的泥石流效果不错；另一种就是针对泥石流堆积扇受地形限制、发育较小时,则采取集中设桥方案通过。

(3)渡槽方案

在山区,发育许多沟床陡峻的中小型或坡面泥石流沟谷,而且线路高程比通过的沟谷段高程低时,常采用渡槽形式来排泄泥石流。渡槽在宝天线(宝鸡—天水铁路)大量应用。

(4)明洞方案

对于泥石流规模大、危害严重、冲淤变化大,特别是在淤积速度快的堆积扇上,线路可以采取明洞方案通过。在一些地区,支沟泥石流输送物质量大,但是主河的输送能力较小,不能将支沟输入的物质及时向下游输送,导致支沟泥石流堆积扇淤积、抬升,采取明洞方案较为适合。如成昆铁路西昌北站附近的大塘河明洞,云南昆明市东川区的老干沟铁路明洞,使铁路免受泥石流灾害的威胁。

综合线路的特点和泥石流防治的需要,道路泥石流防治体系与其他泥石流防治体系在主要内容上是一致的,但是在具体措施上又有所偏重。

8.2 道路泥石流防治研究现状与防治存在问题

8.2.1 道路泥石流防治研究现状

泥石流灾害防治是泥石流研究工作的出发点和立足点。作为一门应用性极强的新生交叉学科,泥石流学的诞生和成长始终同国民经济建设的需求和发展紧密结合在一起。我国的泥石流观测研究起步于20世纪50年代建设的陇海线宝鸡—兰州段铁路,但将泥石流作为一种自然灾害进行深入、系统、综合的考察和研究,则始于1964—1965年川藏公路的波密县古乡和易贡路段,此后随着宝成铁路、成昆铁路、甘川公路等建设的发展,我国的泥石流研究才逐步走向深入。其中,西藏地区公路沿线泥石流灾害研究较为系统、全面。西藏公路沿线泥石流之所以引起国内外学术界和工程界的普遍关注,是因为在1953年9月下旬川藏公路波密古乡沟(卡贡弄巴)暴发的特大冰川泥石流灾害。之后,1964—1965年中国科学院兰州冰川冻土研究所组成考察研究队,对易贡和古乡路段泥石流进行了深入系统地观测研究(中国科学院兰州冰川冻土研究所,1986);1975—1977年,中国科学院青藏高原综合科学考察队泥石流组对西藏境内道路沿线的泥石流进行了全面考察和研究(中国科学院·水利部成都山地灾害与环境研究所等,1999);1981—1993年,中国科学院兰州冰川冻土研究所、成都山地所、西藏自治区交通厅交通科学研究所等单位先后与德国、加拿大、美国、日本、尼泊尔等国合作,对冰川溃决洪水、泥石流、滑坡等灾害进行了合作考察研究(罗德富等,1995;朱平一等,1999);1994—2000年,成都山地所又先后承担了“川藏公路西藏境内沿线泥石流和滑坡灾害调查与预测”“古乡沟泥石流发展趋势及病害整治工程模型研究”“培龙沟路段山地灾害及整治改建方案研究”“拉月路段山地灾害特征及改建方案研究”等项目；2000—2002年成都山地所承担了中国科学院知识创新工程项目“进藏公路典型路段工程灾害减灾理论与对策研究”，中交第一公路勘察设计研究院、西藏自治区交通厅、中国科学院成都山所“中尼公路整治改建工程可行性研究阶段山地灾害研究及工程地质勘查”“新藏公路整治改建工程可行性研究阶段道路病害与工程地质勘查”等项目。在西部大开发战略实施以来，随着国家在西部山区公路和铁路建设规模的增大，进一步加强了山区道路泥石流防治研究和减灾实践，提出了一系列新的理论认识和技术方法，形成了山区道路泥石流防治模式，并在山区道路建设减灾中得到广泛应用。关于山区道路泥石流防治产出了一系列专著和论文（Liu Chaohai，1988；Ma Dongtao，1994），在国内外产生了较好的反响。

8.2.2 道路泥石流防治存在的问题

泥石流危害道路路基、桥涵和其他附属设施，除了泥石流流体本身运动和堆积特征以外，还与线路规划设计、道路结构物设计、运营维护情况、防护方案选择等息息相关。目前道路泥石流防治中有待改进的问题有以下几个方面。

1）线路布设不合理

主要表现在对泥石流沟错判、漏判或对其规模、性质、发育现状、发展趋势认识不足，将线路布设于泥石流活动频繁，灾害严重的路段，未进行绕避。某些线位靠山坡太近，使线路内侧松散堆积物边坡形成的坡面泥石流直接上路，或淤埋边沟和路面。有些路段的线路布设于泥石流扇地中央，使线路直接面对泥石流的冲蚀和淤积、埋压。个别路段，由于线路高程太低，受对岸泥石流扇地顶冲，或泥石流堵塞河道引起洪水位上涨，淹没、冲毁路基路面。西部地区道路泥石流的大量灾害事例表明，线路布设不合理是泥石流危害频繁的最主要原因。

2）道路工程承灾能力不足

受当时社会经济发展和技术水平等方面的限制，西部地区的许多道路如陇海铁路宝天段、宝成铁路、成昆铁路，尤其是公路的川藏公路、中尼公路、滇藏公路，道路工程建设时投资有限，泥石流防治工程未按实际需求布设，把减灾工作分散或后推到运维阶段，导致灾害防治能力不足；同时，构造物设计标准也比较低，措施单一，不配套，抗灾能力差。这两个因素导致道路运输系统对自然灾害的承受和调整能力普遍较低，从而加剧了泥石流的致灾效应。据调查统计，川藏公路全线有7 667道涵洞，平均洞径不足1m，洞径太小，泥石流不能畅通，造成淹埋或冲毁公路。部分中小桥梁跨径小、净空低或中间设墩，使泥石流不能顺利排泄，造成桥被冲毁或桥孔堵塞。如八宿“七天桥”刚建成7天就被泥石流冲毁（罗德富等，1995）。

3）道路养护力度小，维修整治不及时

对于前期建设的低等级道路，泥石流防治是道路养护和维修、整治、改造等道路工程运维阶段的重要内容，也是保障交通运输安全的重要手段。低等级道路大部分区段的养护力量比较薄弱，难以胜任大型灾害的整治和较大规模灾害的善后工作。由于养护机具不足，应变能力差，灾害后清方、抢险时间长，效率低，阻车时间较长，增加了泥石流灾害的成灾损失。此外，由于养管整治费投入有限，因而无力进行大中型修复工程，更无力顾及泥石流灾害的整治。

4）桥涵工程老化，病害工程及临时性工程增多，防灾抗灾能力下降

在川藏公路建设之初，为加快工程进度，节约施工费用，充分利用地方原材料，兴建了大量的木桥、木涵及木笼墩台，木质防落石、防雪棚洞，如原古乡木桥和角弄沟木桥，由于建筑多年，多已腐朽。同时有大量浆砌块石桥涵，受泥石流的冲蚀和淤积，部分或全部丧失使用功能（中国科学院·水利部成都山地灾害与环境研究所等，1999）。随着灾害的频繁暴发和破坏，为了保证道路畅通而修建的临时应急工程往往抗灾能力弱，极易遭受破坏。如2000年6月10日易贡特大洪水，1985年6月20日培龙特大冰川泥石流灾害，1988年7月15日米堆沟特大冰湖溃决泥石流灾害等，当时沿线就兴建了大量的临时应急工程。

5）工程设计对灾害危害考虑不充分，抗灾能力与工程寿命不相适应

一般跨越泥石流沟的桥梁设计，需要考虑泥石流冲淤速率，留出足够的桥梁净空，保证运营期安全行车，并尽量不在泥石流沟道中特别是主流线上设桥墩。由于对泥石流发展趋势和危害性认识不足，一些桥梁净空不足，桥涵下纵坡设计不合理，出现大冲大淤的现象，通车几年到十几年就把净空淤满；部分跨沟桥梁采用小跨度多跨的结构，在沟道中建筑桥墩，导致桥墩、桥梁被泥石流冲毁，或被大石块击毁。个别沟谷采用结构单薄拱脚低的拱桥，如1991年9月索通沟暴发冰川泥石流，冲毁距沟口200～250m的公路石拱桥。部分桥位设计不当，如2000年8月一次泥石流，从如美沟流出直冲向下游的公路，严重淤埋公路，导致公路交通中断，而其新建的公路桥下却未过流，桥位明显选在了弯道上。另外，跨越泥石流的桥涵平、立面布设单薄，缺乏必要的导流、防冲及拦挡措施。

6）泥石流的漏判和误判

泥石流同一般山区洪水最大的区别就在于其流体中挟带着大量泥沙、石块。许多暴发频率几十年至上百年的泥石流沟，由于个别沟口没有明显的扇形地，植被覆盖率高，极易错判、漏判。这些沟一旦暴发泥石流，往往规模巨大，损失惨重。如川藏公路米堆沟冰湖溃决泥石流沟属于此类（罗德富等，1995；王士革等，2000；马东涛等，2003）。同时不同发育阶段不同性质的泥石流，其防治方案和措施明显不同。一旦误判，致使应对措施不当，便可导致防治工程失事，甚至反复成灾。如培龙沟冰川泥石流自1983年7月暴发以来，至今已有多次大规模的暴发，使该段公路、桥梁等构造物遭到严重破坏，造成严重断

通,极大地影响了全线交通运输和国防建设。1983 年 7 月 19 日暴发泥石流,冲毁双曲拱桥 1 座、公路 100m,淤埋推土机 2 台、汽车 1 辆、房屋 10 间,公路断道 28 天。1984 年 7 月 28 日暴发泥石流,冲走钢架桥 1 座;8 月 7 日冲毁正修建的桥台,死亡 6 人;8 月 23 日泥石流再次暴发,淹没 104 道班用房,堵塞帕隆藏布江,淹没公路 6km,阻车 66 天。1985 年 3 次暴发泥石流,断道阻车 270 天。其中 6 月 20 日暴发的大型泥石流,冲毁培龙沟下游约 40km 内 5 座人行吊桥,淹没土地 120 亩(约 8 万 m^2),房屋 22 间,汽车 80 辆,直接经济损失超过 500 万元。1986 年和 1991 年,又相继暴发了泥石流,阻车每年都在半年以上。2000 年受易贡湖溃决洪水冲蚀,该沟公路桥及 1 000m 公路被毁,当时抢险后只以一座钢便桥维持通车。

8.3 道路泥石流防治原则与标准

道路泥石流防治与其他泥石流防治相比较,既有相同点,又有不同点,其有自身的防治原则和标准。

8.3.1 道路泥石流的防治原则

1)预防为主,预防、治理和管护三结合的原则

泥石流防治要力争主动,尽可能避绕或制止灾害发生,努力控制其规模扩大。泥石流的发生和运动有其固有的规律,应设法控制、改变或影响泥石流形成的三个基本条件(物质、水源及地形)之一,使之向不利于泥石流产生的方向发展,使已经发生的泥石流逐渐减弱、停息。但对于已停息了的泥石流,要防止它可能重新活跃。为此,应当努力提高对泥石流灾害的预测和预报水平。

预防灾害除了选线时对灾害密集、治理困难路段避绕外,还应加强运营期间的监测预警,包括道路沿线巡守,重点路段监测,灾害短期预报和危害工点的预警。通过积极的防治措施,达到减灾消灾,保障线路通畅的目的。此外,加强对防治工程的系统管理。

2)综合防治、多方协同的原则

泥石流问题涉及的部门多、专业广、难度大。对于中小型泥石流一般采用单项措施,以便迅速控制灾情扩展。大型和特大型泥石流有巨大的破坏力,目前还无法有效治理,只有实施综合防治,才有可能控制或减轻泥石流灾害。综合防治泥石流,包括采取社会经济措施、农林土壤改良措施和工程措施,并以泥石流源地为起始,直到被防护的对象为终点。

保护植被,合理放牧,严禁陡坡开荒、毁林开荒,限制促使泥石流发生的人为活动,是保护自然环境免致泥石流源地急剧扩大的基本保证。生态修复、坡地梯田化、发展小型水保工程,可以分散或减弱水土流失,是控制泥石流发生的预防性措施。泥石流一旦发生,

必要的排导工程则是减少危害的重要保障。

3)以工程治理为主的原则

泥石流防治工程措施主要分为岩土工程措施和生态工程措施两大类。生态工程措施主要通过恢复和保护泥石流流域的生态环境、土壤植被,减少泥石流中水源和固体物质补给,达到防灾的目的;岩土工程措施主要是通过在泥石流形成区、流通区和堆积区实施拦挡、稳坡、固床、护岸和排导等工程,达到减灾消灾的目的。岩土工程措施具有投资高,工期短,见效快的特点。道路泥石流防治要求短期见效,只有通过有效的工程措施和手段,破坏、消除泥石流形成、流通和堆积过程中的某个环节,才能达到保护道路工程设施的目的。因此,道路泥石流的工程防治遵循以下原则:

(1)控制与道路交汇的沟谷泥石流,使已经产生的泥石流以最有利的方式、最小的危害通过。坡面泥石流则尽量使之稳定下来,或及时清除,使之不危害道路运输。

(2)对处于规模正在不断扩大过程中的泥石流,采取有效措施,在形成源地或运动途中将其制止或控制流到路域的规模。

4)因地制宜、因路施策的原则

道路泥石流防治必须紧密结合沿线实际,按照道路的等级标准要求设计寿命,结合泥石流特征和线路的平面位置、高程等确定防治方案,并结合当地的防治经验,采用恰当的防治措施,保障交通安全和运力发挥,不需要配置标准的治理工程。对某些低等级公路的泥石流较严重路段,可考虑采取过水路面、过水路面加箱涵等措施;对规模大、活动频繁的大型、特大型泥石流,可考虑建立桥跨线、避绕等方案;对中小型规模、活动频繁的泥石流,可采取沟内拦挡稳坡、固沟、护岸为主与沟口排导相结合的方案;对中小型规模、不甚活跃的泥石流,可采取以排导为主,结合固沟与护岸的方案。对某些坡面泥石流,可采取修建明洞渡槽或隧洞绕避的方案。

5)与当地的治理规划相结合的原则

道路防治泥石流的措施与当地的工农业生产场地和城镇布置关系密切。如修建停淤场拦蓄泥石流要占用很大的地面,在修建排导槽时沟口位置的变化和新生冲积扇的发展会改变当地的地形条件及水流条件。因而防治措施必须与当地工农业基本建设的近期规划结合,在保证公路畅通的同时,统筹安排,为当地工农业生产和城镇建设服务(曾恩伟、李鸿琏,1982)。

6)阶段性原则

道路泥石流灾害防治始于勘察设计,延伸于通车运营。在勘察设计、施工、营运的各个阶段,其灾害防治也有不同的着重点。只有将灾害防治贯穿于道路建设的全过程,并突出各阶段防治重点,才能达到防灾的目的(蒋忠信等,1996)。

道路勘测设计分三个阶段。在确定道路走向的可行性研究和选线阶段,根据工程地质分区、分段，对灾害进行评价，结合社会经济条件，选择路线走向，对泥石流灾害避绕或避重就轻；在初测和初步设计阶段，通过优选线路局部方案，突出灾害路段和工点，使大多数灾害密集路段和危害工点得以绕避；在定测和技术（施工）设计阶段，拟定灾害工点的防治方案，提出指导性施工意见，是预防工程诱灾、治理灾害的重要阶段。在施工阶段和运营阶段，妥善处理边坡开挖、弃土弃渣、排水等，防止诱发新的灾害。

8.3.2 泥石流防治标准

道路泥石流的防治标准是指受威胁段道路工程、泥石流治理工程及辅助设施应具备的抗御泥石流能力。一般可用防御泥石流相应的重现期或出现频率来表示。由于计算泥石流的峰值流量多以暴雨洪水为基准，在工程实践中，泥石流防治标准采取与洪水防治标准类似处理方法，是以其工程设计保证率来表达，即保证防治工程的设计能力，能控制在相应设计频率下的泥石流规模（峰值流量和总量）时不致造成危害。泥石流防治标准分为设计标准和校核标准两种。

由于道路工程类型（公路、铁路）不同、道路等级（临时道路、低等级和高等级）不同、工程的重要程度不同、泥石流灾害规模不同，其泥石流的防治标准亦不同。防治标准的确定应当坚持科学、准确和工程实际相结合的原则，防治标准过高，将增加修建、维修费用，并造成工程上的浪费；若标准定得过低，可能引发工程失事、断道阻车，甚至造成生命财产的严重损失。

2006年国土部门发布了泥石流灾害防治勘察相关国家规范（国土资源部国际合作与科技司，2006）；2018年中国地质灾害防治工程行业协会发布了泥石流防治勘察与设计的相关行业规范（试行）（中国地质灾害防治工程行业协会，2018）。但目前针对道路泥石流防治还没有相应的规范可供使用，只能参考和沿用相关规范和标准。考虑泥石流形成及活动特点中有不少难以定量化的因素，从安全角度出发，在选择泥石流防治标准时，应比相应的防洪标准高一个等级。如保护对象的防洪标准系工程设计保证率为20年一遇的洪水，则泥石流的防治工程设计保证率需提高为50年一遇泥石流的规模。

对于不同的地区，泥石流防治标准适当提高的程度是不同的。根据目前西部几条干线道路来看，建议：湿润地区的防治标准比相应的道路工程防洪标准提高一个级别，干旱地区的防治标准比相应的道路工程防洪标准提高一至二个级别；暴雨型泥石流的防治标准比相应的道路工程防洪标准提高一个级别；冰川融水、冰湖溃决型泥石流的防治标准比相应的道路工程防洪标准提高至少两个级别；植被良好地区，又有低频特大暴雨作用，为了控制漂木堵溃的危害（陈晓清等，2006），泥石流的防治标准比相应的道路工程防洪标准提高两个级别。

8.4 道路泥石流防治方案

对于需要防治的泥石流沟,可根据当地的自然环境背景、泥石流本身的特征、保护对象及设防要求,制定出若干个防治方案,然后通过技术、经济指标比较,并考虑道路的特殊需求,选择最优方案。

针对道路工程,泥石流防治方案还应与相邻段道路的布置、设计密切相关,在制订方案时应充分考虑。

正确选择泥石流的防护方案是切实制定泥石流防治规划的核心,全面掌握治理区域泥石流的活动规律和特点,分析、判断潜在的危害能力,确定防治工程所能达到的防治目标,则是防治方案的基础。在我国的泥石流防治中,一般常用的道路泥石流防治方案分为绕避方案和治理方案,治理方案又分为综合治理方案和单项治理工程方案。

8.4.1 绕避方案

有以下几种泥石流防治绕避方案:

(1)跨流域绕避。道路工程翻越泥石流分水岭、分水脊,绕开泥石流流域。

(2)跨主河绕避。在进出泥石流流域危险区前后,让道路工程两次跨越主河,从泥石流沟汇入主河一侧的对面绕过。

(3)跨泥石流沟绕避。道路工程从泥石流沟流通段颈口或其他的非危险稳定部位,从上方架桥或从沟底凿隧洞修暗渠,以立体交叉方式通过。

(4)避开灾害危险区。在流域内布置道路工程,可根据地形地貌特征,泥石流运动—动力特性,避开泥石流运动的主要危害方向,将线路和场址选在不受泥石流冲击、冲刷、漫溢、淤埋等危险区以外并留够安全距离。除此以外,还应避开山坡和沟岸崩滑体可能引起的塌陷、滚石等次生灾害,以及沿堆积扇边缘产生的主河冲刷,漫淹等间接灾害。

8.4.2 治理方案

1)综合治理方案

泥石流综合治理是与泥石流单项工程治理相对应的一种防治方法,是泥石流防治内涵的深入:集预防泥石流发生,控制泥石流运动,减轻泥石流灾害于一体,是防治方法的完善和措施的综合。方案涉及泥石流形成与活动的全过程,防治措施遍及整个流域的山坡、沟道和危险区,具有方法多样性和措施综合性的特点。因此,通过流域综合治理,建立综合防御体系,具有影响泥石流形成条件,改变泥石流性质,减少泥石流规模与危害作用等多层次目标,是一种有防止泥石流功能的根本性措施。

(1)泥石流综合治理原则

泥石流综合治理,应遵从以下基本原则(吴积善等,1993)。

①全面规划

在查清流域地质地貌、水文气象、土壤植被等自然背景要素,社会经济现状和灾害状况的前提下,从防灾减灾、保护生态环境、发展社会生产、保障人民生活等要求出发,制订出对山水林田重新安排的全面规划,使土地利用、水土保持、沟道治理、环境保护等融为一体,将沟道上下游,左右岸的矛盾和利益达到协调一致。

②预防为主

对在孕育中或处于隐患阶段而尚未暴发的泥石流(即具有潜在危害的泥石流)进行主动预防治理,比灾后被动治理省钱,效果更好。如:及时发现并制止不合理的人为活动,保护生态环境,提高森林覆盖率,开展农田基本建设,加强水土保持工作使农林牧业得到协调发展。

③因害设防

防治工程要固本减末抓关键,关键就在危险区内人财密集地段和泥石流发生的起动区域。按照灾害成因与性质进行设防,简化工程体系,优化工程结构,讲求实效,不贪大求全,严格控制工程及设施的数量与规模。

④突出重点

重点是防灾减灾的要害部位,如危险区入口,流路上的低凹漫溢处,沟道顶冲处和两段(类)工程的结合部,还有坝身溢流段和下游基础,排导工程的首尾,凹岸和纵断面变坡处,均是易损的要害部位和结构的薄弱环节,属于险工段,是防护的重点。

⑤量力而行

对综合治理措施组成进行多个方案比较,选择其中技术可行可靠,便于施工和管理运用且单位工程造价和总造价均较合理,事半功倍的方案作为推荐方案。方案既应考虑防灾需要,也便于操作实施,对技术措施难度及工程设施的规模采用均应当量力而行。

⑥讲求实效

灾害综合防治工程应当讲求实效,考虑全面,不仅具有保护道路、保障交通的价值,还应有良好的长期减灾效益。技术上有重大失误的工程往往达不到预期效果:如由于调查失实和规划失误使拦砂坝过早地淤满而失效;排导槽设计过流能力与实际过流量相差悬殊,导致工程使用率不高或使部分设施闲置;生态治理任务安排过大,生态修复设计考虑当地居民生产和收益不够,以致工程的实际总效益不高。

以上为综合治理的基本原则,在项目规划中应结合泥石流的具体情况和工程实际需要加以灵活运用。

(2)泥石流综合治理方案

对道路工程中非交通枢纽的次重要泥石流减灾项目,可根据泥石流成因类型和危害特点并结合沟道的自然条件,选择不同主导措施的重点综合治理。

①以生态措施为主,遏止水源的方案

年降雨量400~700mm半干旱半湿润地区的小冲沟(面积$<2km^2$),一次降水过程总量与强度均较小,泥石流规模也较小。通过大幅度增加植被覆盖率并优化林型和树种,使森林水文效应显著提高,遏止激发泥石流的有效雨量——即是使泥石流形成的水源和动力受到遏止,可以达到较好的效果。云南省南涧县县城后山的多条小冲沟泥石流,均是采用这种方案治理的。

②以控制沟道重力侵蚀为主的治灾方案

根据小流域泥石流物源储存(滑坡物源,沟床质物源)、输送及成灾特点,结合沟道地形地质条件,布局截流、拦挡、拦蓄和排导工程。如川藏公路西藏波密县内的加马其美沟泥石流防治就采用了这类方案。

a.形成区谷坊群主导型。依靠密集成群的谷坊起拦砂稳沟作用,可控制滑坡与沟床质供应的泥石流治理方案。

b.形成区拦砂坝主导型。依靠修建大型拦砂坝可一举解决控制滑坡与沟床质源地,从而遏制泥石流发生。冕宁县盐井沟的矿山泥石流治理就采用了这种方案,保护了下游的成昆铁路。

c.堆积区排导工程,停淤工程主导型。泥石流流域汇水面积较大,水源和固体物质供应充足,没有相应拦蓄条件,也不可能依靠拦挡、拦蓄措施解决根本问题的,尽可能地排泄泥石流或修建停淤场暂时屯淤。这是目前的道路工程广泛采用的形式。

2)单项治理工程

(1)工程类型

这类方案在泥石流防治工程中不具有遏止、治本作用,仅仅为了避免泥石流灾害,保护道路畅通、危险区内人身和财产安全及工程设施不被破坏而采取的结构简单、功能单一的被动性防御、疏导、屯蓄等措施。主要工程类型见表8-1。

单项防治工程类型表　　表8-1

编号	工程名称	类型	组织结构
1	导流堤、排导沟	导流工程	上桥下沟
2	排导工程	V形排导槽、东川型排导槽	上桥下槽
3	排泄工程	渡槽	上槽下路
4	平交道	过流路面	导流堤、隔堤
5	分流工程	引流隧洞	洞口建有拦挡坝控流或导流堤引流
6	拦蓄工程	拦砂坝、格栅坝	坝下有低(潜)槛护脚防冲
7	停淤工程	停淤场	上桥下沟、内场外堤

以上各类单项泥石流防治工程，使用目的明确，结构坚固，结构简单，功能可靠，施工方便，工期较短，造价节省且便于维护管理，在公路、铁路的泥石流防治工程中得到广泛运用。

单项治理工程不具有抑制泥石流发生，减轻物源地水土流失，改善和恢复流域生态环境的功能。因此，其防灾减灾的最终效果也较为有限。

(2)使用效果

拦砂坝可削减沟谷产砂排砂，坝库起到静态沉积与蓄浑排清作用；透水格栅坝和停淤场可对流体组构、性质进行调节，在流动状态下过滤分选，改变泥石流输移比，约束泥石流下泄规模。排导槽、排导沟、导流堤和明洞渡槽用于导引流向并使泥石流安全地通过被保护的线路工程和灾害危险区。它们既可单独使用，也能协同使用，应根据具体使用条件和被保护对象的防护要求来决定。

(3)使用条件

①工程单独使用

工程单独使用时，可根据以下条件选择不同的工程措施：拦挡工程或排导工程单独使用时，多用于规模较小的泥石流防治($Q_c \leqslant 50m^3/s$，$\sum Q_c \leqslant 10 \times 10^4 m^3/s$)，当两种类型均可满足防治要求时，应优先选用排导(泄)工程；防治中等规模($\bar{Q}_c = 50 \sim 80m^3/s$，$\sum Q_c = 10 \times 10^4 \sim 20 \times 10^4 m^3/s$)泥石流，宜采用明洞或渡槽；地貌和地质条件有利时，用隧洞方案排泄泥石流较为安全，效果也最好。

②工程协同使用

拦挡、排导、停淤等主体工程可与防护堤、固床工程等治河辅助工程协同使用，构成最佳组合方案。

第一种组合方案为下立交排泄方案，即上桥(涵)下槽(急流槽)，或上桥(涵)下沟(排导沟)组合方案，必须保证：急流槽(沟)的排导(泄)纵坡$I \geqslant 70‰$；桥位处留有足够的净空高度$H \geqslant 1.3h_m$，且$H \geqslant 2D_m$(式中h_m为设计最大泥深，D_m为泥石流中含有的最大孤石粒径，H为桥涵净空)；保护桥涵基础不被泥石流冲刷、掏蚀，以致出现危害结构的变形、沉降等隐患；桥轴与急流槽轴宜正交，两者间的夹角为$80° \leqslant \theta \leqslant 100°$。

第二种组合方案为上立交排泄方案，即上(渡)槽，下(明)洞的组合方案，必须保证：场地有满足布置渡槽明洞所需的净空高度和跨度；明洞渡槽两端地层稳定，岩石坚固且无断裂破碎隐患，可满足建筑物基础承载与泄流抗冲刷要求；泥石流中不含巨砾，不存在过流堵塞危险；通常，槽宽$B \leqslant 10m$，净空高$H \leqslant 2.5m$，巨砾最大粒径$D_m \leqslant 2m$。

第三种为拦挡工程与排导(泄)工程相结合的方案，当泥石流规模较大($Q_C \geqslant 80m^3/s$)，流体中含有大量巨砾或桥槽立交处净空无法满足时，在排导(泄)工程上游适当距离处修建拦挡工程，起拦石停淤、调节与导引泥石流顺利排泄的作用。

第四种为平面交叉方案，对排泄暴发频繁，但规模较小，仅含有碎屑泥沙等细粒物质且浓度较低的山洪泥石流、碎屑流和泥流时，可用过水路面、石台木面箱涵等平交结构，运营中加强维护管理并注意及时清淤和修复破损，即可保证平交工程长期使用。

(4)工程实例

下面列举泥石流单项治理工程的一些典型实例和运用情况汇集于表8-2(李德基，1997)。

泥石流单项防治工程实例　　表8-2

防治方案	工程类型	典型实例	使用效益
上桥下沟（分散设桥）	导流型	四川凉山州黑沙河，在堆积扇上部建导流堤，固定岔沟，上方修桥通过	流势稳定，冲淤平衡
上桥下沟（集中架桥）	导流型	西藏波密加马其美沟，在流通区以堆石垄堤导流，上方修深基单孔大跨桥通过	初期桥下略有冲刷，在下游修建2座拦挡坝后，沟床渐趋稳定
上桥下沟（集中建涵）	束流型	西藏江孜龙马区拉亚公路21道班沟，在堆积扇上部用铅丝笼束流堤束流、防冲，下沿建涵跨过	效果尚好
上桥下沟（分散建涵）	分流型	西藏堆龙德庆羊八井区松沟，在堆积扇中部修砌石堤分流，并建涵排走洪水	效果较好
上槽下路	排泄型	甘肃天水甘川公路甜水沟，公路上方修建明洞渡槽排泄泥石流	避免灾害，保障公路安全，运用效果良好
上沟下洞	绕避型	四川西昌成昆铁路大塘河，在堆积扇中部修明洞使铁路穿过	确保铁路安全，使用效果良好
上沟下隧	绕避型	四川甘洛成昆铁路利子依达沟，泥石流冲毁铁路大桥后，采用绕避方案，改线修隧洞1450m，从流通段下方穿过	确保铁路安全，使用效果良好
平交道过流路面	排泄型	西藏波密川藏公路火烧沟，沟口扩散段修过流路面，排泄山洪泥石流	人工管理制度化、经常化，可满足维持通车的要求
过流路面加箱涵	排泄型	西藏波密川藏公路小冲沟，沟口修过流路面，下建箱涵排泄碎屑流	人工管理跟上，辅以机械清淤，可维持通车要求
石台木面箱涵	排泄型	西藏波密川藏公路无名沟，沟口修石台木面箱涵，排泄碎屑流	同上
修建大型拦砂坝	拦蓄型	哈萨克斯坦阿拉木图河上修建115m高拦砂坝，将全部砂石流拦蓄起来	避免泥石流灾害，保障阿拉木图市安全
修建格栅坝	穿透拦蓄型	长江三峡奉节三塘河沟口溪口滩整治，在沟的下游修建钢轨格栅坝，拦石排水	溪口滩稳定，航道淤积停止发展，效果明显
修建停淤场	停淤型	甘肃靖远王家山煤矿铁路专用线，支沟内和主河旁修建3座停淤场，拦淤泥石流	保障铁路运输安全，效果较好

8.5 道路泥石流防治岩土工程设计

岩土工程措施具有投资高,工期短,见效快的特点,故岩土工程措施是道路泥石流防治的重要措施之一。

由图8-1可知,道路泥石流防治的岩土工程措施主要包括:稳固工程、拦挡工程、排导工程、穿越工程和防护工程。稳固工程,针对不稳定的坡面采取稳定斜坡的工程措施稳坡,和强烈下切的沟床采取谷坊或潜坝稳定沟床。拦挡工程,包括谷坊、拦砂坝和停淤场,以及由拦砂坝衍生的滤水坝、透水坝、缝隙坝、梳齿坝、格栅坝等,其主要用于拦截泥石流的固体物质,其中拦砂坝是道路泥石流防治中最为常用的工程措施之一。排导工程包括排导槽、截水沟等排泄泥石流或洪水的工程措施,其中排导槽是道路泥石流防治中最为常用的工程措施之一。穿越工程,主要是考虑了道路作为线性工程的特性而采取的措施,区别于其他城镇、矿山、农田等泥石流防治,包括桥渡、渡槽、明洞和过水路面等工程措施。防护工程,包括防冲墩、丁坝、顺坝和防冲挡墙等,主要是为了保护道路工程主体而采取的措施(崔鹏等,2018)。

8.5.1 拦砂坝

1)拦砂坝作用与类型

(1)拦砂坝的作用

拦砂坝是横断于沟床的人工建筑物,与上游控流面积的来水量和产砂量相比,为具有一定库容的拦蓄工程,其工程作用主要表现在:

①修建拦砂坝旨在控制泥石流规模,减轻泥石流灾害。

②拦砂坝能改变局部沟段的水动力特性,抬高坝库上游侵蚀基准,使回淤段纵坡减缓到原有沟床纵坡的0.75~0.90,降低流速,制止沟床冲刷。

③拦砂坝具有稳定沟床和岸坡作用,并有促使滑坡稳定的作用。

④在拦砂坝控制的沟段范围内,可通过排洪疏水,实现土水分离,改变入库的泥石流组构、性质和输移比。

(2)拦砂坝的类型

目前常用拦砂坝主要有以下几种类型。

①圬工重力式拦砂坝

无论非溢流段和溢流段都可采用圬工结构,用浆砌石或混凝土构建。系沿长轴(横断沟床)方向为一棱柱体,具有梯形或三角形基本横断面形式的建筑物。其上游面较缓而下游面陡直,充分利用淤积土压力来避免过流对坝面造成冲击和磨损。

建在泥石流沟床中的圬工重力坝，当坝高 $H \leqslant 40\text{m}$ 时，坝基可直接建在含大漂砾碎石土——泥石流堆积体上，无须嵌入基岩深埋，也不需做特殊的加固处理。

实践证明：圬工重力式拦砂坝的整体稳定性和强度不存在设计上和施工上的特殊难题。多数坝的损坏和失事是由于坝身过流和下游消能处理不当而引起。

②墩(台)座支承轻型拦砂坝

采用浆砌石或毛石混凝土构建的重力式墩座或承台支承，构成闸坝式拦蓄过流结构，是泥沙压力的主要承受部位。墩台之间用浆砌石圆弧拱或钢筋混凝土平板连接并传递土压力，溢流段为外形类似于连拱坝或平板坝的闸坝型空间结构。非溢流段一般仍采用重力式圬工坝。

根据坝体稳定和强度安全要求，建于堆积层上的这类坝体，其高度不宜超过 20m，否则应对地基持力层进行处理。坝高超过这一限度时，宜选择基岩坝址或改为其他坝型。

③土石混合坝

包括用定向爆破的施工方法筑坝，干砌石护坡土坝或(以及)用于泥石流防治的后退式叠加尾矿坝。筑坝混合料按均质填料对待，坝身不设防渗体，基础也不作特殊处理，要求坝体在不承受破坏性水压力和渗透压力($I \leqslant 0.05$)下使用，不允许漫坝过流。该坝型宜用在汇水面积有限($\leqslant 2\text{km}^2$)，洪水很小的沟谷使用；否则应有排泄洪水的安全措施。因此，常辅以泄洪隧洞或溢洪道，并在坝的下游坡修排水沟和反滤体。

④刚构格栅坝

有混合式刚构格栅坝、整体式刚构格栅坝及单体刚构架三类。

混合式刚构格栅坝以圬工、毛石混凝土构建重力式基础和墩台、支座，为主承力的构件。用现浇或预制安装的钢筋混凝土构件，型钢(废旧钢轨)构件制作拦石连接件，成为坝的泄流闸孔。

整体式刚构格栅坝用型钢制作钢桁架、钢架等平面构件或集合元件将其连接成整体并支承在圬工或毛石混凝土基础上。

单体刚构架系指用大直径钢管制作的人字形斜撑三角架，埋入混凝土基础中；或以钢管立柱嵌入基岩或混凝土中构成悬臂梁，拦截泥石流中的大孤石。

⑤柔性网格坝

坝身的左右两肩为主承力部位(适用于峡谷，特别是 U 形峡谷地形)，通过钢丝绳集束嵌入钢筋混凝土锚墩或地梁内，与地基联成整体。坝身用强力钢丝绳集束编织成方格网，构成节点传力的兜状柔性结构，具有优良的变形性、抗冲击性和透水性，适用于地形崎岖、交通不便的高山峡谷地区。

在泥石流沟谷中上游区段修建拦砂坝，受水泥、砂石、钢材等建筑材料的储藏、运输和供应限制，以及地形狭窄，施工困难等不利条件制约，坝型结构应向轻型、组合、高强、预制和现场安装且定型化的方向发展,以求达到缩短施工工期,节省人力和降低造价的目的。

下面重点介绍圬工重力式拦砂坝和刚构格栅坝。

2)圬工重力式拦砂坝

(1)坝(群)址选择

可利用中比例尺或大比例尺地形图(1∶2 000～1∶10 000),结合现场实地踏勘选定,自流通区上溯,按照下游比上游优先,尽可能减少坝的数量(一坝解决问题为最佳),选择坝段(址)并尽可能满足以下条件。

①口狭肚阔的地形颈口,或上窄下宽的喇叭形入口处;

②沟谷尽量对称,两肩高度能满足坝高与库容要求;

③地基均匀坚固,无崩塌、滑坡、错落、洞穴,构造破碎带和泉水、流沙等隐患;

④在可对上游重力侵蚀和灾害体实施控制的范围内;

⑤应避开山洪、崩塌与滑坡等突发性灾害冲击之范围,选在其下游段足够安全处;

⑥选在支沟汇口下方,跌坎上游且无冲沟和集水槽危害处;

⑦选在沙石材料集中,运输方便,有开阔施工场地的沟段上游侧。

(2)坝高拟定

①按设计使用期累计拦砂库容确定坝高(周必凡等,1991)。

$$V_s = \sum_{i=1}^{n} V_{si} = nV_{sy} \tag{8-1}$$

式中:V_s——多年累计淤积量(m^3);

n——有效使用期年数;

i——年序;

V_{sy}——多年平均泥沙输移量(m^3)。

即按使用期内,可能遭遇的几种频率泥石流过程的含砂量进行组合、叠加,并按输移比折减后计算出所需拦砂量。

②按防治(间歇发生的)典型泥石流灾害,计算其一次过程总量确定坝高。

③按最佳库容增长率(单位库容造价最低)确定坝高(图 8-2)。

④按上游掩埋限制高程和设计回淤纵坡推算坝高(图 8-3)。

$$H_d = L_s(I_b - I_s) \tag{8-2}$$

⑤按一次最终规划和当前分期实施相结合确定坝高(此系为后期加高留有余地的应急坝坝高)。

⑥按坝址处的地形地质条件和安全要求,确定可能建造的最大限度坝高。

(3)坝横断面确定

根据坝高 H_d 及表 8-3 选用坝顶宽及相应上下游坝坡比,即可初步拟定最大横剖面轮廓尺寸，如图 8-4 所示。

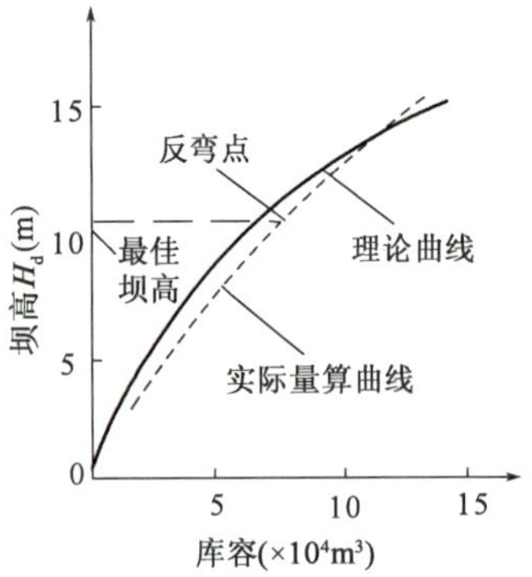

图 8-2　最佳库容增长率曲线(周必凡等，1991)

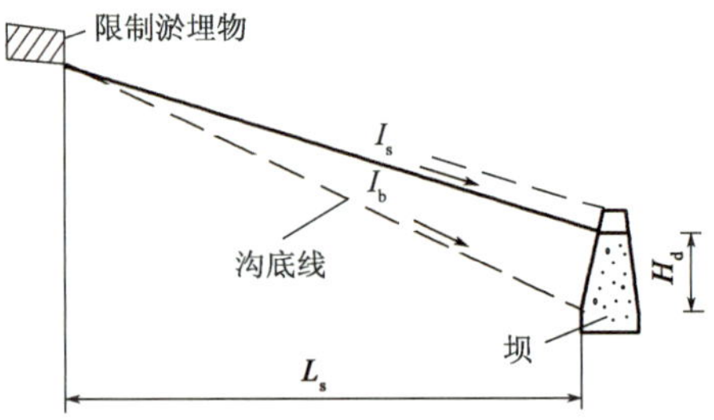

图 8-3　用回淤纵坡法推算坝高示意图(周必凡等，1991)

坝高与初拟剖面尺寸参考表　　表 8-3

坝高 H_d(m)	<10	10~20	20~30	>30	备　注
坝顶宽(m)	1.0~2.0	3.0	4.0	>5.0	若有特殊要求不在此列
上游坡比	0.4~0.5	0.5	0.55	0.60	—
下游坡比	0~0.05	0.05	0.1	>0.1	—
坝底宽(m)	$0.7H_d$	$(0.7\sim0.8)H_d$	$(0.8\sim0.9)H_d$	$>0.9H_d$	—
基础埋深(m)	1.5~2.5	2.0~4.0	3.0~5.0	>5.0	地基为中密泥石流堆积

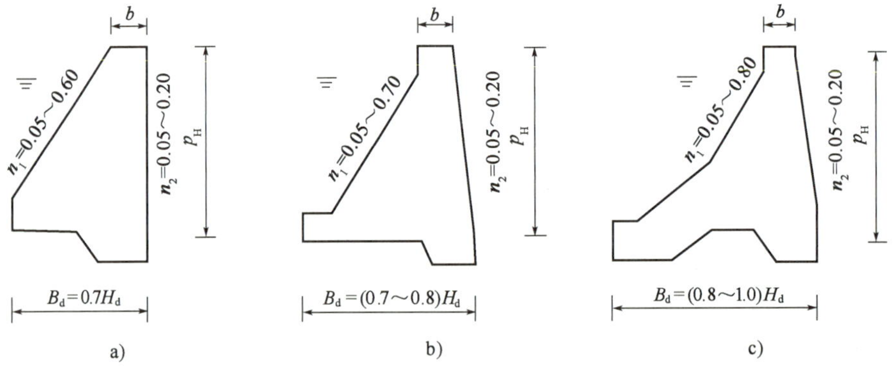

图 8-4　重力式拦砂坝横断面形式图

H_d-坝高

针对高度大于 30m 拦砂坝，坝的横断面中部的内边坡上可以设置一个平台，一则增加坝体的稳定性，二则可以作为分期施工的衔接面。

(4)受力分析

①荷载及其组合

作用于坝体的泥石流荷载如图 8-5 所示(李德基，1997)。

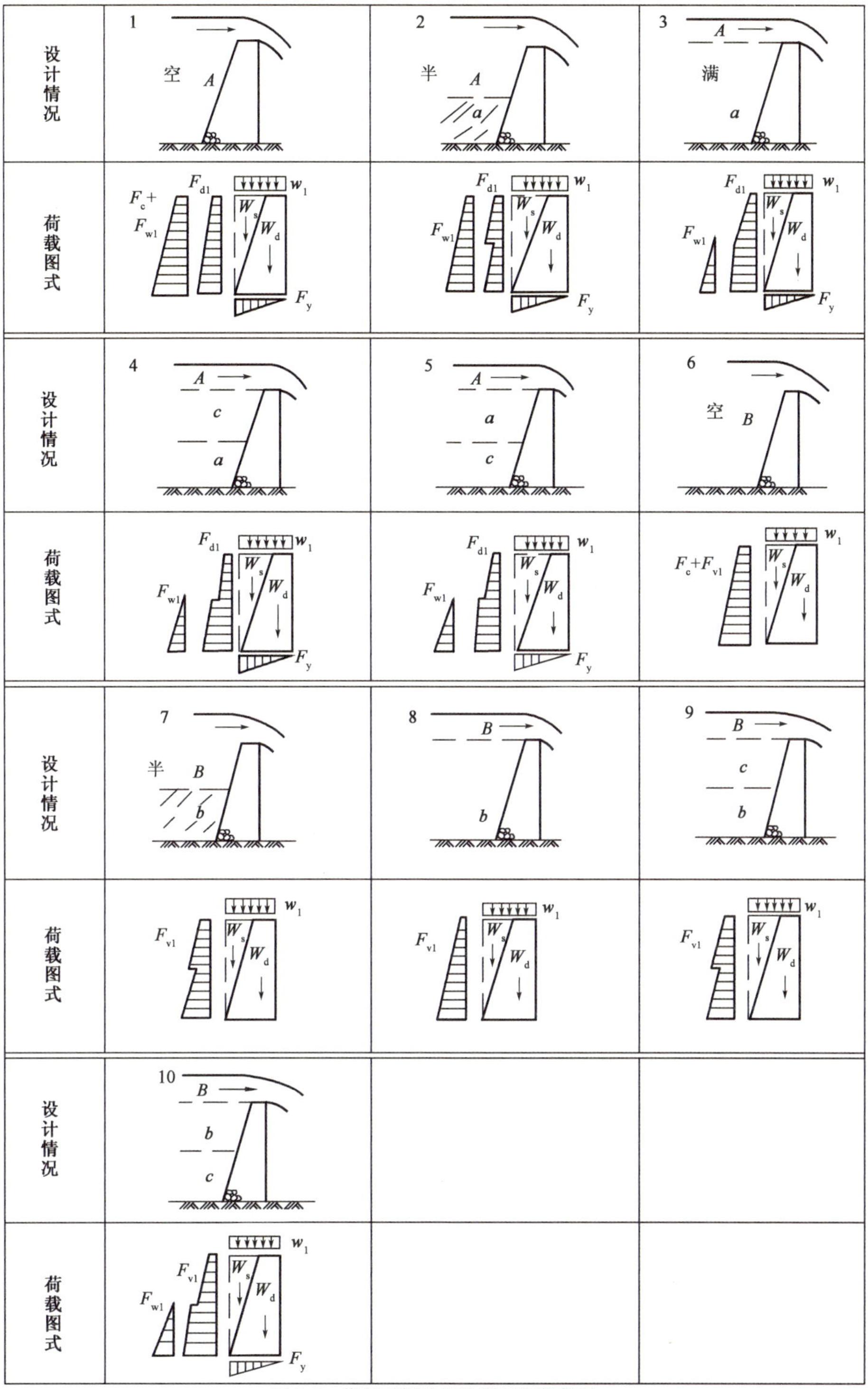

图 8-5　作用于拦砂坝的泥石流荷载图

A-稀性泥石流；*a*-稀性泥石流堆积物；*B*-黏性泥石流；*b*-黏性泥石流堆积物；*c*-非泥石流堆积物；1、6-空库；2、7-未满库；3、4、5、8、9、10-满库

表8-4为主要参数的计算表。作用于坝体的荷载组合既和坝库使用情况有关(空库、半库和淤满后运用),又与泥石流类型、规模及使用期内坝库与泥石流的遭遇有关,应按具体情况挑选几种可能发生的危险组合进行计算,以其中最危险的作为设计控制条件。具体计算可参见有关的典型设计资料。

主要计算参数表　　表8-4

计算参数	计算公式	备注
坝体自重	$W_a=V_a\cdot\gamma_a$	式中:W_a——坝体自重(kN); W_b——淤积土重力(kN); W_d——流体重力(kN); V_a——坝身体积(m^3); γ_a——坝体重度(kN/m^3); γ_s——淤积土重度(kN/m^3); γ_c——流体重度(kN/m^3); γ_{gs}——干砂重度(kN/m^3),$\gamma_{gs}=\gamma_s-(1-n)\gamma_w$; γ_w——水重度(kN/m^3); n——孔隙率; h_s——稀性泥石流堆积厚度(m); φ_{gs}——泥沙内摩擦角(°); H_c——泥深(m); ϕ——内摩擦角(°); H_w——水深(m); L——坝底长(m); ΔH——坝上下游水位差(m); K——水头折减系数
上游坝库内淤积土体重	$W_b=V_b\cdot\gamma_s$	
上游坝库内淤积流体重	$W_d=V_d\cdot\gamma_c$	
稀性泥石流水平侧压力	$F_{dl}=\frac{1}{2}\gamma_{gs}h_s^2\tan\left(45°-\frac{\varphi_{gs}}{2}\right)$	
黏性泥石流水平侧压力	$F_{V_1}=\frac{1}{2}\gamma_c H_c^2\tan^2(45°-\phi)$	
水的侧压力	$F_{wl}=\frac{1}{2}\gamma_w H_w^2$	
扬压力	$F_y=0.5KL\Delta H$	
冲击力	$F_a=A\sigma_p=2\pi aR_s\sigma_p$	

②结构计算

拦砂坝结构计算首先要截取单位长度坝体横剖面,并按设计条件计算各项荷载;再按可能发生的危险状态进行荷载组合,并进行坝体抗滑稳定计算、抗倾覆稳定计算和坝体强度计算。

a. 坝体抗滑稳定计算。

沿基础底(平)面滑动公式:

$$K_c=\frac{f\sum W}{\sum Q}\geqslant[K_c] \tag{8-3}$$

式中:$\sum W$——垂直力之总和(kN);

$\sum Q$——水平力之总和(kN);

f——沿基面的摩擦系数;

$[K_c]$——抗滑容许安全系数,一般取值为1.05~1.15。

沿切开坝踵和齿墙的水平断面滑动公式：

$$K_c = \frac{f\sum W + CA}{\sum Q} \geqslant [K_c] \tag{8-4}$$

式中：C——单位面积坝踵和齿墙黏结力（kN/m^2）；

A——剪切断面面积（m^2）；

其他符号意义同前。

b. 抗倾覆稳定计算。

$$K_y = \frac{\sum M_x}{\sum M_0} \geqslant [K_y] \tag{8-5}$$

式中：M_x——抗倾覆力矩（kN·m）；

M_0——倾覆力矩（kN·m）；

$[K_y]$——抗倾容许安全系数，取值1.30～1.60。

c. 坝体强度计算。

坝的上游边缘地基不出现拉应力，下游边缘地基压应力低于地基承载力（华东水利学院，1984），即

$$\sigma_{上缘} = \frac{\sum W}{b}\left(1 - \frac{be}{b}\right) \geqslant 0 \tag{8-6}$$

$$\sigma_{下缘} = \frac{\sum W}{b}\left(1 + \frac{be}{b}\right) \leqslant [\sigma_c] \tag{8-7}$$

式中：W——垂直分力（kN）；

b——顺流向坝底长；

e——偏心距（m）；

$[\sigma_c]$——地基容许压应力（kPa）。

（5）结构细部设计

①坝基础

板基础用C15或C20毛石混凝土浇筑成一整体板基础，厚度0.50～1.50m（随坝高不同而取基础板的厚度不等），沿轴向则随沟底侧向起伏，呈台阶形或呈缓坡递变。

桩基础坝基下伏较厚的细粒松软层，地基承载力和抗冲刷力不足且无法采用深埋式整体基础的，可采用大孔径挖孔灌注桩或钻孔灌注桩基础。

当板基础底部有较厚之细粒松软层，或因下伏卵石层和地下水施工困难而无法采用桩基础时，可在基础的底板下部设混凝土踵根和齿墙。

②坝肩

将坝体左右两端嵌入岸坡并与岸基连成整体时，坝肩可对上游流体压力起水平支撑

作用,增加坝的安全度。沿坝肩中部坝轴延伸部位开沟槽,对坝与地基联结面进行刷坡清基。槽深:基岩 0.50 ~ 1.00m,堆积土 1.00 ~ 2.50m,槽深随坝高增加而加深,结合面刷坡厚度 0.50 ~ 1.00m,随坝高及土性强弱而异。

③沉伸缝

为避免因温度变化和不均匀沉陷造成坝体开裂和局部损坏,沿坝轴方向在沟底地形和坝高突变处用垂向通缝断开坝体,缝宽 2 ~ 3cm,内填沥青砂板条、木板或油毡,但无须严格止水。缝须竖直平整且宽度均匀,缝间分段长 $l \leqslant 20$m。

④溢流口

通常在溢流段的坝顶布置堰状开敞式溢流口。沿坝的纵轴方向按矩形、梯形或锯齿形设置;溢流口沿流向作成平底,弧形底、折线形底,并将下游出口端作成外伸悬臂——撮箕形。溢流口面板采用钢纤维混凝土作表面耐磨处理。

⑤排水孔

在溢流段坝身布置多层排水孔。一般采用矩形或方形孔,宽度 0.50 ~ 0.80m,高度 0.60 ~ 1.00m,净面积为 0.40 ~ 0.80m^2,中距 2.50 ~ 3.00m,排距 1.50 ~ 2.00m,沿流向成外扩形,孔底纵坡取 3% ~5%。排水孔的总面积宜控制在溢流坝段立面面积的 5% ~8% 之间,以免损害坝体结构整体性。

⑥其他

为保证安全和通行,根据实际需要可在坝顶设栏杆,沿下游面坝坡和溢流口两侧布置踏步,以便利行人往来及工程养护的需要。

(6)坝下游消能工

建坝后,落差集中且单宽流量增大,过坝泥石流将对坝下游沟床造成强烈冲刷,不仅引起沟床不稳定变化,还可能溯源侵蚀危及坝体安全,需对过坝泥石流进行消能。

通过泥石流流体之间或流体与沟床堆积物之间互相冲击、冲刷、紊动、搅拌与磨蚀等作用,使流体减速并消能。应避免使用刚性消能工直接承受泥石流的巨大冲击作用和冲刷力以免引起消能工破坏。被消能部分沟段应由柔性材料或砂石垫层所构成,此即泥石流消能的以柔克刚原理。主要形式有:散水坡、潜坝、副坝或谷坊,如图 8-6 所示。

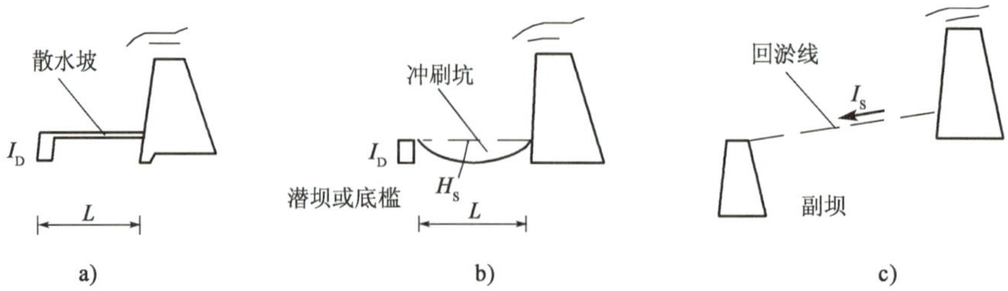

图 8-6　坝下游消能工的结构形式

3）刚构格栅坝

用圬工或混凝土制作重力式支墩，抵抗泥石流流体和坝库泥沙之水平推力，使坝体保持稳定，以钢筋混凝土或型钢、钢管制作的刚构件（桁架或钢架）组成拦石格栅和梁柱构件。两者结合组成一整体轻型的透水格栅坝，该组合结构受力及传力体系分工明确，构件相互联结牢固。该类穿透结构孔隙率高，有拦石排砂和透水功能，可较好地承受泥石流的动力作用，具有安全可靠，造价较低，工程节省，施工便利，维护方便且使用耐久等优点，对含有大量碎屑、漂石、漂木、缺少黏土质的稀性泥石流和水石流尤为适用。

（1）坝位选择

①重力式支墩承受集中荷载较大，对地基承载力和稳定性要求较高。应选在坚固地基段，避开软弱地基段。

②为方便过流或溢流，坝址处应相对开阔。

③溢流段河床平坦，地层（基）均匀，便于支墩布置，并避免运用中由于不均匀沉陷影响活动格栅的安装和使用。

④坝址上下游有足够长的顺直段沟床，有利于保持建坝前后河床稳定。

（2）坝高确定

①按照支墩的稳定及地基强度与变形要求，以及格栅上部过流要求，单个格栅坝坝高以不超过20m为限，多数以10～15m为宜。

②设计最终坝高应考虑泥石流组成中固相物质输移比及砂石建筑材料开发利用的可能性，计算设计使用期拦蓄固体物质的总量。

③考虑坝体分期实施及格栅逐次（年）安装的安排顺序，选择相应的设计坝高。

（3）坝轴及格栅布置

①坝轴应与流向成垂直布置，溢流段居中布置，等于或略大于原河槽宽度。

②坝高≤5m的低溢流坝采用横向梁式格栅，宽度为5～10m的溢流坝采用分层竖向格栅；宽度≥10m的溢流坝采用竖向缝隙与孔结合的混合式格栅。

③梁栅、缝隙或筛孔、泄流洞，其平面位置和高程宜采用交错布置，以避免形成坝身结构软弱面等薄弱环节。

④栅、缝或孔洞的最大尺寸应根据泥石流组成和输移比要求选定，最小尺寸还应考虑避免堵塞和有利清淤等问题。

a.槽缝宽度：

$$\left.\begin{array}{ll} b/D_m > 2.0 & \text{不闭塞} \\ b/D_m \leqslant 1.5 & \text{闭塞} \end{array}\right\} \tag{8-8}$$

式中：b——槽缝宽度（m）；

D_m——泥石流中所含固体物的最大粒径（m），可由泥石流形成区或堆积区调查而得。

利用后续洪水冲砂，格栅坝可充分发挥拦砂、节流和调整坝库淤积库容的效果，即：

$$\left.\begin{aligned} b/D_{m1} &> (2 \sim 3) \\ b/D_{m2} &\leq (1 \sim 5) \end{aligned}\right\} \tag{8-9}$$

式中：D_{m1}、D_{m2}——分别为中小洪水和大洪水可挟带的最大粒径(m)；

其他符号意义同前。

$b=(1.5 \sim 2.0)D_m$ 时，槽缝对不同流量、不同含砂量的泥石流体有抑制作用。

b. 槽缝深度：缝底为侵蚀基准，对下游消能有影响，槽深 h 通常取 1.5 ~ 5.0m 且 $h/b=3 \sim 10$。比值越小，坝库上游停淤区溯源侵蚀的输沙距离越近，反之则越远。

c. 槽缝密度范围：

$$0.2 < \frac{\sum b}{B} < 0.4 \tag{8-10}$$

式中：$\sum b$——缝隙总宽度(m)；

B——上部溢流堰宽度(m)。

(4)结构设计

从结构上，刚构格栅坝还可以细分以下几种形式(李德基,1997)。

①圬工筛子坝

坝身总体设计可划分为两肩非溢流段和中部溢流段两部分，非溢流段采用重力式实体坝，溢流段采用上部设开敞式溢流堰，堰下坝身布设多层透水之筛孔构成筛子坝(图 8-7)；筛孔用坚固料石或钢筋混凝土预制板安砌而成，孔洞与坝身组成刚性不变形的整体结构，开孔总面积不超过坝身总面积的 10%，通常以 5% ~ 8% 为宜，以免削弱坝体强度；坝基带防冲齿墙和附加淤积土重之尾板，均以混凝土制作，以增强坝的整体性及地基承载力；筛子坝比实体拦砂坝受力条件改善，坝的高宽比降为 1∶0.5 ~ 1∶0.6，可节省工程量 10% ~ 15%，(下游面取 1∶0.05，上游面取 1∶0.5)可视为准轻型结构；筛孔底部有 3% ~ 5% 斜坡，为顺流向孔的高度不变，但宽度外扩($B_{进口} < B_{出口}$)为喇叭矩形，通常孔洞的高宽比 $H/B=1.2 \sim 1.5$。坝身结构的其他细部与实体拦砂坝相同，结构过流部分之底部需进行耐磨蚀处理。表面用钢纤维混凝土作耐磨蚀处理。

②梳齿坝与缝隙坝

非溢流段仍旧采用重力式实体坝，溢流段采用上部设开敞式溢流堰(或齿槽溢流堰)，堰下坝身布设单层或多层梳齿缝(或上部筛孔、下步部梳齿缝)构成的梳齿坝(图 8-8)；梳齿用坚固料石砌筑或以混凝土立模浇筑而成，缝宽 0.4 ~ 0.6m，缝间墩体宽 1.5 ~ 2.0m，既可保证坝身整体强度，又便于拦石、输砂和清淤；坝基做法同圬工筛子坝。缝隙坝比筛子坝受力条件更好。因此，坝的高宽比与筛子坝相当或略小，工程量也更为节省，可视为透水轻型之刚性结构；缝槽底部带 3% ~ 5% 的斜坡，出口底部放平或设置 3° ~ 5°之上挑

(仰)角,过流部分底部应作防磨蚀处理;梯级缝隙坝自上而下槽缝宽度按递减布置,保证各梯级坝均匀拦蓄,使上下游坝库荷载合理负担,避免出现因拦蓄不均,其中某个梯级坝超载而引起的毁坝事故。

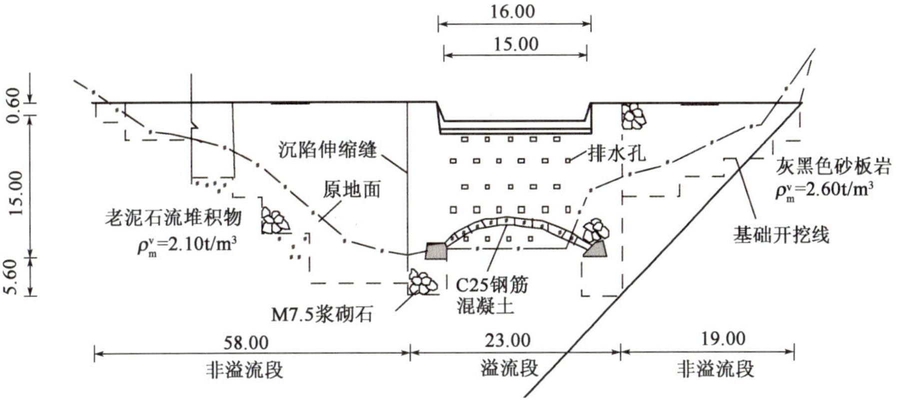

图8-7　四川金川八步里沟拱基筛子坝(尺寸单位:m)

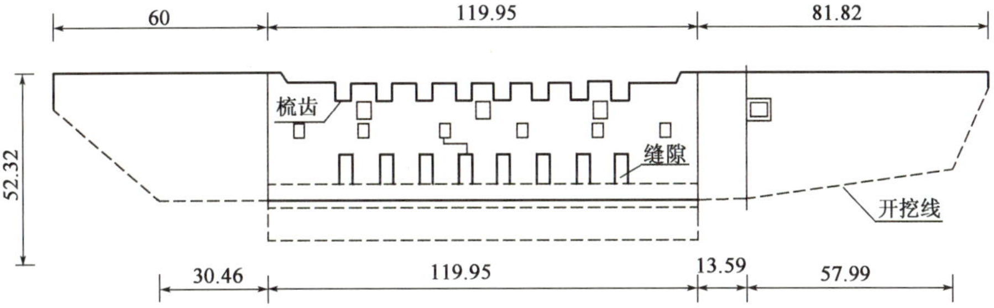

图8-8　云南大理市苍山莫残溪圣佛梳齿坝(向上立视图)(尺寸单位:m)

③刚构格栅坝

我国铁路泥石流防治曾用废旧工字形钢轨和其他型钢(槽钢、角钢等)制作格栅坝,并编制了两类包含多种规格的定型设计。

a. 钢轨立体格栅坝。泥石流设计荷载100kN/m²、地基为软质岩、坝体为三角形延伸组合的格栅结构。单个钢轨构件用节点板和螺栓拼接;坝体支座与混凝土基础板之间用预埋锚杆连接。用几种定型的标准杆件和节点板即可组装成不同坝高和坝长的格栅坝。现有定型设计图适用于最低2m、最高12m、级差2m拼装而成的格栅坝。

b. 钢轨桁架立体格栅坝。泥石流设计荷载100kN/m²,地基为砂卵石层,坝体以钢轨杆组合的多层平面桁架叠置安装而成。单个钢轨杆件用节点板和螺栓拼接。基本坝高为3m,桁架层高为2m,节间长4m。坝高步长增量为2m,分段坝长8~20m,格栅间距可以调节,两岸支承在毛石混凝土边墩上,坝体中部不设支墩,如图8-9所示。

c. 混凝土支墩平面格栅坝。泥石流设计荷载50kN/m²,坝基为软质岩,坝体由不同高度的混凝土支墩安装格栅组成。支墩最低2m(相应坝高1.5m),最高12.5m(相应坝高

12.0m),级高为1.5m。格栅间距分别有0.50m、0.75m和1.00m三种。按不同格栅间距，配以无斜撑的混凝土支墩，间距3.60～4.80m;或有斜撑的混凝土支墩，间距4.80～6.00m。墩和基础整体浇筑，墩身配有竖向抗弯工字钢，基础埋有水平向抗剪工字钢，各工字钢构件采用螺栓组装并连接成一整体。

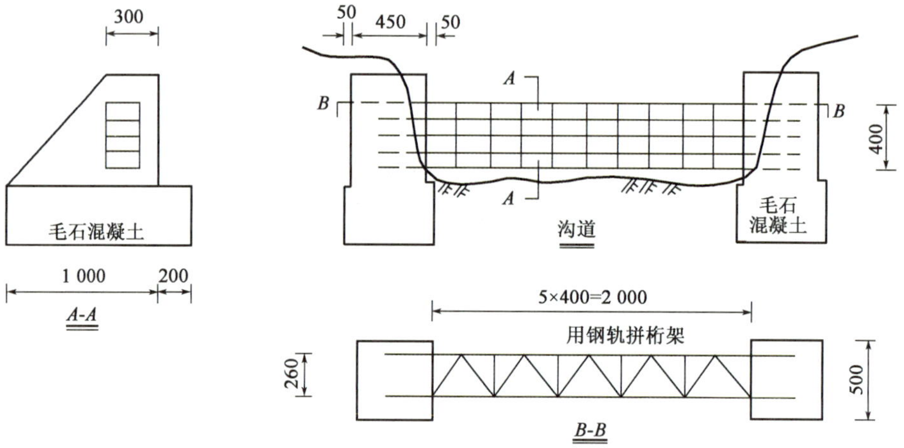

图8-9　钢轨桁架立体格栅坝(尺寸单位:cm)

d.钢轨平面格栅坝。泥石流设计荷载50kN/m^2,坝基为砂夹卵石或非坚硬岩和坚硬岩。坝高有3m、5m两种，均由格栅、支架、基础和边墩组成。其中格栅、桁架与斜撑均由工字型钢轨以螺栓连接而成;基础与边墩(墙)则以现浇混凝土制作，支墩基础净距为4m;格栅垂距视拦蓄需要而任意选定，在现场用格栅和螺栓连接而成(图8-10)。

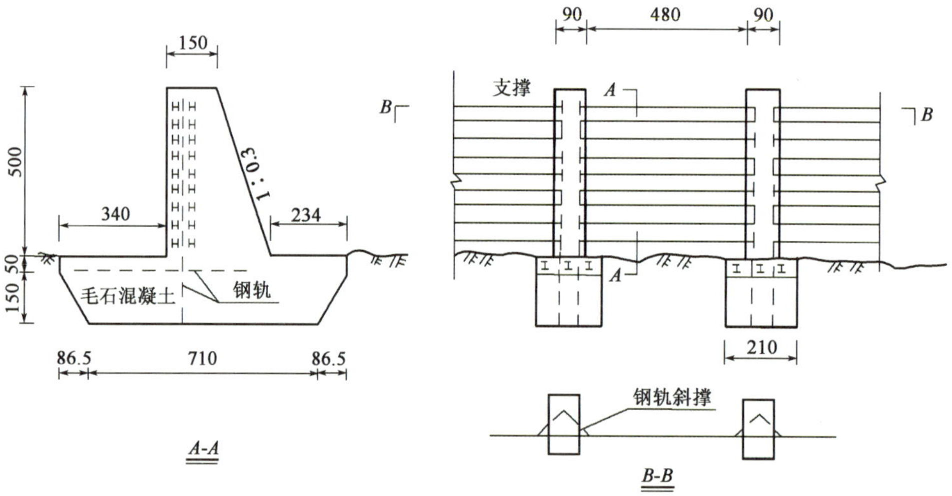

图8-10　钢轨平面格栅坝(立视与横断面图)(尺寸单位:cm)

以上四种(型)刚构格栅坝均利用43kg/m废旧钢轨制作，杆件和螺(扣)栓、节点板等标准件由工厂加工制作成型后运到施工现场，待基础和支墩混凝土浇筑并将联结预埋件到位后，再拼装成格栅坝坝体。

(5)受力分析

①对溢流段、非溢流段坝体进行单元(以坝段的跨间隔为单元)或总体受力分析,还需对支墩和栅梁等单个结构或构件进行受力分析。它们中的每一部分必须满足设计要求。

②坝体自重、坝库内淤积土重的计算与前述的拦砂坝基本相同。

③水平侧压力按受压面的具体情况及相应的压力分布进行计算,尚需考虑栅孔、缝洞和孔隙的透水减压作用,将压力水头或流体压力进行折减之后再作计算。

④冲击力计算应选取沿主要危险方向,泥石流龙头对某一结构单元或构件所施加的动力作用。此外,尚需考虑泥石流中固相大颗粒集中荷载和流体面荷载所产生的不同冲击效应。

⑤按设计使用期内实际发生并可能遭遇的危险荷载组合,选为设计的计算荷载组合。

8.5.2 排导槽

排导槽是由人工开挖、填筑过流断面,或利用自然沟道,砌筑具有规则平面形状和横断面的一种开敞式槽形过流建筑物。常用于山前区沟口泥石流堆积扇或堆积阶地上,保护通过的道路主体工程。泥石流排导槽的宽、深较小,长度较大,要求其在使用过程中能顺畅排泄泥石流全过程中不同流态、不同性质的流体,槽内不发生或尽可能少发生淤积现象,不允许由于严重累积性淤积而造成漫溢危害,同时不得因冲刷和冲击作用而危害排导槽自身的安全,槽体应具有较好的抗冲和耐磨蚀能力。

排导槽可单独使用或在综合防治工程中与拦蓄工程结合使用,特别是当地形条件对排泄有利时,可一次将泥石流排至预定区域而免除灾害,排导槽工程是泥石流灾害防治成功与否的关键之一(王永胜等,2013;周文兵等,2019)。

排导槽由于工程结构简单,效果好,就地取材,施工及维护方便,以及使用寿命长,造价省等优点,是道路泥石流灾害防治中使用最为广泛的工程措施之一。成昆铁路泥石流病害整治工程中,排导工程数量在防治工程总数中南段占95%,北段占86%。据铁路部门1991年的统计,在总计883项工程中有排导工程344项,约占全部工程总数的39%。

泥石流排导槽的结构,横断面和护砌形式主要有:整体式框架结构,分离式挡土墙—护底或挡土墙—肋槛组合结构,分离式护坡—肋槛组合结构,以及全断面护砌式结构等。在泥石流灾害防治工程中,因地制宜地选择合适的排导槽结构对于有效排导泥石流物质、减少排导槽磨损及延长排导槽使用寿命等至关重要(李云等,2014;刘建康等,2019;孙昊等,2019;王天健等,2022)。

1)排导槽布置

(1)总体布置原则

排导槽的总体布置应力求线路顺直,长度较短,纵坡较大,以有利于排泄。在布置时应遵循以下原则：

①因地制宜布置，尽可能利用现有的天然沟道，加以整治利用，不宜大改大动，尽量保持原有沟道的水力条件，必要时可采取走堆积扇脊、走扇间凹地、沿扇沿一侧的布置方式。同时排导槽总体布置应与沟道的防治总体规划或现有工程相适应。

②排导槽的纵坡应根据地形、地质、护砌条件、冲淤情况、天然沟道纵坡等情况综合考虑确定，应尽量利用自然地形坡度，并力求距离短、以节省工程造价。

③排导槽进口段应选在地形和地质条件良好地段，并使其与上游沟道有良好衔接，使泥石流或水流顺畅进入，有较好的水力条件；出口段也应选在地形良好地段，并设置消能、加固措施。

④在穿越铁路、公路、输油气管线时，要有相应联接措施，尽量避免采用暗沟。

⑤考虑主河的输移能力，如果主河的输移能力不足，应统筹考虑泥石流在流域内的沿程分配情况。

泥石流排导槽从上游至下游由进口段、急流槽、均衡排导段、出口段四部分组成，由于各部分的功能和作用不同，它们对平面布置的要求也不同。首先应考虑控制断面和过渡段的布置，以利于流动和衔接。

(2)平面布置形式

排导槽的平面布置形式主要有直线形、曲线形、喇叭收缩形、喇叭扩散形四种，如图8-11所示。

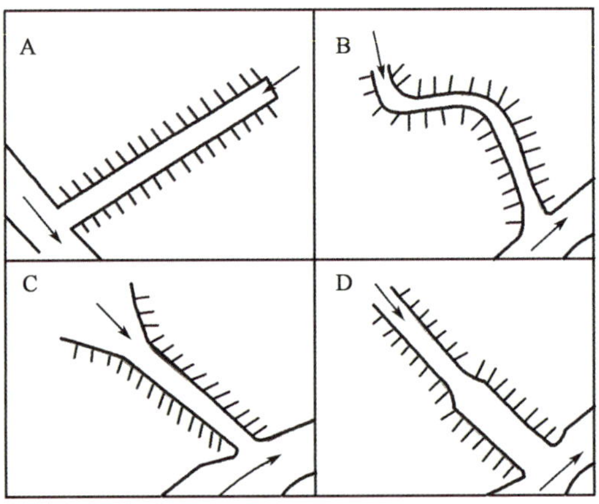

图8-11　排导槽平面布置示意

A-直线形；B-曲线形；C-喇叭形；D-喇叭扩散形

①直线形。直线形排导槽一般从山口堆积扇顶处开始直通主河，中间无转折，过流断面保持不变。在多数地域，因地势、地形及保护对象的要求，很难采用直线形。

②曲线形。受地形条件限制，或为保护某一防护对象而将排导槽绕道成弧线或中间有转折的平面形态。

③喇叭收缩形。平面形态呈上宽下窄。此种形态在防治工程中使用较为广泛。武都火烧沟泥石流排导槽,金川八步里泥石流排导槽等即属喇叭收缩形。

④喇叭扩散形。平面形态呈上窄下宽,此类型多用于受地形条件限制情况。云南东川大桥河泥石流排导槽,上段宽10m,下段宽15m,即属喇叭扩散形。

(3)进口段布置

排导槽进口段的入流方向应与经控流设施后泥石流体的出流方向一致,并具有上游宽、下游窄,呈收缩渐变的倒喇叭外形。收缩角 α 一般为:黏性泥石流或含大量巨砾的水石流 α 不超过8°~15°,对高含沙水流和稀性泥石流 α 不超过15°~25°。同时过渡段长度 $l \geqslant (5 \sim 10) B_{cp}$, B_{cp} 为设计条件下的平均泥面宽,横断面沿纵轴线尽可能对称布置(图8-12)(周必凡等,1991)。

图8-12 排导槽进口段形式

如上游无控流设施,进口段应选在地形条件和地质条件良好的地段,应尽可能选择沟道两岸较为稳定,顺直的颈口、狭窄段,或在沟道凹岸一侧,具有稳定主流线的坚硬岩土体岸沟段布置入口,使入流口具有可靠的依托。否则,可在进口上游修建相应的节流、导向或防冲等辅助的入流防护措施,如控流坝、导向潜坝、导流堤、低槛、分流墩等。

(4)急流槽布置

急流槽在全长范围内力求采用宽度一致的直线形平面布置,当受地形条件限制必需转折时,以缓弧相接的大钝角相交折线形布置,转折角 $\alpha \geqslant 135° \sim 150°$,并采用较大的弯道连接半径($R_s$),对黏性泥石流 $R_s \geqslant (15 \sim 20) B_{cp}$,对稀性泥石流 $R_s \geqslant (8 \sim 10) B_{cp}$。

当急流槽与道路工程交叉或槽的纵向底坡变化处,急流槽的宽度不得突然放宽或突然收缩，应采用渐宽或渐窄的连接方式，渐变段长度 $l \geqslant (5 \sim 10) B_{cp}$，扩散角或收缩角 $\alpha = 5° \sim 10°$。

急流槽沿程有泥石流支沟汇入时，支槽与急流槽宜顺流向以小锐角相交，交角 $\alpha \leqslant 30°$，在汇口下游方按深度不变扩宽过流断面，或维持槽宽不变增加过流深度以加大排泄能力（图 8-13）。

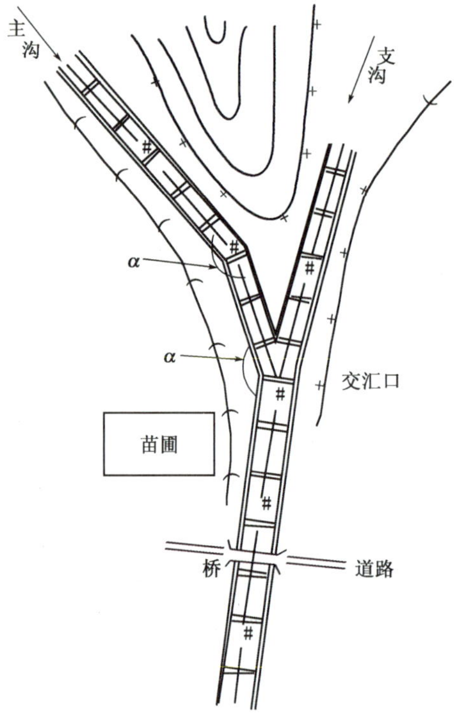

图 8-13　急流段弯道及汇口布置示意图（周必凡等，1991）

（5）出口段布置

为顺畅排泄泥石流，排导槽的出口段宜布置在靠近大河主流或者有较为宽阔的堆积场地之处，且避免在堆积场地产生次生灾害。排导槽出口主要有自由出流和非自由出流两种方式。排导槽出口主流轴线走向应与下游大河主流方向以小锐角斜交，交角 $\alpha \leqslant 45°$，避免垂直或钝角相交。否则泥沙大量落淤，甚至引起大河淤堵。在地形条件允许情况下，可采用渐变收缩形式的出口断面，或适当抬高槽尾出流高程，尽可能保证自由出流，以避免主河顶托回水淹没造成的危害。

排导槽出口段的尾部，特别是自由出流方式，泥石流在尾部会产生强烈的冲刷，由于冲刷使槽的基础悬空会危及排导槽出口尾部的安全。对冲刷强烈的出口尾部必需设置相应防冲措施，但防冲消能措施不得设置在槽尾出口附近，以免产生顶托回淤，阻碍排泄。

2）肋槛软基排导槽

当泥石流的重度达 $18 \sim 22\text{kN/m}^3$ 时，内含有大量碎屑物，砾石直径达 $1 \sim 5\text{m}$，流速一般为2～6m/s，最大流速达10m/s以上，泥石流具有很大的冲刷力、冲击力和磨蚀作用。为解决泥石流排导中的高浓度输砂、强烈的冲刷力等问题，肋槛软基排导槽即是长期研究和应用创造的新型排导槽。

肋槛软基排导槽，通过饱含碎屑物的泥石流与沟床质激烈搅拌，消耗流体的部分动能，以维持均匀流动。肋槛保持消力塘中碎屑物体积浓度，使冲淤达到平衡，基础不被掏空。通过槛后落差消失，自动调整泥位纵坡和流速，使沿程阻力和局部阻力协调，保持泥石流密度和输移力的恒定。

我国从20世纪60年代中期起，在云南东川泥石流防治工作中，经多年探索，逐步将传统排泄沟向泥石流排导槽过渡，创建并完善了软基消能泥石流排导槽，也称为"东川型泥石流排导槽"（李德基，1997）。

（1）槽身结构形式与受力分析

肋槛软基排导槽为规则的棱柱形槽体，排导槽进口、急流槽、出口部分结构形式基本相同，沿流向槽的几何形状，尺寸及受力无显著变化，可按平面问题处理，其结构形式如图8-14所示。

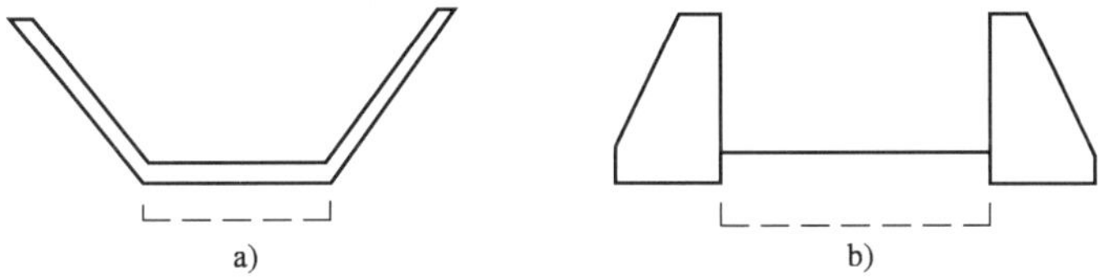

图8-14　肋槛消能软基排导槽的结构形式

①分离式挡土墙—肋槛组合结构

多用于坚硬密实的冲洪积或泥石流堆积层地基，肋槛应砌筑在挖方段上。侧墙为重力式挡土墙，用圬工制作；沿天然沟床设等距肋槛。

②分离式护坡—肋槛组合结构

多用于坚硬密实地基及城镇工矿区排导工程，侧墙为挡土墙式护坡，沿天然沟床设防冲肋槛，以浆砌石、混凝土或钢筋混凝土制作。

肋槛消能软基排导槽运行过程，为使结构安全，总体和组合单元的强度、稳定性及耐久性等均应满足使用要求。

a. 挡土墙。设计荷载下，其抗滑、抗倾和地基承载验算均应满足要求。

b. 倾斜护坡。验算厚度和刚度，避免由于不均匀沉陷变形和局部应力而折断、开裂，验算砌体和下卧层之间的抗滑稳定性是否满足要求。要求松散下卧层的安息角大于护坡倾斜角，对堆积层或坚土，其坡度为1∶0.5～1∶1；同时，不得由护砌拖曳在下卧层中产生剪切破坏。

c. 肋槛。验算最大冲刷深度，槛基不得悬空外露，槽底坝基达冲刷平衡纵坡时，槛基埋深应为槛高的1/2～1/3。槛顶耐磨层的耐久性应符合使用年限的要求。

(2)槽体纵断面设计

沟道纵坡为泥石流运动提供底床和能量条件，若纵断面提供的输移力与流动阻力相等，泥石流进入排导槽后将维持定常流动，槽体纵坡选择适当与否是排导槽成功关键之一。槽体纵坡断面设计通常有经验法、类比法和实验法，前两种最为常用。

①经验法

在山前区大型堆积扇上布置的排导槽，或沿流通区以下冲淤过渡段河岸一侧布置的排导槽，其纵比降多随地面坡度而定，通常有按合理纵坡选择和按最大地面纵坡选线两种方法。

a. 按最大地面纵坡选线。排导槽具有规划外形和平整的接触面，就形状阻力和摩擦阻力而言，排导槽都比天然沟道小，同等情况下当排导槽纵坡减小10%～15%时，流动输移力基本不减，多数堆积扇具有修建排导槽的地形条件。沿扇面或沟岸的最大纵坡选线时，短槽可以设计成一坡到底形式，长槽则必须考虑地形、地物和施工条件进行分段。

b. 按合理纵坡选线。对排泄不同规模、不同性质泥石流的各种不同排导纵坡的组合方案进行比较，选择最利于泥石流输送且造价节省、施工方便的纵坡，即为排导槽合理纵坡。

根据西部地区现有泥石流工程资料(周必凡等，1991)，泥石流排导槽合理纵坡，可参照表8-5。

泥石流排导槽合理纵坡表　　表8-5

泥石流性质	稀性						黏性		
重度(kN/m^3)	13.0～15.0		15.0～16.0		16.0～18.0		18.0～20.0		20.0～22.0
类型	泥流	泥石流	泥流	泥石流	泥流	泥石流	泥流	泥石流	泥石流
纵坡(%)	3	3～5	3～5	5～7	5～7	7～10	5～15	8～12	10～18

甘肃省交通局科研所根据武都地区泥石流研究结果，提出不同类型泥石流排导槽合理纵坡为：稀性泥石流3%～10%，黏性泥石流5%～18%。

②类比法(沈寿长，1994；陈光曦等，1983)

类比法是选择较为顺直、狭窄、且形状和尺寸比较稳定的流通区，它是某一时段沟道泥石流过程和输沙力达到平衡的客观反映，其横断面规整，纵坡稳定，此时流通段沟床比降可以作为排导槽设计类比依据。另外可对已建肋槛排导槽进行调查归类，统计分析，选择运行效果明显的已建排导槽纵坡作为类比依据。

a. 铁道部第二勘测设计院(现中铁二院工程集团有限责任公司)采用的类比法

在成昆线、东川支线排导槽急流槽设计时，通常比照泥石流流通区的形态特征通过试算来选定急流槽的纵坡和断面。急流槽的设计形态满足下述条件：

$$A_{g}V_{cg} = A_{l}V_{cl} \tag{8-11}$$

$$V_{cg} \geqslant V_{cl} \tag{8-12}$$

用东川泥石流改进流速公式代入，求得选定急流槽的条件：

用于小型急流槽（泄床人工铺砌）：

$$I_{g} \leqslant I_{l} \quad (\text{给定条件}) \tag{8-13}$$

$$\begin{cases} m_{g}R_{g}^{\frac{2}{3}} \geqslant m_{l}R_{l}^{\frac{2}{3}} \\ A_{g}V_{cg} = A_{l}V_{cp} \end{cases} \quad (\text{选定的条件}) \tag{8-14}$$

用于大型急流槽（$B \geqslant 20H$，且不做人工铺底，$R \approx H$，$m_{g} \approx m_{1}$）：

$$I_{g} \leqslant I_{l} \quad (\text{给定条件}) \tag{8-15}$$

$$\begin{cases} H_{g} \geqslant H_{l} \\ B_{g} \leqslant B_{l} \\ A_{g}V_{cg} = A_{l}V_{cl} \end{cases} \quad (\text{选定条件}) \tag{8-16}$$

以上式中：g、l——脚标，分别代表急流排导槽和泥石流流通段；

A——排泄断面积（m^2）；

V_{c}——泥石流流速（m/s）；

I——纵坡（‰）；

m——糙率；

B——急流槽宽度（m）；

H——急流槽深度（m）。

按上述关系式，通过试算，选择一组宽深比，使其以较大的泥石流泥深，保持相等或稍大的流速，保证从流通段冲下来的固体物质，不会在排导槽内落淤，顺畅排往下游。

b. 昆明铁路局科研所（现昆明铁路局集团科学技术研究所）采用的类比法

根据类比原理设计排导槽，其步骤是：首先根据 $V_{g} \geqslant V_{l}$的选定条件求算急流槽最小深度，拟定纵坡、槽深、计算槽宽，选择一组宽深比做设计。

对于稀性泥石流小型排导槽（人工铺底），急流槽应满足下列关系式：

$$\frac{1}{n_{g}} \cdot R_{g}^{\frac{2}{3}} \cdot I_{g}^{\frac{1}{2}} \geqslant \frac{1}{n_{l}} \cdot R_{l}^{\frac{2}{3}} \cdot I_{l}^{\frac{1}{2}} \tag{8-17}$$

故

$$R_{g} \geqslant \left(\frac{1}{n_{g}}\right)^{1.5} \left(\frac{I_{l}}{I_{g}}\right)^{0.75} \cdot R_{l} \tag{8-18}$$

对于无铺底的大型槽（$R \approx H$，$n_{g} \approx n_{l}$）：

$$H_{g} \geqslant \left(\frac{I_{l}}{I_{g}}\right)^{0.75} H_{l} \tag{8-19}$$

对于黏性泥石流，有：

$$R_g \geqslant \left(\frac{K_l}{K_g}\right)^{1.5}\left(\frac{I_l}{I_g}\right)^{0.3} R_l \quad (\text{小型槽}) \tag{8-20}$$

$$H_g \geqslant \left(\frac{I_l}{I_g}\right)^{0.3} H_l \quad (\text{大型槽}) \tag{8-21}$$

式中符号意义同前。

用上述公式与连续方程 $A_g V_{cg} = A_l V_{cp}$ 联解，得若干组（H_g、B_g）值，供设计选用。

c. 铁道部西南科研所（现中铁西南科学院有限公司）建议的类比法

首先按下述关系式求算最大槽宽，拟定槽深；选择最佳宽深比。

$$B_g \leqslant \left(\frac{I_g}{I_l}\right)^{x} B_l \tag{8-22}$$

式中，指数 x 值一般为 2.0 ~ 2.3，对黏性泥石流 $x = 2.0$，对稀性泥石流 $x = 2.3$。

③试验法

在有条件的情况下，可以通过试验方法来确定肋槛消能软基槽的纵坡。首先将初拟肋槛消能软基槽缩小为模型，在模型上重演与原型条件相似的泥石流体运动，通过对比分析，寻求最佳排导纵坡，再将模型试验成果应用到原型设计上。

（3）横断面设计

①横断面形式、形状

下游堆积区排导槽，由于受纵坡限制，常为淤积问题所困扰，如何减小阻力、提高输沙效率，使排导槽具有最佳水力特性的断面形状和尺寸，是横断面设计的关键。不同形状的过流横断面具有不同的阻力特性，当纵坡和糙率一定时，在各种人工槽横断面中梯形断面、矩形断面、普通 V 形或弧形底复式 V 形断面具有较大的水力半径，输移力较大，应予优先采用（图 8-15）。

一般情况，梯形或矩形断面适用一切类型和规模的泥石流、洪水的排泄，宽度不限，对纵坡有限的半填半挖土堤槽身梯形断面更为有利。三角形横断面适用于频繁发生、规模较小的黏性泥石流和水石流的排泄，宽度一般不超过 5m。复式断面，用于间歇发生，规模相差悬殊的泥石流、洪水的排泄，其宽度可调范围较大。

横断面形状和尺寸的设计还应与排导槽的纵坡进行综合考虑，选择纵坡与断面的优化组合。一般情况，若排导纵坡较陡，宜选用矩形、U 形等宽浅断面或复式断面，利用加糙、减小水力半径来消除运动余能，避免泥石流对槽体的冲刷，如果排导槽设计纵坡与泥石流起动的临界纵坡接近，则槽身横断面应选择梯形或三角形窄深断面，以减小阻力，降低运动消耗，避免槽内固体物质的淤积，顺畅排泄。

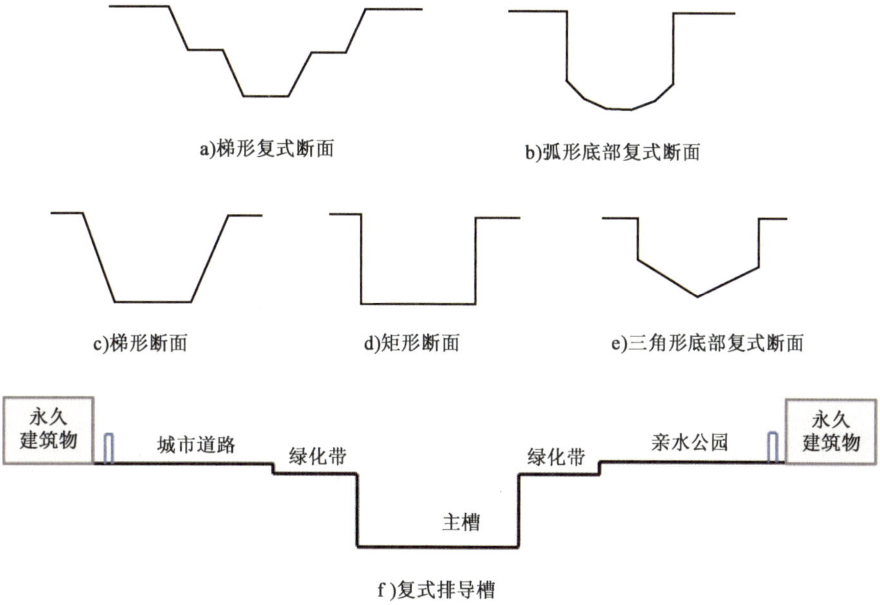

图 8-15 排导槽横断面形式

②断面面积计算

按排导槽通过设计流量和允许流速计算横断面面积。

$$A = \frac{Q}{v} \tag{8-23}$$

式中：A——横断面面积(m^2)；

Q——设计流量(m^3/s)；

v——通过设计流量平均流速(m/s)。

③横断面尺寸拟定

a. 根据断面形状，初定宽深比的范围。梯形或矩形断面，宽深比为 2～6；复式断面宽深比为 3～10；三角形断面宽深比为 1.5～4。

b. 计算确定排导槽宽度的上限。

$$B_f \leqslant \left(\frac{I_b}{I_f}\right)^2 B_b \tag{8-24}$$

式中：B_f——排导槽设计宽度(m)；

I_b——流通段沟床纵坡(‰)；

I_f——排导槽设计纵坡(‰)；

B_b——流通段沟道宽度(m)。

c. 确定底宽。充分利用较小规模的洪水冲洗残留层和淤砂，现场调查枯水期沟道的稳定平均底宽作为排导槽底宽依据，且底宽应满足：

$$B \geqslant 2.0 \sim 2.5D_m \tag{8-25}$$

式中：D_m——沟床质最大粒径。

d. 拟定槽深。直线段槽深根据最大设计泥深，并计入常年淤积高度及安全超高确定。

$$H = H_c + h_s + \Delta h \tag{8-26}$$

式中：H——槽深（m）；

H_c——设计泥深（m）；

h_s——常年淤积高度（m）；

Δh——安全超高，由排导槽的规模和重要性而定，一般为 0.5 ~ 1.0m。

弯道段需加入弯道超高。

$$H = H_c + h_s + h_t + \Delta h \tag{8-27}$$

式中：h_t——弯道凹岸超高（m）；

其他符号意义同前。

（4）细部结构设计（图 8-16）

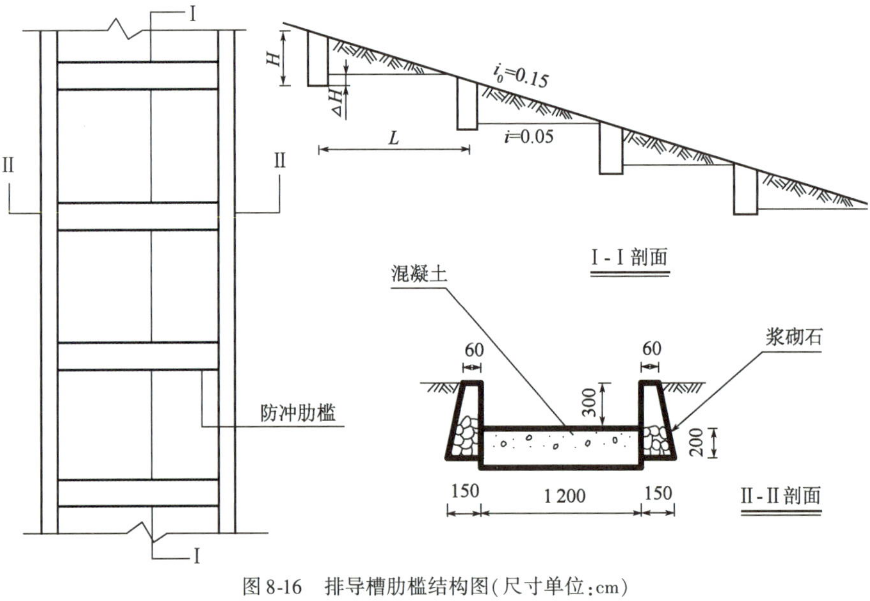

图 8-16　排导槽肋槛结构图（尺寸单位：cm）

①直墙和护坡的稳定分析与强度设计

对于直墙，其受力荷载主要有直墙的自重、泥石流体重、泥石流体静压力、泥石流体整体冲击力、泥石流体中大石块碰撞力、直墙背后土压力、渗透压力和地震力。直墙的强度设计主要满足抗滑、抗倾覆和地基承载力的要求。

对于护坡排导槽，其受力荷载与直墙受力荷载基本相同，其强度设计主要验算护坡的厚度和刚度，以避免开裂和折断，同时验算护坡和下卧层之间的抗滑稳定性。

②肋槛和地基抗冲稳定性验算

排导槽的作用是防淤排泄，然而排导槽本身又须防冲刷破坏。即使局部冲刷也会给排导槽带来严重的后果。影响泥石流冲刷深度的因素很多，通常可用实际观测、调查访问的资料结合冲刷计算结果，综合分析确定冲刷深度，作为设计依据。

验算最大冲刷深度要求：肋槛不得悬空外露；槽底软基冲刷平衡纵坡时，槛基埋深应为槛高的1/3～1/2，肋板厚度一般为1.0～1.5m，防冲肋槛与墙（堤）基砌成整体，肋槛顶一般与沟床底平；边墙基础深度按冲刷计算确定，一般为1.0～1.5m；肋槛沿沟床的间距可按下式计算：

$$L = \frac{H - \Delta H}{I_0 - I'} \tag{8-28}$$

式中：L——防冲肋槛间距（m）；

H——防冲肋槛埋深（m），一般取 $H=1.5\sim2.0$m；

ΔH——防冲肋槛安全超高（m），一般取 $\Delta H=0.5$m；

I_0——排导槽设计纵坡；

I'——肋板冲刷后的排导槽内沟槽纵坡，一般取 $I'=(0.25\sim0.5)I_0$。

肋槛是软基消能排导槽的关键部件，除上述方法确定肋槛间距外，也可根据纵坡间距的大小在10～25m范围按表8-6选用（周必凡等，1991）。肋槛高度一般以1.50～2.50m为宜，并按潜没式布设。

排导槽肋槛布置间距　表8-6

纵坡（‰）	>100	100～50	50～30
纵坡间距（m）	10	10～15	15～25
肋槛高度（m）	>2.50	2.50～2.00	2.00～1.60

③槛顶耐磨蚀设计

泥石流中固体物与肋槛相互作用，对顶部有强烈磨蚀作用，在设计时，可根据流体与固体边界作用计算磨蚀程度，或根据实际观测或调查资料作为设计依据，一般要求槛顶的耐久性应符合设计使用年限的要求。槛顶溢流面防磨层用料石、钢筋混凝土或钢纤维混凝土制作。

④弯道、沉伸缝、踏步等的设计

a. 弯道。弯道部分应满足平面布置的要求。在弯道凹岸一侧需增加直墙或护坡的高度，增加高度可根据弯道超高公式计算，同时结合实际调查资料分析确定。

进出弯道的过渡段长 l 为：

$$l = (0.5\sim1.0)l_b \tag{8-29}$$

式中：l_b——弯道长度(m)，根据平面布置确定。

直线段槽深 H 到超高 Δh 后的弯道曲线段槽深之间的过渡如图 8-17 所示。

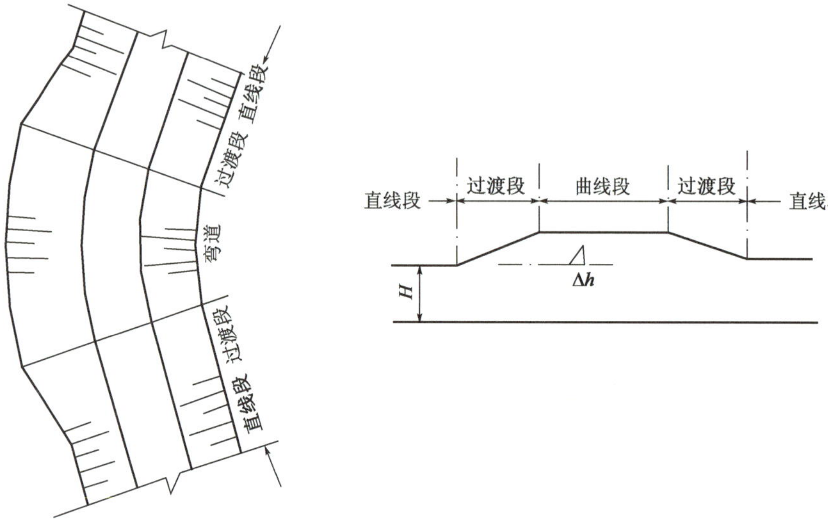

图 8-17　直线段及过渡段槽深图

b. 沉伸缝与梯步。为防止地基不均匀沉降和墙(堤)内部温度应力变化对排导槽产生破坏作用，沿排导槽纵轴线方向间隔一定距离，应设置沉降伸缩缝。沉伸缝的间距一般为 20～30m，缝宽 1～3cm，缝内可充填木板和沥青木板或沥青水泥砂浆止水。

为了日常排导槽的维护方便和附近居民的生活方便，在排导槽的侧墙上需按照一定距离布置一个梯步。

3)全断面衬砌型排导槽

当泥石流排导槽的纵坡偏小时，泥石流的动能不足，导致平底槽的累积性淤积，是一般排导槽的致命缺点。在总结铁路泥石流防治经验教训和通过试建一批 V 形泥石流排导槽获得成功经验的基础上，针对泥石流的冲、淤特点，以排泄泥石流固体物质为目标，根据束水冲砂的原理，提出了窄、深、尖的 V 形新结构——全断面衬砌 V 形排导槽，即业内常称的 V 形槽。

V 形排导槽具有明显的固定输砂中心和良好的固体物质运动条件，可以有效地在堆积区改变泥石流的冲淤环境，有效排泄各种不同量级的泥石流固体物质，V 形槽多适用于山前区纵坡较陡的小流域泥石流排导。其机理是以下三点(王继康，1996)：

①在横断面结构上构成一个固定的低点，也是泥石流的最大水深和极大流速所在点以及固体物质的集中点，从而成为一个固定的动力束流、集中冲砂的中心。

②槽底能架空大石块，使大石块凌空呈梁式点接触状态，以滚动摩擦和线摩擦形式运动，阻力小，易滚动。沟心尖底部位充满泥石流浆体起润湿浮托作用，因而阻力减小，速度

加大,这是V形槽排泄泥石流之关键。

③槽底是由纵、横向两个斜面构成,松散固体物质在斜坡上始终处于不稳定状态,泥石流体在斜面上运动时,具有重力沿斜坡合力方向挤向沟心低点的集流中心,呈立体束流现象,从而形成三维空间重力束流作用,使泥石流输移能力更加稳定强劲,流通效应更加显著。

(1)槽身结构与受力分析

V形槽沿流向的几何形状,尺寸和受力无显著变化,取其横断面按平面问题对待,其结构形式如图8-18所示。

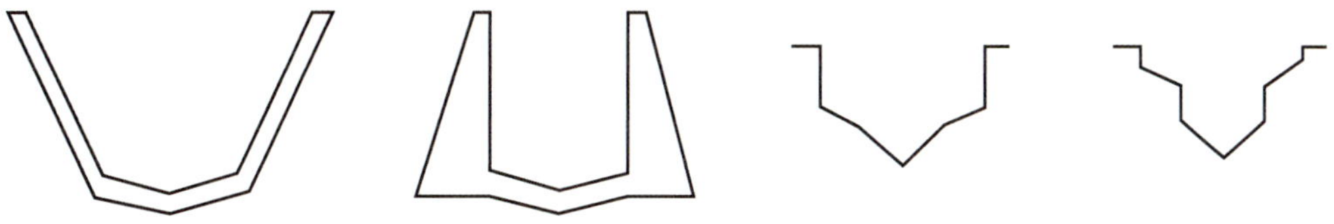

图8-18 V形槽横断面图

V形槽以浆砌石、混凝土、钢筋混凝土进行全断面护砌,构成整体式结构。V形槽运行过程中,为了使结构安全,必须满足以下要求。

①应有足够的刚度(整体性),其设计荷载主要有泥石流体重力、槽自身重力、地下水作用力、温度应力、冻胀压力及其他作用力。在设计荷载作用下,除槽身有足够的刚度外,地基耐压力应满足要求,同时槽身不得产生局部或整体滑移、变形、开裂、折断等。过流部分的抗磨耐久性应符合使用年限的要求,其最小厚度应满足施工要求。

②与流向顶冲的弯道及突出部位受泥石流冲击力的作用,按相应冲击力计算方法计算,并根据实际情况分析确定。

(2)槽体纵断面设计

①纵断面设计

泥石流沟道的天然纵断面,一般都是上陡下缓,呈凹形坡,由于下游段地形坡度变缓,水力要素下降,泥石流流速衰减,固体物质停淤形成泥石流扇。因此,V形槽纵断面设计,应由上而下设计成上缓下陡或一坡到底的理想坡度,以有利于泥石流固体物质的排泄。若受地形坡度条件限制,需设计成上陡下缓时,必须按输砂平衡原理,从平面上配套设计成槽宽逐渐向下收缩的倒喇叭形,使随纵坡的变缓而过流断面宽度相应减小,以增大泥深,加大流速,保持缓坡段和陡坡段具有相同的水力输砂能力和流通效应,确保V形槽的排淤效果。

V形槽纵坡度设计与助槛软基排导槽方法相同,通常采用类比法、试验法和经验法三种方法确定。

对运行多年的已建V形槽经调查统计分析，将这些V形槽纵坡作为设计参考。纵坡一般可略缓于泥石流扇纵坡，V形槽纵坡值通常用30‰～300‰，阈值为10‰～350‰。最佳组合范围为：$I_{束} \geqslant 200‰$，$I_{纵} = 15‰ \sim 100‰$，$I_{横} = 100‰ \sim 300‰$。

②坡度连接

自上而下V形槽的纵坡不宜突变，当相邻段纵坡设计的坡度值差大于或等于10‰，纵坡设计在转折处用竖曲线连接，竖曲线半径尽量大，使泥石流体有较好的流势，并减轻泥石流固体物质在变坡点对槽底的局部冲击作用。

③增坡设计

当纵坡过缓时，可在V形槽前部上游设拦渣坝，提高泥石流位能，增大势能，以增强排导。或用人工开挖增坡，加大天然缓坡段的坡度，以提高排淤效果。

利用V形槽横向坡度加强纵向坡度。因为V形槽的纵、横向坡度与流通效应成正相关关系，在纵坡一定的条件下，加大横坡也有增大排泄效应的作用（纵横向受力符合矢量叠加原理）。设计时应选择有效的横坡设计值。

（3）槽体横断面设计

①横断面的形状

尖底槽主要用于泥石流堆积区，有改善流态，引导流向、排泄固体物质，防止泥石流淤积范围之独特功能，尖底槽主要有V底形、圆底形、弓底形，V形槽横断面形式有斜槽式、直墙式、复式V形、复式V形四种形状。

②横断面面积计算

V形槽横断面面积主要由设计流量和泥石流流速来确定。

$$A = \frac{Q}{v} \tag{8-30}$$

式中：A——横断面面积（m^2）；

Q——设计流量（m^3/s）；

v——泥石流设计流速（m/s）。

③V形槽横断面尺寸拟定

a. 定断面形状。泥石流性质、规模，地形条件等从上述四种V形槽断面形状中选定设计断面形状。

b. 泥石流沟道地形条件，利用前面的方法确定V形槽纵剖面。槽底部呈V形，横坡与泥石流颗粒粗度成正相关，与养护维修、加固范围有关，横坡愈陡，固体物质愈集中，磨蚀、加固、养护范围愈小。V形槽横坡通常用200‰～250‰，限值为100‰～300‰，在纵坡不足时加大横坡输沙效果更显著。

V形槽底部由含纵、横坡度的两个斜面组成重力束流坡，其关系式如下（王继康，

1996)：

$$I_{束} = \sqrt{I_{纵}^2 + I_{横}^2} \tag{8-31}$$

式中：$I_{束}$——重力束流坡度(‰)；

$I_{纵}$——V 形槽纵坡坡度(‰)；

$I_{横}$——V 形槽底横向坡度(‰)。

成昆铁路及云南四川等 V 形槽整治泥石流工程实践资料表明：

a. 排淤效果好的 V 形槽，其 $I_{束}$值≥200‰，$I_{纵}$区域 10～350‰，$I_{横}$值区域 100～30‰。

b. 根据工程试验资料，在 $I_{纵}$值达到 344‰时，$I_{横}$为零的平底槽边也有良好的排泄效果，这表明是 V 形槽的 $I_{纵}$上限阈值，$I_{纵}$下限阈值目前工程试验资料是 10‰。

c. 铁路和地方使用 V 形槽的经验和研究成果，I 值参数一般在下列范围（王继康，1996）：350‰≥$I_{束}$≥200‰；350‰≥$I_{纵}$≥10‰；350‰≥$I_{横}$≥100‰

d. 在 $I_{纵}$值不变的情况下，改变 $I_{横}$值（即由平底变为尖底），$I_{束}$值增大，排泄防淤效果显著提高。对较平缓的泥石流堆积区上的排导槽，由于 $I_{纵}$值较小且难以通过人工改变来增大 $I_{纵}$，此时增大 V 形槽的 $I_{横}$值，弥补 $I_{纵}$值小的不足，对排泄有较大作用。

e. V 形槽宽度设计。V 形槽宽度设计，要有适度的深度比控制，槽宽度过大，泥深就小，不利于排泄，槽底磨蚀范围大，维修养护工作量大。但是，槽宽亦不能过小，过小将影响泥石流体内的最大石块的并排运行，导致堵塞漫流危害。因此，V 形槽出口槽宽设计最小不得小于2.5 倍泥石流体的最大石块直径。通常深、宽比以1∶1～1∶3 为宜。

④V 形槽槽深设计

a. V 形槽设计泥石深 H_c计算。根据 V 形槽流速 V_c≥泥石流流通区流速 V_f的选定条件，求算 V 形槽的最小泥深；拟定槽深。最小泥深由下式计算。

黏性泥石流 V 形槽（铺底槽，考虑铺床作用，K 值相似）：

$$H_c \geq \left(\frac{I_l}{I_c}\right)^{0.3} H_l \tag{8-32}$$

稀性泥石流 V 形槽（铺底槽）：

$$H_c \geq \left(\frac{I_l}{I_c}\right)^{0.75} \left(\frac{n_c}{n_l}\right)^{1.5} H_l \tag{8-33}$$

式中：c、l——脚标，分别代表 V 形槽和流通区；

H——泥深(m)；

I——纵坡坡度(‰)；

n——糙率。

b. V 形槽设计泥深 H_c必须大于 1.2 倍泥石流体中最大石块直径，以防止最大石块在槽内停淤，影响输砂效果。

c. V 形槽设计流速 V_c 必须大于泥石流体内最大石块的起动流速。

d. 安全超高。由于泥石流流动时的特殊性，流面常呈波状阵流运动，固体物质有漂浮表面现象，波涛汹涌，石块碰撞，泥沙飞溅，危害性大于洪水。因此，安全超高，应按保护物的重要性和 V 形槽规模大小设置不同的安全值，一般取 0.5 ~ 1.0m。

e. V 形槽水力特征及最佳水力断面。水力特征根据目前通用的泥石流流速公式 $V = K_c \cdot H^n \cdot I^m$，影响泥石流最大的因素是阻力系数 K_c，水力半径 R（或水深 H），水力坡度 I 及其指数。

泥石流流速（或排导槽过流能力）与阻力系数的大小成反比。对 V 形槽，首先槽形会影响泥石流固体物质的运动态势和摩阻力，当泥石流中大石块在 V 形槽内运动时，两端置于槽的两边斜坡底上，呈梁式点状接触，石块架空，摩阻力减小，石块处于不稳定状态，呈滚动或线摩擦运动。其次，建筑材料及表面粗糙程度，各种材料有不同的摩擦系数，各种粗糙面也有不同的糙率。选择建筑材料和施工质量，对水流固、液相不同等速的泥石流排淤效果有明显作用。泥石流流速与水力半径（或泥深）成正比泥深增大时，水力半径和流速亦随之增加，反之，则流速随之减小。因此增大泥深是加大流速，增强排导的有效方法之一。要增大泥深，只有变换槽形，缩小槽宽，才能达此目的。泥石流流速与水力坡度成正比，水力坡度增大时，流速随之增大；反之，流速随之减小。增大坡度是加大流速增强排泄的有效方法，但常由于地形条件的限制，增大坡度难度大，V 形槽以增大槽底的横坡来增加水力束流坡度，成为增强排泄防淤的有效措施。

f. 最佳水力断面。排导槽的最佳断面是指在纵坡和糙率系数 n 及通过设计流量一定时，过流断面 A 最小的断面或水力半径 R 最大的断面，也即以最小的过流断面面积通过设计流量的水力断面。

V 形槽过流断面如图 8-19 所示（游勇，1999），其水力要素为：

$$A = 2mh_1h_2 + mh_2^2$$
$$x = 2h_1 + 2h_2\sqrt{1 + m^2} \tag{8-34}$$

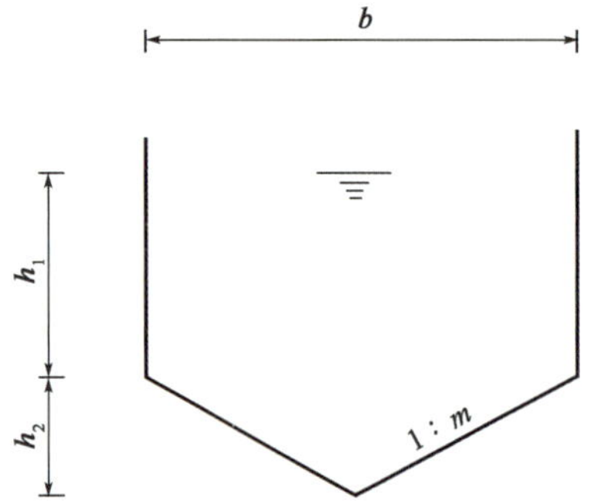

图 8-19　V 形槽横断面图

当 $\beta = h_1/h_2$，解联立方程，得到V形槽最佳水力断面应满足的 β 值：

$$\beta = \sqrt{1+m^2} - 1 \tag{8-35}$$

或：

$$\beta' = \frac{b}{h} = \frac{2m}{\sqrt{1+m^2}} \tag{8-36}$$

V形槽最佳水力条件 β 仅与横坡有关，V形槽的横坡一般为3~10，β 值可由 m 值查表8-7获取（游勇，1999）。

V形槽最佳水力条件　　表8-7

m	3.0	3.5	4.0	4.5	5.0	5.5	6.0	6.5	7.0	7.5	8.0	8.5	9.0	9.5	10.0
β	2.16	2.64	3.12	3.61	4.01	4.59	5.08	5.57	6.07	6.57	7.06	7.56	8.06	8.55	9.05
β'	1.90	1.92	1.94	1.95	1.98	1.97	1.97	1.98	1.98	1.98	1.99	1.99	1.99	1.99	1.99

（4）细部结构设计

当 $v_c < 8$m/s 时，沟心最大厚度用0.6m，边墙顶宽用0.5m。槽底用M10浆砌片石、块石镶面。边墙用M7.5浆砌石；沟心设马鞍石。

当 $8 \leq v_c \leq 10$m/s 时，沟心最大厚度用0.8m。边墙顶宽用0.6m。槽底用M10级水泥砂浆砌片石，并在沟心0.4B槽宽范围内用坚硬块石镶面，或用C20级混凝土、钢筋混凝土护面0.2m，并在沟心0.4B槽宽范围内没纵向钢轨滑床防磨蚀，钢轨底面向上，增大防磨面积，轨距5~10cm。边墙用M7.5浆砌石。

当 $v_c \geq 10$m/s，沟心最大厚度用1.0m。边墙顶宽用0.7m。槽底用C25级混凝土、钢纤维混凝土护面0.3m，沟心0.4B槽宽范围内用坚硬块石或铸石镶面，或设纵向旧钢轨滑床防磨蚀。钢轨面向上，增大防磨面积，轨距5~7cm，或采用钢板防护沟心。边墙用M10浆砌石。

V形槽边墙分直墙式和斜墙式（图8-20）。设计边墙应视地质、地形、泥石流性质规模等，综合经济技术比选而定。通常直边墙受力较大，适宜在曲线段外侧和填方地段，斜边墙适宜于挖方和直线段，按护墙受力设计。

8.5.3 渡槽

泥石流渡槽是用于跨越公路、铁路、水渠等线性建筑物所采用的一种上立交排导建筑物。当渡槽宽度大于跨度时又称为明洞渡槽（简称"明洞"）。

泥石流渡槽应用于以下情况：

（1）泥石流发生频率高，支沟输砂量大，主河河床上涨速度快的河谷地带。

（2）选线既不能平面避绕，而又无较好拦排条件的坡面型泥石流沟或中、小型稀性泥石流沟。

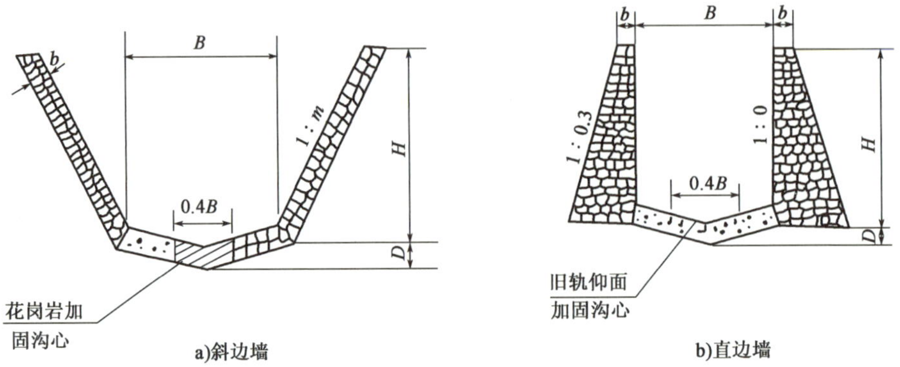

图 8-20　V 形槽设计主要尺寸及圬工规格图(王继康,1996)

(3)具有立交条件,地形上能满足线路高度的要求。

(4)线路在山口附近通过。

(5)大型泥石流沟、黏性泥流沟、含大量巨砾的水石流沟,不宜采用泥石流渡槽,可考虑使用明洞。

1)渡槽的类型与结构特点

渡槽是由与泥石流沟道连接的进出口段、槽身及槽身支承结构等几部分组成。渡槽根据其槽身与支承的结合情况,可分为两大类:当槽身置于墩架上时,其受力特点如梁,称为梁式渡槽;当槽身置于拱形支承上时,则称为拱式渡槽。

梁式渡槽一般由槽身、墩台及基础组成(图 8-21)(韩慕吾、臧新炽,1983)。槽身支承于墩台上,墩台承担上部结构的全部荷载,并通过基础传给地基。由于泥石流对渡槽冲击震动较大,磨蚀严重,槽身一般采用钢筋混凝土结构,同时将底板加厚。按受力状况,渡槽又可分为以底板为主要承重结构的板式渡槽和以槽壁为承重梁的壁梁式渡槽。由于渡槽墩台所受水平推力较大,一般都采用重力式实体墩。在渡槽与泥石沟连接时,常采用重力式槽台。重力式槽台除承受槽身传来的铅直荷载处,还要承受槽台后的土压力,常采用重力式挡土墙结构。梁式渡槽的优点是槽下可获得较大的净空。梁式渡槽常用于小型泥石流沟。

拱式渡槽由槽身、拱上结构、拱圈和墩台等部分组成(图 8-22)。拱圈是拱式渡槽的主要承重结构,槽墩和槽台是用来支承拱圈,拱圈上承受的荷载通过拱圈传给槽墩和槽台,再通过槽墩和槽台的基础传给地基。由于拱式渡槽是一种主要承受压力的结构,地基压力较大,一般要求建在岩基上。拱式渡槽的优点是可以充分利用当地材料,用钢材少,超载能力较强,易于加宽,而且施工较简单,故实际采用较多。在公路和铁路建设中,泥石流拱式渡槽多采用混凝土和钢筋混凝土拱圈,浆砌石墩台和槽台。

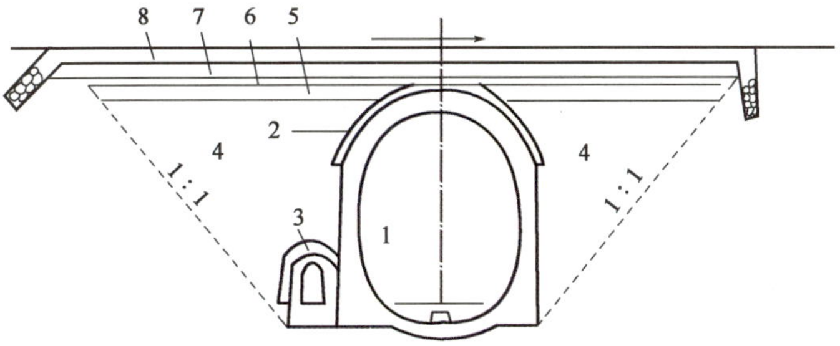

图 8-21 某梁式渡槽示意图

1-道路渡槽明洞;2-明洞上部护拱;3-排水盲沟;4-渡槽墩台;5-保护垫层;6～8-渡槽结构界线

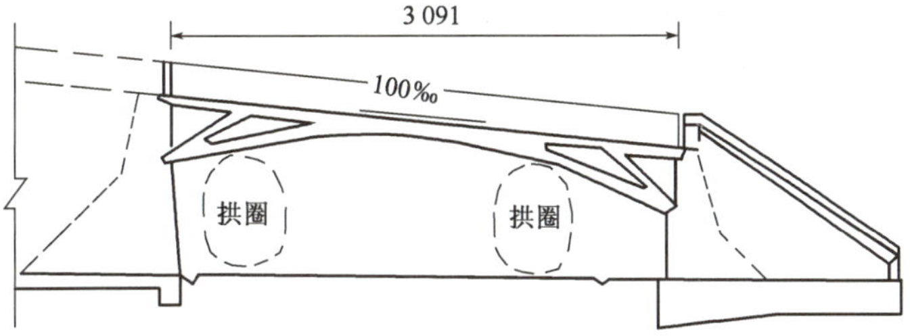

图 8-22 拱式渡槽(尺寸单位:cm)

2)渡槽的选址

线路从坡面泥石流沟下游通过,沟道狭窄,沟床纵坡大,下方临空条件好,有堆积的余地,或直接排入主河,是布置渡槽的有利位置。

线路从泥石流堆积扇顶部附近通过,由于渡槽位于山口附近,两侧有山体约束,流向比较固定,沟床纵坡较大,有利泥石流排泄,也是布置渡槽的有利位置。

线路从泥石流堆积扇中下部通,距山口较远,泥石流已无固定流向,堆积扇面纵坡小,泥石流以堆积为主。线路一般采用明洞通过,同时需在明洞渡槽的上游和下游修建坚固的排导工程。这种情况一般只用于旧线改造。

3)渡槽平面布置

如图 8-23 所示,渡槽与泥石流沟应顺直、平滑地连接。渡槽进口连接段不宜布设在原沟道的急弯或束窄段。在可能条件下,连接段应布设成直线段。若上游自然沟道与渡槽同宽,则连接段不需太长,只要紧密顺接即可。当渡槽宽度小于沟床宽度时,应布设喇叭形或圆弧形的渐变段,长度应大于槽宽的 10～15 倍,然后再以与渡槽过流断面等宽和长度为 1～2 倍渡槽长的直线段与渡槽入口衔接。渐变段的平面收缩角可采用 8°～15°。

槽身部分应为等断面直线段,其长度应包括跨越建筑物的横向宽度及相应的延伸长度。

渡槽出口段应与槽身连接成直线,要避免泥沙在槽尾附近停淤引起溯源淤积,最好能将泥石流直接泄入大河(凹岸一侧)或荒废洼地。

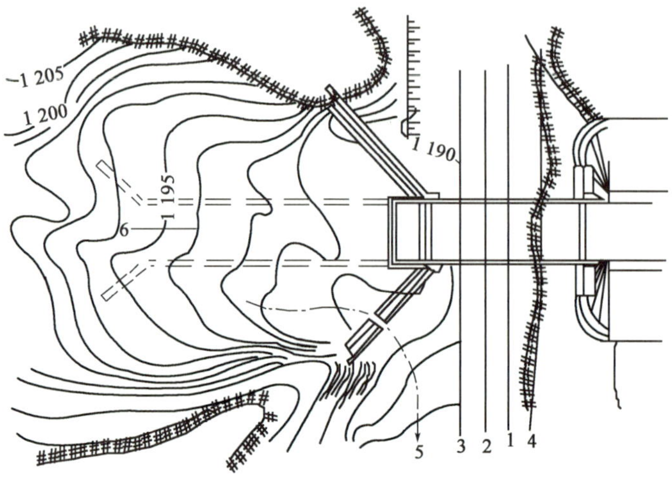

图 8-23　泥石流渡槽平面布置示意图

1-道路外侧边界;2-道路中心线;3-道路内侧边界;4-墩台边界;5-排水沟;6-泥石流运动方向

渡槽的出口段若紧靠大河冲刷岸坡,为防止河水进一步冲刷对渡槽安全构成威胁,应采用相应的护岸措施。

4)渡槽纵断面布置

为了保证渡槽的排导能力,要求渡槽的纵坡应等于或大于原沟床的坡度,并不得小于泥石流运动的最小坡度,并用竖曲线与原沟床平顺连接。在已建的渡槽中,纵坡上限已达到150‰左右。设计时亦可按下列公式计算纵坡。

(1)对于水石流和稀性泥石流:

$$I_f = 0.95 \frac{D_a^{\frac{2}{3}}}{H_c} \tag{8-37}$$

式中:I_f——泥石流渡槽纵坡(‰);

D_a——石块的平均粒径(m);

H_c——平均泥深(m)。

(2)对于黏性泥石流:

$$I_b < I_f \leqslant 150‰ \tag{8-38}$$

式中:I_b——相应地段的自然沟床纵坡(‰);

其他符号意义同前。

沿渡槽全长纵坡应设计成一坡到底,或按上缓下陡的形式过渡,以免造成槽内淤积。渡槽下净空不够,应采取对应措施抬高上游沟床,提高渡槽入口高程,保证渡槽纵坡。这样虽然增大了一些工程量,但可满足槽下的净空要求及提高渡槽出口高程,对排泄有利。渡槽出口应与主河滩地和最高洪水位预留一定安全超高,以防设计使用期内由于出口以下泥石流累积性淤积或主河高水位顶托造成的渡槽溯源淤积。

表8-8列出了西北地区铁路泥石流渡槽的设计纵坡和其他设计参数可供设计时参考。

西北地区铁路泥石流渡槽设计参数(韩慕吾、臧新炽,1983) 表8-8

编号	铁路名称	里程	沟名	穿越线路长度(m)	渡槽		汇水面积(km^2)	泥石流严重程度
					长度(m)	纵坡(‰)		
1	青藏	K219+828	小黑沟	169.9	95	88	7.50	严重水石流
2	青藏	K220+473	阿拉河	157.5	94	82	1.70	中等水石流
3	青藏	K222+795	吊沟	15.2	299	20	1.40	中等泥石流
4	青藏	K223+593	兰占巴沟	29.9	215	27	13.10	中等泥石流
5	青藏	K225+995	莫多吉沟	9.5	210	30	3.60	严重泥石流
6	宝成	K282+578	无名沟	5.8	26	54	0.40	中等泥石流
7	宝成	K1391+636	刘家湾沟	133.2	26	100	1.57	严重泥流
8	天兰	K1443+082	甜水沟	42.0	93	100	1.20	中等泥流
9	南疆	K169+395		7.8	21	170	0.31	轻微水石流
10	南疆	K170+159		11.5	35	28~186	1.30	轻微水石流

5)槽身横断面设计

泥石流渡槽槽身一般采用混凝土或钢筋混凝土结构,对于跨越等级较低的公路或水渠的小型渡槽,也可以采用浆砌石圬工。为抵抗泥石流对槽底的磨蚀,频繁过流的渡槽,槽底应采用钢纤维混凝土、硬岩、钢板护面,或埋入废旧钢轨。槽身横断面一般采用矩形或V形断面(图8-24)。V形槽在流量较小时,槽中心能保持较大的流速,有利于输砂,特别是大漂石的输送,可减少渡槽淤积概率。

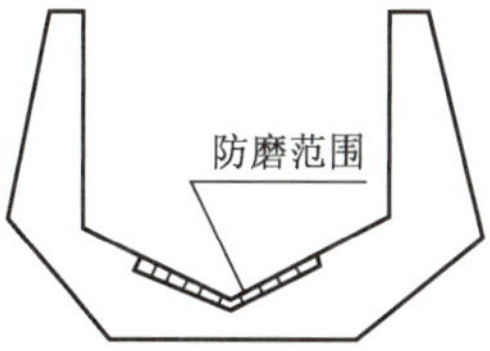

a)V形

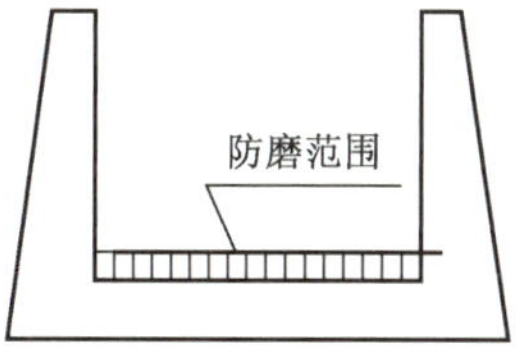

b)矩形

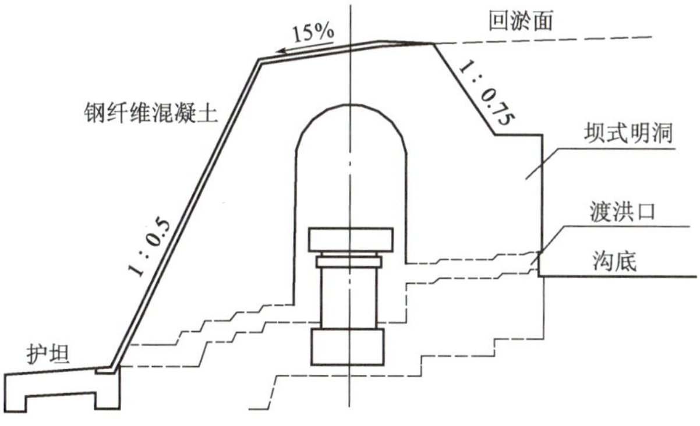

c)泥石流渡槽结构横断面示意图

图8-24 渡槽常用的横断面

槽底宽 B_c 是一个非常重要的参数，关系到渡槽的工程造价。目前槽底宽尚没有较好的计算方法，在设计时一般采用类比法确定。若渡槽入口处沟道宽度较小（一般 < 10m），可将槽底宽取沟道相等的宽度。若沟道宽度较大（一般 > 10m），可根据泥石流流通区的宽度确定槽底宽度。若渡槽处沟床纵坡较小，不能满足排导泥石流的要求，可采用工程措施抬高入口处沟床高程。

渡槽宽度还应同时满足以下条件：

$$\begin{cases} B_c \geqslant 2.0D_m \\ B_c \geqslant 4.0m \end{cases} \tag{8-39}$$

式中：D_m——泥石流中巨砾粒径（m）。

在纵坡和槽底宽度确定后，可以根据本章中排导槽设计方法，进行水力计算，确定槽身深度。根据已建渡槽运行情况，渡槽横断面设计还应满足下列要求：渡槽泥位超高值一般应 ≥1.0m；渡槽最大过流能力 Q_{max} 应满足：$Q_{max} \geqslant 1.3Q_p$

表 8-9 列出了甘川公路渡槽部分设计参数可以设计时参考（韩慕吾、臧新炽，1983）。

甘川公路渡槽统计表　　表 8-9

序号	里程	地名	流域面积（km^2）	纵坡（‰）		跨径（m）	结构类型		过渡断面尺寸（m）			修建年份（年）
				上游	下游		上部	下部	上宽	下宽	高	
1	K260 + 765	茶埠	0.59	120	100	7.9	双曲拱	重力式台	3.2	2.6	1.3	1977
2	K332 + 950	何家堡	2.40	180	100	6.0	双曲拱	重力式台	4.0	3.8	1.3	1972
3	K347 + 868	老树川	0.08	150	160	6.0	双曲拱	重力式台	3.0	2.0	1.4	1976
4	K351 + 155	白杨坝	5.50	90	100	8.0	壁梁	重力式台	6.7	6.0	1.6	1976
5	K394 + 000	清水子	0.06	270	垂直	8.0	双曲拱	重力式台	4.0	3.6	1.7	1968
6	K394 + 100	清水子	0.03	170	220	10	双曲拱	重力式台	4.5	3.6	2.0	1977
7	K394 + 240	清水子	0.04	150	220	10	双曲拱	重力式台	4.5	3.6	2.0	1977
8	K405 + 012	年家村	0.04	140	220	8.0	双曲拱	重力式台	2.8	2.2	2.1	1976
9	K421 + 566	白草坝	0.12	210	75	7.5	双曲拱	重力式台	2.8	2.2	1.3	1975
10	K423 + 187	下堠子	0.05	180	垂直	7.5	壁梁	上游重力式台下游排架	2.0	1.5	1.2	1975
11	K123 + 388	下堠子	0.03	250	垂直	7.5	壁梁					
12	K441 + 596	新农庄	0.61	80	85	8.0	壁梁	重力式台	4.0	3.5	1.7	1971
13	K446 + 900	灰崖子	0.38	120	65	8.0	双曲拱	重力式台	4.0	3.2	1.6	1971

组成泥石流渡槽的各种结构物（如槽身、墩、台、拱等）的强度计算和稳定分析，其方法同一般渡槽计算和分析方法相同，可参照有关水利工程设计规范和设计手册进行设计。根据泥石流流体性质和流动特点，泥石流渡槽结构设计应注意与一般水工渡槽设计的差别。

荷载考虑应注意两个方面：一是泥石流重度与泥石流沟特性有关，其取值范围在15 ~ 23kN/m^3之间，远远大于水的重度；二是泥石流运动时，对槽身的冲击力、槽底的拖曳力较大,应按动荷载考虑。

在进行受力分析时,对于泥石流渡槽纵坡较大,渡槽向下游倾斜产生的推力较大,注意确保墩台或槽台稳定。

8.5.4 停淤场

停淤场是一种临时性的泥石流防治建筑物,其作用是将泥石流导入预定场地,使流体中泥沙在预定场地内堆积,水体下泄或自然蒸发。

泥石流停淤场的作用类似于防洪工程中的滞洪区,是一种临时性的泥库。它的主要减灾作用:一是削减泥石流峰值流量,当大规模泥石流发生时,减轻下游排导工程的负担;二是促使泥石流中砾石和漂木落淤,降低泥石流密度,防止泥石流堵塞桥涵和排导槽,减小排导工程泥沙淤积量,减轻泥石流对工程的冲击、磨蚀等破坏;三是拦截部分泥沙,降低排导工程出口处河床的上涨速度,延长工程使用年限。此外,一些停淤场还可以开辟为当地砂、石料的采集地,变害为利。

泥石流停淤场受地形和已有人工建筑物的限制,一般在满足下列条件时才能在防治工程应用:首先,主河与泥石流支沟汇合段为宽谷,河谷中有停积泥沙的空间;其次,为沟道型泥石流沟,且主沟下游纵坡平缓,沟谷开阔;最后,在预定位置有足够大的空间以容纳大量的泥沙,附近无重要的人工建筑物或大量农田,拦泥停淤不产生新的潜在灾害威胁。

1)停淤场的工程结构物

泥石流停淤场的工程结构物因停淤场类型不同而异,共同的结构物包括:拦挡坝、引流口、拦淤堤、溢流口及导流堤等,如图8-25所示(周必凡等,1991)。

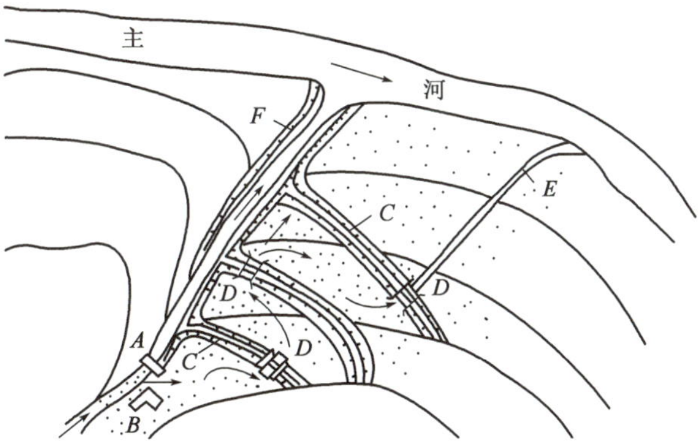

图8-25 停淤场工程结构物布置示意图

A-拦挡坝;*B*-引流口;*C*-围堤;*D*-分流口;*E*-集流沟;*F*-导流堤

(1)拦挡坝。位于停淤场引流口一侧的泥石流沟道上,抬高沟床高程,为泥石流进入停淤场提供必要的落差。该项工程多属永久性工程,常采用圬工或混凝土重力式结构,应按拦砂坝工程要求设计。

(2)引流口。位于拦挡坝的一侧,控制泥石流的流量与流向,使其顺畅地进入停淤场内。引流口可分为固定式或临时性的引流口两种。固定式引流口所处位置较高,在停淤场整个使用期间,都能将泥石流引入场内。临时引流口随着停淤场内淤积量的增大,而不断改变其位置,通过调整引流口方向及长度,使泥石流沿不同流程进入停淤场。引流口既可与拦挡坝连接一体,亦可采用与坝体分离的形式。对于固定引流口可用圬工溢流堰。

(3)拦淤堤。拦淤堤的作用是拦截泥石流,控制其流动范围,使其在规定范围停积。拦淤堤在使用期间,主要承受泥石流体的动静压力及堆积体的土压力。对于土堤应保持有足够的堤高,防止泥石流翻越堤顶时拉槽毁堤。土堤应严格夯实,使其具有一定的防渗及抗湿陷能力。拦淤堤一般按临时工程设计,如下游有重要保护对象时,则可按永久性工程设计。堆积扇上的拦淤堤其长度方向应与扇面等高线平行,或呈不大的交角,这样才能达到拦截泥石流体的最佳效果,否则拦淤泥沙量将减少,仅起导流作用。

(4)溢流口。溢流口布置在围堤的末端或其他部位,主要是将未停积的泥石流体或水体排入下一道围堤范围内继续停淤,或排入集流沟。溢流口可做成梯形、矩形等过流断面,采用圬工、铅丝笼、编篱石笼等结构护砌防冲。过流断面大小应根据排泄流量确定。

(5)集流沟。集流沟位于停淤场的末端,主要是将剩余的流体或水流汇集并排入主河,可按排导槽工程相关要求设计。

(6)导流堤。导流堤设置在泥石流主沟或停淤场一侧,用以导流及保护堤后建筑物与农田等的安全。

2)选址

停淤场址选择是停淤场设计的首要环节。地形条件和土地利用现状是选择停淤场址最重要的两个因素。

(1)地形条件

天然地形条件是停淤场选址的决定性因素。由于泥石流沟冲淤变化很快,通常是通过野外实地踏勘在沟道下游寻找适宜的场址。泥石流沟下游可能适合布置泥石流停淤场的区域有三类:一是泥石流沟下游开阔的宽谷段,可利用谷底较低一侧设置停淤场;二是大型泥石流堆积扇上地势低洼的部分,如老泥石流沟槽、堆积垄岗间的洼地等;三是泥石流堆积扇两侧地势较低的主河滩地。

(2)土地利用现状

泥石流停淤场要占用大量土地,同时停淤场设计标准较低,在山洪泥石流规模较大时,拦淤堤出现局部溃决的可能性较大。因此,停淤场选址时还应考虑当地的土地利用现状。一般情况下,停淤场址只能设在尚未开发利用的泥石流滩地,或大规模泥石流暴发后难以恢复的荒地上,同时场址下游没有重要的建筑物和居民点,避免人为工程不当产生新的灾害。

停淤场址初步选定后，应粗略估算停淤场建成后所具有的停淤量，一般停淤场的停淤量应大于泥石流年设计输砂量的1/2。

3）类型与布置

停淤场的类型按其结构形式，可分为围堰式、分散式、跨流域式和简易式四种。

（1）围堰式停淤场

围堰式停淤场一般布置在泥石流下游开阔宽谷地内地势较低的一侧，或泥石流堆积扇上的低洼地上。平面布置的要点是：

①将沟谷一侧山体或堆积扇上径向堆积垄岗，作为停淤场的一侧向围堤，再沿沟道另一侧顺流向布置拦淤堤和垂直于沟道的横向拦淤堤，构成停淤库。停淤库地面应使用推土机进行适度的整平。

②在停淤场附近的适当位置现有泥石流沟床上建拦挡坝，抬高沟床，为引导泥石流进入停淤库内创造必需的落差。

③视地形条件，在纵向拦淤堤或横向拦淤堤上设引流口。引流口最好设在弯道的凹岸，有利于泥石流自动进入停淤场。必要时布置一定长度的导流堤，将泥石流导向引流口。引流口底部高程按水文水力计算确定，应高于一般洪水位，只允许较大规模泥石流进入停淤场。

④停淤场末端应布置溢流口和排水沟，将卸荷后的水体排往下游。若停淤场设多级停淤库，在每两级停淤库间也应设溢流口。

（2）分散式停淤场

分散式停淤场一般设在小型泥石流沟的堆积扇上，在出山口处利用导流和分流工程将泥石流分散为若干小股，使泥沙分散地落淤在堆积扇上（图8-26）。分散式停淤场布置的要点：

①从泥石流堆积扇中上部到下游扇缘，布置多道与泥石流流向垂直的拦淤堤。拦淤堤有阻滞泥石流，停积泥沙，兼有防止泥石流直接冲击和淤埋堤下游建筑物的作用。

②拦淤堤大致沿等高线布置，两端与山体之间留有缺口，堤身上留溢流口下泄流体，沿堆积扇两侧布置排水沟或导流堤，引导一般洪水和卸荷后的水流排入主河。

③拦淤堤缺口和排水沟的位置应与通过堆积扇公路、铁路的桥涵相接，避免水流对路基的冲刷。当路基较高时，亦可利用路基作为拦淤堤的组成部分。

（3）跨流域式停淤场

跨流域式停淤场是利用相邻流域的低洼地做泥沙堆积的场地。通常的设计是，在主沟内筑坝抬高沟床，再通过隧洞或排导沟将泥石流输送到相邻流域。跨流域停淤一般只适于流域面积小的稀性泥石流或高含砂洪水沟，而且山洪泥石流中无大砾石或漂木，否则容易造成隧洞或排导沟堵塞，出现工程失效的情况。

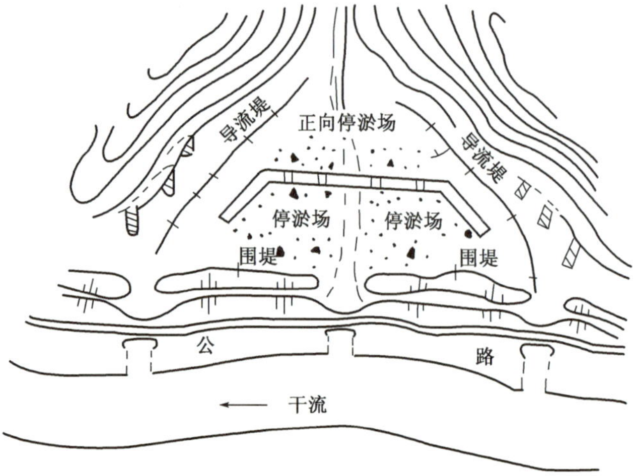

图 8-26　分散式停淤场

甘肃省靖远县王家山铁路专用线跨大石家沟和车轮河两条泥石流沟。大石家沟对车轮口河形成居高临下之势,两沟之间仅隔一座小山梁。为防止大石家沟泥石流对下游车站的危害,采用拦砂坝将大石家沟堵断,再打通两沟之间的小山梁,将大石家沟泥石流导入车轮口河停淤。此工程竣工后,效果良好。

(4)简易停淤场

简易停淤场一般利用泥石流下游的宽谷中较低的洼地或堆积扇上某一侧的低滩地,在沟道或堆积扇上斜向开挖排导沟或建导流堤将泥石流导入上述洼地或低滩地。

在云南、四川、甘肃等西部省区,为了耕种泥石流堆积扇上的土地,当地农民常建一些简易泥石流停淤场。几年后,待低洼处淤高,又将泥石流改道导入其他低洼处,将原停淤场改为耕地,如此周而复始,这是泥石流地区农民为了生存,而采用应对泥石流的一种最古老的方法,一直沿用至今。

4)停淤量计算

停淤场停淤总量的大小,既与泥石流的性质、类型及流动形式等有关,亦与停淤场的原始地形条件关系密切,规划阶段可用下面公式估算,在设计阶段应以实测值为准。

(1)对沟道内停淤场的淤积总量:

$$\overline{V}_s = B_c h_s L_s \tag{8-40}$$

(2)对于堆积扇停淤场的淤积总量:

$$\overline{V}_s = \frac{\pi\alpha}{360} R_s^2 h_s \tag{8-41}$$

以上式中:$\overline{V}_s$——停淤总量(m^3);

B_c——淤积场平均宽度(m);

h_s——平均淤积厚度(m);

L_s——沿流动方向的淤积长度(m);

α——与引流口对应的停淤场圆心角(°);

R_s——以引流口为圆心的停淤场半径(m)。

停淤场的使用年限与泥石流的规模、暴发次数、停淤场的容积等直接相关。首先应正确估计其年平均停淤量,再按停淤场的总容积除以年平均停淤量即得出使用年限。

5)拦淤堤

拦淤堤的作用是拦泥和临时性的挡水,随着堤后泥沙的逐次淤高,堤与堤上游的泥石流体能很快地形成一个整体,实际上堤体可看作是一种临时拦挡泥石流的挡墙。

(1)拦淤堤型的选择

堤型选择应根据泥石流体的性质、泥石流规模、拦淤堤所承担的防灾功能和当地建筑材料(尤其是泥石流堆积物的组成情况)等因素,通过技术经济比较来确定。堤型分类如下:

①按建筑材料分:可分为土堤、石堤、混凝土堤等。

②按堤体断面分:可分为斜坡式堤、直墙式堤。

在拦淤堤的实际运用中,多就地取材筑堤。一般作围堰的拦淤堤采用斜坡式土堤,采用推土机直接推土构筑;具有拦截泥石流、受流体直接冲击和保护下游建设物功能的拦淤堤,多采用钢筋石笼砌筑。

(2)堤顶高度

拦淤堤的堤顶高度等于拦淤堤设计高度与堤顶安全超高之和。

$$Z_H = Z_P + \Delta Z \tag{8-42}$$

式中:Z_H——堤顶高度(m);

Z_P——拦淤堤设计高度(m);

ΔZ——堤顶安全超高(m)。

堤顶超高按下式计算:

$$\Delta Z_i = Z_k + \Delta h \tag{8-43}$$

式中:Z_i——溢流口至停淤堤处泥石流堆积物的高差(m);

Z_k——堆积物高差,$Z_k = L \cdot i$;

i——泥石流堆积物堆积纵坡;

L——溢流口到拦淤堤 k 处的长度(m);

Δh——安全超高(m),一般取 $\Delta h = 1.0 \sim 2.0$m。

(3)堤身断面设计

在工程实践中,泥石流停游场拦淤堤多为土堤。拦淤土堤一般可根据各地的筑堤经验确定其断面尺寸,不需进行计算。堤顶宽度与堤高有关,坝体愈高坝顶也应愈宽,可参考表8-10选取。当拦淤堤堤路结合并有过车要求时,应按交通部门的有关规定来确定其宽度,一般单车道为5m,双车道为7m。拦淤堤边坡一般也按经验数据选取,一般取1:(1.5~2.0);也可参考表8-11选用。

坝顶宽度参考值 表8-10

堤高(m)	<10	10~20	20~30	>30
堤顶宽(m)	2	2~3	3~4	4~5

拦淤堤坡参考值 表8-11

堤高(m)	10	20	30	>30
迎水边坡坡比	1.125	2.00	2.50	3.00
背水边坡坡比	1.15	1.50	2.00	2.50

(4)拦淤堤的加高

停淤场的拦淤堤一般不需要一次建成,在停淤场运用期间,视停淤场泥沙淤积速度而逐年加高;筑堤初期堤高设计一般考虑拦淤量>泥石流设计年输砂量的1/2。

采用逐渐加高拦淤堤施工的优点是,初期工程费用低,堤身稳定性好;堤身加高时,可利用停淤场内的堆积物,施工只需少量的推土机和其他设备。拦淤堤升高的方法如图8-27所示。首先建一初期堤,待场内泥石流淤积后,再利用后续泥石流淤积物将堤加高,直达最终设计高度。

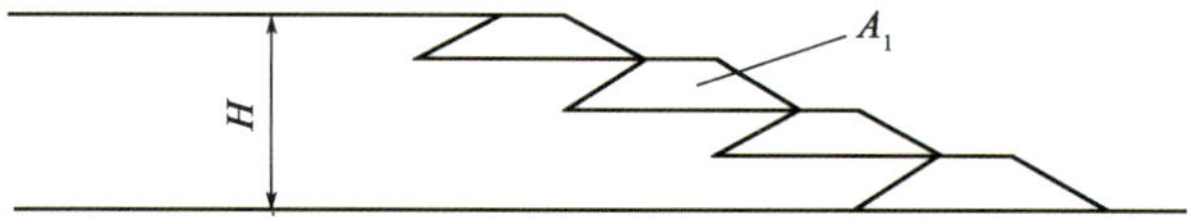

图8-27 后退式拦淤堤加高方法示意图

8.6 道路工程与泥石流减灾工程的协调设计

为了防治道路泥石流,系统地实施减灾工程是必须的。为了充分发挥减灾工程的防治效果和减灾效益,必须将泥石流减灾工程作为整个道路工程的节点来考虑,并且将道路主体工程与泥石流减灾工程之间进行充分协调,做到协调设计、施工。

泥石流减灾工程与道路工程的协调设计,主要包括两层含义:首先,泥石流减灾工程作为道路工程的保障措施,必须满足线路的需求;其次,线路一旦确定后,道路工程必须尽量与泥石流防治工程相匹配,以达到花费尽量少的工程量、尽量小的投资,有效地进行泥石流减灾,甚至防止泥石流灾害对道路的危害。

1)泥石流减灾工程满足线路需求

在道路工程选线时,充分考虑泥石流对道路工程的危害,估算治理泥石流的投资,进行综合方案比较,确定是采取绕避泥石流沟的方案,还是穿过泥石流沟的方案。如果采取穿过泥石流沟方案,必须确保泥石流减灾工程在现有的成熟技术下能够满足设计道路工程的安全。

2)道路工程与泥石流防治工程匹配

当确定线路后,为了确保泥石流减灾工程满足道路工程的安全要求,应该将泥石流减灾工程与桥梁、隧道等重大工程等同,作为控制道路工程的节点来考虑,适当提高其设计标准。

道路穿过泥石流沟有多种形式:可以从流通区跨过,也可以从堆积扇通过。在堆积扇通过时,可以从扇顶采取桥跨、明洞等通过,可以从扇中部通过,还可以从扇缘通过等。为了保证泥石流防治的技术可行性、节省投资,在泥石流沟前后段的道路工程应尽量与泥石流减灾工程相匹配,进行协同设计,同步施工。在不同条件下有不同的协调,在泥石流防治难度不大时,主要考虑道路过沟方案,以泥石流防治工程匹配,保障安全;泥石流防治难度大且道路难以避绕的情况小,应主要考虑泥石流的调控工程,依据防治工程特点适当调整和匹配道路的工程结构体。尽量不要事先确定通过泥石流沟的线路及高程,然后再考虑泥石流减灾工程,这样会造成泥石流防治的被动,降低防治效果,增大设计风险。

8.7 绵茂公路小岗剑泥石流治理工程

8.7.1 清平乡小岗剑流域概况

绵竹市汉旺镇至清平乡的绵(竹市)茂(县)公路位于龙门山中段,穿越龙门山中央断裂带至前山断裂带。小岗剑泥石流沟则位于绵茂路的汉(旺)—清(平)段公路右侧,绵远河左岸,距离西北方向清平乡约5.0km处、东南方向汉旺镇约10km。小岗剑流域面积1.36km^2,主沟长度2.59km,沟床纵坡比降412‰;流域最高点高程为1 987m,最低点高程810m,相对高差达1 177m。小岗剑流域平面形态呈桃叶形,地势陡峻,主沟≥25°的斜坡面积达1.16km^2,占流域总面积的85.3%。该流域主要以陡坡为主,沟谷纵坡较大,有利于降雨的汇集,具备有利于泥石流发育的地形条件。流域出露的地层主要为第四系泥石流堆积物、第四系崩坡积物、第四系滑坡堆积层、第四系残坡积层、二叠系上统、二叠系下统、石炭系下统总长沟组、泥盆系上统唐王寨群，松散固体物质丰富。流域所在区域是川西北的暴雨中心之一，多年年平均降水量为 1 086.4mm，充足的降雨为小岗剑泥石流活动提供了必要的水源条件。

8.7.2 泥石流灾害

在汶川地震前，小岗剑流域内植被发育，乔、灌、草覆盖度达 90% 以上，生态环境良好，在近 100 年内未见泥石流活动。汶川地震在小岗剑流域上游诱发的崩塌体在沟内高速运动转化为碎屑流，并堆积在沟内，堆积体约 $80\times10^4m^3$。2008 年 5 月 12 日至 2011 年 9 月 5 日期间，小岗剑流域共发生 10 次泥石流。频繁的泥石流活动使小岗剑流域内地形发生了显著变化，特别是沟口地形变化最为显著，沟口老堆积台地被下切侵蚀，深度达 35m。泥石流在沟口段的直接影响范围约 $3\times10^4m^2$，主要的危害对象为堆积体前缘的汉清公路及其上下游段，主要的成灾方式为淤埋位于沟口的汉清公路、堵塞主河形成堰塞湖淹没上游公路、泥石流向下游高强度输沙抬升下游河道而淤埋下游公路。2010 年 7 月 26 日小岗剑暴发泥石流淤埋汉清公路，中断交通达 18 天；8 月 13 日小岗剑再次暴发更大规模泥石流，淤埋沟口段公路，还形成堰塞湖淹没上游公路，中断交通达 8 天。

8.7.3 治理方案

为了保护绵茂路汉—清段公路的安全畅通和行人车辆的生命财产安全，保障县际交通，并为清平乡经济建设和发展创造有利的条件和良好的环境，2011 年 10 月，四川省政府立项开展小岗剑泥石流工程防治。泥石流防治工程的设计防护标准是抵御 20 年一遇暴雨引发的泥石流。为了使该泥石流防治工程取得成功，在设计中根据流域地质、地貌、水文气象等条件，在现有技术的基础上，研发适用于狭陡型沟道泥石流防治的新技术。

应用基于主河输移控制的泥石流防治工程体系规划设计原理，确定小岗剑输入绵远河的泥石流流量 $Q_{Drainage}$ 超过 $17.5m^3/s$ 将堵塞绵远河。按照小流域水文计算方法（周必凡等，1991），确定 20 年一遇暴雨引发的泥石流洪峰流量为 $Q_{Total}=124.1m^3/s$，对应一次泥石流总量为 $78\ 610m^3$。由于 $Q_{Total}>Q_{Drainage}$，确定该沟泥石流治理不能只采用排导槽工程。

小岗剑主沟左侧发育一条支沟，沟域面积 $0.61km^2$，沟道长度 1.54km，沟床平均纵比降 625‰，该支沟内松散固体物源量少，在 20 年一遇的暴雨作用下，形成泥石流的规模也相应较小，而且该沟左岸有修建排水沟的条件，通过排除支沟水源 $9.6m^3/s$，可以将主沟的泥石流规模大大降低，计算得出 $Q_{Total}=90.3m^3/s$。

小岗剑沟道的沟床坡降大，沟道狭窄，沟道两岸松散堆积丰富，岸坡稳定性差，可以采用不同拦砂坝群拦挡泥石流，抬升沟床侵蚀基准面后通过回淤反压岸坡的坡脚，进而稳定库内段岸坡。根据地质和地貌条件分析，沟内可修建拦砂坝 5 座，拦砂坝群可以缓减泥石

流洪峰流量 $Q_{Block}=31.1m^3/s$。由于 $Q_{Total}>Q_{Drainage}+Q_{Block}$，故还需采用停淤场工程消化剩余的泥石流洪峰流量，避免泥石流堵塞主河，停淤场工程接受的泥石流洪峰流量 $Q_{Deposit}=Q_{Total}-Q_{Drainage}-Q_{Block}=90.3-17.5-31.1=41.7m^3/s$，停淤场的容量应大于 $2.6\times10^4m^3$。

以泥石流洪峰流量和一次泥石流总量为指标的泥石流防治工程体系规划为：主河可以接受最大泥石流洪峰流量 $Q_{Drainage}=17.5m^3/s$；拦砂坝群削减泥石流洪峰流量 $Q_{Block}=31.1m^3/s$；停淤场工程接受的泥石流洪峰流量 $Q_{Deposit}=41.7m^3/s$，规划停淤场的泥石流容量大于 $2.6\times10^4m^3$；支沟排水流量 $9.6m^3/s$。

综上所述，小岗剑泥石流防治工程方案，包括支沟拦砂坝1座、支沟引流槛1座、支沟排水沟266.9m、主沟拦砂坝5座、停淤场1座，1条长131.7m的泥石流排导槽。

8.7.4 主要防治措施

1）不同开孔的拦砂坝群

为了控制泥石流携带巨石对下游建筑物的危害，通过不同开孔的拦砂坝群对泥石流中的颗粒进行分级拦淤，当泥石流进入流通区后沿程进行“水石分离”，有效拦挡粗颗粒，减小泥石流中固体物质的平均颗粒粒径，从而减小大块石的冲击力，实现控制泥石流危害的目的。通过该方法还可以实现泥石流拦挡量在拦砂坝群内的均匀分配，从而充分发挥拦砂坝的拦蓄功能，将拦砂坝的减灾功能发挥到最大。

应用上述不同开孔的拦砂坝群分级拦淤泥石流方法，小岗剑泥石流防治中设置了5座不同开孔尺寸的拦砂坝群（图8-28）。从上游至下游依次为：1号坝高12.5m，最大开孔宽度×高度为0.8m×5.0m；2号坝高11.5m，最大开孔宽度×高度为0.8m×4.5m；3号坝高12.5m，最大开孔宽度×高度为0.8m×3.0m；4号坝高10.0m，最大开孔宽度×高度为0.4m×4.0m；5号坝高9.0m，最大开孔宽度×高度为0.5m×0.6m。

2）预制钢筋混凝土箱体组装式挡土墙

为了解决施工场地狭小、施工周期短的问题，充分应用组装的优势，提出预制钢筋混凝土箱体组装式挡土墙，包括若干预制好的钢筋混凝土箱体纵横相连构成挡土墙的主体，长方箱体顶面开敞、其余五面封闭、内部装填土体；挡土墙主体设于基础之上，组装式挡土墙基础为浆砌石或混凝土填充，顶部为浆砌石或混凝土封闭顶面。构成挡土墙的长方箱体为事先预制，不仅能缩短施工周期，而且能减小对周边环境的影响。这种结构的箱体组装的挡土墙能够同时承受来自水平和垂直方向的双向作用力，具有较高抗压强度和较高稳定性，可以有效抵抗泥石流冲击。

箱体在平面上可以纵横交错以加强平面稳定性。因此，箱体长边的边长可以考虑三种尺寸，取箱体长边边长等于长方箱体短边边长的1～3倍。为了减小箱内水对箱体的压力以及通过排泄泥石流体所含水分来减小泥石流的水平方向推力，预制时在箱体底板和箱体侧壁上设置排水孔，充分排泄箱体内的水量。为了更好地实现箱体的稳定性，在箱体的侧面设置水平向连接孔，并在箱体底板的四个角分别设竖向连接孔。在这种工程结构体泥石流停淤场的下游段应用，达到投资省、安全性好、施工效率高的目的。

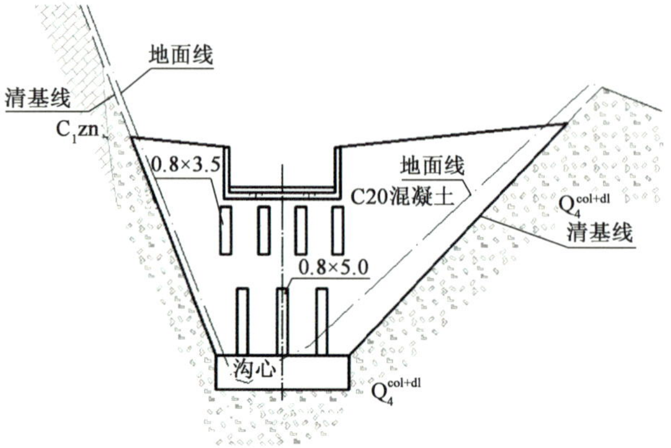

a)1号拦砂坝，泄流孔尺寸0.8m×5.0m

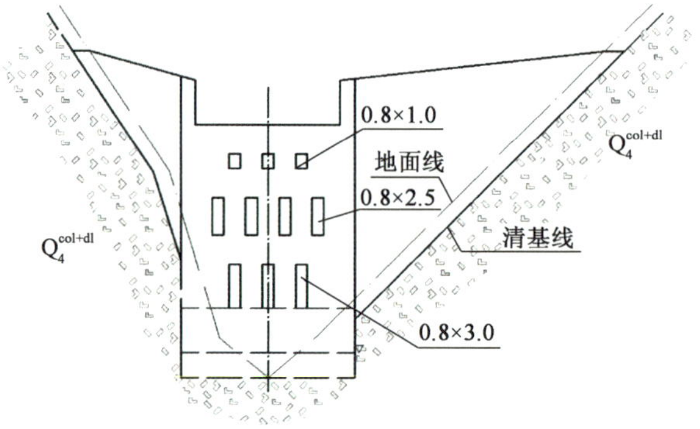

b)3号拦砂坝，泄流孔尺寸0.8m×3.0m

图 8-28　不同开孔的梯级拦砂坝群(尺寸单位:m)

3)预制钢筋混凝土箱体组装式排导槽

基于预制钢筋混凝土箱体组装式挡土墙的预制、组装理念，设计预制钢筋混凝土箱体组装式排导槽，包括排导槽槽底和两侧的排导槽侧墙(图 8-29)。排导槽侧墙由侧墙基础和设于基础之上的侧墙主体组成。把若干预制好的钢筋混凝土箱体纵向相连、沿排导槽方向呈单列分布，构成侧墙主体[图 8-29a)]；侧墙主体包括若干层，每一层有一列箱体，沿排导槽走向分布，上下两层的箱体间纵向相连，同一层相邻的两个箱体间横向相连；箱体顶面开敞、其余五面封闭、内部装填土体。

预制钢筋混凝土箱体组装式排导槽的特点：预制钢筋混凝土箱体组装式排导槽充分利用了箱体的快速组装特点，可将立方箱体施工与拦砂坝基础施工同时进行，大大缩短了施工周期；箱体可以在远离排导槽的场地施工，减小了施工对排导槽施工现场周边环境的影响；利用箱体可直接装填沟内现存土体，解决施工材料大量运输的问题，消化沟道内的松散固体物质;钢筋混凝土箱体具有比浆砌石结构更高的抗冲击和磨蚀能力,同时投资略高一些。因此,该型排导槽在投资、安全、工期等方面均较优,有巨大的推广应用前景。

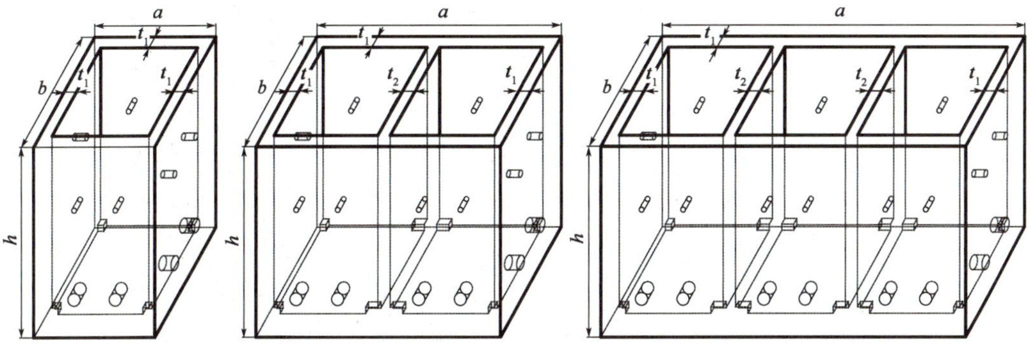

a)预制箱体示意图

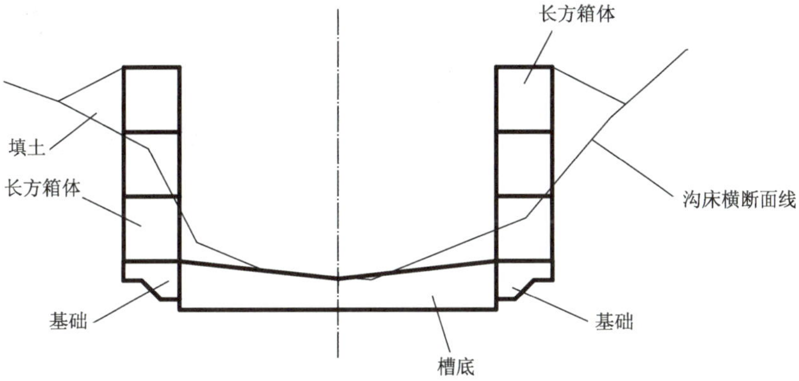

b)预制钢筋混凝土箱体组装式排导槽横断面示意图

图 8-29 预制钢筋混凝土箱体组装式排导槽

8.7.5 防治效益和存在的问题

小岗剑泥石流治理工程在2012年汛期以前完工(图8-30)。2012年汛期,清平乡区域多次遭遇强降雨天气,诱发小岗剑先后暴发8场泥石流,其中规模较大的泥石流为:7月26日泥石流(总量约$3.0\times10^4m^3$冲出沟口的固体物质约$3\,000m^3$)、8月14日泥石流(冲出沟口的固体物质约$8.5\times10^4m^3$)、8月17日晚至18日凌晨泥石流(冲出沟口的固体物质约$11.36\times10^4m^3$)。2012年汛期暴发的数次大规模泥石流在梯级拦挡工程的调控下,均顺畅地进入了导流槽并最终排入停淤场,治理工程体系总体上实现了"拦挡固沟稳坡、截水分流减势、导流停淤"的设计思路。在单项工程措施的设计功能验证方面,支沟截水分流、导流槽强迫入流、汉清公路内置等措施均获得了良好的验证,取得了较为满意的治理效果。

图 8-30　小岗剑泥石流防治工程布置图

与 2010 年 7 月 26 日小岗剑暴发泥石流中断交通 18 天的情况相比,2012 年“8・18”泥石流的降雨量和暴发规模均更大,但是对保护对象造成的影响显著减轻,交通中断时间最长为 2.5 天,达到了当时防治工程设计的交通中断时间不超过 3 天的目标。泥石流带来的影响、应急抢险难度和所耗费的投资总额均显著降低,同时未对绵远河安全行洪造成影响。治理工程体系在超过校核标准规模的泥石流考验下基本保持完整,并将减灾影响降至了最低,发挥了重要的综合减灾效益。

通过持续的观测发现,由于震后泥石流物源增多导致泥石流规模增大,对于狭陡型泥石流沟内的防治工程存在块石冲击损毁、泥石流磨蚀破坏等问题。在防治工程体系由原始设计状态逐渐转化为长期运行状态后,可能遇到不同重度、不同规模的泥石流,甚至是不同组合的山洪泥石流过程。因此,需要加强对抗冲击拦砂坝和耐磨蚀排导槽的研究,从而保障防治工程体系的可靠性和长期运行的安全性。

本章参考文献

陈光曦,王继康,王林海,1983. 泥石流防治[M]. 北京:中国铁道出版社.

陈晓清,崔鹏,韦方强,2006. 良好植被区泥石流防治初探[J]. 山地学报,24(3):7.

崔鹏,邓宏艳,王成华,2018. 山地灾害[M]. 北京:高等教育出版社.

国土资源部国际合作与科技司,2006. 泥石流灾害防治工程勘查规范:DZ/T 0220—2006[S]. 北京:中国标准出版社.
韩慕吾,臧新炽,1983. 泥石流沟修建铁路明硐渡槽[C]//1981年铁路泥石流学术会议文集. 中国铁道学会铁道工程委员会,19-24.
华东水利学院,1984. 水工设计手册(第五卷)[M]. 北京:水利电力出版社.
蒋忠信,等,1996. 中国山区道路灾害防治[M]. 重庆:重庆大学出版社.
蒋忠信,姚令侃,艾南山,等,1999. 铁路泥石流非线性研究与防治新技术[M]. 成都:四川科学技术出版社.
交通部第一勘察设计研究院,1999. 公路工程地质勘察规范[M]. 北京:人民交通出版社.
康志成,李焯芬,马蔼乃,等,2004. 中国泥石流研究[M]. 北京:科学出版社.
李德基,1997. 泥石流减灾理论与实践[M]. 北京:科学出版社.
李云,陈晓清,游勇,等,2014. "梯-潭"型泥石流排导槽研究初析[J]. 灾害学,29(4):173-175.
刘建康,杨顺,杨东旭,等,2019. V型排导槽横纵比降对泥石流流速的差异影响研究[J]. 防灾减灾工程学报,39(1):141-146.
罗德富,等,1995. 川藏公路南线(西藏境内)山地灾害及防治对策[M]. 北京:科学出版社.
马东涛,崔鹏,祁龙,等,2003. 西部地区交通建设中的泥石流灾害与防治对策[J]. 工程地质学报,11(2):180-185.
沈寿长,1994. 泥石流排导沟设计方法[C]//第四届全国泥石流学术讨论会论文集. 兰州:甘肃文化出版社.
孙昊,赵万玉,游勇,等,2019. 梯—潭结构型泥石流排导槽消能特征试验研究[J]. 防灾减灾工程学报,39(1):132-140.
唐邦兴,2000. 中国泥石流[M]. 北京:科学出版社.
王继康,1996. 泥石流防治工程[M]. 北京:中国铁道出版社.
王继康,1991. 三角形泥石流排导槽的设计与工程效益[C]//第二届全国泥石流学术会议论文集. 北京:科学出版社.
王士革,等,2000. 山区铁路建设中的泥石流灾害与防治对策[J]. 工程地质学报,8(4):400-404.
王天健,胡桂胜,陈宁生,等,2022. 泥石流单双边防护堤防效果对比——以曾达沟为例[J]. 防灾减灾学报,38(01):1-8.
王永胜,朱彦鹏,金培豪, 2013. 泥石流排导结构耦合磨损随机过程建模及分析[J]. 吉林大学学报(地球科学版), 43(05):1556-1562.
吴积善,田连权,等,1993. 泥石流及其综合治理[M]. 北京:科学出版社.
游勇,1999. 泥石流排导槽水力最佳断面[J]. 山地学报,17(3):255-258.
张军,1983. 泥石流拦沙坝设计荷载初步分析[C]//泥石流,2. 重庆:科学技术文献出版社重庆分社.

中国地质灾害防治工程行业协会,2018.泥石流灾害防治工程勘查规范(试行):T/CAGHP 006—2018[S].武汉:中国地质大学出版社.

中国科学院兰州冰川冻土研究所,1986.中国泥石流研究专辑.中国科学院兰州冰川冻土研究所集刊第4号.北京:科学出版社.

中国科学院水利部·成都山地灾害与环境研究所等,1999.西藏泥石流与环境[M].成都:成都科技大学出版社.

周必凡,李德基,罗德富,等,1991.泥石流防治指南[M].北京:科学出版社.

周文兵,柳金峰,袁东,等, 2019. 白龙江中游泥石流排导槽运行现状及防治建议[J].防灾减灾工程学报, 39(02):338-346.

朱平一,等,1999.川藏公路典型山地灾害研究[M].成都:成都科技大学出版社.

曾思伟,李鸿琏,1982.泥石流地区公路工程[M].北京:人民交通出版社.

Liu C H,1988. Report on the first expedition to glaciers and glacier lakes in Dumqu(Arun) and Poiqu(Bhote-Sun sico) River Basin. Xizang(Tibet) China[M]. Beijing:Science Press.

Ma D T,1994. General study on the development and current situation of glacial debris flow in guxiang gully southeast of Tibet[C]//Glacier Haeand System in Southeast Tibet,Sponsored by Ministry of Edueation,Science and Culture,Japan.

第3篇

山区道路滑坡及其防治

本篇提要

滑坡和边坡失稳是道路沿线最为普遍、成灾最多的灾种。在地质条件复杂、降水丰沛、人类活动扰动强烈的山区，道路滑坡问题尤为突出。滑坡和边坡灾害的防治技术，特别是边坡处置与道路建设施工的关系密切，成为道路建设工程技术人员和相关科技人员关注的问题。本篇从分析滑坡的形成条件入手，针对道路减灾需求，较为系统地介绍道路滑坡勘察技术、道路滑坡稳定性分析方法、道路滑坡灾害防治技术，并列举典型减灾示范工程供参考。同时，分析川藏公路沿线的溜砂坡现象，探索其形成和运动机理，介绍溜砂坡综合减灾技术。

The Ninth Chapter

第 9 章

山区道路滑坡形成条件、类型与典型滑坡

认识山区道路滑坡类型特征，了解滑坡的形成条件与发育规律，是解决山区道路建设中滑坡灾害问题的基础。

9.1 滑坡的形成条件与发育规律

在滑坡的发育、发展过程中，地形条件（有效临空面）、地层岩性和地质构造（坡体结构）三个表征斜坡特征的因素称为滑坡形成的内部条件（或称为基本条件、必要条件）。若缺少其中任何一个因素，滑坡就不会产生。另一些因素是作用在斜坡坡体，促使内部条件发生作用，使下滑力与抗滑力发生转化的外界因素，又称外部条件（或称为充分条件、补充条件、诱发条件、触发条件）。滑坡的发生并不需要满足所有的外部条件，只要有其中的一项或几项外部条件就可以激发内部条件发生作用而产生滑坡。

9.1.1 地层岩性条件与发育规律

1）地层对滑坡形成的决定性影响

大量的实际资料表明，地层岩性与对滑坡分布的区域集中性形成具有决定性影响，使滑坡集中发育在特定的地层出露区。表9-1反映了我国三条铁路沿线受地层岩性控制导致的滑坡分布的区域集中现象（乔建平，1997），分别在侏罗～白垩系红色砂岩、页岩、泥岩地层的分布区，白垩志留系砂页岩、板岩、片岩、千枚岩的分布区和志留系云母片岩的出露区，滑坡非常发育，集中分布。在成昆铁路北段（成都—金江），上更新统成都黏土、下更新统昔格达组和侏罗～白垩系红色砂岩、页岩、泥岩互层地层出露区，也有大量滑坡集中分布。

我国铁路沿线滑坡分布的集中性　　表9-1

铁路线段名称	成昆线 甘洛—喜德段	宝成线 宝鸡—广元段	襄渝线 安康—白河段
占全线总长的比例（%）	15	52	15
数量（处）	72	91	27
占全线的比例（%）	39.3	90	65
地层概况	侏罗～白垩系红色砂岩、页岩、泥岩	白垩～志留系砂页岩、板岩、片岩、千枚岩	志留系云母片岩

2）根据易滑程度对地层的划分

根据地层与滑坡发育的相关程度，即地层的易滑程度，可以把地层划分为稳定地层岩组、偶滑地层岩组和易滑地层岩组三类。

（1）稳定地层岩组。稳定地层是指那些不能发生滑坡的地层岩组。在任何情况下，稳定地层岩组内部都不可能形成滑动面而发生滑动，斜坡坡体所发生的块体运动只能是滑坡之外的其他块体运动形式。

（2）偶滑地层岩组。偶滑地层是由硬质岩（偶夹软弱层）组成的地层岩组。仅在个别的偶然情况下才能发生硬质岩沿着某软弱层面的滑动，很难发生层内滑坡，也很少发生覆盖层滑坡。

（3）易滑地层岩组。易滑地层是指易于发生滑坡的地层岩组。易滑地层并非都已经发生了滑坡，只要同类地层在另一地域已经显示了易滑地层的所有特性，则不论这类地层在当地是否发生了滑动，仍应归为易滑地层岩组。

易滑地层岩组包括区域性分布的黏性土、页岩、泥岩、泥灰岩、软弱岩偶夹硬质岩地层、某些变质岩（千枚岩、板岩、片岩）和富含泥质的岩浆岩（表9-2）。

我国主要易滑地层与滑坡分布的关系 表9-2

类型	易滑地层名称	主要分布地区	滑坡分布状况
黏性土	成都黏土	成都平原	密集
	下蜀黏土	长江中、下游	有一定数量
	红色黏土	中南地区、闽、浙、晋南、陕、豫	较密集
	黑色黏土	东北地区	有一定数量
	新、老黄土	黄河中游、北方诸省	密集
半成岩地层	共和组	青	极密集
	昔格达组	川西	极密集
	杂色黏土岩	晋	极密集
成岩地层	泥岩、砂页岩	西南地区、晋	密集
	煤系地层	西南地区等地	极密集
	砂板岩	鄂、湘、藏、云、川等地	密集
	千枚岩	川西北、甘南等地	密集～极密集
	富含泥质(或风化后富含泥质)的岩浆岩	闽等省	较密集
	其他富含泥质地层	零星分布	较密集

易滑地层主要由黏土、泥岩、页岩、泥灰岩及它们的变质岩如片岩、板岩、千枚岩组成，或由上述软岩互层组成。它们往往具有如下特点：

(1)决定这些地层易滑性质的主要是其中的软弱岩层，他们的抗风化性能差，风化产物中含有较多的黏土、泥质颗粒。如昔格达组页岩的黏粒含量可达30%，甚至在泥岩中可超过51%。易滑地层中富含黏土矿物，因此具有很高的亲水性、膨胀性、崩解性等特性。

(2)这些地层的软岩及其风化物一般抗剪性能较差，与水浸润饱和后即产生表层软化和泥化。形成厚度很薄的黏粒层，抗剪强度极低($c=0\sim10\text{kPa},\varphi=2°\sim10°$)，正是这些黏粒薄层在滑坡的发育中起到决定作用。

(3)由于岩性、颗粒成分和矿物成分的差异，导致了水文地质性能的差异。黏土软层既是吸水层，又是相对隔水层，对滑动面的发育有利。

(4)黏土成分的高胀缩性，使岩土在干湿交替情况下裂隙迅速发生并扩大，各种地表水很容易顺着裂隙进入坡体，有利于滑坡的发育。

9.1.2 地质构造条件与发育规律

1)区域构造

滑坡的发育环境与地质构造的特征和演化有着不可分割的关系。不同的大地构造单元内部及其相互交接、复合部位上的滑坡发育状况也不一样。区域调查资料表明，在构造急转弯部位、背斜倾伏端、向斜翘起端、不同构造线交叉复合部位，易于形成滑坡，是大型滑坡、岩质滑坡集中分布区。构造盆地边缘和新构造运动相对强烈隆升区，也是滑坡的易发区域。

2）深大断裂带

位于各个地块交接地带的深大断裂带构造活动强烈，地震频繁，构造应力复杂，岩层破碎，有利于滑坡发育。例如，我国东、西两大地质地貌单元的界限即为第一级南北向构造带，该带内的滑坡特别发育。根据铁道部门统计，这里铁路沿线的滑坡占全国铁路沿线滑坡的四分之一以上（乔建平，1997）。断裂带对滑坡发育的影响主要体现在断裂带密度和断裂带滑动性质两个方面，这两者与滑坡发育的关系十分密切。

3）坡体结构面

坡体内部赋存的各种各样的软弱结构面，往往成为滑坡发育的潜在滑动面，在岩质坡体的滑坡发育中发挥重要作用。这些软弱结构面是斜坡体岩土体中的薄弱部位，滑动容易从这些软弱结构面的部位起动。原中国科学院地质研究所提出了结构面分级的概念（中国科学院地质研究所工程地质力学开放研究实验室，1994；乔建平，1997），并将结构面划分为5级（表9-3）。它们制约着滑坡体的底界、周界和解体状况，控制着滑坡地下水变化、滑坡运动特征和稳定程度等滑坡发生发展过程。

结构面分级极其特征　　表9-3

级序	分级依据	地质类型	力学性质	对边坡稳定性的作用
Ⅰ级	延伸数十千米以上深度可切穿一个构造层，破碎带宽度在数米、数十米以上，在1：200 000的地质图上有所体现	主要指区域性深大断裂或大断裂	属于软弱结构面，构成独立的力学介质单元	影响区域稳定性，山体稳定性，如直接通过工程区，是边坡岩体变形或破坏的控制条件
Ⅱ级	延伸数百米至数千米，宽度在1～5m之内，在1：50 000的地质图上有所体现	主要包括不整合面、假整合面、原生软弱夹层、层间滑动、断层、侵入岩接触带及风化夹层等	属于软弱结构面，形成块裂体边界	控制山体稳定，与Ⅰ级结构面组合可形成大规模的块体破坏
Ⅲ级	延伸十米至数十米，宽度在0.5m左右，仅在一个地质时代地层中分布，有时仅在某一岩性中分布，一般在1：2 000的地质图上有所体现	各种类型的断层、原生软弱夹层、层间错动带	多数属于硬性结构面，参与块裂岩体切割	控制边坡岩体的稳定性，与Ⅰ级、Ⅱ级结构面组合可形成不同规模的块体破坏
Ⅳ级	延伸十米至数十米，无明显宽度，在1：2 000的地质图上无反映，为统计结构面	包括节理、片理、层理、劈理以及卸荷裂隙、风化裂隙等	硬性结构面，是岩体力学性质、结构效应的基础	破坏边坡岩体的完整性，与其他结构面组合可形成不同类型的边坡破坏方式

续上表

级序	分级依据	地质类型	力学性质	对边坡稳定性的作用
Ⅴ级	连续性极差,刚性接触的细小或隐微裂面,在地图上无反映,为统计结构面	包括微小节理、隐微裂隙及线理等,亦包括结合力好的层理	硬性结构面,是岩体力学性质、结构效应的基础	分布随机,降低岩块强度,若十分密集,又因风化,可形成松散介质,对边坡稳定性不利

9.1.3 地形条件与发育规律

1)有效临空面

滑坡发育的必要条件就是要有足够的临空面,这样的临空面能够为被结构面或滑动面切割的斜坡岩土体发生滑动提供有效的暴露空间,因而,这样的临空面又称为有效临空面。斜坡都具有临空面,但并非所有的坡面都能够为滑坡的形成提供有效的暴露空间,这类坡面称为一般临空面。

斜坡面是否能够成为有效临空面,受坡面倾角与潜在滑动面(结构面)倾角的相互关系影响(赵勇虎,2015)。通常,当坡面倾角大于或接近潜在滑动面(结构面)倾角时,坡面为有效临空面,斜坡就可能发育为滑坡,如图9-1a)所示;反之,则不易形成滑坡。但是,也有特殊情况,如图9-1b)所示,坡体内软弱结构面倾角大于坡面倾角,而滑动面往往由后部的陡倾软弱结构面和前部缓倾的卸荷裂隙组成,因潜在有效临空面而失稳滑动,此类斜坡面易误判为一般临空面。

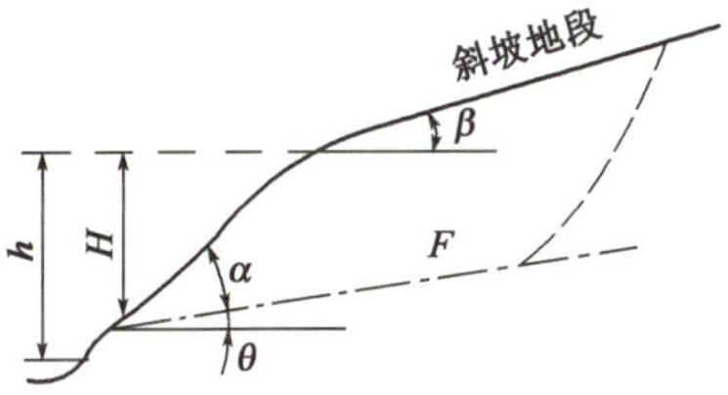

a)有效临空面$\alpha>\theta$,$h>H$

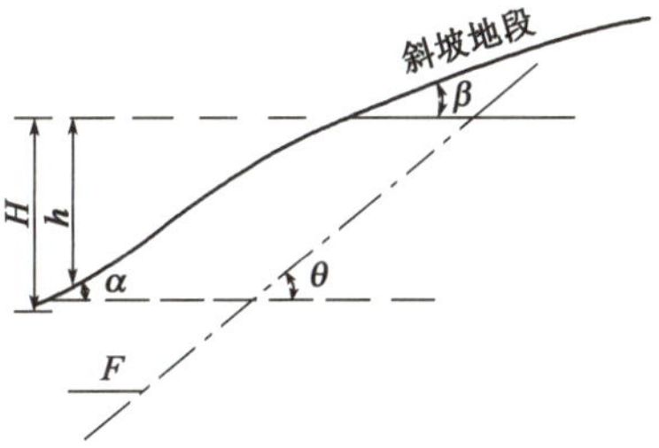

b)一般临空面$\alpha<\theta$,$h<H$

图9-1 滑坡与临空面的关系(F为坡体结构面)

2)坡度对滑坡发育的影响

坡度是在重力场中决定着滑力与抗滑力的关系,是滑坡形成的基本因素。据野外调查,甘肃白龙江流域的滑坡主要发生在坡度为35°~40°的斜坡上,其次发生在25°~30°的斜坡上(表9-4)。陕南地区的滑坡也与此相吻合(赵尚学等,1998)。

滑坡坡度统计 表9-4

坡度范围	15°~20°	20°~25°	25°~30°	30°~35°	35°~40°	40°~45°	45°~50°	>50°
滑坡数	3	30	37	25	51	10	5	1
百分比(%)	1.9	18.5	22.8	15.4	31.5	6.2	3.1	0.6

图9-2列举了我国20世纪70年代三次大地震的滑坡发生情况（乔建平，1997），统计结果表明受地震力作用诱发的地震滑坡出现的斜坡坡度范围在20°~60°之间。

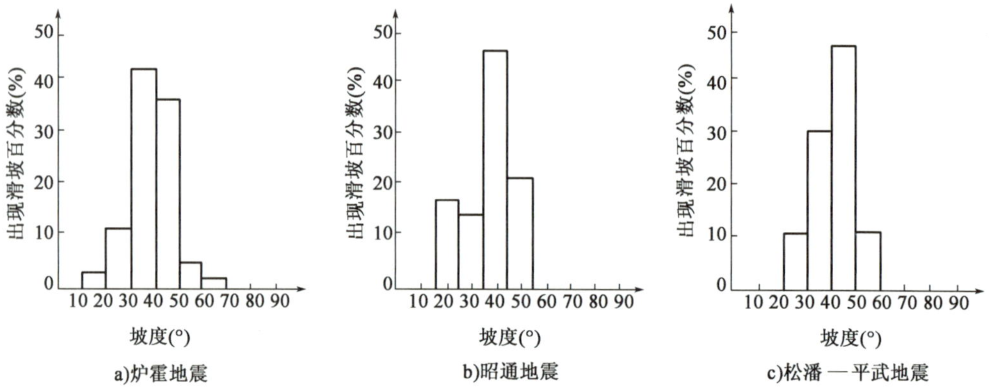

图9-2　地震滑坡和斜坡坡度的关系

综上所述，通常情况下，容易发生滑坡的斜坡坡度为25°~45°；地震作用下，容易发生滑坡的斜坡坡度为20°~60°。

3）坡高对滑坡发育的影响

坡高对滑坡发育有显著影响。斜坡临界高度（H_c）和临界坡度（α）之间的一般关系式（李广信，2016）如下：

$$H_c = \frac{2c}{\gamma}\tan\left(45° + \frac{\varphi}{2}\right) \tag{9-1}$$

式中：c——黏聚力（kPa）；

φ——内摩擦角（°）；

γ——岩土体重度（kN/m^3）。

太沙基研究滑坡发生之前的斜坡张裂缝时，对上式做了修正，提出下列关系式（李广信，2016）：

$$H_c = \frac{2c}{\gamma}\frac{1}{\cos a(\sin\alpha - \cos\alpha\tan\varphi)} - Z \tag{9-2}$$

式中：H_c——存在张裂缝时的斜坡临界高度（m）；

Z——张裂缝深度（m）。

孙玉科等（1988）指出坡高与坡角有如下关系：

$$H_c = \frac{2c}{\gamma}\frac{\sin\alpha\cos\varphi}{\sin^2\left(\frac{\alpha - \varphi}{2}\right)} - Z \tag{9-3}$$

上述关系式都反映出坡高与坡角呈负相关。大量的统计资料也表明了这种关系。高大斜坡不仅影响滑坡发育，而且还制约着滑坡的运动特征。例如，青海东部半成岩地层中的大型高速自然滑坡，在其他地质条件大致相同的情况下，滑坡体前缘的滑程与坡高有密切关系，当坡高大于200m时，滑程一般有400～800m；坡高为400m时，滑程可达2 000～3 000m。

4）坡向对滑坡的影响

坡向是指临空面的朝向。调查资料表明，不同坡向斜坡上的滑坡发育状况有很大差异。例如，川藏公路（G318）西藏境内帕隆藏布江段（东西流向），70%的滑坡（崩塌）、80%的溜砂坡分布在北岸——阳坡上。甘肃省白龙江中游两岸479个滑坡分布也反映了上述规律。即阳坡上的滑坡数量与阴坡上滑坡数量之比为3∶1（表9-5）。

白龙江滑坡坡向统计（李树德，1995）　表9-5

坡　向	沟数	滑坡（处）	面积（km^2）		平均坡度（°）		平均高度（m）
			流域	滑坡	山坡	滑坡	
南坡（左岸）	37	119	691.86	325.6	28.2	30.6	1 500
北坡（右岸）	11	36	45.39	3.9	34	38.3	1 500

蒋忠信（1991）为剔除地质构造、岩性和地震活动差异对统计规律的影响，曾对云南17个地区的338处滑坡做了完整的统计工作（表9-6），也证明了坡向与滑坡存在密切关系。云南滑坡分布的坡向性表现为：滑坡在南坡最发育，在西南坡较发育，在东北坡较不发育，在西北坡和东南坡最不发育（乔建平，1997）。

云南省滑坡的坡向分布统计表　表9-6

坡　向	NNE	NE	NEE	SEE	SE	SSE	SSW	SW	SWW	NWW	NW	NNW	小计（处）
永善—大关	4	1	4	3	2	6	3	1	2	5	1	2	39
宁蒗县金棉河	—	—	1	—	2	2	1	1	2	—	—	1	10
六库镇老窝河	2	—	2	—	1	—	2	2	2	—	—	1	12
漾濞县	2	—	—	2	—	3	—	2	2	1	2	—	14
祥云县鹿鸣河	2	2	2	1	—	3	1	—	1	—	—	—	12
龙陵县平达	4	2	2	3	4	3	4	2	1	1	6	3	35
龙陵县象达	1	—	—	—	1	4	2	1	—	—	1	1	11
云县头道水河	—	1	3	1	4	—	1	1	—	2	4	—	17
云县幸福区勐赖坝南汀河	—	—	—	—	—	3	—	—	1	—	—	—	4
碧江县城	—	—	—	—	—	2	2	—	2	3	—	—	9
元阳县城	1	—	2	—	1	—	—	—	—	1	—	1	6
永平县杉阳	1	2	1	1	1	3	3	2	2	4	—	1	21
普洱勐先河糯戛河	2	4	2	2	—	10	21	15	10	2	3	9	80
南涧县	3	18	2	4	1	6	7	10	8	1	3	—	63

续上表

坡　向	NNE	NE	NEE	SEE	SE	SSE	SSW	SW	SWW	NWW	NW	NNW	小计(处)
会泽县苏家坪	—	—	—	—	—	—	—	2	—	—	—	—	2
镇雄县城	—	—	1	—	—	—	—	—	1	—	—	—	2
西盟县城	—	—	—	1	—	—	—	—	—	—	—	—	1
合计(处)	22	30	22	18	17	45	52	39	34	20	20	19	338

5)坡形对滑坡发育的影响

(1)纵剖面形态对滑坡发育的影响

在纵剖面上,斜坡的形态可以划分为直线形坡、凸形坡、凹形坡以及由这三种坡形的不同组合而形成的复合坡形。

斜坡形态直接反映了在内外应力作用下坡体演变的历史过程。凸形坡反映地壳隆升强烈、河流下切速度大于坡体剥蚀速度的演变历史。凹形坡是侵蚀基准长期稳定时期的产物。直线形坡则意味着内外营力处于均衡状态。因此,不同坡形所反映的内外营力也同样影响着斜坡上滑坡的发育状态,表现为凸形坡稳定性差,滑坡发育数量多;凹形坡较稳定,滑坡数目少;直线形坡介于二者之间。不同坡面形态坡体的应力分布也有较大差异,凸形坡使坡体的水平压应力减弱、甚至出现拉应力,不利于稳定;而凹形坡将使沿坡面走向的水平应力(中间应力)增强,有利于稳定。

此外,前述的临界坡高关系式[式(9-3)]按分层计算理论也说明上陡下缓的凹形坡的稳定性最好(图9-3)。

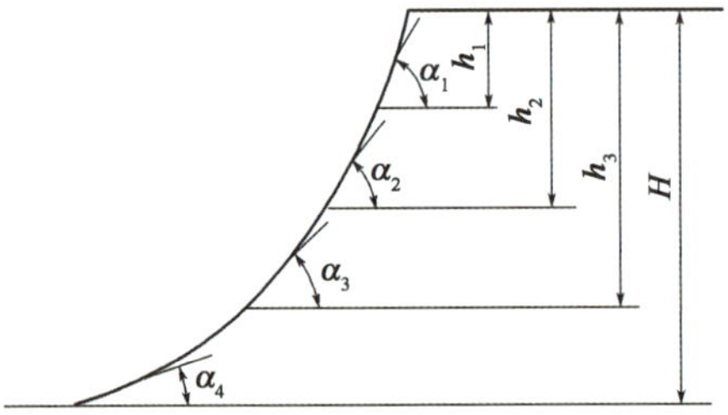

图9-3　坡脚随高度变化的斜坡

(2)平面形态对滑坡发育的影响

斜坡的平面形态是坡面在水平截面上的投影,亦即地形等高线的形状。与纵剖面上的斜坡形态一样,斜坡的平面形态也可以分为凸形坡、凹形坡和直线坡三大类。凹形坡是三者中间稳定性最好的,而凸形坡稳定性最差。胡广韬(1988)分析了两个分别在直线形坡和凸形坡上的性质与轮廓都相同的潜在滑坡(图9-4)。

可能的滑床面面积,平坡的大于凸坡,因而平坡对滑动的抗滑力大于凸坡。

可能的滑床面长度,平坡的等于凸坡,因而平坡的单宽推滑力等于凸坡。

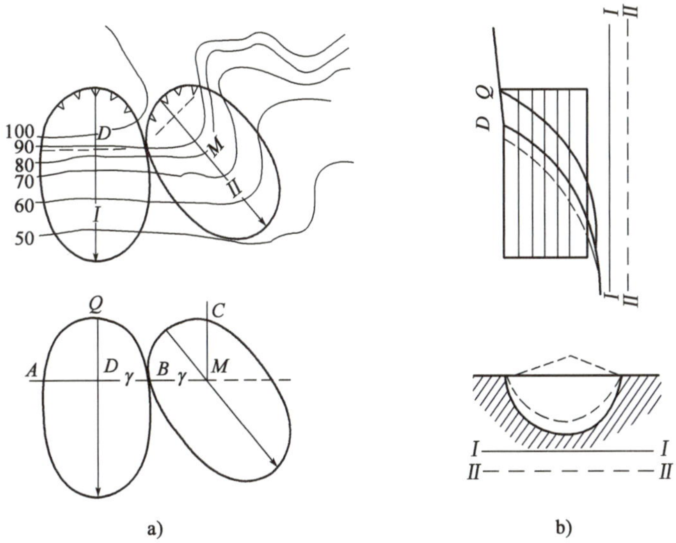

图9-4 平面上不同坡形上的滑坡稳定性

可能的滑坡体滑动特征，平坡由于滑体轮廓受到侧围的限制大，滑坡方向表现为向滑坡中线聚向滑动的趋势，滑坡体中滑块间的滑动阻力较大；而凸坡相反，滑坡体各部分滑动方向表现为背离滑坡体中线的趋势散向滑动，滑坡体中滑块间的滑动阻力小。

9.1.4 滑坡的触发条件

若详细区别，可以把所有的触发因素按增大下滑力和减小抗滑力划分为两大类。滑坡的触发因素及主要作用机理见表9-7。

滑坡的触发因素及主要作用机理 表9-7

序号	触发因素	主要作用机理			
		增大下滑力		减小抗滑力	
1	坡脚处的下切作用或人为的深开挖工程活动	⊕	(3)	●	(2)
2	坡脚处的侧蚀作用或人为的扩展、拓宽场地			●	(2)
3	坡脚处的冲刷作用或人为的采石、取土、减载			●	(2)
4	斜坡上的各种自然加积作用（滑坡、崩塌等）	●	(4)		
5	植树造林	●	(4)		
6	斜坡上的人为加载作用（建筑物、车辆、机械设备、堆渣、堆土等）	●	(4)		
7	地震	○	(4)(5)	⊕	(3)(5)
8	人为的动载荷（爆破作业、行车和机器振动等）	○		⊕	(3)
9	暴雨			⊕	(7)(8)
10	霪雨	⊕	(4)	⊕	(6)

续上表

序号	触发因素	主要作用机理			
		增大下滑力		减小抗滑力	
11	远方的地下水补给	●	(1)(4)	●	(6)
12	融雪水	⊕	(4)	⊕	(1)
13	各种地表水(渗入)	⊕	(4)	⊕	(1)
14	地下水通道堵塞	●	(1)(4)	●	(6)(7)(8)
15	潜蚀作用			●	(1)
16	溶蚀作用			●	(1)
17	坡前地表水体(江、湖、海、库)水位上升	●	(1)(4)	○	(9)
18	坡前地表水体(江、湖、海、库)水位下降	●	(8)		
19	地下洞室的开挖、采空			⊕	(1)(2)(3)
20	火山岩浆室的充气、放气和谐振	●	(4)	●	(2)(3)(9)
21	溶洞气体因洞口被水体封闭、压缩	●	(4)		
22	风化作用	⊕	(1)(2)	●	(3)
23	干、湿反复交替			⊕	(1)(3)
24	冷、热反复交替			●	(3)
25	冻、融交替			●	(1)(3)(6)

注:1. ●-直接发挥作用;⊕-间接发挥作用;○-在特定作用下产生相反作用,即增加坡体稳定性。

2. (1)-减小抗剪强度;(2)-削弱抗滑段;(3)-破坏坡体完整性(增大、扩大节理裂隙);(4)-增大坡体重力(滑动面上的切向分力);(5)-液化作用;(6)-增大孔隙水压力;(7)-增大静水压力;(8)-增大动水压力;(9)-增大对滑坡体的顶托力(如水的浮托力、压缩气体的顶托力)等。

(1)有一部分触发因素对发生滑坡有直接作用,如地下水(水质、水量、水位、水温等);还有更多的触发因素对于滑坡的发生只起着间接作用,例如降水、融雪、各种坡面上的地表水体等。

(2)有些触发因素对于滑坡的作用机理不止一种效应,可能具有两种或两种以上的复合效应。例如,坡脚处的下切作用或人为开挖不仅削弱了抗滑段,还增大了地下水的水力坡度和渗透力,促进坡体开裂,破坏了坡体的完整性。进而加速物理风化、化学风化以及各种地表水体的下渗作用。

(3)有些触发因素只在特定条件下才有利于滑坡的发生,而在另一些条件下,并不利于滑坡的发生,甚至还有相反的作用,即促进滑坡朝稳定方向发展。例如,地震所产生的瞬间应力可使坡体结构产生破坏和变形,这是地震力作用方向与坡向一致时的表现;当地震力的作用方向相反时,则对斜坡稳定影响相对较小。对于这样的因素我们只考虑它不利的一面。再如,森林对滑坡的发生也有两种相反的作用:有利于斜坡稳定的作用是由于其根部盘结层内的表土结构强度大为提高;而不利的因素则有林木本身的重力、传递给坡体上的风荷载、树根对岩体的机械破碎作用和化学侵蚀等。事实上,许多在雨季中发生的林区表层滑坡的滑动面都是沿着根系盘结层发育的。

(4)许多因素具有明显的地域性。如由气候条件所决定的触发因素都有明显的地带性;冻融作用只发生在高纬地带和高寒地区等;火山活动引起的触发作用只局限在火山地区。

(5)有些触发因素只是偶然作用,如火山活动。更多的触发因素却只是年复一年,周而复始的起作用,具有周期性。

(6)许多触发因素不仅对于斜坡上首次滑坡起作用,而且对已有滑坡的复活或周期性活动也有触发作用。

特别说明的是,道路边坡开挖是滑坡等灾害的触发条件,十分值得关注。据调查,新建或扩建公路(含铁路)发生的滑坡、崩塌灾害中70%是开挖施工中发生的,仅20%是在竣工后前三年发生的,分析其原因主要有以下三条。

(1)山区自然边坡大多处于相对稳定的极限平衡状态,若开挖坡脚必将引起崩塌、滑坡发生。

(2)有些自然边坡,稳定性比较好,稳定系数大于1.1,开挖后不会马上变形破坏,但变形在不断进行,开挖边坡岩土体工程性能在降低,当降低到边坡不能维持自身稳定的时候,便会发生滑坡或崩塌。

(3)施工方法不当,传统的爆破、全断面大开挖施工必将对开挖边坡产生明显的破坏,在开挖中引起滑坡、崩塌。现在公路高切坡已经改变了传统的方法,采用逆作法施工,从上到下分段开挖,边开挖边支护使开挖引起滑坡(崩塌)的现象大大减少,或者在开挖前采用超前支护,也可以达到同样的效果。

9.2 山区道路滑坡类型与特征

滑坡分类是人们对滑坡认识水平的反映,纵观已有的多种分类方案,凡具有生命力的滑坡分类方案都是符合科学性、实用性和易操作性的分类原则。国际上把由重力作用为主导致的斜坡运动称为滑坡,包括滑坡、崩塌、蠕动、落石、溜砂坡等(王恭先等,2004)。本节重点介绍与道路关系密切的滑坡和崩塌,由于在物理风化严重的花岗岩地区发育的溜砂坡对公路也有很大危害,本节也进行适当介绍。

9.2.1 单指标、单级别的滑坡分类方案

在众多的滑坡分类方案中,依据某一种指标对滑坡进行单一级别的分类方案,有广泛的实用性。现选14种单指标滑坡分类方案整理列入表9-8(国家防汛抗旱总指挥部办公室,中国科学院·水利部成都山地灾害与环境研究所,1994)。

常见单指标滑坡分类简表　　表 9-8

序号	分类依据	滑坡类型（别称）
1	滑坡体平面形态	圈椅形（马蹄形）
		横长形（横展形）
		纵长形（条形）
		缩口形（葫芦形）
		勺形
		椭圆形
		多边形（角形）
2	滑坡体厚度（m）	巨厚层滑坡（>50）
		厚层滑坡（$30\sim50$）
		中层滑坡（$10\sim30$）
		浅层滑坡（$3\sim10$）
		表层滑坡（<3）
3	滑坡体积（m^3）	超巨型（$>10^9$）
		巨型（$10^8\sim10^9$）
		超大型（$10^7\sim10^8$）
		大型（$10^6\sim10^7$）
		中型（$10^5\sim10^6$）
		小型（$10^4\sim10^5$）
		较小型（$10^3\sim10^4$）
		微型（$10^2\sim10^3$）
		极微型（$<10^2$）
4	纵剖面上的滑面形状	直线形滑坡
		折线形滑坡
		圆弧形滑坡
5	滑动面数目	单滑面滑坡
		双滑面滑坡（双层滑坡）
		多滑面滑坡（多层滑坡）
6	滑坡体含水程度	干滑坡（块体滑坡）
		塑性滑坡
		饱水滑坡（塑流滑坡）
7	主要诱发因素	地震滑坡
		暴雨滑坡
		融冻滑坡（融冻滑塌）
		液化滑坡
		工程滑坡（人为滑坡）
		冲刷滑坡
		侵蚀滑坡
		渗透滑坡
		加载滑坡
8	道路与滑动面关系	路基滑坡
		路面滑坡
		路内滑坡（悬滑坡）
		路外滑坡
9	滑坡力学状态	牵引式滑坡（后退式滑坡）
		推动式滑坡（推移式滑坡）
10	主滑段与地层的关系	顺层滑坡
		切层滑坡
11	滑坡物质	岩质滑坡（岩石滑坡、岩层滑坡）
		半成岩地层滑坡
		土质滑坡（覆盖层滑坡）
		溜砂坡（碎屑坡）
12	运动状态	剧冲型滑坡（崩塌型滑坡、高速滑坡）
		缓慢滑坡
		周期性变速滑坡（间歇滑坡）
		匀速滑坡
13	发生时代	潜伏性滑坡（隐滑体）
		新滑坡
		老滑坡
		古滑坡
14	滑动次数	首次滑坡
		多次滑坡

9.2.2　综合性滑坡分类

综合性的滑坡分类是在全面系统地分析各种分类指标的基础上，筛选出几种分类指标，按主次顺序排列组合，并统一命名。这种分类方案能够直观地反映出滑坡的物质组成、体积和成因等基本特征，利于指导滑坡的防灾工作。

表9-8单指标滑坡分类中针对道路工程的分类并不多，仅指标8是针对道路工程的。据近十多年道路滑坡防治研究实践，道路滑坡的综合性分类可简化为4种指标，为此提出4种指标道路滑坡综合分类法，见表9-9。

道路滑坡综合分类单指标表 表9-9

指标Ⅰ 滑坡组成物质		指标Ⅱ 滑坡体积（万 m^3）	指标Ⅲ 主要诱发因素	指标Ⅳ 道路与滑动面位置
岩质滑坡	顺层	微型滑坡 <1	暴雨滑坡	路基滑坡（滑动面在路面以下）
	切层		地震滑坡	
	斜交	小型滑坡 1～10		路面滑坡（滑动面在路面附近）
半成岩滑坡	顺层	中型滑坡 10～10^2	冲刷滑坡	
	切层	大型滑坡 10^2～10^3	开挖滑坡	路内坡滑坡（滑动面在路内坡上）
	斜交		加载滑坡	
土质滑坡（碎石土）		特大型滑坡 >10^3	冻融滑坡	路外坡滑坡（滑动面在路外坡上）

道路滑坡综合性分类命名应反映滑坡的基本特征，读起来比较顺口。把指标Ⅲ主要诱发因素放在滑坡名称前，指标Ⅰ、Ⅳ放在中间，指标Ⅱ滑坡体积放在名称后。如“开挖岩质顺层路面中型滑坡”“暴雨碎石土路内坡小型滑坡”。从这两个滑坡的名称中知道滑坡的组成物质、规模大小、主要诱发因素、道路与滑动面关系等特征。所有此种滑坡综合分类命名比较适合道路滑坡灾害防治。

9.2.3 滑坡灾害与道路相互作用特征

关于滑坡等灾害的特征，已有许多文献进行了细致的论述。针对道路工程，人们关注的不是滑坡的一般特征，而是滑坡、崩塌、溜砂坡等斜坡变形灾害与道路的相互作用和成灾机理。

1）滑坡与道路工程的相互作用及成灾机理

按道路相对于滑坡体的位置，有以下三种情况（图9-5）。

（1）道路在滑坡体前缘

若滑动面在道路路面以上，则滑坡对道路的作用（危害）是埋没。大量的土石滑落到道路上，埋没道路中断交通；若滑动面在道路路面以下，滑坡剧烈滑动，有可能推动路基、毁坏路基，如图9-5a）所示。此种情况下，导致滑坡的主要原因是道路修建过程中开挖坡脚，若开挖的坡度和高度超过边坡稳定上限值，或使坡体内的软弱结构面暴露，会引起开挖坡体坍滑甚至会引起已经稳定的老滑坡复活。

（2）道路在滑坡体中部

此种情况滑坡对道路的危害非常大，由于滑动面在道路路基以下，滑坡体的微小活动都会使路面产生开裂、错断,如图 9-5b)所示。若滑坡发生剧烈滑动,会对道路产生毁灭性破坏。道路对滑坡的作用表现在:道路施工过程中开挖、碾压等动荷载和施工水浸入导致滑坡复活;在运行中由于汽车或火车动载荷作用,也可能导致滑坡复活。

(3)道路在滑坡体后缘

此种情况在西部山区也不少,道路外侧是老滑坡体或较厚的崩坡积碎石土层,修路时采用半挖半填(内挖外填)。后来由于坡体下部沟水冲刷,使道路外侧坡松散土层产生滑坡,或公路外侧老滑坡复活,使道路外侧坡悬空,牵引道路填方部分产生滑动,造成道路外侧部分毁坏。显然滑坡对道路的作用是牵引道路外侧甚至整个道路一起滑动而毁坏。道路对滑坡的作用则表现在道路施工中大量弃石土堆在外侧坡上,起着加载的作用。道路运行中,车辆行进中的剧烈振动,对外侧坡体的稳定性也是一个重要的影响。加上其他因素的叠加,比如强降雨或长时间降雨,就会诱发公路外侧滑坡,如图 9-5c)所示。

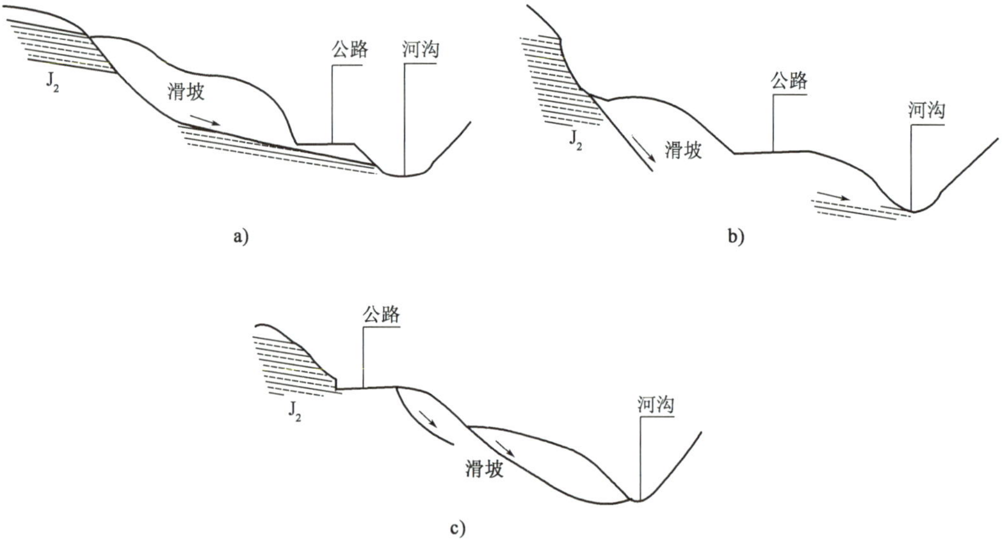

图 9-5 滑坡对道路的作用示意图

2)崩塌与道路工程相互作用及成灾机理

崩塌对道路的作用表现在以下两方面:道路处在可能发生崩塌的陡崖脚,陡崖发生崩塌后,大量块石砸在道路上,毁坏路面,并堆积在路面上,阻碍交通,甚至中断交通,如图 9-6a)所示;道路处在陡崖顶内侧,崩塌会牵引道路一起崩塌,如图 9-6b)所示。

道路对崩塌的作用主要体现在道路开挖过程中引起新的崩塌;道路运行过程中,由于车辆的动荷载作用,可加速道路外侧陡崖的变形。

3)溜砂坡与道路工程相互作用及成灾机理

溜砂坡是碎屑坡中的一种特殊类型,由于溜砂坡具有独特的形成、发生和运动堆积过程,给环境、生态、道路建设造成的危害也有鲜明特征(梁光模等,2003;夏柯,2020)。溜砂坡内部结构的最大特征是散体结构，由砂、砾、碎石组成，黏粒、粉粒等细粒含量很少，不到5%，抗剪强度指标 φ 为 35°～40°，c 几乎为 0，可谓“一盘散沙”。

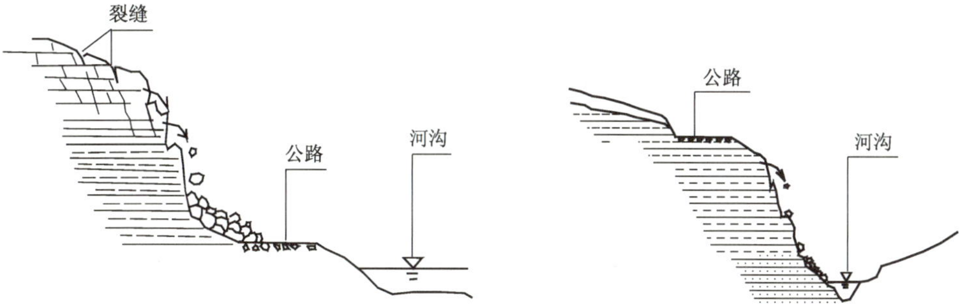

a)公路在崩塌体下缘　　b)公路在崩塌体上缘

图 9-6　崩塌对道路作用示意图

溜砂坡对环境生态的影响表现在陡崖下的大片山坡上植被很难生长。即使砂坡稳定后表部长了杂草、灌丛，一旦破坏就很难恢复，所以溜砂坡分布区的生态保护重建尤其重要。

(1)溜砂坡对道路工程的影响

①大量的溜砂流入道路阻塞交通，甚至造成断道。

20 世纪 90 年代末至 21 世纪初的调查显示，川藏公路(G318 线)西藏境内中坝段溜砂坡分布区，每年都有多次较大型的溜砂进入公路，阻断交通 10～15 天。溜砂坡对道路的危害具有经常性、间断性，常有小砾石从砂坡上溜下，砸坏行进车辆的挡风玻璃和行人，危害中也包括突发性，有时一个晚上就有数千立方米的砂流到公路上，形成滑移型溜砂坡，把公路完全阻断，如图 9-7 所示。

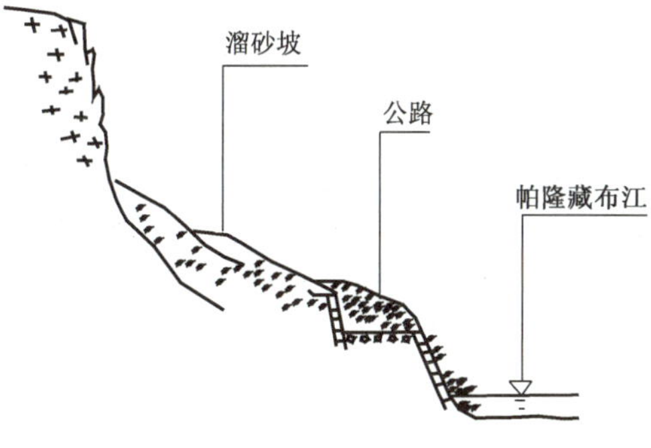

图 9-7　溜砂坡进入公路阻断公路示意图

②溜砂坡对道路施工的影响。

由于溜砂坡独特的散体结构特征，造成道路边挖边溜(塌)的危害，严重时根本无法施工，甚至埋没机具和施工人员。

(2)道路工程对溜砂坡的影响

①道路施工可加剧溜砂坡活动，使已处于相对稳定的溜砂坡重新复活，发生溜动。这

种现象在川藏公路西藏境内中坝段的扩建工程中表现得十分明显。

②汽车振动也可引起砂坡表部砂粒运动，不过溜动的量很少，不会给公路运输造成严重的危害。但长此下去在路面上撒满了砂粒、碎屑，影响公路路面清洁美观。

9.3 道路滑坡实例——凉水村滑坡及其形成机理

1）凉水村滑坡概况

凉水村滑坡位于贵州省思南县，2015 年 7 月 16 日 18 时左右，凉水井镇凉山村发生严重山体滑坡。滑坡整体滑动 20m 左右，造成凉水井镇通往印江的唯一道路（省道 304 线 K151 + 403 ~ K151 + 663 段）中断长达两月之久，也给当地百姓的出行带来了极大的不便。除此之外，滑坡导致坡体上 14 户居民房屋倒塌，8 处居民房屋开裂变形，坡体后部的灌溉水渠挤出明显、变形开裂。同时，当地供水、供电中断，对当地居民的生产、生活造成了极大的影响。

凉水村滑坡平均宽度约 180m，纵长约 420m，主滑方向为 134.2°，前缘高程约为 580m，后缘高程约为 690m。该滑坡滑体平均厚度约为 10m，滑体体积约 46 万 m^3，属大型中层堆积层滑坡，如图 9-8 所示。

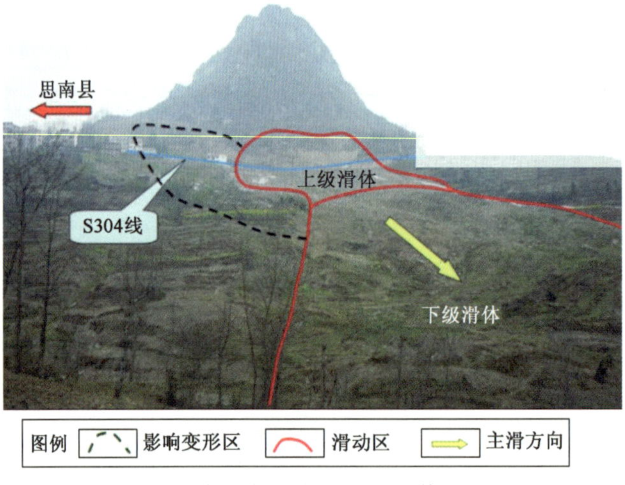

图 9-8　凉水村滑坡概况图（牛涌等，2019）

2）自然环境条件

（1）地形地貌

凉水村滑坡区域内地形起伏相对较大，主要为山间浅丘及山间剥蚀低山地貌。滑坡区域内微地貌发育，坡体上发育有一条深切“V”字形冲沟，主滑方向从上至下整体地形呈上缓—中上陡—中缓—下陡。该区域的植被覆盖情况为坡体外多发育林木，坡体内则主要以灌木为主。

(2)地层岩性

根据地质调绘和工程地质钻探,凉水村滑坡区域内分布的主要地层为第四系耕植土、第四系滑坡堆积层、第四系残坡积层,下伏基岩为志留系中上统泥岩。

(3)气象水文

该区属中亚热带季风湿润气候。主要特征是:四季分明,雨热同季;无霜期长,光照适宜,年均温17.3℃,霜年少见,雨量充沛,年均降水量在1 047.4 ~1 269.1mm。区域内大小溪流均以乌江为排泄基准面呈网络状遍布思南县,隶属长江流域乌江水系。凉水村滑坡坡脚发育一条常年流水冲沟,冲沟内溪水主要受大气降水、两侧山体内的泉水及基岩裂隙水补给,水位变化幅度较大。

(4)地质构造

凉水村滑坡所处的大区域范围内的主要褶皱有许家坝向斜、塘头向斜和鹦鹉溪背斜;主要断裂有大河坝、石阡压性断裂。其次是形成于雪峰期以前,呈北东向展布的一系列大致平行的压扭性断裂。S304省道两处受灾点的岩层区域产状为135° ~178°∠10° ~15°,与坡面倾向斜交,呈顺倾层状。凉水村滑坡区域岩层呈单斜状,岩层产状为148°∠10°,岩层面之间易分离,强度较低。根据基岩出露点的节理调查统计,基岩中主要发育有2组裂隙:第一组裂隙产状为60°∠25°,表面较平直,无填充,延伸长度大于1.0m,间距为0.2 ~0.5m,张开度2 ~5mm,节理面强度低。第二组裂隙产状为331°∠12°,表面较平直,张开度1 ~2cm,少量黏土填充,延伸长度大于2.0m,间距为1 ~2m,节理面强度低。

(5)地震作用

思南县域属微震多发区,根据《中国地震动反映谱特征周期区划图》(GB 18306—2015)查得:该区地震动峰值加速度 $<0.05g$,地震动反应谱特征周期为0.35s,对应地震基本烈度≤Ⅵ度区。

3)变形破坏特征

2015年7月中旬,思南县各乡镇降雨量普遍超过350mm,最大降雨量达412.7mm,受近80h的连续强降雨影响,省道S304线K151 +403 ~K151 +663段发生大规模滑坡,该滑坡滑动区平面形态总体呈长“舌”形,平均宽度约180m,纵长约420m。滑动区又分为上级滑体和下级滑体(图9-8)。

(1)上级滑体

上级滑体平面形态呈“舌”形,上部稍窄,宽约140m,下部逐渐变宽。上级滑体平均宽度约160m,纵长约40m,坡体平均坡度约为20°,主滑方向134.2°,主滑方向基本与公路呈垂直关系。上级滑体后缘高程约为690m,前缘位于斜坡体中部由下级滑体滑动形成的陡峭基岩出露后壁顶部,高程约为645m,前后缘高差达45m。滑体平均厚度约为10m,滑体体积约为14万 m^3。

上级滑体整体滑东距离超过 20m，滑动后在其后部形成高约 30m 的后壁，以及宽约 30m 的滑坡洼地。滑坡两侧面形成了高 5～8m 的陡立泥岩侧壁，滑坡体上地面倾斜、凹陷、台坎倾斜；遍布着居民房屋的残垣断壁及纵横交错的拉张、剪切及鼓胀裂缝；公路变形破坏严重，如图 9-9 所示。调查发现位于滑坡周界后缘高陡边坡外侧的崩坡积层有局部垮塌，造成坡体后部引水渠挤压变形破坏。

图 9-9　凉水村滑坡道路、房屋破坏（牛涌等，2019）

（2）下级滑体

下级滑体平面形态也呈"舌"形，平均宽度约 240m，纵长约 280m，主滑方向为 134.2°。滑坡前缘高程为 560～583m，后缘高程约为 645m，前后缘高差达 85m。后缘位于该滑体滑动后形成的巨厚层中风化泥岩后壁处，后缘整体下错明显，前缘位于沟底。滑体平均厚度约为 8m，滑体体积约为 32 万 m^3。下级滑体上出现数道剪切、张拉、鼓胀裂缝，裂缝宽度为 3～5cm，长度为 2～3m，最长达 8m，可见深度为 0.2～0.4m。前缘整体挤出明显，挤出方量约为 2 000m^3，坡脚挤出造成沟底冲沟被掩埋，致使排水不畅在冲沟上游形成了小型堰塞湖。随着雨季的来临，冲沟内流量增大，可能形成泥石流对坡脚附近的杭瑞高速盐井湾隧道进口处路基造成威胁。

4）形成机理分析

（1）滑坡形成的基本条件

凉水村滑坡区域地形起伏较大，滑坡的前后缘高差在 100m 以上。虽然滑坡区域地形较为平缓，仅有 15°～20°，但坡体下伏基岩为泥岩，岩层产状与坡面近似平行，为顺层坡体结构，且滑坡体主要由粉质黏土及碎、块石组成的，这些松散的滑坡堆积物和崩坡积物是很难在顺倾斜坡上长期维持稳定性的，随着雨季大量地表水的汇集、入渗，浸润原坡体内的岩土体，并逐步形成软弱带，易沿泥岩层面发生滑栋。

（2）人类工程活动

滑坡后缘的灌溉水渠虽然已废弃不用，但每逢暴雨及洪水季节，水渠内仍有水流通过，由于水渠的年久失修,每逢雨季及洪水季节水渠渗漏严重,流水沿水渠四处横流,导致坡体的水文地质环境不断恶化。同时滑坡体上居民住宅与农田较为分散,未建立统一完善的灌溉与排水系统设施,乱引乱排现象随处可见,这也增大了滑体的自重,降低了坡体的稳定性。

(3)降雨、地表水与地下水

2015年7月贵州省普降大暴雨,12—16日4天降水量有17个县市区超过该站极端3天降水量阈值,出现极端降水事件,其中包括思南县(327.2mm)。在如此丰富的降雨条件下,松散的崩坡积物质长期处于饱水的状态下,加之滑坡发育的地形基本为凹地形,有利于地下水和地表水的汇集。这不仅使松散堆积层重量增加,地下水渗透力和静水压力增大,而且松散堆积层中水量及水压增大可浸湿至滑面甚至达基岩顶面,软化滑动面,降低抗剪强度。此外,滑坡坡脚的冲沟有常年流水,雨季水量更大,冲沟的冲刷作用对于滑坡的诱发也起到了一定作用。滑坡出现开裂变形后,易于降雨入渗,对滑面的形成也起到了加快作用。

9.4 远程滑坡实例——易贡高速滑坡及其形成机理

1)易贡滑坡概述

(1)滑坡位置

易贡高速滑坡位于西藏自治区林芝市波密县境内易贡藏布河(以下简称“易贡河”)下游北东(左)岸的札木弄沟,地理坐标为东经94°58′03″,北纬30°12′11″。滑坡区距易贡河汇入帕隆藏布江的入口处约19km。

(2)滑坡灾害过程

2000年4月9日20时,由于札木弄巴(沟)上游大量春雪叠加,最终导致上游发生大型雪崩。近202万m^3的雪崩物质从数百米的陡坡滑落,沿途激发了中游凹陷地形中的近1.0亿m^3的寒冻风化物,并沿着纵比降近30°的沟床高速流动(速度高达50m/s左右),又侵蚀了下游沟床数百米宽的近1.1亿m^3的坡积物、崩积物,沿基岩接触面倾泻而下。滑坡物质沿沟床流动,前端形成高达100m左右的龙头冲出沟口,直抵易贡河对岸,在老堰塞残留体的拦挡下停积,形成高130m的天然土石坝(朱平一等,2000)。而龙头部分受阻爬高扬起,从而产生逆向抛撒堆积。一部分推毁了高达数十米的茂密松林坡地直达易贡茶厂桥边,距居民居住区仅200m。滑坡体最终演化成体积约3亿m^3的巨型岩崩→雪崩→滑坡→泥石流灾害链。堆积物沿易贡藏布河波及长度2.6km,堵塞体宽度1.5km,堰塞坝平均高度60m。

天然土石坝紧邻其上游为原已存在的易贡湖(更古老的堰塞湖)水位(水面海拔2 220m)以每天0.6m的速度上涨。进入5月份后,由于易贡河上游来水量增加,湖水位平均每天上涨 1m 左右。由于环境的恶劣复杂,泄流工程实施难度极大,加之雨季的到来,至天然土石坝溃决前(时过 62 天),湖水上涨速度已增为 2.0m/天,使原易贡湖的湖水由原先的 0.8 亿 m^3猛增到 30 亿 m^3左右。在过流冲刷、静水压力和管涌作用下,堰塞坝终于 2000 年 6 月 10 日 21 时 30 分溃决。堵溃洪峰持续 6h,直泄雅鲁藏布江,造成巨大损失。

堆积体各部分物质组成不同,上游侧块石相对较多,其余部分以砂性土夹碎块石为主。砂性土分选性差,各部分的含量不一,表面部分土质较松散,易于发生失衡和崩坍。堆积体平面和剖面如图 9-10、图 9-11 所示。

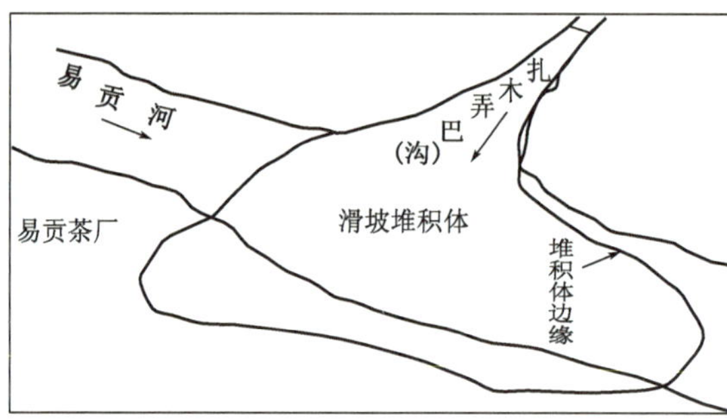

图 9-10　易贡高速滑坡平面示意图

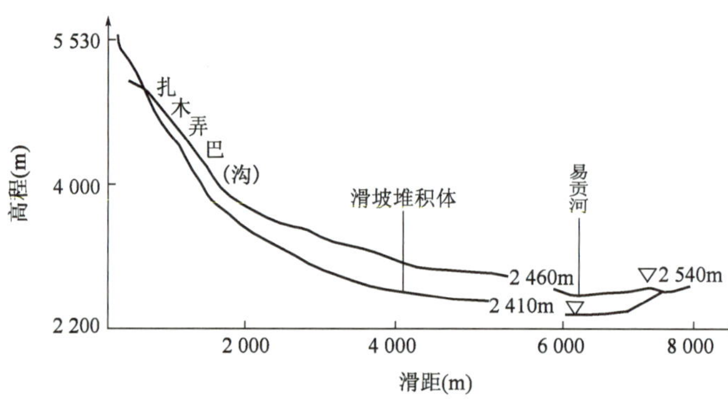

图 9-11　易贡高速滑坡剖面示意图

滑坡发生后,流域内的小规模雪崩和两岸崩塌十分活跃,最高可达每小时 3 次。据卫星图像的动态监测研究,发现这次由上游产生的第一次山体大滑坡后至少造成了下游 25 处规模不等的次生滑坡。滑坡物质主要由砂土夹石、块石构成,细砂土占 70% ~80%,个别块石体积达数百立方米,母岩主要为花岗岩、大理岩、板岩,风化强烈。

2)区域环境与高速滑坡发生条件分析

(1)流域概况

①易贡河流域

易贡河是雅鲁藏布江的二级支流,是帕隆藏布江最大的支流,长 286km,流域面积

13 553km²,占帕隆藏布江流域面积的47.3%。它源于嘉黎县西北的念青唐古拉山脉南麓。自河源始向南流,在哈瓦加达附近折向东南,经阿扎、八盖、易贡湖等地,在滑坡体下游19km的通麦附近,顺向汇入帕隆藏布江。

从卫星影像解译的易贡湖地区的线性行迹图可知(王治华,吕杰堂,2001):a.易贡湖是局部线性构造围限的沉陷湖;b.易贡湖北岸和湖水出口地段成片分布了老的滑坡、泥石流堆积体,诸多林场、耕地、居民点就分布在这些堆积体上;c.堆积体的影像与地形特征显示了易贡湖出口的滑坡、泥石流多期活动的痕迹,这些堆积体明显受到线性行迹的控制。易贡滑坡应是区域重力地貌发展中的一个自然的典型实例。

仅有的1967—1969年3年水文资料显示:易贡河年平均流量378m³/s,最大实测流量为1 700m³/s,其中4月份平均流量88m³/s,5月份平均流量261m³/s,6月份平均流量761m³/s,年径流量119亿m³。6月份进入汛期。

②扎木弄巴(沟)流域

又名辛陇弄巴(沟),位于川藏公路(G318线)通麦段易贡藏布河下游东北(左)岸。柳叶状流域形态,羽状沟谷水系,流域面积31.8km²。其中,现代冰川与积雪面积2.2km²,主沟长9.7km,沟床平均比降52.6‰。源头海拔5 610m,沟口海拔2 190m,高差3 420m(图9-12)。

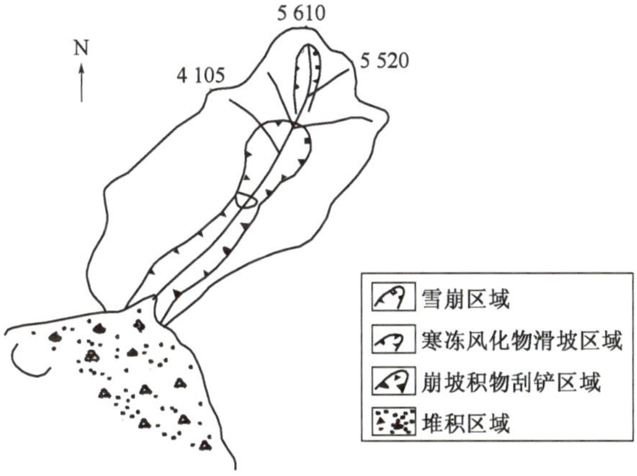

图9-12 扎木弄巴(沟)成灾概貌图

资料表明,历史上该沟有多次冰川泥石流活动。1902年盛夏,在长期连续的强降雨之后,于8—9月间,突然断流15天,之后突然从沟内冲出泥石流,山谷振荡,房屋摇晃,5km外都能听到响声。泥石流越过易贡藏布河,直冲彼岸,将沟口附近一带50余户房屋、牲畜及大片庄稼地淤埋,易贡藏布河断流达一月之久,形成巨大的河道型湖泊。湖水位比现今高出50m以上。泥石流堆积扇面积达11.6km²,形成长3.2~3.6km,宽1.2~2.5km,最大厚度达140m,最小厚度达75m的天然坝。堆积物质达5.1亿m³,上游湖水淹没范围达

51.9km²。天然坝一个月后溃决。

(2)区域自然环境

①地质地貌概况

区域地质资料和专题图件显示,易贡地区大地构造属拉萨—波密褶皱带,易贡高速滑坡便发生在易贡藏布—帕隆藏布深断裂带与易贡—鲁朗走滑断裂交叉部位附近。这两条深大断裂控制了区域地貌的走向与分布。易贡藏布河200km长的河谷即沿断裂带发育。

滑坡区位于著名的通麦—林芝地震带,周边是西藏 M_s =4.0~5.9级中、强地震的强烈活动区。据统计,近100年来发生在帕隆藏布流域内的中、强地震14次,占总数的42.4%。1938—1967年的29年中,该带发生 M_s≥6级的地震8次。通麦—林芝地震带的地震活动对区内的滑坡、泥石流的形成发育和活动有重要影响。

易贡滑坡区出露地层主要为石炭系旁多群(C*pn*),60m岩性为灰绿色生物碎屑灰岩、钙质砂泥岩、中粗粒砂岩、粉砂岩、石英砂岩,另有二叠系的片麻岩、石英岩、大理岩、混合岩及喜山期花岗岩。以坚硬岩层为主,间有软弱夹层的地层,十分有利于物理风化形成大量碎屑物。

②自然地理环境

易贡地区位于西藏东南部雅鲁藏布大拐弯东北角,受印度洋暖湿气流沿雅鲁藏布江河谷北进的影响,加之海拔低,植被茂密,河谷属亚热带北缘一年两季气候,即5—10月的雨季和11—次年4月的旱季。年降水丰沛,多年平均达1 086.1mm,雨季降水占70.4%,旱季中11—2月降水最少,每月仅几毫米到几十毫米。3—4月主要降春雪,最大降水月主要在6月,占全年降水的21.2%,最大可达32.7%。年平均温度11.9℃,最高可达13.2℃(1953年)。本地区具有雨日多,雨量小;有暴雨,频率低;年雨量大,年际变化小;降水垂直递增率大等气候特征。

利用1998年11月、12月的卫星影像解译显示了滑坡前约一年半易贡河下游的地貌和土地覆盖环境(王治华,吕杰堂,2001)。易贡藏布河及其支流属极高山峡谷地貌,切割深度2 000~4 000m。易贡河两侧多为高程5 000m以上的山峰,高程3 500~6 255m为积雪覆盖及冰川活动的山岭,高程4 000m以下大部为森林覆盖,冲积扇上有农作物及居民点分布。位于本区峡谷底部的易贡湖盆地并不完全充满湖水,多条水流呈网状分布,湖的进出口高程分别为2 230m及2 190m,盆地总面积约26km²,湖水面积仅约9.8km²。

3)易贡高速滑坡发生机理与运动过程

(1)滑坡碎屑流堆积特征

据野外实地考察,扎木弄巴(沟)碎屑流堆积物结构疏松,堆积体含水率小于8%,前缘大砾石具一定的重力分异现象。按照堆积形态,可分为6个堆积类型,如图9-13所示。

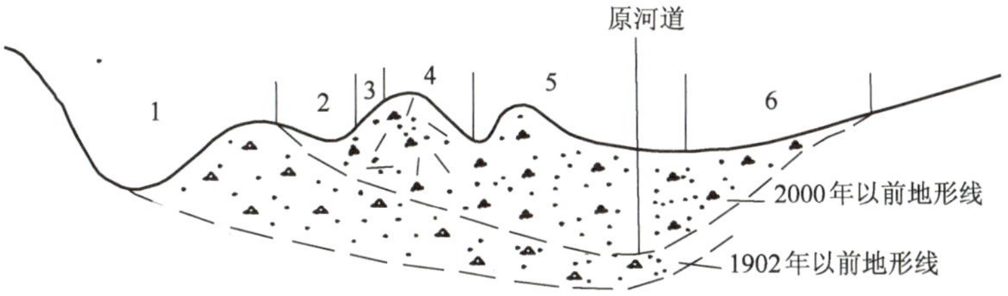

图9-13 扎木弄巴(沟)碎屑流堆积分类图

1-前缘气浪沉降堆积区;2-顶托河水堆积区;3-反弹堆积区;4-刨蚀物质堆积区;5-寒冻风化堆积区;6-雪崩物质堆积区

①前缘气浪沉降堆积类型:主要表现为地表植物的叶和枝上均布满黏粒粉尘,波及长度达3.5km。前缘地带的树枝均被拦腰切断和破坏,仅残留树主杆。由于大量飞石作用,树皮大部分剥落。

②顶托江水堆积类型:主要表现为地表多处出现凹陷负地形,而且残留部分水和大量树木,形成大小不等的湖泊。这是由于碎屑流的快速运动,顶托易贡藏布河所致。

③反弹堆积类型:碎屑流的快速运动,前缘顶部与河道西侧老堵塞残留小山碰撞的反作用力,使其呈弧形逆向抛撒在堆积体前缘表面。

④刨蚀堆积类型:碎屑流在高速运动中,对流域下游两岸坡产生强烈的侵蚀作用。与此同时,巨大的作用力又使刨蚀部分以同等速度运动。当跨过易贡藏布河后,受到西侧老残留体的阻挡,而爬高停淤,形成前缘隆起的堆积峰。堆积体富含大量植被残迹。砾石具次棱角状或次圆状,细颗粒物质呈杂色,代表了其充分氧化作用的产物。

⑤寒冻风化物堆积类型:本类型主要表现为少含或不含植被残迹,而且细颗粒物质色调单一,呈浅灰色,黏粒含量少,砾石具棱角状。

⑥雪崩物质堆积类型:本类型主要为雪崩物质经快速运动后消能而产生停淤。堆积体内不含植被残迹,细颗粒含量少,主要以岩屑转石为主。据调查,本堆积类型中还含有大量的雪团,经消融后使堆积体产生大量的孔隙。

(2)滑坡动力分析

扎木弄巴(沟)由雪崩激发了滑坡活动,而滑坡在运动中又转化为碎屑流,其中包含有多种功能转换的过程。在这个过程中,其主要的动力来源于机械能。机械能包括动能和势能。根据能量守恒和转化原理,滑坡下滑后重心下降 h 所损失的势能,应等于滑体运动的动能与下滑过程中为克服抗滑阻力所做的功之和。本滑坡剪出口高出河床300m左右,求得滑体的最大滑速为49.7m/s,与实地调查的滑速比较接近。

扎木弄巴(沟)滑坡经雪崩激发后,不久迅速解体,演变为碎屑流,在20°~30°的沟坡上呈碎屑流动状态(戴兴建等,2019;Chao Kang 等,2017;柴贺军等,2001;刘广煜等,

2019)。与此同时,对扎木弄巴(沟)下游进行强烈的铲蚀,使运动物质沿程急剧增多,最终堵塞易贡藏布河,表现为雪崩、岩崩→滑坡→碎屑流→堵江的灾害链的过程(图 9-14),这种特殊的运动过程和形式,在青藏高原极为普遍,但如此巨大的规模,却属世界罕见。

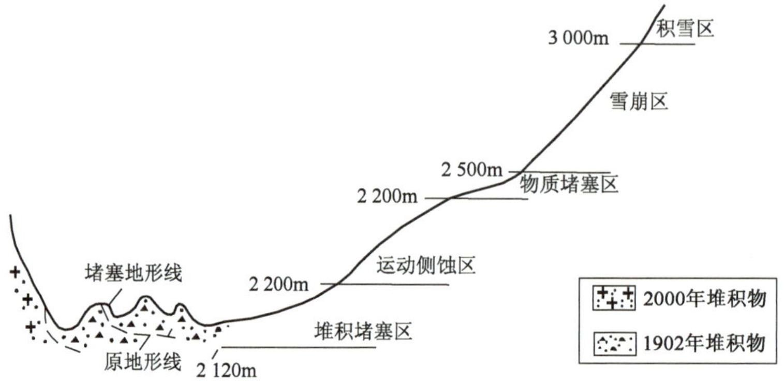

图 9-14　扎木弄巴(沟)碎屑流发生分区图

9.5　溜砂坡灾害实例——中坝溜砂坡灾害与形成机理

1)中坝溜砂坡概述

川藏公路(G318 线)中坝段(K3 907 ~ K3 932)是溜砂灾害集中分布的路段(图 9-15),该段位于西藏自治区林芝市波密县境内,东起米堆沟,西止中坝。中坝段位于帕隆藏布流域上游,川藏公路沿主河帕隆藏布江展布。帕隆藏布江全年均流量大于 1 000m^3/s,夏季洪水流量则为 2 000 ~ 5 000m^3/s,河水位变幅大于 3m,属典型的山区河流。河流凹岸一侧的路基及岸坡冲刷严重。

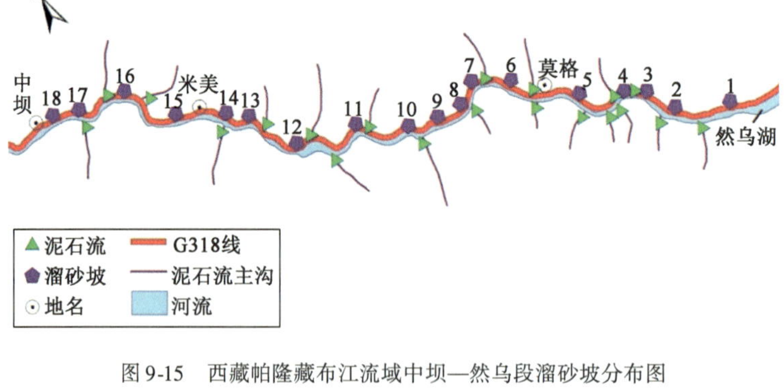

图 9-15　西藏帕隆藏布江流域中坝—然乌段溜砂坡分布图

自通车以来,中坝段公路溜砂灾害频繁,阻车毁车现象时有发生,是川藏公路南线上著名的灾害段,严重影响正常的交通运营,对全区社会稳定、经济发展、巩固边防都有着极大的影响。养护部门每年均花费大量的人力、物力，对该段进行清理和保通，虽然尽了最大的努力，但未能得到有效治理（王成华等，2002）。

本节从溜砂坡的分布、基本特征入手，分析溜砂坡的形成、演化规律。

2）中坝溜砂坡发生的自然环境特征

（1）地质背景

①地质构造

溜砂坡地段的断裂构造十分发育，主断层都是压性和压扭性断层，小断层多系张性和张扭性断层，其中以北北西及近南北向两组张性断裂和北东向压扭性断裂为主。北北西和北西西断裂控制主河水系的发育与形成。帕隆藏布江流域属青藏高原南部地震区，地震烈度为Ⅸ度。据有关资料显示，1950—1996 年期间，与本地区紧邻的察隅—墨脱地区共发生震级 $M_s \geq 4.0$ 级地震 124 次。其中，1950 年 8 月 15 日发生在北纬 28.4°、东经 96.7° 的 $M_s = 8.6$ 级察隅地震最大。震中与本研究区的水平距离不到 90km。从震级划分，震级 $M_s > 8.0$ 级的 1 次，$M_s = 6.0 \sim 7.9$ 级 12 次，$M_s = 4.0 \sim 5.9$ 级的 111 次。1980 年以来，$M_s > 4.0$级中强地震先后发生过 15 次。这些频繁发生的地震，加剧了该路段溜砂坡灾害。

②地层岩性特征

地层岩性单一，基岩以燕山期晚期中酸性黑云母花岗岩为主，在高海拔地区还有部分花岗片麻岩，在米堆沟等地还可见玄武岩分布。84 道班（米堆沟口）以上的上游路段，岸坡的中、上部出露泥盆系、石炭系致密玄武岩、灰岩、板岩和砂岩，少量泥盆系变质砂板岩。岩层中发育了强烈的褶皱，且非常破碎。公路所经地段第四系沉积物主要有河流沉积物、冰碛物、冰水沉积物、泥石流堆积物和重力堆积物。溜砂坡就是最典型的重力碎屑堆积物。

（2）地貌背景

①区域地貌特征

中坝区域所处地貌单元为藏东南高山深谷区，地形崎岖，山坡陡峻。依海拔由高到低可以划分为以下几种地貌：

a. 高山冰雪地貌带：指高程 4 500m 雪线以上地带，冰雪作用、雪崩、冰崩极为频繁，发育季风型海洋冰川，主要为悬冰川。山坡上布满众多的雪崩槽，山麓多雪崩锥（有的雪崩锥还直接下到河谷）。

b. 亚高山寒冻风化地貌带：位于雪线—林线地带，大部分坡体基岩裸露，局部有斑状积雪和冰川，季节性冻土发育，冻融风化作用强烈，形成多种高山冰缘地貌类型，古冰川遗迹众多。

c. 中山山坡重力地貌带：包括林线—谷底的山坡和谷坡地带，部分公路也从这些地带的下部通过。这里的地貌营力多样，既有坡面和支沟的山洪作用、陡峭山崖上的重力作用，也有部分流水作用（季节性小型瀑布和跌水）。重力作用除与陡峭的地形有关之外，还与本地区强烈的新构造运动和地震活动联系密切。沿着断层、节理或层面往往形成崩塌陡崖、崩塌沟谷等。在陡峻山崖下，崩塌形成的倒石堆以及本地区特有溜砂坡、泥石流等重力地貌类型十分发育。

d. 河谷流水地貌带：指强烈流水作用的地带，包括主河的河谷和大型支沟的下游地带。由于是峡谷区，阶地不甚发育，只在支沟口有洪积和泥石流阶地以及冰碛台地。

②中坝路段主要地貌特征

中坝路段河流海拔 3 281m，两岸十分陡峻，坡度 45°以上。坡上部为岩层裸露的急陡坡、陡崖，坡度 50° ~ 70°。中、下部为溜砂坡堆积，坡度 34° ~ 39°。坡体中、下部的基岩多被溜砂坡或坡 ~ 崩积、冲 ~ 洪积块碎石土覆盖，厚度 10 ~ 15m。河床边有少量冲 ~ 洪积砂砾石缓坡滩地。

溜砂坡发育的斜坡纵向形态类型主要为缓坡→陡崖→陡坡，即斜坡上段为 < 25°的缓坡，中段为岩体裸露的陡崖，坡度 > 60°，下段为 30° ~ 40°的陡坡。缓坡→陡崖→陡坡型地段为本路段的溜砂坡分布区。

溜砂坡地貌是花岗岩经强烈的寒冻风化形成的残积物以及高处雪崩或流水作用带下的坡积物，堆积在河道两岸，形成溜砂坡。多处溜砂坡连接而成为坡积裙，形似高大山体的裙边。在峡谷段，溜砂坡前缘伸到河床边。河水冲刷作用是溜砂坡因前缘被侵蚀而失稳的主要因素。此外，峡谷段的公路直接从溜砂坡的中、下部通过。由于坡脚被开挖和植被破坏，使其坡体失稳下滑，溜砂坡重新活动，常造成车毁人亡。这是中坝路段中影响公路通行的重点地区。

（3）气象水文特征

①气象特征

本区属藏东南湿润气候区，年降雨量大多在 500 ~ 700mm，河谷地区冬无严寒，夏无酷热。本区域的年降水量分布不均匀，总特点呈多峰型。6—9 月降水充沛，占全年的55% ~ 85%，且多高强度、短历时的局地暴雨，为河流丰水期，也是水毁、滑坡、崩塌和泥石流多发期。同时，降雨有随高程增加而增加的特点。例如波密县高程为 2 736m，年降雨量为 884.7mm，而米堆沟高程为 4 800m，年降水量为 1 700mm。此外，温度随高程增高而降低，垂直递减率为 0.4 ~ 0.6℃之间。近几年气温和降水有明显增长趋势，易引发山洪和冰川型泥石流。

每年 11 月至次年 4 月是旱季，降水稀少，气候干燥，降水量占年雨量的 15% 左右，河流转为枯水期。旱季是溜砂溜动最活跃的季节，由于气候干燥，陡峻山坡坡面植被稀疏，加之人工开挖山坡坡脚，坡面上各类风化破碎松散的堆积物稳定性极差。在很小的横向风作用下，风化物质就会向下溜滑和滚动，堆积于公路上。溜砂坡的活动不仅造成阻车断道,向下滚动的砾石还会威胁过往行人及车辆的安全。

②水文特性

帕隆藏布江中坝河段属典型的山区河流,该河段从84道班上游3.44km起至87道班,区间河段全长33.31km,河床平均纵比降为13.94‰。大小支流有15条,由冰雪融水、地下水、雨水补给水源,因此洪水过程为单峰型,历时短。洪水主要集中在6—9月,主河洪水由支流洪水及区间洪水组合形成,峰高量大,陡涨陡落。溜砂坡和坡面泥石流重点集中于川藏公路一侧的北岸岸坡上。

(4)植被概况

本区植被总体较好,以高山松、灌丛、草为主。植被覆盖率在70%以上,仅高山岩石裸露区,溜砂坡强烈活动区无植被覆盖。

3)溜砂坡特征

溜砂坡灾害是川藏公路南线上甚为发育且危害较为严重的一种特殊的灾害类型。溜砂堆积物规模较小,但清理困难,重发性高,往往需要消耗较多的人力、物力才能保证通车,其危害是累进性增强的特征。

(1)溜砂坡灾害特点

对公路交通而言,溜砂坡灾害主要体现在溜砂和滑塌两个方面。

①溜砂灾害。溜砂(岩屑、块石)滑动或滚动进入公路,掩埋路面,阻碍交通。尤其是每遇大风,吹动砂粒,污染环境,威胁行人车辆,甚至酿成车毁人亡的交通事故。据调查,本段公路每年都有较多的砂石、岩屑(块)越过低矮挡砂墙进行入公路,阻碍交通,严重时将整个路面阻断。

②滑塌灾害。溜砂坡组成物质结构松散,位于峡谷河段的溜砂坡很容易扩展至河边,甚至延伸至河床,溜砂坡的坡脚易遭洪水冲刷而滑塌,导致路基沉陷、甚至消失。此外,如果公路在溜砂坡的中、前部通过。公路开挖施工作业会横切溜砂坡,从而造成公路内侧边坡失稳破坏。

(2)溜砂坡分布特征

中坝段分布有溜砂坡18个(处),根据野外调查分析,溜砂坡的分布有以下特征(梁光模等,2003)。

①分布位置:溜砂坡均分布在斜坡下部至河床边,即分布在河谷两岸下部陡→缓过渡的斜坡上,也有少数分布在斜坡中部和上部山脊两侧。

②溜砂坡分布区的地形:G318线中坝段沿公路分布的溜砂坡,堆积坡度在25°以下的已经稳定,长满灌木和草。堆积坡度在25°~30°之间的有局部溜砂现象,植被顺坡向呈条带状分布。堆积坡度在31°~40°之间的大多不稳定,堆积的砂多处于溜动状态,植被稀少。

(3)中坝段溜砂坡形成分析

中坝段溜砂坡的分布基本受地层岩性的控制,溜砂坡分布区的地层有两大类。

①岩质地层:花岗岩、玄武岩、千枚岩、泥页岩类。

②松散层地层:冰积碎石、碎屑、冲洪积砂、砾石层。

溜砂坡的组成物以花岗岩强风化的沙粒状碎屑为主,本段登记的18个溜砂坡中有17个组成物为沙粒状碎屑,另一个为玄武岩强风化的碎石和千枚岩强风化的片状碎屑。

花岗岩强风后形成的溜砂坡,其粒度组成以角砾、粗砂为主,次为中砂、细砂,几乎不含黏粒组。试验表明:

①花岗岩强风化的粗、中砂、角砾土,天然状态下内摩擦角为33°~42°,烘干状态下为34°~42°,二者十分接近。饱和状态下28°~41°。黏聚力总体上呈现 $c_{饱和} > c_{天然} > c_{烘干}$(表9-10)。

溜砂坡砂土抗剪性质试验　　表9-10

野外编号	室内编号	室内命名	天然状态快剪			烘干状态快剪		饱和后快剪		
			含水率 w(%)	内摩擦角 φ(°)	黏聚力 c(kPa)	内摩擦角 φ(°)	黏聚力 c(kPa)	含水率 w(%)	内摩擦角 φ(°)	黏聚力 c(kPa)
1号大样	1	角砾	1.3	35.8	2	37.8	0	9.2	35.0	10
2号小样	2	角砾	1.2	41.9	2	42.0	0	6.9	41.3	5
2号大样	3	粗砂	1.4	38.4	3	38.5	5	22.5	32.6	10
3号大样	4	中砂	1.3	37.8	7	39.0	3	23.7	27.8	10
10号大样	5	角砾	1.2	32.9	7	34.0	5	6.6	29.2	5

②抗剪性能受细砂、粉粒含量的影响较大,随着细砂、粉粒含量的增加 φ 值明显减小。

③饱和状态下的 φ 值也随细砂、粉粒的增加而明显下降。3号大样下降10°以上。

(4)溜砂坡分类

①按物质分类:可分为砂粒碎屑溜砂坡、片状碎屑溜砂坡和块状碎石溜砂坡。中坝段以砂粒、碎屑溜砂坡为主,其次为块状碎石溜砂坡。

②按平面形态分类:可为面状溜砂坡、槽状溜砂坡、斑状溜砂坡三类。中坝段都含有这三类溜砂坡。

③按面积分类:分为小型溜砂坡(<5 000m^2)、中型溜砂坡(5 000~10 000m^2)、大型溜砂坡(10 000~50 000m^2)、特大型溜砂坡(>50 000m^2)。中坝段溜砂坡多为中、大型,小型,特大型的很少。

④按活动性分类:可分为强活动溜砂坡、中强活动溜砂坡、弱活动溜砂坡、稳定溜砂坡。中坝段溜砂坡,因冰湖溃决冲刷及公路扩宽挖坡,导致近几年复活的溜砂坡较多。调

查统计的绝大部分是强活动～中强活动溜砂坡。本区公路对岸保持天然状态的溜砂坡大多属于弱活动溜砂坡或稳定溜砂坡。

4）溜砂坡发生机理与砂粒运动特征

（1）溜砂坡基本要素

一个典型的溜砂坡由砂原区、溜动区和堆积区等三部分组成，如图9-16所示。

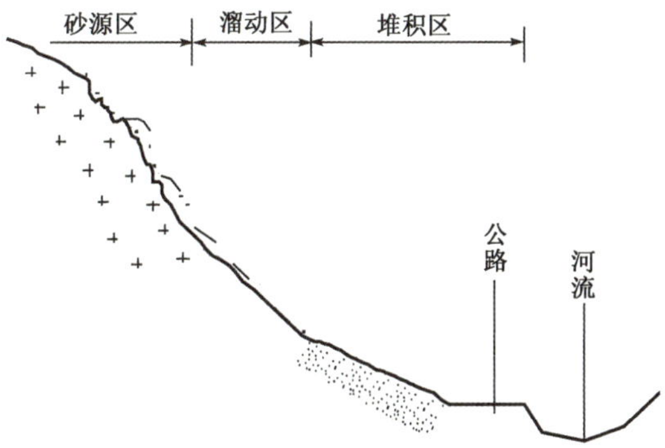

图9-16 溜砂坡要素示意图

①砂源区与产砂方式

砂源区是产砂、碎屑、碎石的区域。产砂的方式有以下六种：

a. 裸露岩质陡坡强风化产砂；

b. 原地荒漠化产砂；

c. 重力滑、崩产砂；

d. 风力产砂；

e. 流水作用产砂；

f. 人类工程活动产砂。

本区主要为裸露岩质陡坡强风化产砂，次为风力产砂、流水作用产砂、人类工程活动产砂。

②溜动区、堆积区与砂源区的关系

a. 三个区的划分十分模糊，图9-31所示仅是一个理想化的示意图。若砂源区是岩质陡坡，强风化和产生的砂、碎屑、碎石，在重力作用下即产生溜动，离开原地。此时砂源区和溜动区无法区分。当溜动的砂到稍缓的坡地（如坡度$<30°$）开始堆积，当堆积砂的坡度大于此种砂的天然休止角，则此砂坡又开始溜动。先前的溜砂坡堆积区又成了砂源区和溜动区。

b. 三个区具有相互转换的动态变化特征，如先前已经稳定的溜砂坡堆积区，因前缘坡脚修公路或河水冲刷而产生溜动，变化成砂源区和溜动区。

(2)砂粒运动特征

①砂粒在平面上的运动特征

砂粒在平面上有以下三种运动方式。

a. 滑移为主的运动方式：当溜砂坡溜动段的坡度略大于此类砂天然休止角时，砂粒的运行速度较慢，运动方式以滑移为主。砂粒与砂粒之间紧密挨着，后方砂粒推动前方砂粒运动，具有推动式运动力学机理。

b. 滚动为主的运动方式：当溜动段的坡度突然变陡，前方砂粒立即快速起动，后面的砂粒突然失去支撑而产生滚动。此种运动方式多发生在岩质陡坡的砂源区，经强风化作用的岩质陡坡，砂粒、碎屑松动，变成自由砂粒时，砂粒即向坡下滚动。当人工开挖或流水冲刷砂坡脚，砂坡前缘变陡，远大于天然休止角。最前方的砂粒产生滚动，并牵引后方的砂粒滚动，具有牵引式运动的力学机理。

c. 滑移、滚动相互转换的运动方式：当滑移运动的砂粒至前方砂坡坡度突然变陡处，砂粒的运动会转换为滚动；当滚动的砂粒至前方坡度变缓处，砂粒的运动会逐渐转换为滑移，直到砂粒停止运动。

②砂粒在剖面上的运动特征

a. 牵引式砂粒运动特征：据观察，砂粒运动始于溜砂坡最表层，对于牵引式溜砂坡而言，砂粒的运动具有由表及里、由前至后的运动特征（图 9-17）。若将砂坡分成若干砂层（n_1、n_2、…、n_i），在 n_1层中最前面 1 粒砂，受到左、右、后和底面砂粒的约束，顶面和前面临空；层中任 1 粒砂，除受到左、右、后和底面砂粒约束外，还受到前面砂粒的约束，顶面临空。砂坡任 1 层中 1 粒砂受到左、右，前、后，顶、底砂粒的约束，无临空面。比较以上三种情况，只有 n_1层中最前面的 1 粒砂受到的约束最少，顶和前方临空，此粒砂必将最先起动，依次带动 n_1层后面的砂粒和 n_2、n_3、…、n_i层砂粒运动。

b. 推动式砂粒运动特征：对于推动式运动的砂坡而言，砂粒源于后山的陡坡。砂粒的运动与牵引式运动的砂坡有本质的区别，具有从上至下、从后至前逐层推动的运动特征，并具有从下至上、从前至后逐层堆积的特征（图 9-18）。

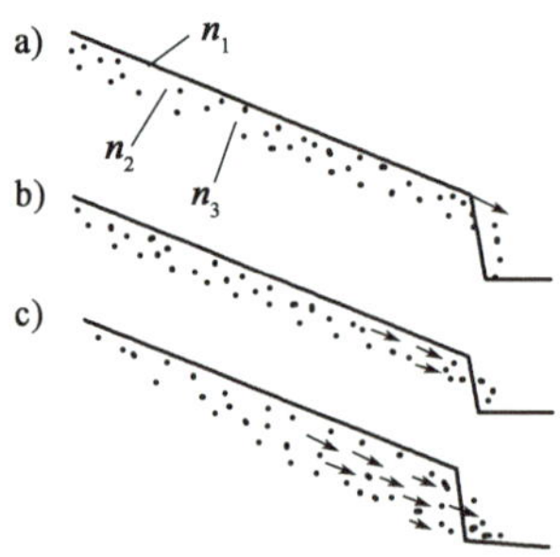

图 9-17　牵引式砂粒运动示意图

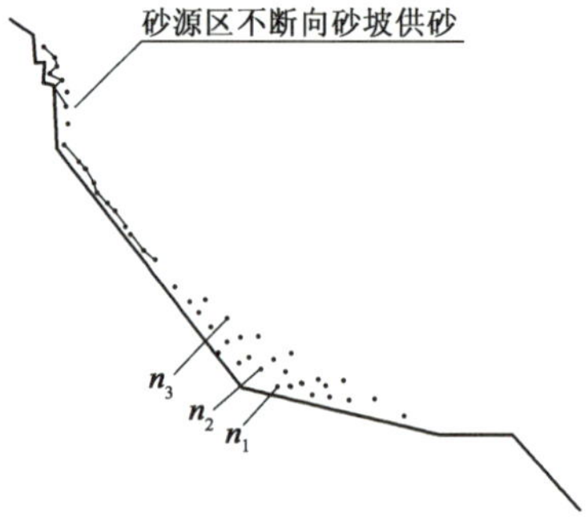

图 9-18　推动式砂粒运动堆积示意图

当后山陡坡的大量砂粒不断向砂坡脚运动，其运动的方式是后面的砂粒推动前面的砂粒运动，在坡脚因地形坡度减小，砂粒运动速度减慢而停止。第 n_1 层最前面的 n_{1-1} 砂粒先停止运动，依次阻止后面的 n_{1-2}、n_{1-3}…砂粒运动而发生堆积，如此自下而上堆积 n_2、n_3、…、n_i 层砂粒。

(3)单个砂粒运动力学分析

单个砂粒运动的主要方式有：砂粒的滑动、滚动以及砂粒间的碰撞等。对于某一具体的溜砂坡，砂粒运动形式取决于砂坡形状、砂粒的力学性质等因素。下面对这几种运动方式的起动条件与运动参数进行阐述。

①基本假定

溜砂运动为二维平面运动；砂粒为均质的球体，在平面坐标下简化为圆；砂坡坡面形状已知，在平面坐标下坡面方程为 $f(x,y)=0$；运动分为几个不同形式，并互相转换，每种运动形式都服从相应的条件和运动假定。

②砂粒的滑动

a. 砂粒滑动条件（阙云等，2003）：如图 9-19 所示，取砂坡表面上直径为 d，质量为 W 的一粒砂。若砂坡斜面的倾角为 θ，砂粒与砂坡面的接触面积为 S，则在接触面上产生的剪应力 τ 和法向应力 σ 分别为：

$$\tau = \frac{W}{S} \cdot \sin\theta \tag{9-4}$$

$$\sigma = \frac{W}{S} \cdot \cos\theta \tag{9-5}$$

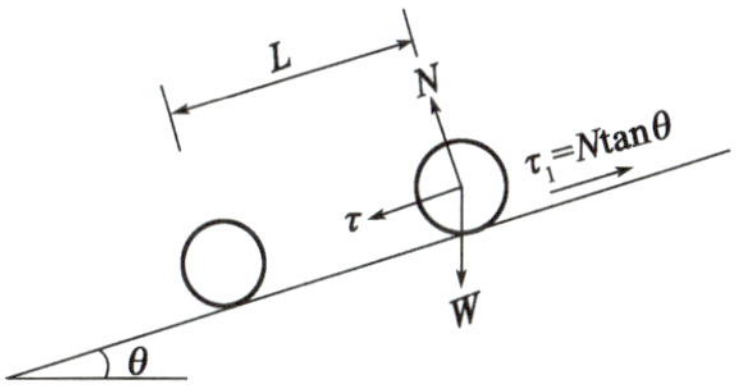

图 9-19 砂粒滑动模型

设砂粒与周围其他砂粒的摩擦角为 φ（干燥状态下黏聚力 $c=0$），根据莫尔—库仑准则，抗剪强度 τ_f 为：

$$\tau_f = \sigma\tan\varphi = \frac{W}{S} \cdot \cos\theta \cdot \tan\varphi \tag{9-6}$$

定义砂粒抗滑稳定系数 K 为：

$$K = \frac{\tau_f}{\tau} = \frac{\frac{W}{S} \cdot \cos\theta \cdot \tan\varphi}{\frac{W}{S} \cdot \sin\theta} = \cot\theta \cdot \tan\varphi \tag{9-7}$$

K 与砂粒的大小、重量和含水率无关,仅与坡面的倾角和砂粒间的内摩擦角有关。当 $K>1$,砂粒处于稳定状态,即砂坡倾角 θ 小于砂粒间摩擦角 φ;$K=1$,砂粒处于临界状态,即砂坡倾角 θ 与砂粒间摩擦角 φ 相等;$K<1$,砂粒处于失稳状态,即砂坡倾角 θ 大于砂粒间摩擦角 φ,砂粒产生滑动。

b. 砂粒滑动参数:砂粒滑动一般发生在砂粒运动的开始和结束阶段,特别是在砂坡坡度较缓的坡段。由于滑动摩擦力的存在,滑动阶段砂粒的速度往往较低,能量损耗较大,滑动距离一般也就较短。当砂粒在重力作用下由静止开始滑动,砂粒在滑动阶段的速度为:

$$\frac{1}{2}\cdot\frac{W}{g}\cdot v^2 = WL\cdot\sin\theta - W\cos\theta\cdot L\cdot\tan\theta \tag{9-8}$$

$$v = \sqrt{2gL(\sin\theta - \cos\theta\cdot\tan\varphi)} \tag{9-9}$$

式中:v——砂粒滑动速度(m/s);

g——重力加速度,取 9.8m/s^2;

L——滑动距离(m)。

当滑速为 v_0 时,其总的滑动距离 L 可由式(9-10)估算。

$$L = \frac{v_0^2}{2g\cdot(\sin\theta - \cos\theta\cdot\tan\varphi)} \tag{9-10}$$

③砂粒的滚动

a. 砂粒滚动条件

如图 9-20 所示,当砂粒 B 由中心 O_2 位置运动到 O_4,外力作用要克服平动、转动、抬升以及摩擦阻力做功。假定外力为 P,作用于 D 点,将作用点简化为质心时,力大小仍为 P,故外加力矩 $M=P\cdot s$。另外假定砂粒为刚性、不可压缩,且砂粒 A、砂粒 B 静止不动。

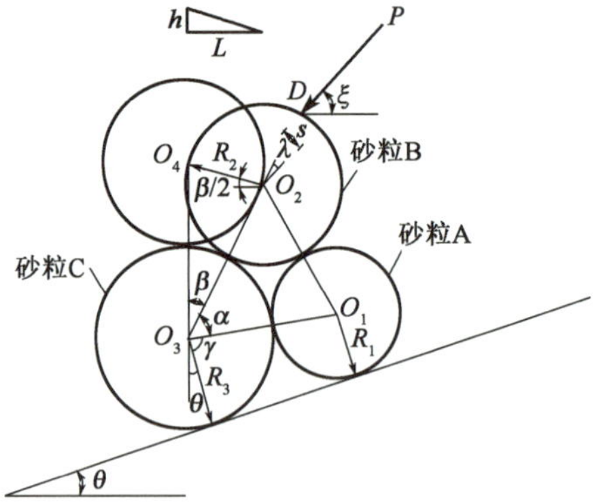

图 9-20　砂粒由静止向滚动转化阶段的受力图

根据能量守恒定理,有:

$$M\beta + PL \cdot \sin\xi - Ph \cdot \cos\xi - mgh + \tan\varphi\left(\int_{\beta}^{0} mgR_3\cos\delta \mathrm{d}\delta + \int_{\lambda}^{\lambda+\beta} PR_3\sin\eta \mathrm{d}\eta\right)$$

$$= \frac{1}{2}mv^2 + \frac{1}{2}I\left(\frac{v}{R_3}\right)^2 \tag{9-11}$$

求解式(9-17)得：

$$P = \frac{0.7mv^2 + mgR_3 \cdot \tan\varphi \cdot \sin\beta + mgh}{s\beta + L \cdot \sin\xi - h \cdot \cos\xi + R_3 \cdot \tan\varphi \cdot \cos(\lambda + \beta) - R_3 \cdot \tan\varphi \cdot \cos\lambda} \tag{9-12}$$

$$\beta = \pi - \alpha - \theta - \gamma$$

$$\alpha = \arccos\frac{R_3^2 + R_1R_3 + R_2R_3 - R_1R_2}{R_3^2 + R_1R_3 + R_2R_3 + R_1R_2}$$

$$\lambda = \frac{\pi}{2} - \beta - \xi$$

$$\gamma = \arccos\left(\frac{R_3 - R_1}{R_3 + R_1}\right)$$

$$h = (R_2 + R_3)(1 + \cos\beta)$$

$$L = (R_2 + R_3)\sin\beta$$

式中： m——砂粒B质量(kg)；

ξ——外力P与水平面夹角(°)；

R_1、R_2、R_3——分别为砂粒A、砂粒B、砂粒C的半径(m)；

v——砂粒运动速度(m/s)；

I——砂粒转动惯量，对于球体为$0.4mR^2$。

外力将砂粒送到O_4位置，且刚好停住，此时$v=0$，对应的外力P为$P_{临界}$。只有当$P \geqslant P_{临界}$时，砂粒才可能由静止转化为滚动。由式(9-12)得：

$$P_{临界} = \frac{mgR_3 \cdot \tan\varphi \cdot \sin\beta + mgh}{s\beta + L \cdot \sin\xi - h \cdot \cos\xi + R_3 \cdot \tan\varphi \cdot \cos(\lambda + \beta) - R_3 \cdot \tan\varphi \cdot \cos\lambda} \tag{9-13}$$

若作用力为风荷载，风作用力可表示为：

$$P = C_E\rho v^2 A/2 \tag{9-14}$$

式中：C_E——形状系数，与砂粒运动形状及尺寸有关；

ρ——气体密度(kg/m³)；

A——砂粒迎风面积(m²)，其值为$\pi d^2/4$，d为砂粒直径；

v——风速与砂粒质心运动速度的差值，一般情况下可取风速(m/s)。

当风力将砂粒送到O_4位置且刚好停住，此时风速就达到了产生滚动的起动风速$v_{起动}$，由式(9-14)得：

$$v_{起动} = \frac{2P_{临界}}{C_E\rho\pi R_3^{\ 2}} \tag{9-15}$$

b. 砂粒滚动参数

如图 9-21 所示，将砂粒的滚动模型简化为球体在斜面上的摩擦运动。假设砂粒从 O 点进入滚动状态，此时 $t = t_0, v = v_0, S = 0$，则对于任意时刻 t，均可由动态平衡方程得：

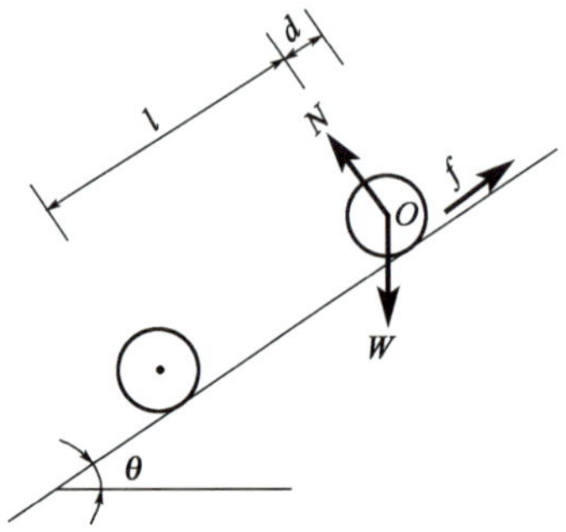

图 9-21　砂粒滚动模型

$$m\ddot{S} = mg\sin\theta - f \tag{9-16a}$$

$$I \cdot \frac{\ddot{S}}{R} = f \cdot R - mg\cos\theta \cdot d \tag{9-16b}$$

式中：f——坡面与砂粒的摩擦力（kN）；

d——砂粒转动力臂（m）；

m——砂粒质量（kg）；

R——砂粒半径（m）；

S——位移向量；

$\ddot{S}$——加速度；

其余符号意义同前。

解得：

$$\ddot{S} = 7\left(\sin\theta - \frac{d}{R}\cos\theta\right) \tag{9-17}$$

定义 $\mu = d/R = \tan\alpha$，μ 称为滚动摩擦系数，α 为滚动摩擦角，由式（9-17）可得：

$$\ddot{S} = 7\cos\theta(\tan\theta - \tan\alpha) \tag{9-18}$$

由此可得任意时刻位置 s 的速度 v 为：

$$v = [v_0{}^2 + 7\cos\theta(\tan\theta - \tan\alpha) \cdot s]^{0.5} \tag{9-19}$$

式中：v_0——砂粒进入滚动状态的初始速度（m/s）。

当砂粒作减速运动，停止时的位移可由式（9-20）估算。

$$s = \frac{v_0{}^2}{7\cos\theta(\tan\theta - \tan\alpha)} \tag{9-20}$$

由式(9-19)可得：

$$v = \tan\alpha = \tan\theta - \frac{v^2 - v_0^2}{7\cos\theta s} \tag{9-21}$$

滚动摩擦系数与砂粒大小、形状、运动速度以及砂坡坡度等有关。在试验数据充足的基础上,可由式(9-21)计算出 v 值。

④砂粒的碰撞问题

砂粒在砂坡上溜动过程中一旦遇到其他砂粒的阻挡,就会产生碰撞。这种碰撞可以是近乎完全弹性碰撞,也可能是完全非弹性碰撞,这取决于砂粒的物理力学性质、砂粒的质量、碰撞时的入射角度和入射速度等诸多因素。下面将砂粒间碰撞当成刚体碰撞(图9-22),通过恢复系数来考虑碰撞过程中的能量损失,避免了对砂粒碰撞过程中非线性变形以及摩擦等问题的直接讨论。

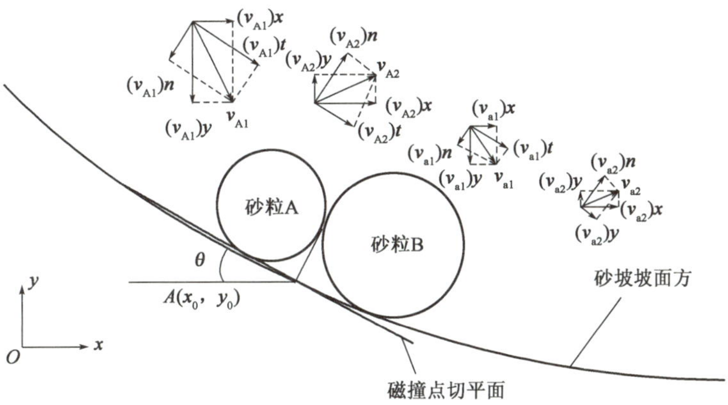

图9-22 砂粒碰撞模型

两体碰撞中,常用的恢复系数是定义法向与切向的恢复系数,即定义：

$$e_n = \frac{(v_{A2})_n - (v_{B2})_n}{(v_{A1})_n - (v_{B1})_n} \tag{9-22}$$

$$e_t = \frac{(v_{A2})_t - (v_{B2})_t}{(v_{A1})_t - (v_{B1})_t} \tag{9-23}$$

式中： e_n、e_t——法向与切向速度恢复系数；

$(v_{A1})_n$、$(v_{A1})_t$——A砂粒碰撞前法向与切向速度分量；

$(v_{A2})_n$、$(v_{A2})_t$——A砂粒碰撞后法向与切向速度分量；

$(v_{B1})_n$、$(v_{B1})_t$——B砂粒碰撞前法向与切向速度分量；

$(v_{B2})_n$、$(v_{B2})_t$——B砂粒碰撞后法向与切向速度分量。

当 e_n 和 e_t 等于 1 时,碰撞过程中无摩擦阻尼作用,为完全弹性碰撞,能量没有损失;而当 e_n 和 e_t 等于 0 时,碰撞则为完全黏滞阻尼状态,为完全非弹性碰撞,此时能量损失也最大。

如图 9-22 所示,设砂粒 A,B 碰撞前、后的速度分别为 v_{A1}、v_{B1}、v_{A2}、v_{B2},则按速度向量分解,有:

$$\begin{cases}(v_{A1})_t = (v_{A1})_x\cos\theta + (v_{A1})_y\sin\theta \\ (v_{A1})_n = -(v_{A1})_x\sin\theta + (v_{A1})_y\cos\theta \\ (v_{A2})_t = (v_{A2})_x\cos\theta - (v_{A2})_y\sin\theta \\ (v_{A2})_n = (v_{A2})_x\sin\theta + (v_{A2})_y\cos\theta\end{cases} \tag{9-24a}$$

$$\begin{cases}(v_{B1})_t = (v_{B1})_x\cos\theta + (v_{B1})_y\sin\theta \\ (v_{B1})_n = -(v_{B1})_x\sin\theta + (v_{B1})_y\cos\theta \\ (v_{B2})_t = (v_{B2})_x\cos\theta - (v_{B2})_y\sin\theta \\ (v_{B2})_n = (v_{B2})_x\sin\theta + (v_{B2})_y\cos\theta\end{cases} \tag{9-24b}$$

式中:$(v_{A1})_x$、$(v_{A1})_y$——A 砂粒碰撞前水平与垂直速度分量;

$(v_{A2})_x$、$(v_{A2})_y$——A 砂粒碰撞后水平与垂直速度分量;

$(v_{B1})_x$、$(v_{B1})_y$——B 砂粒碰撞前水平与垂直速度分量;

$(v_{B2})_x$、$(v_{B2})_y$——B 砂粒碰撞后水平与垂直速度分量。

砂粒 A、砂粒 B 碰撞后的合成速度为:

$$\begin{cases}v_{A2} = [(v_{A2})_x^2 + (v_{A2})_y^2]^{0.5} \\ v_{B2} = [(v_{B2})_x^2 + (v_{B2})_y^2]^{0.5}\end{cases} \tag{9-25}$$

碰撞恢复系数 e_n 和 e_t 是估算砂粒碰撞后运动轨迹的两个重要参数。这两个参数与砂粒本身大小、性质等因素有关,且两个参数的取值直接关系到估算砂粒碰撞后运动轨迹的可靠性。

本章参考文献

柴贺军,王士天,许强,等,2001. 西藏易贡滑坡物质运动全过程数值模拟研究[J]. 地质灾害与环境保护,(2):1-3,82.

戴兴建,殷跃平,邢爱国,2019. 易贡滑坡-碎屑流-堰塞坝溃坝链生灾害全过程模拟与动态特征分析[J]. 中国地质灾害与防治学报,30(5):1-8.

胡广韬,1988. 动力滑坡学[M]. 西安:陕西科学技术出版社,26-27.

蒋忠信,1991. 云南滑坡分布的坡向性线析[C]//国际滑坡与岩土工程学术会议论文集. 武汉:

华中理工大学出版社,217-22
刘广煜,徐文杰,佟彬,等,2019. 基于块体离散元的高速远程滑坡灾害动力学研究[J]. 岩石力学与工程学报,38(8):1557-1566.
梁光模,王成华,张小刚,2003. 川藏公路中坝段溜砂坡形成与防治对策[J]. 中国地质灾害与防治学报,14(4):34-38.
李广信,2016. 高等土力学(第2版)[M]. 北京:清华大学出版社.
李树德,1995. 白龙江中游滑坡初探[J]. 水文地质工程地质,6:13-15.
牛涌,雷杰,杨兴振,2019. 贵州省S304迓凤线K151+403~K151+663段滑坡形成机制及稳定性评价[J]. 灾害学,Z1:184-188.
阙云,王成华,张小刚,2003. 川藏公路典型溜砂坡形成机理与整治[J]. 山地学报,21(5):595-598.
孙玉科,牟会宠,1988. 边坡岩体稳定性分析[M]. 北京:科学出版社.
乔建平,1997. 滑坡减灾理论与实践[M]. 北京:科学出版社.
王成华,陈永波,朱平一,2002. 溜砂坡的形成演化规律与防治对策[C]//海峡两岸山地灾害与环境保育学术研讨会论文集,3:282-289.
王恭先,徐峻岭,刘光代,等,2004. 滑坡学与滑坡防治技术[M]. 北京:中国铁道出版社.
王治华,吕杰堂,2001. 从卫星图像上认识西藏易贡滑坡[J]. 遥感学报,5(4):312-316.
夏柯,2020. 降雨入渗下溜砂破的稳定性研究[D]. 拉萨:西藏大学.
张正波,何子文,1999. 川藏公路102滑坡形成机理及发展趋势[J]. 西南公路,(3):29-33.
赵尚学,李鸿链,1988. 白龙江中游滑坡初探[M]. 北京:中国铁道出版社.
赵永虎,2015. 黄土斜坡的坡体结构特征及效应研究[D]. 兰州:兰州大学.
中国科学院地质研究所工程地质力学开放研究实验室,1994. 谷德振文集[M]. 北京:地震出版社.
朱平一,王成华,唐邦兴,2000. 西藏特大规模碎屑流堆积特征[J]. 山地学报,18(5):453-456.
Kang C,Chan D,Su F,et al,2017. Runout and entrainment analysis of an extremely large rock avalanche—a case study of Yigong,Tibet,China[J]. Landslides,17:123-139.

The Tenth Chapter

第 10 章

山区道路滑坡勘测技术

山区道路滑坡勘测是灾害分析、研究、制订防治方案和防治工程设计的基础,完善、充实的勘测资料,是进行山区道路滑坡灾害研究和防灾减灾的重要保障。本章在详细阐述山区道路滑坡勘测的主要内容和方法基础上,进一步对溜砂坡的勘测、道路滑坡防治工程设计参数的确定等进行分析。

10.1 滑坡勘测的主要内容

10.1.1 已发生滑坡的勘测

对已经发生的滑坡,除调查滑坡发生地的地名、行政区位置、所处图幅名称、比例尺、坐标、经纬度以及滑坡区自然经济状况外,工作的重点应是查清滑坡发生现状、特征、危害、稳定性,并对残余滑体的稳定性作出准确评价。调查的主要内容见表 10-1(国家防汛抗旱总指挥部办公室，中国科学院·水利部成都山地灾害与环境研究所，1994）。

滑坡（含崩塌）调查登记表　　表 10-1

<table>
<tr><td>编号</td><td></td><td>统一编号</td><td></td><td>滑坡名称</td><td colspan="2"></td></tr>
<tr><td rowspan="3">位置</td><td>行政区划</td><td colspan="5">省（市）　　县　　乡（镇）　　村</td></tr>
<tr><td>1:万图名</td><td></td><td>图幅坐标</td><td colspan="3">X：　　Y：</td></tr>
<tr><td>分幅编号</td><td></td><td>经纬度</td><td colspan="3">东经：　　北纬：</td></tr>
<tr><td colspan="2">滑壁最高点高程</td><td>m</td><td>滑体前端高程</td><td>m</td><td>主滑方向</td><td></td></tr>
<tr><td colspan="2">新滑坡发生时间</td><td></td><td colspan="2">老滑坡推测发生时间</td><td colspan="2"></td></tr>
<tr><td rowspan="2">滑体数据</td><td>长 L_d</td><td>m</td><td>厚 D_d</td><td>m</td><td>平均坡度</td><td></td></tr>
<tr><td>宽 W_d</td><td>m</td><td>体积</td><td>$\times 10^4 m^3$</td><td>后壁高差</td><td>m</td></tr>
<tr><td rowspan="4">滑坡形成的基本条件</td><td>地形地貌</td><td colspan="5"></td></tr>
<tr><td>地层岩性</td><td colspan="5"></td></tr>
<tr><td>地质构造</td><td colspan="5"></td></tr>
<tr><td>水文地质</td><td colspan="5"></td></tr>
<tr><td rowspan="3">触发因素</td><td colspan="4">滑坡发生时、发生前、后降雨特征及降雨量</td><td colspan="2"></td></tr>
<tr><td colspan="4">滑坡前缘流水冲刷特征</td><td colspan="2"></td></tr>
<tr><td colspan="4">滑坡发生（前）地震作用及震级烈度</td><td colspan="2"></td></tr>
<tr><td>诱发因素</td><td colspan="2">不合理的人为活动</td><td colspan="4"></td></tr>
<tr><td colspan="3">滑坡危害及经济损失</td><td colspan="4"></td></tr>
<tr><td colspan="3">以往整治措施及整治效果</td><td colspan="4"></td></tr>
<tr><td colspan="3">滑坡动态特征及稳定性评价</td><td colspan="4"></td></tr>
<tr><td colspan="4">滑坡平面图</td><td colspan="3">滑坡剖面图</td></tr>
<tr><td colspan="4"></td><td colspan="3"></td></tr>
<tr><td>备注</td><td colspan="6"></td></tr>
<tr><td>资料来源</td><td colspan="6"></td></tr>
</table>

登记者：　　　　登记日期：　　　　审核者：

1）初勘

（1）勘察重点

①地貌调绘。调绘范围必须包括由滑坡活动可能引起的地面变形破坏的范围。主要调绘内容有：滑坡后缘断裂壁的形状、位置、高差及坡度；滑坡台地的形状、位置、高差、坡

度及其形成次序;滑坡体隆起和洼地范围及形成特征;滑坡裂隙分布范围、密度、特征及其力学性质;滑坡舌前缘隆起、冲刷、滑塌与人工破坏状况;剪出口位置、距地面高度、滑坡面坡度及擦痕方向;滑体各部位(主轴线上)的稳定状态,如蠕动、挤压、初滑、滑动、速滑、终止;滑体上冲沟发育部位、切割深度、切割地层岩性、沟槽横断面形状、泉水的形成、沟岸稳定状况;调查坡脚破坏的原因与破坏程度。

②工程地质调绘。主要内容有:收集有关大地构造、新构造活动、地壳应力场及地震资料;收集航片资料,判译滑坡发育与分布规律;调绘滑坡地区地层、岩性、地质构造与节理裂隙发育、分布特征。调绘范围应包括滑坡体及其周边稳定地段。

③水文地质调绘。主要内容有:收集区域水文地质资料;调绘地下水露头(如井、泉、积水洼地、潮湿地、喜湿植物群落等)的分布及发展变化的规律;调绘含水层出露与埋藏条件、地下水位变化及地下水补给、排泄关系;调绘滑坡附近的水利设施、灌溉习惯与滑坡活动的关系。

④滑坡活动历史调查。主要内容有:访问了解滑坡形成的时间、诱导因素、滑动速度及周期;调查滑坡体各部位滑动的先后次序及各部位地面隆起、凹陷、平面移动的状况;调查冲沟的形成、发展速度及发育阶段;调查泉水的形成与掩埋过程;调查醉汉林(或马刀树)的特征与树龄;调查滑体上建筑物的位移、破坏与修复过程;调查地震活动对滑坡的影响。

⑤气象、水文资料调查。包括以下两个方面的内容:调查连续降雨时间、暴雨强度和冻融季节变化与滑坡活动的关系;调查洪水水流对坡脚冲刷与滑坡活动的关系。

(2)勘探

勘探是为了获取滑体与滑床的地层结构、软弱结构面、含水层的性质、地下水位、滑动特征信息而做的勘探工作,包括获取测试所需的岩土体样本。

①勘探线。控制性的勘探线按滑体中心的主滑方向布置,长度应超过滑坡影响范围以外40m。大型滑坡宜设2~3个地质断面,勘探点间距不宜大于50m。各勘探点的布置应便于绘出垂直滑动方向的横断面。两个以上互相连接的滑坡应分别按滑体滑动主轴布置勘探线。控制性勘探线上的勘探点不得少于3个(含钻探、挖探、露头)。同时,在稳定地段也应有勘探点。

②坑探、钻探及物探。滑坡后缘断裂壁坡脚、前缘剪出口处尽量采用坑探,查明滑动面特征。视地层结构、地面形态等条件选择地球物理勘探方法,大型滑坡可采用多种物探方法,互相配合验证。控制性断面上的关键勘探点必须采用钻探。钻探深度要伸入到滑床2~3m。钻探终孔口径不小于110mm。钻孔岩芯描述除按一般描述外,应着重对滑动面的特征,如擦痕、摩擦热变质、烧结状况、变色、滑带厚度等进行描述。钻探一般应采用干钻,亦可采用双重岩芯管。应分层测定地下水位,必要时应测定地下水的流速、流向及

流量。

(3)土工试验

①试样采取。试样在坑探、钻探时一并采取。不同岩性地层应按上、中、下分别取样,层厚较大时取样间距不得大于2m。对黏性土、岩石取原状样,砂、砾、碎石土取不改变颗粒成分的扰动样。

②试验项目。常用试验测试项目有:相对密度、天然密度、天然含水率、颗粒分析、液限、塑限、内摩擦角、黏聚力。对破碎岩石、碎石土及其他无法取得原状样测定内摩擦角、黏聚力的土体,可采用反算法求得。对不同滑动状态土体的样品,其抗剪强度应测定受力条件相似的数值(如重复剪切并求出残余剪切强度等)。

(4)资料要求

①工程地质勘察报告的文字部分的内容。叙述滑坡形成、运动的自然因素,包括地形、地貌、水文、气象、地震、地质、水文地质等。论述滑坡的发生、发展及现状与自然因素、人类活动的机理联系,预测滑坡发展趋势。叙述滑坡类型的划分。滑坡类型按如下分类原则及顺序描述定名:规模大小、滑体厚度、地层岩性及构造、滑动面形状、发育阶段、运动规律及其他性状。滑坡稳定性分析要充分利用综合调绘、探勘、试验成果,合理选择计算公式、计算参数进行验算。稳定性分析不仅要考虑滑坡的现状,还要预测未来的发展。论证滑坡的防治方案的合理性、可靠性及可行性。尽量将线位、桥位、隧道位置放在最为合适的位置。各项防治工程措施都要围绕对路线、桥梁、隧道、其他构筑物的稳定性,有针对性的论述其合理性。

②工程地质图。工程地质平面图比例尺为1∶500~1∶2 000;工程地质纵断面图比例尺为1∶200~1∶500。

③成果资料。调绘记录本、勘探试验原始资料(含坑探描述、钻孔柱状图、物探成果、原位测试成果、试验成果)、稳定性验算资料及其他统计整理资料分别编目成册,除记录本外,其成果资料均应列入基础资料。

2)详勘

(1)勘察重点

在初勘的基础上进一步查明各项防治构造物有关范围内的地层、岩性、地质构造、滑动面位置、地下水排泄和补给的关系。查明防治构筑物范围滑体滑动方向、速度、周期与水文、气象变化的关系。查明与防治构筑物有关范围的滑体滑动状态。

(2)勘探

勘探线按防治构筑物轴线沿滑体滑动方向交叉布置。顺滑动方向的勘探线间距不大于50m;若滑体宽度小于50m,至少有一条勘探线。防治构筑物上的勘探点间距不大于20m。顺滑动方向的勘探点随地形变化布置。地形与下卧层起伏不大时,在代表性的勘探线上应设适量的钻孔。钻探点一般布置在防治工程的轴线上。在滑坡体、滑动面(带)和稳定地层中,应取必要的试样进行试验。

(3)土工试验

试验项目按相关规范要求办理。在地层岩性适合的情况下,尽量采用原位测试,取得设计参数。对于滑带土体,需进行滑面重合剪、滑带土多次剪,并求出多次剪和残余剪的抗剪强度。

(4)资料要求

①工程地质勘察报告,文字部分的内容。概述自然条件、人类活动与滑坡形成、发展、现状、发育趋势关系的机理。论证各项防治措施的针对性、合理性、可行性及滑坡的稳定性。论证各项设计参数推荐值的合理性,并列出各项设计参数推荐值。设计与施工应注意的问题,并评价道路运营时滑坡对各项工程的影响。对道路工程影响较大,且又难于查明运动规律的滑坡,应提出进行长期观测的建议。

②工程地质图。工程地质平面图比例尺为1∶500~1∶2 000;各项防治工程纵、横工程地质断面图比例尺为1∶200~1∶500;滑坡防治设计推荐方案平面示意图比例尺为1∶500~1∶2 000。

③成果资料应整理成册,列入基础资料。

10.1.2 潜在滑坡(危险斜坡)勘测

所谓潜在滑坡(崩塌)是指已出现变形,有发生滑坡(崩塌)可能的斜坡(危险斜坡)。除调查上述有关内容外,应重点调查斜坡变形和潜在的危害。

(1)斜坡变形勘测

斜坡变形是指滑坡、崩塌发育过程中斜坡发生的开裂变形,地表出现的裂缝、鼓丘、地下水动态异常和其他异常现象等。

①斜坡后缘裂缝勘测。斜坡上的裂缝有三种情况:一是老裂缝,裂缝里充填物陈旧,长满了草和灌丛,近期无变形迹象;二仍是老裂缝,但近期内出现了新的变形迹象,如裂缝内充填物与原生岩土之间出现新的拉张裂缝;三是近期内出现的新拉张裂缝。调查时应区别这三种裂缝,若确定是后两种,就应详细调查裂缝的特征和连通性,量测裂缝的长度、宽度和深度。必要时可建立简易观测系统,观测裂缝的变化特征和速率。

②斜坡前缘变形勘测。斜坡前缘的变形受临空面、组成物质和结构特征的影响,出现多种多样的变形现象。常见的是斜坡前部出现鼓丘、鼓胀裂缝、前缘临空面可见少量崩塌和局部挤压剪切现象,调查时应仔细观察。

③地下水动态异常调查。如斜坡前缘出露的泉水突然消失或变得浑浊;原来没有地下水出露的地方,突然有了泉水,并在斜坡前缘呈带状分布,这预示着滑动面即将形成贯

通。调查时应仔细观察、访问、对比分析。

④其他异常现象调查。在滑坡(崩塌)发生之前,有许多动物出现异常现象,调查时应向当地居民仔细了解。

(2)潜在滑坡(崩塌)危害调查

一旦确定某路段所在地区内近期有发生滑坡(崩塌)的可能,就需调查圈划可能发生滑坡(崩塌)的范围,估算滑坡(崩塌)可能危害的最大范围、对象和可能造成的损失。

10.2 滑坡勘测的方法

滑坡的勘测方法,按调查的目的、内容、用途和要求可分为初测和详测两个阶段。初测阶段,用地表调查测绘的方法对滑坡所处环境、表部特征、形成条件、发展趋势、危害、潜在危害等进行了解,达到滑坡防治规划设计的要求。详测阶段,是用勘探试验的方法测得地表工作无法获取的资料,以及初测阶段欠完善需要补充调查的资料,达到滑坡防治初设和施工图设计的要求。

按工作程序和步骤可分为资料收集、地表测绘、勘探试验和勘测报告编写四个部分。

10.2.1 资料收集

一个典型滑坡的调查与防治应收集以下相关资料:

(1)滑坡所在地区的地形图,比例尺 1:10 000 ~ 1:50 000 为宜。此图可用于滑坡环境调查,国家及省市测绘局资料室及存有此资料。

(2)滑坡所处地区的地质图,比例尺与上述地形图一致为宜。若不能一致,可应用现国家统编的 1:100 000 或 1:200 000 区域地质图和水文地质图,可向所在省国土资源厅资料室索购。

(3)滑坡所在地区的气象水文资料收集。重点是滑坡所在地区降雨特征和水文资料。若滑坡所在地没有资料,可收集邻近地区气象资料。此资料可到所在县气象站、水文站收集。

(4)滑坡所在地区的地震资料收集。重点是地震烈度和该区的历史地震情况和频率。此资料一般存放省地震局资料室,到地、州、市建委抗震办公室也可收集到有关的资料。

(5)其他业务部门曾经到滑坡区进行考察、勘探、试验所编写的报告资料和其他有关滑坡资料的收集。

完成上述资料收集任务后,还应将野外所需的仪器、设备、工具、材料和其他物品一次备齐。

10.2.2 地表测绘

地表测绘阶段应做好以下四项工作。

(1)滑坡所在地区的自然地质环境调查

利用已收集的地形图、地质图到野外考察,熟悉地貌、地层岩性、地质构造分布特征,以及公路、铁路和其他工程设施布局,并把有关界线和特征点,以及区域滑坡、崩塌和其他斜坡变形破坏现象填绘在1∶10 000或1∶50 000的地形图上。

(2)滑坡区测图

测绘大比例尺滑坡区地形图是典型滑坡地表测绘最基础的工作,根据滑坡的规模大小,确认地形图的比例尺。

滑坡(崩塌)体积V(万m^3)地形图比例尺:

$V>1\,000$万m^3,比例尺为1∶5 000;

$V=100$万~1 000万m^3,比例尺为1∶1 000~1∶5 000;

$V=10$万~100万m^3,比例尺为1∶500~1∶1 000;

$V<10$万m^3,比例尺为1∶100~1∶500。

当$V<10$万m^3时,可根据具体情况而定是否测图。测绘滑坡地形图时,必须考虑滑坡工程治理综合措施,以及可能危害公路、铁路的范围,所以测绘的范围应适当扩大,以便使用。

测绘地形图时,应尽量将滑体表部微地貌特征直接测量标注在地形图上。如滑坡周界、滑坡湖、滑坡平台、滑坡分级分块界线、地下水出露点(泉)、湿地、观测标志,以及主要的张拉裂缝。

(3)滑坡区填图

填图要将观察到的一切与滑坡相关的现象标注在图上,以供分析使用,填图的内容包括:地表各种类型的裂缝及性质;建筑物体的裂缝及性质;地物形变的位置及位移量;斜坡异常点、区的分布位置;特殊地貌形状;地层岩性、构造界线;地震烈度界线;地下水出露点;滑坡的完整形态、剪出口位置;滑坡已滑动和未滑动部分。

填图的内容尽可能详细准确,这直接关系到下一步的稳定性分析评价、工程量估算、勘探工程布置、危险性区划等工作的可靠性。

填图时特别要注意认识可能复活的古、老滑坡,误判往往造成治理工程前功尽弃。实际工作中,常发生治理了新滑坡,触发了古、老滑坡事件。对于大型、特大型滑坡的识别,条件许可时,最好借助航片判译其整体形态,克服地表调查的局限性。

(4)滑坡发生历史、动态特征和危害调查

老滑坡由于发生时间较早,地表特征不明显,需访问居住在滑坡区的当事人和滑坡发生时的目击者。访问前应拟好调查大纲,把需要访问的内容写进大纲里,以防漏问。如滑坡发生的时间;滑坡发生前的斜坡环境及社会经济状况,滑坡发生前夕的斜坡变形和各种异常现象(包括动物异常);是否下雨,下多大的雨,多久的雨;是否发生地震,震级、烈度及对地表的破坏瞬间动态特征,如声响、火光、烟雾、滑速等。滑坡发生后给公路、铁路和其他建筑造成的危害等。访问的方式最好与被访问者一起到滑坡现场座谈、察看。

滑坡通过地表测绘阶段后,对滑坡所处的自然环境和表部特征的资料就基本获得。对滑坡的成因、发展趋势和稳定性可作出初步分析推断。此阶段的资料已基本满足滑坡防治规划方案的设计要求。

10.2.3 勘探试验

为了解滑体内部结构、变形特征,滑移面埋深、形态及滑动岩土物理力学性质和水文地质特征等,还需布设适量的勘探试验工作,才能满足滑坡防治初步设计和施工图设计的要求。

1)滑坡勘探

滑体内组成物与结构、滑动面(带)埋藏深度与特征是滑坡勘探的两大重要任务。常用的勘探手段和方法是钻探、物探和坑、槽探(或平洞)。

(1)滑体组成物质与结构的勘探

对滑体深部组成与结构可通过钻探取出的岩芯确定,也可结合钻探工人的手感进行分析。首先分出岩质、土质两大类,在土质类中再分出黏性土和块、碎石土两大类,滑动面多在黏性土中发育。在黏性土中钻进一般用干钻,慢速回转,速度均匀。若进尺慢,表明土层密实干硬;若进尺相对较快,表明土层松散、含水率较高;若停钻,用手把微加力就能进尺,表明土层松软,含水率已达饱和流塑状态,用常规方法,岩芯已无法提取,必须用专用取土器提取。在块和碎石土中干钻困难,需加少量的水冷却钻头,慢速回转,钻探中钻杆振动、跳动,有孔底碎、砾石滚动之感;岩芯提取困难,有时仅提出几个被磨损的块碎石;若有掉钻之感,表明有块石架空现象。对滑坡体表部组成物可在滑体的前、中、后部挖探坑、探槽,直接测得。

(2)滑动面埋深与特征勘探

这是一项十分重要而又困难的工作。要准确获得、分析判断滑动面的位置是不容易的,必须将精细的勘探资料与专家经验相结合,才能做出较符合实际的分析判断。常用的勘探手段与方法是:滑动面后缘与前缘剪出口多用探坑、探槽直接观察;对滑动面埋深在3m以内的也可用探井观察;对于滑动面埋深在3m以上的多用钻探取岩芯进行观察,结合钻进过程中的手感进行分析判别(表10-2)。

对于土质滑坡滑动面应在松软土层内,但钻探时很难直接看出,尤其是潜在滑坡滑动面的分析确定还应结合数值分析,如有限元分析法、极限平衡法,寻找 $K=1$ 时的最危险滑动面。

滑动面判别分析简表　　表 10-2

滑坡类型	滑动面位置	滑动面组成物与特征	钻探、岩芯与手感
岩质滑坡	顺层面滑动	为层间泥化夹层，厚大多 2 ~ 5cm，压实硬感，平整光滑，有滑移痕迹	可取出完整岩芯，岩芯滑面处自动断开，可见滑动擦痕，钻进无明显异常手感
	切层面滑动	利用 1 ~ 2 组节理、裂隙，并有黏土、粉土充填，滑面不平整，由于滑动辗抹呈 10 ~ 30cm 厚的破碎带	不能取出完整的岩芯，可取出碾磨的石块，滑床上表面有碾磨的擦痕，钻进时手感振动、跳动
土质滑坡	松散土层沿下伏岩层面滑动	松散黏土，粉土富集层，含水率较高，呈软塑，滑床顶面有滑动刻痕	干钻或少量水钻进，可取出较完整岩芯，滑床顶面有滑动擦痕，钻进时有由软→硬的感觉
	密实、干硬土层内	为黏性土，已压密、固结、失水，多为老（古）滑坡滑动面，滑面上有明显滑动痕迹	加少量水钻进，可取出完整岩芯，放在平地 1 ~ 2 天可自动裂开见滑面擦痕，钻进有干硬、均匀感（类似钻进软岩）
	松散软土内	为较均质松散软土带，厚 10cm 不等，无理想滑面、擦痕，仅有沿滑动方向的扰动痕迹	加大钻进压力时，可取出完整岩芯，含水率高，呈软塑状，为滑动土层试验佳样，钻进时感觉很软

2）物探在滑坡勘探中的应用

物探是滑坡勘探中的一种重要辅助手段，应用越来越广。但物探不能单独使用，必须与钻探配合，这可大大节省钻探工程量。如一个中型滑坡，主滑断面需布置 6 个以上钻孔，而有物探配合后，只需布设 3 个钻孔就够了，节省钻探工程量 50% 以上。常用的物探方法有以下几种。

（1）电法：是利用不同地层岩性的电阻率的差异，进行滑坡床，滑体内组成、结构的探测，尤其对滑动面富水带、滑体内富水区的探测更佳。

（2）地震波法：是利用不同地层岩性对地震波传播速度的差异来探测密实的滑床与松散滑体的界面，亦可探测滑体组成物质类型。地震波法在滑坡勘探中应用较多，随着计算机技术的应用，探测的分辨率已成倍提高，并可自动打印成图。

（3）面波法：是一种利用瑞利波的频散特性进行勘探的方法。该方法在地表设置激振器，通过改变激振频率，由设置在地面的检波器测量不同深度的瑞利波传播速度，进而判别地下不同岩土体来反映滑坡体的特征（郭建强，朱庚俊，2003）。

（4）瞬变电磁法：是利用一定波形的电流场，一次场激发改变地下介质的电荷分布，在一次场断电后，地下电荷恢复原样，产生二次场。通过观测二次场随时间的衰减变化，探查地下介质的电性分布特征，可用来测定滑坡的形态和岩土体特征（张全胜等，2004）。

3）滑坡动态监测在滑坡勘探中的应用

对仍有滑动迹象的滑坡（含已有明显变形的潜在滑坡）应用滑面计和钻孔测斜仪来探

测滑动面位置还是十分有效的。即沿滑坡主滑断面打3~5个钻孔,孔深超过估计滑面深度3m,在孔内安装管式滑面计或测斜仪。只要滑坡移动仪器就可记录下来,从而可判定滑动部分与滑床的界面。全面的滑坡动态监测是潜在滑坡预测预报的基础。

4)航空遥感技术在滑坡调查中的应用

近十年,在滑坡区域调查中航空遥感技术的应用越来越多。不仅加快了滑坡调查的进度,而且对大型、特大型老滑坡的调查准确性也有所提高。

(1)在滑坡区域调查中的应用

对数千、数万平方公里的滑坡分布调查,若不应用遥感信息,许多人难以到达的高山峡谷无法开展调查工作,成为无法弥补的空白。若应用航片、卫片在室内加以判译,就可将调查的滑坡分布标注在地形图上。为了检验判译的可靠性,可选择30%的地区进行实地调查(抽样调查)。这样扩大了调查区域,还加快了调查的进程。据研究,应用遥感信息技术,可缩短野外考察时间30%~60%。

(2)在滑坡发生的自然、地质环境调查中应用

首先应建立地面遥感信息标志。比如森林等绿色植物,裸露地层、松散土层、集水地区、带状、线状湿地和区域构造线等。有了遥感信息标志,就可对滑坡逐个判译(具体方法详见第15章)。

(3)在滑坡发生过程研究,动态观测中的应用

将滑坡发生前夕、发生过程中、发生后,不同时段遥感信息进行比较研究,就可对滑坡发生过程、机理进行研究。在大型、特大型滑坡或较长线路的滑坡调查中,遥感技术的应用便显现出独特的优越性。

5)滑坡岩土试验

滑坡岩土试验的目的是获取滑坡稳定性分析,推力计算,防治工程设计验算必需的岩土物理、力学指标(参数)。

(1)滑体岩土试验。包括原状样天然密度、饱和密度和干密度、土的粒度试验、天然含水率、饱和含水率和渗透系数试验。

(2)滑带土试验。包括原状样天然密度、饱和密度,抗剪强度试验(快剪、残余剪),土的粒度试验、天然含水率、饱和含水率试验。若无法取得滑带土样,可在滑体内采取同类型土样代替;若无法取得原状土样,可取同类型土的扰动样代替,但应在滑坡现场测定此类土的天然含水率和密度,以便试验室用同类扰动土样配制。

(3)滑床岩土试验。为进行滑坡防治,也应对滑床岩、土取样进行抗压强度、抗剪强度试验。除此,对滑体内地下水的腐蚀性也应取水样进行试验。

10.2.4 勘测报告编写

国家有关部门和行业,都有相应的规范和管理条例、技术手册,对滑坡、崩塌等环境灾

害问题的勘察内容和勘测报告的编写格式和明确的规定,10.1.1节已介绍道路滑坡勘察报告编写的具体要求,在勘测报告编写阶段可参照进行。虽然各部门对滑坡、崩塌等灾害勘察的深度和要求有所不同,但滑坡勘测的基本内容是相近的。为满足滑坡等灾害防治工程设计的要求,滑坡勘测报告编写的内容应包括:滑坡区自然、地质特征与滑坡形成条件分析;滑坡特征与滑动面判别;滑坡形成、发生过程与机理;滑坡稳定性分析与推力计算;滑坡危害、发展趋势与防治必要性分析;滑坡防治对策建议。

10.3 溜砂坡勘测

溜砂坡调查、勘测的主要内容与滑坡基本相同。不过针对溜砂坡的特殊性,勘察的内容有所增减,勘察的方法略有不同。

10.3.1 溜砂坡勘测的主要内容

溜砂坡所处地区的自然地理、地质环境特征调查与滑坡区调查基本相同。除此还需调查以下内容。

1)溜砂坡形成调查

(1)溜砂坡形成区(砂源区)。调查砂源区地形、地层岩性特征。若为岩层,应调查岩石类型、特征、风化程度、产砂特征;若为松散层产砂(包括老溜砂坡堆积体重新活动),应调查松散层的组成、结构特征。

(2)溜砂坡溜动区。调查砂产生溜动的特征,有些溜砂坡,砂源区就是溜动区,要调查砂由静止到产生溜动的起动条件。

(3)溜砂坡堆积区。调查砂坡堆积特征,砂粒由运动到停止运动产生堆积的条件。

2)溜砂坡表部特征调查

溜砂坡表部特征调查包括:溜砂坡表部地形坡度、天然休止角、稳定坡度量测;表部组成物类型、特征、粒度分析;表部植被类型、特征、适应性调查,溜砂坡不同活动阶段的植被特征。

3)溜砂坡内部结构、组成物质勘测

主要勘测溜砂坡组成物质厚度、主要矿物组成、粒度成分、堆积特征,密实度与胶结情况,并采集样品进行物理力学性质测试。

4)砂粒运动特征调查与观测

主要调查并观测砂粒的运动方式,包括平面运动和剖面运动两种。

5)已有挡砂、固砂和坡面防护工程调查

对已建成的溜砂坡挡砂,防护工程进行调查,包括已建工程的类型、规模、防治效果等。

10.3.2 溜砂坡勘测的方法

以前虽然对溜砂坡勘察、研究甚少,但仍属边坡稳定问题,可参考滑坡勘察的内容和方法,拟定溜砂坡的勘察计划和报告的编写内容。

另外,溜砂坡天然休止角的量测十分重要,它是判别老溜砂坡稳定性的重要指标。测量的方法如下:

(1)实验室测量。到野外采取溜砂坡代表性砂样3个(砂坡左、中、右各1个),每个砂样10~5kg,送到实验室进行休止角试验。

(2)溜砂坡现场模拟测量。在溜砂坡左、中、右采取室内试验砂样的地点,同时进行砂坡休止角模拟测量。每次试验,测量休止角次数不得少于5次,取平均值,与室内试验资料比较分析。

10.4 滑坡模型(模拟)试验

滑坡形成发生机理和防治技术的研究需要做模型试验或模拟试验;在滑坡等灾害防治工程设计中,有的参数也需要做原位模型试验测得,或用原位模型试验验证设计的可靠性。

滑坡模型试验可分为滑坡原位模型试验、相似模型试验和机理模拟试验三大类。滑坡原位模型试验是指在滑坡区(含可能发生滑坡的地区)从事与滑坡形成、发生和防治有关的原位试验,由于自然界的滑坡形成、发生机理十分复杂,滑坡原位模型试验的难度、技术要求和费用都比较高,实际应用较少。滑坡相似模型试验是针对某一具体滑坡的几何形态、物质组成、形成的因素和条件,采用相似原理进行设计的试验,是研究滑坡形成发生机理研究的重要手段,大型、复杂滑坡的防治往往需要滑坡相似模型试验来印证设计的合理性。滑坡模拟试验针是对滑坡(泛指某一大类的滑坡)形成、发生机理的某一个问题(内容),注重机理和过程的研究,不考虑相似准则所进行的试验,该类试验因投入相对较少,被广泛用于滑坡研究和防治中,相关研究、勘察与设计部门开展了大量滑坡模拟试验。

10.4.1 滑坡模型试验的方法

1)模型试验的类型与内容

对于一个具体滑坡,是否需要做模型试验,需对此滑坡进行详细勘察分析后确定。对于中、大型滑坡,其形成机理十分较复杂,一般需通过模型试验深入研究。由于滑坡模型试验经费投入较大,所以模型试验的确定应十分慎重。确定该滑坡进行模型试验后,应依据模型试验的内容设计试验。若对某一滑坡的形成过程与机理进行深入分析,需选择滑坡相似模拟试验。

2)滑坡模型试验方案设计

滑坡相似模型试验的设计应包括试验内容和相似特征参数的确定、模型的制作、试验过程和试验结果综合分析等部分。可用流程框图表示(图 10-1)。

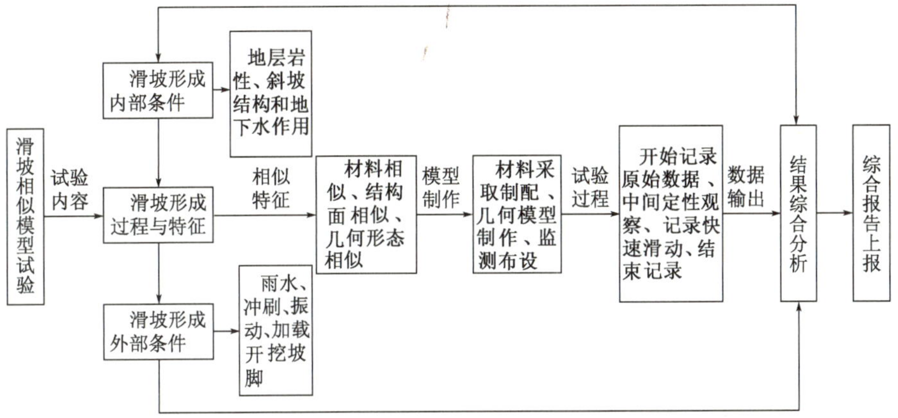

图 10-1 滑坡模型试验流程框图

3)滑坡模型试验实例——张家坪滑坡模型试验(杨涛等,2005;王恭先等,2004;成永刚,2004;刘春等,2004)

模型试验是滑坡研究中的一种重要手段。一些大型滑坡(崩塌)由于其空间尺度很大,地质条件复杂,各种影响因素相互制约,且其发生发展过程相对较长,使这类滑坡(崩塌)的研究受到诸多限制。模型试验可以通过在室内建立模型,提取影响滑坡(崩塌)发育的一个或数个主要因素,忽略次要因素,在短时间内可以重现滑坡的发育过程。以张家坪滑坡实例来说明滑坡模型试验的设计方法和流程。

(1)张家坪滑坡概况

张家坪滑坡位于万州区分水镇和梁平区曲水乡内,为一大型堆积层老滑坡。滑坡体纵向长度约 1km,平行路线最大宽度达 320m,滑体方量约 200 万 m^3。新建万梁高速公路从滑坡的中前部以路基挖方和桥梁形式通过。该滑坡后缘为砂岩陡壁,两侧为基岩山梁。滑坡体在陡壁、基岩梁的夹持下,呈凹槽及台阶状地貌形态。整体上,按地貌特征可分为三级滑坡体,后级主要为坡积堆积物;中级滑坡主要为洪坡积及老滑坡物质的堆积区;前级主要为老滑坡的堆积物。中级滑坡滑带分浅、中、深三层,埋深分别为 8 ~ 10m、20 ~ 26m、30 ~ 39m。当地的地质构造主要是铁峰山倒转背斜构造,张家坪滑坡位处倒转背斜的南东翼,岩层陡立倒转,岩层受挤压、扭曲、断裂及层间错动作用明显,从而为张家坪老滑坡生成发育奠定了地质基础。万梁高速公路在施工过程中,对分余公路进行了部分改移，诱发中级滑坡浅层滑体产生变形滑动，前缘土体塌滑并逐渐向后牵引发展。

（2）张家坪滑坡模型试验目的

张家坪滑坡开展大型地质力学模型试验，目的是研究并模拟按施工顺序分级开挖高速公路路基时，边坡的病害发育规律和滑坡变形的发生发展机理，以评价滑坡的稳定性，判断工程施工是否会引发张家坪滑坡的整体复滑；对滑带岩土体进行均匀毛细浸润，模拟滑带岩土体在不同饱和度条件下滑坡体的变形发展规律；并在此基础上，对滑坡体施以抗滑支挡结构，对比研究有支挡结构条件下的滑坡变形规律，评价抗滑结构的支挡效果。

（3）模型试验设计

①原型选取

对线路和公路施工影响最为显著的是中级滑坡，因此确定中级滑坡为模型试验研究的对象。其地质力学模型试验的原型断面如图 10-2 所示。坡体结构由 4 层滑带、4 层滑体和滑床组成。图中字母分别表示：浅层滑体（qht）；浅层滑带（qhd）；中层滑体（zht）；中层滑带（zhd）；深层滑体（sht）；深层滑带（shd）；古滑体（ght）；古滑带（ghd）；滑床岩体（hc）。张家坪滑坡的抗滑支挡结构主要采用预应力锚索抗滑桩和预应力锚索框架，试验中对这些支挡结构进行了相应的模拟。

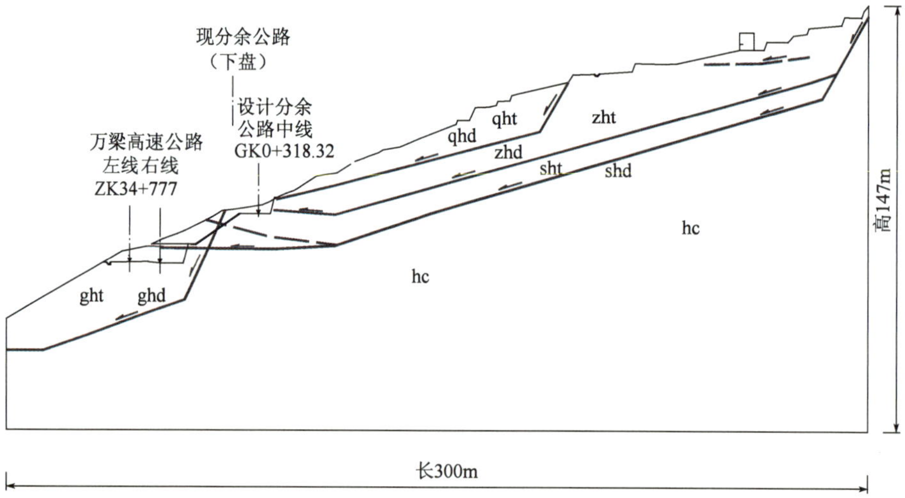

图 10-2　试验原型

②模型试验相似比与相似材料

对滑坡模型试验进行物理过程或力学性质的研究时，物理量相似主要是指一般几何相似、动力学相似以及运动学相似三类（其中一般几何相似即初等几何学相似，它的物理量量纲通常只取长度单位）。依据相似理论和模型试验研究的目的，试验中重点考虑岩体在自重应力场作用下产生滑坡推力的作用，因此本次试验中岩体重度相似系数取 $C_r=1$，岩土体其他相似系数根据相似理论而定；模型试验的几何相似系数 $C_l=50:1$。模拟的原型范围为:纵向长300m,竖直高147m,横向宽47m。抗滑桩和框架结构容重相似比取为 C_r = 1.56。预应力锚索主要承受拉力,其弹性模量的影响较大,试验中确定锚索弹性模量的相似比为 C_E = 1.43。支挡结构几何相似比为 C_l = 50∶1,沿坡体横向共布设3品框架和5根抗滑桩。

根据上述相似关系,主要选用重晶石粉、石英砂、滑石粉、铁砂等相似材料配制坡体相似模型材料。表10-3为原型坡体材料的物理力学参数;表10-4为经大量配比试验所确定的模型坡体材料的物理力学参数;表10-5为模型坡体材料的试验配比。表中 γ、c、φ、E、μ 分别表示重度、黏聚力、内摩擦角、弹性模量及泊松比,下脚标p代表原型、m代表模型。所选的相似材料基本上能满足上述相似比的要求。

张家坪滑坡原型坡体材料物理力学参数　表10-3

坡体结构	γ_P(kN/m³)	c_P(kPa)	φ_P(°)	E_P(MPa)	μ_P
qht	19	60	26	70	0.3
qhd	18	40	22	50	0.42
zht	20	80	28	150	0.25
zhd	19	60	21	50	0.42
sht	20	90	27	200	0.25
shd	19	50	22	50	0.42
ght	20	70	23	70	0.3
ghd	19	60	21	50	0.42
hc	22	120	28	600	0.2

张家坪滑坡模型坡体材料物理力学参数　表10-4

坡体结构	γ_m(kN/m³)	c_m(kPa)	φ_m(°)	E_m(MPa)	μ_m
qht	19	1.0	28	1.2	0.3
qhd	18	0.7	22	0.8	0.42
zht	20	1.5	28	2.6	0.25
zhd	19	1.2	20	0.8	0.42
sht	20	1.6	26	3.5	0.25
shd	19	1.1	22	0.9	0.42
ght	19	1.0	28	1.2	0.3
ghd	19	1.2	20	0.8	0.42
hc	22	3.5	29	10	0.2

张家坪滑坡模型坡体材料配比 表 10-5

坡体结构	模型材料配比(%)						
	重晶石粉	石英砂	滑石粉	铁砂	洗衣粉	铁红粉	水
qht	18.3	57.2	16	—	—	—	8.5
qhd	15.6	51.4	14	—	1.3	6.5	11.2
zht	20.3	50.9	19.6	—	—	—	9.2
zhd	18.2	48.5	15.3	—	1.2	6.0	10.8
sht	22.1	40.6	28.4	—	—	—	8.9
shd	17.9	50.6	12.1	—	0.9	6.3	12.2
ght	18.3	57.2	16	—	—	—	8.5
ghd	15.6	51.4	14	—	1.3	6.5	11.2
hc	7.8	50.7	16.6	16.3	—	—	8.6

试验中模拟的抗滑支挡结构包括抗滑桩、框架地梁和锚索。桩和框架梁采用石膏、白水泥和白乳胶的混合浆液浇铸,加入金属丝网以模拟钢筋笼,混合浆液配比为石膏：白水泥：白乳胶：水 = 72：22：6：80。用主要成分为铅的金属丝模拟锚索,锚索孔内的注浆液配比为石膏：白乳胶：水 = 89：11：130。桩、框架地梁、锚索等支挡结构的原型和模型的物理力学指标如表 10-6、表 10-7 所示。表中 γ、E、μ、σ_c、σ_t 分别表示重度、弹性模量、泊松比、抗压强度和抗拉强度,下脚标 p 代表原型、m 代表模型。由表 10-6、表 10-7 可知,所选结构模型材料能较好地满足相似比要求。

张家坪滑坡原型结构材料物理力学指标 表 10-6

结构名称	γ_P (kN/m^3)	E_P (MPa)	μ_P	σ_{cP} (MPa)	σ_{tP} (MPa)
桩	25	3×10^4	0.25	20	—
框架地梁	25	3×10^4	0.25	20	—
锚索	78	2×10^5	0.2	—	1860
锚体	20	1.4×10^4	0.25	15	—

张家坪滑坡模型结构材料物理力学指标 表 10-7

结构名称	γ_m (kN/m^3)	E_m (MPa)	μ_m	σ_{cm} (MPa)	σ_{tm} (MPa)
桩	16	345	0.23	0.30	—
框架地梁	16	345	0.23	0.30	—
锚索	72	0.14×10^5	0.3	—	32
锚体	16	215	0.23	0.25	—

(4)模型试验过程

位移观测是试验的重点,主要有坡面位移和滑带的相对位移。试验中主要采用百分表量测位移,坡面布置8个位移测点,浅层滑带和前级滑带各布置3个位移测点,中层滑带布置4个位移测点,深层滑带布置5个位移测点。另布置3条断面共11个测点,监测坡体的竖向位移。试验设计分为两阶段:第一阶段试验是在无支挡情况下,先进行2次开挖工况,然后进行4次注水工况;第二阶段试验是在施加抗滑支挡结构以后,进行2次开挖工况,然后进行4次注水工况。

(5)模型试验结果与张家坪滑坡的发生机理

模型试验揭示了多层滑带滑坡在工程开挖影响下的变形失稳机制。工程开挖将某级滑带揭露,该级滑带将产生较大的变形,而且继续进行的下一级开挖对该级滑带的影响将不如上一级开挖明显;开挖所引起的各级滑坡的变形失稳均是牵引式。在雨水影响下,各级滑带位移呈现加速发展趋势,浅层滑带呈现明显的推动式破坏特征,在注水工况后期,开始整体下滑;中层滑带在上部浅层滑体的推动下,呈现牵引式的变形特征;深层滑带前部水平段有良好的阻滑作用,使深层滑带在雨水作用下位移变化不明显。

以预应力锚索抗滑桩和预应力锚索框架组成的联合抗滑体系发挥了良好的加固效能,在结构预加固下开挖边坡,各级滑带的位移均较小。如果滑体排水不畅,则在雨水作用下,浅层、中层滑带均呈现出明显的推动式变形性质,滑带后部的位移仍较明显,前部加固效果则较为明显,因此,在抗滑支挡结构设计中对排水措施的考虑将是十分必要的。

模型试验的结果证实了张家坪滑坡的变形破坏机理——人工开挖坡脚产生新的临空面,削弱了滑坡前缘抗滑段抗力,破坏了滑体内部应力平衡状态,使坡体松动范围不断扩大,这是导致滑坡失衡的直接原因。

10.4.2 粒状碎屑溜砂坡动力学模型试验

(1)试验目的

据10.3节的论述,中坝段溜砂坡90%以上为粒状碎屑溜砂坡。本节选择中坝兵站以东No.17、No.18(K3 930+320~K3 930+800)两溜砂坡为重点,采用野外现场观察量测,开挖砂坡脚与室内模型堆砂相结合的试验方法,主要研究溜砂坡的动力学特征,为溜砂坡防治技术提供依据。其主要内容如下:溜砂坡休止角与砂粒起动条件的关系;溜砂坡休止角与含水率之间的关系;溜砂坡休止角与砂粒粒径之间的关系。

(2)试验方法

本试验采用自制溜砂坡模型试验装置(图10-3)量测休止角,槽的上半部AB段坡度50°,略大于此种溜砂坡的天然休止角,下半部BC为模拟坡脚缓倾段,坡度10°左右。具体操作为:砂粒通过装砂漏斗(模拟砂源区)从A点向下溜,在B点附近开始堆积而形成砂自由堆积体(模拟溜砂坡堆积区),透过透明的挡板量测出砂自由堆积体的角度即为砂粒休止角。

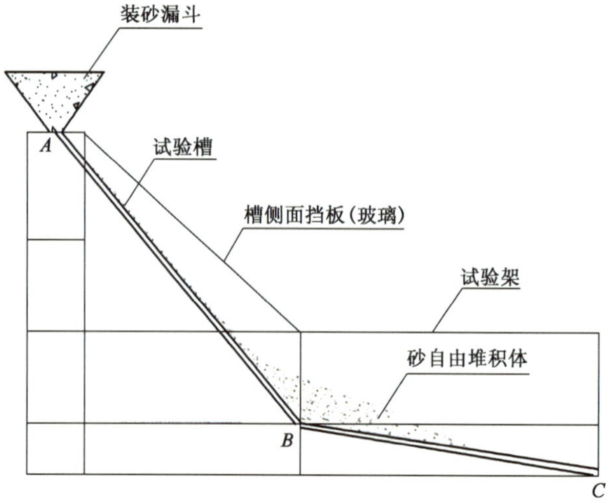

图 10-3　溜砂坡模型试验装置示意图

(3)休止角与起动条件的关系

对于溜砂坡本身而言,其砂坡稳定性很大程度上取决于其天然休止角,当砂坡坡度大于其天然休止角,加之诱发因素,很容易引起溜砂;反之,当砂坡坡度小于其天然休止角,则砂坡处于稳定状态。故对于溜砂坡的天然休止角影响因素的研究显得尤为重要。表 10-8 为模拟砂坡在天然状况下与不同诱发因素状况下的休止角大小情况。从表中可以看出:当振动力不大时,休止角与天然休止角的差距不大,切坡状况的休止角比天然休止角要小,后方有砂源状况时,休止角差别也不大。

溜砂坡在不同状况下休止角大小　　表 10-8

编　号	工　况	砂坡休止角(°)
1 号	天然状况(一)	33.1
2 号	加振动作用状况(一)	32.5
3 号	天然状况(二)	35.2
4 号	加振动作用状况(二)	35.1
5 号	模拟切坡状况	34.4
6 号	后方有来砂源状况	34.7

(4)休止角与含水率之间的关系

影响天然休止角的因素较多,如砂粒的粒径,含水率等。将现场采集的溜砂坡砂样按照砂粒中粒组含量的不同,将砂样筛分为砾砂、粗砂、中砂、细砂、粉砂五种粒径的砂样,然后对具体的五组砂样在含水率为 0、3%、6%、9%、12%、15%、18%、21% 状态下分别进行试验(对于砾砂、粗砂含水率达到 15% 以后,中砂含水率达到 18% 以后,细砂和粉砂含水率达到 21% 以后基本达到饱和状态)。图 10-4 为五种砂样的在不同含水率情况下与休止角的关系。

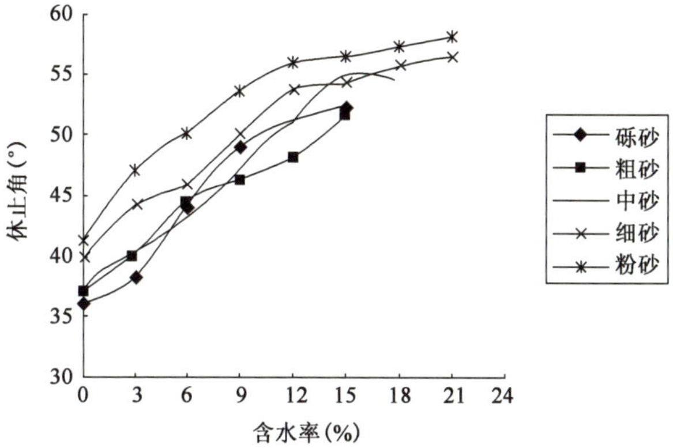

图 10-4 五种砂样的含水率与休止角的关系

从图 10-4 中可看出：对于五种不同粒径的砂样，含水率对其休止角的影响均较大。休止角的大小随粒径的增大有减少的趋势。另外，含水率在 0 ~ 12% 之间，休止角的变化最大，到 15% 以后慢慢趋于平缓。

(5)休止角与砂粒粒径之间的关系

从图 10-5 中可以看出：在含水率较小的情况下，五种砂样大体存在着随着粒径的减小，休止角有增加的趋势；而当含水率较大后，五种砂样大体存在着随着粒径的减小，休止角有增加的趋势，但并不明显。

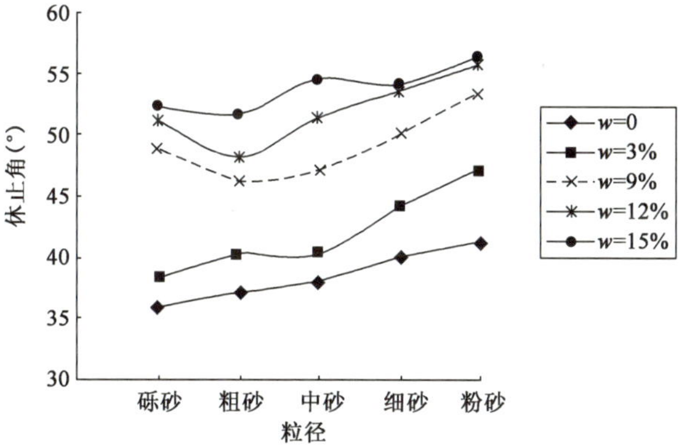

图 10-5 五种砂样的粒径与休止角的关系

(6)砂粒粒径与含水率对休止角显著性影响分析

前已述及砂粒的粒径与含水率对休止角影响均较大，现采用双因素方差分析两者对休止角的显著性影响，并将影响大小进行比较。现设砂粒粒径为一影响因素，含水率为另一影响因素，方差分析结果列入表 10-9 中。

方差分析表　　表 10-9

项目	离差平方和	自由度(V_i)	方差($\hat{\sigma}_i^2$)	F	$F_{0.01}$
含水率	$SS_1=888.70$	4	222.18	143.34	11.4
砂粒粒径	$SS_2=150.56$	5	30.11	19.42	4.10
剩余	$SS_3=30.94$	20	1.55	—	
总和	$SS=1\,070.2$	29	—	—	—

由表 10-9 中可知：对于 $\alpha=0.01$ 的显著性水平，含水率与砂粒粒径的 F 值均远大于 $F_{0.01}$，说明两者均对休止角有特别显著的影响。同时含水率对休止角的影响程度相对砂粒粒径来说要大得多。

10.5　道路滑坡防治工程设计参数确定

道路滑坡防治工程设计参数包括滑坡区岩土物理力学性能和各种工程用的材料强度参数两部分。各种建筑材料的强度参数都是一定的，是个常数，是由生产材料的商家，经试验测定的（标定的）。本节重点讨论滑坡岩土与防治工程设计，计算有关的物理力学性质指标确定方法。

10.5.1　滑动面（带）抗剪强度指标的确定

1）滑动面（带）岩土 c、φ 的基带特性

组成岩土颗粒间的引力、联结力称为黏聚力，用 c 表示。c 值的大小与颗粒间距（土）和胶结物的强度（岩）有直接的关系，颗粒间的距离越小，c 值越大。颗粒间的滑动摩擦特性用摩擦角 φ 来表示，取其正切为摩擦系数 $\tan\varphi$，φ 值的大小与滑动面上岩土颗粒形态、大小有直接的关系。片状颗粒越小，φ 值越小。较均质的砂性土与黏性土相比，砂性土 c 值小，φ 值大；黏性土 c 值大，φ 值小。

2）影响 c、φ 值大小的因素

（1）颗粒大小。颗粒大，c 值小，φ 值大。据较均质的砂性土土工试验，当土中砂粒、砾粒含量在 80% 以上时，c 值在 6kPa 以下，φ 值在 30°以上；成都黏土黏粒含量大多在 60% 以上，粉粒在 30% 左右，而砂粒却在 10% 以下，天然状态的 c 值大多为 85 ~ 95kPa，φ 值在 20°左右（孔德坊等，1994）。

（2）颗粒形状。颗粒的形状可分为片状、圆粒状和角粒状三种。其中角粒状颗粒构成的岩土 φ 值最大，片状颗粒构成的岩土 φ 值最小，颗粒形态对 c 值的影响不大。

（3）岩土含水率。据成都黏土部分原状样、重塑样的三轴剪切试验，含水率对 c、φ 值大多有明显的影响，其中对 c 值的影响更大（表 10-10）。

成都黏土三轴试验成果 表10-10

试样		原状样				重塑样			
		天然含水率		饱和含水率		天然含水率		饱和含水率	
地区	编号	c(MPa)	φ(°)	c(MPa)	φ(°)	c(MPa)	φ(°)	c(MPa)	φ(°)
成都	CD-L_1(上)	0.024	23.0	0.028	5.6	0.095	17.0	0.045	6.0
	CD-L_1(中)	0.045	15.3	0.025	3.8	0.070	18.0	0.055	17.5
	CD-L_1(下)	0.110	13.3	—	—	0.090	22.0	0.063	16.7
	CD-S_1	0.060	18.0	0.010	18.0	0.120	14.0	0.060	13.7
	CD-S_1	0.050	16.0	0.040	15.0	0.130	18.5	0.120	6.0

(4)黏土矿物。黏土矿物大多存在于黏性土中的细粒部分，主要由高岭石、伊利石、蒙脱石等矿物组成。成都黏土细粒中这三种矿物的含量占85%以上。他们对黏性土的抗剪性能影响很大，一般情况下，黏聚力 c 随黏土矿物的增加而增大，颗粒间摩擦角 φ 反而减小。据岷江流域的砂土试验，试验样品中每增加5%的黏粒，c 值增加50%～100%；φ 值减小1.5°～2.0°。

(5)密实度、风化程度。非成岩地层的密实度和成岩地层的风化程度对 c、φ 值的影响也很大。对于碎石土的密实度野外鉴别可分为松散、中密、密实三类，其中密实碎石土 c、φ 值较高，松散的较低。黏性土按塑性指数分为坚硬、硬塑、可塑、软塑和流塑五种状态，其中坚硬、硬塑状态 c、φ 值较高，流型状态的 c、φ 值很低。对于成岩地层按岩石的风化程度可分为未风化、微风化、中风化、强风化、全风化和残积土六类。其中未风化和微风化岩体 c、φ 值高；全风化和残积土 c、φ 值较低，可按同类碎石土对待。

综上影响岩土 c、φ 值的因素很多、很复杂，为此滑动面岩土 c、φ 值的确定也很复杂，历来是工程设计人员最难处理的问题。

3)滑动面岩土 c、φ 值的确定方法

滑动面岩土 c、φ 值的确定一般要进行以下工作和分析方法：

(1)滑坡详细勘察和动态现状评估

在地面详细工程地质测绘的基础上，在滑坡体上平行主滑方向布置3～5条勘探断面，对滑体组成结构和滑动面特征进行勘察，并在滑体前部、中部、后部采取滑体、滑动面、滑床样品送试验室测试。同时对滑坡发生的历史和动态现状进行评估，一般可分为稳定老滑坡(边坡)、极限平衡老滑坡(边坡)，正在滑动滑坡三种状态，其鉴别特征列入表10-11中。这三种状态滑动面岩土 c、φ 值的取值是不同的。已稳定的老滑坡(边坡)，在少雨干燥地区滑动面岩土 c、φ 值取天然状态峰值，在多雨湿润区旱季取天然状态峰值，在多雨湿润区雨季取饱和状态峰值。对处于极限平衡的老滑坡(边坡)，由于老滑坡(边坡)已有变形、复活迹象，但没有产生明显的滑动，此时滑动面岩土的强度有所降低，所以滑动面上岩土的 c、φ 值应比以上低，但比残余值高。对于已开始慢速滑动的老滑坡(边坡)，旱季滑动

面上岩土 c、φ 值应取天然状态残余值，雨季应取饱和状态残余值。

滑坡(边坡)动态现状分级特征　　表 10-11

滑坡状态分级	雨季坡面变形	旱季坡面变形	稳定系数 K_S 范围	c、φ 取值范围
已稳定老滑坡(边坡)	老滑坡体边界无明显变形裂缝;斜坡上也无任何滑坡弧形裂缝	无任何变形现象	$K_S>1.05$	天然状态峰值或饱和状态峰值
极限平衡老滑坡(边坡)	老滑坡后缘已出现明显开裂、前缘有局部"凸"出坍滑,滑体上房屋、水池有变形开裂现象。斜坡上有弧形拉裂,房屋有变形现象	左边变形现象基本终止	$0.95\leqslant K_S\leqslant 1.05$	取值低于上述值,大于残余值
正在滑动滑坡(边坡)	老滑坡后缘及两侧裂缝不断加大,前缘有明显滑移现象,滑体上房屋拉裂,耕地开裂,斜坡上滑坡周界裂缝已形成前缘有少量坍滑现象	左边变形有所减弱,但未终止	$K_S<0.95$	取天然状态残余值或饱和状态残余值

注:此表不适宜高速、快速滑坡判别。

(2)滑动面岩土抗剪强度测试

这是滑动面岩土 c、φ 值取值的重要方法和基础。对任何一个滑坡勘察都应取滑动面土样进行测试,c、φ 值是必测的项目。由于滑动面岩土组成结构复杂,滑动面前部、中部、后部又大不相同,所以应分别取样测试。又因小样品的结构、组成千差万别,取 2～3 个样品,仍代替不了滑动面上 c、φ 的统计规律。所以滑动面岩土取样越多越好,按工程设计和数理统计的要求,同一种岩性(土类)取 7～9 组小样为宜,即在滑动面前部、中部、后部各取 7～9 组土样。由于测量数据最大值、最小值相差较大,一般达 2～5 倍,数据分散,所以必须进行处理。处理方法如下:

①原始数据分组整理

先将测量数字按滑动面前部、中部、后部分开,而后按状态分组,对每组测量数据按下列公式计算平均值、标准差和变异系数(中华人民共和国建设部,2009;工程地质手册编委会,2018)。

$$x_m=\frac{1}{n}\sum_{i=1}^{n}x_i \tag{10-1}$$

$$\sigma_f=\sqrt{\frac{1}{n-1}\left[\sum_{i=1}^{n}x_i^2-\frac{1}{n}\left(\sum_{i=1}^{n}x_i\right)^2\right]} \tag{10-2}$$

$$\delta=\frac{\sigma_f}{x_m} \tag{10-3}$$

式中：x_m——岩土测量参数平均值；

x_i——第 i 个测量数据；

σ_f——岩土测量参数标准差；

δ——岩土参数变异系数。

②异常数据的舍弃

测试中由于样品组成结构的差异性，使得测量数据出特大、特小的异常，这些异常数据不是岩土特性的反映，应该舍弃。大和小到什么样的量级可以舍弃，一般采用 3 位标准差法判别，即：

$$|x_0 - x_m \geqslant 3\sigma_f| \tag{10-4}$$

式中：x_0——准备舍弃的异常数据；

其他符号意义同前。

舍弃异常数据后，重新计算平均值、标准差和变异系数。

③计算岩土测量参数标准值 x_k。

$$x_k = r_s x_m \tag{10-5}$$

$$r_s = 1 \pm \left(\frac{1.704}{\sqrt{n}} + \frac{4.678}{n^2}\right)\delta \tag{10-6}$$

式中：r_s——为统计修正系数，正负号按不利组合考虑，如抗剪强度指标的修正系数应取负值；

其他符号意义同前。

通过上述整理分析、处理后就可编写测试报告，论述岩土测试过程、成果整理、分析、处理情况，向工程技术人员提供岩土测量 c、φ 值（包括其他项目）平均值、标准差、变异系数和标准值等。

(3)滑坡稳定性反算法求滑动面岩土 c、φ 值

从滑坡极限平衡法稳定性计算公式得知，若滑坡三种状态的稳定系数 K_S 为已知（表 10-11），公式中的未知数，计算块体的重力 W 可由测量计算得到。另两个未知数 c、φ 值，只要据测试假设一个，即可求出另一个，基本计算表达式如下：

$$c = \frac{K_S \sum_{i=1}^{n} W_i \sin\alpha_i - \sum_{i=1}^{n} W_i \cos d_i \tan\varphi}{\sum_{i=1}^{n} l_i} \tag{10-7}$$

$$\tan\varphi = \frac{K_S \sum_{i=1}^{n} W_i \sin\alpha_i - \sum_{i=1}^{n} L_i c}{\sum_{i=1}^{n} W_i \cos\alpha_i} \tag{10-8}$$

式中：c——滑动面上岩土的平均黏聚力(kPa)；

φ——平均内摩擦角(°);

W_i——第 i 滑动条块的重力(kN);

L_i——第 i 滑动条块滑动面长(m);

α_i——i 滑动条块滑动面倾角(°)。

在实际计算中,一般据测量资料先假定滑动面上岩土平均黏聚力 c,用式(10-8)计算滑动面上岩土平均内摩擦角。将算出的平均内摩擦角与测量资料进行比较修正和代入式(10-7)中,计算滑动向岩土平均黏聚力 c。

(4)综合分析法确定滑动面上岩土的 c、φ 值

将上述用(2)、(3)方法取得的滑动面上岩土 c、φ 值进行比较,并与滑坡(边坡)当前所处的状态和今后最不利、最危险的状态进行对照,综合分析,应用专家的经验对测试提出的滑动面前、中、后部岩土 c、φ 值平均值、标准值与用反算法得出的 c、φ 平均值进行比较相互修正,最后确定滑坡防治工程设计 c、φ 值参数,并代入极限平衡公式计算滑动的稳定状态,看是否与滑坡的实际稳定状态相符合。如果相符,就用此参数进行滑坡防治工程设计计算;如果不符,继续调整参数,直到与实际稳定状态相符。

10.5.2 滑体重力计算

滑体的重力也是滑坡稳定性计算和防治工程设计的重要参数,若组成滑体的岩土类型单一,则滑体重力计算较简单,第 i 条块的重力是:

$$W_i = \gamma_i A_i \tag{10-9}$$

若组成滑体的岩土类型有多种,可用分层叠加综合法计算滑动条块的重力。如图 10-6 第i 条滑块有 j 层岩土类型,应分别分层取岩土样品进行测试,测每层岩土的重度 γ,用下式计算第 i 条滑坡的重力:

$$W_i = \gamma_1 A_1 + \gamma_2 A_2 + \cdots + \gamma_j A_j = \sum_{j=1}^{n} \gamma_j A_j \tag{10-10}$$

式中:γ_j——第 i 条块 j 层岩土的重度(kN/m³);

A_j——第 i 条块 j 层的面积(计算条块为单宽)(m)。

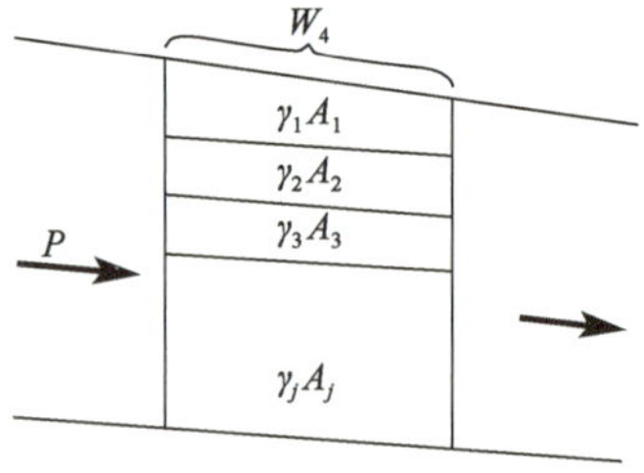

图 10-6 滑体重力计算分层叠加综合法图示

10.5.3 滑坡防治工程安全系数 K_C 的确定

1)滑坡安全系数(K_C)与稳定系数(K_S)的概念

(1)滑坡稳定系数:用来描述滑坡稳定状的指标,一般用 1 来判别,若某滑坡计算得出的稳定系数 $K_S > 1$,认为此滑坡处于稳定状态;若 $K_S < 1$,则认此滑坡是不稳定的;$K_S = 1$,认为此滑坡处于极限平衡。在实际工作中多用表 10-10 所列的 K_S 指标来评估滑坡的稳定性。

(2)滑坡安全系数:滑坡防治工程实施以前,此滑坡应该处于极限平衡或有滑动,但无快速滑动。此时滑坡的稳定系数 K_S 一般大于 0.95,计算滑坡的推力(最后一块的剩余下滑力)可能很小,甚至为 0。设计人员为了防治此滑坡,用工程阻止此滑坡滑动,在下滑力上乘以一个大于 1 的系数,使修建的滑坡防治工程,能保持安全、稳定,不被滑坡推力所破坏。这个系数称为安全系数 K_C。与滑坡稳定系数有本质的区别,滑坡稳定系数是滑坡稳定现状的反映,安全系数是人们为防治滑坡,设定的一个安全储备系数。

2)安全系数的确定方法

安全系数包含两部分:一是建筑结构本身的安全系数,相关的建筑设计规范已有规定,工程设计时可选用;二是滑坡防治需进行推力计算用的滑坡安全系数。确定安全系数的原则有以下两条。

(1)对滑坡勘察、分析、认识的准确程度,可分为准确、较准确和还有问题不清三级;安全系数可分别选定(表 10-12)。对问题没查清者,应分析是什么问题不清,若滑动面的分层和埋藏深度不清,这是个十分重要的问题,直接影响到防治工程的设计与布置,应重新勘察判别滑动面,对于其他问题不清,可加大安全系数解决。

滑坡认识准确性分级简表 表 10-12

分级	项目			
	滑坡基本特征	滑动面判别,c、φ 值确定	滑坡形成发生机理分析	安全系数取值范围
准确	滑坡周界、规模、地表特征、地层岩性、主滑方向清楚,认识准确	滑动面埋深、特征,判别准确,c、φ 值选定适宜	滑坡形成环境、条件、发生过程机理分析深入,滑坡稳定性分析合宜	1.20~1.25
较准确	以上勘察基本清楚	滑动面判别,c、φ 取值较符合实际	形成发生机理分析基本合适	1.25~1.30
有问题不清	以上勘察基本清楚	滑动面判别不实,c、φ 值不准确	形成发生机理和稳定性分析也不深入	>1.30

(2)依据被保护对象(工程)的重要性确定。《地质灾害危险性评估规范》(DZ/T 0286—2015)(全国国土资源标准化委员会,2015),对建设项目的重要性分为三级,以该规范为依据编制了被保护对象重要性分级及安全系数取值表(表 10-13),供读者使用。

被保护对象分类及安全系数取值简表 表 10-13

分级名	保护对象名称	安全系数取值范围
重要保护对象	城市和村镇规划区、放射性设施、军事和防空设施、核电、高速铁路、二级(含)以上公路、铁路、机场,大型水利工程、电力工程、港口码头、矿山、集中供水源地、工业建筑(跨度>30m)、民用建筑(高度>50m)、垃圾处理场、水处理厂、油气管道和储油气库、学校、医院、剧院、体育场馆等	1.30~1.35
较重要保护对象	新建村镇、三级(含)以下公路、中型水利工程、电力工程、港口码头、矿山、集中供水源地、工业建筑(跨度24~30m)、民用建筑(高度24~50m)、垃圾处理场、水处理厂	1.25~1.30
一般保护对象	小型水利工程、电力工程、矿山、港口码头、集中供水源地、工业建筑(跨度≤24m)、民用建筑(高度≤24m)、垃圾处理场、水处理厂	1.20~1.25

表10-12、表10-13应结合使用,采用就高不就低的原则处理两表不一致的矛盾。取值说明如下:

(1)当被保护对象为重要级,如对此滑坡勘察全面、资料齐全,滑动面判别与c、φ值取值准确,对滑坡形成发生机理分析深入符合实际,安全系数可取表10-13的下限(1.30);若对滑坡的认识属二级(较准确),安全系数应取上限(1.35)。

(2)有一个滑坡虽做了勘察,滑动面的埋藏深度找到了,但对滑坡的特征论述不全,对滑坡的形成原因和发生过程论述不清楚,按表10-12安全系数可取1.30;保护的对象是小型水利工程,属一般,按表10-13安全系数可取1.20~1.25。两表的结果不一致,按就高的原则,最后此滑坡的安全系数取1.30。

(3)滑坡勘察最基本的合格标准是看滑动面的位置(埋藏深度),如果有多层滑动面,最下一层滑动面的位置、滑动面上岩土地层岩性特征是否准确、清楚?设计、稳定性计算参数是否提供?如果没有,必须返工重新勘察。如果滑动面的位置不准确、不标准,就无法做此滑坡的防治工程设计。

此外,不同设计工况要求的安全系数也有区别。大概率工况要求的安全系数相对较高,小概率工况要求的安全系数则较低。一般地,天然工况所取安全系数高,暴雨(饱水)工况居中,地震工况所取安全系数低。

10.5.4 基于反算原理的滑坡推力估算方法

抗滑工程设计最主要的依据之一是滑坡推力,滑动面的抗剪强度指标是计算滑坡推力的主要参数。然而,在实际工作中,合理确定滑动面抗剪强度指标绝非易事,一般综合试验值、经验值、反算值来确定。室内剪切试验难以模拟现场真实状况,现场滑面大剪试验则受场地条件和人力物力时间所限而可能失真,经验值的人为随意性大。因此,往往主要采用反算法来确定的滑面抗剪强度指标。滑坡推力据反算出的抗剪强度指标按设计安全系数正算得出。

在一定的条件下,可不反算滑面抗剪强度指标而直接按现状稳定系数和设计安全系数简易估算出滑坡推力(蒋忠信,2005)。

1)推力估算方法

滑面形态考虑平直形和圆弧形这两种典型情况。反算滑面的抗剪强度指标分为三种方法:对平直形滑面采用综合内摩擦角 φ 法和黏聚力 c、内摩擦角 φ 法;对圆弧形滑面采用综合黏聚力 c 法。

(1)平直滑面

①基于反算综合 φ' 的推力估算

设现状工况下设计要求的安全系数为 K_1,由:

$$K_0 = \frac{\cos\alpha\tan\varphi'}{\sin a} \tag{10-11}$$

得:

$$\varphi' = \arctan\left(\frac{K_0\sin\alpha}{\cos\alpha}\right) \tag{10-12}$$

即:

$$\tan\varphi' = K_0\tan\alpha \tag{10-13}$$

式(10-13)表明,当滑坡处于临滑状态($K_0 = 1$)时,反算出的综合内摩擦角等于滑面倾角。

按荷载增大法,滑坡推力 F_2 为:

$$F_2 = K_1 W\sin\alpha - W\cos a\tan\varphi' \tag{10-14}$$

将式(10-13)代入式(10-14),则:

$$F_2 = K_1 W\sin\alpha - K_0 W\sin\alpha$$

即:

$$F_2 = W\sin\alpha(K_1 - K_0) \tag{10-15}$$

②基于反算 c、φ 的推力估算

以设定黏聚力 c 值,反算滑面的内摩擦角 φ 为例。由

$$K_0 = \frac{W\cos\alpha\tan\varphi + cL}{W\sin a} \tag{10-16}$$

反算得:

$$\varphi = \arctan\left(\frac{K_0 W\sin\alpha - cL}{W\cos\alpha}\right) \tag{10-17}$$

即:

$$\tan\varphi = \frac{K_0 W\sin a - cL}{W\cos\alpha} \tag{10-18}$$

安全系数为 K_1时的滑坡推力 F_2为:

$$F_2 = K_1 W\sin\alpha - W\cos\alpha\tan\varphi - cL \tag{10-19}$$

将式(10-18)代入式(10-19),则:

$$F_2 = K_1 W\sin\alpha - W\cos\alpha\tan\varphi + cL - cL$$

即:

$$F_2 = W\sin\alpha(K_1 - K_0) \tag{10-20}$$

结果与式(10-15)相同。

综合上述两种反算途径,平直滑面均可按式(10-14)直接计算出滑坡推力。即:滑坡推力 F_2 等于下滑分力($W\ \sin\alpha$)乘以设计安全系数相对于现状稳定系数的提高值($K_1 - K_0$)。

(2)圆弧滑面

由:

$$K_0 = \frac{W_2 d_2 + cLR}{W_1 d_1} \tag{10-21}$$

设内摩擦角 φ 为 0,反算综合 c:

$$c = \frac{K_0 W_1 d_1 + W_2 d_2}{LR} \tag{10-22}$$

按荷载增大法,滑坡推力 F_2 为:

$$F_2 = \frac{K_1(W_1 d_1 - W_2 d_2)}{R - cL} \tag{10-23}$$

将式(10-22)代入式(10-23),则:

$$F_2 = \frac{K_1(W_1 d_1 - W_2 d_2)}{R} - \frac{K_0 W_1 d_1 - W_2 d_2}{R}$$

整理得:

$$F_2 = \frac{W_1 d_1}{R}(K_1 - K_0) - \frac{W_2 d_2}{R}(K_1 - 1) \tag{10-24}$$

当 $K_0 = 1.0$ 时,式(10-24)简化为:

$$F_2 = \left(\frac{W_1 d_1}{R} - \frac{W_2 d_2}{R}\right)(K_1 - 1) \tag{10-25}$$

即:滑坡推力 F_2 等于下滑分力乘以设计安全系数相对于临界状态的提高值($K_1 - 1$)。

2)估算方法的适用条件

(1)折线形滑面

当滑面为近于平直的折线时,可近似为平直滑面按式(10-15)估算滑坡推力。此时,滑面倾角采用加权平均值,计算推力有一定误差。分析表明,在常见的 α($10° \sim 40°$)、K_1($1.10 \sim 1.30$)的范围内,转角总和不大于 $4° \sim 10°$,可近似为平直滑面用式(10-15)估算滑坡推力,其计算误差小于5%,可满足抗滑工程设计的精度要求。且均为正误差,即计算的推力稍偏大,设计偏于安全。同时,滑面的平均倾角愈小,设计所取安全系数愈大,则滑面的允许总转角愈大。

当滑面由上陡下缓的多折线组成,转角总和超过10°,可近似为圆弧滑面用式(10-25)估算滑坡推力。

(2)稳定状态

上述滑坡推力估算是基于反算原理,其关键在于合理确定滑坡的现状稳定系数 K_0。当滑坡处于变形位移的蠕动阶段至明显位移的滑动阶段时,要根据变形位移趋势评价其稳定程度,在0.95~1.10的范围内合理选用 K_0 值。一般地,蠕动阶段 K_0 取1.00~1.10;滑动阶段 K_0 取0.95~1.00。

(3)设计工况

在滑坡设计推力的计算中,一般考虑天然工况、暴雨工况,还可能考虑地震工况和浸水工况。上述公式估算的是天然工况下的滑坡推力。

在暴雨工况下,如果降雨入渗不强烈,滑体仅因含水率增加而导致滑体重量由 W 增加为 $W+\Delta W$,则其推力 F' 为:

$$F' = F \cdot \frac{W+\Delta W}{W} \tag{10-26}$$

即:暴雨工况下的滑坡推力等于天然状态滑坡推力乘以暴雨工况滑体重与天然状态滑体重的比值。

(4)不能采用本方法估算滑坡推力的条件

尚未开裂变形的潜在不稳定坡体、稳定的古滑坡和已突滑的滑坡堆积体,因其现状稳定系数难以选定,本方法的误差偏大。暴雨工况下滑面因受水浸润而 c、φ 值有所降低,地震工况和浸水工况,因地震力和水压力既减小了抗滑力,又增加了下滑力。滑面为转角较大的折线形滑坡。不考虑设抗滑支挡工程前方滑体的抗力,而采用设工程处条块的剩余下滑力作为设计推力时,以滑坡后缘至该条块的滑面平均倾角按本方法估算的滑坡推力可能有较大误差。因为不计工程前方滑体的阻滑力,将难以判定滑坡的现状稳定系数。

(5)应用前景

基岩顺层滑坡、覆盖层沿基岩面的滑坡,滑面多近于平直,符合采用式(10-15)的条件。饱和黏性土填筑体滑坡多为圆弧形滑面,符合采用式(10-24)的条件。开挖坡体引发的工程滑坡,滑面多为折线形,符合近似条件者,可分别采用式(10-15)与式(10-24)。

本章参考文献

成永刚,2004. 张家坪滑坡治理[J]. 路基工程,4:69-72.

国家防汛抗旱总指挥部办公室,中国科学院·水利部成都山地灾害与环境研究所,1994. 山洪泥石流滑坡灾害及防治[M]. 北京:科学出版社.

工程地质手册编委会,2018. 工程地质手册(第5版)[M]. 北京:中国建筑工业出版社.

郭建强,朱庆俊,2003. 地质灾害勘查的地球物理方法及其发展趋势[J]. 地球学报,24(5):483-486.

蒋忠信,2005. 基于反算原理的滑坡推力简易估算[J]. 岩土工程技术,19(6):319-322.

孔德坊,等,1994. 裂隙性黏土[M]. 北京:地质出版社.

刘春,姜德义,黄卫东,等,2004. 万梁高速路典型滑坡及其治理措施[J]. 地下空间,24(4):496-499.

王恭先,徐峻岭,刘光代,等,2004. 滑坡学与滑坡防治技术[M]. 北京:中国铁道出版社.

全国国土资源标准化委员会,2015. 地质灾害危险性评估规范 DZ/T 0286—2015[S]. 北京:中国标准出版社.

杨涛,周德培,周应华,等,2004. 多级多层复合滑坡工程病害的试验研究[J]. 工程地质学报,13(03):325-329.

张全胜,辛后勤,朱春生,2004. 地球物理勘探新方法技术及应用[J]. 矿产与地质,4:371-375.

中华人民共和国建设部,2009. 岩土工程勘察规范(2009年版):GB 50021—2001[S]. 北京:中国建筑工业出版社.

The Eleventh Chapter

第 11 章

道路滑坡稳定性与危险性分析

11.1 山区道路滑坡稳定性分析

山区道路滑坡稳定性分析与一般滑坡的稳定分析没有本质的区别。不同的是分析过程中应紧紧围绕道路(公路、铁路)这个被危害的主体进行研究。已有不少有关的文献对此进行过研究(刘光代,1988;崔政权,李宁,1999;徐邦栋,2001;王恭先等,2004)。本节结合西部山区道路建设的实际,介绍滑动面的分析判别、稳定性计算参数选取、滑坡稳定性定性分析和数值计算、道理滑坡危险性评价与变形特征分析等。

11.1.1 滑动面判别

滑动面勘测、分析、判别是滑坡稳定性分析的基础,如果滑动面判别不准确,会使滑坡稳定性分析失真;若判别的滑动面在真实滑动面之上,会使抗滑工程置于滑体内(滑动面以上),使防治工程失效,所以滑动面的判别十分重要。

1)滑动面判别的主要内容

(1)滑动面埋深、后缘位置、前缘剪出口和与道路相对空间位置的判定(滑动面在道路路基以下、在路面附近或在路面以上)。

(2)滑动面(带)基本形态特征(纵断面、横断面特征)。

(3)滑动面(带)岩土组成、结构、岩性和地下水等特征。

(4)滑体及滑床岩性组合、结构等特征,对于岩质滑坡还应查清滑床地层岩性,产状及与滑动面的关系(顺层、切层、斜交)。

(5)滑动面层数判别。中、大型滑坡多有两层以上滑动面,最下一层滑动面尤其重要,不能漏判。

以上第(1)、(5)条内容很重要,不能错判、漏判,否则会对滑坡稳定性分析和防治对策的制订造成不利影响。

2)滑动面判别的基本方法

滑动面(带)的勘测、分析、判别是滑坡勘测的难点,不少人认为钻探就是钻滑动面、找滑动面,但是不全面。单纯靠钻探找滑动面,存在许多困难,甚至确定不了滑动面所在位置。因为滑动面的组成、结构复杂,不是一个理想的面,许多滑坡的滑动面就是一个经过严重扰动的滑动带。现有的冲水钻进方法取出的岩芯还是难以准确判别滑动面的。本书中认为滑动面的判别过程是一套系统工程,包括专家定性初判、勘探取物证、数值分析配合,最后综合分析确认四个步骤。

(1)滑动面专家定性分析(初判)

一个从事滑坡调查、勘测工作多年的工程技术人员,在滑坡形成环境、特征、稳定性分析上已积累了较丰富的经验。到一个滑坡工点进行调查,根据滑坡所处地质环境特征、滑坡外部特征与周围环境的差异,就可初步分析判定滑动面(带)埋深、滑动面后缘和剪出口位置。

①新滑坡滑动面定性分析

对于近几年发生的新滑坡,滑坡的周界和地表形态特征都比较清楚。唯有滑坡后缘和前缘滑动面剪出口之间的滑动面肉眼看不见,但细致观察分析,仍可初步确定。

a. 新土质滑坡。若松散土层与下伏岩层的界面在坡脚附近出露,那么此滑坡最下一层的滑动面很可能是松散土层与下伏岩层的界面;若是较厚的松散土层,下伏岩层面未出露,则此滑坡的滑动面在松散土层内,呈弧形,就可依据滑动面后缘和前缘剪出口位置推测出。

b. 新岩质滑坡。岩质滑坡分顺层和切层两大类。对于新发生的岩质顺层滑坡只要能确定滑坡后缘(后壁)和滑动面前缘剪出口,就可划出整个滑动面;对于近几年发生的切层滑坡,滑坡后缘可以直接观察到,前缘滑动面剪出口也是可以分析确定的。切层滑坡的后缘多利用岩层的陡倾裂隙,前部滑动面多利用缓倾裂隙或岩层层面。整个滑动面为弧形,近似土质滑坡滑动面的弧形。依据这些特征就可初步确认新发生的岩质切层滑坡的滑动面。

②老滑坡滑动面定性分析

由于滑坡发生的时间久远，滑坡发生时的地表特征多已不存在，仅滑坡后缘圈椅状地形、滑体表部平台等主要特征保留下来，滑动面前缘剪出口，由于后期的侵蚀作用，反而更清楚。老滑坡前缘滑动面剪出口一带大多有地下水溢出。若滑动面剪出口下面（滑床）基岩出露，滑动面以上有与两侧岩层产状不一致的破碎基岩，就可初步判定此滑坡为岩质滑坡。若滑体两侧未滑动岩层倾向坡外（顺层坡），且岩质倾角小于坡度角，可判定此滑坡为岩质顺层滑坡；反之为岩质切层滑坡。若滑动面剪出口以下无岩质出露，此滑坡可判定为土质滑坡。通过地表详细调查，老滑坡后缘和前缘滑动面剪出口初步确定以后，按上述新滑坡滑动面的连接方式，就可将老滑坡的滑动面初步画出。

（2）滑动面勘察

在对滑动面位置初步分析、确认的基础上，确定是否对滑动面实施勘察。若中、小型新滑坡，在地面调查分析中，对滑动的位置已判别准确，可不再进行勘察；反之要对滑动面位置进行勘察。

①滑动面后缘、前缘剪出口勘察

常用的方法是坑探与槽探。坑探、槽探一般布设在滑坡后缘、前缘主滑断面上及两侧，数量前后缘各2~3个为宜，挖的深度不要求统一，以揭示滑动面后缘、前缘位置形态特征为目的。坑的断面一般以方便施工和安全保护为宜，可选1.0m×1.2m~1.2m×1.5m，探槽可用1.0m×2.0m左右。

②中部滑动面勘探

常用钻探、物探（或测地雷达）结合进行，可获得勘探的最佳效果。钻探的主要目的之一是找滑动面。用钻探找滑动面必须掌握以下环节中的技巧：

a.疑似滑动面（带）位置必须干钻，其他段可用少量清水实行半循环钻进，快到疑似滑动面位置时把孔中水抽干，实行干钻。若钻头发热可加少量清水冷却钻头。

b.利用钻进过程中的手感确定疑似滑动面。因为滑动面（带）上、下土层较均匀，含水率高，钻进时手感软、进尺快。钻到此位置时，关掉钻机（放空挡位置），通过施加压力下压进尺，这样不仅可获得近似原状的岩芯，而且可利用此岩芯做土工试验，检测滑带土的物理力学性质指标。取出的岩芯应静放平地，或平放于特制的岩芯盘，几天后有滑裂的地方可自动断开，有时还可看见滑移的擦痕。必要时钻探技术人员（工程师）亲自施钻，体会滑动面（带）软弱的手感。要达到上述钻探效果实属不易，90%的现行钻探方法达不到上述要求，找不到滑动面（带）。

c.滑动面钻探力求高岩芯率。因为滑动面可能不在你预先确定的疑似滑动面位置，所以要全钻孔取岩芯，这样才能做到不放过任何一个可能滑动面的位置。

d.同一勘探剖面多孔岩芯岩性特征比较。把岩性特征基本相同（相近）的弱带、弱面连接起来，与同剖面的物探资料比较，确定可能滑动面和滑动面（带）的层数。

（3）滑动面数值分析

利用钻探、物探联合确定的滑动面可能位置，用相关数值分析软件进行稳定性计算。选其稳定性低的滑动面位置为实际滑动面位置。实际操作时应在可能滑动面位置上、下各选一条滑动面同时计算。三条滑动面的形态只要求相似（近），不要求相同；三条滑动面的计算参数应完全相同，否则计算结果无法比较。

11.1.2 滑坡稳定性计算参数选取

计算参数的选取是滑坡稳定性计算的关键、难点问题。滑坡稳定性计算主要的两个参数是黏聚力 c 和内摩擦角 φ 值，其他稳定性计算的相关参数也很重要，但取值不准确时，对计算结果影响不大。在众多的滑带土参数面前，不知选取什么样的参数才有代表性，才符合实际，勘察、设计人员感到头痛、难办。总结相关研究人员几十年的实践、探索，得出滑带土计算参数的选取必须做好以下五个环节的工作。

1）滑带土试验样品的采取要有代表性

（1）小型滑坡须在主滑断面滑带前部、中部、后部各采取1组以上样品，每组样品由4个以上土样组成，因为滑带土的组成、结构、岩性很复杂，滑带前、中、后部差异很大，所以要在滑带前、中、后部采样。

（2）中大型滑坡须在主滑断面前部、中前部、中部、中后部、后部各采取2组以上样品，同时在主滑断面两侧断面上各采取3组样品。试验样品采取的断面应与滑坡稳定性分析计算的断面一致。否则不利于后期分析。

若滑动面埋深较大，又无钻探取样设备，可在相同剖面位置，利用探坑（井），采取与滑动面（带）推测相似（近）的土样代替。

2）滑带土试验项目应与滑坡稳定分析的状态一致

（1）滑坡稳定分析状态

按滑坡发生时（可能发生时）的滑体含水状况分为：

①天然状态稳定分析。试验项目为天然状态滑带土的物理力学性质测试，取得天然状态下的 c、φ 值。

②饱和状态稳定分析。试验项目为滑带土天然状态物理性质测试，饱水状态力学性质测试，测定饱水状态下滑带土 c、φ 值。

（2）按滑坡发生时间

可分为老滑坡、新滑坡和将要发生的滑坡。

①老滑坡稳定分析。考虑到滑坡发生时间久远,滑带土已有一定的固结,其抗剪强度应高于滑带土的残余强度,除选做天然土的物理性质测试外,还应做滑带土多次剪切试验,测定多次剪 c、φ 值。

②新滑坡稳定分析。滑坡起动滑移过程中,滑带土的抗剪强度会快速下降,直至降到滑带土的残余强度。为此试验项目应选做滑带土天然状态物理性质测试和残余抗剪强度测试。

③即将发生滑坡的稳定分析。此阶段滑带土的抗剪强度有所下降,但下降速度慢,下降幅度也不大。试验项目可选做滑带土天然状态物理性质测试和天然状态抗剪强度测试。

综上论述,滑带土天然状态的物理性质试验是各种情况下滑坡稳定性分析都要做的工作。唯有抗剪强度指标 c、φ 值,各状态有所不同。据大量的调查、统计分析,90% 以上的滑坡发生在大雨、久雨后,此时滑带土已充分吸水,所以滑带土饱和状态的抗剪强度试验是所有滑坡稳定性分析都要做的。考虑到无论是老滑坡或是新滑坡滑带土都是经历一次或多次滑动过程,抗剪强度都有明显的降低,所以滑带土应选做饱和状态残余抗剪强度试验测定 c、φ 值的残余值。若无条件做残余抗剪强度试验,可用多次剪抗剪强度试验,测定多次剪 c、φ 值,对于将要发生的滑坡,取滑带土(推测)原状样进行饱和状态峰值抗剪强度试验即可。

当滑带土的天然原状样采取十分困难时,可用滑带土扰动样替代。

3)试验参数的统计分析与选取

(1)试验资料整理

由于滑带土的组成、结构较复杂,所以同一状态的测试数据很分散,最大数和最小数一般相差 2 倍以上。试验中发现,剪切面上若有一粒大于 2mm 的小碎石,φ 值就会增大许多,把它点在图上就发觉偏离平均数很远,这些点称飞点,不代表这类滑带土的岩性,应把它舍去。依据《土工试验方法标准》(GB/T 50123—2019),舍弃的原则是大于或小于($\overline{X} \pm 3S$)范围以外的试验数据,其中 $\overline{X}$ 为算术平均值,S 为标准差。

①算术平均值 $\overline{X}$ 按式(11-1)计算。

$$\overline{X} = \frac{1}{n}\sum_{i=1}^{n} X_i \tag{11-1}$$

式中:n——同一试验指标测定的总次数;

$\sum_{i=1}^{n} X_i$——试验指标测定值的总和,X_i为一次(第 i 次)测定值。

②标准差 S 按式(11-2)计算。

$$S = \sqrt{\frac{1}{n-1}\sum_{i=1}^{n}(X_i - \overline{X})^2} \tag{11-2}$$

③变异系数 C_v。

计算出算术平均值和标准差以后，还应计算变弃系数 C_v，以反映实际测得值对算术平均值的变化程度，并按表 11-1 评价此类土、此类试验状态的变异性。

$$C_v = \frac{S}{\overline{X}} \tag{11-3}$$

滑带土变异性评价　　表 11-1

变异系数	$C_v<0.1$	$0.1\leq C_v<0.2$	$0.2\leq C_v<0.3$	$0.3\leq C_v<0.4$	$C_v\geq 0.4$
变异性	很小	小	中等	大	很大

舍弃大于或小于$(\overline{X}\pm 3S)$范围以外的测试数据后，对试验数据进行重新整理，计算算术平均值、标准差和变弃系数。

(2)试验数据选取

由于滑带土的组成、结构差异，需要计算不同气候和含水状态下滑坡的稳定性，选取滑带土试验参数应考虑以下原则：

①滑带土较均质，大于 2mm 以上的小碎石不多，并变弃系数小，试验参数可选取小于$(\overline{X}-3S)$值，若滑带土很不均匀，且大于 2mm 以上的小碎石很多，并变异系数大，试验参数可选取大于$(\overline{X}+3S)$值。如果无法区别，可选算术平均值。

②根据研究人员和设计人员的要求，计算某种气候条件土壤含水状态下滑坡稳定性，对试验参数的选取方法为：

a. 若计算长期降雨过程 ，滑带土完全饱水状态下，当滑带土变异性大时，滑坡稳定性计算用试验参数可选滑带土饱水状态下多次剪小于$(\overline{X}-2S)$值；当滑带土变异系数小时，试验参数可选小于$(\overline{X}-S)$值。

b. 若计算雨季(未长期降雨)，滑带土虽含较多水，但未饱和，此时计算用试验参数可选用滑带土饱和状态多次剪$(\overline{X}+S)$值。

c. 若要计算滑带土基本饱和，但未完全饱和状态下滑坡的稳定性，试验参数可选滑带土饱和状态下多次剪的算术平均值。

4)滑坡稳定性反算法求取滑带土 c、φ 值

按上述方法选取的 c、φ 值不一定符合滑带土的实际。因为滑带土的性质很复杂，用单一的方法获取的 c、φ 值，不可能完全反映滑带土的真实强度，所以还应用其他方法获得的 c、φ 值与它比较分析。用滑坡稳定性静力极限平衡公式反算求取滑带土的 c、φ 值就是其中之一。用本法需先确定稳定系数取值和 c、φ 值中任一个值，代入计算公式求取另一值。

(1)稳定系数 K 的确定

由于滑坡所处的阶段和变形现状不同，对反算法中稳定系数 K 值也应有所不同(徐邦

栋,2001;刘光代,1988),依据滑坡形成的阶段特征和老滑坡所处的稳定状态,编制了相应的稳定系数 K 的取值简表(表 11-2)。

滑坡反算法稳定系数 K 取值范围　　表 11-2

滑坡状态	所处阶段	特征简述	K 取值
正在形成的滑坡	蠕变阶段	滑体表部无明显开裂变形	>1.05 ~ 1.00
	蠕滑阶段	滑体表部明显开裂变形后裂缝已连通	0.95 ~ 1.00
	剧滑阶段	滑体整体滑动	0.90 ~ 0.95
	稳定固结阶段	滑体开始固结,c、φ 值不断提高	1.05 ~ 1.10
老滑坡	稳定阶段	滑体上无任何变形	>1.10
	局部变形滑移阶段	滑坡前部局部变形坍塌	1.00 ~ 1.05
	全面复活阶段	滑体中部变形,后部弧形裂缝连通	0.90 ~ 1.00
新滑坡(近年发生)	稳定阶段	滑体大部土层堆积于坡脚、谷底	1.05 ~ 1.10
	暂稳阶段	滑体大部在原滑床上	0.95 ~ 1.05

(2) c、φ 取值

用静力极限平衡公式反算求 c、φ 值,必须确定其中一个为已知,才能求出另一个参数值。据多年经验,同一滑带土 c 值变化不大,并相对集中,变异性较小。所以可先确定 c 值,取上一节介绍的相同状态下算术平均值即可。

5)综合分析选取滑坡稳定性分析和推力计算的 c、φ 值

将试验方法选取的 c、φ 与滑坡稳定性反算法获得的 c、φ 值进行比较,若两种方法选取的 c、φ 值十分接近,说明经过整理的试验参数可用;若两数相差甚远,就要分析产生的原因,多数情况下是试验用的滑带土样品不具代表性,或滑动面判别不准,反算过程有误。

解决的办法是:

(1)有条件的补做滑带土试验。

(2)复核滑动面位置和形态。

(3)检查反算过程是否有误,直到反算结果与试验算术平均值相近为止。

按前述滑坡稳定性计算时所处状态选取参数 c、φ 值。

11.1.3 滑坡稳定性数值分析

1)极限平衡法

极限平衡法是建立在莫尔—库仑强度准则与静力平衡基础上的,其特点是只考虑土体平衡条件和莫尔—库仑强度准则。这种方法由王恭先等(2004)首次提出,经过半个多世纪的发展,逐步从一种经验性的简化方法发展成为一个具有完整理论体系、成熟的分析方法。极限平衡法是基于刚体理论,假定滑动面后,将滑动土体竖向划分为若干不变形的刚体土条,引入各土条间力,建立和求解力平衡方程。

为使问题求解，一般的做法是引入一些假设条件，减少未知量或增加方程数，使静不定问题变成静定问题。极限平衡法的假设条件不同，发展出来的方法也不一样。常用的假设和计算方法有如下几种：

(1)简化毕肖普法(Bishop)中，假定$(n-1)$个条间切向力X_i的值。

(2)Spencer法、Morgenstern-Price法、Sarma法以及不平衡推力法，则假定法线间切向力E_i与切线条间力X_i的交角或条间力的作用方向。

(3)Janbu法假定条间合力的作用点位置。

由于极限平衡法力学模型简单，且有规范做指导，是目前占主导地位的一种边坡稳定分析方法。但该方法不能考虑土体的应力—应变性质，无法计算出边坡失稳时土体内部各处的应力、应变状态，而所求得的边坡稳定系数也只能反映假定滑面上的大小，并不能反映土坡的破坏机理，采用这种方法求出的是一种综合性近似解答。

2)极限分析法

极限分析方法是利用塑性力学上限定理求解边坡稳定系数的上限解(李新坡等，2007)。极限分析法将滑体视为刚体，假定岩土体发生塑性变形遵循正交法则和库仑屈服准则，当滑面上外力所做的外力功和内能耗散功满足虚功方程时岩土体发生破坏。

极限分析方法有广泛的适用性，应用前景广阔。但这一方法必须进入极限状态，要求岩土有一定的位移，在非极限状态下不能应用。

3)有限单元法

有限元法可以通过建立边坡计算范围内各离散单元的本构方程、几何方程和平衡方程来求解边坡弹性、弹塑性、黏弹塑性和黏塑性等问题，可以分别求出各个单元的应力、位移、应变及其屈服和破坏情况。有限元是一种比较简单实用的计算方法，在工程中应用比较普遍。与传统的刚体极限平衡法相比，有限单元法分析边坡稳定破坏面的位置和形式不需要事先假定；考虑了土体非线性应力—应变关系，从土体破坏机理上寻求最可能的滑动面(郑颖人，2007)。

边坡稳定分析中常常采用有限元强度折减法。所谓边坡稳定分析的有限元强度折减法通过不断降低边坡岩土体抗剪切强度参数使其达到极限破坏状态为止，程序自动根据弹塑性有限元计算结果得到破坏滑动面，同时得到边坡的强度储备安全系数。

采用有限元强度折减法分析边坡稳定性的一个关键问题是如何根据有限元计算结果来判别边坡是否处于整体破坏状态。目前，土体破坏的标志有以下三种：

(1)以有限元静力平衡计算不收敛作为边坡整体失稳的标志。

(2)以塑性区从坡脚到坡顶贯通作为边坡整体失稳的标志。

(3)土体破坏标志应当是滑动土体无限移动，此时土体滑移面上应变和位移发生突变且无限发展。

郑颖人(2007)研究表明,上述土体破坏的三种标志有如下关系:土体滑动面塑性区贯通是土体破坏的必要条件,但不是充分条件。土体整体破坏的标志应是滑体出现无限移动,此时滑移面上的应变或者位移出现突变,因此,这种突变可作为破坏的标志。此外有限元计算会同时出现计算不收敛。可见,上述第(1)、(3)两种标志是一致的。因而可将有限元数值计算是否收敛或者滑面上节点塑性应变和位移突变作为土体破坏的依据。

4)有限差分法(FLAC)

连续介质有限差分法(FLAC)是近年来逐步成熟完善起来的一种新型数值分析方法,已在岩土工程中得到越来越广泛的应用。对于给定的单元形函数,有限差分法求解的代数方程实际上和有限元法相同,所以这种方法也具有与有限元法相同的优点。有限差分法适用于非规则区域的连续问题求解,能较好地考虑岩土体的不连续性和大变形特性,求解速度较快,缺点是计算边界、单元网格划分带有很大的随意性。

对于边坡稳定分析,其安全系数一般定义为土的实际抗剪强度与阻止其破坏的最小抗剪强度的比值。强度折减法最大的优点是临界破坏面或者破坏模式可以自动找到而不必事先假定。利用强度折减法进行边坡稳定性分析时,根据下列方程用一系列的试验安全系数 F_{trial} 调整抗剪强度参数 c 和 φ,用调整后的强度参数进行一系列计算(左晓峰,杨鹏,2019)。

$$c_{\text{trial}} = \frac{c}{F_{\text{trial}}} \tag{11-4}$$

$$\varphi_{\text{trial}} = \arctan\left(\frac{\tan\varphi}{F_{\text{trial}}}\right) \tag{11-5}$$

直到边坡处于临界破坏状态,此时的 F_{trial} 即为要求的安全系数。

强度折减法在 FLAC 中的实施过程为:首先,给出安全系数 F 的上限和下限,下限为任何使得计算收敛的 F,上限为任何使得计算不收敛的 F。接着,取上限和下限的平均值作为 F,如果计算收敛,则将其作为新的下限,否则将其作为新的上限。如此继续,直到上限与下限之差在规定的范围内即得到了要求的安全系数。

11.2 山区道路滑坡危险性评价

山区道路滑坡危险性评价包括道路滑坡区域危险性评价和道路单体斜坡危险性评价,前者是后者的基础。前者是道路经过区域发生滑坡的危险性评价,为道路选线和线路优化提供基础技术资料;后者是在道路线路选定以后,对可能发生滑坡的单体斜坡进行危险性评价,判识危险斜坡,为道路边坡加固防护工程设计、施工提供基础技术资料。

11.2.1 道路滑坡区域危险性评价

1）道路滑坡灾害区域危险性评价原则

通过对道路工程滑坡灾害的调查评估，总结出如下道路滑坡区域危险性评价的六项原则（王成华等，2000）。

（1）针对性原则

由于建设工程的多样性，对滑坡灾害区域危险性评价的要求也不尽相同，线状工程（公路、铁路、油气管道）有线状工程的要求，面状工程（一个具体建筑物）有面状工程的要求，面线联体工程还有总体工程要求。即使在一项大工程内部，由于被评估保护的对象不同，对危险性评价的要求也不一样。所以滑坡灾害区域危险性评价应遵循针对性原则。本节是针对公路、铁路等线状工程的滑坡区域危险性评价。

（2）因地制宜原则

自然环境中的每一项建设工程都不一样，都有自身所在环境的特点，即使有相近的自然环境，其灾害特点也会不一样，所以应依据评估对象的实际情况而定。如线状工程滑坡灾害的评估范围，有关技术要求规定了线状工程两侧各500～1 000m。考虑到道路选线和线路优化的需求，在地形复杂的山区，这个范围较窄，视具体情况可扩大到2～5km。

（3）科学性原则

滑坡区域危险性评价应以滑坡（崩塌）形成的自然环境条件分析为依据，以当地实际调查的资料为依据，应用科学的方法进行资料整理、分析、评价因子选择和指标确定。并本着实事求是的科学原则，使评价结果真正反映当地的真实情况。

（4）评价因子的归类原则

自然环境是十分复杂的，地形高低起伏多变，地层岩性繁多，往往几十米、甚至几米范围内就有明显的变化。为此不能求相同，只能求相似。用科学的方法对复杂、多种多样的地形地貌、地层岩性等自然环境因子进行归类整理，把性质、特征相近、相似的放在同一类，类与类之间有明显的差异。

（5）求大同、存小异原则

可采用二级危险性评价分区，一级为大区域，二级为小区域（即大区域套小区域）。在大区域内采用求大同、存小异原则处理少数特殊段的存在。如有一段道路通过近50km长的中、低山区，滑坡灾害总体为多发区，但有两个长不到3km的小盆地，道路基本不受滑坡灾害的危害，如果把他们单独拿出来，就会把50km长的1段分割成5段。为避免这种现象出现，可采用了大区域套小区域的原则，这个区域就命名为“××中低山为主的灾害多发区”。

（6）易操作、适用性原则

滑坡灾害危险性评价是一项十分细致、科学、具体的工作，评价分区的结果是要供建设方、设计方使用,应当做到:现场调查、资料收集细致完善,资料整理分析科学;评价分区方法简单、适用(既有先进性又能适用);分区结果清楚,评价结论明确,减灾防灾措施建设可行,可操作性强。

2)道路滑坡灾害区域危险性评价的依据

滑坡灾害是在特定的自然地质环境条件下形成的,所以地质、地貌、环境条件的综合分析就是滑坡灾害区域危险性评价的理论依据。如果滑坡灾害形成的所有地质、地貌、环境条件都已完全具备,这个地区一定是滑坡灾害多发区、易发区,是滑坡灾害潜在危险性最大的地区。在一个地区并非所有的地质、地貌、环境条件都完全具备,才能发生滑坡灾害,只要其中某些条件具备了就会引发滑坡灾害。在可引发滑坡灾害的环境条件中,有些条件必须同时具备,而有些条件是可以缺少的,为此我们把滑坡形成的环境条件分成两大类。

(1)滑坡灾害区域危险性评价的基本条件(内部条件)

许多文献都研究过滑坡灾害形成的三大基本条件(内因),即地形地貌、地层岩性和地质构造(许英杰,2017;李焕彬,2018;徐乔等,2021)。地形、地貌是各种地质灾害形成的根源,滑坡(崩塌)必须要有临空面,平原缓坡地形条件一般不会发生滑坡(崩塌),所以地形地貌是滑坡灾害形成的基本条件。地层岩性是滑坡灾害形成的物质基础,缺少此条件滑坡就不会发生,滑坡(崩塌)形成的物质条件是山坡上的岩、土体。地质构造是地球内动力地质作用于地壳岩石圈结果的表现,使岩体(层)发生变形弯曲(形成褶皱),或发生强烈错动断裂(断层),断裂两侧的岩体在强大能量的作用下发生破碎;深大断裂带宽的有数公里,窄的断裂带也有数米宽,断裂带附近岩体、节理、裂隙十分发育,常常为滑坡(崩塌)周界所利用。实际上断裂构造也是滑坡灾害形成不可缺少的基本条件。

(2)滑坡灾害区域危险性评价的充分条件(外部条件)

①降雨条件。降雨是滑坡灾害形成发生的重要外部条件,很难设想完全没雨的干燥环境会有滑坡、崩塌发生。降雨具有大区域的规律性和小区域的随机性特征,很难用于具体点上的滑坡灾害预测预报,可在大区域滑坡灾害危险性评价上应用。

②地震条件。地震动荷载往往激发大量滑坡,是滑坡危险性评价的重要动力因素。

③其他外部条件。滑坡灾害形成的外部条件还很多,如河流水冲刷、地下水作用、池塘水渗漏、地表加载、机械振动、爆破、开挖坡脚等,在给定区域的滑坡危险性评价时,应注意区内是否有这些因素影响的滑坡形成和发育。

3)道路滑坡灾害区域危险性评价方法

滑坡灾害区域危险性评价的方法研究很多,因子叠加原理是其中较为实用的一种。20 世纪 80 年代滑坡灾害区域预测用的是滑坡形成条件叠加法,而后由于应用数学、信息论和 GIS 技术的介入,因子叠加法有了新的发展,更加完善。现介绍几种常用的滑坡灾害区域危险性评价方法。

(1)因子叠加法(王成华,谭万沛等,1992;王成华,孔纪名,2001)

因子叠加法的内涵是将影响滑坡灾害形成的因子进行叠加,若每一因子中最利于滑坡灾害形成的那一级叠在一起,则这个区域一定是滑坡灾害多发、最危险的区域。依据这个逻辑思路,提出了滑坡灾害区域危险性评价的因子叠加法。

①参与危险性评价的因子选择

针对公路、铁路等线性工程滑坡危险性分区的实际和因子叠加法的技术要求,道路滑坡危险评价的因子不能选得太多,将那些在滑坡危险性分区中起重要作用的因子选出即可。本评价选择了地形、地层岩性、断裂构造、年均降雨量和地震作用5个因子。

②因子分级

在同一因子中,根据其在滑坡灾害形成中所起的作用不同,进行因子分级。

a. 地形因子(A),按地形坡度分为三级:

(a)A_1陡坡,高危险地形,坡度>25°,利于滑坡等地质灾害的形成。

(b)A_2缓坡,低危险地形,坡度10°~25°,利于小型滑坡灾害的形成。

(c)A_3平缓坡,相对稳定地形,坡度<10°,不利于滑坡等地质灾害的形成。

b. 地层岩性因子(B),按岩土体的工程性能分为三级:

(a)B_1极软弱岩组,包括黄土、成都黏土、类黄土、冲洪积淤泥土、残坡崩积碎石土、半成岩地层、煤系地层、千枚岩地层等,工程地质性能极差,利于滑坡等地质灾害的形成。

(b)B_2软岩组,由各时代的泥岩、页岩、泥质砂岩、薄层灰岩、泥灰岩、中、浅变质片岩、板岩和第四系冲洪积砾石土等组成,岩质较软,易风化,在水作用下易形成泥化夹层。利于各种地质灾害的形成;

(c)B_3硬岩组,包括各时代的岩浆岩、厚层石灰岩、砂岩,岩质坚硬,抗风化能力较强。一般不会形成滑坡灾害。

c. 断裂构造因子(C),按断裂构造在滑坡灾害中形成的作用分为三级:

(a)C_1断裂构造强作用带;

(b)C_2断裂构造弱作用带;

(c)C_3无断裂构造作用带。

d. 年均降雨量因子(D),按年降雨强度分为三级:

(a)D_1丰雨区,年均降雨量>1 000mm,极利于滑坡等地质灾害的形成。

(b)D_2多雨区,年均降雨量700~1 000mm,较利于滑坡等地质灾害的形成。

(c)D_3少雨区,年均降雨量400~700mm,有少量小型滑坡灾害发生。

e. 地震因子(E),按地震烈度分为三级:

(a)E_1地震强作用区,地震烈度大于Ⅷ度,地震区有大量滑坡灾害分布。

(b)E_2地震中强作用区,地震烈度Ⅵ~Ⅷ度,地震区有少量坡灾害分布。

(c) E_3地震弱作用区，地震烈度小于Ⅵ度，几乎无滑坡灾害分布。

③因子贡献率及其确定方法

a. 因子贡献率：系指因子在滑坡灾害危险性评价上所起的作用大小。用贡献率来表示，作用大的贡献率大。地形因子最大，其次是地层岩性，地质构造等，年均降雨和地震作用是作用机理不相同的两个外部条件。虽然在滑坡灾害的形成发生上起到一定的控制作用，但它们毕竟不是不可缺少的基本条件。所以它们在危险性评价分区上的贡献率不应比3个基本条件大。按此顺序，5个因子在危险性评价分区上的贡献率从大到小为：地形因子 > 地层岩性因子 > 断裂构造因子 > 年均降雨量因子 = 地震因子。在地震频发区，可以适当提高地震因子的级别。

b. 因子贡献率确定方法——黄金分割法：过去将这类定性比较大小的分析转化为定量，多用专家经验打分法，这种方法存在人为性、随意性和不确定性，客观性与科学性较差。应用几何学中的黄金分割原理能较好地处理这个问题，即主要和次要的比例关系是0.618。按此法，假设地形因子的贡献率为1.000，则其他4个因子的贡献率分别是0.618、0.382、0.236、0.236。

在同一因子内也可按同样的方法进行分级贡献率确定，分级贡献率见表11-3。

危险性评价因子分级贡献率简表 表11-3

条件	一级因子			二级分级因子		
	名称	代号	贡献率(f)	名称	代号	贡献率(f)
基本条件	地形因子	A	1.000	陡坡	A_1	1.000
				缓坡	A_2	0.618
				平缓坡	A_3	0
	地层岩性因子	B	0.618	极软弱岩组	B_1	0.618
				软岩组	B_2	0.382
				硬岩组	B_3	0.236
	断裂构造因子	C	0.382	强作用带	C_1	0.382
				弱作用带	C_2	0.236
				无断裂作用带	C_3	0
主要外部条件	年均降雨量因子	D	0.236	丰雨区	D_1	0.236
				多雨区	D_2	0.146
				少雨区	D_3	0.09
	地震因子	E	0.236	强作用区	E_1	0.236
				中强作用区	E_2	0.146
				弱作用区	E_3	0

值得说明：典型的硬岩组岩体很少见，大多数硬岩组表部岩体都有不同程度的风化，表层岩体裂隙也较多，且大多有厚度不大的残坡积碎石土覆盖，也有发生滑坡灾害的可能，所以贡献率不能为0；同样少雨区，集中短历史强降雨，也有可能引发滑坡灾害，所以贡

献率也不能为0。

为便于计算机制图叠加,引用图片灰度的概念,令贡献率越大,图片灰度也大,并为同一数值(如灰度值)。

④设计制作单因子分级灰度图

a. 图幅比例尺确定

据滑坡灾害危险性评价区域的面积确定,小范围评价用大比例尺,大范围用小比例尺。针对长数百公里的道路,可采用二级作图比例尺表示法。

对于整条(全线)道路进行滑坡灾害危险性评价分区,图幅比例尺可用1∶10万~1∶25万。对于道路的重点建设工程(车站、道路、大型桥梁、隧洞等),需进行滑坡灾害危险性重点评价,编制大比例尺的滑坡灾害危险性评价分区图,图幅比例尺可用1∶500~1∶1 000。所有单因子图幅比例尺完全相同,否则无法进行因子灰度叠加。

b. 单因子图灰度调试设计

单因子的作图灰度不能设计到最大,因为多个因子叠加以后灰度会增加到0.5~1.0倍。因此最大贡献率的单因子作图灰度设计在最大灰度的中间。若计算机可能显示的最大灰度为R,用式(11-6)计算每个二级分级图的灰度值。

$$I = 0.5R \cdot F \tag{11-6}$$

式中:I——计算某因子某级的灰度;

F——因子的二级分级贡献率。

如地形因子:A_1的灰度值$I_a^1 = 0.5 \times 1 \times R$,$A_2$的灰度值$I_a^2 = 0.5 \times 0.618 \times R$。

⑤制作因子叠加图和滑坡灾害危险性评价图

a. 制作单因子灰度图。按上述设计和调试好的单因子灰度,在同比例尺地形图上绘制单因子灰度图。特别提醒,在同比例尺地形图上制作,否则下一步是无法叠加的。

b. 单因子灰度图叠加。以地形因子灰度图为基础,将同比例尺的地质岩性等单因子灰度图依次叠加。

c. 滑坡灾害危险性评价分区与评价图制作。首先在单因子叠加图上,分析叠加后灰度展布规律,并确定分区灰度界线指标。据《地质灾害危险性评估规范》(DZ/T 0286—2015)(全国国土资源标准化技术委员会,2015),将滑坡灾害危险性评价区域分为危险性大、危险性中等、危险性小和无滑坡灾害危险等四级区。按此要求在单因子叠加图上并结合地形、地层岩性等总的环境特征,确定叠加后危险性分区灰度界线指标,同时绘制滑坡灾害危险性评价分区图。

(2)综合指标数值分析法(王成华,孔纪名,2001)

综合指标数值分析法仍是建立于因子叠加的原理。当参与综合危险性评价的因子较多时,用传统的单因子作用叠加无法实现,即使用计算机灰度作图表示也很困难。这时用综合指标数值分析法就能克服这个困难。

①基本理论

本法建立于模糊数学理论分析方法上,若选择参与综合危险性评价的因子为:U_1、U_2、…,U_i;每一因子依据其作用大、小(贡献率)又可分为多级,如 U_1因子可能分为 $U_1{}^1$、$U_1{}^2$、…,$U_1{}^j$。若在某一具体地方(斜坡点)将参加分级的因子贡献率全部加起来,就是这个点综合危险性评估指标。即:

$$D = \sum_{i \cdot j}^{n} U_i^j \qquad (i = 1、2、\cdots、n; j = 1、2、\cdots、n) \tag{11-7}$$

为便于实际应用、比较,对上述叠加指标进行归一化处理,处理后的指标为此点滑坡灾害发生的危险度即:

$$\mathrm{DS} = \frac{1}{N}\sum_{i \cdot j}^{n} U_n^i \tag{11-8}$$

式中:N——参加综合分区因子最大贡献率之和。

②综合危险性评价因子选择与作用程度分级

综合指标数值分析法还参与综合分区的因子选择和作用程度分级,可参考上一方法(因子叠加法)进行。考虑到本法数据处理能力较强,因子可适当多选,每个因子的分组可适当细化,但考虑到该方法资料、信息采集的工作量很大,所以因子也不宜选得太多,分得太细。

③数据(信息)采集与综合指标验算统计

首先选择适当比例尺的地形图做工作底图,并确定数据采集的密度(精度),在工作底图上制作方格。在每个方格内采集各个因子的分级指标(贡献率),危险性评价分区比例尺大于1∶10 000的可到工程现场直接调查、勘察、测量获取。危险性评价分区比例尺小于1∶50 000的可从地形图、地质构造图、地震等烈度图、年降雨量等值线图,并结合野外考察获取。随后计算每个方格的综合指标。

④确定危险性评价分区临界综合指标,绘制危险性评价图

不同的区域环境、危险性评价分区临界综合指标并非完全相同。提出如下参考临界综合指标,供实际工作中参考选用。

a. 滑坡灾害危险性大:DS > 0.60 ~ 0.70。

b. 滑坡灾害危险性中等:0.30 ~ 0.40 < DS < 0.60 ~ 0.70。

c. 滑坡灾害危险性小:DS < 0.30 ~ 0.40。

临界综合指标确定以后就可进行滑坡危险性评价分区、绘制危险性评价图。

⑤滑坡危险性评价检验

无论采用哪种方法进行危险性评价,危险性评价图编制完成后,都应到野外进行检验调查。可采用重点复杂地区全查与一般地区样本抽查的方式进行。抽查的总面积一般为

10% ~30%。若发现危险性分区界线与实际不符时,应分析原因,并将危险性分区界线纠正,使其与实际相符。

(3)基于 GIS 技术的危险性评价方法

20 世纪 90 年代以来,地理信息系统(ArcGIS)技术被引入到滑坡区域危险性评价中,并得到了快速发展(闫满存,王光谦,2007;楚敬龙等,2008;朱以洲,李敏等,2011;曾李阳,齐华;2015;李虎杰等,2016;张欣等,2018)。GIS 具有多学科交叉特性,以及强大的空间分析与空间数据管理功能。基于 GIS 技术的滑坡灾害区域危险性评价过程一般是在选定的研究区内,根据滑坡的形成与分布特征,提取滑坡危险性评价的各个指标,并将其转化为 GIS 图形数据,再利用合理的评价方法确定各个指标的权重和赋值,最后根据建立的危险性评价模型进行 GIS 空间分析,从而得出研究区的滑坡灾害区域危险性评价图。

滑坡灾害区域危险性评价的方法和评价模型很多,除了上述的因子叠加法和综合指标数值分析法外,还有信息量模型法、层次分析法、危险性评价指数法、模糊综合评判法等等。

基于 GIS 技术的山区道路滑坡灾害区域危险性评价主要步骤如下(楚敬龙等,2008;曾李阳,齐华;2015;邱利平等,2018;张欣等,2018;李益敏,2021):

①基础数据的获取与预处理;

②山区道路滑坡灾害区域危险性评价指标选取与量化;

③确定各危险性评价指标权重;

④建立危险性评价模型,确定每个评价单元危险性的计算方法;

⑤利用 GIS 将所有评价指标进行空间表达和量化赋值,得到各指标的栅格图,再利用栅格计算器将所有影响因子乘计算得到的相应权重,再将乘积相加,进而得到滑坡灾害危险性分区。

11.2.2 山区道路单体斜坡危险性评价

滑坡(崩塌)是斜坡破坏的一种极端现象,道路斜坡发生滑坡之前都有一个变形过程,准确分析评价道路斜坡的危险性是道路滑坡发生时间预报、编制滑坡防治和边坡加固方案的基础。

道路单体斜坡危险性评价是在道路滑坡区域危险性评价的基础上进行的。对处在危险性大和危险中等区域内的道路斜坡,都要分别进行单体斜坡危险性评价(王成华,孔纪名,2001)。

1)道路斜坡危险性评价因子及作用分析

如果一个斜坡具备了形成滑坡的环境条件,并已开始变形,就可把这个斜坡评定为有可能发生滑坡的危险斜坡。主要评价因子如下:

(1)地形因子

滑坡形成最敏感的地形因子指标是斜坡坡度和相对高差,其值越大,斜坡越危险。

①斜坡坡度

据四川攀西地区调查统计,绝大多数滑坡发生在斜坡平均坡度20°~30°之间,按滑坡发生与坡度的关系可将斜坡分为四级。

a. 缓倾平地:斜坡平均坡度<10°,无滑坡发生。

b. 缓坡:斜坡平均坡度10°~25°,有少量滑坡发生。

c. 陡坡:斜坡平均坡度25°~45°,大量滑坡发生。

d. 极陡坡:斜坡平均坡度≥45°,大量崩塌和崩塌性滑坡发生。

②斜坡相对高差

据斜坡相对高差与发生滑坡关系的统计分析,可分为四类:

a. 低坡:斜坡相对高差<10m,无典型滑坡发生。

b. 中坡:斜坡相对高差10~100m,有少量小型滑坡发生。

c. 高坡:斜坡相对高差100~500m,有大量中大型滑坡发生。

d. 极高坡:斜坡相对高差>500m,有特大、巨型滑坡发生。

(2)地层岩性因子

地层按形成时代和结构可归并为第四纪以来堆积的松散土石和第四纪以前形成的成岩地层,与滑坡形成直接有关的是岩性和风化程度。

①地层岩性分类

按滑坡发生地层的岩性特征可分为极易滑、易滑和偶滑地层三大类(表11-4)。

地层按易滑性能分类　　表11-4

类型	成岩地层	疏松土石	滑坡发育情况
极易滑地层	千枚岩,炭质页岩夹煤,泥质粉砂岩,半成岩的砂、泥、页岩互层	黏性土(成都黏土和红色黏土、下蜀黏土)	极容易发生滑坡
易滑地层	砂、泥、页岩互层,白云质灰岩,泥炭岩,片岩,板岩,凝灰岩,含泥质条带花岗岩	碎石土(小于2mm的细颗粒在60%以上)	易发生滑坡
偶滑地层	厚层石灰岩、砂岩、花岗岩	块砾石层、砂卵石层(2mm以上块、碎石、卵石在60%以上)	偶有滑坡发生

②按斜坡岩体的风化程度分类

斜坡岩体的风化程度对滑坡的形成较为重要,可分为以下四级。

a. 强风化斜坡:岩体强风化层厚度≥50m,可发育大型、巨型滑坡。

b. 中强风化斜坡:岩体强风化层厚度10~50m,可发育中、大型滑坡。

c. 中弱风化斜坡：岩体、强风化层厚度 5 ~ 10m，可发育小型滑坡。

d. 弱风化斜坡：岩体强风化层厚度 <5m，一般不发生滑坡。

③斜坡的结构因子

在滑坡的发育过程中，斜坡岩体的优势结构面（可被滑动面利用的结构面称为优势结构面）起了重要的作用。滑坡体常沿优势结构面发育，按滑坡发育所需优势结构面的完整程度，可将斜坡体结构分为以下三级。

a. 完善优势结构面：滑坡发育的优势结构面完全具备。

b. 较完善优势结构面：构成滑坡边界的优势结构面部分具备。

c. 缺少优势结构面：斜坡体几乎没有可供滑坡利用的优势结构面。

④斜坡形态因子

a. 纵向分三种形态：凸形坡，利于中、大型滑坡发育；直线形坡，有小型滑坡发生；凹形坡，一般不会发生滑坡。

b. 横向分三种形态：凸形，利于中、大型滑坡发育；平直形，可能发生小型滑坡；凹形，一般不利于滑坡发育，受河水顶冲时，有可能发育小型滑坡。

⑤河流冲刷坡脚

河水冲蚀作用可使坡脚的支撑减弱、优势结构面暴露，从而加速滑坡形成，按河水冲刷坡脚的程度，可分为以下三种类型。

a. 强冲蚀岸：流水顶冲岸坡脚，并使缓倾层面、软弱夹层等优势面暴露，被冲蚀地段常出现小块坍垮，并有可能诱发中、大型滑坡，如图 11-1a）所示。

b. 中强冲蚀岸：流水顶冲岸坡脚，坡脚岩体完整，无明显的优势面暴露，有可能诱发表层碎石土滑坡，如图 11-1b）所示。

c. 弱冲蚀岸：仅有流水侧蚀坡脚，坡脚无明显坍垮现象，一般不会产生滑坡。

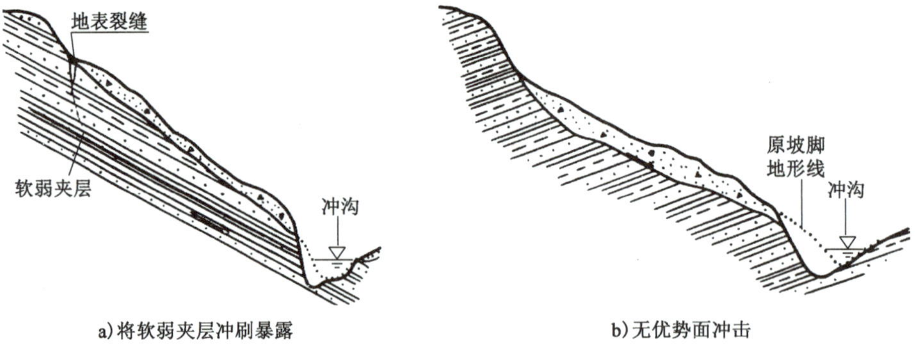

图 11-1　河水冲刷作用示意图

⑥人为开挖坡脚

开挖坡脚会削弱坡脚支撑，加快滑坡发育，这一因子在道路边坡危险性判别上十分敏感,分为以下三种情况。

a. 强开挖作用:坡脚开挖高度10m以上,并使缓倾层面、软弱夹层等优势结构面暴露被开挖段常出现小方量坍垮,并有可能诱发中~大型滑坡。

b. 中强开挖作用:坡脚开挖高度3~10m,部分优势结构面暴露,被开挖段有少量岩土变形坍垮,有可能诱发中、小型滑坡。

c. 弱开挖作用:坡脚开挖高度在3m以内,几乎无明显的优势面暴露,有可能诱发小型坍滑。

⑦斜坡水作用

道路上、下边坡上常有蓄水、输水工程(水田、水池、渠道等),因渗水作用而加快滑坡形成的事例时有发生。按斜坡地表水渗漏的程度可分为以下三级。

a. 强渗水作用:蓄水工程有明显渗水现象,并对斜坡的稳定性有明显破坏作用。

b. 弱渗水作用:蓄水工程无明显渗水现象。

c. 无渗水作用:斜坡上几乎无上述蓄水设施。

⑧斜坡变形现状

滑坡发生前,斜坡地表有明显开裂变形过程,这也是斜坡危险性评价的重要标志之一。

a. 强变形:斜坡上有明显的圆弧形张裂缝,且近期有加宽、加深变形的现象;斜坡前缘有凸出或少量坍垮的迹象。

b. 中强变形:斜坡上有断续不明显的弧形裂缝,并近期无明显加宽、加深变形迹象。

c. 弱变形:斜坡地表无明显的变形裂缝,也无其他变形现象。

在道路滑坡发生的单体斜坡危险性评价上没有选用降雨和地震因子,因这两个因子发生的时间、地点不固定,属动态因子。气象与地震预报结合可用于道路滑坡发生时间预警。

2)单体斜坡危险性评价的指标体系

(1)危险性评价因子分析

按滑坡形成因素的特征和属性,可将上述单体斜坡的危险性评价因子归并为内部条件、外部条件和斜坡变形现状三大类共11个评价因子(图11-2)。

(2)危险性评价因子的作用指标

仍应用前述的黄金分割原理,对能确定作用大小的一级因子采用此法进行分割。一级因子在危险斜坡判别中的作用:内部条件 > 外部条件 > 斜坡变形现状。若内部条件作用指数为10,则外部条件就为6.18,斜坡变形现状为3.82。在二级因子作用程度分级上也如此进行分割。

- 危险斜坡判别因子
  - 内部条件
    - 地形
      - 坡度
      - 坡高
    - 地层岩性
      - 类型
      - 风化程度
    - 坡体结构
    - 坡形
      - 横向
      - 纵向
  - 外部条件
    - 河流冲刷坡脚
    - 人为工程作用
    - 斜坡水作用
  - 斜坡变形现状

图 11-2　单体斜坡危险性评价因子分类图示

(3)危险性评价因子的指标体系

将前述的因子进行三级分类整理,分别对一级、二级、三级因子的作用指数进行分割,最后分割的结果列入表 11-5。

3)单体斜坡危险性评价的数学模型

用 A_i^j 表示一判别因子的某一级作用指数,其中 i 为编号,为 11 个因子之一;j 为因子作用程度分级之一,如坡度因子分四级,地层岩性类型分三级,对任何一个斜坡都可用表 11-5所列的判别指标体系确定此斜坡危险性评价因子的作用指数集 $\{A_i^j\}$。一个斜坡发生滑坡的危险性大小,一定是这个斜坡危险性评价因子作用指数的和。计算时,对每个二级因子确定一个相应的三级因子作用指数,例如,坡度为 25°的斜坡属于陡坡,表 11-5 中对应的作用指数为 1.38,若用 D 表示斜坡发生滑坡的危险性,则 D 应参与斜坡危险性评价因子作用指数之和,即:

$$D = \sum_{i,j} A_i^j \tag{11-9}$$

为使本法得出的评价因子作用指数和与其他评价方法得出的斜坡危险度进行比较,对 D 进行归一化处理,即除以评价因子作用指数总和 20,转变成斜坡危险度 DS。

$$\mathrm{DS} = \frac{D}{20} \tag{11-10}$$

结合野外调查和专家经验,可按斜坡危险度分为如下四级:①极危险斜坡,DS≥0.65;②危险斜坡,DS=0.41~0.65;③次稳定斜坡,DS=0.25~0.40;④无危险(稳定)斜坡,DS<0.25。

单体斜坡危险性评价的指标体系　　表 11-5

<table>
<tr><td rowspan="37">危险斜坡
判别因子</td><td>一级因子</td><td colspan="2">二级因子</td><td>三级因子</td><td>作用指数</td></tr>
<tr><td rowspan="24">内部条件(10)</td><td rowspan="8">地形(4.47)</td><td rowspan="4">坡度(2.235)</td><td>极陡坡</td><td>2.235</td></tr>
<tr><td>陡坡</td><td>1.38</td></tr>
<tr><td>缓坡</td><td>0.85</td></tr>
<tr><td>缓倾平地</td><td>0～0.53</td></tr>
<tr><td rowspan="4">坡高(2.235)</td><td>极高坡</td><td>2.235</td></tr>
<tr><td>高坡</td><td>1.38</td></tr>
<tr><td>中坡</td><td>0.85</td></tr>
<tr><td>低坡</td><td>0～0.53</td></tr>
<tr><td rowspan="7">地层岩性(2.76)</td><td rowspan="3">类型(1.71)</td><td>极易滑地层</td><td>1.71</td></tr>
<tr><td>易滑地层</td><td>1.06</td></tr>
<tr><td>偶滑地层</td><td>0.65</td></tr>
<tr><td rowspan="4">风化程度(1.05)</td><td>强风化</td><td>1.05</td></tr>
<tr><td>中强风化</td><td>0.65</td></tr>
<tr><td>中弱风化</td><td>0.40</td></tr>
<tr><td>弱风化</td><td>0.24</td></tr>
<tr><td colspan="2" rowspan="3">坡体结构(1.71)</td><td>完善优势面</td><td>1.71</td></tr>
<tr><td>较完善优势面</td><td>1.06</td></tr>
<tr><td>缺少优势面</td><td>0～0.65</td></tr>
<tr><td rowspan="6">坡形(1.06)</td><td rowspan="3">横向(0.53)</td><td>凸形</td><td>0.53</td></tr>
<tr><td>平直形</td><td>0.33</td></tr>
<tr><td>凹形</td><td>0.20</td></tr>
<tr><td rowspan="3">纵向(0.53)</td><td>凸形坡</td><td>0.53</td></tr>
<tr><td>直线形坡</td><td>0.33</td></tr>
<tr><td>凹形坡</td><td>0.20</td></tr>
<tr><td rowspan="9">外部条件(6.18)</td><td colspan="2" rowspan="3">河流冲刷坡脚(2.06)</td><td>强冲蚀岸</td><td>2.06</td></tr>
<tr><td>中强冲蚀岸</td><td>1.27</td></tr>
<tr><td>弱冲蚀岸</td><td>0.79</td></tr>
<tr><td colspan="2" rowspan="3">人为开挖坡脚(2.06)</td><td>强开挖作用</td><td>2.06</td></tr>
<tr><td>中强开挖作用</td><td>1.27</td></tr>
<tr><td>弱开挖作用</td><td>0.78</td></tr>
<tr><td colspan="2" rowspan="3">斜坡水作用(2.06)</td><td>强渗水作用</td><td>2.06</td></tr>
<tr><td>弱渗水作用</td><td>1.27</td></tr>
<tr><td>无渗水作用</td><td>0</td></tr>
<tr><td colspan="3" rowspan="3">斜坡变形现状(3.82)</td><td>强变形</td><td>3.82</td></tr>
<tr><td>中强变形</td><td>2.36</td></tr>
<tr><td>弱变形</td><td>1.45</td></tr>
</table>

注：表内括号中数字为各因子作用指数。

4）实例分析

（1）基本概况

大渡河中上游四川省康定市内的落鹰岩段地形陡，相对高差2 500～3 000m，平均坡度40°～45°。危岩处于凸向河流的山嘴，山嘴顶至河面高差近400m，平均坡度60°，河水直冲山嘴上游侧，斜坡体基岩裸露，由元古代闪长岩、花岗闪长岩组成，裂隙十分发育，强风化裂隙深约80m，危岩体前缘是瓦丹（瓦斯沟—丹巴）公路。修路时切坡高5m，成80°内倾极陡负坡，危岩体高出河床100m和180m处有内外两组平行河流方向且连通性较好的弧形张性裂缝，上宽15～100cm，裂缝中充填黏土和杂物，近期有明显张裂变形（图11-3）。

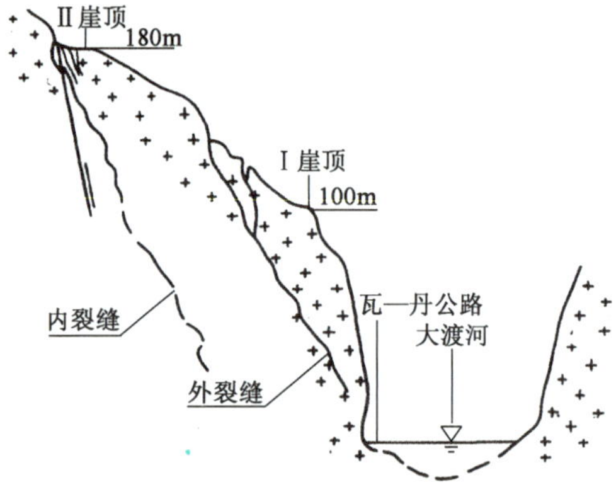

图11-3　落鹰岩危崖体剖面示意图

（2）评价因子与作用指数

仍选用前述的11个斜坡危险性评价因子，应用表11-5所列指标体系与上述危崖体特征对应，即得出落鹰岩斜坡危险性评价因子作用指数（表11-6）。

落鹰岩段斜坡危险性评价因子作用指数　表11-6

一级因子	三级因子中所属级别	作用指数
内部条件	坡度（60°）——属急陡坡	2.24
	坡高（400m）——属高坡	1.38
	地层岩性——偶滑地层	0.65
	风化程度——属强风化	1.05
	坡体结构——较完善优势面	1.06
	斜坡横向——凸形	0.53
	斜坡纵向——凸形	0.53
外部条件	河流冲蚀——属中强冲蚀	1.27
	人为开挖——属中强开挖	1.27
斜坡变形有现状	内外两条正在变形的裂缝——属强变形	3.82

(3)数理分析与结论

应用式(11-11)即可算出落鹰岩段斜坡的危险度。

$$DS=\frac{1}{20}\sum_{i=1}^{11}A_i^j=\frac{1}{20}\times 13.80=0.69 \tag{11-11}$$

因此,落鹰岩段斜坡应属极危险斜坡,与实地考察、分析判定的结论完全一致。

11.3 道路滑坡变形特征分析

1)斜坡岩(土)体变形的阶段性特征

处于斜坡上的岩(土)体在自身重力(也包括外来荷载)作用下发生变形,直至发生完全破坏(滑坡、崩塌、落石……)。这一过程和特征的出现受控于岩(土)体本身的结构和力学性质,可用岩(土)力学性质试验(含模型试验)来反演。一般说来处于自然条件下的岩石在长期的载荷作用下,岩石应力、应变将随时间而发生变化,当变形发展到一定程度后,岩石发生破坏。岩石的这一蠕变过程可通过试验得到证明。当在岩石试件上施加一个恒定的载荷时,岩石立即产生一瞬时弹性应变 ε_e(OA)段。这一变形时间极短,可以认为在接近于 $t=0$ 完成,其应变为 $\varepsilon_e=\sigma/E$。若载荷保持恒定,此时岩石的变形随时间缓慢地增加。根据岩体蠕变的特点,其变形过程可分为三个阶段,如图 11-4 所示。

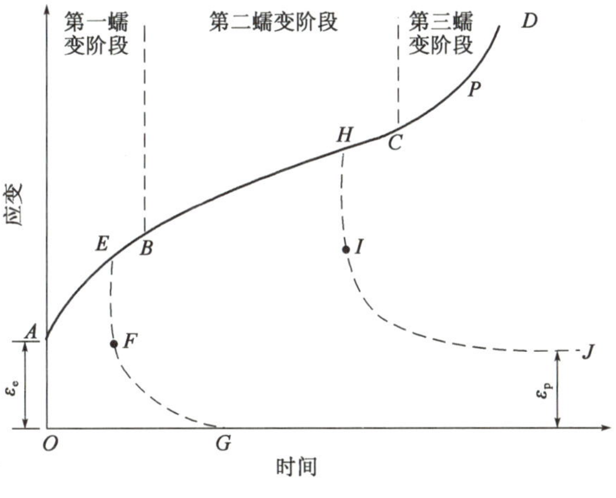

图 11-4 岩石蠕变曲线(张成良等,2016)

(1)第一蠕变阶段(AB 段)。在这个阶段内,蠕变曲线呈向下弯曲的形状,表现出应变率 ε 随时间迅速递减。当达到 B 点,应变就处于本阶段的最小值。若在这一阶段之中(曲线上某一点 E)进行卸载,应变 ε 则沿曲线 EFG 下降,表现出弹性变形,最后应变为零。

(2)第二蠕变阶段(BC 段)。此阶段蠕变曲线近似一倾斜的直线,即蠕变应变率 ε 保持常量,一直持续上升到 C 点。若在这一阶段中 H 进行卸载,则应变沿曲线 HIJ 逐渐恢复，最后保留一定的永久变形 ε_p。

(3)第三蠕变阶段(CD段)。应变率由C点开始迅速增加，达到D点，岩石即发生破坏。这一变形阶段的时间较短。

2)滑坡形成过程的阶段性特征

与岩(土)体变形破坏过程一样，滑坡的形成过程也是有阶段性的。滑坡的形成要经历蠕变、蠕滑、滑移和剧滑变形四个阶段，四个阶段的变形特征各不相同，表现出滑坡的地表位移、速率、裂缝分布、各种伴生现象也有很大差异。因此，根据滑坡发育不同阶段特点，采用有针对性的观测方法是实现滑坡观测、预报的关键，也是能否有效观测滑坡的关键。因此，准确的认识滑坡发育的阶段性，并按滑坡不同发育阶段的特点进行有针对性的观测就显得非常重要。大多数慢速滑动的滑坡没有第四阶段——剧滑变形阶段，仅有蠕变、蠕滑、滑移三个变形阶段(图11-5)。对于中高速滑坡，加速变形以后紧接着就是剧滑变形阶段，时间很短。

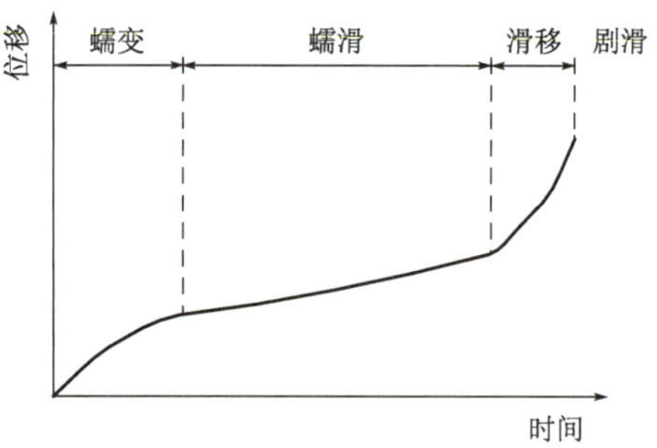

图11-5　滑坡变形阶段性曲线(王恭先等,2004)

(1)蠕变变形阶段

滑坡发育的第一阶段，即斜坡上的岩体在重力作用下，应力首先在坡体中结构面(层面、节理、裂缝等)的两端和凸点处集中，并发生蠕变变形。随着结构面上剪应力增大达到最大值时，在结构面的端点发生微破裂，并逐渐向下一个结构面端点或凸点发展。如此一个一个地传递下去，不是滑动面形成，而是沿滑动面的剪应力贯通。蠕变阶段的变形特征如下：

①地表裂缝。在坡体的后部开始出现横向弧形拉张裂缝，裂缝不宽，但横向长度发展很快，表明滑坡还没有明显位移。

②滑动带(面)。坡体自重力作用下，首先在滑动带(面)后缘形成剪应力变形带(面)，并不断向滑动带(面)中部、前部发展，直到贯通。剪应力带内岩土的抗剪强度由峰值强度开始逐渐降低。

③滑体变形。在滑坡体的后部和滑动带(面)后缘上，可见不连续分布的弧形裂缝，变形几乎全部都集中在剪切带上的蠕变，没有明显滑移，地表宏观现象不明显。

(2)蠕滑变形阶段

滑坡发育的第二阶段。剪应力逐渐集中在滑动带上的各锁固点上,坡体的变形越来越大,表现出变形缓慢增加。此时滑动带上岩土的强度继续下降,向岩土的残余强度靠近,时间应变曲线为光滑的曲线或跳跃式的位移。蠕滑阶段的变形特征如下:

①宏观地貌形态。逐渐显露出滑坡总体轮廓,在纵向上可见分级解体滑动的裂缝现象。同时,滑坡周界裂缝已基本连通,后缘可见拉张裂缝,部分可见前缘鼓胀裂缝。

②滑动带。剪切滑带已逐渐形成,滑体与滑床间开始出现蠕滑。

③发育历时过程。这一阶段发育的时间较长,是滑坡形成观测的极好时机。

④伴生现象。在滑坡蠕滑的后期,常会出现地下水异常,动物异常、滑坡前缘出现小型崩坍、坍滑。

(3)滑移(加速)变形阶段

加速变形阶段是滑坡发育特征最为明显、变形速率最快、最具可能发生破坏的阶段。当滑动面已基本贯通,滑动面上的抗剪强度已降到岩土的残余强度,并接近滑坡体的下滑力时,滑体即处于滑移状态,位移历时曲线迅速向上扬起。这一趋势继续发展,最终将导致滑坡发生。滑坡加速变形阶段的特征如下:

①地表裂缝。滑坡体上各种类型的裂缝都可能出现,但变化很快。后缘和侧缘裂缝两边出现滑坎,后壁上常有小崩塌发生,中段很多的拉张裂缝,前段出现扇形裂缝。

②滑动面。滑动面已完全贯通,滑动面上的应力集中点(锁固点)已全部剪断,形成完整的滑动面(带)。

③滑坡的运动状态。滑坡体在重力作用发生滑动,表现为一次或断断续续的多次滑动过程。

④触发因素的作用。触发因素继续起作用,特别是断断续续发生滑动的滑坡,其触发因素的作用十分明显。

⑤伴生现象。地下水异常、动物异常、声发射等现象相继出现,后壁或前缘的小崩塌明显增多。

⑥发育历时。对于中高速滑坡,此阶段的时间很短;对于一次性中、低速滑坡,此段也不很长,只有断断续续的极慢速滑坡,要延续数年到数十年。

(4)剧滑变形阶段

此阶段只有中、高速滑坡才有,当加速变形阶段一结束,滑体便立即起动高速滑移,可在数分钟内滑移数百米至数千米。现统计到的最高瞬时速度已超过50m/s(180km/h),大多为10~20m/s。由于此阶段滑体剧烈运动,速度很大,滑体碎裂。给滑坡变形观测、研究带来很大的困难,到目前为止对此阶段的研究还很不够。

上述四个变形阶段中,对滑坡形成和预测预报有重要意义的是第二、三变形阶段。若在滑坡形成的第二阶段(蠕滑变形阶段)把滑坡变形观测网布设上去,观测2~3个水文年,若滑坡变形进入第三阶段(加速变形阶段),获得了这两个阶段滑坡变形的观测资料,就可对滑坡的发展趋势进行研究。对于低速滑坡就可作出治理或不治理的决策;对于有可能发展成中高速(通过数值计算获得)滑坡,就可对中高速滑坡可能发生的时间作出中、短期预报,并同时研究制定抢险救灾预案。对道路(公路、铁路)威胁较大的潜在性滑坡(崩塌)也应以此原则布设观测,监视滑坡形成的变形过程。

本章参考文献

楚敬龙,杜加强,滕彦国,等,2008. 基于GIS的重庆市万州区滑坡灾害危险性评价[J]. 地质通报,27(11):1875-1884.

崔鹏,邓宏艳,王成华,2018. 山地灾害[M]. 北京:高等教育出版社.

崔政权,李宁,1999. 边坡工程——理论与实践最新发展[M]. 北京:中国水利水电出版社.

李虎杰,黄慰民,吴森,等,2016. 基于GIS的平昌县滑坡灾害危险性评价[J]. 西南科技大学学报,31(2):52-58.

李焕彬,2018. 张家口地区滑坡地质灾害危险性评价研究[D]. 北京:中国地质大学(北京).

李新坡,何思明,徐骏,等,2007. 层状岩质边坡临界高度极限分析上限解[J]. 四川大学学报(工程科学版),39(1):44-47.

李益敏,袁静,蒋德明,等,2021. 基于GIS的高山峡谷区滑坡灾害危险性评价——以泸水市为例[J]. 水土保持研究,28(03):355-363.

刘光代,1988. 浅谈滑坡稳定性评价[J]. 路基工程,19:1-5

全国国土资源标准化技术委员会. 2015. 地质灾害危险性评估规范(DZ/T 0286—2015)[S]. 北京:中国地质出版社.

邱利平,董廷旭,冉锦屏,2018. 基于GIS与AHP的旺苍县滑坡灾害危险性评价[J]. 安徽农业科学,46(2):51-54,59.

水利部水利水电规划设计总院,南京水利科学研究院,2019. 土工试验方法标准:GB/T 50123—2019[S]. 北京:中国计划出版社.

孙玉科,牟会宠,1988. 边坡岩体稳定性分析[M]. 北京:科学出版社.

谭万沛,王成华,晋玉田,等,1994. 暴雨泥石流滑坡的区域预测与预报[M]. 成都:四川科学技术出版社.

王成华,孔纪名,2001. 高速滑坡发生的危险斜坡判别[J]. 工程地质学报,9(2):127-132.

王成华,谭万沛,1992. 滑坡区域预测的指标系统[J]. 贵州科学,3:21-25.

王成华,谭万沛,罗晓梅,2000. 小流域滑体危险性区划研究——以孙水河为例[J]. 山地学报,18(1):31-36.

王恭先,徐峻龄,刘光代,等,2004.滑坡学与滑坡防治技术[M].北京:中国铁路出版社.

许英杰,2017.四川冕宁县滑坡地质灾害发育特征及风险性评价研究[D].成都:成都理工大学.

徐邦栋,2001.滑坡分析与防治[M].北京:中国铁道出版社,634-699.

徐乔,余飞,余绍淮,2021.基于多源遥感数据的山区铁路滑坡危险性评价[J].铁道工程学报,38(11):8-14.

闫满存,王光谦,2007.基于GIS的澜沧江下游区滑坡灾害危险性分析[J].地理科学,27(3):365-370.

曾李阳,齐华,2015.基于GIS的汶川县滑坡灾害危险性评价[J].测绘,38(3):106-108.

张成良,刘磊,王超,2016.高等岩石力学及工程应用[M].长沙:中南大学出版社.

张欣,王运生,梁瑞锋,等,2018.基于GIS的小江断裂中北段滑坡灾害危险性评价[J].地质与勘探,54(3):03-13.

郑颖人,2007.岩土数值极限分析方法的发展与应用[J].岩石力学与工程学报,31(7):1297-1316.

朱以洲,李歆,2011.基于GIS的滑坡地质灾害危险性评价方法的探讨[J].测绘,34(3):122-124.

左晓峰,杨鹏,2019.基于FLAC 3D数值分析在滑坡稳定性评价中的应用[J].陕西水利,11:21-23.

The Twelfth Chapter

第 12 章

山区道路滑坡灾害防治工程

本章在调查总结公路、铁路建设中现有的滑坡防治技术的基础上,重点介绍各种工程措施在西部山区道路建设中对滑坡防治的适用性条件和设计中的关键技术。

12.1 滑坡防治工程体系

国外滑坡防治研究始于20世纪20年代,到70年代进入高潮期,一大批有关滑坡防治的专著问世。我国的滑坡防治研究始于20世纪50年代的铁路建设,70年代拓展到其他行业的建设,到80年代后逐渐进入高潮,到90年代中叶和21世纪初,一大批有关滑坡灾害及防治的专业图书出版发行,滑坡防治的工程技术方法日趋成熟。现将近30年使用过的方法、技术进行归类整理,分为4类、11个工程组(表12-1),以便进行滑坡防治施工时参阅。

滑坡防治工程体系 表 12-1

分类	分　组	主要工程组成	建于位置	应用情况
滑坡区排水	地表排水	环形排水沟	滑坡体外后缘及两侧地表	十分广泛
		树枝状排水沟	滑体内地表沟槽处	十分广泛
		渗—明排水沟	泉水出露和湿地集水处	较广泛
		地表排水渗沟	高寒区滑坡地表排水	较少使用
	地下排水	支撑盲沟	滑体内中前部，用于浅表层滑坡	较广泛
		截水盲沟	滑体后缘、两侧地下排水	较广泛
		盲洞（排水隧道）	滑体中、前部滑动面以下	较少使用
		水平钻孔排水	滑体前缘及两侧陡坡脚	较少使用
		集水井排水	滑体中部、后部集水洼地	较少使用
	防渗漏水	黏性土防渗	用渠、塘、库渗漏处	十分广泛
		水泥砂浆防渗	排水沟、坡体局部	较广泛
		水泥砂浆帷幕防渗	用于滑体后缘、两侧地下	较少使用
抗滑工程	抗滑挡土墙	水泥砂浆砌石	滑坡前缘、滑动面剪出口以下1m左右。多用于道路内侧边坡（滑坡）	十分广泛
		毛石混凝土		较广泛
		钢筋石笼		较少使用
		圆木框架石笼		较少使用
	抗滑桩	钢筋混凝土桩	滑坡体中、前部，桩下端深入滑动面以下1/3～1/2桩长，多用于道路内侧边坡上	十分广泛
		毛石混凝土桩		较广泛
		钢架桩		较少使用
		预应力锚索桩		较广泛
		钢管桩	在滑坡体前缘，滑动面剪出口高于路面3m以上	较少使用
	抗滑明洞	单侧式		较广泛
		双侧式		较少使用
		桩—洞式	滑体中、前部，锚固深入滑面下	较少使用
	预应力锚固结构	地梁锚固		较广泛
		格构锚固		
滑动面（带）加固工程	滑动面（带）机械加固	抗滑键（短桩）	滑体中、前部，钻孔导入滑动面（带）上、下2～3m	较广泛
		水泥砂浆施喷桩		较少使用
		碎石振动挤密桩		很少使用
		水泥砂浆压力灌浆		较少使用
	滑动面（带）化学加固	化学灌浆固结	滑体中前部，钻孔导入滑带	较少使用
		焙烧脱水固结	滑体前部滑动面以下	很少使用
改变滑体静力平均工程	减载	减载削方	滑体中、后部	十分广泛
	压脚	压脚	滑体前缘剪出口附近	十分广泛
		拦砂坝回淤压脚	滑体剪出口下游侧河岸上	较广泛

(1)滑坡区排水

滑坡区排水是滑坡防治首先考虑的重要工程措施之一。它具有投资少、效果好、设计施工简便等特点,广泛用于滑坡防治中。根据排水的区位和功能分为地表、地下排水和防渗漏水4个工程组,分别由多个工程组成。其中滑体外后缘及两侧地表环形排水沟、滑体内树枝状地表排水沟、滑体内支撑盲沟使用较多,在塘、库底和引水渠底防渗漏上多应用黏土和水泥砂浆防渗。

(2)滑坡抗滑工程

抗滑工程种类可归并为抗滑挡土墙、抗滑桩、抗滑明洞和预应力锚固结构4个工程组。近20年滑坡抗滑工程发展很快,新材料、新方法也不断出现。现使用最多的还是水泥砂浆浆砌石挡土墙、钢筋混凝土抗滑桩和钢筋混凝土框架地梁加预应锚索抗滑工程。由于各地的滑坡形成特征不同,工程设计技术人员的喜好也存在差异,具体抗滑工程要因地制宜。

(3)滑动面(带)加固工程

滑动面加固总体用得较少,但近十多年在发展,表中6种方法都在实践中应用,并获得了成功。其中毛石混凝土抗滑键(短桩)、水泥砂浆淤喷桩和滑动面(带)水泥砂压力灌浆用得相对较多。滑动面(带)化学加固方法用得很少。

(4)改变滑体静力平衡

用得最多的是滑体中后部削方减载、滑体前缘压脚,方法简单,效果却很好,使用广泛。拦砂坝加固滑坡是治理滑坡的间接方法,利用拦砂坝和淤积土石作为压脚来治理滑坡,在泥石流沟谷里治理滑坡常用此法。

表12-1所列工程、技术和方法已有许多专著、论文刊出(国家防汛抗旱总指挥部办公室,中国科学院·水利部成都山地灾害与环境研究所,1994;乔建平,1997;王恭先等,2004),本章不再重复,仅仅根据山区道路工程的特点,尤其是西部高山、高寒地区,结合近几十年在防治技术上有发展的地方做简要论述。

12.2 滑坡区排水系统

12.2.1 地表排水系统

滑坡区排水是防治滑坡滑动的重要措施。据调查统计,90%以上的滑坡发生在雨季,尤其在大雨、暴雨后、久雨中发生的更多,因此滑坡排水是滑坡防治的首先工程。滑坡区地表排水的目的是防止地表水渗入地下对滑动带岩土进行侵蚀软化。根据水的来源可选择以下排水方法。

(1)地表排水明沟

适用于年均降雨量500mm以上的多雨区,使降雨产生的坡面径流快速汇入地表明沟排走。一般布置在滑体后缘以上的稳定山坡上(称为滑坡后缘截水沟)、滑体内的汇水洼地和槽谷中。用片石、水泥砂浆浆砌而成。若滑坡区属季节性冻土区,应在水泥砂浆中加1%~2%的速凝防冻剂。排水沟的大小视汇流面积而定,一般做成梯形,底宽0.4m,顶宽0.6m,高0.4m,若汇流面积较大,排水沟断面可适当加大。沟底纵坡10°~15°为宜,若沟底坡度大于20°,应将沟底做成台阶状利于流水消能。滑体内的地表排水沟,沟底应加黏性土垫层,防止沟底拉裂漏水,或用防冻塑料瓦做成叠瓦状,并在运行期内每年维修一次。

(2)地表排水盲沟

这是"三高"环境下的特有地表排水沟。适用年均降雨量500mm以下的高寒山区,且降水的方式60%是降雪,地表基本不出现坡面径流。平面布置与上述相同,剖面上排水沟底置于地面以下1m左右,由片石水泥砂浆浆砌而成,沟内填满弱风化碎石(图12-1)。沟底坡度可适当大一点,一般15°~20°为宜,雨水融雪水渗到沟底可迅速排走。

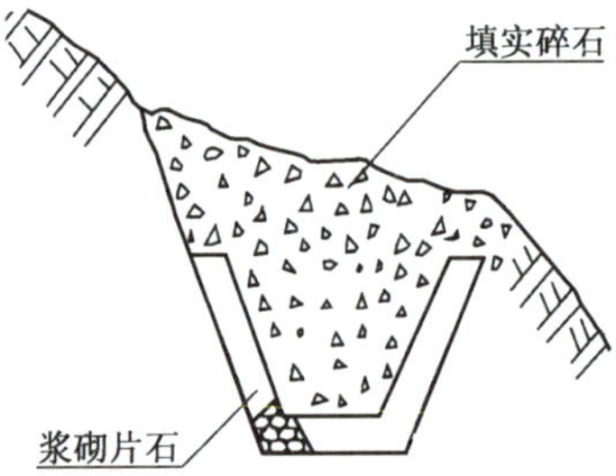

图12-1　地表排水盲沟剖面示意图

地表排水盲沟不仅能将山体后部融雪水拦截排走,还能汇集滑体内地表融雪水并排走。由于工程置于地面1m以下,所以不需加防冻剂。若滑坡还有缓慢滑动迹象,滑体内的排水盲沟底和两侧用黏性土压实做成,或用塑料瓦做成叠瓦状。

12.2.2　地下排水系统

地下水对滑坡的形成也起重要作用,地下水长期作用的地方,岩土的强度会迅速降低,是滑动面逐渐形成的重要条件。所以在滑坡防治中应注意排除地下水,可采用以下措施。

(1)地下排水渗沟(或盲沟)

在"三高"地区滑体内地下排水渗沟与其他地区没有本质的区别(图12-2)。但应注意,若滑体内有多年冻土层(或永冻层)时,地下排水渗沟的底应置于冻土层之上。滑体内地下排水渗沟,应布置在地下水汇集的地方。若地下水汇集点较深,滑体地面坡度又较大,可用水平钻孔 PVC 花管引出到渗沟中排走。

(2)集水井抽排地下水工程

在地下水汇集的位置,打井深入地下水位以下隔水层中,定时抽排地下水(图 12-3)。井可选用人工挖井和机械钻孔井,井深入隔水层段为集水段,用防渗材料护壁,含水层段为透水段,用多孔透水材料制作护壁。在集水段安装潜水泵。将地下水抽上地表,经地表排水沟排到滑坡体外。

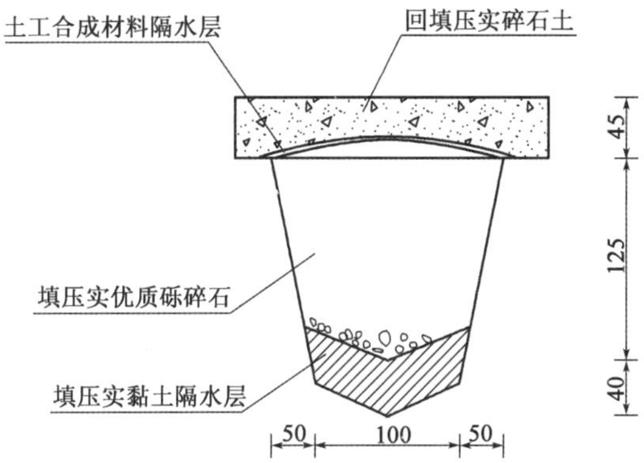

图 12-2 地下排水渗沟纵断面示意图(尺寸单位:cm)

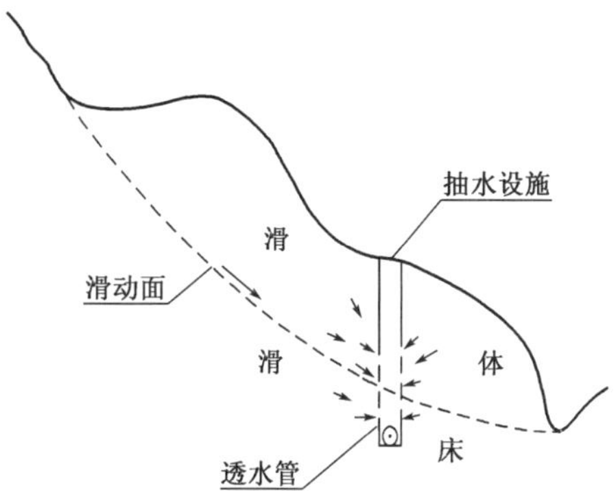

图 12-3 集水井排地下水示意图

(3)钻孔垂直透排地下水

当滑床为隔水层,且厚度较小,滑床以下为厚层砂砾层或中、粗砂岩,且不含水(实为透水层)时,可打垂直钻孔穿透滑动面下的隔水层,伸入透水层中。安装透水管,将滑体内的地下水引排入滑床以下的透水层中(图 12-4)。

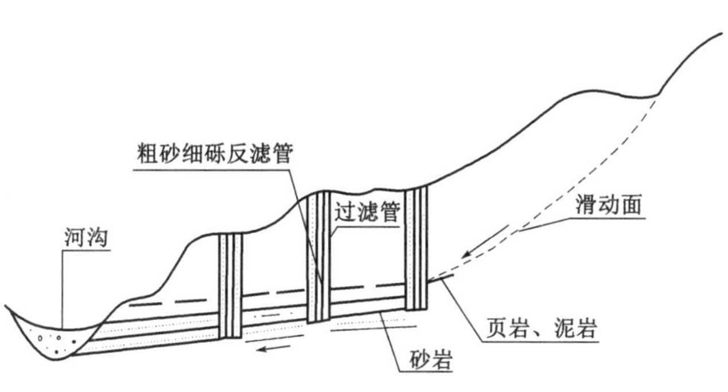

图 12-4 钻孔垂直透排地下水

除此之外,还可用平洞仰排地下水。在滑床上打平洞,再在洞顶打仰孔,排除滑体内地下水。此工程由于投资较大,一般在大型滑坡综合整治中才使用。

12.3 道路滑坡抗滑支挡工程设计

滑坡一旦发生滑移,滑动面(带)岩土的抗剪强度会大大降低,单靠地表、地下排水工程,减少水对滑带土的侵蚀软化,达到提高滑带土抗剪强度的目的已不能阻止滑坡滑动。因为滑带土的失水、固化到恢复提高其抗剪强度要经历一个漫长的过程。所以还需在滑体中、前部设置必要抗滑支挡结构、抵挡滑坡滑动。在道路工程中常用的抗滑支挡结构有抗滑挡土墙、抗滑桩和抗滑明洞等。

12.3.1 支挡结构主动土压力分布

1)既有土压力分布模式

土压力的大小、分布和合力作用点是支挡结构设计的重要问题。由于土压力的影响因素复杂,支挡结构类型众多,因此对土压力的研究试验还在不断深化。基于极限平衡原理的经典土压力理论经库仑、朗肯和索科洛夫斯基等人臻于完善。实践表明,库仑土压力理论虽基于墙背回填砂土的假设,但因其简明、实用,工程界至今仍普遍采用。但是库仑土压力的线性分布假设却往往与实测资料不符,从而引发了对土压力非线性分布的试验研究。对回填砂性土的挡土墙和回填黏性土的挡土墙,先后推导出其主动土压力的墙底为0的抛物线分布模式。同时开展的模型试验表明,挡土墙的变形方式对土压力分布的影响很大。墙体平移时是底部为0或不为0的抛物线,绕墙顶转动时是上大下小的抛物线,绕墙底转动时近似成三角形。

此外,对各种新型、轻型支挡结构实测主动土压力分布形式多种多样,某基坑连续墙成上小下大的抛物线;某单层锚杆板桩护岸墙为近似于三角形的R形;梅坎铁路双级土工格栅加筋土挡墙呈现底部为0的抛物线;锚锭板挡土墙则呈现底部不为0的抛物线。

事实上,支挡结构土压力受填土性质、结构类型、墙体位移、破裂面形态、施工顺序等不易精确掌握因素的复杂影响,很难正确计算。上述土压力分布的模式不尽统一,模式值与实测资料往往差距甚大,难以指导实际工作,以致工程界至今仍不得不主要以库仑土压力三角形分布作为基础。在理论模式的基础上,根据现场测试成果,建立更符合实际的土压力非线性分布模式,可优化支挡工程设计。

2)南昆铁路支挡结构土压力分布图式

20世纪90年代,在南昆铁路路基工程科研试验中,由中铁二院工程集团有限责任公司主持,西南交通大学、四川大学、中国铁道科学研究院西北分院协作,对膨胀性红土路堑的挡土墙和土钉墙、泥岩路堑的土钉墙和锚索桩、路堤的锚拉式桩板墙和加筋土挡土墙分别进行了土压力测试。实测土压力除柔性的加筋土挡土墙为近似于三角形的R形分布外,均呈现墙底为0的正态或偏态的抛物线分布(图12-5),符合多数挡土墙理论模式和墙体平移试验模式的主动土压力非线性分布规律。从墙顶土体水平且无荷载的垂直挡墙的理想条件出发,这一抛物线模式(王仕传,黄芪松,2003)可表述为:

$$P_x = \frac{K\gamma H}{mK-2}\left[\frac{H-h}{H} - \left(\frac{H-h}{H}\right)^{(mK-1)}\right] \tag{12-1}$$

$$m = \frac{\cos(\theta-\varphi-\delta)\tan\theta}{\sin(\theta-\varphi)\cos\delta}$$

式中:P_x——水平主动土压力(kPa);

m——系数;

K——填土侧压力系数;

γ——墙后土体重度(kN/m^3);

H——墙高(m);

h——距墙顶的高度(m);

θ——墙后土体破裂面与水平面的夹角(°);

φ——墙后土体内摩擦角(°);

δ——土体与墙背的摩擦角(°)。

设系数 $A = mK - 1$ ($A>0$ 且 $A\neq1$),$K\gamma H = a$,距墙底的归一化高度 $y = (H-h)/H$,则式(12-1)转化为:

$$P_x = a\frac{y-y^A}{A-1} \tag{12-2}$$

式(12-2)中 A 为抛物线形状系数。但是,式(12-2)与南昆铁路实测的土压力分布资料仍存在一定差异,如图12-5a)所示,需再增加一个抛物线形状的修正系数 b($b>0$),才与实际资料接近。修正后的南昆铁路主动土压力抛物线分布模式为(蒋忠信,蒋良潍,2005):

$$P_x = a\left(\frac{y-y^A}{A-1}\right)^b \tag{12-3}$$

由式(12-3),对设定的 A 值,用最小二乘法可求出最佳拟合参数 a、b。以 A 的一定步长寻优,偏差平方和最小时的 A 及相应 a、b 即构成式(12-3)的最佳拟合式。

3)支挡结构土压力分布图式的特征值

(1)土压力最大值点 y_{max}

$$y_{max} = A^{\frac{1}{1-A}} \tag{12-4}$$

(2)水平土压力合力 ΣP_x

$$\Sigma P_x = \frac{aH}{(A-1)^{b+1}}\cdot\frac{\Gamma[(1+b)(A-1)]\Gamma(1+b)}{\Gamma\left[\frac{1+b}{A-1}+(1+b)\right]} \quad (A>1) \tag{12-5a}$$

$$\sum P_x=\frac{aH}{(1-A)^{b+1}}\cdot\frac{\Gamma[(1+Ab)(1-A)]\Gamma(1+b)}{\Gamma\left[\frac{1+Ab}{1-A}+(1+b)\right]}\quad(A<1)\tag{12-5b}$$

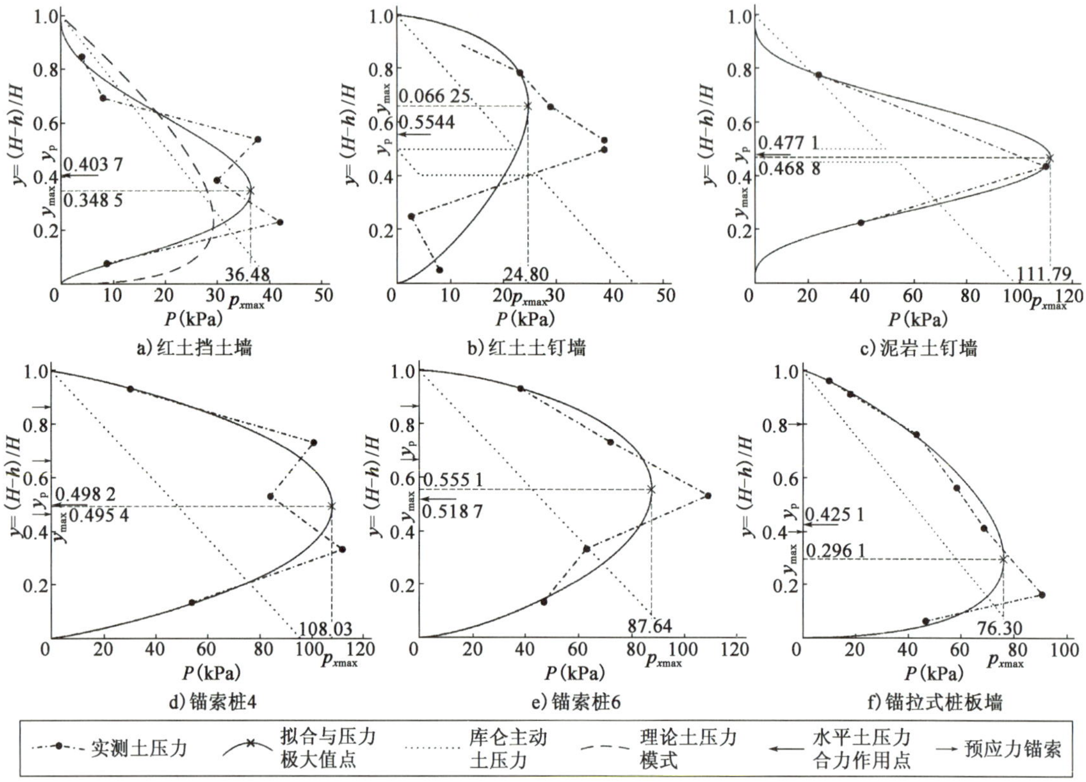

图 12-5 南昆铁路支挡结构土压力分布图式

(3)水平土压力力矩 M

$$M=\frac{aH}{(A-1)^{b+1}}\cdot\frac{\Gamma\left(\frac{2+b}{A-1}\right)\Gamma(1+b)}{\Gamma\left[\frac{2+b}{A-1}+(1+b)\right]}\quad(A>1)\tag{12-6a}$$

$$M=\frac{aH}{(1-A)^{b+1}}\cdot\frac{\Gamma\left(\frac{2+Ab}{1-A}\right)\Gamma(1+b)}{\Gamma\left[\frac{2+Ab}{1-A}+(1+b)\right]}\quad(A<1)\tag{12-6b}$$

(4)土压力合力作用点 y_p

$$y_p=\frac{M}{\sum P_x}\tag{12-7}$$

对南昆铁路6个断面的土压力实测资料,其最佳拟合结果与特征值列于表12-2,示于图12-6。

南昆铁路支挡结构土压力抛物线分布的拟合结果　　表 12-2

结构类型	A	a	b	最佳拟合式	y_{max}	P_{xmax} (kPa)	$\sum P_x$ (kN/m)	M (kN·m/m)	y_P
红土挡土墙	0.899	370.08	2.444 8	$P_x=100\,588(y^{0.899}-y)^{2.444\,8}$	0.348 5	36.48	120.60	48.68	0.403 7
红土土钉墙	4.820	97.87	0.691 8	$P_x=38.72(y-y^{4.820})^{0.691\,8}$	0.662 5	24.80	172.73	95.76	0.554 4
泥岩土钉墙	1.702	1.251 4	3.659 2	$P_x=45\,676(y-y^{1.702})^{3.659\,2}$	0.468 8	111.79	954.75	455.50	0.477 1
泥岩锚索桩 4	1.953	367.81	0.893 2	$P_x=383.97(y-y^{1.953})^{0.893\,2}$	0.495 4	108.03	1 115.45	555.66	0.498 2
泥岩锚索桩 6	2.666	254.96	0.680 5	$P_x=180.15(y-y^{2.666})^{0.680\,5}$	0.555 1	87.65	953.85	494.76	0.518 7
锚拉式桩板墙	0.666	150.47	0.837 9	$P_x=377.14(y^{0.666}-y)^{0.837\,1}$	0.296 1	76.30	1 079.03	458.74	0.420 0

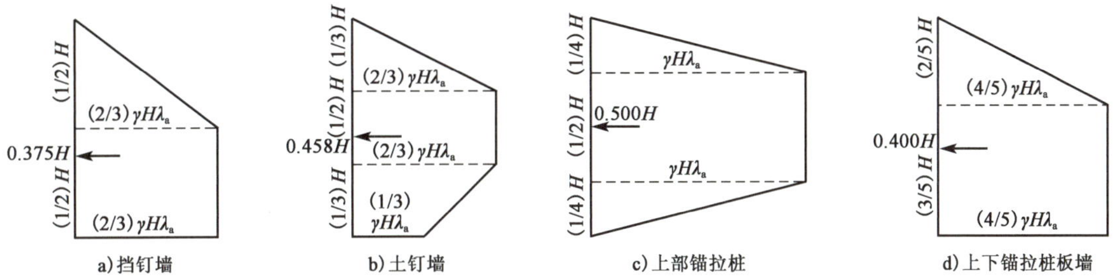

图 12-6　南昆铁路几种支挡结构土压力分布简化图式

4）图式的讨论

（1）以式（12-3）代表的土压力分布的墙底为 0 的抛物线图式，是在理论模式的基础上据南昆铁路实际资料修正而成的，因而是半理论半经验图式。与该图式吻合较好的南昆铁路实际资料，包括了刚性挡土墙、半刚性的土钉墙、上部锚拉的锚索桩、上下锚拉的桩板墙等多种支挡结构，包括了膨胀性红土路堑、泥岩路堑、填石路堤等多种支挡客体，包括了垂直、仰斜、中部留平台等多种构造形式。因此具有一定的代表性。

（2）以式（12-3）代表的土压力分布图式中，形状系数 A 可表征抛物线的峰态。由式（12-4）知，当 $A=2$ 时，$y_{max}=0.5$，抛物线为正态；当 $A>2$ 时，$y_{max}>0.5$，抛物线为上偏态；当 $A<2$ 时，$y_{max}<0.5$，抛物线为下偏态。A 与填土性质、结构类型等有关。南昆铁路测试的挡土墙和上下均锚拉的桩板墙，$A<1$，土压力呈下偏抛物线分布，最大值在高（0.30～0.35）H 处；土钉墙和上部锚拉桩，A 多为 2 左右，土压力接近正态抛物线分布，最大值在高（0.47～0.66）H 处。

（3）由式（12-5）可知，水平土压力合力 $\sum P_x$ 与 γ、H、A、b 相关，即取决于填土性质、结构类型和位移大小。南昆铁路测试的红土挡土墙，因墙背回填不密实，$\sum Px$（120.6kPa）略小于库仑主动土压力（132.0kPa）；上下均锚拉的桩板墙，桩顶位移仅为桩长的 0.3‰，尚未达到主动土压力状态，$\sum P_x$(1 079.0kPa)为库仑主动土压力(827.2kPa)的130.4%；红土土钉墙和泥岩土钉墙的墙顶位移分别达到墙高的0.51‰、2.6‰，达到主动土压力状态，$\sum P_x$(172.7kPa、954.8kPa)与库仑主动土压力(194.8kPa、909.5kPa)相近，平均小3.2%；上部锚拉的锚索桩4、6，因承受桩间土拱传递的土压力，$\sum P_x$(1 115.4kPa、953.8kPa)远大于主动土压力，平均为库仑主动土压力(717.5kPa)的144.2%。综上所述，挡土墙、土钉墙水平土压力合力可采用库仑主动土压力，锚拉约束的桩、桩板墙水平土压力合力为库仑主动土压力的1.3~1.5倍。

(4)由式(12-7)所得水平土压力合力作用点 y_P，与填土性质、结构类型、锚拉约束有关。南昆铁路测试的挡土墙和上下均锚拉的桩板墙，因土压力呈下偏抛物线分布，合力作用点在2H/5处，略高于库仑土压力作用点(H/3)；土钉墙和上部锚拉的锚索桩，其土压力接近正态抛物线分布，合力作用点在H/2上下，明显高于库仑土压力作用点。

5)图式的简化与应用

从工程实用角度出发，以库仑主动土压力为基准，考虑墙底安全，将南昆铁路刚性、半刚性支挡结构土压力分布图示简化，如图12-6所示。

(1)挡土墙

上部1/2为底宽(2/3)$\gamma H\lambda_a$的三角形(λ_a为库仑主动土压力系数)，下部1/2为宽(2/3)$\gamma H\lambda_a$的矩形。图形面积与库仑主动土压力三角形相等，合力作用点为0.375H。

(2)土钉墙

上部1/3为底宽(2/3)$\gamma H\lambda_a$的三角形，中部1/3为宽(2/3)$\gamma H\lambda_a$的矩形，下部1/3为顶宽(2/3)$\gamma H\lambda_a$、底宽(1/3)$\gamma H\lambda_a$的倒梯形。图形面积与库仑主动土压力三角形相等，合力作用点为0.458H。

(3)上部锚拉桩

上部1/4为底宽$\gamma H\lambda_a$的三角形，中部1/2为宽$\gamma H\lambda_a$的矩形，下部1/4为顶宽$\gamma H\lambda_a$的倒三角形。图形面积为库仑主动土压力三角形的1.5倍，合力作用点为0.500H。

(4)上下锚拉式桩板墙

上部2/5为底宽(4/5)$\gamma H\lambda_a$的三角形，下部3/5为宽(4/5)$\gamma H\lambda_a$的矩形。图形面积为库仑主动土压力三角形的1.28倍，合力作用点为0.400H。

据此，可对各类刚性半刚性支挡工程设计加以优化：

①图式显示的支挡结构土压力呈中部或中下部较大的抛物线状分布，与库仑土压力的三角形分布差异较大。因此在支挡工程设计时，要调整不同高度上的结构力度。尤其是对土钉墙和锚拉结构，除要传统性地巩固基脚外，要增大中部的结构力度，加长、加密中部的土钉、锚杆。

②图式显示的支挡结构土压力合力作用点的高度为0.375H~0.5H，均高于库仑土压

力作用点(1/3)H,实际的倾覆力矩比按库仑土压力计算的要大,增大13%~50%。据此,建议按库仑土压力设计支挡工程时,应增大抗倾覆安全系数,由现行规范的不小于1.5调整为不小于2.0。

③图式显示的锚拉结构土压力合力为库仑土压力的1.3~1.5倍,现行设计中按1.4倍考虑总体上是合适的。但对仅在上端锚拉的支挡结构,建议设计土压力采用1.5倍的库仑土压力,以保证安全。

12.3.2 抗滑挡土墙

1)抗滑挡土墙的种类与适用条件

(1)按挡土墙使用的建筑材料分

分为钢筋混凝土挡土墙、毛石混凝土挡土墙、块石(片石、条石)浆砌挡土墙、木质石笼挡土墙和钢筋石笼挡土墙五种。

(2)按挡土墙的功能分

分为抗滑挡土墙、抗滑护坡挡土墙、抗滑防冲挡土墙三种。

①抗滑挡土墙

在道路工程中,滑动面剪出口在道路面附近时,抗滑挡土墙多置于道路内侧。若滑动面剪出口在道路外侧,也可将抗滑挡土墙布置在道路外侧。挡土墙基础最好置于滑动面以下稳定基岩上,嵌入中风化基岩内0.5m;若基岩埋藏较深,挡土墙基础应深入滑动面以下2m,置于稳定的老土层上。

②抗滑护坡挡土墙

一般置于道路内侧,下部按抗滑挡土墙设计,坡比1∶0.35~1∶0.5;上部按护坡挡土墙设计,坡比1∶1~1∶1.25。

③抗滑防冲挡土墙

滑动面剪出口在道路外侧河边,此时的挡土墙不仅要起到抗滑作用,还要起到防冲作用,设计时应充分考虑这两种作用。

(3)按挡土墙抗滑能力的发挥方式分

分为重力式挡土墙和薄壳结构式挡土墙两类。在滑坡防治中最常用的是重力式抗滑挡土墙和桩板结构式抗滑挡土墙。

2)抗滑挡土墙设计要点与关键技术

(1)重力式抗滑挡土墙

按滑坡推力设计出的重力式抗滑挡土墙,还必须进行以下验算。

①抗滑稳定性验算

要确保重力式抗滑挡土墙稳定,不产生滑移,抗滑稳定系数K_C应满足《建筑边坡工程技术规范》(GB 50330—2013)(图 12-7)。

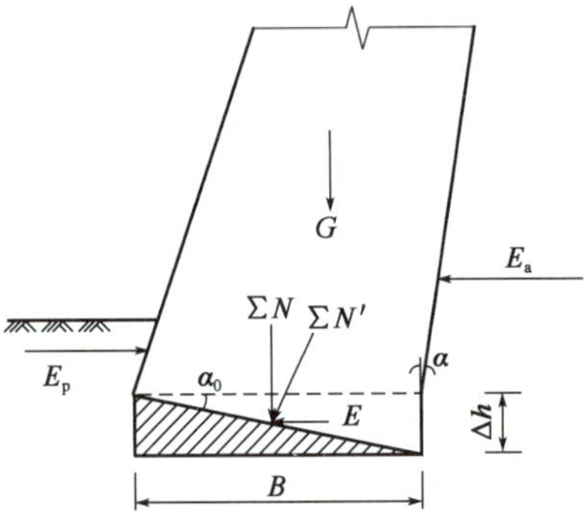

图 12-7　重力式抗滑挡土墙受力图

$$K_C=\frac{(G_n+E_{an})\mu+E_P}{E_{at}-G_t}\geqslant 1.3 \tag{12-8}$$

$$G_n=G\cos\alpha_0$$

$$G_t=G\sin\alpha_0$$

$$E_{at}=E_a\cos(\alpha-\alpha_0-\delta)$$

$$E_{an}=E_a\sin(\alpha-\alpha_0-\delta)$$

若挡土墙基底为水平,即 $\alpha_0=0$,则式(12-8)变为:

$$K_C=\frac{(G+E_{an})\mu+E_P}{E_{at}}\geqslant 1.3 \tag{12-9}$$

式中:G——挡土墙每延米自重(kN/m);

E_a——滑坡体每延米推力(kN/m);

α_0——挡土墙基底倾角(°);

α——挡土墙墙背倾角(°);

μ——挡土墙基础岩土的摩擦系数;

δ——挡土墙墙背与岩土间摩擦角(°);

E_p——挡土墙嵌入滑动面以下的被动土压力(kPa)。

验算结果挡土墙自身的抗滑稳定性必须大于或等于 1.3,这是国家规范的要求。如果满足不了,必须改变抗滑挡土墙的结构后再验算,直至满足为止。

②抗倾覆稳定性验算

要使抗滑挡土墙在滑坡推力作用下不会绕外墙趾转动倾覆(图 12-8),挡土墙的抗倾覆稳定系数 K_q 应满足:

$$K_q=\frac{G_{x0}+E_{az}x_f}{E_{ax}z_f}\geqslant 1.6 \tag{12-10}$$

$$E_{ax} = E_a \sin(\alpha - \delta)$$

$$E_{az} = E_a \cos(\alpha - \delta)$$

$$x_f = b - z\cot\alpha_0$$

$$z_f = z - b\tan\alpha$$

式中：z——滑坡推力作用点至墙踵的高度(m)；

b——挡土墙基底水平投影宽度(m)；

其他符号意义同式(12-8)。

验算结果若挡土墙的抗倾覆稳定系数达不到规范要求，应改变基础结构设计，再进行验算，增大抗倾覆稳定性的措施有：

a. 展宽墙趾(图12-9)即增大稳定力矩的力臂，$x_0 \to x_0'$(x_0为挡土墙重心至墙趾的水平距离)，这是最常用的方法。但墙趾展宽有一定的限度，一般在墙高的10%以内(陈忠达，1999)，展宽部分用的材料与墙身材料相同。

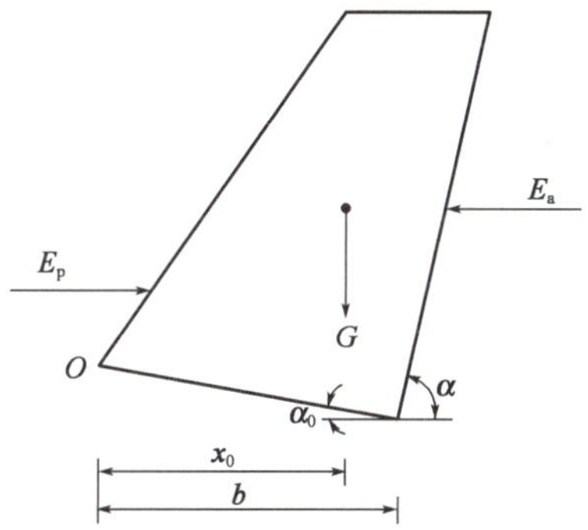

图12-8 挡土墙抗倾覆稳定计算图式

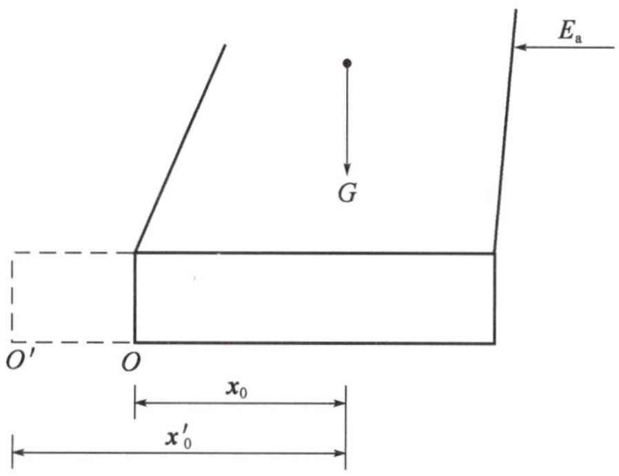

图12-9 展宽墙趾示意图

b. 增大墙背的倾斜坡度，等于将墙体的重心向坡体内侧移动，实际上增大了稳定力矩的力臂，但墙背的倾斜坡度也有一个限度，一般为1∶0.25～1∶0.4，最好不大于1∶0.4。

c. 对建筑场地和挡土墙结构都无法改变时，且挡土墙的抗滑稳性已满足规范要求，可在墙的上部打一排锚杆(索)，安装时施加微量预应力E_a'。这时就可将转动力矩减少$E_a'z'$，z'为锚杆孔到墙趾的高度(m)。

重力式抗滑挡土墙，由于自身较重，要求基础置于基岩上或完全不滑动的密实老土上，若基础为软土层，还应进行基础岩土承载力和基底偏心距验算，防治挡土墙产生不均匀沉陷。若在“三高”环境条件下，挡土墙的基础还应深入季节性冻土层之下，永久冻土层之上，在基础与永久冻土层之间填实40～50cm厚碎石隔热层，防止上部墙体受热传导到永久冻土层，引起永久冻土层融化造成挡土墙不均匀沉陷。

由上看出重力式抗滑挡土墙的基础和结构设计是关键技术。

(2)带抗滑键挡土墙

①抗滑挡土墙的优化设计

随着科学发展、技术进步,发现重力式抗滑挡土墙存在以下致命的缺陷。

a. 由于是人工开挖,基础不可能挖很深,所以不适宜滑动面埋深较大的滑坡防治,只适宜滑动面在道路基础附近的滑坡防治。

b. 挡土墙基础以上全是悬臂状态,墙身高了无法满足抗倾覆稳定性要求,所以抗滑挡土墙不适宜滑动面在道路路面 2m 以上悬挂式滑坡的防治。

c. 由于重力式抗滑挡土墙是利用自身的重力与基础土、石间产生的摩擦力来平衡滑坡推力。因而挡土墙自身的体积很大,施工作业面也要求很大,而道路工程开挖边坡狭窄,作业面无法满足,应用受到了限制。

为了改变普通重力式抗滑挡土墙受力不合理,适用范围狭窄的局限性,研究出预应力锚索抗滑挡土墙和带抗滑键挡土墙(何思明等,2003)两种组合抗滑结构,用于整治滑坡,取得了良好的效果。本节阐述带抗滑键挡土墙的结构与机理。

②结构分析

针对普通重力式抗滑挡土墙体积大,不适宜滑动面埋深较大的滑坡防治的弱点,研究出了带抗滑键挡土墙的轻型结构。抗滑键为沿挡土墙布设的群桩,上端衔于挡土墙基础中,下端深入滑动面以下,最好嵌入基岩中。由于抗滑键埋深不大,一般为 3 ~ 6m,少数可达 10m,所以可采用人工挖孔桩。

图 12-10 为带抗滑键的挡土墙体系,抗滑键为锚固在岩体中的钢筋混凝土桩。抗滑键与挡土墙刚性连接,挡土墙本身刚度很大,可将其视为刚体,同时忽略挡土墙前的薄层填土的土压力作用。

将带抗滑键挡土墙体系进行分解,并根据力及变形协调关系,有如下关系式成立(图 12-11)。

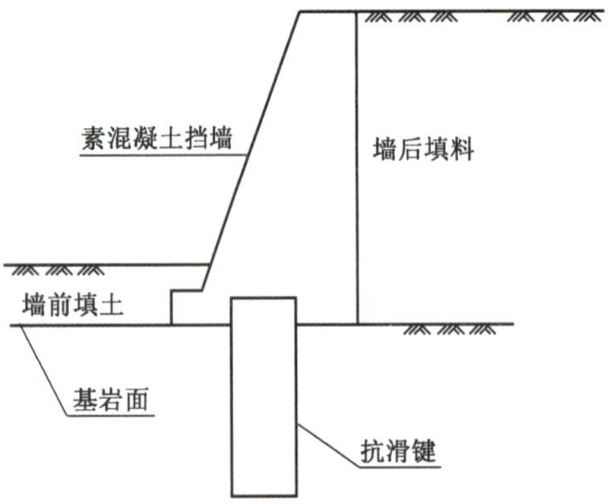

图 12-10 带抗滑键挡土墙体系

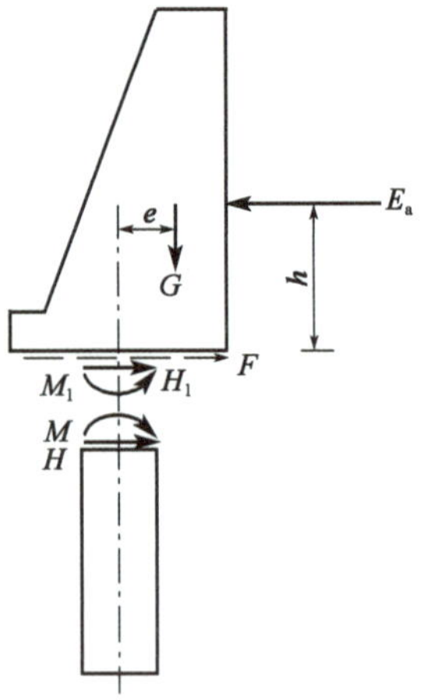

图 12-11 带抗滑键挡土墙体系受力图

$$H = E_a - F \tag{12-11}$$

$$M = E_a h - Ge \tag{12-12}$$

$$H_1 = H \tag{12-13}$$

$$M_1 = M \tag{12-14}$$

$$U = U_1 \tag{12-15}$$

$$\theta = \theta_1 \tag{12-16}$$

式中：H_1——作用在挡墙底部的总水平推力(kN)；

M_1——作用在挡墙底部的总弯矩(kN·m)；

E_a——作用在挡土墙上的总主动土压力(kN)；

h——总主动土压力合力作用点距基岩面距离(m)；

F——墙体底部摩阻力(kN)；

G——墙体总重量(kN)；

e——抗滑键轴心距墙体重心距离(m)；

H——作用在抗滑键桩顶的水平推力(kN)；

M——作用抗滑键桩顶的弯矩(kN·m)；

U_1、θ_1——挡土墙底部的水平位移(m)及转角(rad)；

U、θ——抗滑键桩顶的水平位移(m)及转角(rad)。

③墙后土压力分布

a. 墙后土压力的非线性描述

墙后土压力 E 与挡墙位移 s 密切相关，这种关系如图 12-12 所示。众多试验结果表明：墙后土压力与结构位移间的非线性关系可用双曲线公式来表达。

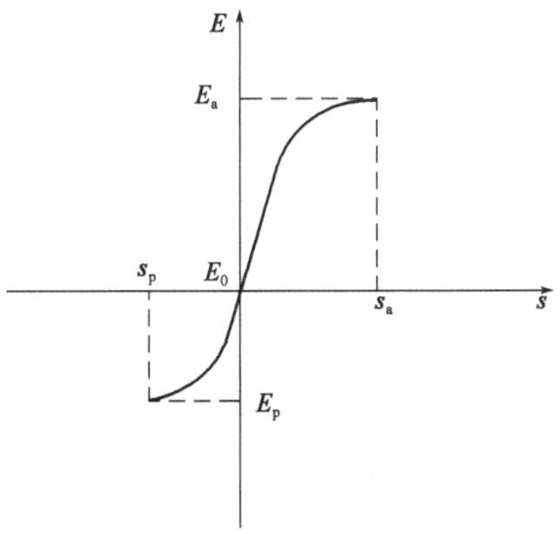

图 12-12 土压力—位移关系

当结构发生离开土体的位移时，墙后土压力系数为：

$$k_a^0 = \frac{k_0 k_a s_a}{(k_0 - k_a)s + k_a s_a} \tag{12-17}$$

式中：k_0、k_a——静止土压力系数和主动土压力系数；

s_a——达到主动土压力所需要的最小位移(m);

k_a^0——结构发生位移 s 时对应的墙后土压力系数。

上式满足如下边界条件:

$$\begin{cases} s=0, k_a^0=k_0 \\ s=s_a, k_a^0=k_a \end{cases} \tag{12-18}$$

关于 s_a 的取值问题,对砂性土,$s_a=0.001H$;对于黏性土,$s_a=0.004H$。H 为挡土墙高度。

当结构发生朝向土体的位移时,墙后土压力系数为:

$$k_p^0=\frac{k_0k_ps_p}{(k_0-k_p)s+k_ps_p} \tag{12-19}$$

式中:k_p——被动土压力系数;

s_p——达到被动土压力所需要的最小位移(m);

k_p^0——结构发生位移 s 时对应的墙后土压力系数。

式(12-19)也满足如下边界条件:

$$\begin{cases} s=0, k_p^0=k_0 \\ s=s_p, k_p^0=k_p \end{cases} \tag{12-20}$$

b. 墙后土压力计算

下面研究图 12-13 所求的挡土墙压力分布问题。假设挡墙的实际最大位移小于达到主动土压力所需的位移量。则得到相应的土压力计算公式:

$$k_a^0=\frac{k_0k_as_a}{(k_0-k_a)(U+\theta_z)+k_as_a} \tag{12-21}$$

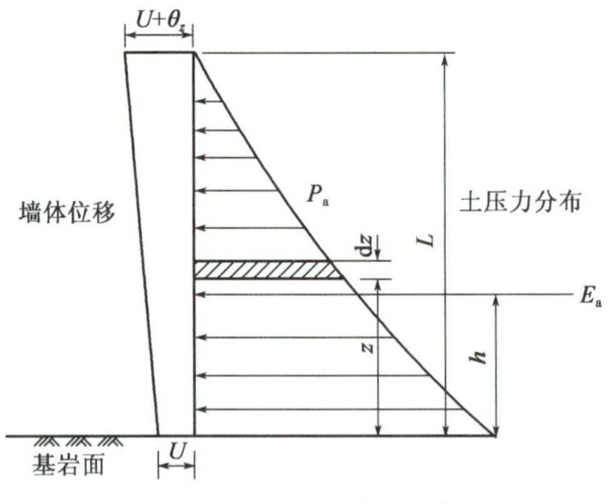

图 12-13 墙后土压力计算简图

由此可以计算作用在挡土墙后的总土压力及相应的作用点位置,进而计算出 H 和 M。

墙后填土可以是砂性土也可是黏性土。为计算方便,在此只给出墙后砂性土的计算公式,至于黏性填土亦可按相同方法计算。

作用在挡墙上的总主动土压力为:

$$E_{\mathrm{a}} = H = d\int_0^h k_{\mathrm{a}}^0\gamma(L-z)\mathrm{d}z = \frac{d(BL+A)}{B^2}\ln\left(1+\frac{B}{A}L\right)-\frac{dL}{B} \tag{12-22}$$

作用在抗滑键桩顶的弯矩为:

$$M = d\int_0^h k_{\mathrm{a}}^0\gamma(L-z)z\mathrm{d}z = \frac{d(BL^2+2AL)}{2B^2}-\frac{d(BL+A)}{B^3}\ln\left(1+\frac{B}{A}L\right) \tag{12-23}$$

其中:

$$\begin{cases} A = \dfrac{U}{s_{\mathrm{a}}\gamma}\left(\dfrac{1}{k_0}-\dfrac{1}{k_{\mathrm{a}}}\right)+\dfrac{1}{k_0\gamma} \\ B = \dfrac{\theta}{s_{\mathrm{a}}\gamma}\left(\dfrac{1}{k_0}-\dfrac{1}{k_{\mathrm{a}}}\right) \\ k_{\mathrm{a}} = \tan^2\left(45°-\dfrac{\varphi}{2}\right) \end{cases} \tag{12-24}$$

式中:γ、φ——土的重度($\mathrm{kN/m^3}$)和内摩擦角(°);

d——抗滑键桩间距(m);

L——挡土墙墙高(m);

其余符号意义同前。

c. 墙后 Mononohe-Okaba 地震主动土压力计算

根据我国有关规范,若是在Ⅷ度地震设防区,当墙高 $L\geqslant 4\mathrm{m}$ 时,应进行抗震验算。为此,给出有关地震主动土压力计算公式。根据拟静力法,考虑竖向及水平地震加速度的影响,并对库仑主动土压力公式进行修正,即可得到通常称为 Mononohe-Okabe 的地震主动土压力计算公式。库仑主动土压力计算图如图 12-14 所示。

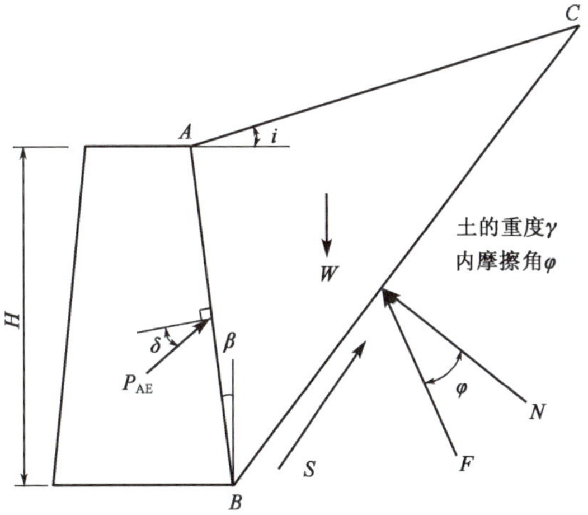

图 12-14　库仑主动土压力计算图

$$P_{AE}=\frac{1}{2}\gamma L^2(1-k_v)k_{AE} \tag{12-25}$$

式中：P_{AE}——地震主动土压力(kPa)；

γ——墙后填土重度(kN/m^3)；

L——墙体高度(m)；

k_v——为竖直向的地震加速度(m/s^2)；

k_{AE}——为考虑地震影响的主动土压力系数。

考虑地震影响的主动土压力系数为：

$$k_{AE}=\frac{\cos^2(\varphi-\theta-\delta)}{\cos\theta\cos^2\beta\cos(\delta+\beta+\theta)}\cdot\frac{1}{\left\{1+\left[\frac{\sin(\varphi+\delta)\sin(\varphi-\theta-i)}{\cos(\delta+\beta+\theta)\cos(i-\beta)}\right]^{\frac{1}{2}}\right\}^2} \tag{12-26}$$

$$\theta=\tan^{-1}\left(\frac{k_h}{1-k_v}\right)$$

式中：k_h、k_v——分别为水平向和竖直向的地震加速度(m/s^2)；

φ——填土的内摩擦角(°)；

δ——墙背与填土的摩擦角(°)；

β——墙背与垂直线的夹角(°)；

i——墙顶填土面的坡角(°)。

④水平荷载下嵌岩桩的分析

图12-15为水平荷载下嵌岩桩计算模式。假设岩体为均匀各向同性介质，其弹性模量为E，泊松比为V_r，桩基埋入岩体深度为D，桩径为B，抗弯刚度为EI。

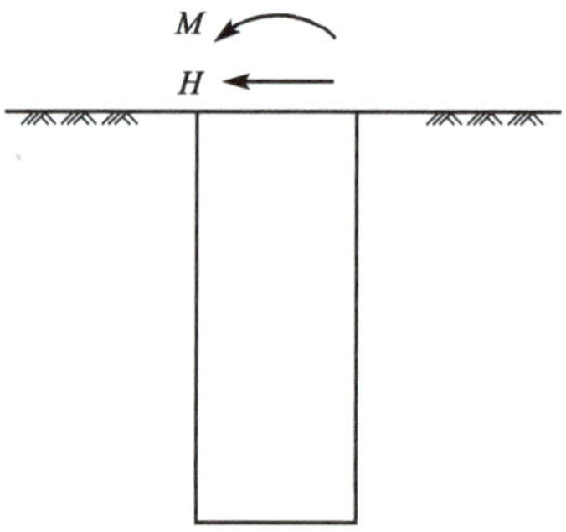

图12-15　水平荷载下嵌岩桩计算模式

桩的有效弹性模量E_0为：

$$E_0=\frac{64EI}{\pi B^2} \tag{12-27}$$

岩体的等效剪切模量G_0为：

$$G_0=G_r(1+0.75V_r) \tag{12-28}$$

$$G_r=\frac{E_r}{2(1-v)}$$

将桩划分为柔性桩、刚性桩以及中等柔度桩。

柔性桩定义为满足如下关系式的桩：

$$\frac{D}{B}\geqslant\left(\frac{E_e}{G_0}\right)^{\frac{2}{7}} \tag{12-29}$$

式中：E_e——桩体弹性模量(kPa)。

对应的荷载、位移关系式为：

$$U=0.05\left(\frac{H_1}{G_0B}\right)\left(\frac{E_0}{G_0}\right)^{-\frac{3}{7}}+1.08\left(\frac{M_1}{G_0B^3}\right)\left(\frac{E_0}{G_0}\right)^{-\frac{3}{7}} \tag{12-30}$$

$$\theta=1.08\left(\frac{H_1}{G_0B^2}\right)\left(\frac{E_0}{G_0}\right)^{-\frac{3}{7}}+6.40\left(\frac{M}{G_0B^2}\right)\left(\frac{E_0}{G_0}\right)^{-\frac{5}{7}} \tag{12-31}$$

式中：U——桩顶水平位移(m)；

θ——桩顶转角(rad)。

刚性桩定义为满足如下关系式的桩：

$$\left.\begin{aligned}\frac{D}{B}&\leqslant 0.50\left(\frac{E_e}{G_0}\right)^{\frac{1}{2}}\\ \frac{E_0}{G_0}&\geqslant 100\left(\frac{B}{2D}\right)\end{aligned}\right\} \tag{12-32}$$

对应的荷载、变形关系式为：

$$U=0.40\left(\frac{H_1}{G_0B}\right)\left(\frac{2D}{B}\right)^{-\frac{1}{3}}+0.30\left(\frac{M_1}{G_0B^2}\right)\left(\frac{2D}{B}\right)^{-\frac{7}{8}} \tag{12-33}$$

$$\theta=0.30\left(\frac{H_1}{G_0B^2}\right)\left(\frac{2D}{B}\right)^{-\frac{7}{8}}+0.80\left(\frac{M_1}{G_0B^3}\right)\left(\frac{2D}{B}\right)^{-\frac{5}{3}} \tag{12-34}$$

中等柔度桩定义为满足如下关系的桩：

$$0.05\left(\frac{E_0}{G_0}\right)^{\frac{1}{2}}\leqslant\frac{D}{B}\leqslant\left(\frac{E_0}{G_0}\right)^{\frac{2}{7}} \tag{12-35}$$

取下列两种情况计算结果中较大值的 1.25 倍作为中等柔度桩的桩顶水平位移和转角。一是将实际桩的桩土模量 E_0/G_0 代入式(12-30)、式(12-31)中计算出 U 和 θ；二是取实际桩的深径比 D/B 代入式(12-33)、式(12-34)中计算出 U 和 θ。

⑤综合分析与设计要点

通过上面的分析，确定了墙后土压力的分布及计算公式、抗滑键在水平剪力及弯矩作用下桩顶荷载、变化关系的解析表达式，下面给出带抗滑键挡土墙的设计步骤。

a. 根据岩体参数及设置的抗滑键的参数，按相关公式判断其为柔性桩、刚性桩还是中等柔度桩。

b. 按相应的计算公式确定桩顶的水平位移 U 及转角 θ（含变量 M,H）。

c. 根据挡墙的参数及填料的物理力学指标按式（12-22）、式（12-23）计算抗滑键顶部承受的水平剪力及弯矩（含变量 U,θ），墙底摩阻力按常规方法计算。

d. 联立第 a、b 步得到的方程，求出抗滑键的水平位移、转角以及作用在抗滑键上的水平剪力和弯矩。

e. 根据求得的土压力对挡土墙进行设计，根据获得的作用在抗滑键上的水平剪力、弯矩对抗滑键进行设计。

f. 若场地属于Ⅷ度地震设防区，且墙高为≥4m 挡土墙，根据有关规范规定还应按式（12-26）进行地震验算。

12.3.3 抗滑桩

抗滑桩是滑坡防治的主要工程措施，在道路工程滑坡防治上应用十分广泛，抗滑桩利用深入滑动面以下的桩体周围岩土体的锚固作用力，通过桩体传递来抵抗滑坡推力。抗滑桩的设计必须考虑滑床、滑体岩土的特性和抗滑桩自身的强度。按抗滑桩使用的材料分为钢筋混凝土桩、素混凝土桩（含旋喷桩）、碎石桩和木质桩；按桩的形态分为圆桩、方桩、梯形桩。本节以钢筋混凝土方桩为例进行分析。

1）平面布置

抗滑桩平面布置的依据是滑坡推力、桩的大小和布桩位置的地形。

按抗滑桩断面尺寸分为：

（1）小型桩

方形桩小于 1.5m × 1.0m，圆形桩 $d < 1.0$m。

（2）中型桩

方形桩（1.5 ~ 2.0）m ×（1.0 ~ 1.5）m，圆形桩 $d = 1.0 \sim 2.0$m。

（3）大型桩

方形桩（2.0 ~ 3.0）m ×（1.5 ~ 2.5）m，圆形桩 $d = 2.0 \sim 3.0$m。

（4）巨型桩

方形桩大于 3.0m × 2.5m，圆形桩 $d > 3.0$m。

一般滑坡推力在 1 000kN/m 以下用中小型桩或小型多排桩布置；滑坡推力在 1 000 ~ 2 000kN/m 的用中大型桩，或中型多排桩；滑坡推力在 2 000kN/m 以上时用巨型桩或大型多排桩布置；单排桩成一字形排列，两排桩错开成 W 形排列，三排桩成梅花形排列（称为“梅花桩”）（图 12-16）。

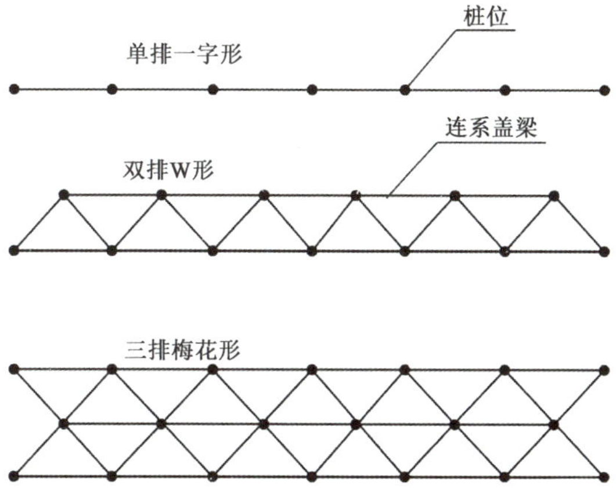

图 12-16 抗滑桩平面布置示意图

2)抗滑桩的桩长与桩间距确定

(1)桩长的确定

抗滑桩的桩长由滑动面以上和以下两部分组成。滑动面以上部分的长度以保证滑体不从桩顶滑出为原则。为此,大多数桩顶设计与地表面齐平(全埋式桩),少部分为防止滑体表部产生次级滑动,将桩顶设计成高出地面一定高度(悬臂桩)。埋入滑动面以下的深度,应据滑床岩土工程性能确定,除应满足不超过岩土体允许的弹性抗力外,还应考虑滑动面向下迁移,拓展的可能性。由于滑床岩土的组成结构和工程性能十分复杂,至今没有相应数值计算模型,仍用经验法:滑床为黏性土、碎石土(含岩层强风化层)的抗滑桩埋于滑动面以下的长度为桩长的1/2;若滑床为中—弱风化岩层时,埋于滑动面以下的长度为桩长的1/3;若滑床为坚硬的弱风化地层,埋于滑动面以下的长度还可适当缩短。

(2)桩间距的确定

抗滑桩最大桩间距确定的理论至今未建立起来,实际工作中仍应用经验法。若把黏性土按含水率分为流塑(含可能振动液化的砂壤土)、软塑、硬塑和干硬4种状态。对于滑体为流塑状态的黏性土不适用于抗滑桩防治措施。因为桩间土体可能从两桩之间产生流动,使抗滑桩抗滑功能失效(贺建清等,2019)。对于滑体为软塑状态的黏性土桩间距一般可取2~4m;硬塑状态的黏性土,桩间距取4~6m;干硬状态的黏性土,桩间距可取6~8m,对于滑体为较完整的基岩滑坡桩间距可取大于8m(王成华等,2001)。

由于桩间岩土组成、结构不同,造成桩间岩土的抗剪特性差别较大,即使同类型的黏性土抗剪强度指标 c、φ 值也各异,所以上述专家经验不是抗滑桩桩间距确定的理想方法。

经长期观察实践,发现两抗滑桩之间的岩土存在一个无形土拱,正因为有桩间土拱效应的作用,才使抗滑桩稳滑坡的措施得以成功(吴子树等,1995;孙书伟等,2019)。

当两抗滑桩之间的土体受到滑坡推力作用时，土体将推力的大部（或全部）传递到两侧的抗滑桩上，由两侧抗滑桩侧摩阻来支撑滑坡推力（周德培等，2004；张建华等，2004；李婷，肖世国，2019）。若抗滑桩侧摩阻之和大于或等于滑坡有效推力时，滑坡便停止向前滑动。这表明两抗滑桩间土拱已形成。由此得出桩间土拱形成的两个必要条件是：其一，桩间土体有足够的抗压缩、滑移变形强度；其二，两侧抗滑桩侧摩阻之和大于或等于桩间滑坡推力。

第一条对于无黏性的砂土、淤泥质软土和处于流动状态（含水率很高）且较均质的黏性土无法满足；第二条则取决于桩侧粗糙度和桩间距两个因素。若桩侧面摩擦系数远大于桩间土体摩擦系数，在侧摩阻计算时应用桩间土体的摩擦系数。

假设桩间土拱已形成，图 12-17 所示为土拱受力简图。土拱前方首先受到滑坡推力 F 的作用；土拱后侧受到被动土压力 P 的作用，方向与滑坡推力方面相反；同时土拱本身沿滑动面也存在下滑力和抗滑力的作用；土拱接受了滑坡推力后，要克服土拱后面的被动土压力 P 和土拱本身沿滑动面的抗滑力，余下的才是沿拱圈传递的有效推力 $F_{有}$；抗滑桩侧受到有效推力作用后，同时产生桩侧摩阻力。

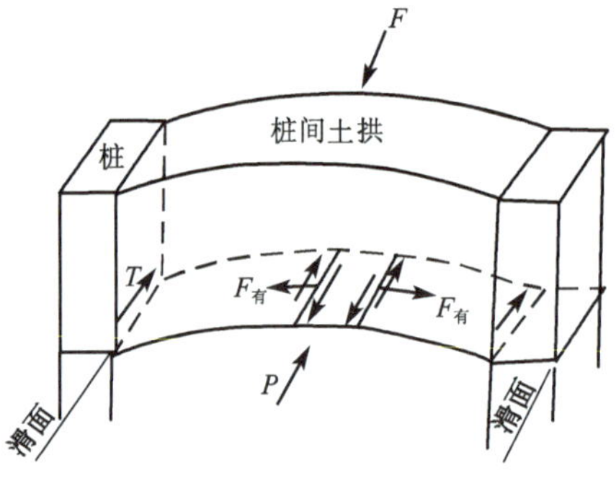

图 12-17　桩土拱受力简图

据上面的受力分析，从土拱中间（$L/2$ 处）受到滑坡推力分别向两侧抗滑桩传递，其中一侧抗滑桩受到的有效推力为：

$$F_{有}=\frac{1}{2}L(F_i-R_{i余}-P_i) \tag{12-36}$$

式中：F_i——滑坡单宽推力（kN/m）；

$R_{i余}$——土拱单宽剩余抗滑力（kN/m）；

P_i——土拱前面的被动土压力（kN/m）。

在道路工程滑坡防治中，多将抗滑桩置于公路内侧，此处滑动面倾角大多在 5°以上。经验算滑动面倾角在 5°及以上时，$R_{i余}$、P_i 几乎不存在，此时式（12-36）变成：

$$F_{有}=\frac{1}{2}LF_i \tag{12-37}$$

土拱传递给桩侧的有效滑坡推力，全部为桩侧的摩擦阻力平衡，此时桩侧的摩擦阻力 T 为：

$$T=\frac{1}{2}LF_i\tan\varphi+cbh \tag{12-38}$$

式中：c——桩侧黏聚力，当桩侧粗糙时为组成土拱黏性土的黏聚力(kPa)；

φ——桩侧内摩擦角，当桩侧粗糙时为组成土拱黏性土的内摩擦角(°)；

b——沿滑动方向桩侧宽(m)；

h——滑动面以上滑体厚(m)。

将式(12-37)、式(12-38)列为平衡方程，并化简得：

$$L=\frac{2cbh}{F_i(1-\tan\varphi)} \tag{12-39}$$

式(12-39)为抗滑桩最大桩间距估算公式，分析此公式得出：

①本估算式未计算土拱本身与滑动面间的剩余抗滑力，也未计算土拱前方的被动土压力，事实上这两个力存在，尤其滑动面倾角小于5°的情况，只因算出的数字与滑坡推力相比非常小，才把它忽略。为此本估算式算出来的最大桩间距与实际的最大桩间距相比偏小，对工程安全有利。

②最大桩间距与土拱本身的工程性能有关。工程性能好(c、φ 值大)，最大桩间距大，反之亦小。

③最大桩间距与滑坡推力成反比，而与桩侧宽成正比，当桩间土体工程性能和滑坡推力一定的情况下，桩间距随桩侧宽的增大而增大，但不能无限增大桩侧宽来减少桩的数量，桩间距与桩侧宽是相互匹配、有机结合的关系。实际工作中，可依据滑坡岩土的工程性能和工程布置的环境按前述经验先确定桩间距，用式(12-40)计算桩侧宽，再依据滑坡推力设计抗滑桩的结构。

$$b=\frac{LF_i(1-\tan\varphi)}{2ch} \tag{12-40}$$

式中符号意义同前。

3)抗滑桩的设计

(1)抗滑桩设计的要求

抗滑桩设计应满足的要求包括以下几点。

①整个滑坡体具有足够的稳定性，即抗滑稳定安全系数满足设计要求值，保证滑体不越过桩顶，不从桩间挤出。

②桩身要有足够的强度和稳定性，桩的断面和配筋合理，能满足桩内应力和桩身变形的要求。

③桩周的地基抗力和滑体的变形在容许范围内。

④抗滑桩的间距、尺寸、埋深等都较适当，保证安全、方便施工，并使工程量最省。

抗滑桩设计的任务就是根据以上要求，确定抗滑桩的桩位、间距、尺寸、埋深、配筋、材料和施工要求等。

(2)抗滑桩设计的基本假定

①作用于抗滑桩上的力系

作用于抗滑桩的外力包括滑坡推力、受荷段地层(滑体)抗力、锚固段地层抗力、桩侧摩阻力和黏着力及桩底应力等。

a. 滑坡推力作用

滑坡推力作用于滑面以上部分的桩背上，假定与滑面平行。每根桩承受的桩距(中心至中心)范围内的滑坡推力。推力分布根据滑坡具体情况可以为矩形、三角形和梯形。

b. 桩前滑体抗力作用

根据设桩的位置及桩前滑坡体的稳定情况，抗滑桩可分为悬臂式和全埋式两种。当桩前滑坡体不能保持稳定时，抗滑桩应按悬臂桩考虑；当桩前滑坡体能保持稳定，抗滑桩将按全埋式桩考虑。此时，桩前滑体对桩的抗力作用可采用两种方法处理：第一种方法是将桩前滑体抗力(剩余抗滑力和被动土压力)作为已知外力作用于桩身考虑；第二种方法是桩前滑体抗力较剩余抗滑力或被动土压力小时，可视为弹性抗力作用于桩身考虑，一般不易出现此种情况。

c. 锚固段抗力作用

当锚固段桩周岩土处于弹性变形阶段时，可按弹性力计算；锚固段桩周岩土处于塑性变形阶段时，抗力近似等于该地层的地基系数乘以相应的与变形方向一致的岩土在弹性极限状态时的压缩变形值，或用该地层的侧向允许承载力代替，如沿桩身的岩土处于塑性变形阶段的范围较大或岩土体很松散时，则全桩可用极限平衡法计算其抗力。

d. 桩周摩阻力和黏着力

抗滑桩的截面大，桩周面积大，桩与地层间的摩阻力、黏着力必然也大，由此产生的平衡弯矩对桩显然有利，但其计算复杂，所以一般不予考虑。

e. 抗滑桩的基底应力

主要由桩身自重引起，实测资料表明，桩底应力一般很小，为简化计算，对桩底应力通常忽略不计，计算偏于安全。

②抗滑桩的计算宽度

桩在水平荷载作用下，不仅桩身宽度内桩侧土受挤压，而且在桩身宽度以外的一定范围内的土体也受影响(空间受力)，同时对不同截面形状的桩，土体的影响范围也不相同。为了将空间的受力简化为平面受力，并考虑桩截面形状的影响，将桩的设计宽度(或直径)

换算成相当于实际工作条件下的矩形桩宽度 B_P，称为桩的计算宽度。

试验表明，对圆形桩和矩形桩施加水平荷载时，直径为 d 的圆形桩与正面边长为 $0.9d$ 的矩形桩，在其两侧土体开始被挤出的极限状态下，其临界水平荷载值相等。所以矩形桩的形状换算系数为 1.0，而圆形桩为 0.9。同时，将空间受力状态简化成平面受力状态时，应将实际宽度乘以受力换算系数。由试验可知，对于正面边长 $b \geq 1\text{m}$ 的矩形桩，受力换算系数为 $(1+1/b)$；对于直径 $d \geq 1\text{m}$ 的圆形桩，受力换算系数为 $(1+1/d)$。故桩的计算宽度为：

矩形桩 $B_P = b + 1$ （b 为桩正面边长）

圆形桩 $B_P = 0.9(d+1)$ （d 为桩直径）

③桩侧岩（土）的地基系数

桩侧岩土体的弹性抗力系数简称地基系数，是地基承受的侧向压力与桩在该处产生的侧向位移的比值。地基系数通常用 K 表示。地基系数 K 值是通过各种试验方法取得，如可以对试桩在不同类别土质及不同深度实测桩的位移和反力后反算得到。大量试验表明，基床系数 K 值的大小不仅与土的性质有关，而且随深度而变化。目前采用的地基系数随深度变化规律有以下几种不同情况。

a. 地基系数 K 不随深度变化

即 K = 常量。采用 K 为常量时计算桩内力的方法称为"K 法"，一般用于地基为较完整的岩层时。

b. 基床系数 K 随深度成正比例增加

$$K = mz \tag{12-41}$$

式中：m——比例系数，其值可根据试验实测确定，无实测数据可参考规范或其他文献。

按这种基床系数变化规律计算桩截面内力的方法通常称为"m 法"，一般用于地基为密实土层或严重风化破碎岩层的情形。

c. 基床系数 K 随深度成抛物线规律增加

$$K = nz^{0.5} \tag{12-42}$$

式中：n——比例系数，其值可根据实测数据确定，无资料时，可参考规范或其他文献。

④刚性桩与弹性桩的区分

抗滑桩受滑坡推力后发生变形，根据桩和桩周岩土的性质，其变形可有两种情况。一种是桩的位置发生偏离但桩轴线仍保持原来的线形，桩的变位是桩周岩土变形所致；另一种是桩的位置和桩轴线同时发生改变，即桩和桩周岩土同时发生变形。产生前一种变形特征的桩称为刚性桩，后者称为弹性桩。试验研究表明，当侧向受荷桩埋入稳定地层内的计算深度（桩的埋置深度和桩的变形系数的乘积）为某一临界值时，可视桩的刚度为无穷大，在侧向荷载作用下，桩的极限承载力仅取决于桩周岩土的弹性抗力大小。计算深度为此临界值时,不管按刚性桩或按弹性桩计算,其水平承载力及传递到地层的压力图形均比较接近。因此,目前将这个临界值作为判别刚性桩和弹性桩的标准。

临界值规定如下:

a. 按 K 法计算

当 $\beta h \leqslant 1.0$ 时,抗滑桩属刚性桩;当 $\beta h > 1.0$ 时,抗滑桩属弹性桩。其中 β 为桩的变形系数,以 m^{-1} 计,可按式(12-43)计算。

$$\beta = \left(\frac{K_H B_P}{4EI}\right)^{\frac{1}{4}} \tag{12-43}$$

式中:K_H——侧向地基系数,不随深度改变而变化(kN/m^3);

B_P——桩的计算宽度(m);

E——桩的弹性模量(kPa);

I——桩的截面惯性矩(m^4)。

b. 按 m 法计算

当 $\alpha h \leqslant 2.5$ 时,抗滑桩属刚性桩;当 $\alpha h > 2.5$ 时,抗滑桩属弹性桩。其中 α 为桩的变形系数,以 m^{-1} 计,可按式(12-44)计算。

$$\alpha = \left(\frac{m_H B_P}{EI}\right)^{\frac{1}{5}} \tag{12-44}$$

式中:m_H——侧向地基系数随深度变化的比例系数(kN/m^4)。

(3)抗滑桩设计计算

根据桩的性质和受力情况的不同,抗滑桩有多种计算方法。计算时主要区分刚性桩和弹性桩,然后分别采用不同的计算方法。下面简单介绍弹性桩按弹性抗力法计算的基本原理,其中地基系数采用 m 法计算。

采用弹性抗力法计算抗滑桩时,将桩身分为两部分分别考虑。滑面以上部分按一般悬臂梁计算,滑面以下部分按竖向弹性地基梁计算。图 12-17 为滑面以下部分桩身,滑面以上部分悬臂梁对其产生水平力 H_0 和弯矩 M_0 作用。在荷载作用下,桩将发生挠曲,支承桩的弹性介质(土)将产生连续分布的水平抗力。忽略由于桩挠曲引起的竖向摩擦阻力,则各截面仅有水平向地基土反力。取桩身的一个微元体分析,根据静力平衡条件可以推导出弹性桩的挠曲微分方程。

$$Q - (Q + dQ) - p dz = 0 \tag{12-45}$$

$$M - Q dz - p \frac{1}{2}(dz)^2 - (M + dM) = 0 \tag{12-46}$$

略去二阶微量得:

$$\frac{\mathrm{d}Q}{\mathrm{d}z} = -p \tag{12-47}$$

$$\frac{\mathrm{d}M}{\mathrm{d}z} = Q \tag{12-48}$$

桩的各物理量之间存在如下关系：

$$y = f(z) \tag{12-49}$$

$$\varphi = \frac{\mathrm{d}y}{\mathrm{d}z} \tag{12-50}$$

$$\frac{M}{EI} = \frac{\mathrm{d}^2 y}{\mathrm{d}z^2} \tag{12-51}$$

$$\frac{Q}{EI} = \frac{\mathrm{d}^3 y}{\mathrm{d}z^3} \tag{12-52}$$

$$EI\frac{\mathrm{d}^4 y}{\mathrm{d}z^4} + p = 0 \tag{12-53}$$

$$p = Kyb_0$$

式中：EI——桩的抗弯刚度（$\mathrm{kN \cdot m^2}$）；

K——土的水平向地基系数（$\mathrm{kN/m^3}$）；

y——桩水平向位移（m）；

b_0——桩的计算宽度（m）。

按 m 法计算时，有 $p = mzyb_0$，整理得到：

$$\frac{\mathrm{d}^4 y}{\mathrm{d}z^4} + \alpha^5 yz = 0 \tag{12-54}$$

$$\alpha = \sqrt[5]{\frac{mb_0}{EI}}$$

式中：α——桩的特征值；

b_0——桩的计算宽度（m）；

E——桩的弹性模量（kPa）；

I——桩截面惯性矩（$\mathrm{m^4}$）；

EI——桩的抗弯刚度（$\mathrm{kN \cdot m^2}$）。

对于钢筋混凝土桩，取 $E = 0.85E_h$，E_h 为混凝土的受压弹性模量。由幂级数法可以求得上式的解：

$$
\begin{cases}
y = y_0 A_1 + \dfrac{\varphi_0}{\alpha} B_1 + \dfrac{M_0}{\alpha^2 EI} C_1 + \dfrac{H_0}{\alpha^3 EI} D_1 \\
\varphi = \alpha y_0 A_2 + \varphi_0 B_2 + \dfrac{M_0}{\alpha EI} C_2 + \dfrac{H_0}{\alpha^2 EI} D_2 \\
M = \alpha EI(\alpha y_0 A_3 + \varphi_0 B_3) + M_0 C_3 + \dfrac{H_0}{\alpha} D_3 \\
H = \alpha^2 EI(\alpha y_0 A_4 + \varphi_0 B_4) + \alpha M_0 C_4 + H_0 D_4 \\
\sigma_y = mzy
\end{cases}
\tag{12-55}
$$

式中：H_0、M_0——作用于地面处桩上的荷载(kN)；

y_0——地面处桩的水平位移(m)；

φ_0——地面处桩的转角(rad)；

A_1、B_1、…、D_4——无量纲影响系数。

令

$$
G = \begin{bmatrix} A_1 & A_2 & A_3 & A_4 \\ B_1 & B_2 & B_3 & B_4 \\ C_1 & C_2 & C_3 & C_4 \\ D_1 & D_2 & D_3 & D_4 \end{bmatrix}
\tag{12-56}
$$

则系数行列式$|G|$的计算可归纳为式(12-57)。

$$
G_{I,J} = Q + \sum_{k=1}^{\infty}(-1)^k \frac{(5k+I-5)!!}{(5k+I-J)!}(\alpha Z)^{(5k+I-J)}
\tag{12-57}
$$

式中，Q 为如下函数：

$$
Q = \begin{cases} \dfrac{(\alpha Z)^{I-J}}{(I-J)!}, & \text{当 } I > J \text{ 时} \\ 1, & \text{当 } I = J \text{ 时} \\ 0, & \text{当 } I < J \text{ 时} \end{cases}
$$

上两式中的 I、J 均取 1、2、3、4。另外，无量纲影响系数 A_1、B_1、…、D_4 也可以由文献查表得出。

桩埋置于非岩类地基中时，可以由桩边界条件求出地面处作用单位水平力 $H_0=1$ 时，地面处桩的位移 δ_{HH} 和转角 δ_{MH}。

$$
\delta_{HH} = \frac{1}{\alpha^3 EI} \cdot \frac{(B_3D_4 - B_4D_3) + K_h(B_2D_4 - B_4D_2)}{(A_3B_4 - A_4B_3) + K_h(A_2B_4 - A_4B_2)}
\tag{12-58}
$$

$$
\delta_{MH} = \frac{1}{\alpha^2 EI} \cdot \frac{(A_3D_4 - A_4D_3) + K_h(A_2D_4 - A_4D_2)}{(A_3B_4 - A_4B_3) + K_h(A_2B_4 - A_4B_2)}
\tag{12-59}
$$

用同样的方法可以求出当桩在地面处仅承受单位力矩 $M=1$ 时，桩身地面处的位移 δ_{HM} 和转角 δ_{MM}。

$$\delta_{HM}=\frac{1}{\alpha^2 EI}\cdot\frac{(B_3C_4-B_4C_3)+K_h(B_2C_4-B_4C_2)}{(A_3B_4-A_4B_3)+K_h(A_2B_4-A_4B_2)} \tag{12-60}$$

$$\delta_{MM}=\frac{1}{\alpha EI}\cdot\frac{(A_3C_4-A_4C_3)+K_h(A_2C_4-A_4C_2)}{(A_3B_4-A_4B_3)+K_h(A_2B_4-A_4B_2)} \tag{12-61}$$

$$K_h=\frac{C_0 I_0}{\alpha EI}$$

式中：C_0——桩底土的竖向地基系数（kN/m^3）；

I_0——桩底全面积对其截面重心的惯性矩（m^4）；

其他符号意义同前。

当桩埋置于非岩石地基上，且桩长 $h\geqslant 2.5/\alpha$ 时，K_h 对 δ_{HH}、δ_{MH}、δ_{HM} 和 δ_{MM} 的影响非常小，可以取 $K_h=0$。

当地面处同时作用 H_0、M_0 时，地面处桩的水平位移 y_0 和转角 φ_0 为：

$$\begin{cases} y_0=H_0\delta_{HH}+M_0\delta_{HM} \\ \varphi_0=-(H_0\delta_{MH}+M_0\delta_{MM}) \end{cases} \tag{12-62}$$

求出地面处桩的水平位移 y_0 和转角 φ_0 后，即可求出距地面任意深度处桩身的位移、转角及桩身截面弯矩、剪力和桩侧土的水平应力。

4）抗滑桩群桩效应分析

前面对抗滑桩单桩的许多问题进行了研究，但在实践中，是将若干单桩，按一定的几何形态进行排列组合，并用承台相连，成为承台—桩—岩土协同工作的群桩体系，承台是群桩体系构成的纽带。其中桩和桩间岩土的工程性能、相互作用的力学机理，是群桩效应研究的核心。至今对抗滑桩的群桩效应未进行深入研究，但从定性分析，群桩效益有以下表现：

（1）与单桩抗滑力的简单叠加相比，群桩整体的抗滑能力会有明显提高。因为桩间土拱受滑坡推力时，自身要产生压密变形，消耗一部分滑坡推力，余下的滑坡推力才传递到两侧抗滑桩上，加上承台与下压土之间的微量滑移也要消耗部分滑坡推力，所以抗滑桩群的实际抗力要比设计的大。

（2）由于群桩效应的发挥，能有效地防治某一根桩受到的局部应力集中而产生的破坏。因为这一根桩受到的过大应力可通过系统传递到系统内其他桩共同承担。

（3）应用群桩效应，可将两排及两排以上的多排桩的桩间距适当拉大，可节省5%～10%的工程投资。

(4)可以弥补个别桩施工中的损伤和缺陷。不会发生像单桩那样,因一根桩损伤,牵动其他桩一同破坏的现象。

12.3.4 抗滑明洞

1)概述

抗滑明洞是滑坡防治的又一主要工程,过去在铁路工程上应用较广泛,由于投资较大,所以在公路建设上应用较少。随着公路建设的发展,公路等级的提升,尤其高等级公路的建设,在滑坡灾害的防治上应用抗滑明洞措施将会越来越多。

明洞可分为拱形明洞和棚洞两大类,由于拱形明洞具有防坍、抗滑、支撑边坡稳定的功能,所以在滑坡防治上多采用此种类型。在滑坡防治中,抗滑挡土墙的投资最省,若滑动面在道路内侧路面附近剪出,且无实施抗滑挡土墙的条件,可选用抗滑桩或抗滑明洞措施;若滑动面在道路内侧,路面以上3m左右剪出,选用抗滑明洞措施更合适。抗滑明洞的基本几何形态有以下两种:

(1)半路堑偏压型

适用于道路外侧为缓坡地形的抗滑明洞工程,洞顶填实土可延至外边墙外侧,与原地面相接,如图12-18a)所示。

(2)半路堑单压型

适用于道路外侧为陡坡或河床岸边的抗滑明洞工程,外边墙外侧无堆填土的位置,如图12-18b)所示。

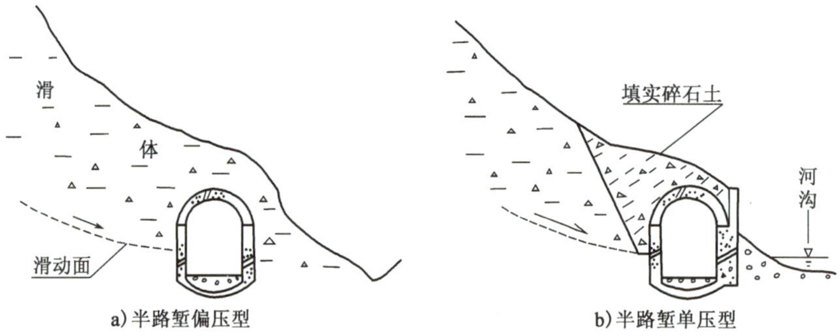

图12-18 抗滑明洞基本几何形态

2)设计要点和注意事项

(1)抗滑明洞设计之前应对滑坡的范围、性质、特征、形成发生机理作全面深入的勘察;对滑动面在公路内侧的剪出口位置应判断准确;对工程实施以后,滑动面是否有向深部转移,绕工程基础以下在道路外侧坡剪出的可能,设计前应有充分的认识。

(2)滑坡推力计算应力求准确,可用两种以上的方法求解,安全系数按公路、铁路设计规范要求取1.30左右。推力计算过大,投资将增大很多,推力计算偏小,抗滑明洞将被损坏。

(3)抗滑明洞的外侧墙是抗滑的主体,内侧墙受到的滑坡推力要通过洞顶拱圈和洞底横梁传到外侧墙上。所以外侧墙基础应嵌于稳定的基岩内。若外侧墙基岩埋深较大可采用桩基础工程,或其他软基础处理工程。

(4)抗滑明洞的几何尺寸、结构设计和内力计算按铁道、公路有关设计规范和手册进行。

12.4 滑坡预应力锚固机理和技术

12.4.1 预应力锚索设计与作用机理

预应力锚索能充分地发挥岩体的自承潜力,调节和提高岩土的自身强度和自稳能力,减轻支护结构的自重,节约工程材料,并能保证施工的安全与稳定,具有显著的经济和社会效益。预应力锚索已经广泛地运用于铁路工程,公路边坡工程以及水利工程等的滑坡治理、高边坡支护中。预应力锚索的优良特性虽已为大量的工程实践所证实,但人们对于预应力锚索作用机理的认识还不甚清楚;就其设计理论来说,还远远满足不了工程实践的需要;对于影响预应力设计的一些关键问题还存在争议。因此,现阶段有关预应力锚索的设计都是一些很粗略的简化计算方法,有待予进一步修正和完善。

1)预应力锚索的设计方法

采用预应力锚索治理滑坡、加固高边坡,由预应力锚索提供的锚固力可以增加抗滑力,紧固滑体。图12-19所示为预应力锚索加固边坡计算简图。

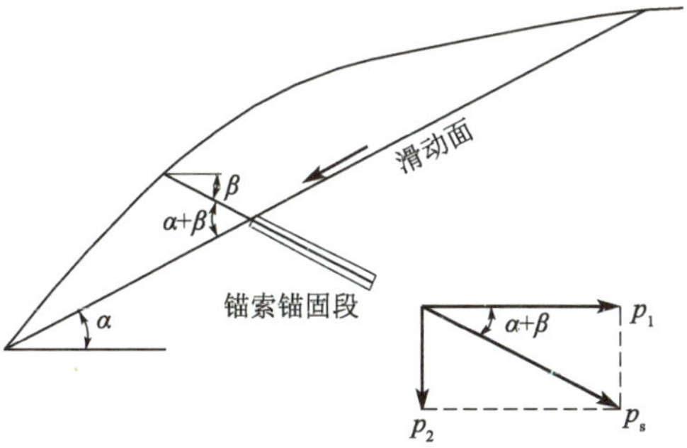

图12-19 预应力锚索加固边坡抗滑力计算简图

由预应力锚索提供的抗滑力为:

$$p = p_s[\sin(\alpha+\beta)\tan\varphi + \cos(\alpha+\beta)] \tag{12-63}$$

式中：p——预应力锚索提供的抗滑力(kN)；

p_s——预应力锚索的设计荷载(kN)；

α——边坡滑动面倾角(°)；

β——锚索倾角(°)；

φ——滑面土层内摩擦角(°)。

锚索锚固段长度按式(12-64)确定。

$$L = K \frac{p_z}{\pi D \tau} \tag{12-64}$$

式中：L——锚索锚固段长度(m)；

K——锚固段长度的安全系数；

p_z——单根锚杆的张拉力(kN)；

τ——灌浆材料与岩体间的侧阻力(kPa)；

D——钻孔直径(m)。

滑坡治理工程中，一般采用传递系数法计算滑坡推力，也可采用极限平衡法、Sarma法来计算滑坡推力。获得了滑坡推力后，根据确定的锚索间距及沿滑动方向上的锚索布置排数计算单根锚索的锚固力，计算公式如下：

$$P = \frac{T \cdot D}{n} \tag{12-65}$$

式中：P——设计锚固力(kN)；

T——每延米所需的锚固力(kN/m)；

D——锚索间距(m)；

n——锚索排数。

2)预应力锚索设计中几个问题的讨论

(1)锚固角度的确定

锚索倾角受多种因素的影响，比如施工条件、锚索提供的抗滑力以及经济方面的考虑等。根据投放锚索、锚孔灌浆的工艺要求，锚索宜下倾10°以上；从工程费用考虑，锚索愈近于与滑动面垂直，自由段将愈短，使得锚索总长度愈短。

从提供抗滑力的大小考虑，要求锚索能提供最大的抗滑力。从式(12-63)可知，求最大的抗滑力时锚索的问题就是求P的极大值问题。对式(12-63)微商并令其等于0，得提供最大的抗滑力的下倾角：

$$\beta_1 = \varphi - \alpha \tag{12-66}$$

一般滑动面的内摩擦角小于或等于滑动面的倾角，此时β_1为0或负值，锚索水平或上仰，这不但在施工上不可行，而且锚索偏长，工程费用增大。从受力和经济角度综合分析，最优锚固角($\beta_{优}$) 应是单位长度锚索提供抗滑力最大时的倾角。由此可推导出自由段单位长度抗滑力最大时的倾角：

$$\beta_1 = 45° + \frac{\varphi}{2} - \alpha \tag{12-67}$$

《水工预应力锚固设计规范》(SL 212—2012)规定按式(12-67)确定锚索下倾角。

式(12-66) 所求是锚固段提供抗滑力最大时的倾角。因锚固段长度基本不随倾角而变化,式(12-66) 所求实际上是单位长度锚固段提供抗滑力最大时的倾角。同时,式(12-67) 所求是单位长度自由段提供抗滑力最大时的倾角。综合考虑锚索由自由段与锚固段,单位长度锚索提供抗滑力最大时的倾角,最优锚固角应由二者长度加权计算获得(蒋忠信,1995),即：

$$\beta_{优} = \frac{45°}{A+1} + \frac{(2A+1)\varphi}{2(A+1)} - \alpha \tag{12-68}$$

式中:A——锚索的锚固段长度与自由段长度之比。

《铁路路基支挡结构设计规范》(TB 10025—2019) 规定可参照式(12-68)计算锚索倾角。

根据受力、施工和经济的综合考虑,工程实践中锚索倾角一般采用 10°~30°。

(2)预应力锚索的设置间距

锚索间距应以所设计的锚固力能对岩体提供最大的张拉力为准。设置的间距过小,群锚效应很显著,会对锚索产生不良影响;间距太大,单根锚索分担的荷载大,同时不能形成有效的挤压带。锚索间距的选择可参考以下几种准则。

①日本准则:锚索间距规定在 1.5m 以上。

②美国准则:规定 6 倍以上内锚固段直径间距。

②FIP 准则:规定 4 倍以上内锚固段直径间距或 2.0m 以上。

④BS 准则:规定防止岩崩的锚索间距在 1.5m 以上。

国内外工程实践表明:锚索间距一般在 10m 以内,对于斜坡岩体上的永久加固,要求锚索间距不宜超过 4~6m。

(3)预应力锚索锚固段破裂面形状

在极限抗拔荷载作用下,锚杆(索)的破裂面形状有以下几种不同的假设:

①锚杆(索)沿浆体与岩土体的接触面破坏[图 12-20a)]。

②破裂面为圆锥面[图 12-20b)]。

③破裂面为圆弧形,其端部与锚杆(索)相切,而在地表处与水平面成(45° - φ/2)夹角[图 12-20c)]。

④浅埋锚杆破裂面假设为抛物线形,而深埋锚杆破裂面设为圆柱形。

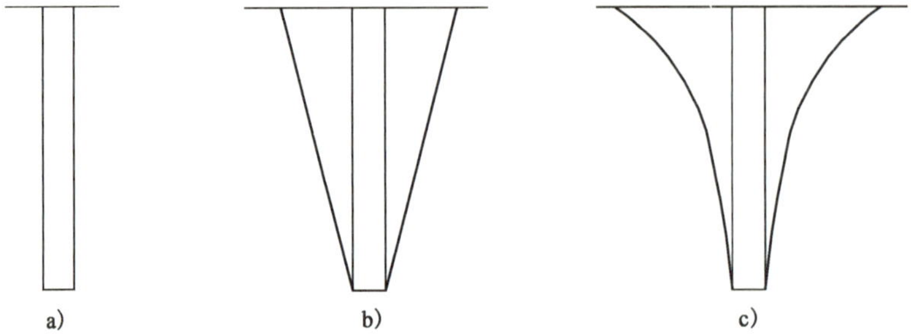

图 12-20 锚杆(索)典型破裂面

⑤破裂面为直线和对数螺旋线的复合型且在地表处与水平面成(45° − φ/2)夹角。

⑥短锚杆的破裂面为双曲线形破裂面；而长锚杆为复合破裂面，其端部为圆柱面而上部为双曲线破裂面。

这里在总结众多试验资料的基础上构造了幂次性的参数方程用来描述锚杆(索)的破裂面(何思明、王成华，2004)，将过去常用的几种破裂面包含其中，采用基于 Hoek-Brown 准则的极限平衡原理研究锚索的极限抗拔力问题，并提出一个极值原理用于待定参数的确定，获得了较好的结果。

(4)锚索锚固段侧阻力

锚索锚固段的侧阻力大小直接关系到锚固段长度的确定，是预应力设计中的一个重要的力学参数，一般说来，它与岩体的种类、完整性、风化程度、成孔工艺，灌浆材料以及灌浆压力等因素有关。根据工程经验，对于水泥浆胶结灌浆材料，各类围岩的侧阻力大小可按表 12-3 选取。《铁路路基支挡结构设计规范》(TB 10025—2019) 进一步规定了各类岩土体的锚孔侧阻力取值(表 12-4)。

水泥浆胶结灌浆材料同围岩间的侧阻力强度　　表 12-3

围岩级别	Ⅰ	Ⅱ	Ⅲ	Ⅳ	Ⅴ
侧阻力 τ(MPa)	1.5	1.5 ~ 1.2	1.2 ~ 0.8	0.8 ~ 0.3	≤0.3

锚孔壁对水泥浆的极限剪切力　　表 12-4

岩 土 类 别	岩 土 状 态	孔壁摩擦阻力(MPa)
岩石	硬岩及较硬岩	1.0 ~ 2.5
	较软岩	0.6 ~ 1.2
	软岩	0.3 ~ 0.8
	极软岩及风化岩	0.15 ~ 0.3
黏性土	硬塑	0.05 ~ 0.06
	坚硬	0.06 ~ 0.07
粉土	中密	0.1 ~ 0.15

续上表

岩 土 类 别	岩 土 状 态	孔壁摩擦阻力(MPa)
砂类土	中密	0.22 ~ 0.25
	密实	0.27 ~ 0.40

国外大多采用指数的形式建立侧阻力与围岩无侧限抗压强度之间的经验关系，较常用的公式有：

①Willams 等的计算方法：

$$\tau = 1.84 q_{u}^{0.367} \tag{12-69}$$

②Horvath 和 Kenney 的计算公式：

$$\tau = 0.67\sqrt{q_{u}} \tag{12-70}$$

③Reynolds 和 Kaderabek 的计算公式：

$$\tau = 0.3 q_{u} \tag{12-71}$$

上述公式简单，但只考虑了岩体的无侧限抗压强度的影响。没有考虑岩体的完整性、风化程度、灌浆压力等因素的影响。为此，根据岩体的 Hoek-Brown 准则，推导了锚索侧阻力计算的理论公式：

$$\tau = q_{u}\frac{m_{0}}{8}\exp\frac{\mathrm{RMR}-100}{a}\left(\frac{8}{m_{0}}\right)^{0.75}\left[\frac{\sigma}{q_{u}}\exp\frac{100-\mathrm{RMR}}{a}+\frac{1}{m_{0}}\exp\frac{\mathrm{RMR}-100}{\frac{c}{0.75}}\right]^{0.75} \tag{12-72}$$

$$\eta = \frac{ab}{a-2b}$$

式中：a、b——对于未经扰动的岩体，$a=28$、$b=9$；

RMR——岩体质量分类指标；

q_{u}——岩体无侧限抗压强度(kPa)；

σ——灌浆压力(kPa)；

m_{0}——岩体的类型参数。

当采用无压力灌浆时，上述公式可简化成：

$$\tau = q_{u}\frac{m_{0}}{8}\exp\frac{\mathrm{RMR}-100}{a}\left(\frac{8}{m_{0}^{2}}\right)^{0.75}\exp\frac{\mathrm{RMR}-100}{\frac{\eta}{0.75}} \tag{12-73}$$

本书建议的锚索侧阻力计算公式能够综合地考虑多种因素对其影响，是一种更趋合理的锚索侧阻力计算公式。

(5)锚索锚固段侧阻力分布规律

预应力锚索锚固段侧阻力分布与很多因素有关。由于问题的复杂性,至今在锚索设计中仍假设侧阻力分布模式为均匀分布,但大量的实测结果表明,锚固段侧阻力并非均匀分布,而是在其前段形成峰值,然后逐步向末端减少并最终趋近于零,而且峰值位置也是随加荷水平逐渐向后移动的。

中铁二院工程集团有限责任公司在工程中的现场实测数据表明砂浆体与孔壁间的剪应力(τ)沿锚固段分布曲线的特征是(蒋忠信,2001):

①具有峰值且出现于锚固段之中。

②峰值点两侧为基本对称的S形、反S形曲线,并各有拐点。

③当锚固段长度(L)相当大时,剪应力趋近于0。

这些形态特征与三参数的高斯曲线(正态频率分布函数曲线)十分相似,因此可用下述高斯曲线方程描述(τ-L曲线),即:

$$\tau = a \cdot e^{b(L-d)^2} \tag{12-74}$$

式中:a、b、d——待求的曲线参数,b为负值。

显然,按照均匀分布模式计算是不合理的,有时甚至是不安全的。因此,如何正确确定锚固段的侧阻力分布模式以及荷载变位特性对于预应力锚索的设计和运用有极其重要的现实意义。

根据有限元计算及模型试验结果表明:锚固筋材与浆体材料之间的结合应力在中等坚硬及坚硬地层中呈指数分布,其分布形态取决于荷载大小、锚固筋材弹性模量与地层、浆体材料弹性模量间的比例。比值越小,锚固段外端应力越集中;比值越大,侧阻力分布越均匀。Hawkers,Evans(1951)以及后来的Phillips给出了一个钢材与浆体结合应力的计算公式:

$$\tau_x = \tau_0 e^{-\frac{Ax}{d}} \tag{12-75}$$

式中:τ_x——距离锚固端外端x处的结合应力(kPa);

τ_0——锚固端外端处的结合应力(kPa);

d——锚束体直径(m);

A——锚束体与浆体间的结合应力与主应力相关的常数。

依此为基础,进而假定锚索锚固段浆体与岩体间也存在类似的关系式,即锚固段侧阻力呈指数分布。

Farmer,Holmberg等给出的锚索锚固段侧阻力计算公式也为指数形式:

$$\tau = \frac{\alpha}{2}\sigma e^{-2\alpha\frac{x}{d}} \tag{12-76}$$

$$\alpha^2=\frac{2G_rG_g}{E_b\left[G_r\ln\left(\frac{d_g}{d_b}\right)+G_g\ln\left(\frac{d_0}{d_g}\right)\right]}$$

$$G_r=\frac{E_r}{2(1+\nu_r)}$$

$$G_g=\frac{E_g}{2(1+\nu_g)}$$

式中:σ——锚固段法向应力(kPa);

E_b——钢绞线的杨氏模量(kPa);

E_r——岩体的岩石杨氏模量(kPa);

E_g——灌浆材料的岩石杨氏模量(kPa);

ν_r——岩体的泊松比;

ν_g——灌浆材料的泊松比;

d_g——钻孔直径(m);

d_0——岩体影响直径(m)。

将细观力学中的剪切滞理论应用于预应力锚索锚固段的锚固筋材与浆体材料之间、浆体与岩体之间的侧阻力分布规律研究,给出了锚索侧阻力计算公式。考虑到预应力锚索的实际工作特性,进一步将损伤理论的基本原理引入常规剪切滞模型,并对其进行修正,推导了基于损伤理论的修正剪切滞模型,用于研究高应力水平荷载作用下,岩体材料、浆体材料的非线性特性。比如:锚固段岩体在侧阻力荷载作用下,其剪切模量必然会逐步降低,同样对于锚固段浆体材料来说,在预应力荷载作用下,浆体会产生大量的张拉裂缝,必然会造成浆体材料的损伤。

$$\tau_i=\frac{\bar{\sigma}}{\sqrt{2}}\left(\frac{G_m}{E_f}\right)^{\frac{1}{2}}\frac{r_f}{r_i}\,\frac{-\tanh(\alpha l)\cosh(\alpha z)+\sinh(\alpha z)}{\left[\left(\frac{G_m}{G_i}\right)\ln\left(\frac{r_i}{r_f}\right)+\ln\left(\frac{r_m}{r_i}\right)\right]^{\frac{1}{2}}} \tag{12-77}$$

$$\alpha=\frac{\dfrac{2G_i}{E_fr_f^2\ln\left(\frac{r_i}{r_f}\right)}}{1+G_i\ln\left(\frac{r_m}{r_i}\right)\Big/G_m\ln\left(\frac{r_i}{r_f}\right)}$$

式中:$\bar{\sigma}$——锚固段轴向应力(kPa);

E_f——钢绞线的杨氏模量(kPa);

G_i——岩体的岩石剪切模量(kPa);

G_m——灌浆材料的岩石剪切模量(kPa);

l——锚固段长度(m);

r_i——钻孔半径(m);

r_f——钢绞线半径(m);

r_m——岩体变形可忽略的半径(m)。

显然侧阻力的分布形状完全取决于参数 α 的变化,而 α 的变化与钢绞线、浆体材料、岩体三者间的相对刚度有关。当岩体、浆体材料的刚度较大时(越硬),α 的取值越大,在锚固段端部应力集中越显著;相反,当岩体越软,α 取值越小,侧阻力分布越均匀。图 12-21是在一外荷载下,侧阻力沿锚固段变化的情况,从图中可以清楚地看出锚固段侧阻力分布随 α 变化而变化的规律。这一变化规律与有关文献报道的试验结果相同,证明了剪切滞模型用于预应力研究是可行的。同时,从分布曲线看,当岩体较坚硬时,侧阻力分布主要集中在锚固段外端 2m 范围内,进一步说明,在预应力锚索设计中,盲目增加锚固段长度是无益的,这与三峡工程现场测试结果吻合。

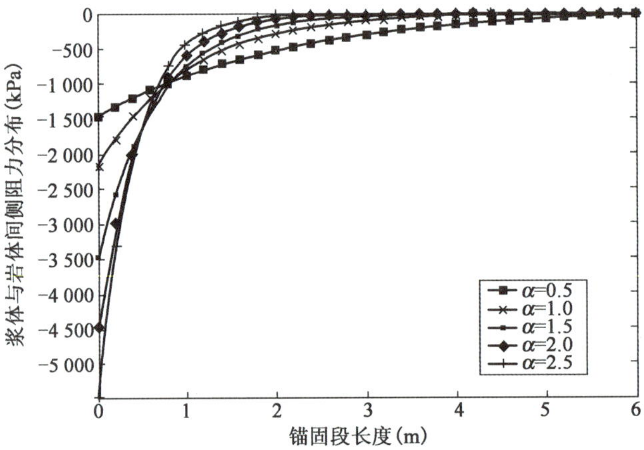

图 12-21 锚固段侧阻力分布曲线随 α 变化情况

(6)锚索荷载变位特性

预应力锚索锚固段的荷载变位特性是预应力锚索的重要特性,一般通过原位抗拔试验获取。由于原位试验成本高,浪费时间,且试验数量有限,因此,如何从理论上来预测预应力锚索的荷载变位特性就显得比较重要。过去一般都采用有限元进行计算,计算成本高且不适宜工程应用,为此根据损伤理论的基本原理,分别定义了岩体剪切损伤变量和受拉浆体材料的损伤变量,确定了各自相应的损伤演化方程;推导了基于混凝土损伤的锚索锚固段荷载传递控制微分方程;并将岩体剪切损伤理论与常规剪切位移法相结合,用来研究了预应力锚索锚固段的荷载—位移特性。计算结果表明,该方法有较高的计算精度。图 12-22 是一个实例的计算结果。

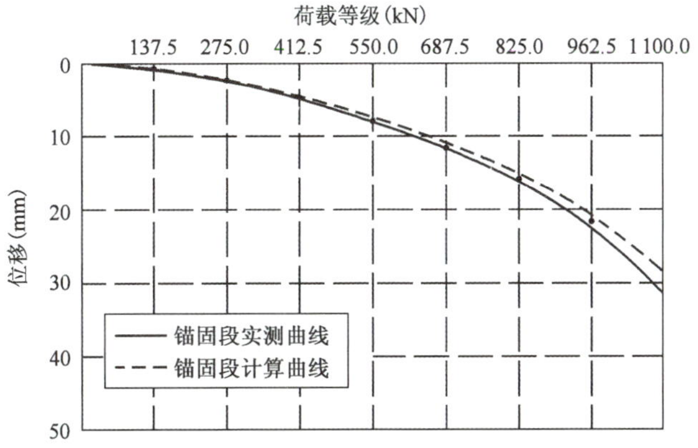

图 12-22 预应力锚索荷载—位移曲线

(7)锚索群锚效应

群锚效应是一个比较复杂的问题,人们关注得比较少,这方面的测试资料,特别是原位测试资料非常少,同时理论研究工作也不多,可供参考的文献也很有限。在设计上,人们也往往通过提高安全系数来考虑群锚效应的影响,而安全系数的大小主要靠经验来选取,缺乏理论依据。事实上,任何一处的预应力锚索加固措施的实施,都不可能仅用一根锚索,也就是说,任何预应力锚索加固措施都或多或少地存在群锚效应。显然,如何合理地预测群锚效应并将其应用于实际工程设计之中就显得很有意义。

首先将预应力锚索体系分解成两个子系统分别加以研究:一是下伏稳定岩体;二是各预应力锚索锚固段。其次,将各子系统离散化并假设各微段上作用有均匀分布的侧阻力荷载,然后对各子系统分别进行分析,其中稳定岩体部分根据 Mindlin 应力解计算各微段均匀分布侧阻力荷载下任意点处的应力分布,采用应力叠加原理来考虑各部分岩体侧阻力荷载的相互影响,并根据修正分层总和法计算任意点处的变形量;而锚索各锚固段在侧阻力及外加荷载作用下的变形量则根据锚索荷载传递特性按常规杆系结构计算。最后由预应力群锚中各锚索锚固段与相邻岩体之间荷载变位协调关系建立联立方程组,并采用迭代法求解,建立相应的迭代格式,从而能最终获得问题的解答。本方法能够考虑岩体的本构关系以及稳定岩体中应力的相互影响,在理论上较为完善,据此能够求出群锚中各锚索锚固段的侧阻力分布及荷载变位关系。

(8)长期荷载下锚索预应力损失

长期荷载作用下锚索的预应力损失,是预应力锚索设计中比较关注的问题,因为它关系到锚索工程的耐久性和安全性(周永江等,2006;张思峰等,2018;王建松等,2019)。一般认为,它与材料性质、被锚固介质的力学特性、施工工艺以及运行期间的管理水平等有关。但由于引起预应力损失的因素复杂,计算具体的损失量非常困难,因而在现有的设计中,只能通过充分考虑各种可能因素后,从安全度给予考虑。锚索在长期荷载作用下,预应力的损失主要由三部分组成(图 12-23)。

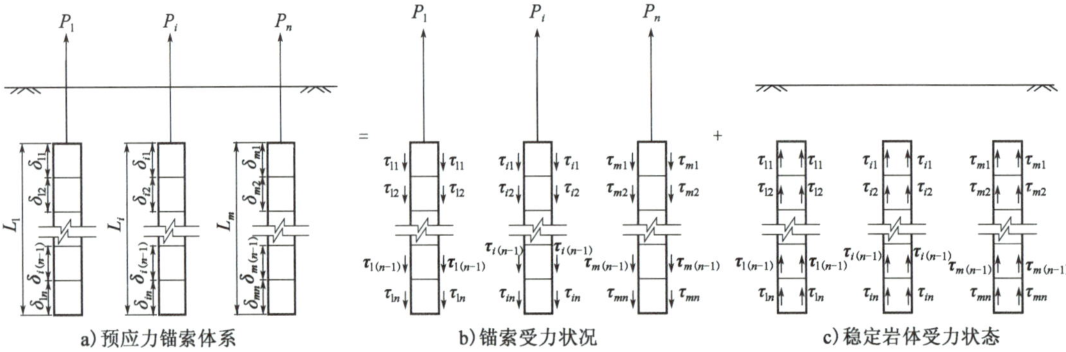

图 12-23 群锚体系的分解和离散

①钢绞线的松弛

任何钢材都具有应力松弛特性,长期荷载作用下,钢绞线的松弛量与受荷大小及环境温度有关,一般随荷载的增加而增大,随环境温度的升高而增大。金属材料的蠕变损伤主要是材料内部晶格间位错的累积,进而在晶界和晶格间产生微裂纹和微孔洞,从而导致变形随时间增长而增大。

②岩体蠕变

岩体蠕变是锚索预应力损失的主要来源。因为岩体本身存在大量的节理、裂隙,在外加预应力荷载作用下,必然被压缩,而这一过程不是短时间能完成的,需要持续一段时间。因此,在长期荷载作用下,岩体会产生蠕变。一般说来,岩体质量越好,节理裂隙越少,岩体的变形越小,蠕变也越小,持续的时间也短。相反,对于多裂隙的软岩,其预应力损失就相当可观,预应力损失量可达 4% ~8% 。

③浆体材料蠕变

蠕变是浆体材料(混凝土材料)的重要特征,在恒定荷载作用下,变形随时间不断增长。影响浆体材料徐变特性的因素主要有:施加的荷载历时、加荷龄期、环境温度、湿度等。一般荷载历时增加,蠕变增大;加载龄期越小,蠕变越大;环境温度越高,蠕变越大;环境湿度越高,蠕变越大。因此,浆体材料的蠕变也是造成锚索预应力损失的重要因素之一。

(9)灌浆材料的改进及灌浆压力

在工程上应用最为广泛的是拉力型胶结式锚索,灌浆材料多为水泥砂浆或水泥净浆,在通常的预应力荷载作用下,由于水泥砂浆的抗拉强度低、韧性差,锚固段的浆体大多开裂。对于永久性工程来说,浆体的开裂会使钢绞线直接与大气、水接触,很容易造成其锈蚀,降低锚索体系的耐久性和可靠性。为此,应考虑新型灌浆材料。其中纤维砂浆就是一种比较好的灌浆材料,由于纤维砂浆材料(玻璃纤维、钢纤维、碳纤维、玄武岩纤维)能大幅度提高抗拉强度和抗断裂韧性,从而可有效低防止开裂,大大提高锚索体系在长期荷载作用下的耐久性和可靠性。新型灌浆材料的研制中,纤维材料通常采用玻璃纤维和钢纤维,根据不同型号材料及不同的掺和量配制,研究其抗拉强度、抗断裂韧性指标以及应力应变关系,确定几种经济合理,抗拉强度、抗断裂韧性指标均较高的新型材料的配合比及强度指标参数,供设计人员参考。

根据式(12-73),分析完全相同的锚索在不同的灌浆压力下,各自对应的锚索极限抗拔力图(图12-24)。从图中可以看出,锚索极限抗拔力随灌浆压力的增加而增大,比如采用0.5MPa压力灌浆对应的极限抗拔力比无压灌浆对应的极限抗拔力大46%。因此,在锚索施工中,采用压力灌浆对于提高锚索极限抗拔承载能力非常重要。但太高得灌浆压力容易造成岩体劈裂,破坏岩体的完整性,降低锚索的极限承载力。因此,应根据具体情况选用合适的灌浆压力。工程上采用的灌浆压力为0.2~0.8MPa。

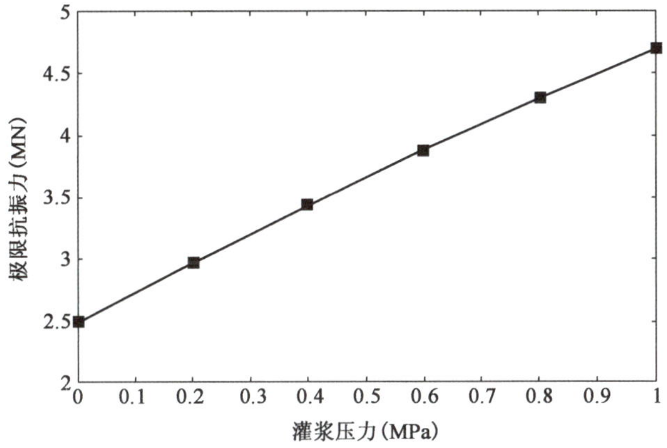

图12-24　不同灌浆压力下锚索极限抗拔力

12.4.2　预应力锚索框架梁固坡技术

预应力锚索框架由预应力锚索和框架梁共同组成,锚索埋设在稳定岩体内,提供预应力荷载,并通过框架梁施加在坡体上,以达到稳定坡体的目的。由于预应力锚索框架地梁具有对坡体扰动小、机械化作业程度高、施工速度快、结构可靠、经济等优点,已在滑坡、高边坡治理工程中得到了广泛的应用。相对于工程实践来说,其设计理论还很不完善,现阶段的设计方法还建立在经验和半经验半理论的基础上,远远满足不了工程实践的需要。

1)预应力锚索框架梁受力分析

相关研究人员将锚索框架梁的受力阶段分成张拉阶段和工作阶段。张拉阶段是指预应力锚索张拉刚完成的阶段,此时,作用在锚索地梁上的张拉荷载已知,而梁下岩土体的反力分布未知;工作阶段则是当预拉荷载完成并经过一定时间调整之后,预应力锚索框架逐步进入工作阶段,其特点是作用在锚索框架梁上的主要荷载是锚索张力和框架梁下岩土体压力，此时的梁下岩土体压力主要来自岩土体变形反作用于梁而形成的主动岩土体压力，此阶段为锚索框架的主要受力阶段，也是进行锚索框架梁设计分析的重点。

对于预应力锚索框架的计算，一般将分解成单片地梁进行分析，分解的原则是框架梁节点处的变形协调和力的平衡条件。预应力锚索地梁则采用 Winker 地基模型、双参数线弹性地基模型、弹性半空间体地基模型等方法计算。这些计算方法的缺陷在于没有考虑梁下地基土的非线性特性以及地梁下地基反力之间的相互影响。

首先将预应力锚索框架分解成单片梁，再将预应力锚索地梁体系分解成地基梁和梁下地基基础，并通过对地基梁和地基进行离散化处理后分别对两个部分进行研究。其中地基梁体系采用结构力学的方法进行变形分析；地基部分则以 Boussinesq 应力解基础，通过对各微段的应力叠加考虑土反力之间的相互影响，而地基变形则采用修正分层总和法计算。最后根据地基梁、地基之间荷载、变形协调关系建立联立方程，采用迭代法求解，由此计算出预应力锚索框架在给定预应力荷载作用下框架梁下土反力分布、框架梁变形特性等，为预应力锚索框架的合理设计提供理论指导。

2)框架节点力的分配机制

预应力锚索框架护面墙由预应力锚索和框架梁形成的组合抗滑结构。为简化设计计算方法，首先将框架梁简化成地基上正交交叉梁系，分离成两个方向上的地基梁，问题的关键是如何进行节点上荷载的分配，一旦确定了节点荷载的分配原则，复杂的预应力锚索框架护面墙问题就可以简化成地基梁问题，使计算大为简化。

在假设框架护面墙纵梁与横梁的抗扭刚度为零的条件下，节点处应满足如下条件：荷载分配应满足节点处的静力平衡条件，即分配在框架节点上的荷载总和应等于锚索施加在节点上的外荷载；在框架节点处，竖向位移应相等。

考虑如图 12-25 所示的典型框架护面墙问题。

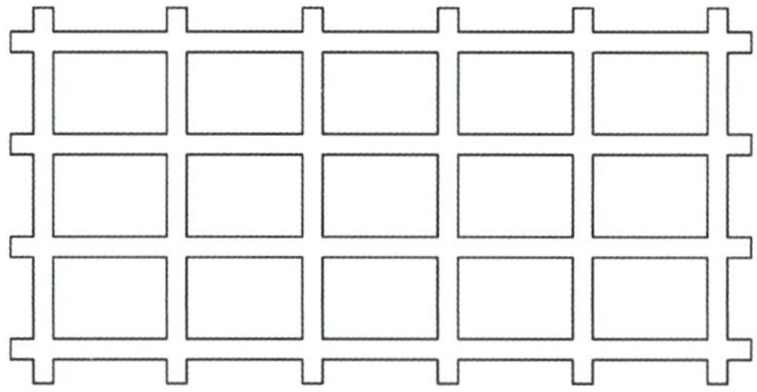

图 12-25　典型预应力锚索框架结构示意图

根据上述协调关系，有下式成立：

$$P_i = P_{ix} + P_{iy} \tag{12-78}$$

$$w_{ix} = w_{iy} \tag{12-79}$$

式中：P_i——节点 i 处的力(kN)；

P_{ix}——分配到 x 方向纵梁的力(kN);

P_{iy}——分配到 y 方向横梁的力(kN);

w_{ix}、w_{iy}——分别为纵梁、横梁的竖向位移(挠度)。

这样节点处只有两个未知数,每个节点上可以建立两个方程,对于 n 个节点,可以建立 $2n$ 个方程,从而可以确定各个节点荷载在纵横梁上的分配。

框架护面墙在各节点荷载作用下,Winker 地基上无限长梁和有限长梁在作用点处的挠度公式分别为:

$$w=\frac{\lambda P}{2kbs}\qquad(\text{无限长梁})\tag{12-80}$$

$$w=\frac{2\lambda P}{kbs}\qquad(\text{半无限长梁})\tag{12-81}$$

$$s=\sqrt[4]{\frac{4EI}{kb}}$$

正交框架护面墙框架梁可以看成是无限长梁,因此,在节点预应力荷载作用下,任意节点位置处的挠度为:

$$w_{ix}=\frac{\lambda P_{ix}}{2kb_xs_x}\tag{12-82}$$

$$w_{iy}=\frac{\lambda P_{iy}}{2kb_ys_y}\tag{12-83}$$

联立求解方程式(12-78)~式(12-83)得:

$$P_{ix}=\frac{b_xs_x}{b_xs_x+b_ys_y}P_i\tag{12-84}$$

$$P_{iy}=\frac{b_ys_y}{b_xs_x+b_ys_y}P_i\tag{12-85}$$

上述节点荷载分配公式适用于中部节点和角部节点[图 12-26a)、b)]。而对于边节点[图 12-26c)],对应的节点荷载分配为如下公式:

$$P_{ix}=\frac{b_xs_x}{b_xs_x+4b_ys_y}P_i\tag{12-86}$$

$$P_{iy}=\frac{4b_ys_y}{b_xs_x+4b_ys_y}P_i\tag{12-87}$$

上述式中:w——地基梁的挠曲度(无量纲);

P——为作用在地梁节点上的竖向集中力(m^2);

λ——弹簧地基的柔度特征值(m^{-1});

k——地基土基床系数(kN/m^3);

b——地基的宽度(m);

s——拆分前节点处的位移(m);

E——地基梁的弹性模量(kN/m^3);

I——地基梁的惯性模量(m^4);

w_{ix}——拆分后纵梁在节点 i 处 x 方向的位移(m);

w_{iy}——拆分后横梁在节点 i 处 y 方向的位移(m);

P_i——作用在地基梁节点 i 处的力(kN);

P_{ix}——作用在地基梁节点 i 处的力 P_i 分配到 x 方向横梁的力(kN);

P_{iy}——作用在地基梁节点 i 处的力 P_i 分配到 y 方向纵梁的力(kN);

b_x——x 方向单梁基底宽度(m);

b_y——y 方向单梁基底宽度(m);

s_x——x 方向单梁的刚度特征值(m);

s_y——y 方向单梁的刚度特征值(m)。

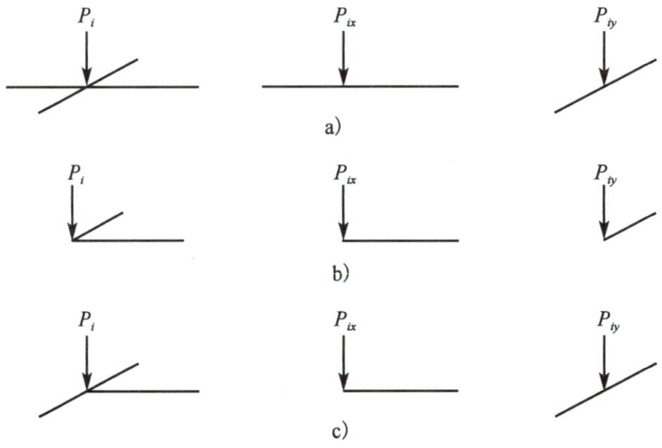

图 12-26　典型框架节点示意图

通过将框架节点荷载的分解,就可以将复杂的框架问题转换为弹性地基梁求解,使问题得到了极大的简化。

3)预应力锚索地梁的分解和离散化

为叙述方便起见,以图 12-27 所示的一片预应力锚索地梁单元为研究对象。首先将预应力锚索地梁体系分解成地基梁和地基两部分,再进一步分别对其作离散化处理。将地基梁及其对应的地基部分离散成 n 个微段单元,设各微段单元长度分别为 δ_i($i=1,2,3,\cdots,n$),在预应力荷载作用下,假设各微段单元上作用有均匀分布的土反力荷载,其大小分别为 p_i($i=1,2,3,\cdots,n$)。

预应力锚索地梁体系经过上述处理后,下面对地基梁和梁下地基土分别进行研究。

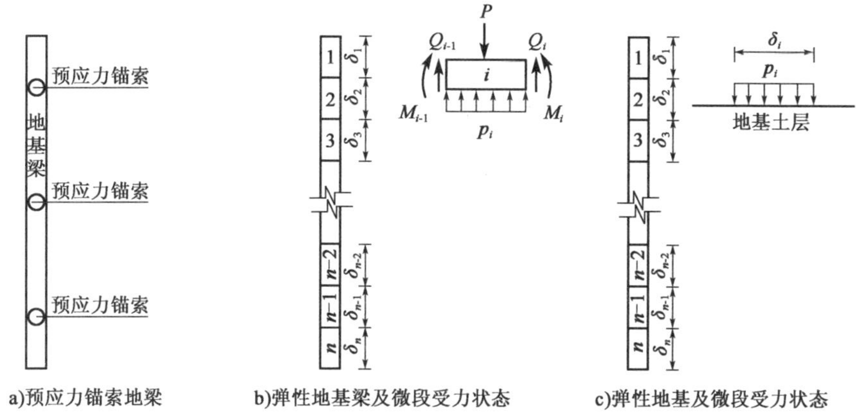

图 12-27 预应力锚索地梁体系的分解和离散化

4)地基变形计算

(1)地基内的应力计算

半无限平面上作用均匀分布的第 i 微段条形荷载时,地基土内任意点 M 处的应力分布采用 Boussesiqu 应力解经积分计算。如图 12-28 所示,地基内任意点 M 处的应力计算公式如下:

$$(\sigma_x)_{iM} = -\frac{p_i}{\pi}\left(\beta_1 - \beta_2 + \frac{1}{2}\sin 2\beta_2 - \frac{1}{2}\sin 2\beta_1\right) \tag{12-88}$$

$$(\sigma_z)_{iM} = -\frac{p_i}{\pi}\left(\beta_2 - \beta_1 - \frac{1}{2}\sin 2\beta_2 + \frac{1}{2}\sin 2\beta_1\right) \tag{12-89}$$

$$(\tau_{xy})_{iM} = -\frac{p_i}{2\pi}(\cos 2\beta_1 - 2\cos 2\beta_2) \tag{12-90}$$

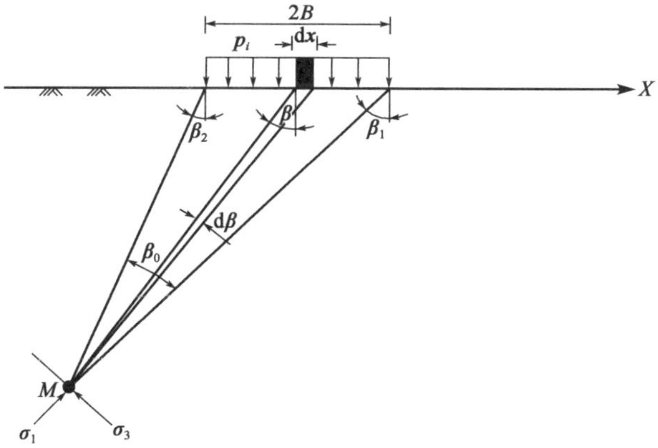

图 12-28 地基应力计算模型

M 点处相应的主应力按式(12-91)、式(12-92)计算。

$$(\sigma_1)_{iM} = \frac{p_i}{\pi}(\beta_0 + \sin\beta_0) \tag{12-91}$$

$$(\sigma_3)_{iM}=\frac{p_i}{\pi}(\beta_0-\sin\beta_0) \tag{12-92}$$

以此为基础,根据应力叠加原理,可以计算地基土内任意点处,在所有各微段均布荷载作用下的主应力为:

$$(\sigma_1)_M=\sum_{i=1}^{n}(\sigma_1)_{iM} \tag{12-93}$$

$$(\sigma_3)_M=\sum_{i=1}^{n}(\sigma_3)_{iM} \tag{12-94}$$

(2)地基土本构模型

地基土体采用常用的 Duncen-Chang 弹性非线性本构模型,切线模量按式(12-95)计算:

$$E_t=\left[1-R_f\frac{(1-\sin\varphi)(\sigma_1-\sigma_3)}{2c\cos\varphi+2\sigma_3\sin\varphi}\right]^2 KP_a\left(\frac{\sigma_3}{P_a}\right)^n \tag{12-95}$$

式中:R_f——岩土的破坏比;

c——岩土的黏聚力(kPa);

φ——岩土的内摩擦角(°);

K、n——试验参数。

岩土的切线泊松比按式(12-96)计算。

$$\mu_t=\frac{G-F\lg\frac{\sigma_3}{P_a}}{(1-A)^2} \tag{12-96}$$

其中:

$$A=\frac{D(\sigma_1-\sigma_3)}{\left[1-R_f\frac{(1-\sin\varphi)(\sigma_1-\sigma_3)}{2c\cos\varphi+2\sigma_3\sin\varphi}\right]KP_a\left(\frac{\sigma_3}{P_a}\right)^n} \tag{12-97}$$

式中:D、G、F——试验参数;

其他符号意义同前。

试验确定了岩土层的 Duncen-Chang 模型的 8 个参数后,只要知道任意点处的主应力,就可按模型计算其切线模量和切线泊松比。这些公式将在下面用修正分层总和法计算地基变形时使用。

(3)修正分层总和法

修正分层总和法计算地基沉降。其基本原理如下:

①将地基划分为 N 层。

②计算基础中心铅直线上每一土层厚度中点处的三向应力并计算对应的主应力和主方向。

③根据土的 Duncen-Chang 本构关系计算对应的主应变。

④根据坐标变换计算垂直方向的应变。

⑤将各层对应的竖向应变与其厚度相乘就得到各层的沉降。

⑥各层沉降之和即为地基沉降。

具体步骤为(图 12-29):

①将基底岩土划分为 N 层,每一层的厚度为 h_i,要求土层的分界面为岩土层的划分线,土层厚度宜为 2m 左右,地基计算深度按照地基规范处理。

②根据应力解的叠加公式(12-93)、公式(12-94)计算群桩岩土体内各分层土厚度中点处的主应力 $(\sigma_1)_i$ 和$(\sigma_3)_i(i=1,2,3,\cdots,n)$。

③取各土层原状土样做室内三轴试验,求出各岩土层的主要物理力学指标,包括 γ、c、φ、R_f、k、n、G_i 等。

④根据 Duncen-Chang 本构模型公式计算各自应力水平下的切线模量和切线泊松比。

⑤根据式(12-98)计算出各土层对应的竖向应变。

$$(\varepsilon_z)_i=\frac{1}{(E_t)_i}\{(\sigma_z)_i-(\mu_t)_i[(\sigma_r)_i+(\sigma_\theta)_i]\} \tag{12-98}$$

⑥由式(12-98)求出的竖向应变与各分层厚度的乘积作为各土层对应的沉降值。

$$(s)_i=(\varepsilon_z)_i h_i \tag{12-99}$$

⑦各土层的沉降之和即为地基相应荷载下的总沉降。

$$s=\sum_{i=1}^{N}(s)_i \tag{12-100}$$

⑧计算层厚度按下式确定。

$$\frac{(s)_{N+1}}{\sum_{i=1}^{N}(s)_i}\leqslant\delta \tag{12-101}$$

式中:δ——沉降精度控制小量,一般定为 1% ~3%,可根据工程精度需要设定。

采用上述方法,可以计算处地基在各微段均布荷载作用下,任意微段中点处的沉降量 $s_i(i=1,2,3,\cdots,n)$。

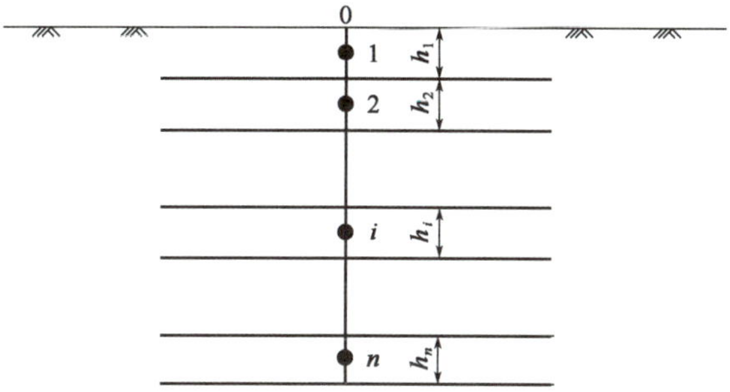

图 12-29 修正分层总和法计算图

5）地梁的变形分析

地梁微段的变形特性可采用材料力学的方法求解，以任意微段 i 为例给出计算过程，对应的计算简图如图 12-30 所示。

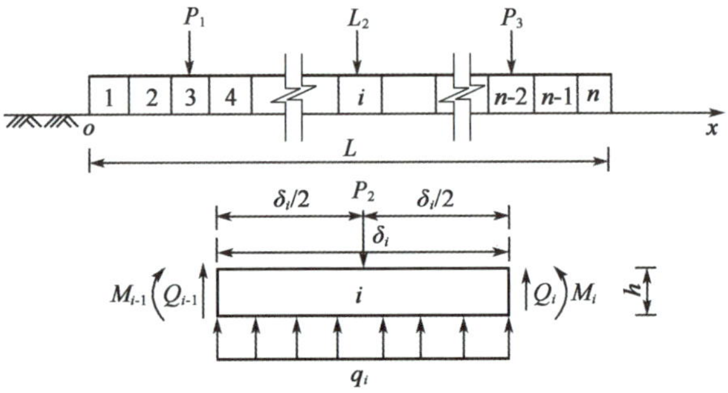

图 12-30　预应力锚索地梁计算简图

假设作用在该微段上的外荷载有均布地基反力 p_i，作用在微段重点处的预应力荷载 P。微段两侧的内力有相应的弯矩和剪力。微段长度为 δ_i，高度为 h。

根据材料力学知识，该微段控制微分方程：

$$EI\frac{\mathrm{d}^4 w}{\mathrm{d}x^4} = -q_i \tag{12-102}$$

式中：E——地梁的弹性模量（kPa）；

I——地基梁的惯性矩（m^4）；

w——梁的变形量（m）；

q_i——地基土反力（kPa）。

根据力的平衡条件有如下关系式成立：

$$M_i = M_{i-1} + \frac{1}{2}q_i\delta_i^2 - \frac{P}{2}\delta_i \tag{12-103}$$

$$Q_i = P - Q_{i-1} - q_i\delta_i \tag{12-104}$$

第 1 微段和第 n 微段外侧为自由边界的条件为：

$$\begin{cases} Q = 0, x = 0 \\ M = 0, x = 0 \end{cases} \tag{12-105}$$

$$\begin{cases} Q = 0, x = L \\ M = 0, x = L \end{cases} \tag{12-106}$$

在已知外加预应力荷载、各微段土反力作用下，根据方程式（12-94）、式（12-103）～式（12-106）联立求解，即可求出各微段的变形量。

在本节中，我们最为关心的是各微段中点出的变形量，设为 $w_i(i = 1,2,3,\cdots,n)$，以便与各地基微段中点处的沉降量之间建立变形协调关系。

6)预应力锚索地梁的整体分析

通过上面的分析,确定了在已知土反力荷载和外加预应力荷载作用下,各微段地基、各微段地基梁中点处的变形量。根据两者之间荷载、变形协调关系就可能建立联立方程组,对预应力锚索地梁体系进行整体分析。

根据变形协调关系,有如下关系式成立:

$$\{s\} = \{w\} \tag{12-107}$$

式中:$\{s\}$——各地基微段中点的沉降量矩阵,$\{s\} = \{s_1, s_2, s_3, \cdots, s_n\}$;

$\{w\}$——地基梁各微段中点处的变形量,$\{w\} = \{w_1, w_2, w_3, \cdots, w_n\}$。

根据力的协调关系:

$$\{p\} = -\{q\} \tag{12-108}$$

式中:$\{p\}$——各地基微段中点处的荷载矩阵,$\{p\} = \{p_1, p_2, p_3, \cdots, p_n\}$;

$\{q\}$——地基梁各微段中点处的地基反力矩阵,$\{q\} = \{q_1, q_2, q_3, \cdots, q_n\}$。

以式(12-105)、式(12-106)为基础,采用迭代法求解,相应的迭代步骤如下所述。

(1)假设各微段上均匀侧阻力大小相等,均为:

$$p_1 = p_2 = \cdots = p_n = \frac{Q}{A} \tag{12-109}$$

式中:Q——作用在为预应力锚索地梁上的总的外加预应力荷载(kN);

A——为地梁底面积(m^2)。

(2)根据土反力的大小,由式(12-91)~式(12-94)计算地基内部各点处的主应力,根据修正分层总和法计算各地基微段中点处沉降量。

(3)根据变形协调关系,将(2)步计算出的变形值代入式(12-102)~式(12-105)并利用相关的边界条件计算作用在各微段梁上的土反力,此为经一次迭代计算出的地基土反力大小。

(4)将经一次迭代获得的土反力值重复(2)、(3)步迭代步骤,可以获得经二次迭代计算后各微段土反力大小。

(5)重复上述过程可以获得经 N 次迭代后计算出的各微段土反力分布及相应微段的变形量,当前后两次迭代计算出的侧阻力相差满足如下关系时可终止迭代,由此得到的土反力大小及变形值即为问题的最终解答。

$$\frac{(p_i)_N - (p_i)_{N-1}}{(p_i)_{N-1}} \leqslant \zeta \tag{12-110}$$

式中,ζ 为一小量,可根据工程精度要求设定。

12.4.3 预应力锚索抗滑挡土墙

预应力锚索抗滑挡土墙组合结构用于整治滑坡,能充分发挥预应力锚固技术和普通重力式抗滑挡土墙这两种抗滑结构的优点,以最佳的组合达到最有效地整治滑坡的目的。通过施加在普通重力式抗滑挡墙上的垂直向预应力荷载和挡土墙自身重力所产生的摩擦阻力来平衡滑坡推力。预应力荷载既能提高重力式挡土墙的抗滑和抗倾覆能力又能提高挡土墙墙体的抗剪强度,因而可以大大减小抗滑挡土墙的截面尺寸和基础埋深,减少墙体工程量及基础开挖方量,从而降低整治滑坡的工程造价,并拓宽适用范围,不仅能用于中小型滑坡的整治,甚至可用于大型滑坡的整治,使重力式抗滑挡土墙这一传统的滑坡整治结构得到新生。尤其当挡土墙下存在断层或软弱夹层时,预应力锚索还能对其进行加固处理,效果更为显著(何思明等,2003)。

1)预应力锚索抗滑挡土墙组合结构特点

预应力锚索抗滑挡土墙是由预应力锚索和普通重力式抗滑挡土墙组合而成的新型抗滑结构形式,其具体的构造如图12-31所示。它通过施加在抗滑挡土墙上强大预应力荷载提供较大的抗倾覆力矩,防治抗滑挡土墙发生倾倒破坏。同时,预应力锚索的存在,可以加强抗滑挡土墙自身的抗剪强度,防止抗滑挡土墙发生剪切破坏。

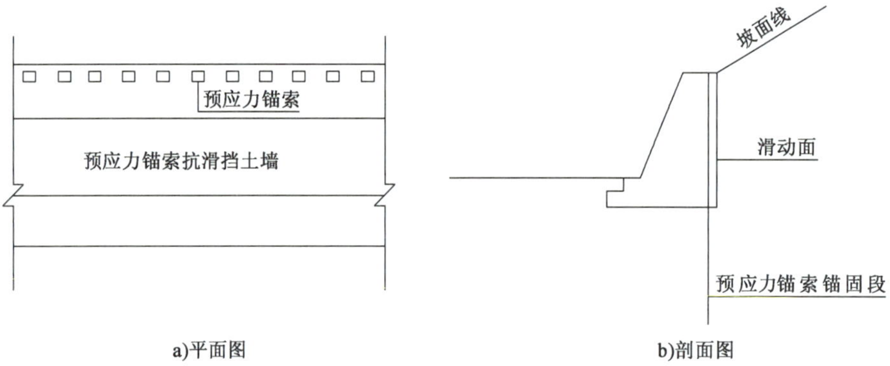

图12-31 预应力锚索抗滑挡土墙结构图

由于这里的抗滑挡土墙不再仅仅依靠自身的重力产生的摩擦阻力来平衡滑坡推力,所以抗滑挡土墙的截面尺寸不必做得太大,基础埋设深度也可以减小。但为了保证抗滑挡土墙基础的稳定,特别当施加在抗滑挡土墙上的预应力荷载较大时,对挡土墙基础的承载力要求较高。当地基承载力不能满足设计要求时,可以采用地基处理技术(比如:扩大挡土墙基础底面积,加深基础埋置深度、复合地基等)对基础进行处理以满足要求。

预应力锚索锚固段应锚固在滑坡体下的稳定岩土层内,锚固长度应根据所需的预应力荷载及锚固段周围岩土体特性综合确定。埋设在抗滑挡土墙内的锚索孔可以通过预埋管件预留,在抗滑挡土墙砌筑完成后,直接通过预留孔施工其余部分的预应力锚索锚孔,可以节省部分的钻孔工程量。

2)预应力锚索抗滑挡土墙设计原理

预应力锚索抗滑挡墙在滑坡推力荷载或土压力荷载作用下,应满足抗滑、抗倾覆、抗剪以及地基稳定性等方面的要求。为此,以图12-32所示的典型预应力锚索挡土墙结构为基础,研究其设计方法。

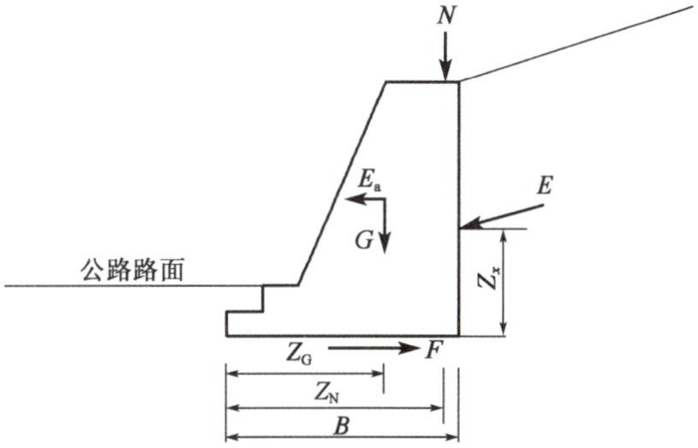

图12-32 预应力锚索抗滑挡土墙计算简图

作用在单位长度抗滑挡土墙上的荷载有:滑坡推力 E、墙体自身重力 G、预应力荷载 N、基底摩擦阻力 F。

(1)抗滑挡土墙的抗滑稳定性

作用在挡土墙上的水平推力为:

$$\sum T = E\cos\alpha = E_a \tag{12-111}$$

式中:α——滑坡推力作用线与水平线的夹角(°);

E_a——地震惯性力(kN)。

总的抗滑阻力即基底摩擦阻力为:

$$\sum N = F = (E\sin\alpha + G + N)\mu \tag{12-112}$$

式中:μ——基底摩擦系数,不同土层对挡土墙基底的摩擦系数可根据文献选取,特殊情况下可通过现场摩擦试验确定。

抗滑挡土墙的抗滑稳定性安全系数为:

$$K_c = \frac{\sum N}{\sum T} = \frac{(E\sin\alpha + G + N)\mu + [F]}{E\cos\alpha + E_a} \tag{12-113}$$

式中:$[F]$——预应力锚索的抗剪断强度(kPa);

K_c——预应力锚索抗滑挡土墙的抗滑稳定系数,一般要求 K_c 大于1.3。

(2)抗倾覆稳定性

$$K_0 = \frac{G \cdot Z_G + N \cdot Z_N + E \cdot \sin\alpha \cdot B}{(E\cos\alpha + E_a) \cdot Z_x} \tag{12-114}$$

式中:K_0——预应力锚索抗滑挡土墙的抗倾覆稳定系数,一般要求大于1.6;

Z_G——墙体重力对墙趾力臂(m);

Z_N——预应力荷载对墙趾的力臂(m);

B——抗滑挡土墙基础宽度(m);

Z_x——滑坡推力的水平分量对墙趾的力臂(m)。

作用在基底合力的法向分量对墙趾的力臂:

$$Z=\frac{G\cdot Z_G+N\cdot Z_N+E\cdot\sin\alpha\cdot B}{G+N+E\cdot\cos\alpha} \tag{12-115}$$

合力偏心矩为:

$$e=\frac{B}{2}-Z \tag{12-116}$$

作用在基底的法向应力为:

$$\left.\begin{matrix}\sigma_1\\ \sigma_3\end{matrix}\right\}=\frac{G+N+E\cdot\sin\alpha}{B}\left(1\pm\frac{6e}{B}\right) \tag{12-117}$$

当偏心距 $e\geqslant B/6$ 时,作用在基底的最大应力为:

$$\sigma_{max}=\frac{2(G+N+E\cdot\sin\alpha)}{3Z_N} \tag{12-118}$$

因此,在偏心荷载作用下,预应力锚索抗滑挡墙基础底面的压力应符合式(12-119)、式(12-120)的要求。

$$\sigma\leqslant f_a \tag{12-119}$$

$$\sigma_{max}\leqslant 1.2f_a \tag{12-120}$$

式中:σ——基底平均压应力(kPa);

σ_{max}——基底最大应力(kPa);

f_a——地基承载力特征值(kPa)。

(3)墙体抗剪验算

$$K=\frac{E\cdot\cos\alpha}{f_c\cdot A_c+f_h\cdot A_h+f_g\cdot A_g} \tag{12-121}$$

式中: K——预应力锚索抗滑挡土墙墙体抗剪断安全系数,一般要求大于1.5;

f_c、f_h、f_g——墙体抗剪断强度、锚索孔灌浆材料抗剪强度以及钢绞线抗剪断强度(kPa);

A_c、A_h、A_g——滑坡推力作用点处抗滑挡土墙净截面积、锚索孔灌浆材料截面积以及钢绞线截面积(m^2)。

如果在上述公式中,考虑地下水压力以及地震荷载的影响,可以用于地震区以及地下水丰富地区的滑坡整治工程。

12.5 溜砂坡固砂技术

12.5.1 挡砂工程

据溜砂坡的形成、特征、演化规律和对道路建设的危害,可选用前面介绍的挡土墙和明洞进行治理和对公路保护。

不同的是挡土墙变成了挡砂墙，抗滑明洞变成了挡砂护路棚洞。挡砂墙高度的设计依据砂坡的天然休止角确定，即挡砂墙修好以后形成的砂坡坡度应小于此种砂坡的天然休止角。据调查和模拟试验，花岗岩强风化形成的粒状碎屑崩砂坡休止角为35°~38°，所以花岗岩地区挡砂工程修好以后，砂坡坡度应在34°以下，最好在30°以下更安全。

对于道路（公路、铁路）工程而言，溜砂坡的挡砂工程除上面列举的挡砂墙、挡砂护路棚洞外，还有桩—板挡砂墙。这些工程都有一个共同的作用——挡砂作用，因此都应计算开挖砂坡对挡砂工程的作用力（图12-33）。

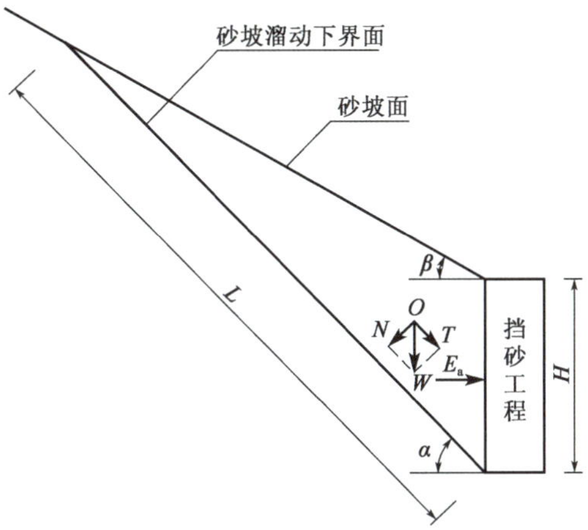

图12-33 溜砂坡与挡砂工程作用示意图

1）砂坡对挡砂工程综合作用力计算

（1）基本假设

①挡砂工程（墙）背垂直，高为H。

②砂坡为散体结构，黏聚力c值很小，据试验可取0~2kPa。

③砂坡稳定坡面倾角为β，砂坡溜动部分为三角形，砂粒均平行向挡砂工程溜动，溜动的下界面为此类砂的天然休止角，并与此类砂土快剪内摩擦角极大值一致，溜动的下界面长为L。

（2）应用朗肯土压力理论，计算砂坡水平主动土压力E_a

$$E_a = \frac{1}{2}\gamma H^2 K_a \cdot \cos\beta \tag{12-122}$$

$$K_a = \cos\beta \frac{\cos\beta - \sqrt{\cos^2\beta - \cos^2\varphi}}{\cos\beta + \sqrt{\cos^2\beta - \cos^2\varphi}} \tag{12-123}$$

式中：K_a——朗肯主动土压力系数。

（3）应用极限平衡理论计算砂坡水平主动土压力E_a

上述朗肯土压力理论是建立在砂粒溜动下界面不知的条件下，而砂坡溜动的下界面是知道的，稳定坡面也是知道的，由此砂坡可能发生的溜体也应是知道的。所以研究者可以推导出极限平衡时的主动土压力。

$$E_a = \left[\frac{1}{2}\gamma lH\cos\alpha(K\sin\alpha - \cos\alpha\tan\varphi) - cl\right]\cdot\cos\alpha \tag{12-124}$$

式中：γ——天然砂的重度(kN/m^3)；

l——砂坡溜动的下界面长度(m)；

H——挡砂工程高度(m)；

α——溜砂下界面倾角(°)；

K——安全稳定系数；

φ——砂的内摩擦角(°)；

c——砂的黏聚力(kPa)。

通过实例计算分析比较，以上两种计算模型基本一致，当应用式(12-124)砂坡的安全稳定系数 K 取 1 时，砂坡内的黏聚力 c 取 0，计算的结果比用式(12-122)计算的结果小20%左右；当 K 取 1.1，c 仍取 0 时，用式(12-124)计算的结果比用式(12-122)计算的结果大24%。若 K 取 1.1，c 取 2，两式计算的结果十分接近。对于砂坡加固工程设计来说，此种状态更符合实际。应用朗肯理论模型是不分状态的，只有一种计算结果，而应用极限平衡理论模型，是要分状态的，总可选择一种既结合实际又考虑了工程的安全稳定性的状态。所以在工程设计中应用极限平衡理论模型比用朗肯理论模型更好、更实用。

2)桩—板墙挡砂工程

针对粒状碎屑溜砂坡边开挖坡脚边溜动的问题，特设计了桩—板墙挡砂结构工程。此工程基本解决了边开挖边溜动的问题。具体做法是：先按抗滑桩原理做桩，桩的断面形态有别于普通方形抗滑桩，应做成"凸"字形，采用钢筋混凝土结构；后在两桩之间安装钢筋混凝土板(图 12-34)。

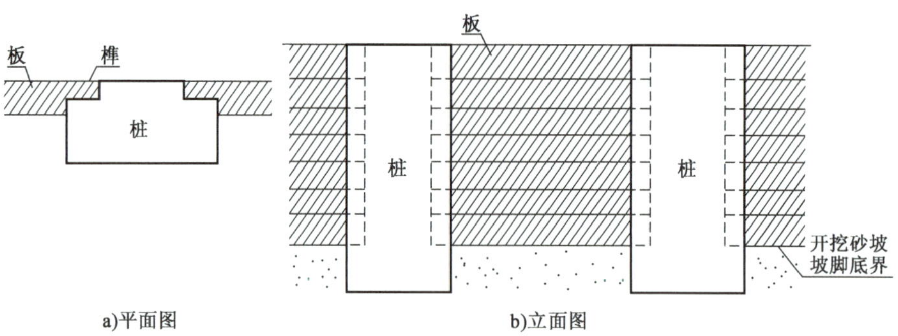

图 12-34　桩—板墙挡砂结构示意图

(1)桩—板墙结构功能

①桩的功能

按桩承受外荷载的特征分为竖向荷载桩和横向荷载桩。桩—板结构桩和抗滑桩都是横向荷载桩。桩长可划分为受力段、嵌固段。受力段承受的横向荷载传递到嵌固段，再传递给嵌固段周围稳定的岩土体。

桩—板结构的桩与抗滑桩结构的功能基本一致，都是承接两桩间的土压力。不同的是，桩—板结构的桩是承受两桩间板传递来的土压力，而抗滑桩是承受两桩间无形土拱传递来的滑坡推力。

②板的功能

桩—板墙的板的功能是替换抗滑桩无形土拱的功能。因砂坡为散体结构，两桩之间的砂不可能形成土拱，所以需要用板（大多数用钢筋混凝土板）来挡砂。板的两端用榫与两端的桩相连，板受到砂坡的土压力后，毫无损耗地传递到两端的桩上，这一点与无形土拱有别。

（2）桩—板结构的力学特征及受力计算

据前面的论证，桩不仅要受到桩后面砂坡土压力的作用，而且还要受到两侧板传递来的砂坡土压力作用；而板只受到砂坡土压力作用（图12-35）。

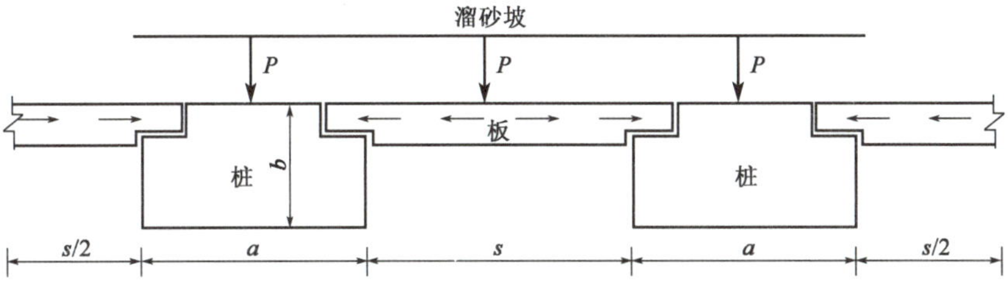

图12-35　桩—板结构受力简图

设砂坡纵向单宽水平土压力为 P（kN/m），桩横向宽为 a（m），纵向宽为 b（m），桩间距为 s（m）。则桩受到的水平土压力为 F（kN）为：

$$F = P \cdot a + P \cdot s = P(a + s) \tag{12-125}$$

$$P = \frac{1}{2}\gamma l H \cos\alpha (K\sin\alpha - \cos\tan\varphi) \cdot \cos\alpha \tag{12-126}$$

式中：γ——天然砂坡土的重度（kN/m^3）；

l——砂坡溜动的下界面长度（m）；

H——开挖砂坡面的垂直高度（m）；

α——溜砂体下界面倾角（°）；

K——安全稳定系数；

φ——砂坡土的内摩擦角（°）。

（3）桩—板挡砂墙的设计与施工

桩—板挡砂墙的设计是在对溜砂坡详细勘测的基础上进行。首先应对开挖砂坡脚可能产生的单宽的土压力进行计算复核。

①桩—板挡砂墙的平面布设

桩—板挡砂墙应布设在设计开挖面内侧。考虑到钢筋混凝土板较沉重，桩间距不能太大，一般取2～3m为宜。

②桩的设计

考虑到开挖砂坡的高度一般都不大(5～8m)，所产生的土压力也不会太大，所以桩的断面不能太大，为方便施工，一般选(1.2～1.5)m×(1.0～1.2)m的小方桩，桩呈“凸”字形，榫的宽度不得小于0.2m。

桩的结构和内力应依据砂坡的土压力大小确定。若选用钢筋混凝土桩，砂坡的土压力又比较小，桩的配筋量不得低于1.5%，水泥强度等级不低于42.5MPa。除骨架筋外，应加布受力筋。受力筋应布设在榫下，呈“一”字形布设(图12-36)。

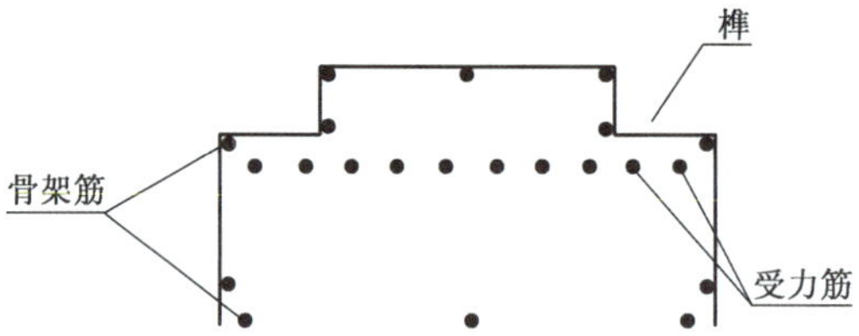

图12-36　桩受力筋布设示意图

桩的长包含开挖砂坡面的高度，加上深入开挖面下界面以下的长度，一般为桩长的1/3～1/2，若采用锚杆(索)平衡桩的抗倾覆稳定性，深入开挖下界面的长度可适当减少，但不能少于1.5m。

③板的设计

板可采用钢筋混凝土板(预制板或现浇板)和木板，两端做成榫形，与桩相连。板的厚度、宽度应据溜砂坡单宽土压力设计。一般板的厚度不得小于0.25m；考虑到安装方便，板的宽度一般取0.6～0.8m；板的长即桩间距加榫长，在榫下加布受力筋，受力筋的量应据砂坡土压力而定，板的配筋率不得低于1.5%。

桩—板墙设计完后，还应进行抗滑稳定性和抗倾覆稳定性验算，是否满足设计规范要求，若不满足，应重新设计。

④桩—板挡砂墙的施工

据粒状碎屑溜砂坡边开挖边溜动的特征，桩—板挡砂墙的施工顺序和方法是：先施工桩，采用沉井法施工，少破坏地形，注意桩、板连接榫的施工。桩的施工最好放在旱季，避免雨水进入桩井。然后开挖施工安装挡砂板，板按设计图预先预制，运到施工现场，自上而下，边开挖砂坡，边安装挡砂板。严禁两桩之间开挖完后，再安装挡砂板。否则会引发桩间砂土溜动。板的下界应嵌入开挖面低界以下0.5m。

12.5.2 表部固砂护坡技术——格梁锚杆固砂加植坡护坡工程

1）基本原理

砂坡的溜动始于表部砂粒，若将较大范围的溜动砂坡分成若干小块进行治理（分而治之），只要每一小块的砂坡稳注不溜动，即可达到整个砂坡也不会产生溜动。基本方法是素混凝土格梁，嵌于砂坡表部，交叉处用短锚杆固定于砂坡上；在格梁围着的方块内，用适于当地生长的草、灌种植护坡。其设计方法与一般高陡边坡加固防护设计相同。但由于砂坡的特殊性质，对格梁规格和草灌配置有所不同，据现场示范工程（图12-37），推荐如下。

图12-37 正在施工中的溜砂坡表部固砂工程

（1）格梁

格梁断面长为0.3m，垂直坡面厚为0.25m，强度等级为C15～C20素混凝土。平面布置为长方形，顺坡面长5m，横坡面为宽3m。格梁嵌入砂坡内0.20m，高出地表0.05m。

（2）锚杆

在格梁相交处加ϕ25mm螺纹钢筋锚杆，长1.0～1.5m，打入砂坡内，与格梁一起浇筑固定。砂坡坡度35°以下可不加锚杆，但格梁下端必须抵于挡砂墙上。平面布置如图12-38所示。

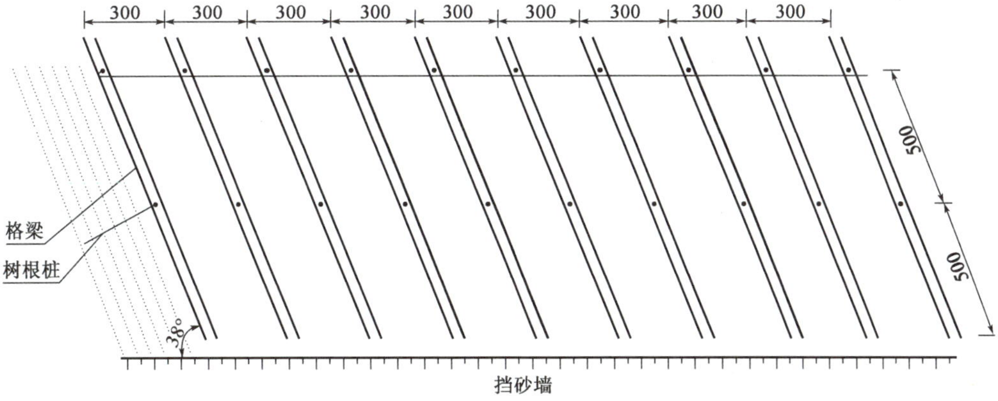

图12-38 格梁、锚杆固砂平面布置示意图（尺寸单位：cm）

2)植被快速护坡工程

格梁固砂工程完成后就可在格梁框内的砂坡上实施植被护坡工程。在砂坡上进行植被护坡工程,关键技术有2条:一是草、树种的选择和草灌间作技术;二是工后管理和适时补苗技术。具体做法是:

(1)选种

最好选择当地的草种、树种。若当地林业部门无草种和树种可采用,在砂坡附近地区选择适生草苗、灌木苗移栽的办法。也可以从外地引进适合于当地自然环境的草、灌种子。若当地牛羊较多,可选择带刺的灌木种子,防止牛羊牧食。

(2)播种

最好在初春季节播种、移栽,高寒少雨地区在解冻初期,雨季到来之前播种、移栽。采用草灌间种、播种与移栽相结合的原则(图12-39)。播种前种子最好进行催芽处理,这样草种当年见绿长满,两三年后草坪枯萎,但灌木就能丰盛起来了。

图12-39 草、灌间种示意图

(3)工后管理

工后管理应派专人负责,主要做以下工作:

①适时浇水,雨后晴天3天内浇水,每次浇水应用洒水器少量多次慢慢浇,防止坡面产生径流。

②专人看管,防止牛羊进绿化牧食、踩踏;防止鸟类觅食种子。

③适时补种、补苗,若发现移栽的苗已死,应及时补移栽。

12.5.3 深部固砂技术(花管微型树根桩固砂工程)

溜砂坡的固砂包括深部固砂和表部固砂两部分。此项工程是溜砂坡综合固砂的主要工程之一,是解决长期困扰砂坡区道路拓展建设中碰到的重大难题的关键技术。

1)本工程的构思理论与原理

(1)溜砂坡内部结构为散体,内摩擦角较大,黏聚力很小,且基本不含黏粒、粉粒。黏粒、粉粒的变化对黏聚力的影响较大，随着黏粒、粉粒的增加，黏聚力有明显增大的趋势。当黏粒、粉粒每增加5%时，黏聚力增大30%以上，而内摩擦角减少的幅度不大，一般为1°~3°(表12-5)。

溜砂坡内黏粒、粉粒含量对砂坡强度参数的影响　　表12-5

试验样品状态	颗粒组成百分比(%)									渗透系数 K (cm/s)	抗剪强度参数(快剪)	
	砾粒		砂粒			粉粒			黏粒		内摩擦角 φ(°)	黏聚力 c (kPa)
	粒径大小 d(mm)											
	>20	20~2	2~0.5	0.5~0.25	0.25~0.074	0.074~0.05	0.05~0.01	0.01~0.005	<0.005			
原样	—	18.4	39.1	29.7	6.2	2.2	2.7	0.6	1.1	2.57×10^{-2}	30.8	1
加5%黏粒	—	18.0	36.5	28.0	5.8	3.5	4.4	1.8	2.0	1.09×10^{-3}	33.7	2
加10%黏粒	—	16.4	36.1	26.7	4.2	4.7	5.5	3.1	3.3	0.90×10^{-3}	32.5	3
加15%黏粒	—	14.4	35.1	25.7	3.2	6.2	6.7	4.6	4.1	0.63×10^{-3}	29.5	6

由此，若能想办法改变溜砂坡的内部组成与结构，向溜砂坡内掺进一定比例的黏土、粉土或细粒浆液，溜砂坡内部粒度成分和结构的变化，必然导致散体结构的根本转变，从而达到固定砂坡的目的。

(2)经过野外观察和模拟试验，当在相对稳定的砂坡脚开挖时，砂粒便开始运动，最初砂于开挖面顶缘开始溜动，逐渐向上、向下牵引，具有从上到下(由表及里)、从前至后(由开挖坡缘向坡上)的溜动特征。由此可见，只要将开挖面以上的砂坡固定了，开挖砂坡脚就不会引起砂坡边挖边溜动的现象。

(3)根据对西部山区溜砂坡多发区的调查发现，根系发达的树和灌丛、草有较强的固砂能力。林木的根系可分为深根性和浅根性两大类，马尾松长成以后，主根可深达5m以上。图12-40a)所示为野外观察到的垂直根型树根固砂示意图，其固砂强度源于主根和主要支根，网状毛根和粗糙的根皮毛，起着黏聚、吸附砂粒的作用。

利用砂坡特性和树根固砂的原理，研究出模拟树根固砂的"花管微型树根桩工程"，图12-40b)为花管微型树根桩固砂示意图，即选 ϕ50mm左右的小管，在需固砂树段打 ϕ5~8mm的小孔，垂直地面打入(或钻孔导入)设计深度的砂坡内，用中、低压灰浆泵向管中灌细粒物质浆液，在花管周围形成根状浆脉块。

2)树根桩基本结构

模仿树根固土、固砂的原理，设计了花管微型树根桩，其基本结构是：

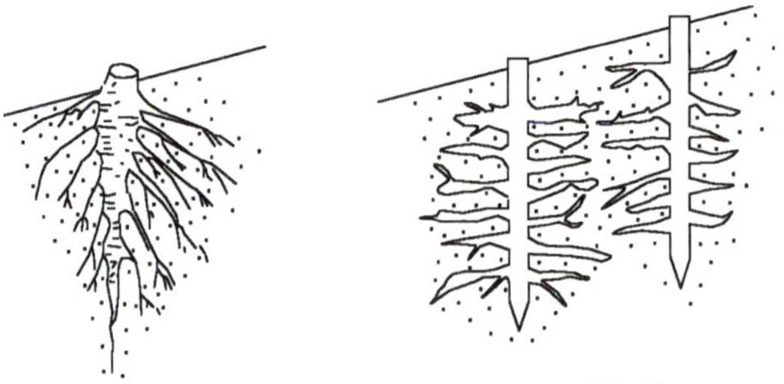

图 12-40　树根与树根桩固砂示意图

(1)微型花管

选用 ϕ50～80mm 的 PVC 管(也可用同规格的自来水钢管),长度据需加固砂坡的厚度而定。而后在管上钻梅花形排列小孔。

(2)钻孔

孔的大小和孔深与花管的直径和长度一致。孔间距一般为 1.5～2.0m。

(3)安装与灌浆

钻孔完后立即压入花管,使花管与周围砂紧密相贴,严防高压浆液从管壁间隙喷出。从管口压入设计配合好的浆液。

3)花管微型树根桩模拟试验

(1)模拟试验的目的

研究砂坡的颗粒组成、级配、孔隙率、渗透系数与浆液浓度、灌浆压力的关系,确定渗透系数、浆液浓度和灌浆压力匹配关系。

(2)试验材料与仪器设备

本模拟试验选用成都附近岷江河谷与中坝段溜砂坡相似的中、粗砂、砾粒(含少量粉黏粒)12m^3以上、灰浆泵 1 套、强度等级 42.5MPa 水泥 1t、ϕ50～100mm PVC 管 200m、台秤 1 台、水桶、灰浆拌池等。

(3)模型制作

用砖砌长 4m、宽 2m、高 2m 的试验槽(图 12-41)。经初步试验,花管选用 ϕ50mm PVC 管或钢管,长 1.5m。需在灌浆段钻 ϕ5～8mm 小孔,本试验灌浆段长为 1m。小孔的平面布置有如图 12-42 所示的 3 种方式,根据试验,图 12-42c)(c 型)布孔方式最好,图 12-42a)(a 型)布孔方式也可以。向试验槽装砂,埋管分层人工压实,压实后取上、中、下样品进行试验,试验结果见表 12-6。模型制作完毕后静放 3～4 天,待试验。

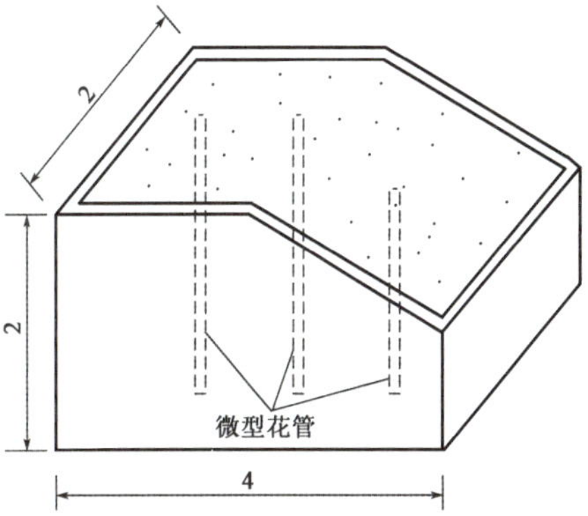

图 12-41 试验槽布置图(尺寸单位:m)

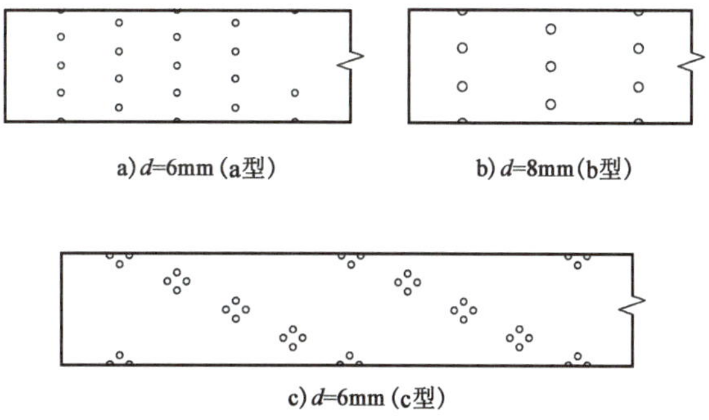

图 12-42 花管钻小孔平面布设示意图

川藏公路中坝段溜砂坡模型试验砂体物理力学试验参数 表 12-6

室内编号	原样编号	取样深度(m)	土的分类	含水率 w_0(%)	密度 ρ_0(g/cm^3)	相对密度 d_s	饱和度 S_r(%)	孔隙率 n(%)	孔隙比 e_0	抗剪强度(快剪)		渗透系数 K(cm/s)
										内摩擦角 φ(°)	黏聚力 c(kPa)	
1-1	上部	上部	粗砂	5.7	1.52	2.69	18	47	0.871	30.8	5	2.57×10^{-2}
1-2	中部	中部	粗砂	5.7	1.60	2.69	20	44	0.777	31.8	4	4.27×10^{-2}
1-3	下部	下部	粗砂	5.7	1.60	2.69	20	44	0.777	31.8	4	3.89×10^{-2}
2-1	上部	上部	粗砂	4.9	1.54	2.69	16	45	0.832	30.5	3	3.21×10^{-2}
2-2	中部	中部	粗砂	4.9	1.61	2.69	18	43	0.753	32.0	6	6.78×10^{-2}
2-3	下部	下部	粗砂	4.9	1.60	2.69	17	43	0.764	—	—	5.37×10^{-2}

(4)模型试验

由于试验用的砂为同一类,物理力学参数固定,灌浆砂体较薄(1.5m 左右),所以灌浆压力上不去只能用低压(0.2MPa 以内),依据花管钻孔排列方式和注浆浓度的不同组合成三种状态进行试验(表 12-7)。

溜砂坡花管树根桩固砂模型试验分组特征表 表 12-7

分组编号	花管直径(mm)	出浆孔直径(mm)	出浆孔布孔形式及特征	浆液浓度比(水:灰)	注浆压力(MPa)	注浆时间(s)
1	50	6	a 型布孔横向孔距 4cm,竖向孔间距 20cm[图 12-42a)]	0.5:1	0.1~0.2	15
2	55	8	b 型布孔横向孔间距 3.0cm,竖向孔间距 30cm[图 12-42b)]	0.75:1	0.1~0.2	30
3	55	6	c 型布孔螺旋形、4 孔组,竖向横间距 20cm[图 12-42c)]	1:1	0.1~0.2	23

(5)试验结果分析

从表 12-7 可以看出,三组试验基本是成功的,树根桩基本形成,但由于灌浆砂层太薄(1m 左右),注浆时间太短,致使灌浆压力无法稳定。在砂体颗粒组成、密实度、孔隙率、渗透系数和注浆压力基本相同的情况下,砂浆脉横向延伸的长度与浆液的浓度有关,浆液浓度大，延伸近，反之则远。本试验浓度水灰比为0.5∶1时，砂浆脉水平延伸半径0.3～0.4m；当浓度降低到1∶1时，砂浆水平延伸半径达到0.8～0.9m。花管出浆率与花管出浆孔的大小和排列的方式有关，单孔均匀排布，实际出浆孔少，受阻不出浆的孔多；多孔（4个孔）组排列（孔隙率不变）出浆的孔较多，灌浆段上、中、下基本均匀出浆，本试验4孔组梅花形排列较好。花管出浆孔的孔径不能太大，大了注浆压力上不去，本试验用 $d=6$mm 和 $d=8$mm 两种出浆孔，试验结果用浆液浓度小的（1∶1），$d=6$mm 效果较好；而浆液浓度较大的（0.5∶1），$d=8$mm 的效果较差。

4）微型树根桩设计要点

（1）微型树根桩的设计是在溜砂坡详细勘察的基础上进行的。根据树根桩设计所需要的资料和参数，要求溜砂坡详细勘察阶段必需查明：溜砂坡坡面特征和天然休止角，溜砂坡厚度和基底岩性特征，为挡砂墙和树根桩的平面布置和剖面设计提供必要的资料和数据。砂坡内部物质组成和结构，必要时用坑探、槽探、采样进行试验，测砂粒级配组成、结构、密实度、孔隙比等、渗透系数和抗剪强度为浆液设计和灌浆压力的选取提供依据。开挖砂坡的高度和开挖砂坡内侧的位置，为树根桩平面布置和长度设计提供资料。

（2）树根桩平面布置设计一般布置在砂坡开挖工程内侧，布设3～4排，采用梅花形平面布置，行距和间距都是1～1.5m，使之形成宽3～4m的树根桩固砂体系。

（3）灌浆段长度、孔隙率、浆液浓度和灌浆压力设计。

5）微型树根桩施工管理

施工期应选在旱季。为避免溜砂坡开挖工程，边挖边溜动的现象发生，应先施工树根桩固砂工程，半月至一月后再施工溜砂坡开挖工程。溜砂坡的开挖坡度不能太陡，更不能挖成垂直和倒悬坡。以免引起树根桩固砂体系整体失稳。据试验，砂坡脚开挖高度3m以下坡比可取1∶0.5左右，3～10m坡比可取1∶0.75左右。在溜砂坡脚开挖，应实施分段跳槽开挖，边开挖边做挡砂工程的方法。

12.6 植被护坡工程

12.6.1 林木根系固土的力学特征

1）根土相互作用

林地土体中含有大量的根系，与无根系的土体比较，含根系的抗剪强度是土体和根系两种材料的综合（图12-43），其工程力学性能会明显提高。

（1）根系在土体内生长时，根尖要向四周土体产生轴向压力，使根道四周的土壤重度增加，土壤的黏聚力、剪胀力和摩擦力增加。

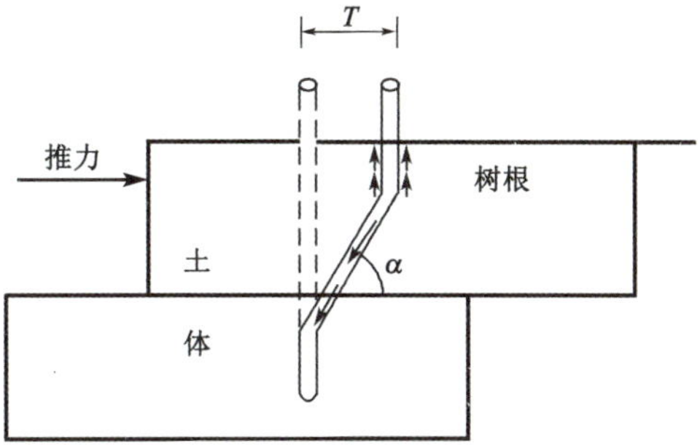

图 12-43　土体位移时根的受力变形示意图

(2)土体中的任何颗粒与根表接触,对加大根系与土间的摩擦力有利。

(3)根系本身的抗拉、抗剪和抗压缩力大于土体许多倍,如白榆等 5 种不同径级(2 ~ 10mm)鲜根的平均抗拉强度达 10 ~ 51MPa。

(4)根系在生长过程中分泌一些化学物质,有助于土壤颗粒的胶结。

2)根系土强度特征

由于上述原因,根系土的 c、φ 值会明显提高,抗剪强度 τ 也必然会增加,大量的试验已表明这一点(表 12-8)。

不同树种林地土壤的抗剪强度(张建军等,1994)　　表 12-8

林地种类	土层深(cm)	含水率(%)	密度(g/cm³)	含根率 $\Delta A/A$ ($\times10^{-4}$)	根茎范围(mm)	不同垂直荷载 P_i(N)				c ($\times10^2$kPa)	φ (°)
						15	30	45	60		
						抗剪强度(kg/cm²)					
刺槐×油松	0 ~ 30	20.8	1.04	3.07	0.01 ~ 5	1.20	2.42	2.60	3.18	0.65	30
	30 ~ 60	19.86	1.26	5.32		1.36	1.81	2.24	3.47	0.75	21
	60 ~ 80	19.48	1.16	1.21		1.33	1.96	2.33	3.41	0.55	23
	均值					1.30	2.05	2.39	3.35	0.65	24.3
刺槐油松	0 ~ 30	21.59	1.04	3.36	0.01 ~ 5	1.04	1.57	2.26	2.40	0.415	21
	30 ~ 60	19.92	1.18	3.69		1.40	1.88	2.61	3.09	0.71	22.6
	60 ~ 80	19.07	1.18	0.84		1.42	0.87	2.48	2.80	0.625	21
	均值					1.29	1.77	2.45	2.76	0.58	21.5
虎榛子	0 ~ 30	20.54	1.13	2.52	0.005 ~ 2.5	0.96	1.47	1.93	2.50	0.48	18.9
	30 ~ 60	21.63	1.12	1.81		1.03	1.50	2.09	2.50	0.50	18.4
	60 ~ 80	19.45	1.14	0.092		1.00	1.47	1.82	2.32	0.49	17.8
	均值					1.00	1.49	1.96	2.44	0.49	18.4
沙棘	0 ~ 30	19.92	1.08	2.66	0.008 ~ 2.6(根表粗糙)	1.06	1.41	2.05	2.00	0.46	18.7
	30 ~ 60	21.33	1.09	1.84		1.06	1.53	2.00	2.31	0.51	18.4
	60 ~ 80	21.92	1.44	0.065		0.86	1.40	1.84	2.23	0.38	18
	均值					0.99	1.45	1.96	2.18	0.45	18.4

续上表

林地种类	土层深(cm)	含水率(%)	密度(g/cm^3)	含根率 $\Delta A/A$ ($\times 10^{-4}$)	根茎范围(mm)	不同垂直荷载 P_i(N) 15	30	45	60	c ($\times 10^2$kPa)	φ (°)
						抗剪强度(kg/cm^2)					
农地	0~30	18.76	1.16		—	0.83	1.21	1.63	1.88	0.40	16.3
	30~60	16.89	1.15			0.93	1.28	1.67	1.89	0.51	14.1
	60~80	13.2	1.20			0.83	1.23	1.76	2.01	0.32	17.5
	均值					0.86	1.24	1.68	1.93	0.41	15.97
裸地(荒草坡)	0~30	18.89	1.11		—	0.82	1.23	1.51	1.79	0.37	14.2
	30~60	15.37	1.07			0.81	1.17	1.47	1.74	0.32	15.0
	60~80	17.35	1.04			0.81	1.21	1.48	1.67	0.35	14.2
	均值					0.81	1.20	1.49	1.73	0.35	14.5

注：$1kgf/cm^2 = 0.1MPa$。

解明曙(1990)采用全根系拉拔试验法，研究白榆根系固土机制的结果认为，根系土与无根系土比较，根系土中的滑动摩擦力和粗根受拉剪时的弹性张力及根在土体中的机械固持力，使根系土的抗剪强度远远高于无根系土体，即使变形后的残余强度，也高于无根系土体。因此，根系土含水率饱和后，往往还能保持土体不坍塌。

通过全株根系拉拔试验法，可以很好地测定计算根土之间的综合静摩擦系数 μ：

$$\mu = \frac{P_{max} - W_f}{\gamma_s M 2\pi r_m Z_m} \tag{12-127}$$

式中：P_{max}——全株根系被拉至松动的拉力(kN/m)；

W_f——树木根重与干重的和(kN/m^3)；

γ_s——土体重度(kN/m^3)；

M——总根数；

r_m——根据根系分布规律计算的根系半径(m)；

Z_m——根系分布最密处的水平面至地面的距离(m)。

林木根系对土体抗剪强度的增量 $\Delta\tau_R$ 为：

$$\Delta\tau_R = \gamma_s H_{Rf} \mu \cos^2\theta \tag{12-128}$$

式中：γ_s——土体重度(kN/m^3)；

H_{Rf}——根系固土有效深度(m)，一般根据造林密度和根幅大小确定；

θ——斜坡角度(°)。

根据 B. B. 升维茨公式计算根系土的抗剪切参数。即：

$$c_R = (P_{max} - P_{min}) Lb \tag{12-129}$$

$$\tan\varphi = \frac{\frac{P}{G}\sum_{t}^{n} G_n\cos\alpha_n - \sum_{t}^{n} G_n\sin\alpha_n - c_s L}{\frac{P}{G}\sum_{t}^{n} G_n\sin\alpha_n + \sum_{t}^{n} G_n\cos\alpha_n} \tag{12-130}$$

$$l = \sum_{T}^{N} I_n C$$

$$I_n = \frac{b}{\cos\alpha_n}$$

又根据库仑公式：

$$\tau_R = c_R + \sigma\tan\varphi, \tau_s = c_s + \sigma\tan\varphi$$

$$\Delta\tau_R = \tau_R - \tau_s \tag{12-131}$$

以上式中：c_R——根系黄土的黏聚力(kN/m^2)；

P_{max}——总的最大水平推力(kN)；

P_{min}——剪体开始贯通时的推力(kN)；

L——各条块滑动弧长之和(m)；

I_n——每条块滑动弧长(m)；

b——被剪土体宽度(m)；

φ——土的内摩擦角(°)；

G——试体单宽条块土的重力(kN/m^3)；

G_n——n 条块土的重力(kN)；

α_n——n 条块滑动面与水平面夹角(°)；

c_s——无根系黄土黏聚力(kN/m^2)；

τ_R——根系黄土抗剪强度(kN/m^2)；

$\Delta\tau_R$——根系提高土体抗剪强度的增量(kN/m^2)；

τ_s——无根系黄土抗剪强度(kN/m^2)。

解明曙(1990)还用水平单位挤出法模拟直边坡根系土的破坏过程(图 12-44)。坡面草根伸入土内也有类似的固土力学机理。只是草根短得多，大多在地面以下 20～40cm，也有少数草根伸入深部土壤 1m 以上。

12.6.2 林木根系固土的力学特征

利用植被保护稳固斜坡已成为边坡加固防护工程的一项重要内容。其原理是利用植物根系对坡面表部土层的加固作用。据调查研究，林木根系有以下三种根型(图 12-45)。

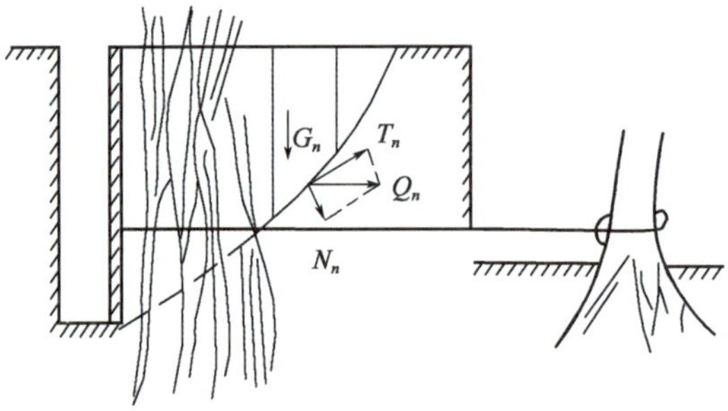

图 12-44 水平原位挤出直剪根系土(解明曙,1990)

图 12-45 林木根系的三种根型

(1)垂直根型

垂直根发达,垂直根在整个根系中占优势,其水平根、斜生根和心状根相应较弱或根本没有。如油松、栓皮栎、杨树、白榆等。

(2)水平根型

水平根发达,水平根在整个根系中占优势,其垂直根和斜生根、心状根相应地较弱或根本没有。如华北落叶松、云杉、铁杉等,以及一些耐水湿的树种如灌木柳。

(3)散生根型

斜生根或心状根发达,其在整个根系中占优势,常呈向地下各个方向辐射状发展。垂直根和水平根相应较弱或根本没有,如槭、水青冈、冷杉、杉木、刺槐等。

除此之外,还有难以辨认属何种根型的复合根型和变态根型。

林木根系在土壤中的分布与树种有关(遗传特性),同时也与生态环境,特别是土壤环境以及人为影响等因素有关。在自然条件下,根系的深度和宽度往往大于树冠面积的 5 ~ 15 倍。通常根据根系在土壤中分布的深浅,将根系分为深根性和浅根性两类。深根性根系主根发达,深入土层,垂直向下生长,根型为垂直根型。由于其分布较深,常将具有这类根型的树种称为深根性树种。如马尾松、油松、栓皮栎、核桃、白榆等。如马尾松 1 年生苗主根达 20 ~ 30cm,长成后可深达 5m 以上,可用于表土层滑坡防治。浅根性根系主根不发达,侧根或不定根向四面扩张,长度远远超过主根,根系大部分分布在土壤表层,相当于水平根型或其他根型。如刺槐、悬铃木的根系,一般分布在 20 ~ 30cm 的土壤表层。具有浅根性根系的树种,称为浅根性树种。可用于表土溜滑和溜砂坡的坡面防护。

12.6.3 林草固坡的设计要点

(1)对斜坡的地质、地形、气象、水文、生态现状等进行全面调查,对斜坡组成、结构进行勘察、试验。

(2)选择适生树种、草种,最好是当地的树种、草种,在较陡的边坡上宜选用根深的灌木,草选用多年生草种。

(3)采用草灌结合、间种的布置方法。

(4)若边坡较陡,坡度在 35°以上,应采用土木工程措施先固表土,然后播树草种子。

本项固坡工程的关键技术是在高寒、干旱、半干旱条件下适生草种、树种的选择和工后管理。

12.7 八渡车站滑坡综合整治工程

南昆铁路地势起伏较大,沿线地质情况极为复杂,地质灾害频发,古滑坡众多,地处黔桂交界的南盘江北岸的八渡车站滑坡是其中最突出的一例。八渡车站古滑坡体积达 420 万 m^3,因车站剧烈的工程活动和较多降雨而复活。综合整治工程的主体措施为支挡与排水。在铁路上方设 800kN 级预应力锚索 132 根,长度 6 480m;在铁路下方设两排共 113 根锚索桩,桩长 4 642m,800、1 600kN 级预应力锚索 231 根,总长 14 215m;开凿排水盲洞 2 条。1998 年上半年竣工后,现场测试表明位移锐减,滑坡恢复稳定(蒋忠信,2000;孙德永,2000)。

12.7.1 八渡车站滑坡概况与地质特征

1) 滑坡概况

南昆铁路八渡车站滑坡位于贵州省册亨县南盘江北岸的八渡口,原为一稳定的古滑坡体。由于剧烈的铁路工程活动和多雨,古滑坡于 1997 年全面复活。该滑坡为一分级滑动的巨型深层切层古滑坡,分主、次两级,次级滑坡系主滑坡形成后,受其牵引,在其后部又一次形成的滑坡。滑坡主轴最长达 560m。线路在铁路里程 DK372 + 845 ~ DK373 + 245 长 400m 地段,通过滑坡中偏上部。主滑坡位于线路左侧,滑体最大厚度约 40m,滑体体积约 290 万 m^3;次级滑坡位于线路右侧,两级滑坡总体积约 420 万 m^3(图 12-46)。

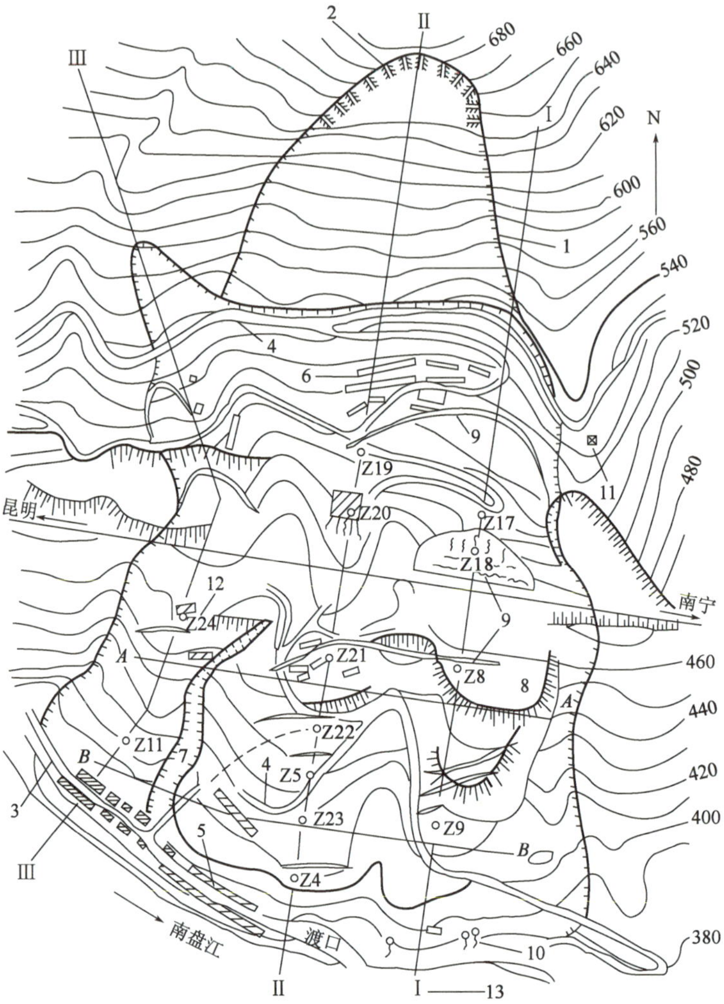

图 12-46　南昆铁路八渡车站滑坡平面图(王恭先等,2004)

1-滑坡周界;2-陡壁;3-盘百公路;4-施工道路;5-民房;6-临时房屋;7-冲沟;8-弃土堆;9-裂缝;10-泉水;11-蓄水池;12-钻孔及编号;13-断面线及编号;*A-A* 第一排抗滑桩位置;*B-B* 第二排抗滑桩位置

2)滑坡区地质特征

(1)地形地貌特征

八渡车站古滑坡区属中低山峡谷陡坡区,南盘江自西向东流经坡脚,八渡车站位于左岸河谷斜坡,线路先后以挖方通过 9 个山梁。滑坡范围为 2 号、3 号、4 号山梁。地貌呈台阶状缓坡,坡度 10°～15°,后部呈弧形圈椅状,前缘呈舌状挤压南盘江。

(2)地质构造

该区属燕山期隆林东西向构造带,表现为近东西向的八渡背斜是复式褶皱区。滑坡位于八渡背斜北翼,属构造强烈上升区。南盘江深切,重力地质现象发育。滑坡区内构造应力相对强烈，主构造方向近东西向，形成了横穿滑坡体的 F_1、F_2、F_3 三条走向逆断层，一条压扭性（平移）断层（F_4）。由于受强烈的南北向挤压应力的作用，岩层褶曲较发育，两组高角度节理亦甚发育。

（3）工程地质特征

滑坡体表层为砂黏土夹碎石、角砾及块石，半干硬～可塑，局部软塑～流塑，浅黄、棕黄、褐黄杂色，层厚10m左右。其下为滑动过的岩块，呈碎块石土状，灰褐、黄褐色，中密饱和，地下水位以上潮湿，碎块石含量占60%～80%，以砂岩质为主，所夹泥质则为泥、页岩风化产物。滑坡物质具有不连续的成层性，产状多变、紊乱，厚10～30cm。滑动带多为砂黏土，灰绿色，软塑～流塑状，含次棱角状碎石、角砾，层厚0.3～3m。部分滑动带底部有经过牵动而呈次棱角状的碎块石，砂、泥岩质，风化颇重～严重，厚1～3m。滑床为三叠系中统边阳组地层，由风化轻微或颇重的钙质、硅质石英砂岩夹泥、页岩组成，浅灰色、青灰色。

（4）水文地质特征

滑坡区地下水由北向南泄入南盘江。地下水位高程390m以北地段，其水位主要受降水、地形及滑床制约，自南向北，地下水坡降、动态变化增大；地下水位高程在390m以南地段，其水位主要受南盘江水制约，地下水坡降、动态变化小。滑坡富水性极其不均，呈现出自南向北变差趋势。滑床下基岩补给条件差，裂隙水不发育。

12.7.2 古滑坡的复活机理分析

1）古滑坡的复活概况

八渡车站古滑坡在铁路动工前，整体长期是稳定的。1994年铁路施工后至1997年5月以前，根据滑坡地面开裂、变形，特别是钻孔深部位移动态监测资料，左侧中、下部主滑坡处于相对稳定时期，但右侧上部次级滑坡下部因前缘开挖减载，引起次级滑坡复活。2号、4号山梁线路右上方边坡坍滑，挡护工程和地面开裂；在应急设置76根抗滑桩之后，4号山梁次级滑坡基本稳定，2号山梁线路右侧85～95m处设置的第二、三排抗滑桩以上部分的次级滑坡相对稳定，第二排抗滑桩以下部分的次级滑坡仍在变形。

1997年6月至8月上旬，随着雨季的来临和工程影响的加大，尤其是7月连降暴雨，地面排水系统大部分失效，雨水大量下渗，次级滑坡抗滑桩后部虽尚稳定，但前缘出现滑移，致使路基右侧护坡外鼓开裂，侧沟内倾，边坡加固桩有的被剪断，有的出现裂缝，桩顶位移量达到100mm以上。左侧主体滑坡出现贯通裂缝3道，5个深部监测孔位移量最大达到51.37mm，其中3个孔于8月2日至10日先后剪断。同时，设在主体滑坡上的观测桩位移量达20～46mm，表明线路左侧主滑坡已经复活，处于蠕动加剧阶段，但整体滑动尚未产生。线路右侧次级滑坡抗滑桩后部基本稳定，前缘部分产生滑动，2号山梁尤为严重。

2)古滑坡复活原因分析

1997年7月连降暴雨,降水量达482.6mm,超过历年7月平均降雨量226.7mm的1.1倍,雨水大量下渗增加滑体重度并产生孔隙水压力,从而增大了下滑力。同时,水的下渗软化滑动面,降低了滑动带土的抗剪指标,使抗滑力减小,因此雨水下渗是诱发古滑坡复活的主要原因之一。

另一方面,连续降雨引起南盘江水位上涨,洪水位超过主体滑坡前缘滑动面以上5m,滑坡坡脚江水水位急剧变动,加剧了滑坡前缘的冲刷作用;高水位对滑坡下部产生的浮托力,使得滑坡的稳定性变小。洪水是诱发古滑坡复活的又一重要原因。

12.7.3 滑坡的综合整治

八渡古滑坡复活后,经过多次专家会论证,确定采用综合措施进行整治。综合整治工程由预应力锚索和锚索抗滑桩组成的支挡工程系统、地面排水工程系统、地下排水工程系统、清方减载工程(含清整和绿化坡面、硬化站坪等)和位移监测系统等治理滑坡的五大系统组成。其中以支挡、地下排水和地面排水工程措施为主体(图12-47)。

1)支挡工程

支挡工程是滑坡综合整治的主要措施之一,采用了抗滑桩、预应力锚索、锚索桩。

(1)抗滑桩

抗滑桩主要对线路右侧次级滑坡设置,共设111根,其中80根嵌入古滑坡面以下稳定基岩中。1号、2号山梁间右侧挡墙平台上的4根嵌入稳定基岩的抗滑桩为1997年雨季中增设,其余均为1997年雨季前设置。

(2)预应力锚索

考虑顶应力锚索具有施工期短,发挥作用快的优点,将预应力锚索用于线路右侧次级滑坡整治,加固位于次级滑坡前缘的2号、3号山梁路堑边坡。其中3号山梁共计52、长度根2 123m,2号山梁共计80根、长度4 563m。锚索最长达75m。

(3)锚索桩

锚索桩是抗滑桩与预应力锚索的有机结合,能有效地减小桩截面及锚固段的长度,由于抗滑力很大,对治理滑体厚、地下水丰富的滑坡十分适宜。特别是在应急抢险时,采取临时预张拉预应力锚索措施,可及时遏止滑体变形。锚索桩针对主滑坡设置,采用先索后桩法施工。桩上锚索最大长度为75m,最小长度55m,平均长度为67m。

2)地下排水工程(泄水洞及临时井点降水)

由于大气降水渗入,滑体内地下水量增加,而且补给源是长期的。为了改变滑体土的物理力学性质,增加滑带土的抗剪强度,降低雨水在滑体内的停留时间,采取了地下排水措施。设有泄水洞2条,全长843.93m(右洞245m,左洞598.93m)。

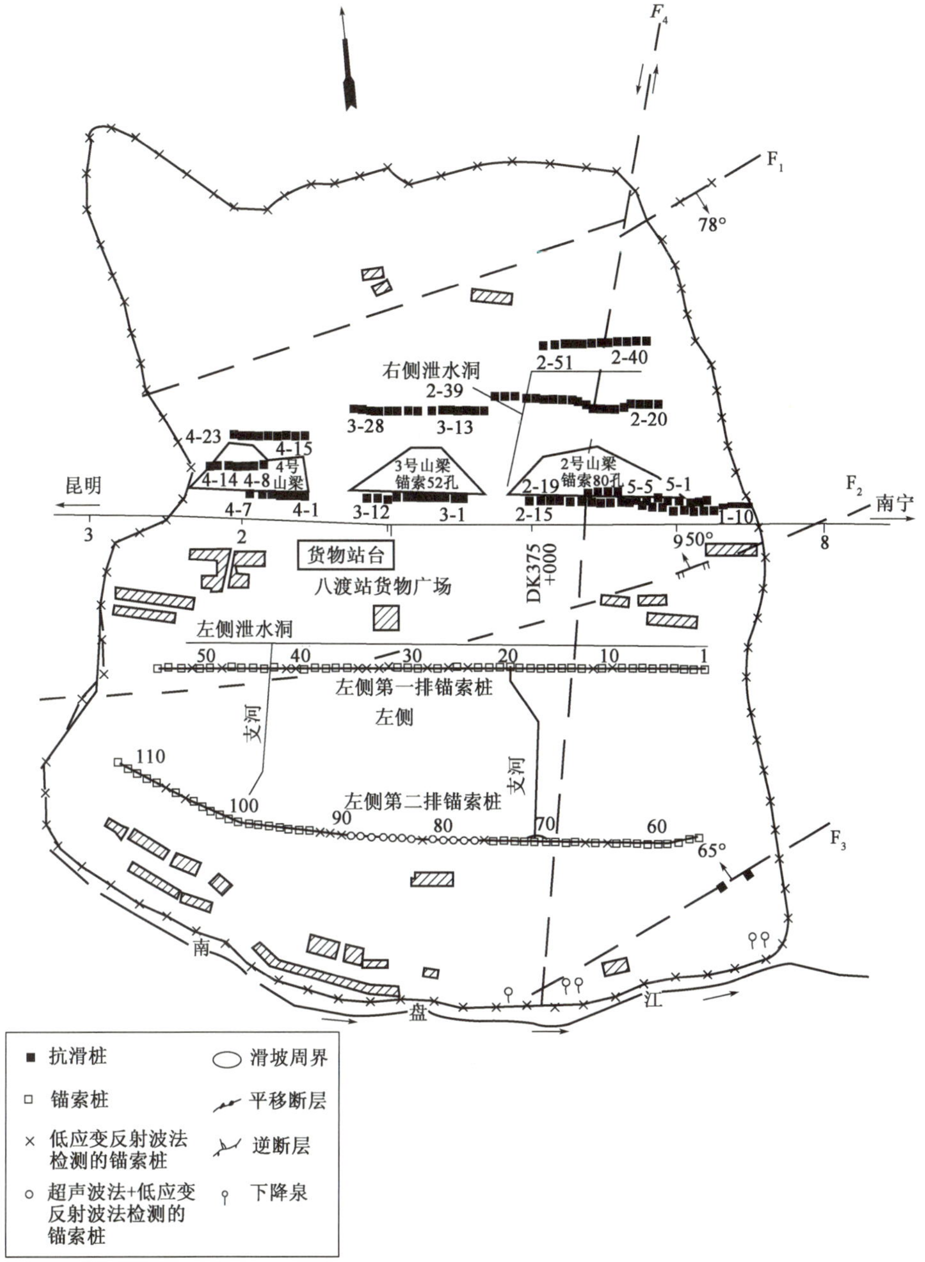

图 12-47 八渡车站滑坡整治工程位置示意图(王恭先等,2004)

为降低锚索孔及抗滑桩基坑的地下水位,还凿临时降水井,其中线路左侧 7 孔、右侧 6 孔共 13 孔,全长 527m。井(孔)深入基岩 10m 左右,孔间距 50 ~ 60m。

3)地表排水及地表整治工程

为对滑坡范围内的地表水进行有效的拦排防渗,断绝地表水对滑坡体内部及滑动带地下水的补给,在滑坡区地表修筑截排水沟,铺砌自然沟,增设涵洞,绿化、平整或封闭坡面，硬化站坪。

4）清方减载工程

在2号山梁右侧清方减载1.77万m^3，避免了土体下滑掩埋股道。

5）位移监测

为了全面了解和掌握滑坡体的动态变形情况，及时评定滑坡的稳定性，以确保线路在施工乃至将来运营的安全，对滑坡位移的动态监测是滑坡整治工程中一项十分重要的措施。八渡滑坡的位移监测包括深孔监测、地面监测、抗滑桩监测和降雨量观测等等。其中深孔监测是位移监测中的首要项目，能正确地测判滑动面的位置，量测到侧向位移量，并可确定滑坡的滑动方向，对准确掌握滑坡的动态情况，指导和确保安全施工，起到积极作用。八渡滑坡共设置了13个监测孔，从1997年4月起陆续开始深部位移监测。

6）工程实施及整治效果

工程实施由铁道部工程总公司组织铁道第二勘测设计院（现中铁二院工程集团有限公司）进行工程设计，路内外众多知名专家参与技术咨询，众多参战单位调集大量机具和人力承担工程施工。会战分两个阶段，从1997年8月至11月，完成线路右侧的全部预应力锚索，确保了11月30日的全线通车。12月至1998年7月，完成线路左侧预应力锚索抗滑桩和地下排水工程。

整治工程全部完成后，经受住了1998年雨季集中降雨的考验。位移监测显示，左侧主体滑坡趋于稳定，右侧次级滑坡无变形迹象，滑坡整治取得成功，确保了八渡车站以及南昆线行车运营的安全。

12.8 中坝溜砂坡灾害防治工程

12.8.1 溜砂坡形成环境

中坝溜砂坡示范区位于川藏公路（G318线）西藏波密县区域中坝段（K3930+320～K3930+435.2）和（K3930+600～K3930+792.8）两处，长约308m，行政上属波密县玉普乡管辖。

该区属藏东南高山深谷区。雅鲁藏布江的支流—帕隆藏布由南东东向北西西流经本区，河流海拔3 281m，两岸岸坡十分陡峻，平均坡度45°以上。斜坡中、上部为岩层裸露的急陡坡、陡崖，坡度50°～70°；中、下部为溜砂坡堆积，坡度34°～39°；河床边有少量冲洪积砂砾石缓坡滩地。本区公路沿河岸坡脚展布，路面高于河床6～9m，高于常年洪水2 m以上。

区内地层岩性单一，基岩以燕山期晚期中一酸性黑云母花岗岩为主，两侧分布少量泥盆系变质砂板岩，分布于岸坡中、上部；中、下部的基岩多为溜砂坡或坡崩积，冲洪积块碎石土覆盖,厚度 10 ~ 15m。

该区属藏东南湿润气候区向半干旱区过渡地带,年降雨量大多在 500 ~ 700mm。植被总体较好,以高山松、灌丛、草为主。植被覆盖率在 70% 以上,仅高山岩石裸露区,溜砂坡强烈活动区无植被覆盖外,其余均有植被覆盖。

12.8.2 溜砂坡特征与发生机理

1)溜砂坡特征

区内溜砂坡分东西两段。西段溜砂坡长 192.8m,加上西端开挖碎石土陡坡 59.2m,共 252m;东段长 115.2m。东西两段之间有长 146m 的开挖陡边坡,高度 20 ~ 25m,坡度 50° ~ 60°,由崩坡积、冲洪积块砾石土组成。以上长度共计 513m,列入溜砂坡综合治理范围。

(1)砂坡地形特征

①西段砂坡。公路外侧为木质防冲石笼,高于河水面 6m 左右;公路内侧为高 3 ~ 5m 挡砂墙,其上为溜砂坡直抵斜坡中上部花岗岩陡崖脚,相对高差 200m 左右,天然堆积坡度 34° ~ 39°。西段溜砂坡有西、东两个溜砂槽,砂槽上部的细颗粒和碎屑已溜失殆尽,坡面上残留一些大块石,原始基岩风化面有的已露出。砂坡上部至陡岩脚坡度略大于砂坡坡度,为 45°左右。

②东段砂坡。公路外侧为河流滩地,常年洪水对公路外侧坡脚基本无冲刷。公路外侧建块石干砌挡砂墙,高 9m 左右。公路面宽 7.5 ~ 8.0m。公路内侧为条石干砌挡沙墙,高 2m 左右。其上为溜砂坡,直抵斜坡中、上部花岗岩陡崖脚,相对高度 180 ~ 200m,天然坡度 36°左右,坡面上长有灌丛和草。

(2)砂坡组成结构与物理力学特征

①矿物组成与粒度成分。两砂坡的矿物组成基本相同,由黑云母花岗岩强风化的石英、云母、长石、辉石、角闪石等砂粒、碎屑和砾石组成。据试坑采样试验,砂坡上部粒度较细,以中、粗砂为主,夹少量细砂粉粒;中部以粗砂、细砾为主,夹少量细碎石;下部以粗砂、细砾为主,有较多砾、碎石及少量块石。

②砂坡结构。据砂坡中、下部探槽揭露,顺坡面有似层理结构特征。表明砂坡的活动有多次多期性。4 条似层理说明最后一期的砂坡堆积有 4 次,每次堆积都留下条带形的痕迹。

③砂坡的物理力学特征。据砂坡上、中、下部所采 3 个大样进行的物理力学性质试验,此溜砂坡组成物的抗剪强度较高,φ 值为 36°左右,与砂粒的天然休止角接近;c 值为 5 ~ 8kPa。且天然状态、风干状态、饱和状态差异不大。黏粒、粉粒等细粒含量对抗剪强度有明显的影响。

④砂坡的渗透性。试验表明砂坡内渗透系数较大,大多在 $2.5 \times 10^{-2} \sim 6.5 \times 10^{-2}$cm/s 之间,可灌性较好,为砂坡灌浆固砂措施的实施提供了条件。

(3)砂粒运动与砂坡演变规律

①砂粒运动。砂粒运动的力学特征可分为推移式和牵引式两种方式,历史上溜砂坡形成的过程属推移式运动方式;近期修建、扩建公路,开挖坡脚,引起溜砂坡再次溜动,属牵引式运动方式。

②砂坡的演变规律。砂坡的演变受控于砂坡的天然休止角。当砂坡的坡度小于此种砂的天然休止角,则砂坡趋于稳定;相反,砂坡的砂粒产生溜动。

对于已稳定的砂坡,当砂源区提供的来砂量较少时,此砂坡将继续维持稳定,并逐渐有植被覆盖。若今后若干年内,斜坡中、上部岩体再次进入强烈风化期,大量砂粒碎屑补给砂坡顶部,此砂坡将会再次活动。河流冲刷、人工开挖溜砂坡脚等自然、人为活动,破坏了稳定砂坡抗力与推力的平衡,致使砂坡复活,砂粒产生溜动。同时坡面植被也遭到破坏,降雨、风力等自然营力的作用又进一步加剧了这种破坏趋势的发展。

2)溜砂坡发生条件与机理

(1)地形条件

该区为南东东—北西西走向的深切河谷谷坡,相对高差800~1 500m,平均坡度45°左右,斜坡中上部为急陡坡、陡崖,坡度为50°~70°;下部为陡坡—缓坡,坡度40°~25°,具备了溜砂坡的形成、溜动、堆积的地形条件。

(2)物质条件

区内斜坡中、上部陡崖为燕山期晚期黑云母花岗岩,易风化。现今斜坡中、下部的砂坡堆积便是此套花岗岩历史上强风化的产物。

(3)溜砂起动条件

产生溜砂的条件有以下两条:

①强风化岩体产砂。本示范区中、上部花岗岩陡崖曾经处于强风化状态,寒冻风化较为强烈,产生过大量的砂、碎屑,在斜坡下部形成了公路修建前的溜砂坡。

②原地产砂溜动。因河流冲刷、人工开挖等原因,将原来已处于相对稳定的溜砂坡前沿削弱,破坏了原有砂坡的静力平衡,从而牵引后部砂粒运动产砂。

该区在历史上有一次或多次溜砂坡强烈的形成活动过程,属于前一种产砂方式。尔后山体岩层风化逐渐减弱,砂坡开始生长草、灌等植物,岩体表面部长一层黑色保护层。到川藏公路修建、扩建开挖溜砂坡脚时,引起了砂坡再次产砂溜动,属后一种产砂方式。

12.8.3 溜砂坡整治方案设计

1)已有工程措施及需解决的主要问题

(1)已有工程措施

西段公路内侧挡砂墙,长192.8m,分为6段,最高段5.8m,最低段2.2m,呈齿状。顶宽1m，底宽估计2m，块石浆砌结构，墙前垂直，墙后倾斜，于1998年修建，现墙体基本完好，无明显开裂变化的现象。本段挡砂墙存在主要问题：挡砂墙的高度不够，现阶段除高5.8m、4.6m两段尚无砂粒越墙进入公路外，其余段均有砂、碎石越墙进入公路。根据砂的休止角及相应坡面形状推断：挡砂墙高度应在6.0m以上才能满足砂坡坡角小于休止角的要求，从而保证砂粒不越墙进入公路。此外，挡砂墙的结构形式不利于抗倾覆和自身稳定。

东段公路内侧挡砂墙，长115.20m，高1.7～2.2m，顶宽1.2m，底宽1.5m。块石干砌，墙前垂直，墙后倾斜。于1998年以前修建，现墙体基本完好。本段挡砂墙存在主要问题：墙的高度不够，有少量溜砂满墙进入公路，根据砂的休止角及该处坡面形状推断，挡砂墙高度应在3m以上才能保障砂粒不越挡砂墙进入公路。墙体干砌，整体性差，部分条石已发生风化，墙体加高到3m以上后，稳定性和抗倾覆都达不到规范要求。

(2)此段公路需解决的主要问题

①东段。公路内侧挡砂墙高度和强度不够，需加高加固挡砂墙，防止溜砂进公路，促使溜砂坡稳定和植被的恢复。

②西段。公路内侧已建挡砂墙的高度，强度不够，需加高、加固，防止溜砂翻墙进入公路；西段溜砂坡有东西两个溜砂槽（东槽宽24～27m，西槽宽18～22m），经常有砂粒碎屑往下溜入公路，还有块石、碎石产生滚动，跳跃进入公路，有砸伤行人、车辆的可能，需要防治。此段溜砂坡还在活动，植被全无，需采用土木工程及生物工程相结合的治理措施，尽快稳定砂坡，恢复坡面植被。

两砂坡之间和砂坡西侧共有约200m的块碎石土高边坡，虽为弱胶结，但由于坡陡，有可能产生小型崩塌，需要防治加固；还有小型泥石流冲沟的防治。

2)溜砂坡整治工程设计

(1)东段干砌挡砂墙增高加固工程

将现有干砌挡砂墙增高2～3m，增高后的挡砂墙高4m（含公路以下基础1m），使砂坡坡度减缓到36°以下，满足坡角低于砂粒天然休止角的要求。增高后的挡砂墙体采用喷锚加固。其中，由于砂中成孔困难，锚杆采用R32S自钻式灌浆锚杆，倾角15°，长度5m，钢筋网采用ϕ8mm@200mm×200mm，喷射厚100mm的C20混凝土。钢筋网与土钉之间用钢垫板螺母紧固。经计算，加固后的挡砂墙，其抗剪断、抗滑稳定性、抗倾覆稳定性均能满足设计规范要求。

(2)西段公路内侧挡砂墙增高加固工程

根据溜砂坡的天然休止角计算，现有溜砂坡段挡砂墙的高度普遍不足，应将现有挡砂墙加高至6m。挡砂墙加高以后，作用在墙后的土压力增加，原有墙体自身抗剪强度、抗滑稳定性和抗倾覆稳定等均满足不了设计规范要求，所以要进行加固处理。

增高部分挡砂墙采用浆砌片石,同时注意新旧挡砂墙之间的连接。墙面布置2排R32S自钻式锚杆,水平、垂直间距均为3m,呈梅花形布置,倾角15°,长度5m,灌注M30水泥砂浆,灌浆压力0.3MPa,钢筋网采用ϕ8mm@200mm×200mm,喷射厚100mm的C20混凝土。钢筋网与土钉之间用钢垫板螺母紧固。同时增设两排排水孔,排水孔孔径110mm,间距3m,呈交错布置。挡砂墙加高后稳定性验算如下:

按朗肯土压力计算:砂内摩擦角$\varphi=30°$、天然重度$\gamma=20\text{kN/m}^3$,基底摩擦系数$f=0.5$,砂层抗剪强度$\tau=80\text{kPa}$,锚杆锚固段长度l_d取3.0m,挡砂墙顶宽0.5m,底宽2.0m,挡砂墙高度$h=6.0\text{m}$。根据锚杆布置,按每延米1根锚杆提供抗拔力计算。

经加固,挡砂墙增高后能满足墙身抗剪、墙体抗滑以及抗倾覆要求。

(3)西段溜砂坡块、碎石滚动、跳跃灾害防治

将残留在坡面上的块、巨石进行爆破清除、解体;就地埋设坡内;在挡砂墙内侧设置2m高的布鲁克柔性防护网,防护长度150m左右,防止飞石、滚石伤人、伤车。

(4)西段溜砂坡固砂治理工程

据溜砂坡特性与现场观察试验以及溜砂坡砂粒运动的动力学特点,对于稳定砂坡的土木工程措施部分,拟采用浅部、深部固砂相结合的原则进行固砂处理。而生物措施,则采用喷播草籽和移植当地灌木的办法处理。根据上述措施,形成了格梁锚杆+花管微型树根桩+土工网植草固砂护坡的治理措施。

护坡高度(斜面长)40m左右,格梁呈“井”字形排列,纵、横梁间距为5m×5m,梁为C25钢筋混凝土结构,截面尺寸30cm×20cm,结点设置R32S自进式锚杆,锚杆长度6m,采用水泥砂浆灌注,灌浆压力0.3MPa。每个格梁内按矩形布置4根长2m,直径38mm的花管,采用人工打入,并在花管内灌注强度等级为M30的水泥净浆,灌浆压力0.3MPa,形成花管微型桩用于稳定表层砂粒。在格梁内布置三维土工网,网内喷播适合当地生长的草籽或移植当地灌木。

(5)溜砂坡两侧高陡边坡治理技术

①西侧A—B段边坡加固工程

此段长60m,采用M7.5浆砌片石挡墙加固,底宽1.5m左右,西端墙高3.4m,向东逐渐增高到6m,挡砂墙与路面间边沟按标准图设计。

②中部D—E段高边坡加固工程

此段长120.4m,中间为小泥石流沟隔分为东西两段。西段长58.4m,加固斜面长14~25m。东段长54m,加固斜面长14~19m。据斜坡体结构特征,采用土钉墙支护加固。土钉为ϕ28mm钢筋,面层挂ϕ6mm@200mm×200mm钢筋网,喷射C20混凝土。

(6)小型冲沟泥石流治理方案

此冲沟为坡面深切冲沟,呈“V”字形,切割深度10~15m,两岸为松散块碎石土堆积,

有多处小型崩坍,每年都有山洪或小型泥石流进入公路排向路外河流中。该沟口底宽4m,东岸坡39°,西岸坡68°。由于泥石流规模较小,沟纵坡坡度28°,很陡,做拦蓄工程较困难。故防治工程以排导为主,通过公路处则采用过水路面排导泥石流。具体工程是离沟口24m处修建一小型拦砂坝,下接24m排导槽,与公路过水路面相接。拦砂坝、排导槽用M7.5浆砌片石,过水路面用C15毛石混凝土做成,以上推荐方案的工程设计平面布置如图12-48所示。

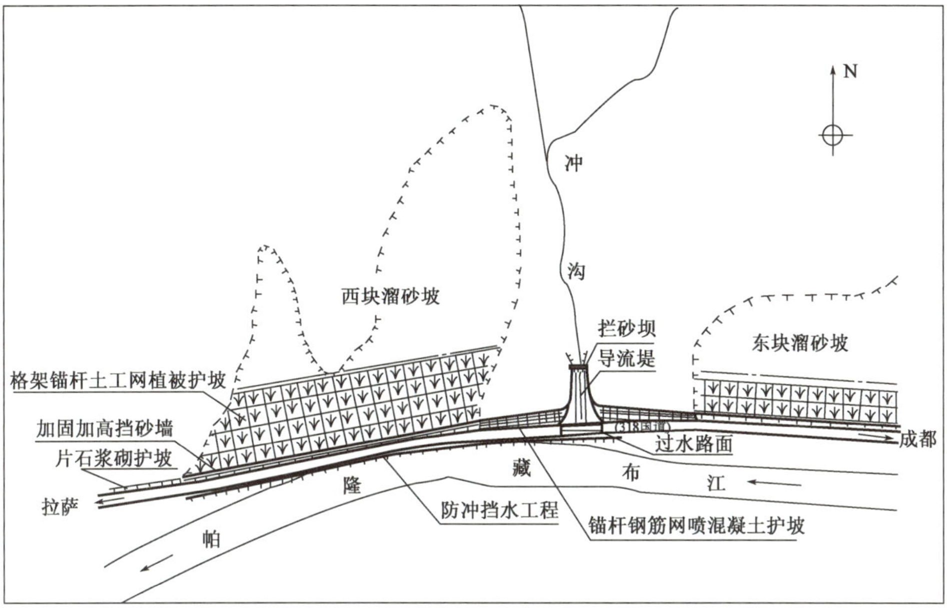

图12-48 中坝溜砂坡综合防治工程平面布置示意图

本章参考文献

陈忠达,1999.公路挡土墙设计[M].北京:人民交通出版社.

国家防汛抗旱总指挥部办公室,中国科学院·水利部成都山地灾害与环境研究所,1994.山洪泥石流滑坡灾害及防治[M].北京:科学出版社.

何思明,田金昌,周建庭,2005.预应力锚索抗滑挡墙设计理论研究[J].四川大学学报(工程科学版),37(3):10-14.

何思明,王成华,2004.预应力锚索破坏特性及极限拔力研究[J].岩石力学与工程学报,23(17):2966-2971.

何思明,朱平一,张小刚,2003.带抗滑键的挡土墙设计[J].岩石力学与工程学报,22(7):1211-1215.

贺建清,吴昊天,龙锦坤,等,2019.全埋式抗滑桩合理桩间距确定方法探讨[J].铁道科学与工程学报,16(9):2192-2198.

蒋忠信,1995. 预应力锚索最佳倾角的技术经济分析[J]. 路基工程,(5):10-12.

蒋忠信. 2000. 八渡车站巨型滑坡加固预应力锚索施工技术. 滑坡文集(第十四集)[C]. 北京:中国铁道出版社.

蒋忠信,2001. 拉力型锚索锚固段剪应力分布的高斯曲线模式[J]. 岩土工程学报,23(6):696-699.

蒋忠信,蒋良潍,2005. 南昆铁路支挡结构全动土压力分布图式[J]. 岩石力学与工程学报,24(6):1035-1040.

李婷,肖世国,2019. 考虑土拱效应的抗滑桩桩间挡土板压力计算方法[J]. 中国地质灾害与防治学报,30(4):85-91.

乔建平,1997. 滑坡减灾理论与实践[M]. 北京:科学出版社.

孙书伟,马宁,胡家冰,等,2019. 抗滑桩土拱演化特征及机理分析[J]. 铁道工程学报,11:7-12.

孙德永,2000. 南昆线八渡车站滑坡整治工程[J]. 工程地质学报,8 (增):587-590.

王成华,陈永波,林立相,2001. 抗滑桩间土拱力学特性与最大桩间距分析[J]. 山地学报,19(6):556-559.

王恭先,徐峻龄,刘光代,等,2004. 滑坡学与滑坡防治技术[M]. 北京:中国铁道出版社.

王建松,俞强山,刘庆元,等,2019. 预应力锚索张拉方式对预应力损失影响探究[J]. 公路交通科技,36(9):37-42.

王仕传,黄茂松,2003. 几种土压力分析方法回顾与比较[J]. 勘察科学技术,(5):6-9.

吴子树,张利民,胡定,1995. 土拱的形成机理及存在条件的探讨[J]. 成都科技大学学报,(2):15-19.

解明曙,1990. 林木根系固坡土力学机制研究[J]. 水土保持学报,4 (3):7-14.

张建华,谢强,张照秀,2004. 抗滑桩结构的土拱效应及其数值模拟[J]. 岩石力学与工程学报,23(4):699-703.

张思峰,陈兴吉,韩冰,等,2018. 岩土预应力锚索腐蚀损伤演化规律研究[J]. 山东建筑大学学报,33(6):1-6.

周德培,肖世国,夏雄,2004. 边坡工程中抗滑桩合理桩间距的探讨[J]. 岩土工程学报,26 (1):132-135.

张建军,吴斌,朱金兆,等, 1994. 晋西黄土残塬沟壑区水土保持林地土壤水分有效性的研究[J]. 北京林业大学学报, (S4):59-65.

周永江,何思明,杨雪莲,2006. 预应力锚索的预应力损失机理研究[J]. 岩土力学,27(8):1353-1356.

Disaster Reduction Technology
for Mountain Road and Mountain Area

第4篇

山区道路泥石流、滑坡综合减灾原理与技术支持

本篇提要

山区道路泥石流、滑坡综合减灾需要考虑灾害判识、危险性评估、监测预警与防治工程设计等环节。本篇介绍了山区道路灾害的遥感调查方法,为道路泥石流、滑坡灾害的判识提供技术支持;阐述了道路灾害的区段与典型点危险性评估方法;论述了山区道路灾害监测预警的内容与方法,并通过道路监测预警实例介绍监测预警方法的应用;从整个线路综合减灾角度,论述了选线、定线、勘察、设计等角度阐述了山区道路灾害的综合减灾原理与策略。由于山区道路泥石流、滑坡防治工程设计已经分别在第2篇第8章和第3篇第12章已有专门论述,本篇不再赘述,关于山区道路减灾工程设计请参阅本书相关章节。本篇要点如下:

(1)山区道路灾害卫星遥感解译方法;

(2)山区道路灾害区段危险性评估;

(3)道路泥石流灾害监测预警;

(4)山区道路减灾选线原理和定线原则;

(5)山区道路边坡工程与环境协调的设计原理。

The Thirteenth Chapter

第 13 章

山区道路泥石流、滑坡遥感调查

泥石流、滑坡严重危害山区道路的安全和畅通，制约着山区经济发展。为了减轻灾害，作者团队在泥石流、滑坡（含溜砂坡）灾害调查方面做了大量工作，形成了第 2 篇和第 3 篇的野外调查与勘察方法和技术。遥感技术的飞速发展给道路灾害的调查与分析带来了新的手段，在泥石流、滑坡和溜砂坡等道路灾害的调查和分析中有着广阔的应用前景。20 世纪 70 年代后期以来，随着遥感技术的发展，陆地卫星（Landsat）遥感数据在国内外开始广泛应用于滑坡和泥石流等灾害的调查和研究中。进入 20 世纪 90 年代以后，随着计算机技术、机器学习算法、大数据技术，以及近年的无人机技术的迅速发展，促使遥感技术成为泥石流、滑坡调查研究的重要工具，特别是对长大干线的线路灾害调查，显示明显的优势。本书在前人工作的基础上，根据山区大型工程建设和重要交通干线灾害遥感调查需求，较为系统地论述了泥石流、滑坡和溜砂坡等道路工程灾害的遥感解译方法。

13.1 道路泥石流、滑坡遥感调查概述

泥石流、滑坡(含溜砂坡)等山区道路灾害现象的发育与活动破坏了原有的地形、排水和植被条件,在地球表面留下了明显的活动痕迹,这些活动痕迹的特征在遥感图像上表现得十分突出,这使得遥感技术非常适用于灾害的解译和分析。

13.1.1 遥感调查主要技术手段及难点

通过非接触式探测手段,遥感可获取地表覆盖精细光谱、纹理特征,为地物信息的提取提供了基础。但由于山区道路灾害成灾机理复杂、孕灾环境多样,给灾害识别带来困难。近年来,随着遥感技术的不断发展,促使山区道路灾害遥感调查技术手段不断丰富,其中按照传感器搭载平台的不同,将适于道路灾害解译的遥感技术手段概括为航空遥感与航天(卫星)遥感。

1)航空遥感

航空遥感是指采用搭载于航空平台(飞机、飞艇、热气球等)的传感器采集地表信息的探测技术。采集的影像通常包括全色黑白和彩色影像。图像空间分辨率高,并且拍摄成立体像对,能产生地形的立体图像,可以提供详细的地形、地物信息,是坡面不稳定性分析的理想遥感图像。但航片飞摄的成本高,多时段图像信息获取成本高,而且图像质量受天气条件影响较大。

2)航天遥感

(1)灾害调查常用的卫星影像类型

航天遥感又称卫星遥感技术,主要指采用搭载于卫星平台的传感器接收目标辐射或反射电磁波的对地观测技术,主要包括可见光、多光谱、高光谱、微波遥感。航天遥感采集的影像,具有很高的光谱分辨率,并且能够周期性地获得实时影像,给坡面破坏及演化特征探测与信息提取提供了有效的技术手段。山区道路灾害调查中常用的卫星影像有以下几种类型。

①美国 Landsat 系列遥感影像

从 1972 年发射首颗 Landsat 系列卫星到现今 Landsat-8,该系列卫星已经积累了全球近 50 年的遥感影像,为灾害解译与判识奠定的丰富的系列数据基础(表 13-1),对于灾害演化趋势调查分析仍然是很好的数据源。Landsat 影像的波段,覆盖了电磁波谱的整个可见光部分和近红外及红外光谱部分,并有一个波段处于热红外波段。但传感器成像质量受天气影响大,且在灾害解译中的最大弱点是缺少立体视觉,通常在实际应用中需采用外部 DTM(数字地形模型)数据构建立体视觉信息,以弥补这一不足。

Landsat 系列卫星参数 表 13-1

卫星编号	Landsat-1	Landsat-2	Landsat-3	Landsat-4	Landsat-5	Landsat-6	Landsat-7	Landsat-8
发射时间(年-月-日)	1972-7-23	1975-1-22	1978-3-5	1982-7-16	1984-3-1	1993-10-5	1994-4-15	2013-2-11
覆盖周期(天)	18	18	18	16	16	16	16	16
扫幅宽度(km)	185	185	185	185	185	185	185	170 × 180
波段数	4	4	4	7	7	8	8	11
传感器类型	MSS	MSS	MSS	MSS、TM	MSS、TM	ETM	ETM +	OLI、TIRS
运行情况	1978 年退役	1976 年失灵,1980 年修复,1982 年退役	1983 年退役	2001 年 6 月 15 日 TM 传感器失效,退役	2013 年 6 月退役	发射失败	正常运行至今(有条带)	正常运行至今

②法国 SPOT 系列影像

SPOT 系列卫星自 1986 年已来,已经接收、存档超过 700 万幅全球卫星数据。该系列卫星 SPOT7 采用了宽全色波段和 4 个窄光谱波段,窄光谱波段的空间分辨率为 6m,全色模式的空间分辨率可达 1.5m。SPOT7 具备多种成像模式,包括区域、多点目标、双图立体和三图立体成像。凭借其出色的立体成像特性,该卫星及其系列卫星影像是用于道路灾害解译和分析的较理想的卫星影像。

③微波遥感

主要包括雷达遥感,是指采用主动发射微波探测地表目标的遥感技术。与可见光、红外遥感技术相比,微波遥感技术具有全天候昼夜工作能力,能穿透云层,不易受气象条件和日照水平的影响;同时能穿透较薄的植被覆盖层,具有探测地表下目标的能力;获取的微波图像具有明显的立体感,能提供可见光照相和红外遥感以外的信息。我国泥石流、滑坡等灾害主要集中在西南地区,这里阴、雨、雾天较多,雷达卫星影像是进行泥石流、滑坡等灾害解译和分析的理想影像。目前可获取的雷达卫星影像主要有 ERS-1、JERS、RADARSAT 和 SENTINEL 等。其中 ERS-1、JERS 不适用于山区,RADARSAT 在这方面进行了改进,适合泥石流、滑坡的遥感调查。

④高分辨率的卫星

近年来随着遥感技术的不断进步,以高分辨率为特征的卫星遥感技术突飞猛进,为滑坡灾害遥感解译提供了更为精确的影像产品。IKONOS 是美国空间成像公司于 1999 年 9 月 24 日发射升空的世界第一颗高分辨率商用卫星,是由美国洛克希德马丁(Lockheed Martin)公司设计制造的。雷神(Raytheon)公司负责建立地面接收系统和影像处理系统,即客户服务系统。QuickBird 卫星是 2001 年 10 月 18 日在美国发射成功的目前世界上商业卫星中分辨率最高、性能较优的一颗卫星。它在空间分辨率(0.61m),多光谱成像(1个全色通道、4个多光谱通道)、成像幅宽(16.5km×16.5km)、成像摆角等方面具有显著的优势,能够满足更专业、更广泛应用领域的遥感用户。KOCMCO卫星是俄罗斯资源系列卫星,分辨率为2m。2010年,中国批准实施高分辨率对地观测系统重大专项(高分专项),加速我国空间技术应用体系建设,推动卫星及应用技术的发展。截至2020年年初,高分专项共发射12颗卫星,形成高空间分辨率、高光谱分辨率、高时间分辨率,多极化、多角度的全天候、全天时、全球覆盖、对地观测能力。近年来,随着高分卫星业务体系不断成熟,GF-1和GF-2卫星的影像数据已经在山区道路灾害减灾调查中广泛应用(表13-2)。两颗卫星同为低轨道光学成像卫星,GF-1全色波段分辨率为2m,多光谱分辨率为4m,GF-2全色波段分辨率为1m,多光谱分辨率为8m(表13-3)。同时,GF-1与其后续卫星GF-2、GF-3、GF-4共同构建陆地资源调查业务星座,将覆盖全球的周期缩短至11天,重访周期缩短至1天,应急情况下,可对目标区进行数小时级重访观测,提高了GF-1在山区道路灾害目标的调查与监测能力。

GF-1与GF-2卫星轨道和姿态控制参数 表13-2

卫星编号	GF-1	GF-2
轨道类型	太阳同步回归轨道	太阳同步回归轨道
轨道高度	645km(标称值)	631km(标称值)
倾角	98.0506°	97.9080°
降交点地方时	10:30am	10:30am
侧摆能力(滚动)	±25°,机动25°的时间≤200s,具有应急侧摆(滚动)±35°的能力	±35°,机动35°的时间≤180s

GF-1与GF-2卫星轨道和姿态控制参数 表13-3

卫星编号		GF-1		GF-2
成像平台		2m分辨率全色/8m分辨率多光谱相机	16m分辨率多光谱相机	1m分辨率全色/4m分辨率多光谱相机
光谱范围(μm)	全色	0.45~0.90		0.45~0.90
	多光谱	0.45~0.52	0.45~0.52	0.45~0.52
		0.52~0.59	0.52~0.59	0.52~0.59
		0.63~0.69	0.63~0.69	0.63~0.69
		0.77~0.89	0.77~0.89	0.77~0.89
空间分辨率(m)	全色	2	16	1
	多光谱	8		4
幅宽(km)		60(2台相机组合)	800(4台相机组合)	45(2台相机组合)
重访周期(侧摆时)(天)		4	—	5
覆盖周期(不侧摆)(天)		41	4	69

(2)遥感调查需要克服的问题

山区道路遥感调查需要在复杂的背景环境中精准的识别灾害事件、预测潜在灾害的发展趋势,因此建立完善的遥感调查体系需要克服以下关键问题。

①山区道路灾害特征体系构建

不同的目标在遥感影像中呈现特殊的影像特征。因此,在山区复杂环境下沿道路分布灾害事件在遥感影像中同样表现出特有的光谱、纹理特征。如何利用不同分辨率遥感影像通过特征增强手段,获得灾害标志特征,构建灾害特征指标体,是提高灾害解译精度的关键步骤。

②灾害调查多源遥感协同

由于山区特殊多变的气候条件导致单一的遥感探测手段无法满足山区道路灾害调查,需要结合多种遥感手段协同观测。利用不同遥感模式数据获取的优势,实现全天时、全天候灾害实时观测框架。

③灾害事件动态特征判别

从灾害孕育到发生是一个动态过程,遥感技术数据获取的周期性,为大范围灾害动态特征的获取提供了有效手段。但如何利用遥感数据获取灾害动态变化特征,判别灾害所处阶段,预测灾害发展趋势,是山区道路防灾减灾关注的重要问题,也是灾害遥感调查比较困难的内容。

13.1.2 遥感影像在道路灾害调查中的适用范围

遥感影像分辨率是决定可识别灾害点规模的主要因素,而对不同规模的崩塌、滑坡、泥石流和溜砂坡的识别和分析,对遥感数据的类型和分辨率有不同的需求。对于泥石流和溜砂坡,由于它们一般由形成区、流通区和堆积区构成,平面几何面积较大,绝大部分大于0.1km^2,因此对遥感影像的分辨率和比例尺大小要求不高,一般的遥感影像都能满足泥石流和溜砂坡的遥感解译要求。由于崩塌、滑坡的规模大小差别很大,通常情况下平面尺度大于1 000m的滑坡较少,100~1 000m的滑坡较多,10~100m的崩塌、滑坡最多,所以崩塌、滑坡的遥感解译与分析对遥感影像分辨率和比例尺的要求较高;特别是解译判识崩塌和滑坡的裂缝,需要更高精度的影像。这里主要分析不同遥感影像在崩塌、滑坡灾害遥感解译中的适用范围。

(1)大于10m分辨率的卫星影像:分辨率低,可识别泥石流沟和较大的溜砂坡以及大规模的滑坡,可用于对泥石流、溜砂坡和平面尺度大于100m的大型滑坡的区域性监测。

(2)小于10m分辨率的卫星影像:分辨率较高,有立体视觉,可用于对所有泥石流沟(坡)、溜砂坡和规模较大的滑坡的识别,用于对道路灾害的监测和调查。

(3)小于1:2.5万航片:限于在较大规模的灾害监测中使用。

(4)1∶1 万～1∶2.5 万航片:分辨率较高,可以满足灾害的详查、勘测及测量。

(5)大于 1∶1 万航片:分辨率高,可以满足详细的滑坡、泥石流灾害勘测和测量。

13.2 山区道路灾害卫星遥感调查方法

山区道路属于线性构造物,沿线穿越不同的地质构造单元与地貌单元,灾害发育机理和孕灾成灾环境复杂,山区道路灾害遥感调查需要把灾害形成演化的表观特征与遥感信息特征有机结合,才能准确判识灾害,合理分析灾害发展趋势。尽管目前先进的技术和高清影像(如无人机影像)比较容易判识灾害,但是灾害形成演化的表观特征与遥感信息特征的关系仍然是做好灾害遥感调查不可或缺的基本知识。另外,如分析灾害发展趋势,还需要依赖长序列遥感信息,过往精度不高的遥感影像是不可替代的信息源,卫星影像分析也是必要的技术途径。因此,山区道路灾害遥感调查还需要把灾害表象与影像特征关系作为基础,本小节主要介绍泥石流、滑坡、溜砂坡这三种山区道路常见灾害的卫星影像解译调查方法。

13.2.1 泥石流解译方法

泥石流的遥感解译主要根据泥石流沟在遥感影像上特殊的形态特征、影像特征和组合图案来进行的。因此,在阐述泥石流遥感解译标志和方法之前,有必要介绍泥石流的遥感影像特征。

1)泥石流沟的遥感影像特征

在不同类型的遥感影像上,泥石流沟都有相似的形态、影像特征和组合图案,这些特征是解译泥石流沟的基础。

(1)泥石流沟的形态特征

泥石流流域一般可分为三个区:形成区、流通区和堆积区。形成区位于沟头及流域的上中游,呈瓢状或漏斗状,一般分布有高大的山体,沟道两侧多为陡坡;流通区位于流域中下游,沟道平直,沟谷呈“V”字形;堆积区位于流域出口处,在主河水力条件较弱的情况下,一般发育有一定规模的堆积扇,扇顶指向泥石流沟口,扇缘挤压主河。泥石流流域的这些形态特征在遥感影像上都有一定程度的体现。

(2)泥石流的卫星影像特征

泥石流形成区因山体破碎,沟谷切割强烈,在卫星影像上多呈浅色调,沟谷多表现为 V 形。泥石流形成区一般分布有不同规模的滑坡,它们在影像上表现为浅灰、灰白色的弧形影像。泥石流流通区沟道较平直,在影像上呈浅色的带状影像。泥石流堆积区在遥感影像上呈弧形影像,其色调随含水率的增加而逐渐由浅变深。在 MSS 假彩色合成影像上,含水的泥石流堆积物表现为不同程度的蓝色影像；在 Landsat-8 陆地成像仪(OLI)234 波段合成的假彩色影像上，干燥的堆积物多表现为灰白色调，含水率较低的堆积物呈浅灰色，含水率较高的堆积物则成灰色或深灰色。老泥石流堆积物因人类活动的改造和植被的发育，其图斑较复杂，颜色以灰色为主；新泥石流堆积物呈灰白等浅色调(图 13-1)。

图 13-1　云南省东北部的小江流域支沟蒋家沟 TM(234 波段)影像

SPOT 卫星影像与 OLI、TM 和 MSS 等卫星影像相比较，具有更强的立体感和更高的分辨率，影像信息更丰富，更适合于泥石流沟的解译。在形态特征方面，SPOT 影像与 OLI、TM 和 MSS 等影像特征基本一致，形成区都呈漏斗状或瓢状，色调方面则与环境背景关系密切。植被稀少的青藏高原高山湖盆区[图 13-2a)]，泥石流沟口海拔在 3 000m 以上，山顶终年积雪，流域内植被稀少，冰川作用强烈，形成区有冰川作用痕迹，影像色调主要以白色(雪被)和不同深浅的灰色调为主。而位于喜马拉雅山南坡坡麓和藏南的帕隆藏布流域的泥石流沟[图 13-2b)]，流域海拔低，降雨丰富，植被条件好，环境背景以植被的红色色调为主，泥石流沟道和堆积物则呈不同程度的灰色调，在影像上很容易识别。在泥石流强烈活动的区域，泥石流堆积扇较为发育，迫使主河水流线向对岸偏移[图 13-2a)]。

a)高山深谷发育的冰川泥石流沟影像

图　13-2

b)中低山降雨型泥石流沟影像

图 13-2 西藏中尼边境附近泥石流沟 SPOT 影像

(3)泥石流的航空影像特征

在黑白航空遥感影像上,泥石流流域的沟谷形态表现得更为明显。从整体上讲航片反映的信息比低分辨率的卫片要详细得多,立体效果更好,地面信息更为丰富,泥石流形成区、流通区和堆积区的形态更完善。

由图 13-3,可以很清晰地发现漏斗状的泥石流形成区、破碎的山体、V 形沟谷、裸露的山坡和大量分布的滑坡(崩塌),相对顺直的流通区,地势和缓的堆积区。在堆积扇上可以发现已建的泥石流防治工程和改道的泥石流古沟道。另外,堆积扇挤压主河现象也得到一定的反映。

图 13-3 蒋家沟航空影像

(4)泥石流的彩红外航空影像特征

根据国土资源部(1991 年)沿帕隆藏布拍摄的 1∶5 万彩红外航空遥感影像,发现在该类遥感影像上可获得的环境背景及泥石流活动痕迹方面的信息更多,反映得更明显,立体效果更好,最适合泥石流的遥感解译。由图 13-4 可以看出,在彩红外航空影像上,泥石流沟道呈白、灰白色带状影像,分布在沟道两侧的滑坡和崩塌呈浅色的圈椅状影像。流域内植被覆盖率比较高,影像上呈鲜艳的红色图斑。在红色背景的衬托下,泥石流沟信息反映异常明显。但因该类航片获取成本较高,目前除敏感区域采用该类航片外,我国大部分地区仍以黑白航空像片为主。

图13-4 西藏帕隆藏布流域培龙沟支沟彩红外航空像片(1991年)

2)泥石流沟的解译标志

通过分析泥石流沟的形态和影像特征,比较它与山区其他沟谷及环境背景的形态和影像差异,可以建立泥石流沟的遥感解译标志。鉴于目前比较多的采用航空像片来解译泥石流沟,这里以航空影像为例来阐述其解译标志。

泥石流地区的沟谷主要有清水沟、泥石流沟和过渡型沟谷,这些沟谷在航空影像上的形态、色调、大小等信息差异是建立泥石流遥感解译标志的基础上。

(1)形状解译标志

泥石流区域的特征地物,都以相应的形状或图斑反映在影像上。典型沟谷型石流沟的形成区,在航片上是以漏斗状影像出现的;流通区呈平直的线形或带状影像;泥石流堆积区(扇)呈扇形影像;泥石流的龙头停积,则呈短弧状影像。

(2)色调解译标志

泥石流区域的地物同样也以深浅不同的色调反映在遥感影像上。如泥石流流域,因崩塌、滑坡、严重的水土流失和较低的植被覆盖率,在航片上一般呈浅色调;清水沟流域,因植被覆盖率高,在航片上多呈深色调。因此,色调解译标志也是解译泥石流沟的主要标志之一。根据泥石流沟在影像上色调的差异,可以将泥石流区域地物分为以下三级。

①深色调:代表地物在影像波段具有较低的波谱反射率(小于30%),在影像上色调比较深。如航片上有植被覆盖的地方,河流和湖泊等水体。

②灰色、浅色色调:指黑白颜色居中者,代表的地物对该影像波段具有中等的波谱反射率(50%左右)。间歇性泥石流沟谷、泥石流堆积扇、崩塌物等松散堆积体在航片上的色调属于该范围。

③灰白、白色调:指黑白颜色最浅者,代表的地物在影像波段具有较高的反射率(大于70%)。如泥石流沟内新的坍塌面、强烈发育的泥石流沟床及高原地区的雪被和冰

川等。

(3)大小解译标志

泥石流沟的每一地物特征,同时还以面积的大小和数量的多寡反映在遥感影像上。如山坡型泥石流流域面积比沟谷型泥石流流域面积小,数量却比沟谷型泥石流沟多。每条泥石流沟,存在诸如崩塌、滑坡、土壤侵蚀等灾害现象,它们在面积的大小、数量的多少上也有很大的差异。因此,大小解译标志也是解译泥石流沟的标志之一。

其他如阴影、粗糙度、纹理等也可为解译泥石流沟提供参考依据。

西藏帕隆藏布流域是我国泥石流分布较密集的区域,根据上述解译标志,利用20世纪90年代初地矿部拍摄的1∶5万彩红外航空影像和2000年的TM卫星影像图,通过分析影像上色调、影像、纹理以及形态特征,结合实地典型路段的考察,得到该流域内不同类型泥石流沟的解译标志。

①坡面型泥石流沟解译标志。

坡面型泥石流往往发育在坡度较陡处和岩体较破碎、残坡积层较厚的山坡体上。在彩红外影像上可清晰地看到其形成区和流通区连为一体,形成纺锤形态,长条状或蝌蚪状影纹,色调上呈灰白色或浅亮色,其堆积区多位于主沟河道内。在修建公路时,因开挖山体,也形成一些小型的坡面泥石流沟,并对公路带来一定的危害,这类泥石流多沿公路呈带状展布。

②沟谷型泥石流沟解译标志。

该类泥石流沟在彩红外航空影像上具有明显的形成区、流通区和堆积区。流域沟谷长短不一,长的可达几公里,短的只有几百米。形成区多为汇水面积较大的漏斗形沟谷,沟道内分布有大量的崩塌物、滑坡体、泥石流堆积物和冰碛物等松散固体物质,源头甚至有冰川分布,在影像上呈灰白色或浅亮色调。流通区多呈"V"字形沟谷,沟道两侧发育有不同规模的滑坡、崩塌和坡面型泥石流沟,形成暗亮相间的"鱼刺"状或"蜈蚣"状影纹。堆积区位于沟口处,形成粗糙影纹的扇形堆积体。由于泥石流活跃程度的不同,形成的泥石流堆积物的影像特征也不同,可以从堆积物的色调差异或影纹变化来区分。一次泥石流作用形成的堆积物,在影像上表现得比较光滑,颜色变化不明显,形态比较完整;由多次泥石流作用形成的堆积物,在影像上形成颜色深浅不一的图斑,在老泥石流堆积物上可能发现零星分布的植被,呈红色的斑点。

帕隆藏布流域也是我国冰川泥石流和冰湖溃决型泥石流分布较集中的区域。该流域在流通区和堆积区除了具有一般泥石流沟的特征外,还具有一些特殊的影像特征。冰川泥石流的主要特征是形成区有一定面积的冰川和冰川谷分布,在影像上呈白色的带状影像(图13-5),而冰湖溃决型泥石流则在其形成区分布有一些小面积的冰川湖,在彩红外航空影像和TM234假彩色合成影像上呈蓝色或深蓝色的影像。

图 13-5 培龙沟(泥石流沟)GF-1 卫星影像

3)泥石流沟的遥感解译方法

泥石流沟是指发生过泥石流或将要发生泥石流的沟谷。利用遥感图像解译泥石流沟的工作流程,一般是根据研究区泥石流特征地物的形态特征和光谱影像特征确定其解译标志,在室内完成对泥石流沟的解译,编制解译初步成果图,然后进行野外现场验证,进一步补充和修改解译成果,或重新解译,最后编制系列图件,编写文字报告等(图 13-6)。

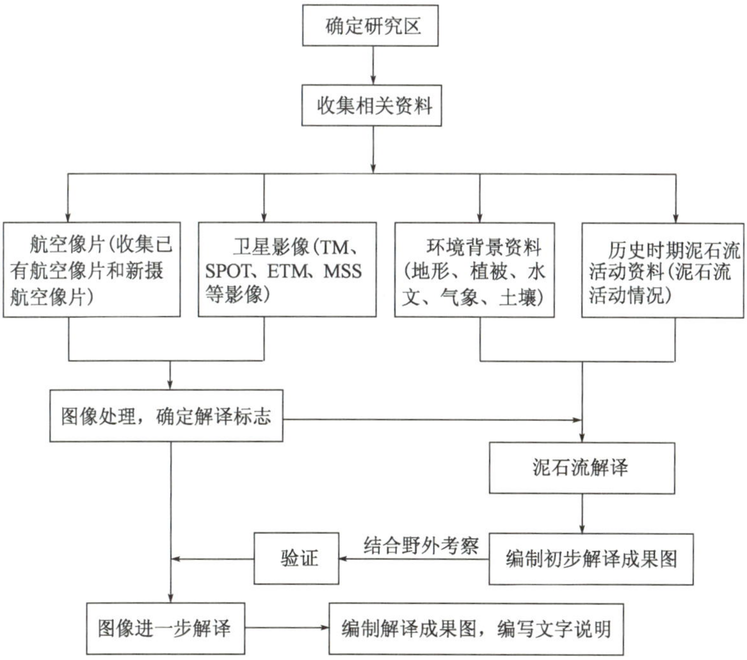

图 13-6 泥石流遥感解译工作框图

在解译泥石流沟前，需充分收集研究区不同种类和不同比例尺的遥感影像资料，以及泥石流活动资料，采用多种解译方法，可在短时间内完成研究区泥石流的遥感普查工作。常用的泥石流解译方法有以下几种。

（1）直观性解译法

这种方法是利用遥感影像直观、真实记录泥石流活动痕迹这一特点进行的。泥石流流域的不同区段在遥感影像上均有特殊的影像特征和解译标志，其中泥石流堆积区（扇）是泥石流作用的直接体现，是遥感解译的重要环节。

泥石流堆积区（扇）多呈扇形或锥形影像，扇面波状起伏，老泥石流堆积扇因地表结构致密，扇面上多有植被分布，或展布有人工建筑物，在黑白航空影像上色调偏深，图斑复杂；新泥石流堆积扇多呈浅色调，图斑单一。在假彩色合成影像上新泥石流堆积物呈浅灰色，老堆积物呈灰色或深灰色，并零星分布有红色斑点（植被）。另外，活动频繁的泥石流沟一般有比较完善的泥石流堆积扇，其扇形形态清晰，并挤压主河[图 13-2a）]，堆积扇表面垄岗起伏，这些形态特征在影像上均有明显显示。

在遥感解译过程中，最难区分的就是冲洪积扇和泥石流堆积扇，根据乔彦肖、越志忠（2001）的研究成果，在 TM 卫星影像上，泥石流扇表现为与背景色调有较大反差的、色调均匀的圆形或扇形斑点。斑点色调根据泥石流物质成分表现为浅蓝、蓝色和白色。植被发育良好区泥石流扇呈浅蓝、蓝色调，植被发育差区则为白色调。而冲洪积扇一般不具备这样的色调特征，其色调与环境背景差异不明显，图像上可发现从沟口内一直延伸到沟口外的浅色或深色线状影像（浅色线条为无水干涸河床，深色线条为有水河床）。

在 SPOT 卫星影像和航空影像上，可根据扇形体特征、色调特征、影纹结构和一些辅助特征来解译冲洪积扇和泥石流扇。

①扇形体特征

冲洪积扇与泥石流扇的扇形体特征在 SPOT 和航空影像上十分明显，容易识别。

②色调特征

一部分泥石流堆积扇是一次泥石流作用形成，其扇体色调较单一，而冲洪积扇一般由多次洪流形成，扇体往往按一定规律表现为多种色调。

③影纹结构特征

泥石流堆积扇表现为均匀分布的颗粒状、斑点状，粗糙感强烈等影纹结构；冲洪积扇则表现为斑块状、放射状或集束状纵向条纹相结合的影纹结构，特别是纵向条纹特征是冲洪积扇所特有的影像标志。这种放射状或集束状的纵向条纹是洪流多次改道所遗留的古河道影像。

④辅助特征

沟口各种建筑设施、农田、道路、树木等有无危害及危害程度是识别泥石流扇和冲洪积扇的辅助标志。正常情况下的洪流不会危及上述物体的安全,而泥石流则会对它们造成危害。

在某些山区河流,因主河水流湍急,若支沟泥石流规模小或泥石流活动频率低,堆积扇一般不发育或缺失,对这类泥石流沟,可从泥石流流通区和形成区进行解译。

a. 泥石流形成区:位于流域上游,多呈漏斗状或围谷状影像,多数泥石流沟谷形成区可分为清水汇水区和固体物质补给区。

b. 清水汇水区:位于河源地和物质补给区上游,其面积大小、植被覆盖率的高低、支沟发育的程度、坡度的陡缓,是决定泥石流活动程度和规模的重要参考依据,因此清水汇流区的解译也是泥石流解译的一个重要方面。而这些因素均能很好地反映在黑白遥感影像上。如植被良好的清水汇流区一般呈深色调,植被覆盖率低的清水汇流区一般呈浅色调。在彩红外航空遥感影像和 TM、MSS 等卫星影像上,植被覆盖良好的形成区多呈不同程度的红色调。

c. 固体物质补给区:位于流域中上游,支沟两侧广泛发育不稳定斜坡,表现为弧形影像,且交织错乱,色调有深有浅。在地质作用强烈的区域不稳定斜坡分布集中且规模较大,泥石流固体物质储备充足,在影像上色调较浅。在彩红外航空遥感影像上,西藏帕隆藏布流域的固体物质补给区呈不同程度的浅色调,与环境背景的红色调反差很大,比较容易判识。

d. 泥石流流通区:多为峡谷地形,往往呈直线形或折线形的条带状沟谷,谷坡稳定,沟床比降大,多陡坎或跌水。在影像上流通区呈平直的浅色或带状影像。山坡型泥石流的流通区很短或不存在。

以上这些特征是泥石流沟在遥感影像上的典型特征,由于受长期的断裂构造控制和人类活动的改造,很多泥石流沟不具有如此典型的影像特征,在解译时宜结合以下方法进行。

(2)不同比例尺的遥感影像配合使用法

不同比例尺遥感影像具有不同的分辨率和不同的空间尺度,配合使用可以从不同的层次解译泥石流沟,了解其活动特征。大比例尺的航空相片可以确定泥石流物质补给区的范围、不同稳定斜坡的确切分布位置以及松散固体物质方量;了解沟道的相对切割程度和泥石流作用后沟道冲淤情况;直观地分析泥石流的危害情况。小比例尺的卫星影像资料则能帮助了解泥石流的空间分布规律及其分布与断裂带的关系;泥石流支沟与主河的水砂相互作用强度等。

(3)不同时期遥感影像对比分析法

不同时期遥感影像能反映不同时期的泥石流活动情况。在泥石流暴发后短期内拍摄的遥感影像上,泥石流作用痕迹反映清晰,其影像特征比较典型。由于沟谷受长期风化剥蚀、植被覆盖及人为改造的影响，使泥石流作用痕迹逐渐模糊甚至不复存在，在相隔一定时段后拍摄的遥感影像上，泥石流形迹反映较微弱甚至消失。而有些沟谷则在沉寂数年后又暴发泥石流，部分掩盖老泥石流的痕迹有可能使不同时期泥石流活动形迹在影像上均有体现。因此，对比分析不同时期的遥感影像，可以有效地减少漏判，并有利于充分了解泥石流活动的具体时段和活动周期，掌握典型沟谷泥石流灾害史，分析泥石流作用前后沟道变化情况，阐述人类活动对泥石流形成的影响。

(4)综合解译法

遥感影像记录了大量与泥石流活动相关的信息，同时也记录了泥石流的环境背景信息(包括地质、地貌、植被、土壤、水文气象、人类活动等因素)，而泥石流作为一种环境灾害，其形成必须具有丰富的可供被搬运的松散固体物质、充沛的雨量和一定的沟床条件。这些因素与断层、岩性、不良地质体、人类活动等有直接关系，也与植被、地貌条件和山坡陡缓程度有相当密切的关系，而这些因素(除降雨外)都比较充分地暴露于地表，它们的信息都能被遥感影像所记录。因此，在解译泥石流沟时，参考这些环境背景信息，有利于提高解译的准确性和效率，并且有利于确定泥石流的危害程度或潜在危险程度。

4)解译实例

(1)流域形态比较明显的泥石流沟的遥感解译

对于泥石流形成区、流通区和堆积区表现比较明显的泥石流沟谷，在遥感影像上比较容易解译，下面我们以蒋家沟流域为例来介绍该类泥石流沟的解译。

蒋家沟流域处于云贵高原北部，乌蒙山脉西沿，属滇东北高山峡谷区。蒋家沟位于小江河谷右岸，是小江流域泥石流暴发最为频繁的一条暴雨泥石流沟(平均每年泥石流暴发达10次以上)。

①流域环境背景解译

地质背景方面蒋家沟泥石流发育与该区域的地质构造密切相关，流域位于小江深大断裂带内，小江断裂东西两支正好在蒋家沟下游交会，因此该流域新构造运动活跃，地震活动强烈，岩层被南北、北东、北西的三组断裂交叉切割，十分破碎。从航片和卫星影像上可以清晰地看到三条明显的断裂带，破碎带内因物质破碎，颜色呈浅色调(图13-1)。根据航片资料和小江流域1∶200 000区域地质资料，该流域出露的地层主要分为下元古界昆阳群浅变质岩，约占整个流域的80%，蒋家沟泥石流的固体物质主要以千枚岩、板岩等变质岩为主；且流域植被覆盖率较低，导致整个流域在航空影像上呈不同程度的灰色调，比较其他流域而言，颜色偏浅。地貌上，流域地势东高(最高海拔3 269m)西低(最低海拔1 042m)，呈阶梯状下降，山高坡陡是蒋家沟流域地貌的又一特征，岭谷相对高差达500m左右。流域形态呈东宽(7km)西窄(2km)的葫芦瓢状。根据航片解译和地形图资料，流域内沟谷发育，其沟床纵坡平均为18%，沟谷横断面为“V”形。

②水土流失情况

蒋家沟流域水土流失严重，在立体镜下，面蚀、细沟侵蚀、小冲沟侵蚀等侵蚀现象清晰可见。细沟状面蚀在航片上呈栅状；小冲沟在航片上呈羽毛状排列，色调均为浅灰甚至灰白色调。

③泥石流特征解译

在蒋家沟航片镶嵌图（图 13-3）上，很容易区分出泥石流的形成区、流通区、堆积区。在形成区：流域形成区在航片上表现明显，由清水汇流区和固体物质供给区组成，呈扇状或漏斗状。清水汇流区因植被覆盖率较高，颜色较深。固体物质供给区因坡面侵蚀和切割作用，地表破碎，滑坡广泛分布，颜色呈灰白色。在流通区：流通区上段属于深切河谷段，断面形态呈“V”形；下游段属于带状宽谷段，横断面呈“U”形，色调为灰白色或白色，呈平直的带状展布。在堆积区：呈扇形，扇面平坦，地势和缓，扇面上泥石流改道后留下的痕迹清晰可见，扇面色调呈灰色，因泥石流的不断淤积和改道，堆积扇上图斑较为复杂。主河沿对岸山脚通过，反映出蒋家沟泥石流活动强烈。

（2）以堆积区形态特征为主的泥石流沟遥感解译

藏南帕隆藏布流域的某些泥石流沟，其流通区因植被覆盖率比较高，在遥感影像上主要显示为植被的影像特征，泥石流流域形态特征表现不明显；而形成区多被雪被覆盖，难以获取有效信息。对该类泥石流沟的解译应以泥石流堆积区（扇）为突破口。下面我们以西藏古乡沟为例来阐述该类泥石流沟的遥感解译（图 13-7）。

a）彩红外航竖影像（1991年）

b）Landsat-8影像（2018年）

图 13-7　西藏古乡沟彩红外航空影像和 Landsat-8 影像

古乡沟位于西藏东南波密县古乡村境内，川藏公路 K4 035 处，东距波密县城 40km 左右，属帕隆藏布中下游右岸的一级支流，流域面积 25.2km^2，主沟长 8.7km，主沟床平均比降为256.1‰。流域最高海拔6 303m,最低海拔2 560m,相对高差3 743m,山体平均坡度36.9°。

由图13-7可知,古乡沟泥石流堆积扇形态清晰,扇上泥石流痕迹明显,Landsat-8相片上呈灰白色,TM影像图上呈浅灰色,与周围环境的色调差异明显;老泥石流堆积物上覆盖有植被,在影像上很容易识别,且不同规模的泥石流对堆积扇东侧作用更强烈,形成东西两侧不同的地貌景观。对比分析1991年和2018年的影像特征发现,2018年新泥石流堆积物的面积比1991年小,说明目前古乡沟泥石流活动具有逐渐减弱的趋势。

(3)以流通区形态特征为主的泥石流沟遥感解译

在高山峡谷区,主河水流湍急,且河宽较窄,泥石流的堆积区被主河改造明显,甚至缺失,其流通区和形成区是解译泥石流沟的主要依据;在高山冰雪区,形成区也难以获得清晰影像,就只能依靠流通区的影像特征判识泥石流。西藏帕隆藏布流域的培龙沟是一个典型的例子。

培龙沟流域面积86.1km^2,主沟道长18.75km,沟床纵比降132.17‰,流域源头最高峰海拔5 828m,与沟口地形高差3 828m,山坡平均坡度达32°。海拔2 850m以上的圈椅形围谷被现代海洋性冰川和常年积雪所覆盖,山坡及脊峰基岩裸露、岩壁陡峭。其下沟谷形态呈较宽顺畅的“U”形谷地。泥石流汇入帕隆藏布,大量堆积物被主河冲蚀,堆积扇发育不典型。全流域植被长势良好,覆盖面积33.5km^2,占流域面积的38.9%,其彩红外影像如图13-4所示。

20世纪初和1951年培龙沟均暴发过较小规模的冰川泥石流,之后一直处于相对稳定状态。1984年和1985年该沟连续两年暴发特大规模冰川泥石流,堵塞干流帕隆藏布江,形成长达6.5km的湖泊,迴水淹没公路近7km,冲毁80多台汽车,数人死亡,经济损失上亿元。由于泥石流带来的大量固体物质淤塞于河床,使该段河床整体抬高了10m,目前残留的堵塞物质仍有230万m^3(朱平一等,2000)。

在培龙沟彩红外航空相片(图13-4,1991年)上,可以清晰地发现灰白色、呈条带状展布的泥石流流通区,在TM卫星影像(2000年)上,距泥石流活动已有10年,泥石流作用痕迹有所减弱,流通区条带状影像依然存在,流通区颜色呈浅灰色。

13.2.2 山区道路滑坡遥感解译方法

崩塌、滑坡是一种块体运动,它的发育和活动严重破坏了原有的地表结构,这些破坏后的地表结构在遥感影像上具有明显的影像特征,根据这些影像特征可以判识滑坡或分析滑坡的活动性。

1)滑坡的遥感解译标志

(1)地形的改造及其遥感解译标志

滑坡活动对地形的改造作用十分突出,主要表现为凹凸坡面、后壁陡坎、圆丘地貌以及裂缝。

①凹凸坡面:滑坡活动过程中,由于坡面上部物质下滑形成凹面,而坡面下部在滑动受阻后造成物质堆积,形成上凹下凸的凹凸坡面。这种凹凸坡面在遥感影像上具有明显的影像特征,如图 16-8a)所示。

②后壁陡坎:突然变化的坡面,这种坡面通常是凹形的,并且在后部是陡坎,同时伴随着坡面前部凸起的堆积物,坡面上有不规则的圆丘地貌,后壁呈半圆形,如图 13-8b)所示。

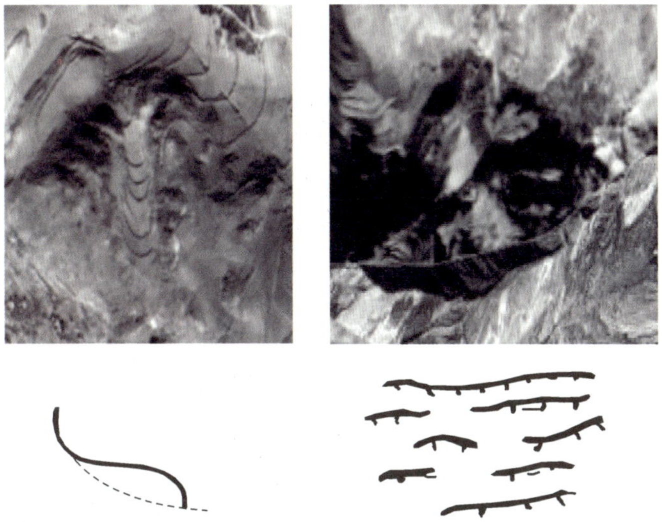

a)凹凸坡面　　b)后壁陡坎

图 13-8　滑坡对大地形的改造及其影像特征

③地表裂缝:滑坡在微地形特征上还会出现一系列裂缝和局部隆起与陡坎,在高清影像上可以明显判识,如图 13-9 所示。

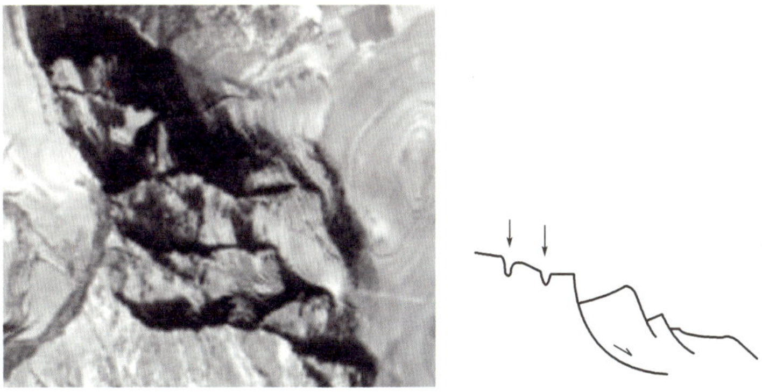

图 13-9　滑坡对小地形的改造和影像特征

(2)排水条件的改变及其遥感解译标志

由于滑坡运动破坏了地表结构,造成原有的排水沟系遭到破坏,使排水条件混乱,排水系统不规则。这种改变在遥感图像上表现出不同的影像特征。如积水区的出现:坡面脚部有流水渗透区域,造成完全不同的土壤湿度条件,这在遥感影像上表现出暗色调;滑坡体的突起部分持水条件差,含水率低,植被条件差,在遥感影像上表现出浅色调。

(3)植被的破坏及其遥感解译标志

滑坡运动破坏了地表结构,改变了排水条件,造成立地条件的改变及植被分布的变化。一般来讲,不稳定坡面上覆盖的植被常常遭到破坏,在遥感影像上表现出不同的影像特征。由于水分条件的改变,导致植被外貌呈现混乱状态,在悬崖顶部和其他陡坎部位,没有植被。在遥感影像上稀疏的植被条件显示出浅色调,湿润的条件显示出暗色调,如图13-10所示。

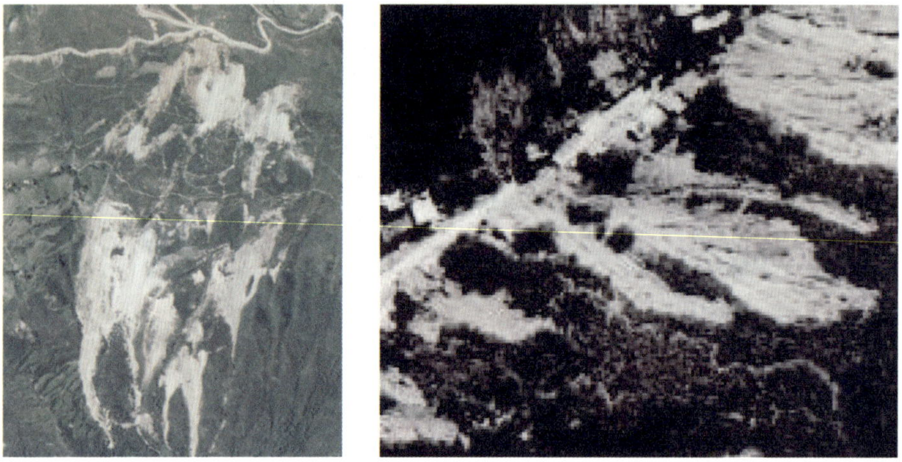

a)　　　　　　b)

图13-10　不稳定滑动面上植被的影像特征

①在台阶地形上呈条带状分布的不连续植被

台阶面上植被生长良好,台阶陡坎上植被生长较差,形成植被的横向条带状分布,在遥感图像上表现为明暗色调相间的横向条带。

②稀疏的带状植被,色调较浅

滑坡崩滑体的发生,造成坡面植被的破坏,同时破坏了坡面的土壤条件,影响植被的生长,形成稀疏的纵向带状植被,在遥感影像上表现为浅色调的纵向条带。

③植被在滑坡体上与周围位置不同

由于滑坡体的立地条件与周围坡面的立地条件有明显的改变,滑坡体上植被发育也与周围坡面有明显差异。在遥感影像上表现为滑坡上为不规则的影像色调,而周围坡面表现出相对一致的影像色调。

④植被因排水条件的不同而变化

排水条件的不同造成土壤湿度条件的差异,进而造成植被的不同。干燥的部位植被稀疏,显示出浅色调;湿润的部位植被浓密,显示出暗色调。

2）滑坡活动性的遥感解译分析

通过地形、植被和排水等影像特征可以从遥感影像上判别出滑坡后，还需要判断滑坡的活动性。对地形、植被、排水等影像特征的色调、纹理、形状、轮廓分析对比，是滑坡活动性遥感分析的主要方法（图13-11）。

图13-11　雅鲁藏布流域滑坡群（Sentinel-2影像）

（1）地形影像特征分析

①活动滑坡的陡坎、台地和裂缝具有明显边界，而停止活动滑坡的陡坎、台地和裂缝的边缘因侵蚀作用变得平缓圆滑。

②活动滑坡的裂缝和凹陷地明显，没有填充物，而停止活动滑坡的裂缝和凹陷地被侵蚀物充填。

③活动滑坡的陡坎或坡脚有再次的块体运动，而停止活动滑坡的陡坎或坡脚是稳定的，没有再次的块体运动。

④活动滑坡的滑动面和横向裂缝上有擦痕纹理，而停止活动滑坡的滑动面和横向裂缝因流水侵蚀变得光滑无纹理。

⑤活动滑坡具有粗糙的不规则的微地貌，而停止活动的滑坡具有平滑的微地貌。

（2）排水影像特征分析

活动的滑坡有后倾斜坡，造成排水特征的混乱，而停止活动的滑坡则因流水侵蚀后倾斜坡已不明显，混乱的排水特征已基本恢复。活动滑坡的排水条件不规则，甚至局部有水塘，坡脚有渗流或泉水，而停止活动的滑坡排水条件因侵蚀得到改善，局部的水塘和坡脚的渗流或泉水已基本消失。

(3)植被影像特征分析

①活动滑坡体上的植被条件受块体运动影响而间断分布,而停止活动的滑坡已被连续的植被覆盖。

②活动滑坡没有清晰的土壤发育,而停止活动的滑坡则有新的土壤发育。

③活动滑坡体上的植被类型不规则,次生植被较多,而停止活动滑坡的植被类型不规则性已不明显。

13.2.3 溜砂坡遥感解译方法

溜砂坡是坡面堆积的一种特殊形式,是在重力作用下的砂粒搬运与堆积过程,主要发生在较为干旱的花岗岩山区,在我国西部较为干旱的花岗岩山区有较多分布,如西藏、新疆等地。因砂粒补给物的不间断性和植被生长困难等原因,自然条件下溜砂坡多处于极限平衡状态,流砂活动频繁,严重影响通过坡脚的公路安全,是西部山区公路的主要灾害之一。

溜砂坡在遥感影像上与滑坡(崩塌)等灾害有着相似的影像特征,但因溜砂坡的发育背景、地貌形态和活动特征的特殊性,在遥感影像上与崩塌、滑坡等不稳定坡面又有着显著的区别。现以目前溜砂坡灾害最为严重的地区之一,川藏公路然乌—中坝段为例,利用彩红外航空相片结合对川藏公路然乌—中坝段的实地考察,分析溜砂坡的影像特征及其与其他不稳定坡面遥感影像的区别,探讨溜砂坡遥感判识的标志与方法。

1)溜砂坡特征与遥感解译标志

溜砂坡在砂粒运动和堆积过程中改变了原有的地貌形态和植被条件,这种改变在遥感影像上有明显反映(图13-12),为溜砂坡的遥感解译提供了解译标志。

图13-12 川藏公路帕隆藏布段溜砂坡遥感影像

(1)溜砂坡地貌特征与遥感影像特征

①溜砂坡的地貌特征

由于溜砂坡在形成过程中对地貌形态改变不大,所以在大的地貌形态上并没有明显的特征,但在坡面沟系形态和坡脚堆积形态上却有着明显的特征。

溜砂坡多发育在较为干旱的地区,坡面流水侵蚀过程相对较弱,但在坡面上仍发育了明显的沟系,沿坡面流水作用形成的沟系汇集向下运动。坡面基岩在强烈的物理风化作用下产生的砂粒在重力作用下向下运动,这种砂粒运动不像水流运动那样具有较强的侵蚀作用,也没有溯源侵蚀现象,所以溜砂坡沟系的地貌形态与一般坡面沟系地貌形态有较大差别。溜砂坡沟系沟槽宽浅,沟槽边缘平缓,沟系流线平滑。

流砂在坡脚堆积,多形成圆滑的倒锥形堆积体,这种倒锥形堆积体与一般的倒石锥有较大区别。一般倒石锥下部堆积物颗粒粗大,上部堆积物颗粒较细,因不同颗粒粒径堆积物的自然休止角不同,造成锥体上下部的坡度有较大变化,而溜砂坡的颗粒粒径较为均一,堆积体坡度无明显变化。溜砂坡倒锥形堆积体顶部有明显的细长锥尾。

②溜砂坡遥感解译的地貌标志

上述溜砂坡的地貌形态在遥感影像上均有明显的影像特征,这些特殊的影像特征成为溜砂坡遥感解译的地貌标志。

a. 平滑的流线型沟系:坡面上部沟系流线平滑,由于砂粒运动的磨蚀作用,坡面上部沟系无任何植被生长,且含水率低,在遥感影像上为强反射区,在彩红外航片上呈现白色的光滑流线。

b. 形态圆润的堆积体:溜砂坡的堆积体前缘因无崩落的零星石块,其形态呈圆润的扇形堆积体。因溜砂坡透水性好,持水性差,且缺少植物生长的细粒物质,植被难以生长,在遥感影像上为强反射区,在彩红外航片上呈现白色前缘形态圆润的扇形体,前缘无白色毛刺。

c. 细长的锥尾:每个溜砂坡堆积体都有一个供砂沟槽,这个供砂沟槽汇聚了坡面上部的砂粒,并在沟槽下部散流堆积,形成倒锥形堆积体。这个沟槽连接坡面上部沟系和坡脚的堆积体,在遥感影像上为强反射区,在彩红外航片上呈现白色光滑的尾状线条,线条下粗上细。

(2)溜砂坡植被的遥感影像特征

①溜砂坡的植被特征

溜砂坡发育地区气温较低,降水量少,再加上强烈的物理风化作用和重力搬运过程,山坡上部多为裸露的基岩,无植被生长。山坡下部因有坡积物存在,土壤和持水条件相对较好,有植被生长,但在溜砂坡堆积区植被不连续或不完整。在强烈活动的溜砂坡堆积区无植被生长;活动时间较短的溜砂坡堆积区无草灌生长,但仍有稀疏的乔木生长;在活动较弱或静止期溜砂坡堆积区有稀疏草或灌生长,但无乔木生长。

②溜砂坡遥感解译的植被标志

上述溜砂坡的植被特征在遥感影像上亦有明显的影像显现，这些影像特征就是为溜砂坡遥感解译的植被标志。

a. 不连续的山坡底部植被带：溜砂坡发育地区的山坡上部为裸露基岩，底部有一不连续的植被带，在遥感影像上山坡上部为强反射区，山坡底部为不连续的弱反射区，在彩红外航片上山坡底部为一不连续的红色条带。

b. 缺失的扇形植被：强烈活动的溜砂坡堆积造成植被无法生长，在山坡底部的植被带上形成一个扇形植被缺失，在遥感影像上表现为扇形强反射区，在彩红外航片上表现为红色条带中的一白色扇形区。

c. 稀疏的扇形植被：在活动时间较短、活动较弱或静止期的溜砂坡堆积区仍有稀疏植被生长，在遥感影像上与条带状植被有明显区别，稀疏的乔木在彩红外航片上表现为零星的红色分布，稀疏的草灌在彩红外航片上表现为零星的粉红色分布。

2）溜砂坡与滑坡遥感影像特征的区别

溜砂坡与滑坡均为斜坡变形破坏，在遥感影像上有一定的相似性，在遥感解译时易与滑坡产生混淆。需要区别溜砂坡和滑坡在遥感影像上的地貌形态、植被特征和水系特征等标志，以防误判。

（1）溜砂坡与滑坡在地貌形态上的区别

溜砂坡堆积体和滑坡在地貌形态上有较大相似性，都有着圆弧状形态，它们的主要区别有：滑坡有陡峭的后壁，而溜砂坡堆积体无陡峭后壁；滑坡后壁一般有明显的弧形裂缝，在遥感影像上有明显的标志，而溜砂坡后壁则多为基岩，无裂缝；溜砂坡堆积体顶部有一条输砂沟槽，在遥感影像上呈浅色的倒置漏斗状，而滑坡顶部无明显沟槽；在顺坡方向，滑坡体呈阶梯状，而溜砂坡堆积体坡度较均一、坡面平滑。

（2）溜砂坡与滑坡在植被特征上的区别

滑坡造成的缺失或稀疏的条带状植被多为长条状，呈纵向和横向分布；而溜砂坡造成的缺失或稀疏的植被多为扇形，只呈纵向分布。

（3）溜砂坡与滑坡在水系特征上的区别

溜砂坡对坡面排水系统并没有本质性的改变，无溯源侵蚀，只是将坡面沟槽磨蚀得比较光滑平缓，在遥感影像上表现为浅色的平滑流线沟系。滑坡活动破坏了原有的排水沟系，使排水系统混乱，排水通道不规则，两者在遥感影像上表现出不同的影像特征。局部积水区的出现，在遥感影像上表现为局部的深色图斑；坡面脚部有流水渗透区的土壤湿度差别，在遥感影像上表现出暗色调；滑坡体的凸起部分持水条件差，植被差，在遥感影像上表现出浅色调。

13.3 山区道路灾害航空遥感调查方法

卫星遥感为大范围山区道路灾害提供了较好的解决方案，但在灾害精细化调查中，卫星遥感调查无法获取灾害详细特征信息，不能满足灾害识别精度要求。而航空遥感的近距离高精度特点，正好弥补了这一不足。本节主要介绍无人机和机载激光雷达在灾害调查中的应用。

13.3.1 无人机灾害精细化调查

1)无人机灾害调查应用特点

无人机遥感测绘技术，是近年来快速兴起的航空遥感技术，作为航天遥感技术的补充，技术发展迅速，在山区道路灾害调查中得到广泛使用。其主要特征如下(李德仁，李明，2014)：

(1)响应迅速

无人机系统运输便利、升空准备时间短、对起降条件要求低、操作简单，可快速到达监测区域，机载高精度遥感载荷可以在1～2h内快速获取遥感监测结果。在大范围突发性灾害事件调查中，无人机以其编程组网观测同样可以在较短的时间内获取灾害详细信息。

(2)图像分辨率高

无人机遥感获取图像的空间分辨率达到分米级，适于1:500或更大比例遥感调查的需求。无人机搭载的高精度数码成像设备还具备大面积覆盖、垂直或者倾斜成像的能力。而且目前无人机遥感可采用计算机视觉中多视图三维重建的核心技术——运动恢复结构(Structure from Motion，SfM)，在获取平面影像信息的同时，可生成研究目标高精度三维形态模型数据，并快速生成地形图与正射遥感影像。

(3)自主性强

无人机自动控制技术保证其飞行姿态与稳定性的可控性，在灾害调查中可按照预定飞行航线自主飞行、拍摄，航线控制精度高。飞行高度为50～4 000m，高度控制精度一般优于10m，速度范围为70～160km/h，适应不同的遥感任务。

(4)操作简单

飞行操作自动化、智能化程度高，操作简单，在飞行任务中处理临时故障机动性强。一旦遥控失灵或者出现其他故障，可自动返航到起飞点上空，盘旋等待。若故障解除，继续完成任务。这一特性保证无人机飞行安全，更加适用于复杂山区灾害调查任务。

灾害调查中，无人机遥感主要通过灾害在影像中的光谱特征及形态特征判识灾害及其性质。泥石流或滑坡发生后，灾害影响区域与周围环境的光谱特征差异明显，当特征表现明显时，通过目视解译即可获灾害范围。在特征表现不明显时，则通过波段计算生成全图特征值,设置合理的阈值即可提取滑坡的边界信息。通过影像纹理及形态特征,结合生成的三维形态模型数据可提取灾害详细的分区结构信息。具备上述特点,近年来,无人机遥感技术在灾害调查中得到广泛应用。现以白格滑坡堰塞湖的遥感调查为例,说明无人机在灾害调查中的应用。

2)应用实例

2018 年 10 月 10 日在西藏江达县波罗乡白格村发生大规模山体滑坡事件,巨量的滑坡体冲入金沙江内形成堰塞湖,库容达到 $2.9 \times 10^8 m^3$。10 月 12 日 17 时,积满的堰塞湖发生自然溢流,到 13 日 9 时左右堰塞坝右岸拢口已完全冲开,湖水水位下降 20 多米,消除溃决风险。11 月 13 日 17 时,第一次滑坡形成的危岩体发生第二次崩滑,顺势而下的滑坡碎屑堆积于残留的堰塞坝之上,形成更大规模的堰塞湖。11 月 12 日,堰塞湖蓄水量达到 $5.24 \times 10^8 m^3$,最终经过人工开挖溢流槽有效地降低了库水位,堰塞湖溃决风险才得以解除(邓建辉等,2019;钟政等,2021)。

本次灾害调查与应急处置中,无人机凭借其快速灵活的优势在滑坡形态分析、危岩体识别监测、堰塞坝溢流槽设计中发挥了重要作用。数据采集、处理、信息获取流程如下:

(1)野外数据采集

精确的数据采集工作是灾害目标精细化调查的前提,进行无人数据采集前,首先需要对飞行区域进行评估,确定大致飞行高度、飞行航线、地面控制点布设方案。航线设计时无人机航测数据采集的重要环节,保证一定的航向重叠率与旁向重叠率为设计的基本原则(图 13-13)。在地形起伏较大的区域,航线设计时可适当增加重叠率,同时避免操控设备与无人机信号失联。地面控制点主要用于校正局部高程变化在成像过程中导致的几何畸变,随着无人机飞控系统与影像拼接技术的不断提高,使得地面控制点工作量大幅缩小。在滑坡灾害调查中,控制点需均匀布设与滑坡边缘及内部,采用实时动态(Real-Time Kinematic,RTK)载波相位差分仪器建立基准、移动站测量的方式,获取控制点精准坐标与高程数据。

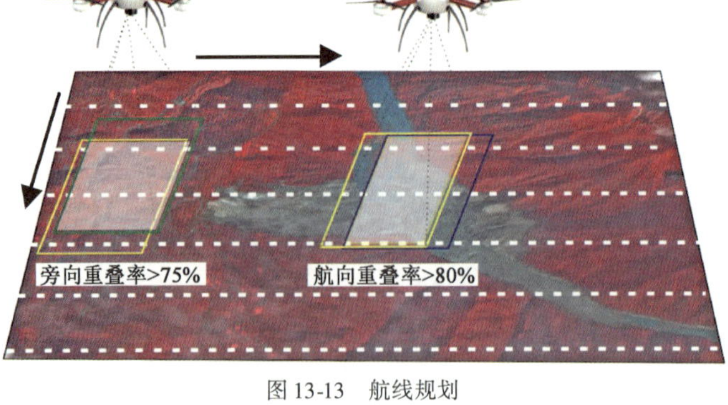

图 13-13　航线规划

(2)数据生成

野外采集的原始数据为测量单元的单幅影像数据,以及拍摄时无人机飞行姿态与镜头参数,将其进行后续处理生成数字产品(图 13-14、图 13-15),才能满足灾害目标精细化分析需求。主要步骤包括:飞行姿态数据(Position and Orientation System,POS)影像定位、影像质量评估与剔除、点云生成、噪声去除、空中三角网建立、数字地表模型(Digital Surface Model,DSM)生成、影像配准、影像融合、正射影像生成等步骤。

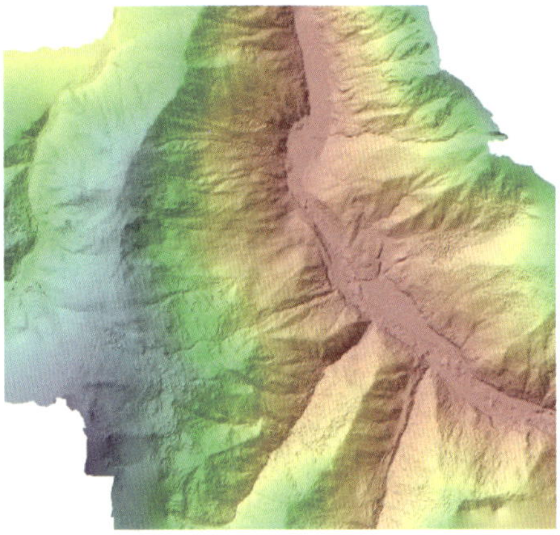

图 13-14　无人机三维模型

图 13-15　正射影像

(3)数据应用

传统山区道路滑坡调查,主要依赖于人工勘察的方式进行,数据测量多基于单点的方式进行,具有工作量大、精度低的缺点。无人机生成的数字产品不仅精度高,而且能详细刻画滑坡三维信息与影像信息,为滑坡精细分析体用基础。其中主要应用包括:滑坡形态特征识别(如滑坡后壁、滑面、剪出口等特征的标识),滑坡后缘与侧壁裂缝与危岩体识别(图 13-16),结合差分模型估算滑坡方量,滑坡运动过程模拟等。白格滑坡属于典型的滑坡—堰塞湖—溃决洪水灾害链实践,除上述应用之外,采集的无人机数据同样应用在了堰塞湖库容计算、溃决洪水风险评估、溢洪槽设计等工作中。

基于无人机摄影测量技术的滑坡精细化调查是掌握滑坡详细信息、评估风险、应急抢险的重要手段。通过白格滑坡案例中的应用,可以看出无人机数字产品在此过程中充当了基础数据的角色,可衍生出灾害应急抢险决策所需的各种信息,辅助决策者做出合理的判断。因此,无人机必将成为未来山区道路灾害精细化调查的主要手段。而且随着飞控系统与数据处理水平的不断提高,无人机组网测量模式会取代目前无人机单机测量模式,大幅提高数据采集效率与精度。

a)第一次滑坡后壁裂缝

b)第二次滑体来源于裂缝前部临空岩土体

图 13-16　裂缝与危岩体识别

(滑坡发生后形成的陡崖后侧出现贯通裂缝,即可将此部分岩土体判识为危岩体,需对其进行风险分析与长期监测)

13.3.2　机载激光雷达(LiDAR)潜在灾害调查

山区道路大型古滑坡、泥石流沟是潜在灾害孕育的温床,但由于其表面覆盖的植被遮挡导致常规可见光遥感探测的手段,无法获取真实的三维信息,判别山地损伤。因此,机载 LiDAR 技术在山区道路潜伏山地灾害调查中具有重要的作用。

1)机载 LiDAR 原理与技术特点

机载 LiDAR 技术的发展源自 1970 年,是一种主动式对地观测系统,集成激光测距技术、惯性测量单元(Inertial Measurement Unit, IMU)技术、DGPS 差分定位技术于一体(图 13-17)。与其他遥感技术相比,机载激光雷达系统具有自动化程度高、受天气影响小、数据生产周期短、精度高等技术特点。机载 LiDAR 系统能在狭小的区域内发射、接受密集激光脉冲(通常最高可达每秒 150 000 次脉冲),是目前最先进的地形表面密集采样点空间坐标信息实时获取的航空遥感系统(Ackermann,1999)。

虽然机载 LiDAR 是精密而复杂的集成系统,但其核心定位原理比较简单,如图 13-18。若空间有一向量,其模为$|r|$,方向为(ϕ,ω,k),如已知该向量起点 O_s 的坐标为(x_s,y_s,z_s),则该向量的另一端点 P 的坐标(x,y,z)可唯一确定。对于机载 LiDAR 系统来说,起点 O_s 为激光发射器中心,其坐标(x_s,y_s,z_s)可利用无人机搭载 GPS 和地面 GPS 动态差分求出;向量 r 的模是机载激光测距仪到地面激光脚点间的距离,通过激光传播时间与速度即可求出。激光测距仪的姿态参数(ϕ,ω,k)可以利用高精度姿态装置进行量测获得。同时在计算过程中还必须顾及一些系统误差,包括激光测距仪相对于 GPS 天线相位中心的偏差,激光扫描仪机架的三个安置角(翻滚角、俯仰角和航偏角),以及 IMU 相对于 GPS 的偏心

矢量及 IMU 机体同载体坐标轴间的视轴偏心角等。通常这些误差检校在地面检校场进行（张小红，2002）。

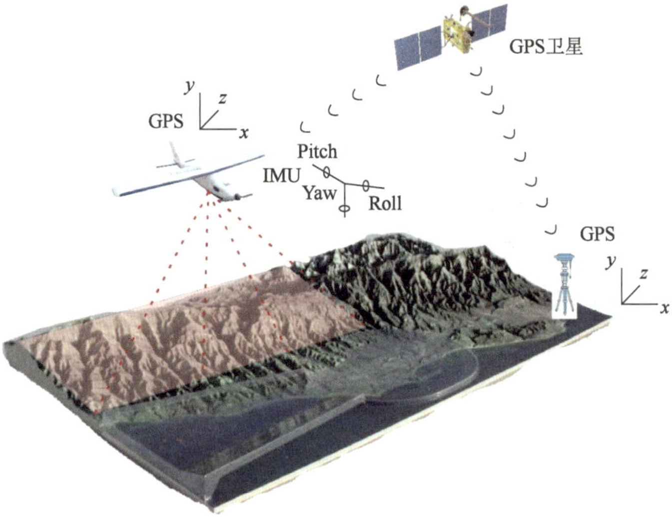

图 13-17　机载 LiDAR 系统示意图

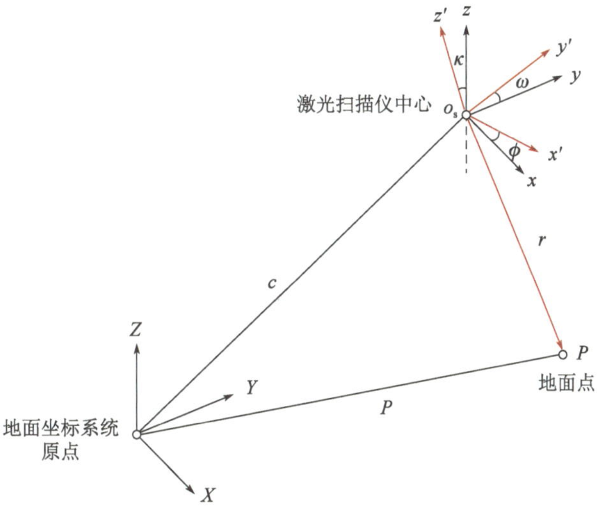

图 13-18　机载 LiDAR 对地定位原理

对山区灾害调查而言，机载 LiDAR 技术的优势在于其能穿透地表植被覆盖，获取真实地表三维数据，通过地形分析可绘制潜在滑坡，进而评估山体破坏情况。原理如图 13-19 所示，激光测距仪进行扫描测量时，不断向测绘区发射激光脉冲，当脉冲接触树冠或者真实地表后都会产生回波脉冲，但由于反射面不同，激光回波强度存在较大的差别。原始数据通过后期处理，可以得到不含植被反射的点云数据，生成真实地表三维信息。

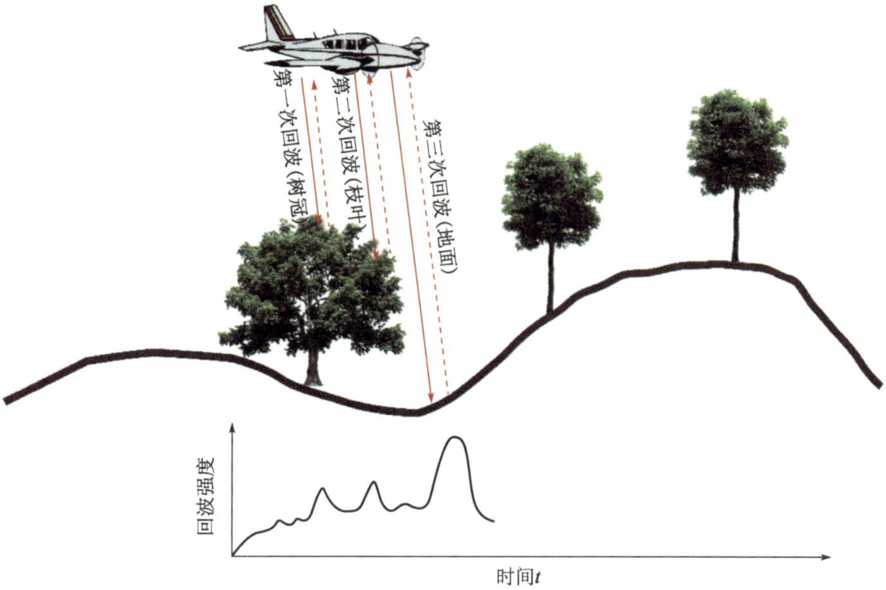

图 13-19　机载 LiDAR 植被区真实地表测量示意图

2)应用实例

以华盛顿地质调查局利用机载 LiDAR 数据调查滑坡为例(Polster S,2017),介绍机载 LiDAR 应用案例。华盛顿州是美国滑坡较为发育的州,每年会发生数百乃至数千次滑坡活动,给当地人民生命安全与基础设施造成重大威胁。仅交通部门每年都会预算 1 500 万美元,进行道路滑坡清理。只有全面掌握区域滑坡分布规律与特征,才能对滑坡的发育及演变进行深入分析,制定有效的应对措施。

对于植被覆盖区域,滑坡调查是一件困难及耗时的事情。近年来,华盛顿地质调查局利用机载 LiDAR 技术,对雪松河(Cedar River)沿岸滑坡进行调查(图 13-20)。从图中可以看出,由于该区域植被密集,通过常规的可见光遥感,根本无法识别隐藏的滑坡。但采用植被剔除后的点云数据,构建真实地形模型,不仅可以较为清晰的呈现滑坡轮廓,而且能帮助识别滑坡的形态特征。

在复杂山区道路灾害调查中,难免会遇到植被干扰的难题。孕灾环境中密集植被覆盖,导致灾害隐蔽性较强。从以上案例可以看出,激光雷达传感器利用机载雷达具有的多次回波技术,可穿透地面植被,通过滤波算法有效去除地表植被的影响,获取真地面高程数据信息,为植被覆盖的山区道路灾害隐患识别提供了新的解决方案。

a)

b)

图 13-20 LiDAR 潜伏灾害识别(Polster S,2017)

13.4 山区道路灾害遥感调查新技术

为满足山区道路灾害遥感调查精细化、精准化、动态化等要求,近年来许多遥感新技术及方法被用于提取灾害信息,其中主要包括:合成孔径雷达干涉测量技术(InSAR)、三维激光扫描、机器学习等技术。

13.4.1 合成孔径雷达干涉测量(InSAR)

1)InSAR 原理与技术特点

合成孔径雷达干涉测量技术是合成孔径雷达技术的延伸和发展,因此介绍在 InSAR 之前有必要了解一下合成孔径雷达的基本原理。合成孔径雷达是一种工作于微波波段的主动式遥感观测系统,能克服气候条件对成像质量的影响,具有全天时、全天候观测的优点。SAR 卫星通过天线向观测对象发射电磁波,然后利用合成孔径和脉冲技术聚焦散射回波信号,获取比真实孔径雷达分辨率更高的 SAR 影像。与真实孔径雷达相似,合成孔

径雷达天线发射和接收电磁波功率之间的定量关系,可用如下传输方程式表达(郭华东,张露,2019):

$$P_r = P_t \delta^0 A \frac{G^2 \lambda^2}{(4\pi)^3 R^4} \tag{13-1}$$

式中:P_r——天线电磁波接收功率(W);

P_t——天线电磁波发射功率(W);

G——天线增益;

λ——电磁波波长(m);

R——天线与观测目标之间的距离(m);

A——观测目标有效散射截面积(m^2);

δ^0——后向散射系数,即单位面积电磁波散射强度。

传输方程描述SAR成像过程的功率转换过程,但要理解SAR的整个成像原理与过程,还需了解其成像几何关系。SAR成像几何指传感器对地物观测成像时,两者的相对几何关系。SAR为达到目标可分辨的通常采用侧视成像的方式采集影像,因为斜视角的存在可以使目标区域中的不同位置处反射的回波时间不同(图13-21)。

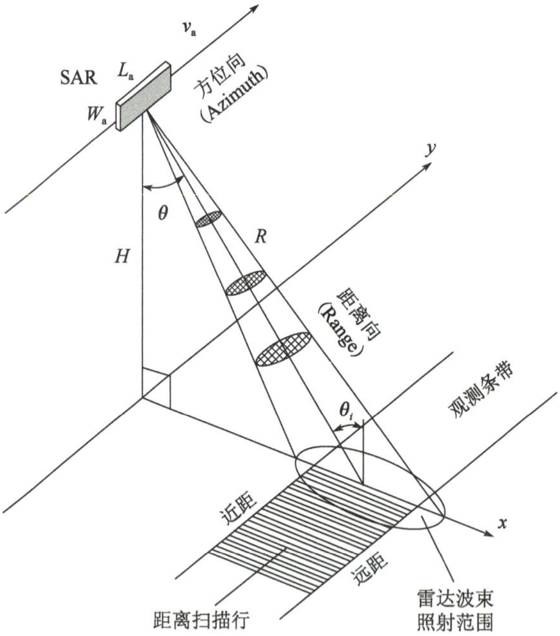

图13-21　SAR成像几何示意图

图13-21中,SAR卫星搭载长为L_a、宽为W_a的天线在H高度的轨道,以v_s的速度飞行。此时天线向平台的一侧发射电磁波脉冲,并在照射方向形成雷达波束。雷达视线与星下点方向的夹角θ为视角,与地面目标局部法线方向的夹角θ_i为局部入射角,当地面为

水平并且忽略地球曲率影响时，$\theta = \theta_i$。平台的飞行方向称为方位向，雷达波束照射的方向称为距离向。距离天线近的一端称为近距端，另一端称为远端。雷达波束的两个张角、斜距 R 和视角决定了雷达波束照射面积。按照上述成像几何关系，SAR 传感器根据地面目标的脉冲回波到达天线的时间顺序，依次记录不同地物目标回波强度与表征脉冲在地物目标与天线之间传播路径长度的相位信息。当平台沿飞行方向前进时，传感器逐行记录数据，最终得到二维 SAR 影像（廖明生等，2017）。

在了解 SAR 成像原理的基础之上，InSAR 原理理解变得相对简单。InSAR 是指在不同位置观测地球表面，并研究地物目标回波信号在两景 SAR 影像上振幅和相位上的区别，获取地球表面的地形信息。如图 13-22 所示，SAR 卫星沿垂直纸面方向飞行，假设两次通过地物目标点 P 时（h 是 P 点相对于参考椭球的高程），传感器的位置分别为 S_1 和 S_2，空间基线为 B（两次卫星点之间的距离），a 为空间基线与水平线的夹角，卫星到地物目标点 P 的距离分别为 R_1 和 R_2。传感器第一次成像时位置（S_1）到地球表面的垂直高度为 H。对于观测目标点 P，传感器在 S_1 和 S_2 位置收集的回波信息中的相位 φ_1、φ_2 可以分别表示为：

$$\begin{aligned} \varphi_1 &= -2 \cdot \frac{2\pi}{\lambda} R_1 + \varphi_{a1} \\ \varphi_2 &= -2 \cdot \frac{2\pi}{\lambda} R_2 + \varphi_{a2} \end{aligned} \tag{13-2}$$

式中：λ——雷达波波长（m）；

φ_{a1}、φ_{a2}——两次成像时的随机相位，通常被忽略。

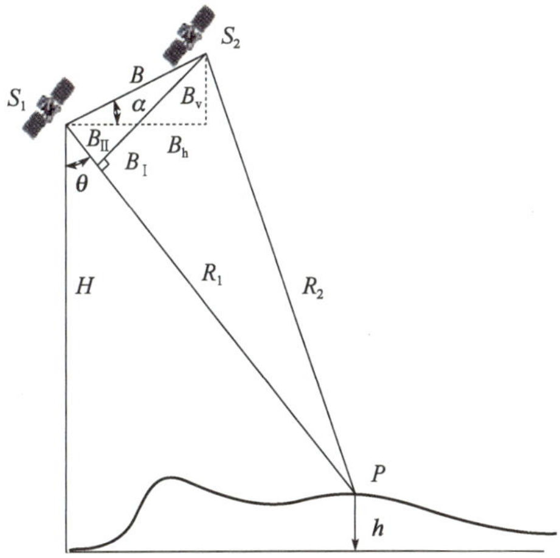

图 13-22　InSAR 几何关系示意图

（S_1 与 S_2 分别表示传感器位置，B 表示空间基线）

由于两次回波信号高度相关性，信号的传播路径差可得到相位差：

$$\varphi = -\frac{4\pi}{\lambda}R_1 - R_2 \tag{13-3}$$

由图13-22中，InSAR几何关系可知，空间基线与两次成像是的斜距可以组成一个三角形，根据三角余弦定理可得到：

$$\cos\left(\frac{\pi}{2} - \theta + a\right) = \sin(\theta - a) = \frac{R_1^2 - R_2^2 + B^2}{2R_1 B} = \frac{(R_1 + R_2)(R_1 - R_2)}{2R_1 B} + \frac{B}{2R_1} \tag{13-4}$$

由于SAR卫星，满足以下条件：$R_1 \gg B$，$R_1 \gg (R_1 - R_2)$，可得到：

$$\sin(\theta - a) \approx \frac{(R_1 - R_2)}{B} = \frac{\lambda\varphi}{4\pi B} \tag{13-5}$$

结合雷达卫星于地物目标的成像几何关系，获取φ、B、a、λ和H既可以得到P点的高程h。公式如下：

$$\begin{aligned} \theta &= a - \arcsin\left(\frac{\lambda\varphi}{4\pi B}\right) \\ h &= H - R_1\cos(\theta) \end{aligned} \tag{13-6}$$

基于干涉测量合成孔径雷达（InSAR）原理，又发展出一些时序SAR影像（重复轨道影像）处理技术，用于获取地表形变数据，主要包括差分干涉测量（DInSAR）、永久散射体合成孔径雷达干涉测量（PS-InSAR）、成孔径雷达干涉测量小基线集（SBAS-InSAR）等方法。由于时序SAR影像可以捕捉山区道路灾害的孕育过程中地形变所产生的相位差，因此利用时序SAR影像处理技术可动态反演灾害的演化特征，为灾害早期识别、预测预警、风险评价提供技术支撑。

2）应用实例

2017年6月24日5时38分，四川省茂县叠溪镇新磨村发生高位巨型山体滑坡，导致10人死亡，73人失联，40余户农房被埋，河道堵塞2km。此次滑坡是汶川地震以后发生的最大规模岩质滑坡，滑坡体积巨大，破坏性强。由于该滑坡地质条件复杂，构造运动活跃，导致滑坡的滑动机制极其复杂，表现出较强的潜伏性。

Intrieri等利用欧空局哨兵1号（Sentinel-1）卫星，从2014年10月9日到2017年6月19日间采集的45景SAR影像数据，经过先进的多干涉图分析处理，最大限度地增加测点密度，生成滑坡变形图和位移时间序列数据（图13-23）。InSAR结果突出了茂县滑坡源区存在的活动性，其沿卫星视线方向探测到的最大位移率为27mm/年，且从2017年4月下旬开始明显加速（Intrieri等，2017）。

本次案例可知，当SAR卫星探测数据满足稳定的重访周期、适合的空间分辨率、优越的侧视效果时，利用InSAR技术对区域范围内的地面变形进行连续监测具有较好的效果。

同时,随着时序 InSAR 分析技术的不断提高,能够最大限度地提高测点空间密度,使滑坡动态信息获取更加高效、精细,为山区道路减灾工作提供信息支撑。

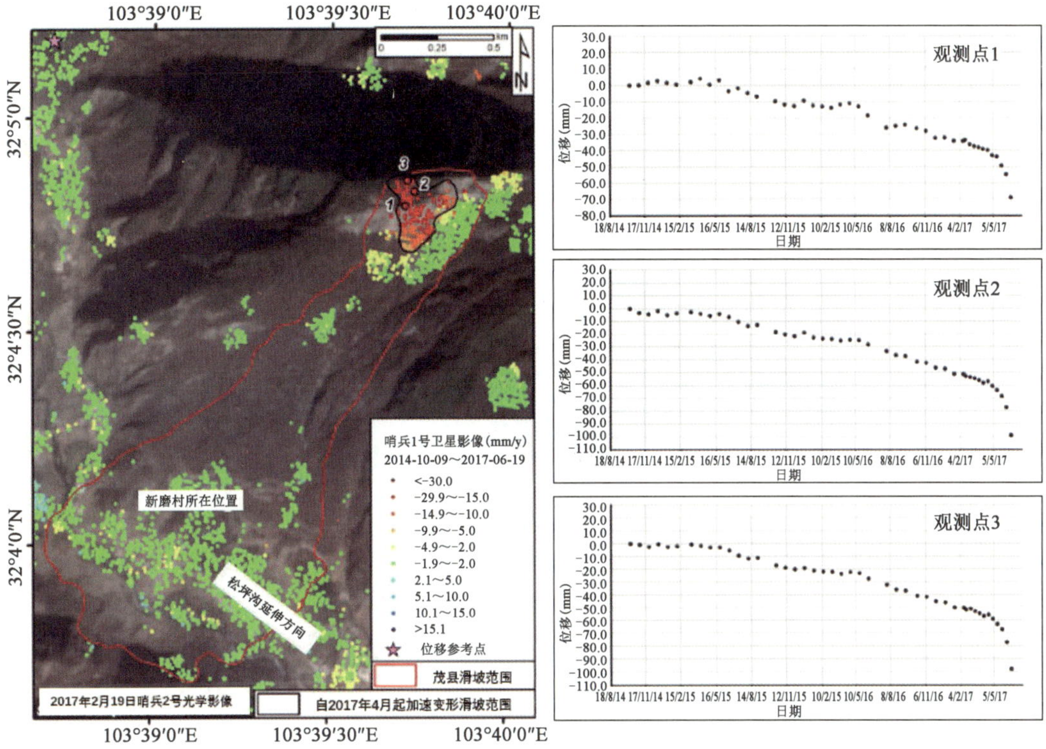

图 13-23 茂县滑坡事件前的地面变形图(Intrieri 等,2017)

13.4.2 三维激光扫描技术

1)三维激光扫描仪原理与技术特点

传统的测绘都是高精度的单点测量,获取离散的三维点坐标值,如三维坐标测量机、全站仪、GPS、RTK 等。而三维激光扫描技术则是对测量目标的整体进行全面的三维空间测量,可真实、精细地反映被测量目标三维形态特征,是目前较为先进的测绘技术。三维激光扫描仪数据存储与机载激光雷达相似,同样采用密集点云数据存储,数据中记录了带有水准平面、GPS 坐标以及北方位的三维坐标,以及反射激光的强度信息。通常三维激光扫描仪由测距系统、计算机(配套软件)、测量三脚架和激光扫描系统组成,内部集成有校正系统、后视定向系统的硬件设备如图 13-24 所示。

作为三维激光扫描系统的核心部件,激光扫描仪工作时,通过同步反射镜高速旋转,将编码的脉冲激光束经棱镜系统逐行发射至被测物体表面,激光接收器记录每个带有编码信息的激光脉冲从发出到反射接收所用时间,同时记录每个脉冲激光的棱镜发射角度,最后利用光传输原理计算出激光点在被测物体上的三维坐标(董秀军,2015)。三维激光扫描仪在数据采集过程中,配合载波相位差分技术(RTK)可实现灾害目标精细地形地貌数据生成。

图 13-24　三维激光扫描仪系统

三维激光扫描仪数据采集与处理主要包括三步:仪器架设,目标扫描,数据处理。

仪器架设是指通过实地勘察,选择合理的数据控制点布设方案,保证控制点相互通视效果良好,必要时对控制点进行加固处理。在布设完控制点的基础上,选取合适的仪器架设点,架设并调平激光扫描仪。最后记住 RTK 固定与移动基站,测量所有控制点精确位置坐标信息。

目标扫描是指在架设、调整完仪器的基础上多灾害目标进行扫描,获取三维点云数据。首先选择快速扫描模式,测试扫描仪最佳仰角及扫描范围角。然后采用精细扫描模式,精细化获取灾害目标三维信息。

数据处理包括点云数据配准,合成数据降噪滤波、植被剔除、地形过滤、点云抽稀等处理,以及三维建模、多期次三维模型变形分析等操作。

三维激光扫描技术凭借其高精度地形测量优势,在山区道路重要边坡灾害监测预警领域逐渐成为可靠的技术手段。

2)应用实例

三维激光扫描仪凭借其对观测目标进行整体全面三维信息生成的优势,在单体山地灾害监测方面具有较好的效果。如:Kromer 等(2017)利用三维激光扫描仪对 1091 公路左侧的塞希里安滑坡进行长期监测。该滑坡位于法国格勒诺布尔市东南 20km 的罗曼什山谷,分布于海拔 600 ~ 1 180m,面积为 70hm^2,具有良好的研究基础。且主滑坡发生以后,滑坡内部仍有小型崩塌发生(Kromer 等,2017)。

通过连续的扫描观测,生成了该滑坡多期次表面三维数据。通过噪声去除、校正处理、关键点匹配、差分计算得到如图 13-25 的滑坡形变位移图。从图 13-25 所示中可以看出，虽然滑坡内部具有复杂多变的地形特征，但是三维激光扫描仪仍然能凭借其高精度、精细化测量结果，构建多时相连续监测模型，达到滑坡自动监测的目的。

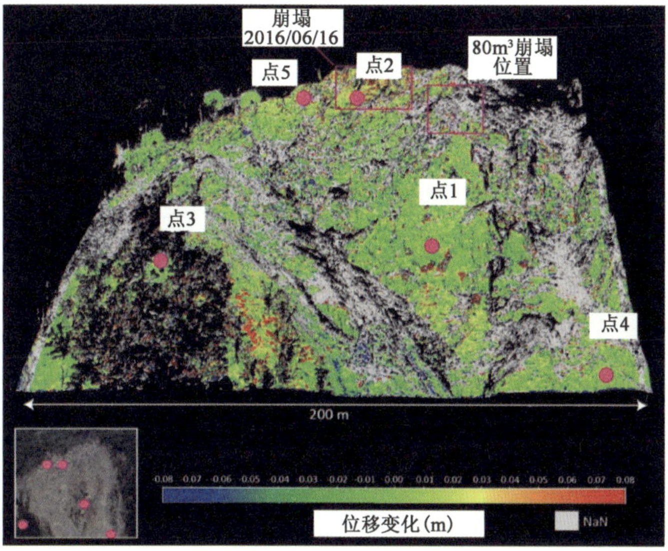

图 13-25　滑坡位移变化图(改自 Kromer 等，2017)

对山区道路这样的线性工程而言，其通常需要穿越环境恶劣、地质构造活跃的重点路段。这些复杂路段山地灾害频发(如：滑坡、崩塌)，给道路修建与行车安全带来重大的挑战，通过三维激光扫描仪构建实时动态监测系统，提供精准灾害监测，是山区道路调查的有效方法之一。

本章参考文献

邓建辉，高云建，余志球，等，2019. 堰塞金沙江上游的白格滑坡形成机制与过程分析[J]. 工程科学与技术，51(1)：9-16.

董秀军，2015. 三维空间影像技术在地质工程中的综合应用研究[D]. 成都：成都理工大学.

郭华东，张露，2019. 雷达遥感六十年：四个阶段的发展[J]. 遥感学报，6：1023-1035.

李德仁，李明，2014. 无人机遥感系统的研究进展与应用前景[J]. 武汉大学学报·信息科学版，39(5)：505-513.

廖明生，张路，史绪国，等，2017. 滑坡变形雷达遥感监测方法与实践[M]. 北京：科学出版社.

乔彦肖，赵志忠，2001. 冲洪积扇与泥石流扇的遥感影像特征辨析[J]. 地理学与国土研究，17(3)：35-38.

张小红，2002. 机载激光扫描测高数据滤波及地物提取[D]. 武汉：武汉大学.

钟政,陈宁生,倪华勇,等,2021.金沙江白格滑坡工程地质与水文地质特征[J].科学技术与工程,21(13):5262-5269.

朱平一,程尊兰,游勇,2000.川藏公路培龙沟泥石流输砂堵江成因探讨[J].自然灾害学报,9(1):80-83.

Ackermann F,1999. Airborne Laser Scanning-Present Status and Future Expectation[J]. ISPRS Journal of Photogrammetry & Remote Sensing,54:64-67.

Intrieri E,Raspini F,Fumagalli A. et al,2017. The maoxian landslide as seen from space:detecting precursors of failure with sentinel-1 data [J]. Landslides,15:123-133.

Kromer R A,Abellán A,Hutchinson D. J. et al,2017. Automated terrestrial laser scanning with near-real-time change detection-monitoring of the Séchilienne landslide [J]. Earth Surface Dynamics,5(2),293-310.

Polster S. 2017,Characterizing the style,composition,and timing of Cedar River Landslide Complex [R].

The Fourteenth Chapter

第 14 章

山区道路灾害危险性评估

山区道路作为一种空间延拓的线形工程,穿越不同的地形、地貌单元,复杂的地形地质条件,加之工程建设造成的地表扰动,致使山区道路沿线普遍发育滑坡、泥石流等灾害。特别是河谷段线路,常常处于灾害的危险区内,道路灾害危险性评估是有效预防和减轻灾害的前期工作基础。道路灾害危险性评估需要提供灾害发生的时间概率、破坏力(强度)及其扩展和影响范围等信息,强调灾害发生破坏的自然属性,如频次、强度、速度、距离和扩展范围等。

14.1 山区道路灾害危险性评估的技术要求

由于山区道路灾害类型多样、形成条件复杂、机理认识局限,道路灾害危险性评估研究,一直是自然灾害领域研究的重要课题。针对不同尺度道路灾害危险性评估的要求,建立山区道路不同尺度灾害危险性评价指标体系与方法,是山区道路灾害危险性评估的关键,也是满足不同层次道路减灾的技术需求。在山区道路灾害危险性评估时,以下两点是影响评估结果工程应用性的关键科学和技术问题。

（1）灾害对道路工程的动力影响与危险性定量评估

基于孕灾因素分析的区域灾害危险性分析可以为全线路的防灾减灾提供科学依据，但不能提供具体灾害点道路工程及灾害防治工程设计的参数，无法支撑具体工点的防灾减灾工程设计。因此，需要发展可以提供能满足工程设计参数确定的精细化灾害危险性评估方法，这就需要从动力学和运动学角度突破灾害危险性评估的局限，解决单个工点的灾害防治工程设计问题。

在分析道路单点灾害危险性时，需要经过详细勘察，确定灾害致灾类型和灾害破坏力相关的物理参数，采用数值分析方法模拟灾害运动过程，确定致灾范围内不同地点的灾害动力参数。这样，考虑灾害对道路工程动力影响的道路灾害危险性评估，才能为道路个体工程灾害防治设计提供科学依据。

山地灾害数值模拟提供了灾害体在运动过程中动力参数的分布，成为确定灾害动力学危险性分区指标的基础（Iverson，1997；陈洪凯等，2007；胡凯衡等，2014）。对于崩塌和滑坡灾害危险性评估，可运用三维离散元（Digital Elevation Model，DEM）方法模拟滑坡—碎屑流颗粒物质流动过程（Zhou 等，2013），分析流动体内部能量耗散机制，可以计算滑坡—碎屑流运动速度、堆积（危害）范围。对于山洪和泥石流危险性评估，可依据建立在流体力学基本模型（N-S 方程）基础上的山洪、泥石流运动方程，建立山洪泥石流运动模拟方法，获取山洪、泥石流在运动过程中的流速、流深、冲击力和动量等重要参数的分布，这些参数值域或者组合可以构成灾害破坏力的表达，可为灾害危险性定量评估研究提供动力学基础与实现途径。

（2）考虑叠加效应的道路灾害成灾过程及其危险性

区域或区段灾害分布影响道路走向与线位，尤其是沿河路段灾害对道路的影响，不仅包括单个灾害对道路工程的危害，还需要考虑灾害群的影响。另外，比较大的灾害体对道路危害表现出多种形式，包括直接淤埋和冲毁危害，也包括堵江淹没、冲刷等危害，对道路工程的影响是多种形式的综合表现。例如大型滑坡、泥石流等冲入河流后形成壅塞体，使河流中泓线发生变化，增强对桥墩、路基等道路设施的冲刷作用；当灾害体进入河道后，还会淤高河床，削弱了路基桥梁等设施的防洪能力，增加其易损性；甚至形成堰塞湖，产生上游淹没和下游溃决洪水冲毁灾害。为此，分析道路典型路段灾害成灾过程及其复杂性，对道路线位的确定具有重要的工程应用价值，也是个体工程防灾设计必须考虑的因素。因此，如何考虑道路灾害成灾过程的叠加效应，是山区道路灾害危险性评估的挑战。

在道路典型区段危险性分析时，以各灾害体（泥石流或滑坡）为研究单元，在分析灾害体致灾动力过程的基础上，分析灾害体体积总量、扰动面积等特征参数与堆积范围（堆积长度、宽度、厚度）之间的关系，确定灾害危害区域。进而根据灾害对沿河公路的危害方式和程度，选取灾害规模、淤积程度、堵江程度 3 个因子作为该灾害体危害公路的危险性评价指标,并确定各个指标的定量计算方法,建立基于灾害成灾过程的危险性分析方法。利用 GIS 空间分析技术,拟根据灾害致灾特征确定评价单元,在模型试验和野外调查的基础上,对各评价单元内的因子属性进行叠加分析,得到综合信息图层,再对各评价单元进行统计,确定灾害危险性等级。

14.2 山区道路典型区段灾害危险性评估

以公路沿河路段泥石流灾害为例,分析沿河道路灾害的致灾方式、危险性评估指标选取与指标量化、危险性评估方法,并通过 G318 线西曲河路段、S303 线的泥石流危险性评估为例,说明沿河段道路灾害评估方法及其应用。

14.2.1 河谷段公路泥石流致灾方式

根据实际考察,泥石流对沿河公路的危害主要分为直接危害和间接危害,包括堵塞、冲击、冲刷、淤埋、淹没五类形式。直接危害包括:①泥石流对公路桥涵的堵塞、冲击[图 14-1a)];②泥石流对公路路面或桥涵的淤积和淤埋[图 14-1b)]。间接危害包括:①泥石流冲入河流后形成壅塞体,迫使河流流向异岸,形成曲流,对桥墩、路基等形成强烈冲刷;②公路沿线大量泥石流位置进入河道,在河水的冲刷带动作用下,使河床淤积抬高,直接威胁公路安全,严重时河水上涨直接淹没公路[图 14-1c)];③泥石流堵断河流导致河水上涨,淹没公路[图 14-1d)]。

14.2.2 危险性评估指标

1)评估指标选择

根据泥石流对沿河公路的危害方式和程度,选取泥石流规模(H_1)、泥石流淤积程度(H_2)、泥石流堵江程度(H_3)三个因子作为泥石流危害道路的评价指标。

(1)泥石流规模

泥石流规模(H_1)用泥石流一次冲出总量表示。泥石流一次冲出的总量越大,对道路的危害越大。

(2)泥石流淤积危害程度

泥石流淤积危害主要表现在对道路路面的淤埋与桥梁(涵洞)的淤积。对于道路路面遭受泥石流淤埋的程度,采用泥石流在路域范围内的堆积厚度与路面距离最近处泥石流沟床垂直距离的比值(H_{2r})来表示,其值越大,泥石流堆积物距离路面越近,危险性越大,当 $H_{2r} \geq 1$ 时,路面已经被泥石流淤埋。对于桥梁遭受淤积的危害程度(H_{2b}),采用泥石流堆积体对桥下过流断面淤积程度来表示,对过流断面淤积越高,桥梁越危险。

a)泥石流淤塞桥梁　b)泥石流淤埋路面

c)泥石流挤河形成曲流冲刷路基　d)泥石流堵江形成堰塞湖，淹没公路(资料来源:中国交通网)

图 14-1　泥石流危害山区公路的方式

(3)泥石流堵江程度

泥石流堵江程度的量化,主要考虑泥石流与路面以及河道的位置关系,采用一次泥石流最大堆积长度 L 与主河宽度 B、河岸距泥石流沟口距离 l 的相对关系来表示(图 14-2)。当 $L \leqslant l$ 时,表明泥石流堆积物尚未到达河岸,对河道不造成影响;当 $L > l$ 且 $L < l + B$ 时,泥石流物质淤积部分河道,形成局部堵江状态,堵塞体迫使主河冲向异岸形成曲流,对路基或桥墩造成冲刷危害;当 $L \geqslant l + B$ 时,泥石流完全堵塞河道,形成堰塞湖,水面上升,回水对道路造成淹没危害。

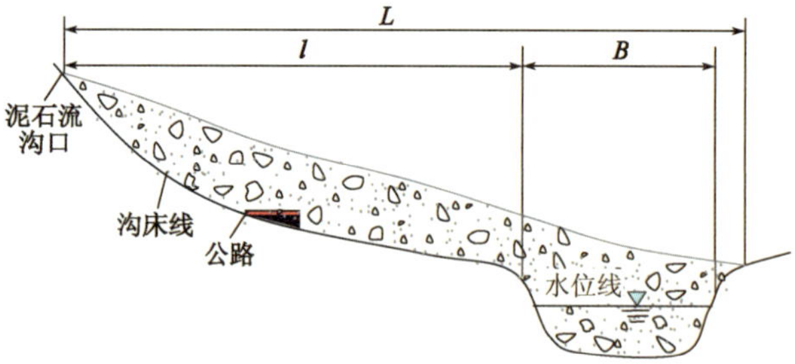

图 14-2　泥石流堵江示意图

将以上三个因子的量化值划分为Ⅰ、Ⅱ、Ⅲ、Ⅳ四个等级,分别赋予 0 ~ 1 之间的数值(表 14-1)。

泥石流危害道路评价指标与分级　　表 14-1

危害等级	危险度赋值	评价指标			
		泥石流规模(H_1)($\times10^4 m^3$)	泥石流淤积道路程度(H_2)		泥石流堵江程度(H_3)
			路基淤埋程度(H_{2r})	桥梁过流断面淤积程度(H_{2b})	
Ⅰ	0.0~0.25	<1	0~1/3	0~1/3	0
Ⅱ	0.25~0.50	1~10	1/3~2/3	1/3~2/3	0~1/2
Ⅲ	0.50~0.75	10~100	2/3~1	2/3~1	1/2~1
Ⅳ	0.75~1.0	>100	>1	>1	>1

2)指标量化方法

(1)流域基本参数和泥石流重度

据待评估区地形和水文数据,结合 GIS 技术,计算流域基本参数,如流域面积、沟床比降、主沟长度、流域最大相对高差等。重度是泥石流性质分析与流量计算必不可少的参数,对野外采集的泥石流样品进行颗粒分析的基础上,计算研究区泥石流重度。

(2)泥石流规模计算

由于道路工程对泥石流沟堆积区扰动较强,为了保障公路正常运营,泥石流堆积物常常被搬运、输移,难以实测一次泥石流过程总量。目前通过统计具体一次泥石流总量和泥石流洪峰流量的关系,建立了许多经验模型(Hungr,1984;Costa,1988;Rickenmann,1999;Chen 等,2011)。这些模型通常简洁,应用方便,可以结合流域具体情况选用不同的模式。可以分两种情况估算一次泥石流总量,以表达泥石流规模指标。如果知道泥石流流动的时间 T,可以利用泥石流径流总量的经验公式计算一次泥石流总量;如果不能获取泥石流从发生到结束的具体时间,可用如下公式计算泥石流总量(Cui 等,2013)。

$$Q_c = 152.97Q_p^{1.266} \tag{14-1}$$

式中:Q_c——一次泥石流总量(m^3);

Q_P——泥石流峰值流量(m^3/s)。

Q_P 可以通过考虑堵塞条件下的配方法获得(四川省水利电力厅,1984),具体计算公式如下:

$$\begin{cases} Q_p = (1+\varphi_c)\cdot Q_B \cdot D_U \\ \varphi_c = \dfrac{\gamma-\gamma_w}{\gamma_s-\gamma} \\ Q_B = 0.278\left(\dfrac{S_p}{\tau^n}-\mu\right)\cdot F \end{cases} \tag{14-2}$$

式中:Q_P——泥石流峰值流量(m^3/s);

φ_c——泥石流峰值流量增加系数；

Q_B——清水峰值流量（m^3/s）；

γ——泥石流重度（kN/m^3）；

γ_w——清水重度（kN/m^3）；

γ_s——固体物质实体重度（kN/m^3），这里取 $2.7kN/m^3$；

D_U——堵塞系数；

S_p——暴雨雨强（mm/h）；

μ——降雨频率（%）；

τ——流域汇流时间（h）；

n——暴雨衰减系数；

F——小流域汇水面积（km^2）。

（3）泥石流淤积道路程度确定

泥石流堆积厚度和淤积范围可以数值模拟方法计算，但数值模拟所需较多的泥石流物理参数和高分辨率地形数据，对大范围多灾点的泥石流危险性评估，数值模拟所需的高精度物理参数难以获得。因此，采用一次泥石流危险范围预测模型计算泥石流堆积厚度（刘希林等，1995），模型如下：

$$\begin{cases} S_d = 38.41\left(V_c \cdot G \cdot \dfrac{\gamma}{\ln\gamma}\right)^{\frac{2}{3}} \\ L_d = 8.71\left(V_c \cdot G \cdot \dfrac{\gamma}{\ln\gamma}\right)^{\frac{1}{3}} \\ h_d = 0.017\left(V_c \cdot \dfrac{\gamma}{G^2 \cdot \ln\gamma}\right)^{\frac{1}{3}} \end{cases} \tag{14-3}$$

式中：S_d——一次泥石流危险范围（m^2）；

L_d——一次泥石流最大堆积长度（m）；

h_d——一次泥石流最大堆积厚度（m）；

V_c——一次松散固体物质（可能）最大补给量（m^3）；

G——堆积区坡度（°）；

γ——泥石流重度（kN/m^3）。

在进行泥石流对道路淤埋的评价时，首先由泥石流规模计算方法获得一次泥石流冲出的总量 Q_c，进而计算一次泥石流固体物质总量 V_c（陈宁生等，2011），然后根据地形数据量算泥石流堆积区的坡度 G，最后计算一次泥石流最大堆积长度和厚度，即可获得泥石流淤积道路程度指标值。

$$V_c = \frac{\gamma - \gamma_w}{\gamma_s - \gamma_w} \cdot Q_c \tag{14-4}$$

式中：V_c——一次泥石流固体物质总量(m^3)；

Q_c——一次泥石流冲出的总量(m^3)；

γ——泥石流重度（kN/m^3）；

γ_w——清水重度(kN/m^3)；

γ_s——固体物质实体重度(kN/m^3)，这里取2.7kN/m^3。

(4)泥石流堵江程度确定

根据一次泥石流危险范围的计算结果，泥石流堵江程度的指标可以量化为

$$H_3 = \frac{L - l}{B} \tag{14-5}$$

式中：H_3——泥石流堵江程度值 $H_3 \geqslant 1$，表示泥石流完全堵塞河道，H_3 取1；

L——泥石流最大堆积长度(m)；

l——泥石流沟口到河岸的距离(m)；

B——河道宽度(m)。

B，l 可以根据地形数据直接获取。

3)泥石流危险度

叠加选取泥石流规模 H_1、泥石流淤积程度 H_2、泥石流堵江程度 H_3 三个因子的计算结果，确定各个泥石流的综合危险度。

$$H = H_1 + H_2 + H_3 \tag{14-6}$$

式中：H——总危险度。

14.2.3 西曲河段泥石流危险性评价

1)泥石流形成条件

西曲河流域位于藏东横断山区，为金沙江一级支流，主河长123km，流域面积2 776km^2。河口高程2 455m，流域最高点高程5 095m，相对高差2 640m以上。西曲河流域总体地势是西北高东南低，流域沟谷为“V”字形高山深切峡谷地貌(图14-3)。从西曲河电站至六道班地段，河流深切，地形坡度大，尤其是海通兵站经加素顶至宗拉山这一区段地形更为陡峻；西曲河电站以东，河流切割较小，地形坡度变缓。流域平均坡度在20°以上，特别是河谷上游地段及沟源处多在35°～45°，沟床纵坡降大多介于103‰～472‰之间。流域巨大的高差，合适的地形坡度，为泥石流的形成提供的极好的能量条件。

西曲河流域在区域构造上位于金沙江—红河断裂带，区内地质构造作用强烈，断层活跃，两大左行走滑断裂(察雅东—盐井断裂、拉妥—德钦—雪龙山断裂)呈北西—南东向弧

状通过该区,断裂带内形成大量的压性同向次级断层与次级褶皱,导致岩层多陡倾、直立乃至倒转,岩体破碎。西曲河路段出露的地层主要为奥陶系、泥盆系、石炭系、二叠系、三叠系、侏罗系、白垩系,出露的岩石主要是以砂岩、灰岩为主的沉积岩,以流纹岩和火山角砾岩为主的火成岩,多种成因的第四系松散堆积物。其中砂岩分布最广,主要分布于二道班—西曲河电站、四道班—六道班以及西曲河出口河段,岩体多呈层状,由于坡面风化作用,在降雨的冲刷下坡面侵蚀较严重。流纹岩和火山角砾岩主要出露于二道班及西曲下游区段,由于冻融风化作用,岩石中节理裂隙发育,岩体主要呈块状。由于岩体物理风化及强烈的地质构造运动,西曲河流域第四系松散堆积物较发育,为泥石流形成提供了大量松散物源。

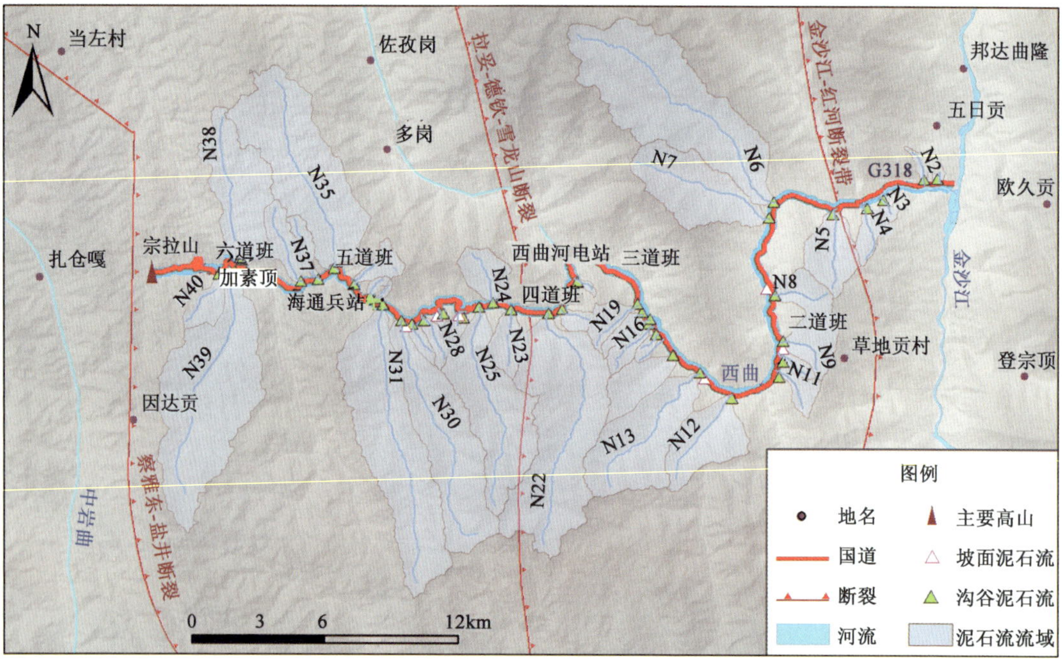

图 14-3　川藏公路西曲河位置及沿线泥石流分布图(作者课题组绘制)

在气候上,西曲河流域属青藏高原气候,气温低冷,气候偏干燥。降雨的季节分配不均匀,雨季旱季明显。雨季降雨量主要集中于6—9 月,一般占全年总量的90%左右,年平均降水402mm,最大日降水31.7mm,年平均温度7.7℃,最大积雪10.7cm,年平均蒸发量1 968mm,年平均温差41℃(Zou 等,2018)。受寒冻气候影响,岩体易于产生冻胀,加速了节理与裂隙的扩张,风化作用加强,给滑坡与崩塌的形成提供了有利的结构面,在局部强降雨或冰雪融水的激发下,易于形成泥石流。

2)西曲河流域泥石流

根据野外实际调查,西曲河流域川藏公路沿线分布有泥石流沟45 条,其中,沟谷泥石流40条,坡面泥石流5条。泥石流沟地貌基本特征见表14-2。该流域泥石流暴发频率高,每逢雨季,多处发生规模不等的泥石流阻断公路,属于泥石流严重危害地段。2012年6月17—25日,藏东地区芒康县境内连续强降雨的影响,流域内公路沿线暴发22处泥石流,其中8处泥石流堵断公路,泥石流编号分别是C15、C16、C17、C26、C27、C28、C29、C30;1处(编号为C31)泥石流完全堵江,泥石流冲毁对岸路基200余米,形成长约300m、平均宽度60m的堰塞湖,导致G318线彻底断道10余天。

西曲河段公路沿线泥石流沟地貌基本特征　　表14-2

泥石流编号	面积(km^2)	主沟长度(km)	比降(‰)	流域相对高差(km)	平均坡度(°)	沟谷密度(km/km^2)	泥石流类型
C01	0.46	1.33	531.02	0.76	33.82	1.71	沟谷泥石流
C02	0.73	1.97	519.46	1.03	29.39	1.51	沟谷泥石流
C03	0.54	1.31	667.43	0.92	37.25	1.48	沟谷泥石流
C04	2.06	2.85	444.87	1.29	28.13	1.27	沟谷泥石流
C05	5.98	3.79	383.84	1.48	28.22	1.61	沟谷泥石流
C06	32.75	13.30	162.12	2.35	24.88	1.31	沟谷泥石流
C07	13.08	7.24	262.74	2.32	32.10	1.31	沟谷泥石流
C08	3.43	2.61	459.14	1.29	30.97	1.24	沟谷泥石流
C09	4.28	2.49	374.61	1.21	29.46	1.61	沟谷泥石流
C10	0.97	1.71	511.75	1.05	29.90	1.91	沟谷泥石流
C11	1.97	2.22	420.97	1.06	25.40	0.95	沟谷泥石流
C12	8.54	4.66	312.12	1.65	30.87	1.45	沟谷泥石流
C13	15.40	7.52	206.47	1.95	29.01	1.39	沟谷泥石流
C14	4.89	3.85	378.73	1.66	28.36	1.46	沟谷泥石流
C15	0.75	1.75	392.32	0.72	24.53	2.36	沟谷泥石流
C16	1.49	2.72	427.94	1.16	23.40	1.40	沟谷泥石流
C17	0.71	1.70	410.25	0.85	25.72	3.08	沟谷泥石流
C18	1.05	2.58	429.56	1.06	25.54	2.02	沟谷泥石流
C19	2.32	2.74	387.22	1.01	22.36	1.25	沟谷泥石流
C20	0.32	0.93	699.77	0.76	35.07	0.97	沟谷泥石流
C21	1.15	1.53	535.17	0.83	31.71	1.49	沟谷泥石流
C22	30.41	11.73	125.79	1.75	23.70	1.43	沟谷泥石流
C23	3.08	2.99	381.92	1.24	30.46	1.17	沟谷泥石流
C24	3.72	2.61	280.19	1.15	29.62	1.28	沟谷泥石流
C25	17.97	9.50	151.17	1.63	26.18	1.20	沟谷泥石流
C26	0.97	1.37	577.63	0.85	30.22	1.54	沟谷泥石流
C27	0.24	0.55	648.62	0.44	30.84	2.29	沟谷泥石流

续上表

泥石流编号	面积 (km²)	主沟长度 (km)	比降 (‰)	流域相对高差(km)	平均坡度 (°)	沟谷密度 (km/km²)	泥石流类型
C28	1.37	2.44	396.86	1.07	28.53	1.38	沟谷泥石流
C29	1.03	2.17	472.54	1.02	31.25	1.67	沟谷泥石流
C30	19.90	11.07	94.33	1.39	23.92	1.33	沟谷泥石流
C31	28.39	12.60	73.09	1.33	24.16	1.40	沟谷泥石流
C32	0.28	0.98	796.87	0.95	39.53	1.37	沟谷泥石流
C33	0.50	1.04	710.40	0.89	34.03	1.56	沟谷泥石流
C34	2.17	2.90	266.67	0.93	21.72	1.31	沟谷泥石流
C35	25.79	9.18	56.54	0.88	18.91	1.52	沟谷泥石流
C36	1.78	3.10	136.21	0.50	19.99	1.21	沟谷泥石流
C37	3.51	3.94	115.73	0.55	17.86	1.20	沟谷泥石流
C38	13.11	6.71	254.71	0.57	17.02	1.28	沟谷泥石流
C39	30.79	10.65	103.13	1.10	16.61	1.49	沟谷泥石流
C40	2.71	2.67	85.15	0.69	18.67	1.59	沟谷泥石流
H01	0.61	1.32	526.88	0.76	29.92	2.14	坡面泥石流
H02	0.04	0.28	706.40	0.19	33.52	2.51	坡面泥石流
H03	0.16	0.53	615.78	0.36	35.43	1.97	坡面泥石流
H04	0.10	0.46	642.48	0.32	34.41	2.31	坡面泥石流
H05	0.05	0.32	547.24	0.16	28.36	1.83	坡面泥石流

3)泥石流危险性分析

根据考察结果和道路泥石流危险性分级标准,通过计算,川藏公路西曲河段泥石流危险度计算值位于0.75~2.75之间,运用ArcGIS自然断点法,将道路危险度分为高度危险、中度危险、低度危险、微度危险四个级别,分级结果如图14-4所示。

统计分析表明,高危险路段的路线总长11.35km,中危险路段的路线总长11.16km,低危险路段的路线总长13.18km,微危险路段的路线总长21.91km。进一步分析各个危险区段特征显示,高危险路段长度占道路全线的19.7%,主要集中在四道班到海通兵站区段与六道班处,该区有大断裂南北向穿过,岩体破碎,大量的松散固体物质分布其间,加之平均沟谷比降较大,造成堵江和堵断公路的大型泥石流主要分布在该区段;中危险路段长度占道路全线的19.4%,主要集中在海通兵站以西到六道班区段、日荣到草地贡村区段,主要发生中小规模泥石流,对公路设施危害较小;低危险和微危险路段主要分布在六道班以西区段、西曲河电站以东至达拉伸区段,以及西曲河出口区域,此区域沟谷型泥石流大多暴发规模很小,未对路面造成危害;沿线分布一些坡面型泥石流,对道路影响主要以局部淤积和淤埋为主,灾害较轻。

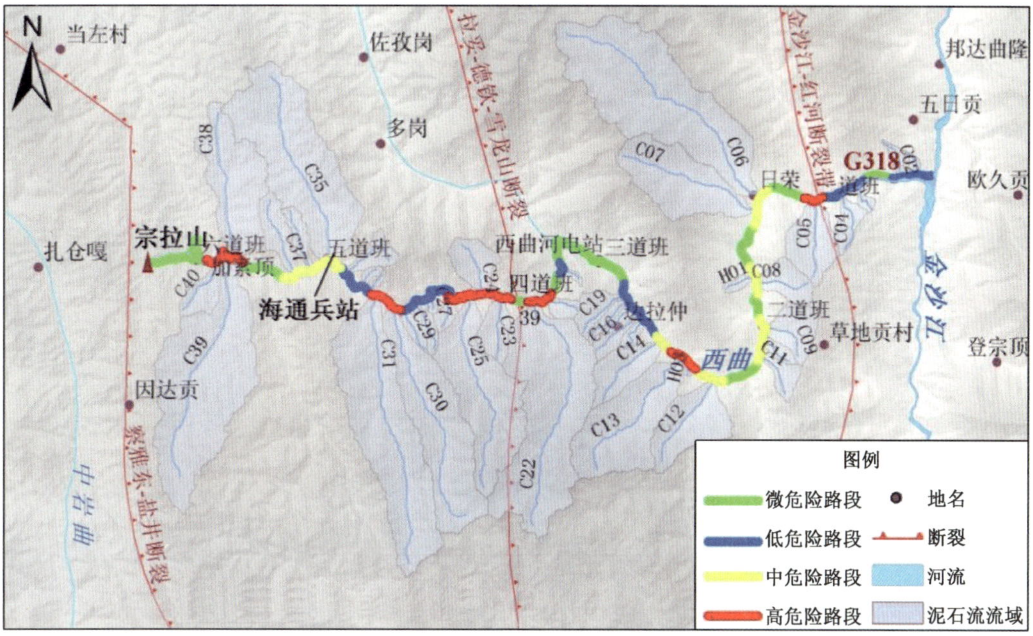

图 14-4 泥石流危险性分析结果(作者课题组绘制)

14.2.4 省道 303 沿线泥石流风险分析

1)研究区孕灾背景

省道 S303 线映秀—卧龙段位于青藏高原东缘,主要为中高山、高山峡谷区,地势总体上呈西北高东南低(图 14-5)。流域内最高点为卧龙镇巴郎山,海拔高程 5 040m,最低点位于映秀镇的渔子溪河口,海拔高程 950m,地形切割强烈,相对高差大,沟谷狭窄,斜坡陡峻。区内垂直地带性显著,基带属于亚热带;四季分明,夏季湿热,冬季温和,年气温差较小;6—8 月降雨集中,约占全年降水量的 66% ~76%,日最大降水量可达 269.8mm,秋绵雨危害严重。气候具有一定的区域差异性,耿达以东的映秀多年平均气温 15.2 ~15.9℃,年降水量1 285.1mm,蒸发量 733.1 ~920.8mm,年均日照率 24%,常年雾气蒙蒙,阴雨绵绵。耿达以西的卧龙年降水量 925.1mm,年平均蒸发量1 136.6mm,蒸发量大于降水量,年均日照率 51%。公路起点映秀至耿达(七层楼沟沟口)段夹持于龙门山中央断裂(映秀—北川断裂)与后山断裂(茂汶断裂)之间,主要出露晋宁—澄江期岩浆岩。公路走向沿渔子溪平行展布,基本呈东西向。泥石流沟谷分布于河流两侧,其主沟与河流走向正交或斜交。河谷狭窄,两岸谷坡陡峻,河谷下切强烈,支沟众多,枝状水系十分发育。耿达(七层楼沟沟口)至终点卧龙镇花红树沟口段位于茂汶断裂北西盘,河流流向变化较大,主要出露灰岩和千枚岩、板岩等变质岩。

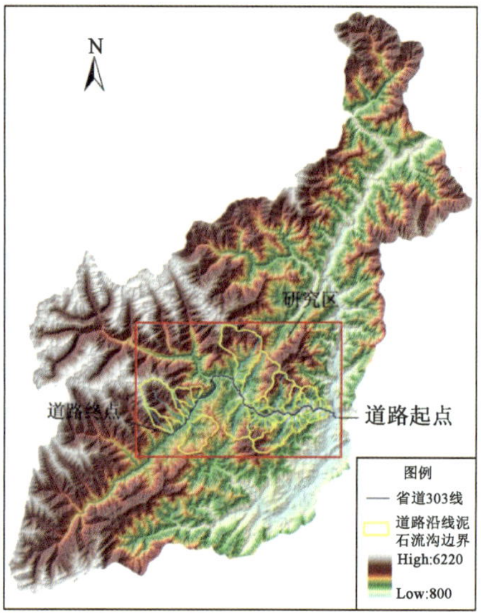

图 14-5　研究区地理位置

2)受灾情况

汶川地震诱发的崩塌、滑坡等山地灾害在映秀—耿达段特别严重,使该段道路几乎完全损毁;而耿达至卧龙段灾害少,公路受灾相对较轻。利用震后遥感影像,通过灾害解译,确定了 S303 道路沿线 32 条泥石流沟内滑坡(崩塌)面积及其与流域面积的比值(表 14-3)。在相对高差大,沟床、山坡陡峻,震后崩滑堆积物丰富的背景下,S303 映秀—卧龙段沿线的沟谷容易受高强度降雨激发形成泥石流。该区泥石流活动具有群发性、频度高和规模大的特点。

S303 沿线泥石流沟滑坡(崩塌)面积比值　　表 14-3

编号	沟　名	流域面积(km^2)	物源面积(km^2)	百分比(%)
1	一号桥沟	0.09	0.06	63.38
2	二号桥沟	0.27	0.13	48.32
3	干沟	1.38	0.19	13.59
4	瓦司沟	1.26	0.34	27.22
5	下大水沟	2.20	0.20	9.17
6	罗宝树沟	1.30	0.69	53.04
7	肖家沟	7.26	1.83	25.18
8	弯沟	0.51	0.03	47.15
9	蟹子沟	2.09	1.10	52.64
10	香家沟	1.20	0.07	6.07
11	上木浆坪沟	2.52	0.35	14.00

续上表

编号	沟　　名	流域面积(km^2)	物源面积(km^2)	百分比(%)
12	羊香儿沟	3.74	0.69	18.38
13	黄连沟	24.09	3.47	14.40
14	银厂沟	7.26	1.01	13.86
15	大阴沟	23.51	6.82	29.01
16	螃蟹沟	0.69	0.14	21.16
17	下盐水沟	1.39	0.29	20.76
18	上盐水沟	2.40	0.65	27.13
19	烧香沟	7.43	0.56	7.50
20	青岗沟	3.22	0.62	19.34
21	无名沟	1.73	0.76	44.32
22	上大水沟	3.03	0.24	7.84
23	油桌坪沟	1.09	0.41	37.90
24	七层楼沟	21.13	0.65	3.10
25	幸福沟	32.85	1.33	4.06
26	龙潭沟	55.95	0.33	0.59
27	关门沟	3.31	0.08	2.35
28	周家沟	8.98	0.01	0.10
29	金豪沟	3.75	0.00	0.00
30	转经楼沟	28.01	0.00	0.00
31	觉磨沟	34.40	0.00	0.00
32	花红树沟	8.61	0.00	0.00

震后3年，道路沿线泥石流沟全面进入频发期，2008年和2009年雨季，常因小规模泥石流淤埋道路造成交通短时间中断。而2010年和2011年在高强度降雨的激发下，沿线多次暴发大规模泥石流，特别是映秀—耿达段密集暴发，对道路危害极重，导致耿达、卧龙两乡镇成为孤岛。例如，2010年8月14日凌晨大暴雨激发的群发性泥石流，损毁路基约6.2km，其中掩埋约4.6km，堰塞湖淹没公路约1.6km；损毁路面约3km；受损挡墙8.5万m^3；掩埋桥梁3座（均为跨越泥石流排导槽的中小桥），受损桥梁3座（桥台耳墙垮塌、墩柱被掩埋等局部受损，整体结构完好）、损毁涵洞16道；掩埋1座隧道出口，损毁棚洞300m。泥石流阻塞河道，形成3处壅塞体，淹没施工单位拌和场及拌和设备、项目部、试验驻地等。这次灾害导致震后即将重建完工的S303公路再次损毁。2011年7月3日的大暴雨导致S303公路再次中断（图14-6）。

图 14-6　S303 道路再次被“7 · 3”泥石流堵江断道

根据实地考察，在 2010 年 8 月 14 日的降雨过程中，汶川县 S303 沿线（映秀—卧龙）共激发了 60 条（处）泥石流，其中沟谷型泥石流沟 32 条，坡面泥石流 28 处（图 14-7）。泥石流规模较大并对道路造成危害的沟谷有 12 条，下大水沟等 20 条沟规模较小，未对公路造成损坏（表 14-4）。泥石流对公路的危害分类见表 14-5。

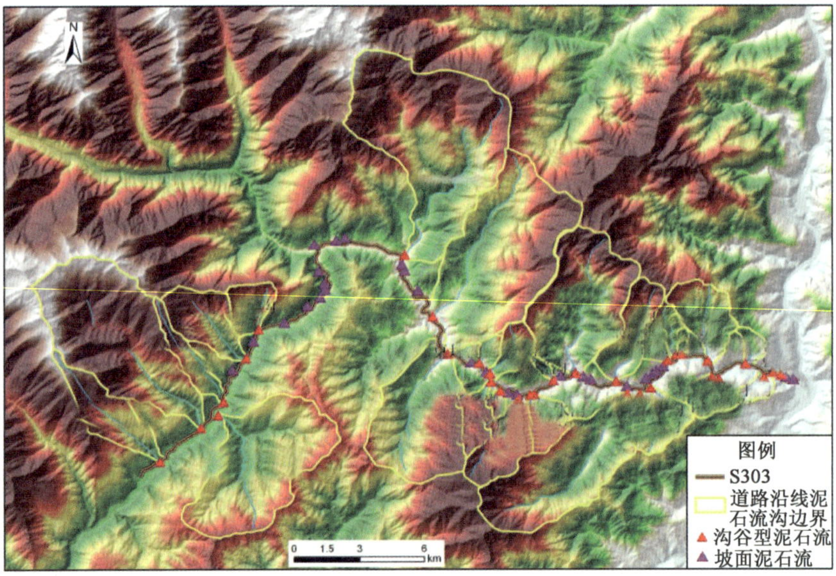

图 14-7　S303 沿线泥石流灾害分布图

S303 沿线泥石流暴发程度归类　　表 14-4

分　　类	沟　　名
泥石流规模较大，危害道路	一号桥沟、二号桥沟、干沟、瓦司沟、罗宝树沟、肖家沟、弯沟、蟹子沟、香家沟、银厂沟、油桌坪沟、无名沟
泥石流规模较小，未危害道路	下大水沟、上木江坪沟，羊香儿沟、黄连沟、大阴沟、螃蟹沟、下盐水沟、上盐水沟、烧香沟、青岗坪沟、上大水沟、七层楼沟、幸福沟、龙潭沟、关门沟、周家沟、金豪沟、转经楼沟、觉磨沟、花红树沟

S303 沿线“8 · 14”暴发泥石流沟危害方式 表 14-5

危害类型	沟(坡)名
堵塞、冲击	N1 坡面、一号桥沟、二号桥沟、N4 坡面、N9 坡面、N10 坡面、N18 坡面
淤积和淤埋	N2 坡面、瓦司沟、肖家沟、弯沟、蟹子沟、香家沟、银厂沟、N3 坡面、N5 坡面、N6 坡面、N7 坡面、N8 坡面、N11 坡面、N12 坡面、N13 坡面、油桌坪沟、N14 坡面、N15 坡面、N16 坡面、N17 坡面、N19 坡面、N20 坡面、N21 坡面、N22 坡面、N23 坡面、N24 坡面、N25 坡面、N26 坡面、N27 坡面、N28 坡面
冲刷	干沟、罗宝树沟、无名沟
淹没	肖家沟、蟹子沟、弯沟、香家沟、银厂沟

3)S303 沿线泥石流危险性分析

根据考察结果和道路泥石流危险性分级标准,通过计算,确定了 S303 沿线 32 处沟谷型泥石流及 28 处坡面型泥石流对道路的危险度级别和范围(图 14-8),其危险度计算值位于 0.25 ~ 2.75 之间,经归一化处理后位于 0 ~ 1 区间内。运用 ArcGIS 自然断点法,将道路危险度分为 4 个级别。通过统计,属于Ⅰ级极低危险度的线路长度有 24.2km,属于Ⅱ级低危险度的有 6.7km,属于Ⅲ级中危险度的有 1.8km,属于Ⅳ级高危险度有 10.9km,属于Ⅴ级极高危险度有 4.2km。由图 14-8 可见,对道路危害等级较高的主要集中在映秀至耿达,七层楼沟以东的区域,也就是中央断裂与后山断裂之间的区域,汶川地震对该区域破坏极其严重,大量的松散固体物质分布其间,造成堵江淹没道路的大型和特大型泥石流主要集中分布于耿达以东高风险区域。七层楼沟以西的沟谷型泥石流大多暴发规模很小,未对路面造成危害,沿线分布一些坡面型泥石流,对道路主要以部分淤积和淤埋为主,因此耿达以西至卧龙路段为低危险区域,灾害较轻。

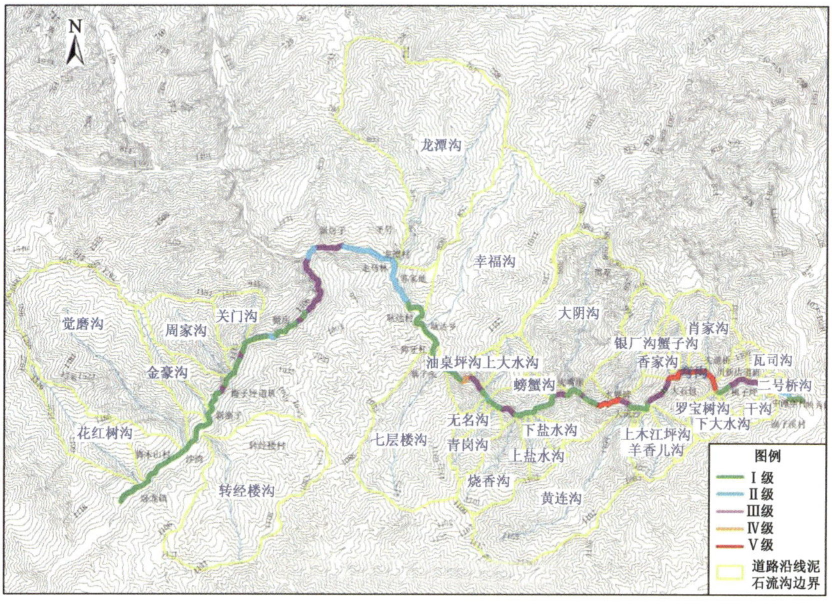

图 14-8 S303 沿线泥石流危险性分级示意图

14.3 基于动力特征的灾害点道路危险性评价

本节在分析单点泥石流复合成灾特点的基础上，提出基于泥石流运动模拟和洪水淹没分析的公路灾害危险性定量分析方法，并以海通沟泥石流灾害为例，评估泥石流灾害综合危险性。

14.3.1 泥石流危险性评价方法

通过公路沿线泥石流调查发现，大规模泥石流对公路的危害，既包括泥石流直接冲淤公路工程，也包括对公路的链式复合致灾(图 14-9)，具有如下特点：

(1)泥石流直接冲毁和淤埋公路路基路面、桥梁(涵洞)。

(2)泥石流堵江后形成的堰塞湖对上游公路的淹没危害。

(3)泥石流堵江后的溃决洪水对下游路段的强烈冲刷、淹没危害。

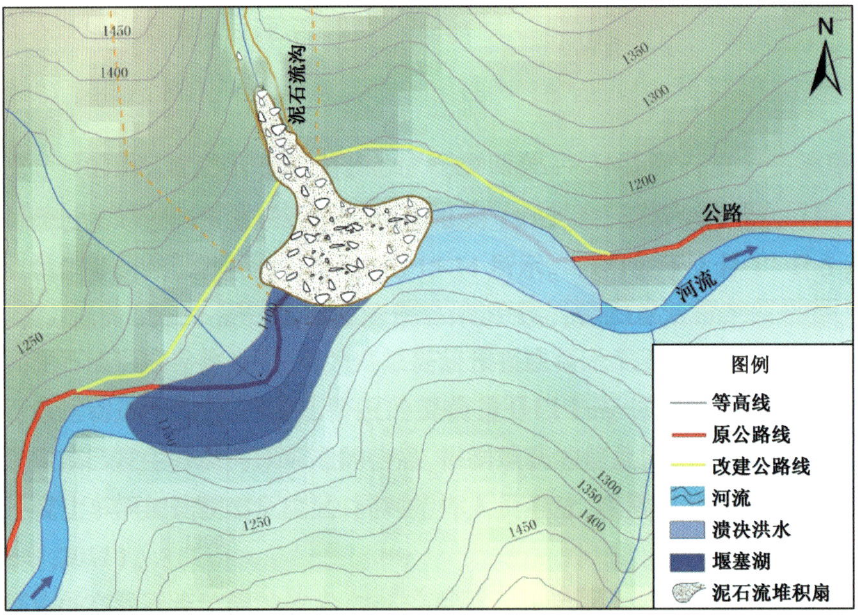

图 14-9 泥石流危害公路示意图

针对上述公路沿线泥石流的危害特点，提出了基于泥石流运动模拟和洪水淹没分析的泥石流危害公路的定量危险性分析方法：

$$H = H_e + H_d + H_i + H_f \tag{14-7}$$

式中：H——总危险度；

H_e——由泥石流冲击破坏引起的危险，用泥石流最大动能表示；

H_d——由泥石流淤埋引起的危险，用泥石流最大淤积深度表示；

H_i——泥石流堵江造成的回水淹没危险，用回水淹没深度表示；

H_f——泥石流堰塞湖溃决洪水造成的洪水冲毁危险，用洪水水位表示。

其中，泥石流的冲击破坏和淤埋破坏应用泥石流堆积区二维运动模拟的方法确定；堰塞湖回水上涨淹没危险根据堰塞湖与公路的相对位置和堰塞坝溢流口高度确定；堰塞湖溃决洪水危险根据堰塞湖下游侧公路的相对位置和溃决洪水最高水位（对应峰值流量）确定。

1）泥石流冲击破坏能力和淤埋深度的确定方法

流速是确定泥石流冲击作用的关键参数，泥深反映泥石流的淤埋程度。通过泥石流运动模拟，确定泥石流扇形地上流速和流深的时空分布。通过流速的时空分布可以确定泥石流的动量——破坏能力的分布；依据流深的时空分布，可以确定泥石流淤埋深度的空间分布。

用泥石流最大流深来表征泥石流的淤积危害，在泥石流运动区域划分计算网格，每个网格(i,j)的泥深由网格内的所有颗粒体积除以网格面积得到（崔鹏等，2011），计算公式如下：

$$H_d = \frac{N_{i,j}\Delta V}{A} \tag{14-8}$$

式中：$N_{i,j}$——等于以点(i,j)为中心的计算格网内的颗粒数；

ΔV——计算网格内颗粒的体积（m^3）；

A——数值模拟采用的网格面积（m^2）；

H_d——泥石流淤埋深度（m），其值越大，泥石流危险性越大。

用泥石流的动能来表征泥石流的冲击破坏能力，采用每个网格在整个泥石流运动过程中的最大动能值，反映每个网格的最大冲击产生的危险性，计算公式如下：

$$H_e = A \cdot \max_{t>0}[(u^2+v^2)h\rho] \tag{14-9}$$

式中：H_e——泥石流最大动能指标；

u——x 方向的速度（m/s）；

v——y 方向的速度（m/s）；

h——泥石流泥深（m）；

ρ——泥石流密度（kg/m^3）；

A——数值模拟采用的网格的面积（m^2）。

2）泥石流堰塞湖淹没危险性的确定方法

在堰塞湖河流回水淹没范围内，河水淹没深度是反映泥石流对公路危害的关键参数。首先计算泥石流堵江后形成堰塞湖库容，然后通过基于河道 DEM 的洪水淹没分析方法求得淹没范围和水深分布。

对于由堰塞湖引起的间接危害，首先根据泥石流沟谷调查和勘察的结果，结合该区历史降雨条件，预测在一定降雨条件下该泥石流暴发后堵江的可能性。判断泥石流堵江可能性的判别式如下（崔鹏等，2006）：

$$C_M = 1.189\,(1-\cos\theta)^2 + 3.677\,\frac{\gamma}{\gamma_M} - \ln\left(\frac{Q_M v_M}{Q_B v_B}\right) \geq 12.132 \tag{14-10}$$

$$C_F = 0.883(1-\cos\theta)^2 + 2.587\,\frac{\gamma}{\gamma_M} - \ln\left(\frac{Q_M}{Q_B}\right) \geq 8.572 \tag{14-11}$$

式中：C_M——泥石流堵江的动量判据；

C_F——泥石流堵江的流量判据；

Q_M、Q_B——主支沟的单宽流量（m^3/s）；

v_B——支沟泥石流表面最大流速（m/s）；

v_M——主沟水流表面最大流速（m/s）；

γ——泥石流重度（kN/m^3）；

γ_M——主流重度（kN/m^3）；

θ——主支沟夹角（°）。

当泥石流与主沟的流速、流量、入汇角和重度满足关系式（14-10）或式（14-11）时，即 $C_M \geq 12.132$ 或 $C_F \geq 8.572$，将发生泥石流堵塞主沟现象。

对于有可能堵江的泥石流沟，可以利用两种方法计算堵江高度：一是数值模拟法，二是经验公式法。结合泥石流峰值流量 Q_p 和径流过程，构建推求给定频率降雨条件下泥石流过程流量的方法（Cui 等，2011）。如果能获取泥石流从发生到结束的流动时间，就可以利用前述数值分析方法进行数值模拟，计算出堆积厚度的分布，从而确定堵江高度。对于经验公式法，首先，需要估算泥石流峰值流量 Q_p，如果知道泥石流流动的时间 T，可以利用泥石流径流总量的经验公式计算一次泥石流总量（国家防汛抗旱总指挥部办公室·中国科学院·水利部成都山地灾害与环境研究所，1994）。

$$Q_c = \frac{19}{72} T Q_p \tag{14-12}$$

式中：Q_c——一次泥石流总量（m^3）；

T——泥石流持续时间（s）。

进而，根据泥石流入汇河道的地形条件，可以初步估算泥石流堰塞体的高度 H_b：

$$H_b = \frac{2Q_c}{L(B_U + B_D)} \tag{14-13}$$

式中：L——堵塞体沿泥石流流动方向的长度（m）；

B_U——堰塞体顶部宽度（m）；

B_D——堰塞体底部宽度(m)。

因此,堰塞湖的回水淹没危险性 H_i 可以简化为危险区的高差计算:

$$H_i = H_0 + H_b - H_{i,j} \tag{14-14}$$

式中:H_0——堰塞体底部高程(m);

H_b——堰塞体坝体高度(m);

$H_{i,j}$——淹没范围任一计算网格(i,j)的高程(m);

H_i——相应计算网格的淹没深度(m),其值越大,淹没的危险性越大,当其为0时,为临界危险状态。

3)泥石流堰塞湖溃决洪水危险性的确定方法

堰塞湖对下游公路设施的危害主要表现在溃决洪水淹没和冲毁,考虑公路遭受泥石流危害的最大风险,本研究仅考虑堰塞湖全溃的形式。

堰塞湖溃决洪水淹没和冲毁危险性 H_f 的计算,需要考虑两部分内容:一部分是坝体溃决,一部分是洪水演进。下游堰塞湖对公路设施的危害主要表现在溃决洪水淹没和冲毁,考虑公路遭受泥石流危害的最大风险。

泥石流坝的溃决过程属于宽顶堰泄流过程,溃决过程预测方法有三类:一是堰流过程模拟;二是考虑水流的运动以及冲刷的二维浅水模型模拟;三是SPH等考虑为离散颗粒的过程。最简单有效的办法是通过堰流方程式(14-15)对流量进行预测(Chen等,2014;Walder等,2015)。

$$Q = CB(H - Z)^{3/2} = \frac{\Delta W}{\Delta t} + Q_{in} \tag{14-15}$$

式中:Q——过流流量(m^3/s);

C——堰流系数;

B——溃口宽度(m);

H——水库水位(m);

Z——溃口底部高程(m);

W——水库体积(m^3);

Q_{in}——上游来水量(m^3/s)。

溃口底部高程的变化可结合现场情况,考虑适合的侵蚀冲刷模型。

溃决洪水沿河道演进多是不考虑侵蚀过程的洪水演进模型。溃决洪水演进的快速计算多采用一维模型(Wang等,2008;安晨歌等,2012)。

$$\begin{bmatrix} A \\ Q \end{bmatrix}_{,t} + \begin{bmatrix} Q \\ Q^2A^{-1} \end{bmatrix}_{,x} = -gA\begin{bmatrix} 0 \\ Z_{bed} + h \end{bmatrix}_{,x} - gA\begin{bmatrix} 0 \\ S_f \end{bmatrix} \tag{14-16}$$

式中:A——截面对应的面积(m^2);

Q——某一截面的过流流量(m^3/s);

h——水深(m);

g——重力加速度(m/s^2),取 $9.8m/s^2$;

S_f——阻力;

Z_{bed}——该截面底部高程(m)。

若是想要获取某一河段更加精确的流深以及流速场,则使用二维模型(Cao 等,2011;Begam 等,2018)。

$$\begin{bmatrix} h \\ hu \\ hv \end{bmatrix}_{,t} + \begin{bmatrix} hu \\ hu^2 + gh^2/2 \\ huv \end{bmatrix}_{,x} + \begin{bmatrix} hv \\ huv \\ hv^2 + gh^2/2 \end{bmatrix} = \begin{bmatrix} 0 \\ F_x \\ F_y \end{bmatrix} \tag{14-17}$$

式中:h——水深(m);

u——x 方向速度(m/s);

v——y 方向速度(m/s);

F——各个方向的合外力,包括了重力分力、摩阻力等。

泥石流冲毁、淤埋,以及堰塞湖上涨回水与溃决洪水淹没的量值确定以后,利用 GIS 技术的空间分析功能,可以求算泥石流冲击破坏能力、泥石流淤埋深度、淹没深度、洪水水位的空间分布,从而进行危险性分区。

14.3.2 海通沟泥石流危险性评价

1)海通沟“6·23”泥石流

受持续强降雨作用,2012 年 6 月 23 日川藏公路西藏芒康县境内海通沟段(川藏公路 G318 线,里程 K3404 处)发生大型泥石流灾害(图 14-10)。泥石流形成的堆积扇长约 100m,顺河宽约 210m,平均厚度约 7 ~ 8m。泥石流冲毁 G318 线路基超过 200m,阻断海通沟形成堰塞湖(图 14-11),堰塞湖回水约 300m,平均宽度 60m,平均水深 5 ~ 6m,库容约 10 万 m^3,造成 160m 路基淹没,公路积水最深处达 8m。此外,约 500m 路面遭受泥沙、洪水冲淤危害。此次泥石流灾害导致 G318 线交通完全中断,100 余台车辆受阻,300 余人被困。

2)泥石流危害范围确定

首先根据地形资料,结合 GIS 空间分析技术,获取流域基本参数,如流域面积、主沟长度、底床坡度等。根据现场调查取样,采用高精度 3D 激光扫描仪对泥石流堆积坝、部分流通区、堰塞湖进行精确扫描,确定泥石流的基本参数,如沟床糙率、断面泥痕高度等,野外调查采样的土体颗分试验结果如图 14-12 所示,出口断面泥深为 12.0m。进而,依据公式(14-18)(陈宁生等, 2003)计算出泥石流重度为 2.0kN/m^3,依据公式(14-19)(国家防汛抗旱总指挥部办公室，中国科学院·水利部成都山地灾害与环境研究所，1994）计算出泥石流出口处流速，依据公式（14-20）与公式（14-21）（吴积善等，1993）计算出泥石流体的黏滞系数与屈服应力等。在此基础上，根据海通沟 DEM 建立 5m×5m 分辨率的数值计算格网，并选取泥石流沟口断面作为泥石流运动数值模拟的起始断面，模拟泥石流在堆积区上的运动过程。

图 14-10　泥石流灾害发生现场（资源来源：新华网）

图 14-11　泥石流堵江形成堰塞湖（葛永刚拍摄）

$$\gamma = -1.32 \times 10^3 x^7 - 5.13 \times 10^2 x^6 + 8.91 x^5 - 55 x^4 + 34\,6 x^3 - 67 x^2 + 12.5 x + 1.55 \tag{14-18}$$

$$V_c = \frac{1}{n_c} H_c^{\frac{2}{3}} \cdot I_c^{\frac{1}{2}} \tag{14-19}$$

$$\begin{cases}\tau = 0.1\left(\dfrac{\gamma}{1.635}\right)^{27.0}, (\gamma \geqslant 2.0\text{t/m}^3) \\ \tau = 0.1\left(\dfrac{\gamma}{0.60}\right)^{4.42}, (\gamma < 2.0\text{t/m}^3)\end{cases} \tag{14-20}$$

$$\begin{cases}\eta = 0.1\left(\dfrac{\gamma}{1.394}\right)^{7.41}, (\gamma < 2.2\text{t/m}^3) \\ \eta = 0.1\left(\dfrac{\gamma}{2.096}\right)^{45.0}, (\gamma \geqslant 2.2\text{t/m}^3)\end{cases} \tag{14-21}$$

式中：γ——泥石流重度（kN/m^3）；

x——黏粒含量的质量百分比；

V_c——泥石流出口断面流速（m/s）；

n_c——沟床糙率系数；

H_c——泥石流断面泥深（m）；

I_c——水力坡度，等于底床坡度（°）；

η——泥石流浆体黏滞系数（$\text{N}\cdot\text{s/m}^2$）；

τ——泥石流浆体的屈服应力（N/m^2）。

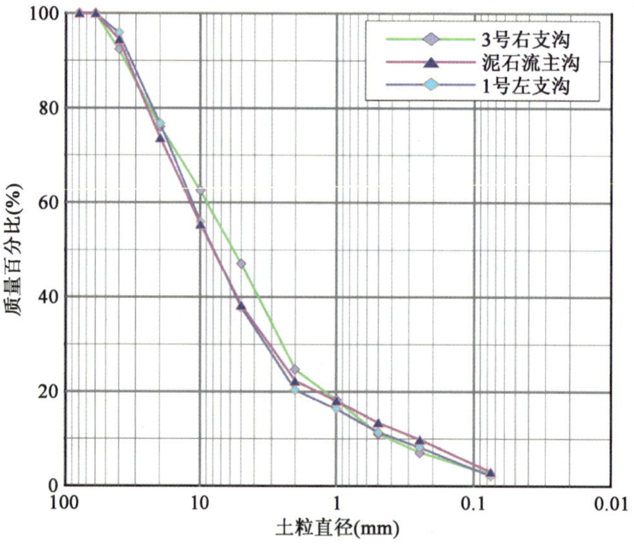

图 14-12　G318 线 K3404 泥石流颗粒分布曲线

泥石流运动数值模拟的基本参数见表 14-6。

泥石流运动数值模拟基本参数　表 14-6

流域基础参数		流 体 参 数		运 动 参 数	
参数名称	参数值	参数名称	参数值	参数名称	参数值
流域面积（km^2）	28.38	底床糙率系数	0.44	时间步长（s）	0.20
主沟长度（km）	12.60	重度（kN/m^3）	2.0	出口速度（m/s）	5.7

续上表

流域基础参数		流 体 参 数		运 动 参 数	
参数名称	参数值	参数名称	参数值	参数名称	参数值
主沟坡降(‰)	74.19	黏滞系数($N \cdot s/m^2$)	1.45	出口泥深(m)	12.0
		屈服应力(N/m^2)	18.02		

通过对泥石流运动过程的模拟,可以获得堆积区每个模拟计算网格的流速、流深数据。经过 ArcGIS 栅格 – 矢量数据转换,可确定泥石流堆积范围(图 14-13)。利用 14.3.1 小节的相关公式计算淹没和溃决洪水,如利用式(14-15)计算坝址最大流量,利用式(14-16)和式(14-17)计算河段控制断面最大流量,并计算实现洪水演进,获取洪水淹没范围和任一计算网格的淹没深度(图 14-14)。

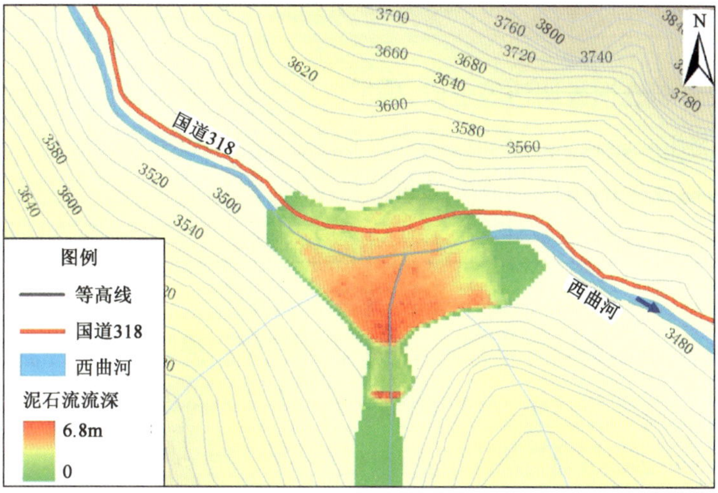

图 14-13 数值模拟的泥石流直接危害区

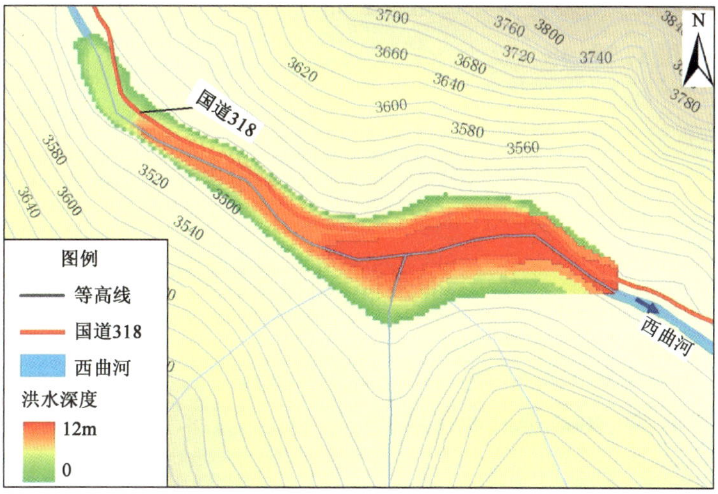

图 14-14 数值分析的洪水淹没区

3)泥石流危险评价

基于单点泥石流危险性分析方法,确定堆积区的危险性指标值 H,利用自然断点法对危险性指标值 H 进行分级,计算获取的分界点为 0.4,0.8,依此危险区内公路路段进行分析:高危险路段(>0.8)、中危险路段(0.8 ~0.4)、低危险路段(<0.4),公路危险性分段结果如图 14-15 所示。

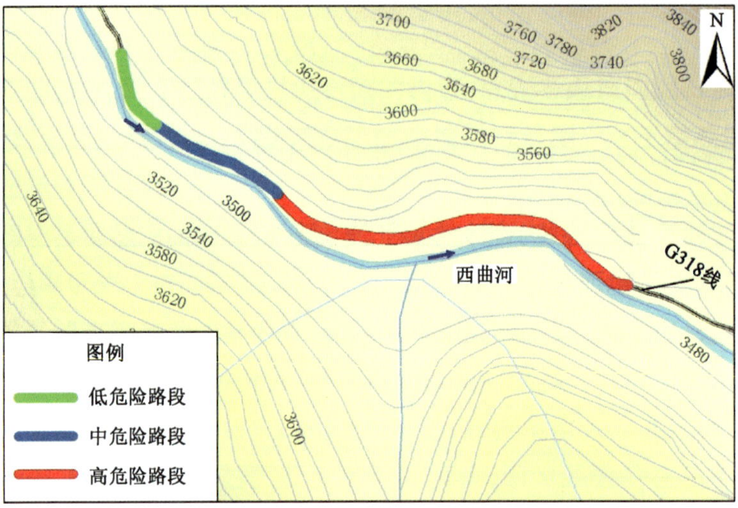

图 14-15　公路危险性分段结果

分析结果表明,高危险路段长度约 520m,占总危害长度的 63.4%,主要为泥石流冲出沟口的主流区,泥石流来势凶猛,以冲毁的成灾形式对公路设施构成严重破坏,可造成人员伤亡和财产损失。同时,该区段大部分位于地势低洼带,堰塞湖及溃坝洪水对该区淹没深度最大,危害最为严重。中危险路段长度约 190m,占总危害长度的 23.2%,位于较深处洪水淹没区域,较大洪水可以淹没该区造成公路设施损坏,危害较重。低危险路段长度约 110m,占总危害长度的 13.4%,位于地势较高地带,泥石流与洪水破坏作用不明显,危害相对较轻。

本章参考文献

安晨歌,傅旭东,马宏博,2012. 几种溃坝模型在溃决洪水模拟中的适用性比较[J]. 水利学报,(s2):68-73.

陈宁生,等,2011. 泥石流勘查技术[M]. 北京:科学出版社.

陈宁生,崔鹏,刘中港,等,2003. 基于黏土颗粒含量的泥石流容重计算[J]. 中国科学:E 辑,33(增刊):164-174.

陈洪凯,唐红梅,陈野鹰,2007. 公路泥石流力学[M]. 北京:科学出版社.

崔鹏,何思明,姚令侃,等,2011. 汶川地震山地灾害形成机理与风险控制[M]. 北京:科学出版社.

崔鹏,何易平,陈杰,2006. 泥石流输沙及其对山区河道的影响[J]. 山地学报,24(5):539-549.

国家防汛抗旱总指挥部办公室,中国科学院·水利部成都山地灾害与环境研究所,1994. 山洪泥石流滑坡灾害及防治[M]. 北京:科学出版社.

胡凯衡,崔鹏,李浦,2014. 泥石流动力学模型与数值模拟[J]. 自然杂志,36(5):313-317.

刘希林,唐川,1995. 泥石流危险性评价[M]. 北京:科学出版社.

四川省水利电力厅,1984. 四川省中小流域暴雨洪水计算手册[M]. 成都:四川省水利电力厅.

王晓朋,潘懋,徐岳仁,2006. 基于流域单元的泥石流区域危险性评价[J]. 山地学报,24(2):177-180.

吴积善,田连权,康志成,等,1993. 泥石流及其综合治理[M]. 北京:科学出版社.

Begam S, Sen D, Dey S, 2018. Moraine dam breach and glacial lake outburst flood generation by physical and numerical models[J]. J. Hydrol. 563:694-710.

Cao Z, Yue Z, Pender G, 2011. Landslide dam failure and flood hydraulics. Part II: coupled mathematical modelling[J]. Natural Hazards, 59(2):1021-1045.

Chen Z, Ma L, Yu S, et al, 2014. Back analysis of the draining process of the Tangjiashan barrier lake [J]. Journal of Hydraulic Engineering, 141(4):05014011.

Chen N S, Yang C L, Zhou W, et al, 2011. A new total volume model of debris flows with intermittent surges: based on the observations at Jiangjia Valley, southwest China [J]. Natural hazards, 56(1):37-57.

Costa J E, 1988. Floods from dam failures [M]//Baker VR et al (eds) Flood geomorphology. Wiley, New York, 439 - 463.

Cui P, Hu K H, Zhang J Q, et al, 2011. Prediction of the debris flow area by combing hydrological and inundation simulation methods [J]. Journal of Mountain Science. 8(1):1-9.

Cui P, Xiang L Z, Zou Q, et al, 2013. Risk assessment of highways affected by debris flows in Wenchuan earthquake area [J]. Journal of Mountain Science, 10(2):173-189.

Hungr O, Morgan G C, Kellerhals R, 1984. Quantitative analysis of debris torrent hazards for design of remedial measures [J]. Canadian Geotechnical Journal, 21(4):663-677.

Iverson R M, 1997. The physics of debris flows [J]. Reviews of Geophysics, 35(3):245-296.

Rickenmann D, 1999. Empirical relationships for debris flows [J]. Natural hazards, 19(1):47-77.

Walder J S, Iverson R M, Godt J W, et al, 2015. Controls on the breach geometry and flood hydrograph during overtopping of noncohesive earthen dams [J]. Water Resour. Res., 51(8):6701-6724.

Wang G, Liu F, Fu X, et al, 2008. Simulation of dam breach development for emergency treatment of the Tangjiashan Quake Lake in China [J]. Sci. China Ser. E:Technol. Sci. ,51(2):82-94.

Zhou G D, Sun Q C, 2013. Three-dimensional Numerical Study on Flow Regimes of Dry Granular Flows by DEM [J]. Powder Technology, 239:115-127.

Zou Q, Cui P, Zhou G D, et al, 2018. A new approach to assessing vulnerability of mountain highways subject to debris flows in China [J]. Progress in Physical Geography, 42(3):305-329.

The Fifteenth Chapter

第 15 章

山区道路泥石流、滑坡灾害监测预警

山区道路泥石流、滑坡往往堵车断道,影响道路工程运力的发挥;同时,严重危害交通安全,甚至造成车毁人亡。此外,山区道路往往具有生命线的性质,在灾害发生时能否保持畅通可能涉及驾乘人员的生命、生活和生产(以下简称“三生”)。一旦发生灾害,常常导致灾害的时空延拓,造成重大损失与社会影响。因此,在山区道路灾害多发区段,针对重点泥石流、滑坡等灾害点和区域,采取有效的监测和预警措施,构建山区道路泥石流、滑坡灾害监测预警网络和体系,是预防重大灾害、保障交通安全的必要技术手段。

15.1 山区道路监测预警关键问题与技术概述

由于山区道路往往穿越高山峡谷等地形艰险地区,交通网络不发达,通信条件差,气候条件恶劣,线路展布长,相比于平原丘陵地区,泥石流、滑坡灾害监测预警的难度要大得多,采用通常的以群策群防为主的手段难以长期有效地预警。因此,应针对山区道路的实际情况,遵循“因地制宜,综合预防”的方针,选择重点灾害点和区域,尝试基于技术支撑的灾害监测预警,减少泥石流、滑坡灾害,特别是减少人员伤亡和重大灾害损失。

15.1.1 泥石流、滑坡灾害监测预警的目标与原则

山区道路泥石流、滑坡灾害监测预警包括空间预警和时间预警两方面的工作。空间预警是指在一定条件下(如根据短期气象预报),对一定时间内泥石流、滑坡灾害将要发生的路段进行的预警;时间预警是在空间预警的基础上,针对某一具体路段或地点,给出泥石流、滑坡灾害在某一时段或某一时刻发生的可能性的预警(崔鹏等,2000;刘传正,2000,2001a,2001b,2001c)。因此,泥石流、滑坡灾害监测预警系统的目标是:在主要道路干线选择典型灾害易发路段,以重点灾点为节点,对道路行车、运输中经常遇到的泥石流、滑坡(崩塌)、堰塞湖等突发性灾害进行实时监测,为道路主管部门及时预警制订应急避险、排险、抢险方案,为避免人员伤亡和重大损失提供科学依据和决策支持。在技术上要目标明确、方法科学、数据标准、仪器先进、管理到位和重点突出。因此,道路泥石流、滑坡灾害监测预警系统建设应遵循如下原则:

(1)监测预警的整体性原则。监测预警系统的建设通过点、段、线的有机结合构成有机的整体系统,服务于解决道路沿线泥石流、滑坡灾害减灾的实际问题。

(2)监测站点的统一性原则。路域范围内泥石流、滑坡灾害各个监测站点的建设应遵循统一的目标和方法,各个站点观测仪器、设备和观测方法要标准化,数据格式统一、数据可共享,多个站点构成有机联系的实体网络。

(3)不同灾害发育阶段的监测相结合的原则。泥石流、滑坡灾害的发育过程阶段包括形成、运动和成灾等过程,基于不同发育阶段的综合监测预警,特别是灾害形成阶段的监测可以实现提前预警,为路域赢得提前避灾的时间。

(4)技防与群防相结合的原则。山区道路各路段一般由相应主管部门或养护机构管理,在建设监测站网,实现专业监测的同时,还需要结合以主管部门或道路养护机构为主体的群策群防。

15.1.2 泥石流、滑坡灾害监测预警的要求和关键问题

1)监测预警的要求

由于山区道路特殊的自然地理条件,泥石流、滑坡灾害监测预警系统需要满足如下要求:

(1)自动监测

已建成的山区道路沿途地形和气候等条件恶劣,专业监测人员严重不足,监测设备现场值守困难,需要开发和使用无人值守的监测预警设备。这些设备与人口密集区的监测设备不同,不仅需要满足自动化的监测预警,还需要适应高山峡谷、高寒高海拔等恶劣气

候条件。

(2)低功耗且独立电源支持

由于山区道路很多路段监测对象与内容的特殊性,沿途的电力电源难以完全满足监测需要,每个监测点需要配备独立电源。由于灾害的监测和传输内容复杂,信息类型多样,不仅有数据传输,还常有图像传输,为了充分保证监测仪器长时间可靠连续工作,需要采用低功耗的设备。

(3)实时传输

由于泥石流、滑坡灾害的激发到成灾通常时间短暂,只有及时预警才能为保护对象赢得足够的逃生和应急处置时间,所以监测获得的信息需要实时快速传输。

(4)无线通信

山区道路所处的区域往往通信条件较差,且沿线的通信线路主要沿河谷展布,由于修建公路等工程扰动,开挖边坡,导致出现潜在的滑坡、崩塌和不稳定斜坡;而且泥石流的堆积扇也是沿河谷分布,各类灾害可能严重威胁通信线路的安全。为了使泥石流、滑坡灾害监测信息能够即时传输出去,监测网络的通信最好是基于无线通信模式。无线通信网络包括 GPS/GPRS、CDMA、卫星通信及其组合模式等。

2)监测预警的关键问题

为了使建立的泥石流、滑坡灾害监测预警体系高效运行,还需要解决以下三个关键科学和技术问题。

(1)山区道路沿线泥石流、滑坡灾害的风险预判

山区道路泥石流、滑坡灾害的风险预判是监测预警选点的依据。传统的办法是对已经发生灾害的灾点进行监测和预警,由于对潜在灾害的风险预判困难,常导致监测对象的选择不精准。预判困难源于对灾害形成认识的科学性不够,如对泥石流动储量的估算方法以经验公式为主,由于其概化条件的差异,估算结果与实际误差一般在 70% ~ 150%,最大甚至可达 300%(杨顺等,2014);而潜在滑坡的判识仍然是相对困难的问题。所以,科学可靠的监测预警需要加强道路风险预判研究,发展潜在灾害判识技术,做好基于泥石流、滑坡潜在灾点判识和灾害风险预判的监测选点。

(2)山区道路沿线泥石流、滑坡灾害预警阈值

泥石流、滑坡灾害的预警阈值的准确获取是监测预警工程的关键。目前泥石流灾害预警阈值主要是基于历史灾害的统计而得出的,滑坡预警阈值除以往区域灾害激发因素统计分析以外,主要根据观测的变形特征分析确定。山区道路横穿高山峡谷区,地质地貌条件多变,气象、水文、灾害等监测数据稀缺。整个山地区域泥石流、滑坡孕灾条件和灾害活动特征复杂多样,形成机理并不明确。因此,如何在资料稀缺、机理不明的地区获得灾害的预警阈值,是亟须解决的关键科学问题。

(3)适应艰苦环境的监测预警信息传输网络

目前,在发达国家和地区已经建立了相对完善的泥石流、滑坡灾害预警信息传输网络,如美国地质调查局(United States Geological Survey,USGS)和美国国家气象服务中心(United States National Weather Service,USNWS)联合建立了滑坡实时预报系统(Wieczorek等,1990);香港政府于1984年启动了滑坡预警系统。我国在四川省、浙江省和三峡库区等也建立了区域性的地质灾害预警预报系统(殷坤龙等,2003;刘传正,2001a,2001b;刘传正等,2004;杨强根,2021),都取得了良好的监测效果。这些先进的理念和经验可为山区道路沿线泥石流、滑坡灾害监测预警系统提供借鉴,依靠高可靠度的多信息传输网络,可为相关人员和行车赢得几十秒乃至几十分钟的避灾时间。

根据目前信息传输的发展趋势,无线传感器网络将是解决山区道路沿线监测、预警信息传输问题的一个重要手段。无线传感器网络作为一种新兴的信息获取手段,已经被广泛应用于军事、环境监测预报、公共安全、灾害应急等领域。无线传感网丰富的网络形式、随机布设、自动组网、协同感知和无人值守等特点可以很好满足监控广阔区域的要求。如能将新的信息和感知技术(如北斗等)更好地应用于复杂艰险、通信保障条件差山区的泥石流、滑坡灾害监测预警中,将会为山区道路灾害检测预警提供可靠的技术保障。

15.1.3 泥石流、滑坡灾害监测预警体系

山区道路泥石流、滑坡灾害监测预警系统应以重大灾点为节点,以各养护路段为单元,相互联通,形成信息快速交流、双向互动的灾害监测预警系统,实现灾害实时监测预警的目标。

为了充分发挥灾害监测预警体系的防灾减灾效能,监测预警系统建设需应用目前国内外已经取得的研究成果,包括预警预报模型、先进监测技术和信息传输技术,利用现有的数据、资料,运用GIS等集成分析平台,综合集成并快速分析数据。针对山区道路泥石流、滑坡灾害监测预警的需求,提出了建立道路山地灾害监测预警体系的初步构架(图15-1)。监测预警体系主要由泥石流、滑坡灾害形成背景条件、激发因素、承灾体、监测系统、综合信息处理平台、预测预报与警报发布等模块组成(杨顺等,2014;丁明涛等,2018;吴林强等,2019;王文等,2022)。

(1)泥石流、滑坡灾害判识与监测内容

基于泥石流、滑坡灾害激发因子和灾害体时变的实时监测数据,利用泥石流、滑坡灾害判识模型,结合灾害形成的环境背景条件和历史灾害信息,判断泥石流、滑坡灾害性质与发展趋势;基于泥石流、滑坡灾害发生后产生的运动力学及声学特征布设灾害监测内容,如堰塞湖溢流口高程变化、泥石流运动过程流速、流量等参数、滑坡进入快速变形期的位移数据等。在监测的基础上,结合承灾体(主要包括道路、车站等重要工程设施,沿线居民点和城镇等)的特征,应用相关数据分析平台得到灾害发生的时间、规模、威胁范围及可

能造成危害分析成果，发布灾害的预警预报信息。

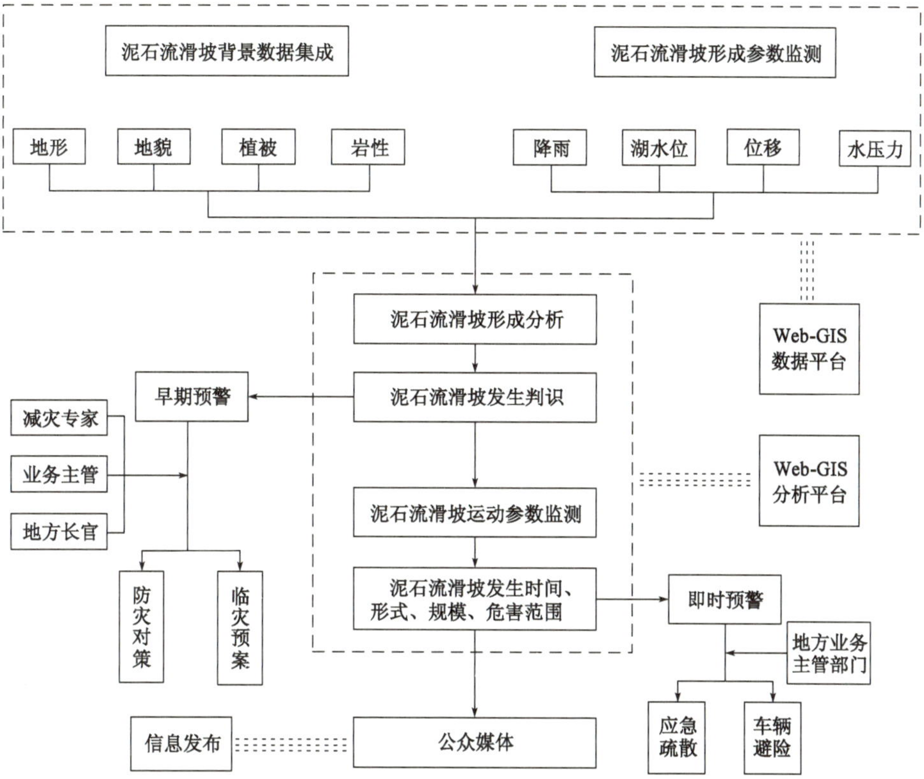

图 15-1　山区道路泥石流、滑坡灾害监测预警体系构架

(2)监测系统的组成

在省会城市设立中心控制站，进行信息汇集、综合分析和灾情会商；在每一个典型路段设立一级站，负责该路段的信息集成、发布警报与灾情处理；在每个养护路段设立基本观测站，汇集每个观测点的信息，上报灾情，实施抢险；在每个灾点设立观测点，重要灾点设置综合性观测点，汇集流域上下游和沿线两侧观测点的信息，作为灾害监测的网络节点。

(3)监测系统的管理运行模式

公路泥石流、滑坡监测预警系由各级政府主管部门分层管理，可由省级交通厅负责总管理，中心站设在省会城市，负责对一级站的业务指导和联络；一级站分别设在市县级，由中心站直接领导，分别负责各自路段的灾害预警和应急抢险；基本站依托养护路段，由养护路段负责日常监测、管理和维护。

(4)应急处置对策的制订

在减灾专家、业务主管和行政负责人的协同下，制订临灾预案和应急处置对策，通过公众媒体及时发布预警信息，或通过在灾害威胁区域及邻近区域设置 LED 信息广告牌发布提示信息，让尚远离威胁区域但准备进入威胁区域的人员、车辆及早获取信息，自觉避灾;灾情紧急时,地方业务主管部门应直接指导应急疏散和车辆避险。

15.2 泥石流监测预警的内容及方法

山区道路泥石流灾害的监测内容主要依据预警报需要的参数来确定,其次结合灾害形成因素中的活跃因素、激发条件等来确定。

15.2.1 监测内容及方法

随着社会经济的发展,山区道路沿线的工程体、城镇等社会经济承灾体逐渐增加,对监测预警的精度、效果和技术水平都提出了更高的要求。因此,针对有重大工程体、重要设施等为潜在威胁对象的山区道路泥石流灾害点,应结合早期预测、前期预报、起动过程预警、运动过程预警和临灾预警等手段,构建基于过程的监测预警方法(Chen 等,2016)(图 15-2)。

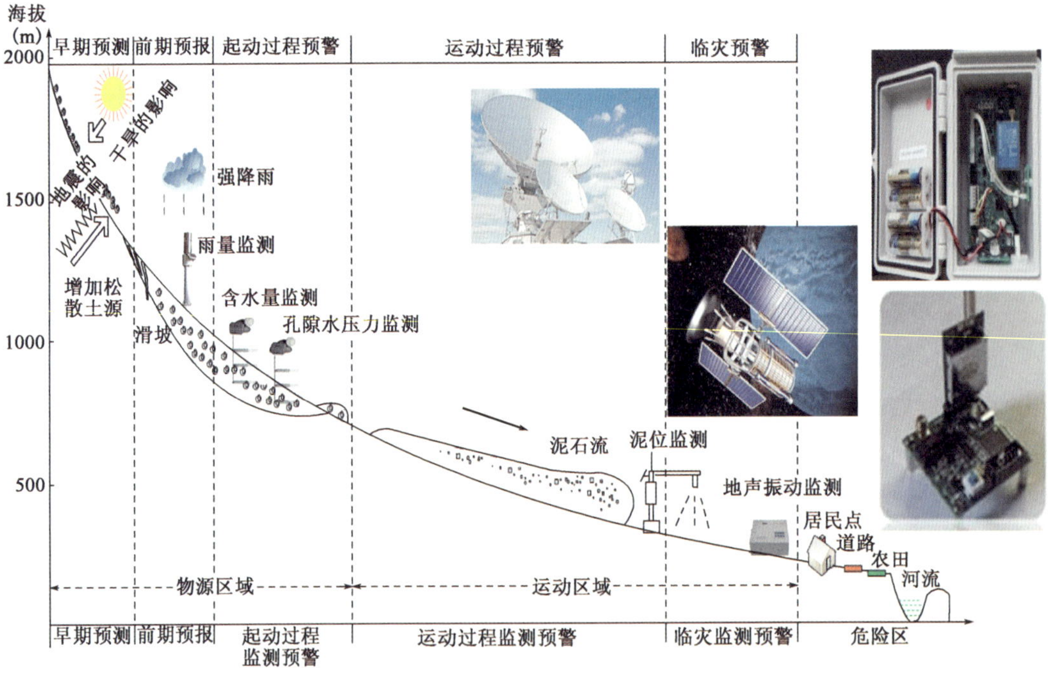

图 15-2 基于过程的监测预警方法示意图

可根据区域调查和危险性及风险评估结果,选择规模和潜在危害大的灾害点进行重点监测。主要监测内容有:

(1)降雨监测

降雨监测是泥石流预警报的基础,其内容包括对区域降雨天气过程的监测和流域内降雨过程的监测。通过卫星云图和气象雷达可获得短期内降雨天气过程的监测,为泥石流预报提供较大尺度的区域降水参数和较长的预警时间，也作为泥石流的即时预警提供提前准备的依据。通过地面监测手段（如自动雨量站等），可实现对流域降雨过程的监测，进而对监测数据进行即时分析处理，可为泥石流预警预报提供更为精确的依据。

利用降雨对泥石流进行预报、预警已是目前的常用手段。国内已经实现了利用数值天气预报模式和静止气象卫星云图进行大区域的 3 ~ 36h 泥石流预报；利用多普勒天气雷达进行中小区域的 1 ~ 3h 泥石流预警预报；利用地面雨量监测实现单沟的 0.5 ~ 1h 泥石流灾前警报和临报（张京红等，2005；韦方强等，2007）。

（2）泥石流形成过程参数监测

泥石流形成源地的土体特征参数变化包括土体含水率、土体孔隙水压力、土体位移等。对泥石流形成参数的监测可为泥石流的提前预警提供依据。测量土体含水率一般采用 TDR、FDR 等传感器；土体孔隙水压力一般采用压阻式压力传感器或阻应变片压力传感器、半导体应变片压力传感器、电感式压力传感器、电容式压力传感器、谐振式压力传感器、光纤传感器来测量。土体位移的监测方法可参照滑坡位移测量方法进行。

（3）泥石流运动过程参数监测

泥石流运动过程参数监测是指在流域上游监测到的泥石流的信息基础上，进一步监测泥石流运动的参数及其变化。运动参数监测对下游提前预警具有重要的意义。所监测的运动过程参数包括泥（水）位、流速、冲击力、振动和声学信号等。利用这些监测数据可估算泥石流的流量，判断泥石流的规模。基于泥石流运动过程参数的监测和预警是最为准确的监测预警方法。但也存在缺陷，其不足主要在于对流域面积小的泥石流沟，由于泥石流从形成到成灾的时间较短，其预警留给应急避险的时间较短。因此，上游监测断面位置的选择十分重要。监测、警报的方法有接触式和非接触式两种。

①接触式是感知泥石流的运动到来，并发出预警信息的方法。常见的接触式方法有断线法和冲击力监测法等。断线法是指在泥石流沟床内布设金属或其他材料的感知线，一旦泥石流冲断了该线，断线信号发回而实现报警的法。冲击力监测法是指在泥石流沟床内布设冲击力传感器，一旦泥石流流过，其冲击力信号随即被捕捉并发送进而实现报警的方法。

②非接触式方法有地声测量法、超声测量法及红外摄像法。泥石流在形成运动过程中产生振动并以波的形式床传播，形成泥石流地声。研究表明泥石流地声信号有其独特的频率，利用传感器进行泥石流地声捕捉，可实现灾害的预警（中国灾害防御协会铁道分会，2000）。超声波泥石流警报方法是基于沟床上方的超声传感器监测到的沟床泥（水）位的变化，参照一定的阈值，进行泥石流监测预警的方法。

川藏公路沿线泥石流密集分布，为了行车安全，多数沟口已建或拟建桥涵。在泥石流与道路的交汇区，泥石流的成灾特征很大程度上取决于泥石流能否安全通过桥涵，即泥石流的暴发流量与桥涵安全过流量的相对大小。对于相对稳定的断面,泥石流的暴发流量与桥涵安全过流量均可转为泥位信息。所以实际的泥石流流量监测预警是通过泥石流的泥(水)位的监测实现的。在固定的过流断面上,可以直接根据泥位判断泥石流的规模,并且可根据泥位信息进行预警级别的判断和预警信息的发送。流速可以通过泥石流流过沟谷中一定距离的两断面时间差获得,也可以通过超声波测速系统监测获得(ZHANG S 等,2004)。

近年来,摄像和图像传输技术的发展使红外摄像机应用于泥石流警报成为可能(孙圣和,2009)。1~2 套红外摄像装置安于泥石流沟床两侧,可 24h 值守,或与其他传感器(如地声、感知线等)相结合激发启动,可实现实时图像传输,从而实现灾害预警。

振动监测技术方法也是泥石流运动过程监测的重要手段,其原理是利用泥石流暴发过程中产生的巨大动能。泥石流可以搬运巨大的石块,在泥石流的运动过程中,石头与石头、石头与沟道摩擦或撞击产生的振动可以反映泥石流的加速度值,从而确定泥石流灾害的规模大小。泥石流产生振动的时间较长,所以监测预警的传感器需要选择适当的频率,具体参数需在现场进行测试后确定。

15.2.2 预警及预警级别

泥石流导致的山区道路行车安全事故主要有两种:一种是泥石流龙头摧毁桥梁和涵洞,造成正在桥梁或涵洞上行驶的车辆损毁;另外一种是车辆驶入泥石流危险区的路面,直接被泥石流破坏或掩埋。

泥石流的预、警报主要有两种尺度:一种是基于泥石流形成过程的提前预报,监测内容以降雨和泥石流形成参数为主,可为路域提前预报或警示泥石流发生的可能性;另一种是基于泥石流运动过程的提前警报,警报的提前量是以 1min 或 10min 为单位,如捕捉泥石流即将发生或已发生并在沟床流通的信息,根据捕获的信息发出警报信号,确保车辆停在危险区外或让车辆加速驶出危险区,同时指挥人员避让、疏散以达到减少人员伤亡的目的(李朝安等,2011)。

目前国内外在泥石流监测的技术、方法、手段上并无太大差别,而预警级别则需要根据当地的实际情况来确定。不同的灾种可根据不同的监测内容,设置不同的预警级别。

在区域上,利用一个地区的泥石流易发区划或危险区划,结合降雨临界值,可以设定不同的预警级别,在区域内布设一定数量的雨量站,利用监测雨量加上预报雨量,就可进行灾害的预警预报。区域预警可为区内公众提供防灾减灾基本信息,域内道路灾害监测和管理同时参考区域性的监测预警信息。单沟或单点的预警可以为路段管理和驾驶人员提供避灾信息,使他们及时逃离灾害点,避免人员伤亡。道路交通的预警等级需要考虑泥石流的形成运动规律和灾害的危险程度来进行预警等级的设置(李朝安等,2011):危险程度(D)=泥石流的实际泥位(F)/桥涵的安全过流泥位(E),可以根据泥石流的危险度和灾害临近时间采用三级预警,即红色、橙色和黄色预警。当 $0<D<0.9$ 时,道路桥涵处于安全工作状态,发出黄色预警;当 $0.9<D<1.1$ 时,道路桥涵处于危险过流状态,发出红色预警;当 $0\leqslant D<1.1$ 时,道路桥涵处于灾变临界工作状态,发出橙色预警。

综上所述,对于单个泥石流灾点的精确监测预警,需要依据泥石流灾害形成过程、汇流过程和成灾过程的监测数据,监测的准确性与即时性是灾情预警的核心和基础。

15.3 滑坡监测预警的内容及方法

山区道路滑坡灾害的监测内容主要根据坡体的变形破坏过程和影响因素来确定。

15.3.1 监测内容与方法

山区道路滑坡点多面广,常规地面监测往往要和遥感调查相结合才能实现全方位监测与预警。遥感调查能够对整个坡体的累计地表变形进行宏观分析,而常规地面监测技术能够对坡体变形进行更为详细的分析与验证。道路滑坡监测的内容通常由地表变形监测、地下变形监测和影响因素监测等组成(图15-3)。

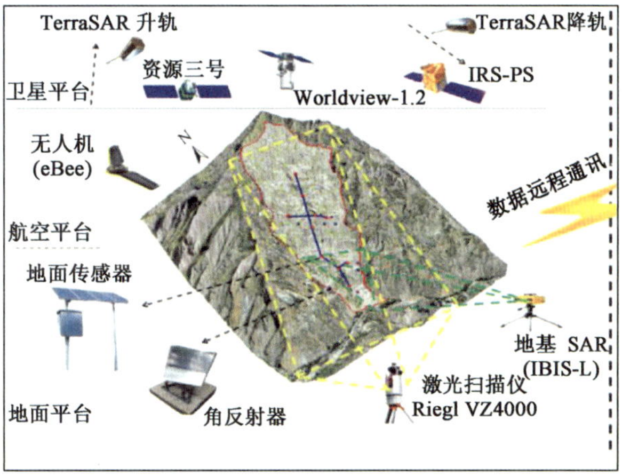

图15-3 遥感调查与地面监测相结合的滑坡监测体系示意图(许强等,2019)

(1)地表变形监测

滑坡体地表变形监测是通过在滑坡体表面设立监测点,查明滑坡水平、垂直位移的速率及方向,坡体倾斜速度及方向,同时对坡面的变形裂缝进行监测。裂缝监测的目的是查明滑坡的发育状态、位移速率、性质(张性、剪性、压性、产状);裂缝的长度、宽度、延伸方向;有无充填物、充填物含水性;裂缝两壁的相对位移。

地表变形监测还包括滑坡体上的地物变形监测,主要是查明滑坡体上特征点或者构筑物的变形，裂缝形状及特征，水平位移、垂直位移的速率及方向，以及发生变形的时间。

地表变形监测的方法主要有大地测量法、全球定位系统（北斗或 GPS）观测、遥感法和近景摄影法等。大地测量法使用的仪器主要有全站仪、经纬仪水准仪、测距仪等，其优点是技术成熟、精度高、资料可靠、信息量大；缺点是受地形通视条件和气候影响均较大。全球定位系统法精度高、投入快、易操作、可全天候观测，能测出三维位移量 x、y、z，对运动中的点能精确测出其速率，且不受条件限制，能连续监测，适用于不同变形阶段的水平位移和垂直位移监测。遥感法和近景摄影法适用于大范围、区域性滑坡（崩塌）体监测，卫星遥感影像所反映的地面信息丰富，并能周期性获取同一地点影像的特点，可以对同一地质灾害点不同时期的遥感影像进行对比，进而达到对灾害体动态监测的目的。近景摄影法用陆摄经纬仪等进行监测，其特点是监测信息量大，省人力、投入快、安全，但精度相对较低，主要适用于变形速率较大的滑坡水平位移和危岩陡壁裂缝变化的监测，受气候条件影响较大。

（2）地下变形监测

地下变形监测包括滑坡体内软弱结构面或滑面的位置、埋深、组数，各滑动面（带）之间的连通性、滑带土的物理性质、滑动面（带）上下相对位移速率及方向。地下变形监测主要有钻孔测斜法、测缝法（竖井法）等。

钻孔测斜法是利用钻孔测斜仪和多点倒锤仪进行监测，主要适用于滑体变形初期的监测，即在钻孔、竖井内测定滑体内不同深度的变形特征及滑带位置。钻孔测斜法是监测深部位移的最好办法之一。精度高、效果好、易保护，受外界因素干扰少，资料可靠，但测程有限、相对成本较高。钻孔测斜仪按探头的安装和使用方法可分为手提式和固定式两类，在滑坡监测中广泛使用。20 世纪 80 年代起广泛使用钻孔管式滑面计测定滑动面（带）位置。

测缝法（竖井法）是利用多点位移计、井壁位移计、位错计、收敛计、TDR 等进行观测。观测方式一般通过钻孔、平洞、竖井进行，观测滑坡深部裂缝、滑带或软弱带的相对位移情况。其特点是精度较高、量程小、易保护，但投入较大、成本高，仪器、传感器易受地下水、气候等因素的影响。目前受仪器性能、量程所限，主要适用于滑坡初期变形阶段，即小变形、低速率、观测时间相对较短的监测。

随着光纤技术的发展，光纤光栅技术逐渐应用于滑坡、边坡变形监测，分布式光纤传感器、光纤光栅位移传感器、光纤微弯压力传感器等已经广泛使用，如在三峡水电站等大型工程上已经成功使用。

（3）滑坡影响因素监测

滑坡的影响因素监测也是滑坡监测的重要内容，如降雨、地震等对滑坡形成与发展有着至关重要的促进作用。影响因素监测通常包括地下水动态监测、地声监测、地温监测、气象监测、地震监测和人类工程活动监测等。

①地下水动态监测：包括地下水位和孔隙水压监测。地下水位监测是利用自动水位记录仪测量水位，这种方法对进行远距离遥测、多点测量及小口径钻孔（仅 30mm）很有效。孔隙水压力监测的关键技术是如何实测滑动带中的真实孔隙水压力值，各国先后研制了多种形式的孔隙水压力测量仪器，如开口立管式、卡隆格兰德型、气动型、液动型和电动型的探头等。

②地声监测：是利用测定滑坡岩体受力破坏过程中所释放的应力波的强度和信号特征，来判别岩体的稳定性。仪器有地声发射仪、地音探测仪等。仪器应设置在滑体应力集中部位，灵敏度较高，可连续监测，但仅适用于研究滑体或斜坡的变形监测，在滑体匀速变形阶段不适宜。测量时将探头放在钻孔或裂缝的不同深度来监测岩体（特别是滑动面）的破坏情况。声发射技术可作为滑坡挤压阶段、地面裂缝不明显、地面位移难以测出的早期监测预报手段，对崩塌性滑坡具有较好的应用前景。

③地温监测：是利用温度计测量地温，分析温度变化与岩石变形的关系间接了解斜坡的变形特征。

④气象监测：是通过雨量计、蒸发仪等对气象因素进行观测，分析降雨与滑坡滑动的关系。我国大部分地区的滑坡都和降雨有关，所以研究降雨的临界值与滑坡的关系对滑坡预测预报有非常重要的意义。

⑤地震监测：由于地震震动是作用于滑体的特殊荷载之一，对滑体的稳定性起着重要作用，应采用地震仪等监测区内外发生的地震强度、发震时间、震中位置、震源深度，分析区内的地震烈度，评价地震作用对滑体稳定性的影响。

⑥人类工程活动监测：人类工程活动如地下硐室开挖、削坡、爆破、加载及水利设施的运营等，往往可能造成斜坡变形破坏进而形成滑坡。在出现上述人类工程活动时，应予以监测对滑体或斜坡稳定有影响的项目，监测其范围、强度、速度等。

综上所述，随着电子摄像激光技术、卫星定位技术、遥感遥测技术、GNSS 技术（李振洪等，2019；韩军强等，2019）、TDR 技术（高宇豪，2018）、光纤光栅传感技术、自动化技术和信息技术的发展，监测仪器也正在向精度高、性能佳、适用范围广、自动化程度高的方向发展。监测内容兼顾地表监测、地下监测和水分监测等，由位移监测拓宽到应力应变监测、相关动力因素和环境因素监测。目前，滑坡监测逐渐形成普查—详查—核查的多源自动化监测体系（许强等，2019；余绍淮等，2022）。

15.3.2 道路滑坡预报与预警

滑坡预警是指在滑坡发生之前告诉人们在什么地方、什么时间有可能发生滑坡灾害，提醒人们提前做好避灾防灾准备。由此可知，滑坡预警包括滑坡可能发生地点预测、发生时间预报及预警级别三方面的内容。

1)滑坡可能发生地点预测

滑坡预测分两个层次进行:一是滑坡发生区域预测,即滑坡危险性区划;二是滑坡发生前的危险斜坡判别。先依据道路通过地区的自然地质环境和滑坡(崩塌)形成条件,进行滑坡危险性分区。一般划分为滑坡发生危险性大区、中等区、小区和基本无滑坡发生危险性区4个级别区。而后在滑坡发生危险性大区、中等区内,对易发滑坡的坡体(如平均坡度 >10°,相对坡高 >50m,开挖高度 >10m 的斜坡或边坡),逐个进行滑坡发生前的危险斜坡判别,一般划分为滑坡发生危险性极大斜坡(边坡)、危险性大斜坡、危险性中等斜坡、危险性小斜坡(简称“极大危险斜坡、大危险斜坡、中等危险斜边、小危险斜坡”)。把极大危险斜坡(边坡)和大危险斜坡作为监测预警的对象。

2)滑坡发生时间预报

滑坡监测是滑坡发生时间预报的基础。对需进行监测预警的滑坡(危险边坡),按前面论述的滑坡监测内容和方法,布设监测网,进行变形和其他异常现象观测,获取资料后就可对滑坡(含危险边坡)发展趋势进行预报,直到发生前的警报。

滑坡发生时间预报分为长期预报、中期预报、短期预报和临滑警报四级,道路滑坡预警关注的是中、短期预报和临滑警报。中、短期滑坡预报提前量分别是:1 年至 1 个月,3 个月至 3 天(吴积善等,1997),临滑警报 3 天以内。滑坡中、短期预报和警报的方法较多,现在使用较多的有诱发因素分析预报法和坡体位移历时分析预报法两类。

(1)诱发因素分析预报法

能用于滑坡发生时间的诱发因子有降雨、地震和人为因素等。

①降雨因子分析预报法

据调查统计分析,一般短历时大雨、暴雨常常诱发滑坡;长历时降雨(如先降小雨、后降大雨)也会诱发滑坡。1981 年 7 月四川西北部、陕南、甘南等地区先是断续小雨、后下大暴雨 300 多毫米,引发 6.8 万多处滑坡,属于后者;1982 年 7 月 17 日川东万县地区下特大暴雨,引发了长江云阳段鸡扒子滑坡,属于前者。利用中央和地方气象部门的天气预报来预报滑坡发生的时间是可行的。若某一危险边坡经两年的观测,已进入滑坡形成的第三阶段——加速变形阶段,此时若天气预报近期有大暴雨的可能,就可预测此危险边坡有可能在此次大暴雨过程中发生滑坡。

②地震因子分析预报法

据调查统计,强烈地震区Ⅵ度以上的烈度区就会有滑坡发生,滑坡发生的时间就是地震发生的时间。所以可利用地震部门对地震发生地点、时间的预报,来预报滑坡发生的时间。首先,对地震区内的道路边坡按前述的方法进行危险性判别,将定为极大危险斜坡、大危险斜坡的斜(边)坡作为地震滑坡发生时间预报的重点,与地震部门配合作出滑坡发生时间的预报。

③人为因素分析预报法

人为因素是指能诱发滑坡发生的工程活动,如在危险斜坡上加载,增大滑坡的下滑力,诱发滑坡;在危险斜坡前缘开挖坡脚,或在处于极限平衡的老滑坡前缘开挖坡脚,削弱斜坡前缘的抗滑力(被动土压)导致滑坡发生;在危险斜坡上修渠引水浇地,软化滑动面,加快滑动面形成,造成地表开裂,使危险坡体内静水压力、渗透力增加,诱发滑坡发生。1976 年四川省汉源县富林镇东沟一半成岩陡坡,高 80 多米,陡坡上部为一缓倾台地,当地村民,将其改为水稻田,当年就种上了水稻,7 月份向水稻田浇水,第一天灌满水后,第二天稻田里水就流干了,再继续浇,连续浇水三天,在第三天的晚上就引发了 80 多万立方米的高速滑坡,越过坡下冲沟,翻上对岸缓坡平台,毁埋 14 家村民住房,造成 34 人死亡的严重灾害事件。

若有滑坡形成和预报的知识,那场灾害是可以避免的。在第一天浇水后,第二天发现稻田严重漏水,就应该立即停止浇水,并报告有关部门,组织专家会诊,若有很快发生滑坡的可能,应立即组织沟对岸村民避险搬迁。山区道路上、下边坡,25°以下的斜坡多为农耕地,多有塘、池、渠等灌溉设施,发生上述灾害事件,毁坏道路是完全可能的。所以应加强道路上、下边坡人类活动的调查,尤其是输水、蓄水设施的渗漏问题,坡耕地满流灌溉问题,应引起足够的重视。对危险性大的斜(边)坡,应尽早进行监测,定期进行评估,需要治理的应尽早进行治理;对暂无法进行治理的,也应提前做好预警准备。

(2)坡体位移历时分析预报法

这种方法是目前比较常用的方法。自然滑坡的形成通常要经历蠕变、蠕滑、滑移(加速变形)和剧滑四个阶段。其中蠕变阶段往往要历时数年,甚至数百年以上,而剧滑的历时常常只有几分钟,到几十分钟,故前、后两个阶段分别属于长期预报和临滑警报范畴,对中短期预报有意义的是蠕滑和加速变形阶段。加速位移历时一般从数天到数十天,为了获得加速位移的资料,必须对滑坡进行认真的监测。获得位移历时资料后,绘制坡体位移历时曲线(图 15-4),然后将曲线延长,预示坡体进入剧滑阶段的时间,即可做出短期预报。如四川巫溪县中阳村和智利楚基卡马塔露天铜矿东侧斜坡的滑坡预报都是这种方法预报成功的典例。

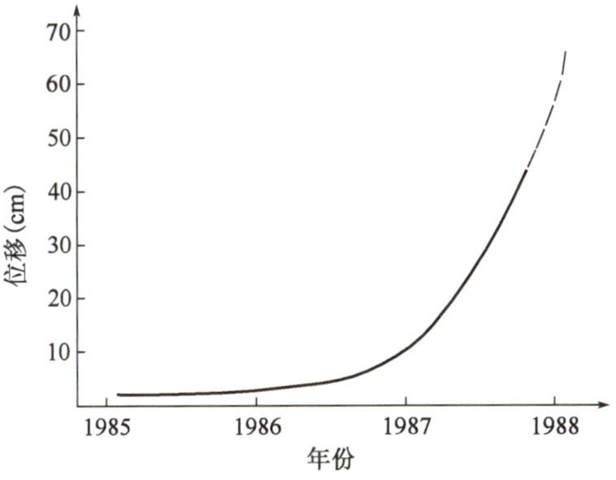

图 15-4 四川巫山中阳村坡体位移历时曲线

中阳村滑坡位于巫溪县西溪河左岸中阳村附近,发生于 1988 年 1 月 10 日,滑坡体长 1 200m,宽 70m,共 $1\ 765 \times 10^4 m^3$。该滑体发生前的变形和位移过程如图 15-4 所示(乔建平,1998)。该滑坡所在的斜坡 1985 年开始出现变形，在胡家坡一带断断续续地分布着宽2mm的裂缝，变形十分缓慢。到1987年8月后缘裂缝增多变宽，从9月开始变形明显加快，9—12日后缘裂缝加宽达34cm，并继续扩大，进入加速位移阶段。9月以后后缘裂缝发展较快，其左侧裂缝与前缘剪出口处裂缝贯通，但右侧裂缝约有100余米未贯通，裂缝已逐渐将整个滑坡圈闭。从9月开始，滑坡前缘红岩子一带出现掉石块，经常有石块滚下，在突出的岩石后缘剪切裂缝很发育，并基本贯通。

从上述变形过程资料分析，1987年9月以前斜坡变形缓慢，从9月开始进入加快变形（位移）阶段，其位移历时曲线如图15-4所示，将此线延长，曲线已很陡，预示滑坡将很快进入剧滑阶段，在其他形成条件无变化的前提下，即将发生大规模滑动，结果在1998年1月10日滑坡发生，证实了预报是正确的。

日本著名滑坡专家斋藤迪孝运用滑坡位移历时变化规律提出一种预报方法（徐邦栋，2001）：

$$\varepsilon = \varepsilon_0 + e^a [\ln(t_r + t_0) - \ln(t_r - t)] \quad (15\text{-}1)$$

式中：ε——应变量；

ε_0——$t = t_0$时的应变量；

t——预报时的时刻（min）；

t_r——滑坡起动滑移时的时刻（min）；

a——常数。

式（15-1）可按应变（ε）—时间（t）变化曲线回归求得。以各时刻的应变量ε为横坐标，以此时刻离滑坡起动滑移时刻之间的时间（$t_r - t$）为纵坐标，绘制应变（位移）—时间关系曲线。应用此法应先选择适当的t_r（推测滑坡剧滑时刻），计算$\ln(t_r - t)$，利用观测资料作时间—位移变化曲线。一般在推测滑坡t_r，每选一个t_r作一条时间—位移变化曲线，一般5～7个t_r，得出5～7条时间的位移变化曲线。选其中为直线的一条对应的t_r为预测滑坡剧滑的时刻。

坡体位移历时分析预报法适用于中、高速滑坡（崩塌性滑坡），对于低速、时滑时停的滑坡不适用。临滑前不受突发性诱发因素的影响，如大雨、暴雨、地震、河流冲刷、人工开挖坡脚、坡上加载，渠、池、塘突发渗漏、坡耕地灌水等。否则，由于突发因素作用可导致滑坡提前剧滑。

滑坡临滑时间预报是一个较复杂，难度较大的过程，单靠一方面的工作，效果不太理想，通过多方面或全方位工作，不漏掉可能预报的信息，综合分析各方的资料、信息，才会做出较为准确的滑坡临滑预报。

3）滑坡预警级别

基于斋藤的滑坡的三阶段变形规律以及加速变形对滑坡预警的重要性，许强等

(2019)对滑坡的加速变形阶段进行了细分,并通过统计分析给出了基于变形的滑坡四级综合预警准则(图15-5)。滑坡预警级别划分的主要依据:一是根据变形—时间曲线各阶段的特征差异,如曲线斜率(切线角)、加速度、速度增量等;二是根据宏观变形迹象,如地表裂缝的动态发展状况、分期配套特征、滑动面的贯通情况,以及临滑阶段的前兆特征等;三是根据稳定性系数。理论上讲,在滑坡等速变形阶段,其稳定性系数应该在1上下波动,而一旦进入加速变形阶段,其稳定性系数将降低到1以下,临滑阶段其应远小于1。

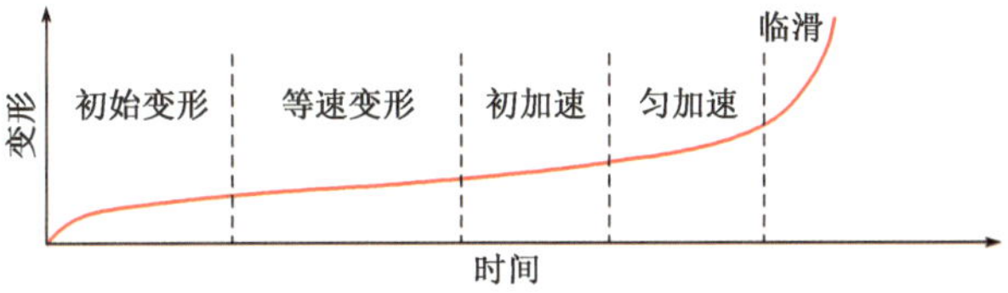

<table>
<tr><th>预警级别</th><th>警报形式</th><th>地表裂缝(空间)</th><th>切线角α(时间)</th><th>稳定系数K(强度)</th><th>加速度(时间)</th></tr>
<tr><td>注意级</td><td>蓝色</td><td>后缘、两侧及前缘裂缝分期有序形式</td><td>$\alpha \approx 45°$</td><td>$1.0 \leq K \leq 1.05$</td><td rowspan="3">在一定幅度范围内振荡</td></tr>
<tr><td>警示级</td><td>黄色</td><td rowspan="2">地面裂缝逐渐配套贯通，并最终圈闭</td><td>$45° < \alpha < 80°$</td><td rowspan="2">$0.95 < K < 1.0$</td></tr>
<tr><td>警戒级</td><td>橙色</td><td>$80° \leq \alpha < 85°$</td></tr>
<tr><td>警报级</td><td>红色</td><td>后缘裂缝急剧拉开，前缘出现隆起、小崩小落</td><td>$\alpha \geq 85°$</td><td>$K \leq 0.95$</td><td>骤然剧增</td></tr>
</table>

图15-5　基于变形监测的滑坡四级综合预警(许强等,2019)

通过以上工作,对道路滑坡可能发生的地段、规模,可能危害道路的范围和可能发生的时间做出预报预警以后,就应尽快报告行政主管部门和灾害可能涉及的单位、过往行人和车辆。道路维护及地方主管部门应编制抢险、避灾预案,加强监测,划定危险区范围,增设警报系统,安排警报员,确定警报信号,组织危险区内物质财产搬迁。并进行适当的交通管制,在危险区道路两端设置警示牌,并派专人设卡传输警报。一旦临近滑坡快速滑动(3天内,临滑),便可发出警报,将划定危险区内的人员,按抢险避灾预警划定的路线撤离危险区,危险区内的道路封闭,禁止车辆、行人穿越危险区(担任抢险救灾的人员、车辆除外)。

15.4　道路泥石流、滑坡监测预警实例

通过对山区道路灾害发育典型的G318线波密段泥石流灾害调查与分析,确定了需要监测的泥石流灾害点,开展系统的监测预警工作。内容包括监测点选取、监测指标的确定、监测系统的构建、监测效果分析等。

15.4.1 G318 线波密段泥石流监测预警

1)泥石流监测预警站点分布及预警指标

(1)泥石流监测点的选择原则和分布

选点原则:区域内冰川泥石流是影响川藏公路交通最为严重的山地灾害,是灾害监测的重点对象。另外,为了进行比较分析,对个别暴雨泥石流沟和部分目前尚未暴发但存在较大隐患的泥石流沟进行了监测。

在选择站点的时候,对于已发生过泥石流的沟道,首先考虑该沟泥石流的威胁对象和危险程度,选择危险性大和对 G318 线有威胁的流域进行监测。对于潜在的泥石流沟,按以下两个原则选择监测对象:

①根据堆积物特征等方面的资料,选择地形地貌、物源及水源都有利于泥石流暴发的流域。

②通过历史资料查询或调访等手段,确定流域的灾害发育历史,综合评估泥石流的潜在危险性,对于潜在威胁较大的沟道,选择其作为监测对象。

通过对泥石流发生的条件和成灾的可能性分析,根据危害大小共选择了 15 条沟道作为监测对象,其中 11 条为已发生过泥石流的泥石流沟,另 4 条为潜在的泥石流沟。各流域均设计泥位(水位)监测断面 1 个;甲倾布、拉月、嘎朗和松宗沟 4 个流域,通信条件较好,并且泥石流危害严重,设立 4 个泥位和视频监测点;降雨和气温为监测预警的基本要素,在各流域均有布设。泥石流监测站点分布图如图 15-6 所示,泥石流监测站点分布见表 15-1。

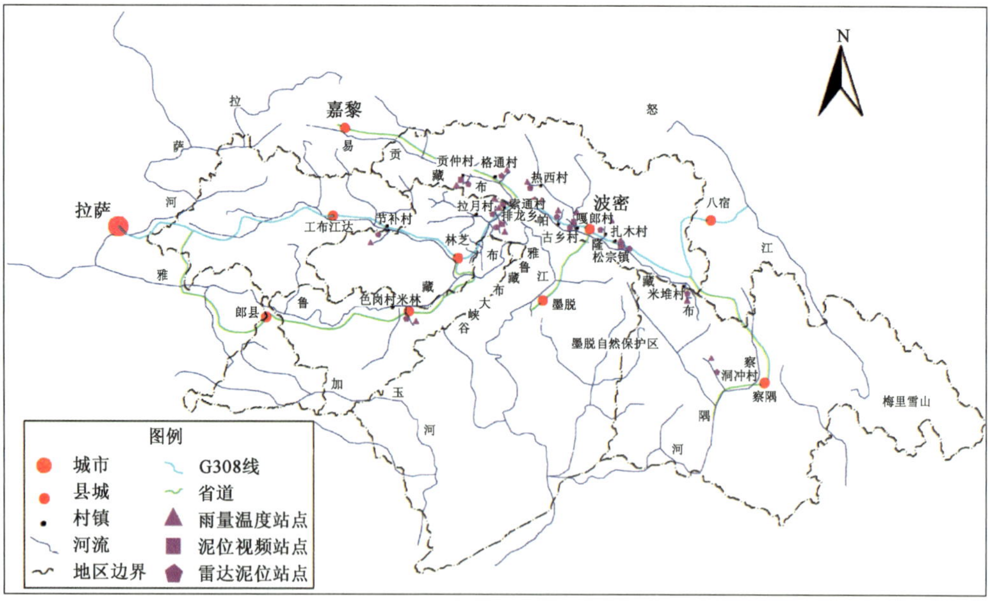

图 15-6 典型泥石流灾害监测站点分布图(作者课题组绘制)

重点泥石流监测站点分布表

表 15-1

序号	沟名	主河	所属地	地理位置	泥石流类型	易发程度	危害对象或特征	危险程度	监测方式及相应站点数量(个)						
									雨量温度	冰雪厚度	冰湖水位	冰舌位移	雷达泥位	泥位视频	次声
1	节补普	尼洋河	工布江达县 节补村	E93°29′43″ N29°53′18″	冰川泥石流（潜在）	中等	村庄 道路	高	1	0	0	0	1	0	1
2	色岗沟	雅鲁藏布江	米林县 色岗村	E94°12′12″ N29°12′29″	冰川泥石流	中等	村庄 水厂	高	1	0	0	0	1	0	1
3	拉月弄巴	拉月曲	林芝县 拉月村	E94°52′40″ N29°59′20″	冰川泥石流（潜在）	中等	堵河	高	1	0	0	0	1	1	1
4	成月弄巴	拉月曲	林芝县 拉月村	E94°52′55″ N29°59′40″	冰川泥石流	中等	桥梁 道路	高	1	0	0	0	1	0	0
5	培龙沟	帕隆藏布	林芝县 排龙乡	E95°00′43″ N30°02′28″	冰川泥石流	中等	堵河	高	2	0	0	1	1	0	0
6	索通沟	帕隆藏布	波密县 索通村	E95°17′30″ N30°00′54″	冰川泥石流	中等	村庄 道路	高	1	0	0	0	1	0	1
7	古乡沟	帕隆藏布	波密县 古村	E95°27′21″ N29°53′23″	冰川泥石流	严重	道路	高	1	—	0	1	1	0	1
8	边扯弄巴	波堆藏布	波密县 林琼村	E95°28′10″ N30°08′08″	冰川泥石流	严重	村庄 道路	高	1	0	0	0	1	0	0

续上表

序号	沟名	主河	所属地	地理位置	泥石流类型	易发程度	危害对象或特征	危险程度	监测方式及相应站点数量(个)						
									雨量温度	冰雪厚度	冰湖水位	冰舌位移	雷达泥位	泥位视频	次声
9	嘎朗沟	波堆藏布	波密县 嘎朗村	E95°37′47″ N29°54′53″	冰川泥石流	中等	村庄 道路	高	1	1	0	0	1	1	1
10	九松沟	帕隆藏布	波密县 扎木村	E95°45′38″ N29°51′48″	暴雨泥石流	中等	县城	高	1	0	0	0	1	0	1
11	松宗沟	波堆藏布	波密县 松宗镇	E95°58′10″ N29°48′33″	冰川泥石流	中等	道路	高	1	0	0	0	1	1	0
12	米堆沟	波堆藏布	波密县 米堆村	E96°26′25″ N29°31′58″	冰川泥石流	中等	村庄	高	1	1	1	1	1	0	0
13	甲倾布	易贡藏布	波密县 贡仲村	E94°48′36″ N30°15′31″	冰川泥石流	中等	茶场	高	1	0	0	0	1	1	1
14	扎木弄巴	易贡藏布	波密县 格通村	E94°56′22″ N30°40′31″	冰川泥石流	严重	堵河	高	1	1	0	0	1	0	0
15	冰川沟	贡日嘎布曲	察隅县 洞冲村	E97°01′33″ N28°28′15″	冰川泥石流	中等	道路	中	1	0	0	0	1	0	0
合计									16	3	1	1	15	4	8

(2)泥石流监测预警指标

泥石流暴发时临界降雨、气温等指标的确定是泥石流监测预警的关键因子。确定泥石流的形成临界条件主要通过模拟实验和针对以往发生泥石流的具体数值统计获得。由于泥石流形成过程复杂,条件控制困难,通过实验确定泥石流形成的临界条件与实际泥石流形成条件有一定的差异。目前更多地采用统计方法,依据以往激发泥石流的临界降水、临界气温差以及地震、雪崩等等其他影响因素的统计,来确定具体流域的泥石流临界指标。林芝地区泥石流形成临界指标的确定主要依据历史上发生泥石流的调查研究成果,结合站点规划时调查的发生于20世纪90年代以后泥石流的临界指标,分别确定。

①G318线波密段历史泥石流暴发的时间特征与临界指标

泥石流发生的时间特征:G318线波密段泥石流一般发生在4月以后,9月以前。据1950—1988年间的400多场次泥石流的统计,有具体发生时间记录的有279场(降雨型118次,消融型148次,溃决型13次)。降雨型泥石流7—8月发生的频率最高,冰川消融型泥石流发生在5—6月的频率最高,冰湖溃决泥石流主要发生在7—9月。夜间发生暴雨型泥石流的频率高于白天。据统计G318线波密段的夜雨率均在60%以上,暴雨泥石流的夜间发生率也通常在60%以上,例如波密县1976—1977年两年的夜雨率占68%,G318线边的加马其美沟发生泥石流59场,夜间发生泥石流的总数为39(当天20:00到第二天8:00),夜间发生泥石流的频率也为68%。可见夜间发生暴雨泥石流与夜雨率相关。冰雪消融和溃决型泥石流发生在白天的概率比夜间多,达到70%以上。而对于冰川暴雨联合作用下的泥石流,其白天和夜间暴发的概率相差不大。以波密的古乡沟为例,据1954年和1964年的观测资料,泥石流暴发有两个高峰时段:一是午后14:00—16:00,二是20:00以后。泥石流白天发生的次数占54%,夜间46%。溃决型泥石流发生于白天的次数也略多于夜间发生的次数。

冰川泥石流激发的临界条件:统计近年波密县7场冰川型泥石流激发的临界雨量,日降雨量在9.6~14.4mm占60%,1h降雨量在1.9~3.9mm占60%,10min雨强在0.6~1.2mm占60%(陈宁生等,2011)。统计数据说明该地区少量的降雨即可能诱发泥石流:一方面是由于受地形抬升影响,冰川型泥石流温度影响作用显著,泥石流并不完全取决于降水;另一方面可能是由于泥石流形成区降雨量大于河谷监测站点获得的流域沟口降雨量,使得统计数据不能完全反映实际形成区降水量。统计结果见表15-2及图15-7。

气温的升高有利于冰川消融并激发冰川泥石流。从近年来调查的17场冰川暴雨型泥石流资料可知,暴发泥石流的日温差在5.3~16℃之间,其中日温差在10℃左右占60%,如图15-8所示。

波密县激发冰川型泥石流临界指标统计表　　表 15-2

泥石流暴发时间(年-月-日)	流域名称	最大10min雨强(mm)	最大1h雨强(mm)	24h雨强(mm)	前第1天雨量(mm)	前第2天雨量(mm)	前第3天雨量(mm)	前第4天雨量(mm)	前第5天雨量(mm)	当日最高温度(℃)	当日最低温度(℃)	当日温差(℃)
2007-07-09	甲倾布	0.1	0.1	0.2	0.5	1	4.8	0.1	1.1	26.5	14.4	12.1
2007-08-11	边扯弄巴	0.3	1	4.4	—	—	0.2	—	0.1	24.3	14.6	9.7
2009-08-12	松宗沟	0.4	1.4	4.5	1.4	0.9	2.1	—	0.7	24.6	13.4	11.2
2007-07-22	易贡	0.5	1.3	5.3	5.3	3.7	7.4	1.1	1	17.6	12.3	5.3
2007-09-07	扎木弄巴	0.5	1.9	14.4	22.9	17.7	19.4	5.2	1.9	16.7	11.2	5.5
2008-08-27	嘎朗沟	0.6	1.8	9.6	3.6	0.5	—	0.6	—	17.5	13.2	4.3
2007-09-09	甲倾布	0.7	2.6	16.5	12.1	14.4	22.9	17.7	19.4	19	11.7	7.3
2008-09-04	排龙沟	1.2	3.9	5.5	0.7	17.8	2.8	13.4	14.8	20.6	9.5	11.1
2009-07-27	松宗沟	1.6	4.2	10.3	3.9	7.4	—	—	1.3	23.7	12.3	11.4
2007-09-04	排龙沟	2	6.3	19.4	5.2	1.9	—	0.1	0.7	21.6	10.9	10.7
2006-07-09	扎木弄巴	—	—	—	1.5	5	5.6	0.1	—	29.8	13.7	16.1

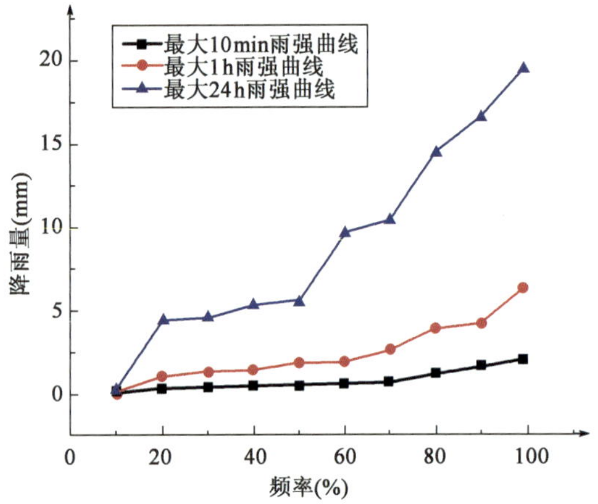

图 15-7　波密县激发冰川型泥石流最大雨强曲线

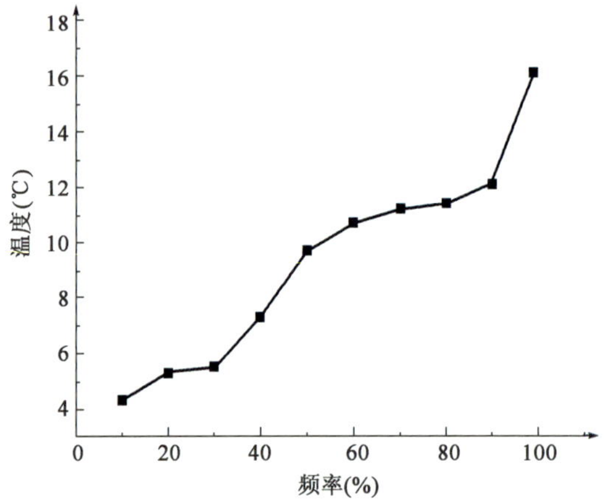

图 15-8　波密县激发冰川型泥石流日温差曲线

②G318 线波密段泥石流监测预警指标

依据全国地质灾害预警等级标准，以 G318 线波密段现有泥石流灾害统计资料及泥石流激发的临界条件和临界指标，确定林芝地区泥石流灾害预警等级为 5 级，按暴雨型和冰川型泥石流的临界指标，以临界雨量发生频率在＜10%、20%、40%、60%、80% 的临界雨量和相应的日温差作为划分泥石流预警等级的依据(表 15-3)。

当监测预警系统在到达泥石流灾害临界值时，由地区防灾部门按临界灾情的等级发布预警信息。泥石流灾情预警由低到高划分为蓝色、绿色、黄色、橙色、红色五级。

G318 线波密段冰川泥石流灾害预警指标及预警等级判别标准 表 15-3

日温差(℃)	24h 临界雨量(mm)				
	2.0~4.0	4.0~5.0	5.0~9.0	9.0~15.0	>15.0
3.0~5.0	Ⅰ级	Ⅰ级	Ⅱ级	Ⅲ级	Ⅳ级
5.0~7.0	Ⅰ级	Ⅱ级	Ⅲ级	Ⅳ级	Ⅴ级
7.0~9.0	Ⅱ级	Ⅲ级	Ⅳ级	Ⅴ级	Ⅴ级
9.0~10.0	Ⅲ级	Ⅳ级	Ⅴ级	Ⅴ级	Ⅴ级
>10.0	Ⅳ级	Ⅴ级	Ⅴ级	Ⅴ级	Ⅴ级

a. 灾情预警(Ⅰ级)

地区气象台发布灾害预警预报,未来 36h 内,降雨量满足下述条件之一时,就有暴发泥石流的可能:

(a)10min 雨强 0.1~0.3mm;

(b)1h 雨强 0.5~1.0mm;

(c)24h 降雨量 2.0~4.0mm;

(d)温度变化 3.0~5.0℃,可发布蓝色灾情预警(Ⅰ级)。

b. 灾情预警(Ⅱ级)

地区气象台发布灾害预警预报,未来 36h 内,降雨量满足下述条件之一时,就有暴发泥石流的可能:

(a)10min 雨强 0.3~0.5mm;

(b)1h 雨强 1.0~1.5mm;

(c)24h 降雨量 4.0~5.0mm;

(d)温度变化 5.0~7.0℃,可发布绿色灾情预警(Ⅱ级)。

c. 灾情预警(Ⅲ级)

地区气象台发布灾害预警预报,未来 36h 内,降雨量满足下述条件之一时,就有暴发泥石流的可能:

(a)10min 雨强 0.5~0.6mm;

(b)1h 雨强 1.5~2.0mm;

(c)24h 降雨量 5.0~9.0mm;

(d)温度变化 7.0~9.0℃,可发布黄色灾情预警(Ⅲ级)。

d. 灾情预警(Ⅳ级)

地区气象台发布灾害预警预报,未来 36h 内,降雨量满足下述条件之一时,就有暴发泥石流的可能:

(a)10min 雨强化 0.6 ~ 1.2mm;

(b)1h 雨强 2.0 ~ 4.0mm;

(c)24h 降雨量 9.0 ~ 15.0mm;

(d)温差变化 9.0 ~ 10.0℃,可发布橙色灾情预警(Ⅳ级)。

e. 灾情预警(Ⅴ级)

地区气象台发布灾害预警预报,未来 36h 内,降雨量满足下述条件之一时,就有暴发泥石流的可能:

(a)10min 雨强化 > 1.2mm;

(b)1h 雨强 > 4.0mm;

(c)24h 降雨量 > 15.0mm;

(d)温差变化 > 10.0℃,可发布红色灾情预警(Ⅴ级)。

2)泥石流监测系统构建

监测预警体系总体架构从下到上共分为三个部分:

(1)现场监测系统,其功能是进行现场的雨量、气温、泥位及视频的监测,并进行采集数据的处理。

(2)通信系统,其功能是通过有效的通信方式将现场数据传回。

(3)泥石流灾害预警指挥平台,其功能是通过对现场数据进行分析,对泥石流灾害的发生做出预警,并对泥石流灾害按预报等级发出相应警报,并且指挥调度救灾抢险。总体框架见图 15-9。

3)泥石流监测效果

G318 线波密段泥石流监测预警系统建成后,设备运转基本正常,数据采集、接收及发送均正常,期间未发生大规模泥石流灾害。

监测设备获得 2014 年 6—7 月古乡沟降雨情况(图 15-10),6 月 28—29 日连续降雨,于 7 月 1 日暴发了中等规模的泥石流,堵断了 G318 线。由于古乡沟已有工程防治措施,且预警及时,此次灾害没有造成人员伤亡及财产的巨大损失。区域 24h 雨强最大达到 40mm/h。

15.4.2 龙井村道路滑坡监测预警实例

龙井村滑坡位于贵州省兴义市马岭镇龙井村,为一顺层岩质滑坡。2014 年该处由于修建公路开挖坡脚曾引发一次顺层滑动,并在东侧形成高约 25m 的垂直临空面。2018 年 6 月在老滑坡区后缘出现新裂缝,2018 年底相关裂缝已贯通并不断开裂。龙井村滑坡对周边的居民、公路及其他公共设施构成严重威胁,潜在威胁的滑坡体积大约为 $1.4\times10^6m^3$。

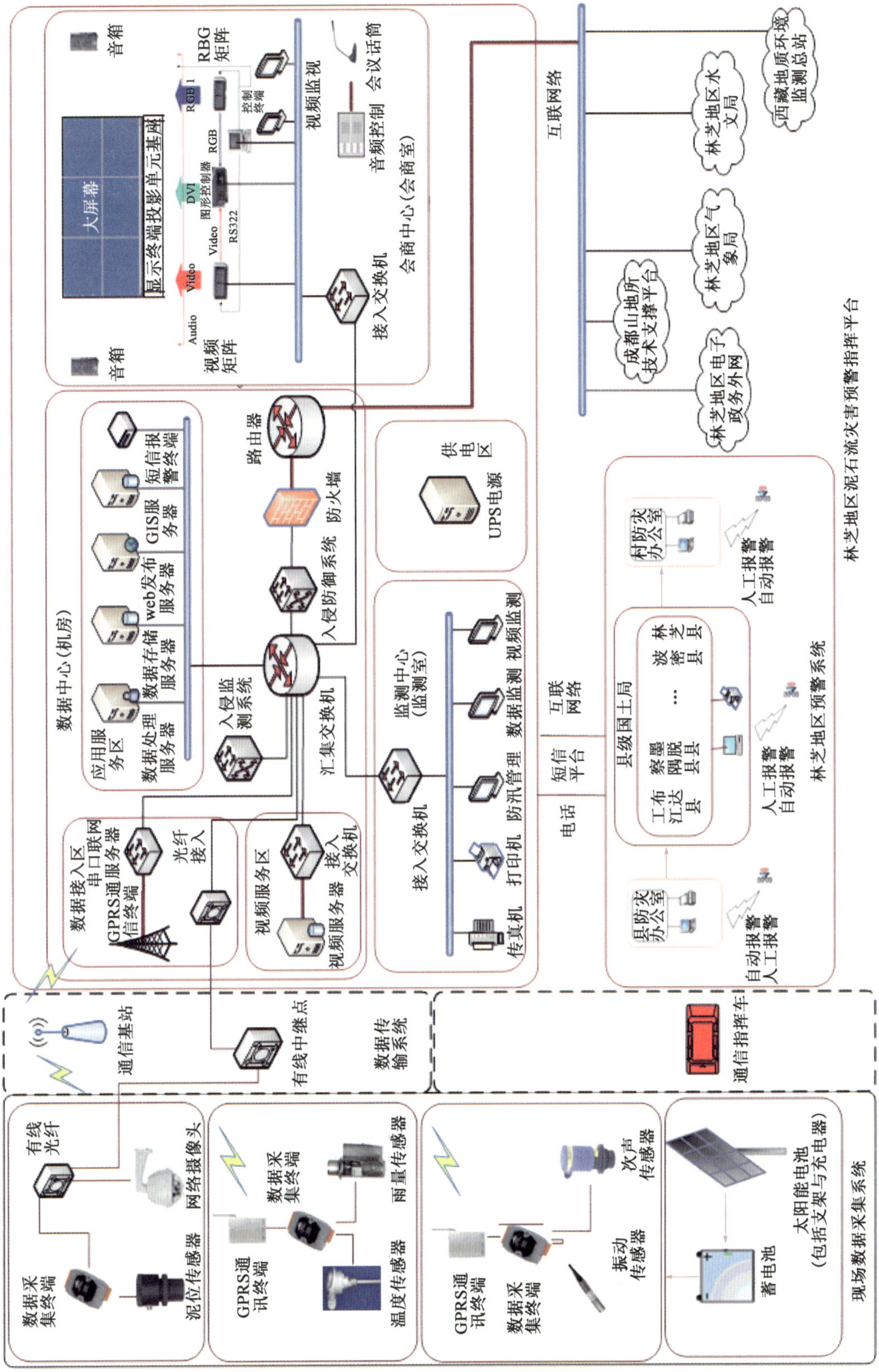

图15-9 监测预警系统构架

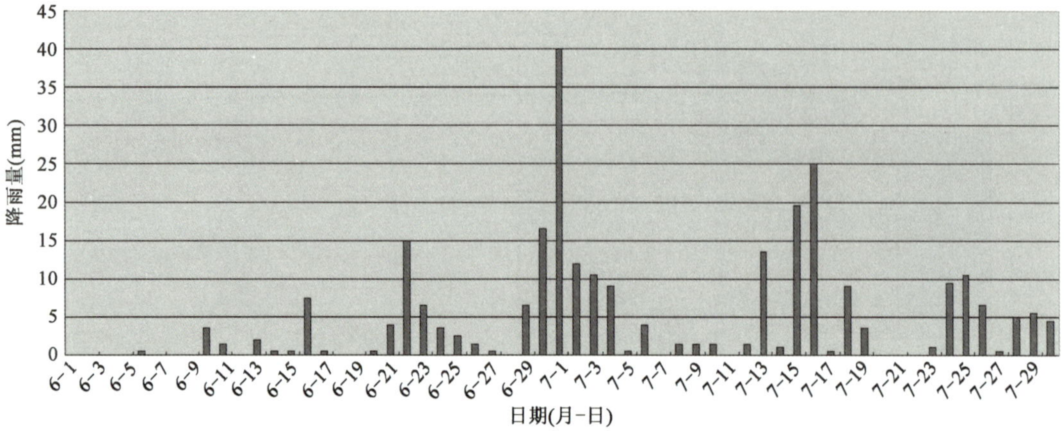

图 15-10　古乡沟 2014 年 6—7 月 24h 降雨量柱状图

1)龙井村滑坡基本概况及监测点布置

龙井村滑坡距兴义市 7km,该区域主要为侵蚀、切割强烈的岩溶地貌。如图 15-11、图 15-12所示,滑坡区域地表出露与下伏基岩均为三叠系中统厚层白云岩,滑动面岩层为三叠系中统泥质白云岩与泥质石灰岩夹层。坡体后部地形较陡,倾角为 50°~80°,前部较缓,倾角为 15°~28°。滑坡体后缘有三条断层经过(F_1,F_2,F_3),其中 F_3 为逆断层、F_1 和 F_2 为隐伏断层,F_2 断层成北西—南东向从滑坡后缘经过,是控制坡体变形的重要结构面。该滑坡所属区域为亚热带季风气候,年均降雨量在 1 300~1 600mm,降雨主要集中在每年的5—10 月(亓星等,2019;Xuemei Fan 等,2019)。

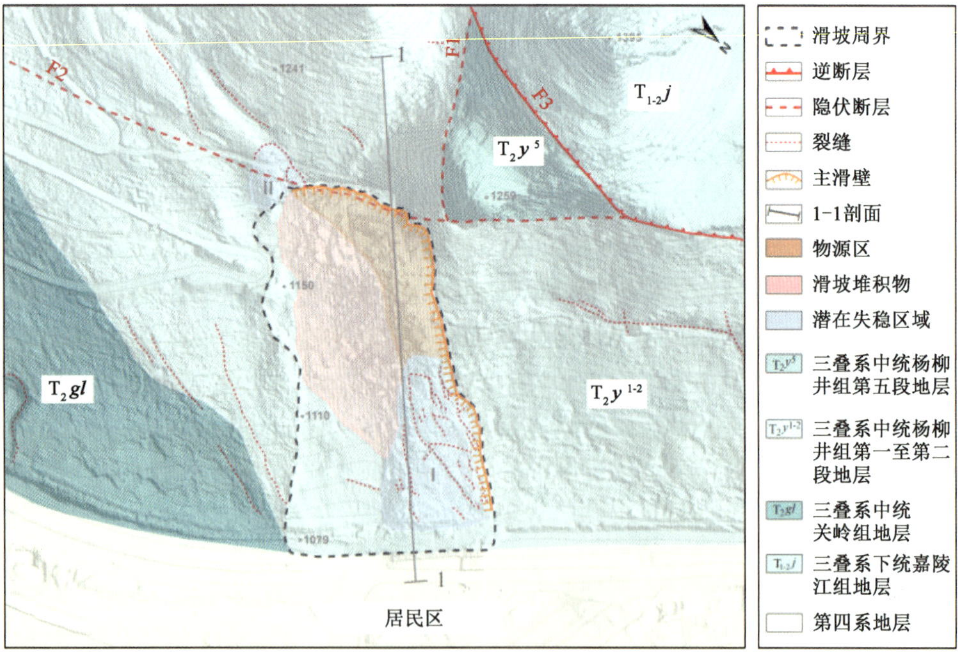

图 15-11　龙井村滑坡平面地质图(Xuemei Fan 等,2019)

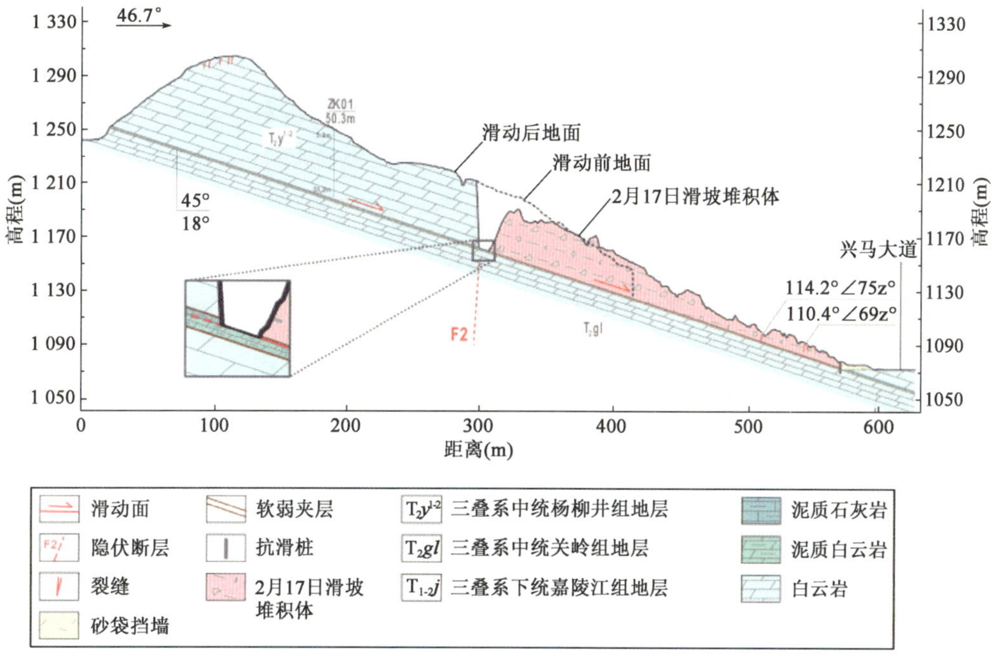

图 15-12 龙井村滑坡 1 – 1′剖面图(Xuemei Fan 等,2019)

龙井村滑坡从 2014 年首次滑动后一直处蠕滑变形过程中,至 2018 年 6 月后缘形成 0.2 ~ 0.9m 宽裂缝,2018 年 11 月裂缝扩展至 200m 长,0.8 ~ 3m 宽。为了保障周围居民的安全,对滑坡的发展和破坏做出准确的预测预警, 2019 年 1 月在滑坡体及其周边建立了实时监测预警体系,监测点布置如图 15-13 所示。地面变形监测体系由主要通过 GNSS 监测点、雨量监测点、裂缝监测点(自适应变频位移计)和钻孔测斜监测点构成。

2)监测预警效果分析

龙井村滑坡实时监测预警体系将现场自动采集的数据,利用远程无线传输至监测预警平台进行实时处理、分析,经过计算分析判断出滑坡灾害所达到的预警级别,并自动将预警信息发送给相关工作人员。

由于不同类型的滑坡对应的变形曲线也各不相同,无法直接通过时间节点或变形速率确定相同计算区间,但滑坡变形曲线可以通过坐标变换进行无量纲处理,转换为切线角变化曲线(许强等,2009),使各种滑坡变形曲线可以在相同切线角特征下比较。切线角模型将滑坡变形曲线划分为初始变形、匀速变形和加速变形三阶段,并通过切线角大小反映滑坡危险程度,计算公式为 $\alpha = \arctan(V/V_1)$。式中,V 为滑坡实际变形速率,V_1 为滑坡匀速变形阶段变形速率。当切线角大于 45°时,认为滑坡进入了加速变形阶段,这一阶段又可细分为初加速(45° ~ 80°)、中加速(80° ~ 85°)、加加速(> 85°)变形阶段,切线角越接近 90°,滑坡越接近发生。根据这一原理,依据切线角 α 的大小将滑坡的预警级别分为蓝色($\alpha \approx 45°$)、黄色($45° < \alpha < 80°$)、橙色($80° \leqslant \alpha < 85°$)、红色($85° \leqslant \alpha$)(许强等,2019)。

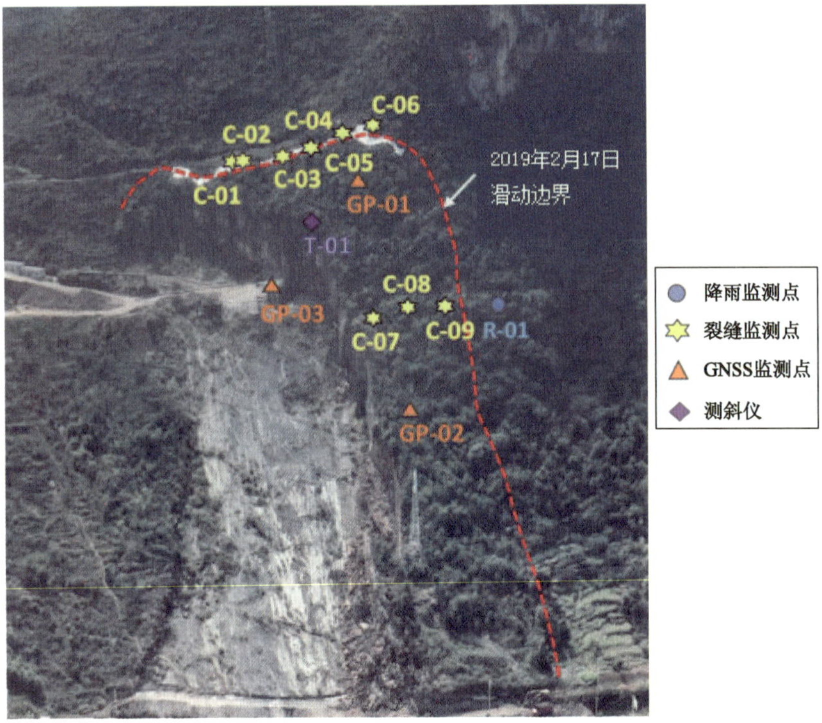

图 15-13　龙井村滑坡监测点布置图(Xuemei Fan 等,2019)

龙井村滑坡实时监测预警系统在 2019 年 2 月 15 日发布了黄色预警,2 月 17 日凌晨 5 点发布了红色预警,各裂缝监测点位移如图 15-14 所示。该滑坡于 2 月 17 日 5 点 53 分发生破坏,滑坡方量约 100 万 m^3。实时监测预警体系成功提前 1h 发布红色预警。

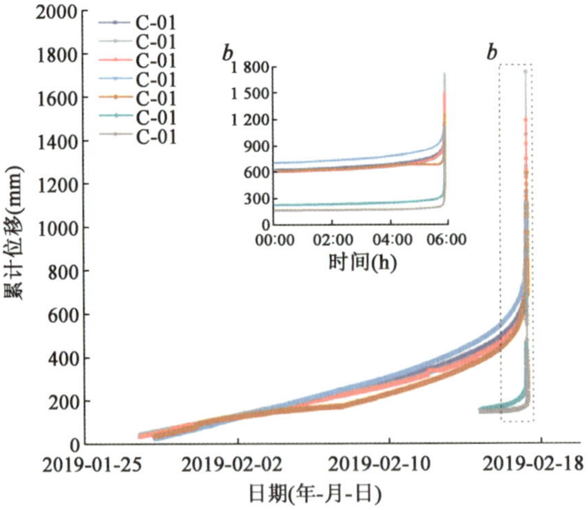

图 15-14　各裂缝监测点时间—位移曲线图

(Xuemei Fan 等,2019)

本章参考文献

陈宁生,周海波,胡桂胜, 2011. 气候变化影响下林芝地区泥石流发育规律研究[J]. 气候变化研究进展,07(6):412-417.

崔鹏,陈晓清,程尊兰,等,2010. 西藏泥石流滑坡监测与防治[J]. 自然杂志,32(1):19-25.

崔鹏,刘世建,谭万沛,2000. 中国泥石流监测预报研究现状与展望[J]. 自然灾害学报,9(2):10-15.

代志勇,袁勇,刘永智,2004. 基于光纤应力传感的山体滑坡监测系统研究[J]. 光学与光电技术,2(3):1-53.

丁明涛,周鹏,庙成,等, 2018. 基于降雨垂直分异的泥石流监测网传感节点布设研究[J]. 灾害学,33(2):128-132.

高宇豪,蔡永丰,2018. 滑坡灾害位移监测方法综述[J]. 矿产与地质,32(5):951-956.

韩军强,黄观武,黄观文,等,2019. 多种监测手段在滑坡变形中的组合应用[J]. 测绘科学,44(11):116-122.

李朝安,胡卸文,王良,2011. 山区铁路沿线泥石流泥位自动监测预警系统[J]. 自然灾害学报,20(5):74-81.

李曼,秦四清,马平,等,2008. 利用岩石声发射凯塞效应测定岩体地应力[J]. 工程地质学报,16(6):833-838.

李振洪,宋闯,余琛,等,2019. 卫星雷达遥感在滑坡灾害探测和监测中的应用:挑战与对策[J]. 武汉大学学报:信息科学版, (7):967-979.

刘传正,2000. 地质灾害预警工程体系探讨[J]. 水文地质工程地质,27(4),1-4.

刘传正,2001a. 突发性地质灾害的监测预警问题[J]. 水文地质工程地质,28(2):1-4.

刘传正,2001b. 三峡库区地质灾害调查评价与监测预警新思维[J]. 工程地质学报,9(2):121-126.

刘传正,2001c. 长江三峡库区的地质灾害及其监测预警[J]. 科技导报,13(11):60-63.

刘传正,李云贵,温铭生,2004. 四川雅安地质灾害时空预警试验区初步研究[J]. 水文地质与工程地质,04:20-30.

刘晶晶,程尊兰,李泳,等,2008. 西藏冰湖溃决主要特征[J]. 灾害学,23(1):55-60.

刘伟,2002. 西藏易贡巨型超高速远程滑坡地质灾害链特征研析[J]. 中国地质灾害与防治学报,13(3):9-18.

罗德富,毛济周,1995. 川藏公路南线(西藏境内)山地灾害及防治对策[M]. 北京:科学出版社:1-60.

吕杰堂,王治华,周成虎,2003. 西藏易贡大滑坡成因探讨[J]. 地球科学—中国地质大学学报,

28(1):107-110.

亓星,朱星,许强,等 2019. 基于斋藤模型的滑坡临滑时间预报方法改进及应用[J]. 工程地质学报,doi:10. 13544/j. cnki. jeg. 2019-298.

乔建平, 1997. 滑坡减灾理论与实践[M]. 北京: 科学出版社.

孙圣和,2009. 现代传感器发展方向[J] . 电子测量与仪器学报,23(1):1-10.

王文,张志,张岩,等,2022. 自然灾害综合监测预警系统建设研究[J]. 灾害学,37(02):229-234.

韦方强,徐晶,江玉红,等,2007. 不同时空尺度的泥石流预报技术体系[J]. 山地学报,25(5):616-621.

吴积善,田连权,等, 1993. 泥石流及其综合治理[M]. 北京: 科学出版社.

吴林强,丁长青,伍中华,等,2019. 乌东德水电站花山沟泥石流综合监测预警技术应用研究[J]. 水电与新能源, 33(5):56-59.

许强,董秀军,李为乐,2019. 基于天—空—地一体化的重大地质灾害隐患早期识别与监测预警[J]. 武汉大学学报(信息科学版),44(07):957-966.

徐邦栋, 2001. 滑坡分析与防治[M]. 北京:中国铁道出版社.

杨顺,潘华利,王钧,等,2014. 泥石流监测预警研究现状综述[J]. 灾害学,29(1):150-156.

杨兴琴,2003. 光纤探测器在油藏动态监测中的应用[J]. 国外测井技术,18(3):5-6.

殷坤龙,张桂荣,龚日祥,2003. 基于 Web-GIS 的浙江省地质灾害实时预警预报系统设计[J]. 水文地质与工程地质,03:19-23.

杨瑞敏,朱立平,王永杰,等,2012. 西藏东南部米堆冰湖面积和水量变化及其对溃决灾害发生的影响[J]. 地理科学进展,31(9) :1133-1140.

余绍淮,徐乔,余飞,等,2022. 基于空间信息技术的公路地质灾害多维多基监测预警方法[J]. 公路,67(12):259-266.

张京红,韦方强,崔鹏,等,2005. 泥石流预报中的多层降水预报/监测系统[J]. 自然害学报,14(5):74-78.

张省军,刘建坡,石长岩,等,2008. 基于声发射实验岩石破坏前兆特征研究[J]. 金属矿山,386:65-78.

中国灾害防御协会铁道分会,2000. 中国铁路自然灾害及其防治[M]. 北京:中国铁道出版社:242-246.

朱林,袁晓,葛利嘉,等,2004. 超宽带无线传感器网络综述[J]. 测控技术,23(12):1-4.

朱平一,何子文,等,1999. 川藏公路典型山地灾害研究[M]. 成都:成都科技大学出版社,25-34.

Blikra L H,2008. The AAknes rockslide; monitoring,threshold values and early-warning[C]//Proceedings of the 10th International Symposium on Landslides and Engineered Slopes,2008,Xi' an,

China. London:Taylor and Francis,1089-1094.

Caduff R,Kos A,Schlnnegger F,et al,2014. Terrestrial radar interferometric measurement of hill-slope deformation and atmospheric disturbances in the Illgraben debris-flow catchment,Switzerland [J]. DEEE Geoscience and Remote Sensing Letters,11(2):434-438.

Chen N S,Tanoli J I,Hu G S,et al,2016. Outlining A Stepwise,Multi-parameter Debris Flow Monitoring And Warning System: An Example of Application In Aizi Valley,China[J]. Journal of Mountain Science,13(9):1527-1543.

Strozzi T,Werner C,Wiesmarm A,et al,2012. Topography mapping with a portable real-aperture radar interferometer [J]. IEEE Geoscience and Remote Sensing Letters,9(2); 277-281.

Voytenko D,Dixon T H,Werner C,et al,2012. Monitoring a glacier in southeastern Iceland with the portable Terrestrial Radar Interferometer [C]. IEEE International Geoscience and Remote Sensing Symposium,3230-3232.

Werner C,Strozzi T,Wiesmaim A,et al,2008. Gamma's portable radar interferometer [C]. 13th FIG Symposium on Deformation Measurements and Analysis,LNEC,Lisbon May,12-16.

Werner C,Strozzi T,Wiesmaim A,et al,2008. A Real-Aperture Radar for Ground-Based Differential Interferometry [J]. IEEE Geoscience and Remote Sensing Symposium,3:210-213.

Wieczorek G F,Wilson R C,Mark R K. 1990. Landslide warning system in the San Francisco Bay region [J]. Landslide News,4:5-8.

Wiesmarm A,Caduff R,Strozzi T,et al,2014. Monitoring of dynamic changes in alpine snow with terrestrial radar imagery [C]. IEEE Geoscience and Remote Sensing Symposium,3662-3665.

Fan Xuanmei,Xu Qiang,Liu Jie,et al,2019(16). Successful early warning and emergency response of a disastrous rockslide in Guizhou province,China[J]. Landslides,2445-2457.

Zhang S,Hong Y,Yu B,2004. Detecting infrasound emission of debris flow for warning purpose, Proc. of International Symposium on interpraevent,Riva /Trivent,Vll/359-364.

The Sixteenth Chapter

第 16 章

山区道路泥石流、滑坡综合减灾原理

山区道路泥石流、滑坡的综合减灾原理，体现在减灾的原则、选线、勘察、设计、施工和与环境协调的全过程中，其内容包括道路减灾的综合原则和各阶段目标、道路选定线原则和减灾选线原理、灾害勘察与灾害治理工程设计、人类活动诱发灾害的减灾策略，以及道路边坡工程与环境协调的设计原理和道路边坡工程施工的减灾设计原理。

16.1 山区道路泥石流、滑坡的减灾原则与目标

16.1.1 山区道路泥石流、滑坡的减灾原则

1）预防为主、防治结合的减灾总体原则

山区低等级铁路、公路线路长车站多，多沿河行进于高山深谷中，沿线泥石流、滑坡等山地灾害对线路影响较大。道路为线状延伸的串联系统，一处受灾断道，全线瘫痪，成灾率高，敏感性强，影响面广。首先应对泥石流、滑坡采取积极的预防措施，减灾避害。同

时,对不能躲避的泥石流、滑坡,应避重就轻,进行必要的治理。因此,对道路泥石流、滑坡灾害防治,要贯彻预防为主、防治结合的原则。

道路山地灾害的预防有两种途径。

灾害预防的一种途径是在道路选线时,对灾害密集、治理困难的地段加以绕避,(例如修桥跨河到地质条件较优的彼岸,线路内移、修建隧道躲避本岸灾害),即贯彻避灾选线的原则。例如,成昆铁路南段龙川江沿岸泥石流等山地灾害密布,通过选线绕避灾害很成功。龙川江下游拉旧至黄瓜园长 13km 路段,选用了拉旧、海螺、朱布三跨龙川江的左右岸综合方案,绕避了病害和矿区,利用了两岸有利的地形和地质条件。中游的阿南庄至龙骨甸段,在长 11km 路段内跨江 10 次,对地质不良地段采取避重就轻、反复跨河的方案,收效较好。在沿龙川江 118km 的线路中,共设龙川江大桥等 49 座桥梁,这是解决两岸不良地质体交错分布和含盐地层地段设线困难的重要措施。再如,川西溯岷江向上的汶川至茂县公路段,通过由叠溪地震触发、由巨厚松散堆积物构成的古滑坡群前缘;由于开挖切坡和古滑坡区人类活动,古滑坡群复活;其中由独脚龙门、周场坪、向阳坪三大滑坡组成的周场坪滑坡群的危害最大。公路年年整修,雨季常常断道,严重制约了阿坝藏族自治州经济和旅游业的发展。该滑坡群总体积达 $2.37\times10^7m^3$,全面整治将耗资数亿元,经济上可行性不大(蒋忠信等,1996)。后来将公路改线避绕到对岸,相对于整治方案更切实可行、经济合理。

灾害预防的另一途径是运营期间对泥石流、滑坡的监测预警,包括道路沿线的巡守、重点路段的监测、灾害的短期预报和危急工点的预警系统。铁路的巡道制度以及对崩塌、落石、滑坡的监守制度比较健全,起到了积极防灾的作用。滑坡、泥石流的短期预报已进行了大量的探索,在重大滑坡、崩塌工点安装自动监测系统,危害严重的泥石流沟安装自动预警系统,能起到了很好的减灾效果。道路泥石流、滑坡监测预警相关技术可参阅第 15 章。

2)泥石流、滑坡防治规划和工程设计的一般原则(唐邦兴等,2000;吴积善等,1993)

(1)根据形成条件和对道路的危害,采用全面规划、突出保路的原则。

(2)根据发生规律和发展趋势,采用远近兼顾、软硬措施结合的原则。

(3)根据形成机理和人为作用,采用综合治理、主次分明、减少不合理人为活动的原则。

(4)根据危害情况和治理目的,采用因害设防、讲求实效的原则。

(5)根据基本性质和活动规律,采用因地制宜、合理设计达到投资省、效益高、技术可行的原则。

16.1.2 道路泥石流、滑坡防治各阶段目标

道路泥石流、滑坡防治始于勘察设计,延伸至通车运营。在勘察设计、施工、运营各个

阶段，灾害防治对策有不同的着重点。只有将灾害防治贯彻于道路建设的全过程，并抓住各个阶段的防治重点，才能有效减少灾害。泥石流、滑坡防治在道路建设五个阶段的工作目标如下：

(1)草测与选线阶段

道路勘察设计一般分三阶段进行。草测与选线阶段是确定大概的线路走向。此时根据区域地貌、地质、气象、水文条件进行区域性工程地质条件分区，包括泥石流、滑坡等山地灾害的区域性评价，结合社会经济条件综合选择线路走向。这是对泥石流、滑坡灾害进行绕避或避重就轻的首要阶段。

(2)初测和初步设计阶段

本阶段的任务是优选线路局部方案和编制总概算，泥石流、滑坡地段和工点的调绘和初勘是重要的工作内容。通过对泥石流、滑坡的定性和定量评价，线路选择较优的地形、地质条件区域通过。地质选线是本阶段的重要工作内容，跨河、靠山绕避灾害是常见的措施，大多数灾害密集区段或严重灾害工点在此阶段尽量避开。此阶段通常在道路泥石流、滑坡灾害预防中起到重要作用。

(3)定测和技术(施工)设计阶段

本阶段进行具体线位的优化和工程方案的比选。选取不恶化环境条件的线位，工程措施有利于山坡、边坡和路基的稳定，拟定泥石流、滑坡灾害工点的防治工作方案，提出指导性的施工组织设计。这是道路建设阶段防避工程灾害、治理山地灾害的重要阶段，往往决定着灾害防治工程的成败。

(4)施工阶段

工程施工要采取合理的施工工艺与时序，编制实施性施工组织设计，先行施工地表的防排水工程，控制施工用水下渗，妥善处理施工弃渣，合理安排施工流程，切实避免因道路施工而诱发或加剧泥石流、滑坡灾害。施工阶段往往是被忽视的灾害防治之重要环节。

(5)通车运营阶段

本阶段的灾害防治历来是道路部门的重点。在通车运营过程中，为确保运输安全，除对已有泥石流、滑坡工点进行工程防治、预报预警外，更要紧密地与地方合作，避免人类活动诱发灾害。

对于同一种灾害，在不同防治阶段有相应的工作内容与方法。如泥石流防治，方案研究阶段根据泥石流危险区区划选线，初步设计阶段可利用判别方法判定泥石流沟以服务局部方案比选优化，技术设计阶段利用综合评判方法确定泥石流危害的严重程度和工程应对方案，运营阶段进行泥石流预报和预警，并与地方联合实施流域水土保持规划。

16.2 山区道路减灾选线原理与(定)线原则与线路方案比选

16.2.1 泥石流、滑坡区域减灾选线(定)线原则

科学地选(定)线是山区道路减灾防灾的源头,减灾效果最为明显。我国山区道路山地灾害以泥石流、滑坡为主,根据数十年的实践经验,总结出防灾减灾的选(定)线原则。目前,灾害个(群)体线路方案的选(定)线遵循的原则主要还是经验定性模式,并逐渐开展了灾害区段或个体灾点的线路方案比选优化模型研究。

1)泥石流、滑坡灾害区域选(定)线的一般原则

(1)地质选(定)线原则

在线路方案研究阶段,从大地构造单元、地质构造展布、道路灾害区划等层次入手,选择线路通过地台区,避免地槽区;正交而不平行构造活动带和深大断裂带;通过河流宽谷、高原面,避免深大峡谷、陡峭谷坡、岩溶槽谷。

(2)绕避预防(避灾选线)原则

在线路初步设计阶段,对道路沿线泥石流、滑坡灾害,避胜于抗,防胜于治。措施包括靠山以隧道绕避,就地建桥跨越,线位外移绕避,设桥跨河绕避,线位抬高躲避等。

(3)预防人为灾害

在施工设计定线阶段,线路应选择在有利于灾害防治的平缓地形和远离居民聚集区通过,预防施工引起工程灾害。如避免在古滑坡前缘挖方或后缘填方导致滑坡复活,并考虑通车后人类活动所致灾害的影响。

2)泥石流区选(定)线原则

(1)选线原则

绕避处于发育旺盛期的特大型泥石流、大型泥石流和泥石流群,以及淤积严重的泥石流沟。冰湖溃决泥石流地段和泥石流堵河地段,线路要远离堵河范围的河岸。峡谷河段根据泥石流规模和泥痕,确定线路位置与高程。平面上道路宜靠河,利用堆积扇尾部被主河洪水下切而可顺畅排泄泥石流的条件,以矮桥、路基通过。在泥石流分布集中河段,尽可能走高线。宽谷河段根据沟(河)床淤涨速率和主河摆动趋势,确定线路位置与高程。在变迁性河段,道路离河应宁远勿近。

(2)定线原则

跨越流通区时,平面上线位要利泄防冲,避开沟床纵坡由陡变缓的转折处和平面上的急弯部位;在沟口或扇顶通过时,要注意出山口可能的淤积或下切及扇顶的可能上伸或下移;跨越泥石流扇时,线路尽量与流向正交,据扇面淤积率确定线路高程,不应在扇上挖

沟设桥或作路堑;跨沟建筑物不得压缩沟床断面,不改沟并桥,沟中不宜设墩;标高根据泥痕高度、残留层厚度和输移大漂石所需高度和比降等而定,留足净高。

3)滑坡区选(定)线原则

(1)既有滑坡区选(定)线要求

对地质条件复杂的大型滑坡及滑坡群,以绕避为主。绕避长大陡坡地段的严重滑坡时,坡面上要考虑改线接坡高度。对边界清楚的较小滑坡,可选择有利于滑坡稳定和线路安全的部位通过;在已稳定的滑坡段,应在滑坡前缘以填方或后部以浅挖方通过,也可用旱桥通过滑坡前、后缘并留足净空;不应在滑坡体上部填方加载或在滑坡体下部挖方切脚,切勿将线路摆在滑坡主滑部位。

(2)潜在不稳定斜坡地段选(定)线原则

对于河谷线,避免与大断裂带平行,避免切割大型岩堆和洪积裙坡脚,避开岩层(或贯通节理)面倾向河谷的地段,填、挖均应尽量少破坏坡体平衡。山坡线,避免大量开挖松散堆积层及地下水发育的缓坡。通过由易滑岩土组成的缓丘区,尽可能小填小挖,并且以填方为主。越岭段,避开岩层严重风化带或构造破碎带形成的垭口,在同一坡面上展线时避免上、下线位因填、挖而产生的相互影响。河流冲刷的凹岸和水库边岸,要据坍岸预测和老滑坡复活验算来选择线位。

(3)滑坡地段道路改扩建或增建二线的选(定)线原则

充分利用既有抗滑工程,不恶化滑坡的稳定条件;增建第二线并行地段,线位选择在有利于滑坡稳定的一侧。

16.2.2 防灾线路方案比选

在灾害群体或个体的防治和定线的优化必选中,灾害损失和防治工程的经济评估和风险分析是确定如何防治的首要问题。由于防治工程的费用与风险此消彼长,建立综合决策模型十分必要。对此,国内针对泥石流(姚令侃,1993a)和滑坡(李远富,2000)开展了初步研究。主要是基于灾害风险评估体系与可靠性分析,承灾体易损性评价和灾害破坏损失评价,进行灾害区域选线风险决策。这种决策是以期望工程投资最小为寻优目标,突出了经济指标。

在经济评估和风险分析的基础上,对道路通过灾害群体或个体的定线决策,应用多目标决策模型理论方法和模糊系统理论,归纳出影响定线方案的 11 个主要因素,处理后形成多级递阶结构,据此考虑个体工点的可能方案,进而在灾害群中进行协调,确定出综合方案,研制了泥石流地区铁路选线辅助决策系统(姚令侃)。该系统是应用可靠性工程、风险分析理论、优化决策技术、随机过程理论等,并以计算机仿真技术作为主要手段,通过与计算机的快速运算、查找和比较,建立的为铁路选线提供泥石流防灾辅助决策信息的多功

能系统,能为线路方案比选和初步规划等问题提供咨询服务。系统的主要功能有以下几点:

(1)可定量计算泥石流地区铁路线路系统在未来使用期内的可靠性指标。

(2)可定量地进行泥石流工点项目期望工程费的计算。

(3)具有对道路泥石流二次灾害发生可能性进行预测的能力。

(4)为泥石流地区选线各因素之间的关系分析和线路系统阶段性可靠性状态评估提供计算工具。

系统采用功能模块化的方法设计,由五个功能模块(普遍方案可靠性计算功能模块,逐步加强方案可靠性计算功能模块,个体工程期望工程费功能计算功能模块,泥石流二次灾害发生风险模拟模块和矩阵运算工具模块)组成。该系统覆盖了泥石流地区铁路选线决策过程、方案比选、方案优化、防灾管理等各个环节。

滑坡地区线路方案优化必选模型(李远富,2000)的定线决策步骤是:建立综合优选指标体系,通过指标特征值计算,指标权重和相对隶属度的确定,进行方案综合优化计算而确定线位方案。其指标体系较全面,包括技术可行性、经济合理性、施工及环境影响、社会政治经济意义。但定性指标的隶属度是相对的,权重由模糊矩阵确定,个体方案是经验性的,因此总体上带有经验性模糊优选模型的色彩。

16.3 山区道路泥石流、滑坡综合勘察与治理设计原则

16.3.1 山区道路泥石流、滑坡综合勘察

1)地质综合勘察方法

泥石流、滑坡灾害防治措施要做到对症下药,首先应掌握灾害的成因、分布、性质、特征、危害和发展趋势,因而山地灾害地质综合勘察工作就显得十分重要。道路泥石流、滑坡灾害综合勘察工作包括地质调绘、地质勘探和测试试验三个方面。

(1)地质调绘

地质调绘既包括灾害工点测绘,也包括区域地质调查。区域地质调查内容涉及地貌与第四纪、地层岩性和地质构造、地震与地应力、气象与水文等领域,提供灾害分布和形成条件的资料。工点调绘通过对地貌部位、地层结构、岩性特征、构造形迹、水文地质条件、人为活动、灾害历史和现状的分析,确定灾害的性质、特征、规模和危害,为防治方案提供依据。

(2)地质勘探

调绘要与勘探相结合,才能提供定量的资料。地质勘探除常规钻探外,电法和地震等

地球物理勘探，对确定地层结构、地质构造是有帮助的；触探、标准贯入、十字板剪切等原位试验，对确定第四纪地层的性质具有不可代替的作用。必要时，滑坡的现场大型剪切试验、特殊土的荷载试验、地下水的连通试验、工点水文地质试验，将提供更为可靠的数据。

(3)测试试验

除现场勘察试验外，室内试验是提供灾害治理工程设计必要参数的主要手段。除了岩、土、水的常规物理力学指标试验外，岩、土体的三轴试验、蠕变试验和固结试验应选择进行。还可采用电镜、差热分析和X光衍射分析物质成分与结构，采用^{14}C、孢粉分析、古地磁等确定绝对年代。对泥石流流域，可应用^{137}Cs和^{210}Pb法，提供坡面侵蚀模数，估算泥石流堆积扇的沉积速度（蒋忠信等，1999）。

模拟试验是灾害研究的一种重要手段。除泥石流的试验槽外，模拟崩塌、滑坡、路堑边坡的离心加载试验已逐渐开始应用。由于离心试验模拟的真实性，用以揭示灾害工点的稳定性、工程加固的可靠性以及分析灾害随时间的变化过程。由于列车动载对灾害诱发的过程可能是长时期的，因此可进行基床激振试验，模拟长期的列车振动对路基稳定性的影响（汤康民、蒋忠信等，1994）。

由于对山地灾害的认识往往不是一次可以完成的，因而灾害治理工程应贯彻动态设计的原则，即加强施工地质工作，根据第一期实践工程所揭示新的地质资料，及时修改和完善工程设计，使之技术上更为可靠，经济上更加合理，完成对一个工点的“认识—实践—再认识—再实践”的过程。

2)道路泥石流、滑坡勘察需要考虑的问题

(1)突出泥石流、滑坡勘察的针对性

泥石流、滑坡的勘察工作历时长、难度大、费用高，但结果往往是大量勘察资料在设计中用不上，而设计所需的关键资料又没有。只有勘察与设计紧密结合，设计人员参与勘察大纲的拟定，勘察工作才有事半功倍之效。例如：滑坡整治设计最必需的勘察资料是滑坡性质、周界、滑动面深度、主轴断面方位、滑带土物理力学指标和滑体水文地质条件。其中，滑动面及其力学指标的确定是最重要也是难度最大的工作。对滑动面揭示，用钻探难以判定，用物探不够准确，用坑探则安全难以保证，因此综合勘察相互印证实为必要。对滑带土抗剪强度指标的测定，采原状样室内试验的尺寸效应大，现场大剪试验因成本高、数量少而难有代表性，实用上只好采用反算法。而反算中的关键是现状滑坡稳定系数的取值，专家的经验对此是十分重要的。

(2)深化对灾害属性的认识

随着人类对泥石流、滑坡灾害属性认识的逐步深化，增强了灾害防治的针对性和有效性。但是人们对某些山地灾害仍缺乏深刻认识，以致防治工程的目的不清，效果甚差。例如：甘肃洒勒山大型高速滑坡发生后，人们才认识了这种毁灭性极大的高速滑坡。在探讨高速滑动的机理时，虽提出了诸如气垫作用、闸门效应、次生滑床等多种假说，但用以指导防治工作还有距离。1988 年西藏波密米堆沟发生冰湖溃决泥石流造成重大灾难后，国内才开始对有溃决危险的冰湖及其溃决条件进行调查研究（吕儒仁等，1999；蒋忠信，2002b），但还主要停留在定性、半定量评判阶段，有待进一步研究。

（3）加强古滑坡体的勘察与识别

人类活动引发的道路滑坡大多是在古滑坡体上开展不当的工程活动引起的古滑坡复活。因此，在工程选线时，重点要通过全面的地质调绘和勘察，查明工程区的地质条件，尤其是古滑坡的范围、性质和稳定性。如有可能，道路应尽量避开古滑坡而不予触及。若实有困难，可在古滑坡体上部主滑区开挖路堑，以减少下滑力而有利稳定；在古滑坡体下部抗滑区填方，增大古滑坡的稳定性。即使如此，也要考虑开挖边坡的支护工程，控制工程用水和生活用水渗入滑体，完善地表水防排系统，方可万无一失。

由于道路选线时地质工作疏漏，古滑坡失察，将道路工程摆在古滑坡上而导致古滑坡复活的事例以南昆铁路八渡车站滑坡最为典型。该滑坡系施工开挖和地表水下渗、江水冲刷促发的古滑坡复活，体积达 420 万 m^3。虽然经过了两次勘察和多次探讨，对该滑坡的认识仍经历了“不是古滑坡—是古滑坡但整体稳定—施工中古滑坡局部复活—古滑坡整体复活”的不断深化，最终耗资 9 100 万元进行全面整治。

16.3.2 道路泥石流、滑坡综合治理设计原则

道路泥石流、滑坡综合防治工程设计体现在防治工作的系统性、防治措施的综合性和防治方案的总体性。

1）防治工作的系统性

道路泥石流、滑坡的系统防治包括以下三个方面。

（1）整条道路泥石流、滑坡灾害防治的系统性

一条道路往往长数百千米，沿线灾点众多，必须把全线作为一个大系统，各灾段、灾点作为子系统，统筹防治工作。否则一处断道，全系统会陷入瘫痪。成昆铁路中段顺安宁河，南段顺金沙江、龙川河伸延，虽然崩滑流灾害密集，但采取了系统的综合防治措施，铁路几跨安宁河，40 多次跨龙川河，一些重点泥石流沟得以综合治理，通车 30 余年来很少因受灾而断道。而北段沙湾至泸沽段，勘察设计中强调系统防治不够，通车后滑坡、泥石流灾害频发，几乎每年雨季都受灾断道，损失重大（杨林）。

（2）道路山地灾害防治与地方山地灾害防治有机结合

通过某地区道路的灾害防治要作为全地区灾害防治系统的一个子系统，与全地区灾害防治有机结合起来，能收到更好成效。成昆铁路黑沙河泥石流治理是一个范例。通过对全流域的封山育林、荒山造林和在上游建水库调洪削峰、在中游建拦砂坝、谷坊拦砂固

床和在下游建导流堤排洪，几十年来不仅保障了铁路安全，而且扩大了农田面积，增加耕地2 000多亩，还保障了下游公路及村镇、工厂的安全，并利用泥石流堆积扇发展桑蚕业，取得突出的经济、生态、社会等综合防治效益（中国科学院成都山地灾害与环境研究所，1989）。但长期以来，由于条块分割体制，道路部门往往难以与地方政府联合进行全地区的灾害系统防治，只是就道路自身采取防治避灾措施，如修排导槽或接长明洞，让泥石流从铁路下排泄或从明洞顶翻泄，或者靠山做隧道以绕避滑坡泥石流。这种“自扫门前雪”的做法虽出于无奈，但不能根治灾害，且往往事倍功半。如南昆铁路段家河流域，为防治泥石流和河床淤涨之害，研究提出了全流域综合治理规划，但审查时和者甚寡，不能全面实施（陈光曦等，1995）。

（3）工点灾害防治全过程的系统性

道路通过某一个灾害工点，首先要从勘察着手，了解灾害的性质、成因、主要特征和发展趋势；据此在选线定线时或加以绕避，或在有利于灾害防控的部位通过；在灾害治理工程设计中，要加强总体性，强调施工组织的合理性和施工工艺的可行性；在运营通车后，要加强现场监测，必要时布置预警系统，进行预测预报。全过程的系统防治也往往会遇到不少困难。南昆铁路田东至百色膨胀岩地段，选线时受其准平原状的有利地貌条件所诱惑而未绕避，勘察时未发现膨胀岩的碎裂性和低强度性，试验工程设计之边坡过陡且未采取措施加强坡脚，施工中地表防排水工程未及时铺砌，结果导致工程滑塌。变更设计除仍保留全封闭防胀缩措施外，适当放缓边坡、增宽边坡平台以减小坡脚应力，增设侧沟墙或增长锚杆以固脚，增宽堑顶护裙以防表水下渗。这种整体设计实施后方才奏效（蒋忠信，2002c）。

2）防治措施的综合性（吴积善等，1993；唐邦兴等，2000）

以泥石流防治为例。泥石流治理措施包括跨越、穿过、防护、排导和拦挡工程以及生物措施。山区道路泥石流治理模式如图16-1所示。

前述段家河流域泥石流的综合防治规划，包括上游筑坝截拦采煤炼焦进入沟道的弃渣，中游泥石流支沟实施稳定形成区滑坡的拦挡工程（拦挡坝、谷坊），下游加宽放陡人工河道达到输沙动态平衡，全流域兴建水源涵养林、水土保持林和改坡为梯，体现了以下三方面的综合防治内涵（陈光曦等，1995）。

（1）全流域治理

上、中、下游相结合，治人为弃渣于上游，治泥石流于中游，改造人工河道于下游，实施水土保持于全流域。

（2）措施综合化

既考虑工程措施，又考虑生物措施；既考虑治坡，又考虑治沟；既考虑治水，又考虑固土。工程措施中，既拦又排。改造人工河道，既要加陡纵坡防淤又在渠底设肋防冲。

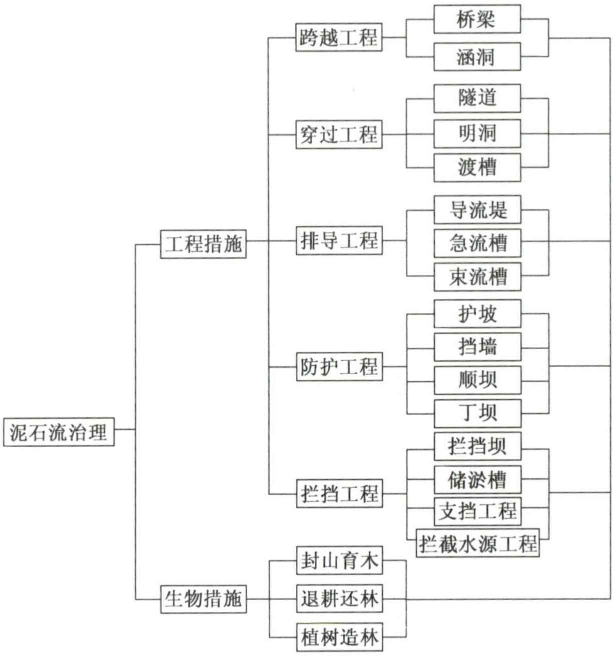

图 16-1　铁路泥石流治理模式

(3)防治结合，软硬并举

贯彻矿山法、环保法和森林法，统筹规划经济活动，妥善处理弃渣弃土，逐步实施封山育林，控制乱采乱弃、毁林开荒、陡坡垦殖等促灾人类活动。

3)防治方案的总体性

以滑坡整治为例。滑坡整治总体方案要根据滑坡性质和地形地质条件以及施工设备，在滑坡治理的众多工程措施(表 16-1)中，有针对性地选取主体工程措施与相应配套措施，通过方案比选优选出技术上可靠、经济上合理、施工上可行的方案。

道路滑坡治理的工程措施类型　　表 16-1

类　型	目　的	工 程 措 施
排水	截排地表水	截水沟、排水沟、疏通自然沟
	截排地下水	盲沟、盲洞、支撑渗沟、垂直集水井、水平排水孔、经典抽水
防冲	防河流冲刷	河流改道、河岸防护
减载	减小下滑力	滑坡上部减重、清方
支挡	增加抗滑力	抗滑挡墙、抗滑土堤、抗滑片石垛、土钉墙、抗滑墩、抗滑键、阻滑销、抗滑桩、钢架桩、桩板墙、抗滑明洞、支撑渗沟、坡脚反压
锚固	增加抗滑力	锚杆挡墙、锚锭板挡墙、预应力锚索、锚索桩、锚索桩板墙
改良	滑带土改性	换土、石灰桩、旋喷桩、灌浆、化学处理

道路滑坡治理的工程措施，经历了 20 世纪 50 年代以清方减载或地下排水为主体、20 世纪60 年代以支挡工程为主体、20 世纪 70—80 年代以抗滑桩为主体、20 世纪 90 年代

以来以预应力锚索和锚索桩为主体、21 世纪以来的开挖前预处理及汶川地震以后的考虑地震作用和大变形处置措施的发展阶段,仍应遵循综合整治的方针。在总体方案中,可根据滑坡特征选定主体整治措施,但其他辅助措施仍要配套。尤其是抗滑桩与预应力锚索广泛采用以来,有时忽视了地表排水与地下排水措施、改河或护岸防冲措施、减载和坡脚反压措施及其他的简易支挡措施,治理方案的总体性不够。一般的道路滑坡治理,应以排水和支挡、锚固等措施为主。例如,前述南昆铁路八渡站滑坡整治工程的主体措施为锚固与排水。

然而,对于不同性质、不同成因的滑坡,不宜都采用以抗滑桩、预应力锚索为主体的措施,要因地制宜地确定总体整治方案,例如成昆铁路铁西滑坡治理就体现了总体性(胡余道,1988)。该滑坡于 1980 年 7 月 3 日突滑断道后,研究了原线综合治理、铁路跨河绕避和铁路外移三个方案。经比较,原线综合治理,地质情况清晰,可克服施工运营干扰,较稳妥可靠。原线综合治理措施,包括滑坡上部清方减载 60 万 m^3,弃于车站两端及铁路外侧;清除掩埋铁道的滑体;自铁西隧道向成都方向接做双线抗滑明洞、棚洞共 140m,余做路基支挡工程;改瓦底沟长 723m,其中泄水洞 217.5m。同时兴建多项大型临时工程,以保证边施工、边行车。实践证明,该治理方案符合实际,起到了减载、支挡、排水的作用,效果良好。

16.4 人类活动诱发山区道路泥石流、滑坡减灾对策

16.4.1 人类活动诱发道路泥石流、滑坡灾害成因分析

山区道路工程建设等人类活动往往破坏山区原有的自然环境,不合理的施工与设计方案、工程弃渣处置不当、地表径流改变等成为引发山区道路泥石流、滑坡的主要原因之一,而且这类灾害多发生在施工过程中和通车运营后,其危害的严重性与防治的艰巨性则更为突出。如在四川省西部山区安宁河冕宁至西昌段,该区域内各个等级道路的周边,随着与道路距离的增大,滑坡灾害的发育密度和数量逐渐减少,道路工程建设活动对山区滑坡灾害的发育具有明显的影响(罗菲,2019),说明山区道路工程诱发的灾害以滑坡和崩塌为主。进行山区道路泥石流、滑坡减灾,就要考虑以减少人类活动诱发的泥石流、滑坡为出发点来制定山区道路工程减灾设计原则。清晰认识人类活动诱发山区道路泥石流、滑坡的成因是进行减灾设计的前提基础,其成因主要可以分类两大类:工程建设活动诱发和破坏自然环境诱发。

(1)工程建设活动诱发

道路工程建设活动本身往往会引发泥石流、滑坡灾害。这类工程建设活动主要包括

隧道开挖及其弃渣,施工便道修建及其弃渣,开挖路堑与填筑路堤,施工用水与施工队伍生活用水,以及大规模爆破施工等。隧道、路堑和施工便道弃渣如不制定合理的处置方案,随沟堆弃,则易引发泥石流灾害。道路边坡的崩塌、滑坡往往与路堑边坡开挖过高过陡,或大规模爆破施工破坏岩体结构使之松散破碎有关,如 2001 年重庆武隆“5・1”滑坡,因修建 G319 线切坡而引发,造成 79 人死亡(殷跃平,2001)。在滑坡或古滑坡的后部弃渣或填筑路堤,在前缘抗滑段挖方或削坡,都将改变坡体原有的力学平衡状态,导致滑动加剧或古滑坡复活。工程施工的过程中由于施工和生活用水随地排放、弃渣挤占沟道等造成道路周边水文环境或地表径流改变,往往也是激化或诱发泥石流、滑坡的重要原因,如天沟、侧沟等地面排水工程开挖后没有及时铺砌,反而会成为地表水汇集下渗的渠道,促进灾害发生。

(2)自然环境扰动诱发

由于自然环境破坏或扰动诱发道路泥石流、滑坡的不合理人类活动类型众多,主要有矿山开采、采砂采石、乱砍滥伐、毁林开荒、陡坡垦殖等等,造成植被破坏,水土流失加剧,坡体失稳,进而引发泥石流、滑坡灾害威胁道路工程建设与运营安全。例如,四川省森林覆盖率至 20 世纪 90 年代初已降至 13.3%,川中丘陵地区一般仅为 3% ~5%,致使全省有 109 个县泥石流十分活跃,严重影响交通畅通。不合理的矿山开挖,乱采乱弃,破坏自然环境,会使泥石流、滑坡易于发生,威胁着道路安全。以成昆铁路为例:采石诱使铁西古滑坡复活,弃渣引发盐井沟泥石流是典型事例。1970 年盐井沟上游泸沽铁矿长期在沟源弃渣,引发泥石流,使正在施工的铁路职工 104 人丧生。汉罗沟由于沟源大顶山矿修路弃渣,1972 年导致新铁村车站被人为原因所致的泥石流淤埋。采矿对道路还有其他方面的危害,如陇海铁路 K1 425 +458 处,因路旁开矿,飞石多次砸毁通过列车。

16.4.2 工程活动诱发道路泥石流、滑坡减灾策略

山区道路工程建设过程中,受地形地质条件、设计方案与施工管理、区域生态环境等诸多因素影响,常常因道路工程建设活动而导致泥石流、滑坡等灾害发生,威胁施工与运营安全。因而,在工程活动的过程中要树立主动防灾减灾理念与意识,遵循在施工前认真细化勘察工作、对工程活动诱发灾害进行风险评估与控制、优化设计与施工方案、施工过程严格管理、加强灾害监测预警等减灾原则与对策(吴树仁等,2013;王涛等,2013;余廖,2019;倪化勇等,2016)。

(1)树立主动防灾减灾理念与意识

在山区道路前期工程规划与施工过程中,要对工程活动产生的泥石流、滑坡灾害过程和可能性预先有所认识,预测评价道路工程活动是否会诱发泥石流、滑坡;对灾害的危险性进行初步估计,研判工程活动诱发泥石流、滑坡灾害的破坏模式、成灾方式和规模;对于

大规模或群发泥石流、滑坡灾害等治理难度和成本都较高的地段，在规划阶段尽量采取主动避让；对于需要采取工程措施治理的灾害，提前主动防范。主动防灾减灾理念与意识应该贯穿与道路工程建设的全过程中。

(2)道路工程施工前细化勘察工作

道路工程施工前需要对施工区域的地质和地形实施深入细致的分析与勘测，这是进行灾害风险评估和优化设计施工方案的重要前提基础。对施工区域内已有的泥石流、滑坡灾害进行排查和分析。只有全面而细致的掌握施工区域的地勘资料，才能尽量减少道路工程建设诱发泥石流、滑坡灾害的可能。

(3)道路工程活动诱发灾害风险评估与控制

采用定性分析与定量分析相结合的方式，对山区道路工程建设进行分段评价，确定各区段的危险性和风险，依据风险高低分段采取主动降低风险的措施。在高风险地段，首先考虑工程主动避让措施，例如在铁路、公路线路规划时遇到滑坡，可以选择隧道或者桥梁跨过滑坡区；在不可避让的状态下，分别采取各种工程措施有效降低风险；中高风险地段则采用监测预警等措施控制风险，或者采用工程治理措施降低风险。

(4)优化设计与施工方案

山区道路工程设计与施工方案是减少工程活动诱发泥石流、滑坡灾害的关键所在。只有全面掌握道路工程地质地形环境背景和风险评估，才能使设计与施工方案优化有的放矢。优化后的设计与施工方案要尽量减少工程活动诱发泥石流、滑坡灾害的形成条件，注重地质环境保护与植被恢复，保护道路工程周边生态环境，最大限度地消除工程活动诱发泥石流、滑坡的孕灾条件。

(5)施工过程严格管理

在山区道路工程的施工过程中，需对施工进行严格管理，确保在以减灾为目的的前提下，操作过程合理规范。对于施工现场中的临时性设施需给予合理性布置。修复和排查滑坡灾害位置四周的排水方式，保证公路工程在进行施工时，尽可能少的改变区域水文地质条件和地表径流条件。在容易形成滑坡的位置进行土方挖掘前，对其采取合理的挡护措施。道路工程施工期间，所产出的渣土合理地进行堆放。同时，对施工人员进行相应的减灾教育，并有针对性地制订应急处置方案和紧急躲避逃生方案，确保发生工程活动诱发灾害时能尽量减少人员伤亡。

(6)加强监测预警

应加强对道路工程活动诱发的泥石流、滑坡灾害所涉及的重点地区、重要环节监测，建立有效的监测预警网络体系。监测预警体系不仅能帮助工程人员掌握山区道路泥石流、滑坡的发生演化规律，而且对即将发生的灾害如果能够提前预警，及时采取合理的措施，完全可以减轻灾害损失，特别是避免人员伤亡，还在保证安全的前提下，产出经济效益并指导未来工程活动。

综上所述,在实际工程建设活动中不仅要使道路工程的设计、施工尽量合理,不恶化自然环境;也要与相关部门通力合作,统筹规划,科学合理利用矿产和水资源,保护生态和地质环境。

16.5 山区道路边坡工程与环境协调的设计原理

16.5.1 山区道路边坡工程与环境的相互作用和协调设计

1)挖方路堑和填方路堤与坡地环境的相互作用

主要表现在以下几方面:

(1)水环境

一方面,挖方边坡改变坡面形态,破坏原有地表水排流系统;填方边坡掩埋原有坡面,堵塞地表水和地下水的排泄通道,甚至伸入和侵占河床,挤压河道,改变河水流向,增大流速;另一方面,地表水排流系统的破坏和地下水排泄通道的堰塞,促使地表水下渗,地下水滞积,可导致边坡坍滑。伸侵河道的填方体受河水浸泡、冲刷,导致路基水毁。

(2)地质环境

挖方边坡比坡面陡,形成临空面,岩土体受卸荷作用,坡顶产生拉应力,坡脚剪应力集中,进而可导致边坡坍塌。填方土体对坡面加载,加大坡体下滑分力,在有富水软弱夹层的陡坡上填方极易促使填方体顺原坡面或填方体与覆盖层一起顺基岩面发生滑塌。

(3)生态环境

挖方边坡破坏坡面植被,填方边坡掩埋原有植被,恶化生态环境。光秃的边坡易受雨水侵蚀,从而加大路基水土流失,加剧坡面岩体的风化,影响边坡的长期稳定,增大边坡防护工程量和运行期路基的维护工作量。

2)山区道路边坡工程与坡地环境协调的设计理念

基于对上述山区道路边坡工程与坡地环境相互作用的认识,在道路工程建设的实践中,形成了相应的与环境协调的以下设计理念。

(1)兴建和完善截排水系统,恢复坡体水环境。地面截排水系统包括环路堑边坡的截排水沟(天沟)、路堑和路堤边坡平台上的纵向截水沟、路堑边坡坡脚的纵向排水沟(侧沟);地下截排水系统包括填方基底的盲沟、填方体中的支撑渗沟、路堑和路堤边坡的仰斜排水孔等。

(2)兴建边坡支挡工程,保持边坡的力学平衡;兴建边坡防护工程,防止边坡风化与水土流失。路堑边坡支挡工程包括重力式挡土墙、锚杆挡土墙、土钉墙、抗滑桩、预应力锚索等;路堑边坡防护工程包括浆砌片石护墙、干砌片石护坡、短锚杆挂网喷射混凝土护坡、锚杆框架护坡、喷射混凝土护面、草皮护坡等。路堤边坡和路肩的支挡工程包括衡重式挡土墙、短卸荷板挡土墙、锚定板挡土墙、加筋土挡土墙、桩板墙、支撑渗沟、抗滑桩等;路堤边坡防护工程包括浆砌片石骨架护坡、土工网格夹层、草皮护坡等。其中草皮护坡与框架、骨架护坡相结合。

(3)用支挡工程收坡,降低边坡高度,减少对坡面生态环境的破坏。对填方体,当路肩填方高度较小时(一般不大于12m),常在路肩设上述各种近于直立的挡土墙,限制向下填方;填方较高时,则在坡脚用上述各种支挡工程收坡;当填方不得不伸入河道时,则设片石垛等固脚工程、干砌片石等护坡工程防止河水冲刷。但是,当前对路堑边坡用支挡工程收坡以控制路堑边坡高度的原则尚未很好地贯彻,产生了严重的环境问题,因此以下主要分析路堑边坡工程与环境协调的设计原理。

16.5.2 路堑边坡工程与环境协调的设计原理

在山岭重丘区,由于铁路受纵坡和曲线半径的限制,以及高等级公路路基宽度大,因而道路的路基要深切入坡体中,路堑边坡的地段长高度大。长大路堑边坡与道路工程建设、坡地生态环境的关系密切,控制路堑高陡边坡是山区道路边坡工程与环境协调设计的重要原则。

在路基工程的设计中,要求处理好路堑边坡结构形式与支挡工程、地质条件、坡地形态和生态环境的关系,使边坡工程经济合理,又能确保边坡稳定,并减小对坡面环境的破坏。其主要途径是通过合理选择边坡坡率和边坡形式,相应设置坡脚支挡和坡面防护工程,来控制挖方边坡的高度,避免过高边坡带来的工程巨大、稳定性差和破坏植被等问题。但是,在当前的道路工程实践中,由于概算和经验的不足,往往不设坡脚支挡工程或只设矮小的脚墙,不能有效地固脚和收坡,致使其上逐级放缓的边坡愈刷愈高,形成顺山坡刷坡的现象。结果使挖方数量和坡面防护工程大增,甚至在通车后因边坡失稳坍滑而中断交通,酿成工程灾害。同时,坡面植被遭到大范围破坏,边坡防护又多采用浆砌片石或锚喷混凝土等全封闭措施,植被难以恢复,酿成环境灾害。

山区道路边坡工程与环境协调设计原理体现在正确处理路堑边坡与支挡工程的关系,挖方边坡的高度与平均坡度的关系,边坡高度与山坡坡面形态的关系以及边坡防护与生态环境的关系,使路堑边坡设计顺应坡面地形地质环境特征。

1)挡土墙高度与边坡高度的关系

坡脚支挡工程一方面可巩固坡脚,稳定边坡;另一方面因其远陡于岩土体边坡的稳定坡率,可降低边坡开挖高度,起到“收坡”的作用。路堑边坡设计的支挡工程应起到固脚和收坡的双重作用。

在路堑坡脚设置的低矮挡土墙(脚墙),固脚作用不明显,更不能起到降低边坡高度的收坡作用。要发挥坡脚支挡的收坡作用,避免边坡过高,其途径之一是增大坡脚挡土墙的高度。按边坡坡率1∶0.25、墙顶平台宽2.0m计,挡土墙高度在2m的基础上每增高1m,上方边坡面就向外平移了0.75m(强风化破碎岩体中)或1.0m(第四系松散沉积层中)。以边坡顶部山坡坡面的坡度为30°计,则可降低边坡高度0.433m或0.577m。以墙高10m计,与墙高2m相比,上方边坡面向外平移6m、8m,边坡高度可降低3.46m、4.62m。

重力式挡土墙最大高度限为10~12m。坡脚设高挡土墙后边坡仍然过高者,可改换支挡工程的类型。例如,设总高度可达18m的两级锚杆挡土墙,以增大墙高来进一步收坡;或在坡脚设竖直的悬臂桩,桩间辅以墙、板或喷锚结构,以竖直支挡工程来明显地收坡(图16-2)。

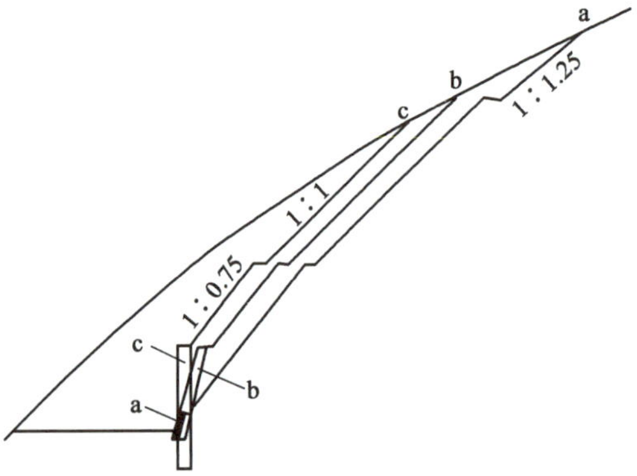

图16-2 路堑坡脚支挡工程与边坡高度的关系

a-脚墙及其对应的边坡高度位置;b-高挡土墙及其对应的边坡高度位置;c-悬臂桩及其对应的边坡高度位置

2)挖方边坡高度与平均坡度的关系

路堑高边坡的形成,还因为边坡的高度与坡度间存在愈高愈缓的关系。路堑边坡越高,产生的土压力越大。因此为求边坡的稳定,边坡坡率会自下而上逐级放缓,边坡越高则其平均坡度越缓。坡率的放缓又使边坡线不能与山坡面交会,使边坡进一步增高,形成不良循环。此时,支挡工程收坡的作用会比上节分析的更为明显。

据卡尔曼法,设边坡的临界高度为H,稳定坡度为i,边坡岩土体的重度为γ,黏聚力为c,内摩擦角为φ,则有:

$$H=\frac{4c}{\gamma}\cdot\frac{\sin i\cdot\cos\varphi}{1-\cos(i-\varphi)} \tag{16-1}$$

对特定岩土体,因γ、c、φ都是定值,故:

$$H\propto\frac{\sin i}{1-\cos(i-\varphi)} \tag{16-2}$$

i与H成负增长关系,边坡高度H增大则其平均坡度i变缓。

另一方面，坡体一般由下而上，岩土体风化、松散渐盛，力学性质变差，c、φ 值降低，故其稳定坡度也会自下而上逐级减缓。

上述两方面因素的叠加，导致挖方边坡向上逐级放缓。举证如下：按高 20m 后放缓一级边坡的规定，假定自下而上的 3 级边坡岩土体的 $\varphi = 40°$、35°、32°，γ、c 均近似为定值时，最下一级边坡的临界坡度为 53.13°(1∶0.75)，则据式(16-1)计算，下、中两级边坡的平均坡度应为 46.49°，留出两级边坡间宽 2m 的平台，中级边坡的坡率为 1∶1.049；全部三级边坡的平均坡度应为 42.85°，留出边坡间两级宽 2m 的平台，上级边坡的坡率为 1∶1.235。这与规范采用的 1∶0.75、1∶1、1∶1.25 的坡率系列近于一致(图 16-2)。

3)边坡高度与山坡坡面形态的关系

据 Kirkby 解，设坡面泥沙搬运能力为 L_c，则：

$$L_c = f(x)\left(-\frac{dy}{dx}\right)^n \tag{16-3}$$

式中：n——正数；

L_c——距分水岭的距离 x 的函数乘以坡度正切(dy/dx)的指数函数。设分水岭的高度为 y_0。

$f(x)$与距离的指数 x^m 成比例(m 为实数)，则 x 处坡面的高度 y：

$$y = y_0\left\{1-\left(\frac{x}{x_1}\right)^{[(1-m)/n+1]}\right\} \tag{16-4}$$

式中：x_1——坡面的水平全长。

式(16-4)代表的坡面形态为：

(1)当 $m<1$ 时，设 $N=\dfrac{1-m}{n}$ 为正数，有 $y=y_0\{1-(x/x_1)^{(1+N)}\}$，因 $(1+N)>1$，故为凸形坡；

(2)当 $m>1$ 时，$y=y_0\{1-(x/x_1)^{(1-1/N)}\}$，因 $(1-1/N)<1$，故为凹形坡；

(3)当 $m=1$ 时，$y=y_0\{1-(x/x_1)\}$，为直线形坡。

对雨滴溅蚀和土体蠕动，(16-4)式中的 $m=0$，形成凸形坡；对面状冲刷，$m\approx1$，形成直线形坡。此外，在坡底部位，当河流下切速度小于坡面侵蚀速度时，$m>1$，坡底为凹形，形成下凹上凸形坡。

对凹形坡和直坡，因其坡度向上不变缓，路堑边坡如最下一级不能与坡面交会，则将一直刷坡直到分水岭。因此在坡脚设尽可能高的支挡工程，使最下一级边坡便与坡面交会尤为必要。

凸形坡向上逐渐变缓，与路堑边坡向上逐级放缓的趋势一致。因此在一定的条件下，路堑边坡可与凸形坡坡面交会，不再继续刷高边坡。这些条件是：山坡向上变缓的速度大于边坡向上放缓的速度;这种速度差在一定高度上缩小二者间的水平距离,大于坡脚路基切进坡体的宽度。不具备这些条件或虽具备条件但边坡与坡面交会点较高时,加高坡脚支挡工程收坡仍很重要(图16-3)。

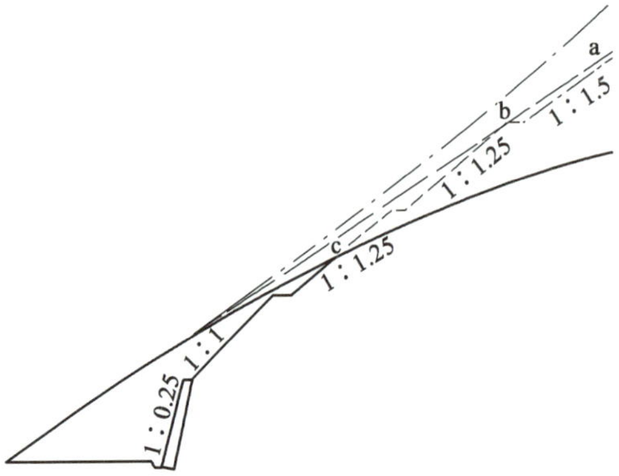

图16-3 路堑边坡工程与不同坡形的关系

a-凹形坡(点画线);b-直坡(虚线);c-凸形坡(实线)

4)边坡防护工程与生态环境的关系

路堑边坡的开挖毁掉了原坡面的植被,恶化坡地生态环境;植被的破坏又反作用于边坡,导致坡面水土流失乃至表层溜坍;为恢复坡地生态环境和固定表土,又需采用工程和生物措施防护坡面。

从与坡地生态环境的关系着眼,对整体稳定的边坡的防护措施可分为以下三种类型。

(1)纯植被防护

即在边坡面植草或种草,形成草被控制雨滴溅蚀和面流片蚀,发挥浅根的加筋作用和深根的锚固作用,达到护坡效果。其费用低廉,先进的液压喷播植草技术和土工网垫植草技术业已成熟,但其护坡效果有限,对高边坡不宜单独采用。

(2)非全封闭型护坡

常采用拱形、菱形的浆砌片石骨架护坡,通过骨架的截流、嵌固和骨架中地下水的泄出而控制坡面冲刷与溜滑。对较陡的边坡则采用锚杆框架护坡,利用框架结点处的锚杆进一步锚固坡面。其工程费用适中,防护效果好,一般均与植草措施相结合。这种骨架(框架)与其中的草被结合而成的绿色护坡工程体系,是最佳的边坡防护措施。

(3)全封闭型护坡

常用浆砌片石护坡和干砌片石护坡,边坡较高者常用锚杆挂网喷射混凝土护坡。全封闭护坡工程费用高,封堵裂隙水不利于坡面稳定,而且难以在片石、混凝土表面植草恢复植被,边坡一片斑秃。近年开发的岩质边坡厚层基材喷混植生技术尚不适用于硬质岩边坡,且费用过高,植物成活未经长期检验,还难以广泛应用。

16.6 山区道路路堑工程施工的减灾设计原理

山区道路工程施工引发的山地灾害以工程滑坡居首位,尤其是风化破碎软弱岩质和土质路堑边坡的施工开挖常引发边坡变形和坍滑。工程滑坡整治工程数量大,历时长,耗资巨,形成“工程—灾害—更大工程”的恶性循环。例如,南昆铁路沿塘兴至潞城大断裂带行进的百色至板桃段,长 105.3km,高于 20m 的风化破碎砂泥岩边坡就达 104 处,开挖后多数工点相继出现边坡坍滑,耗巨资进行整治,9 段线路还被迫改线。其中,仅永乐改线段就长 3.2km,增加投资 2 952.62 万元。因此本节论述路堑工程施工减灾设计原理。

经调研,传统的自上而下开挖再自下向上支护和现代的机械化拉槽这两种工程路径引起坡体岩土的负面响应,是产生工程滑坡的重要原因。路堑工程施工减灾设计原理就是将传统的工程路径更新为自上而下分级支护和坡脚预加固的设计施工新理念(李海光,2002;蒋忠信等,2002)。

16.6.1 路堑施工传统路径与坡体响应

路堑施工的传统路径,是从堑顶线按设计的边坡坡率和平台宽度自上向下分级开挖,到路基面高程后,再自下而上对边坡坡面逐级加以防护。因此,从边坡开挖到防护,历时长,甚至历经雨季,致使边坡坡体遭受进一步的风化、卸荷、侵蚀和雨水入渗,岩土体更加松碎,强度降低,坡体应力重分布,导致边坡坍滑和水土流失,酿成工程灾害。

(1)风化

边坡开挖后,其风化程度随时间而积累,风化速度则逐渐减慢。据 Hilger 对 10 ~ 20mm 粒径砂岩颗粒进行的长达 17 年的风化破坏速度试验的数据(卡森、柯克拜,1984),可回归得到风化破碎速度 v 与时间 t 的平方根间的反比关系:

$$v = 53.2t^{-\frac{1}{2}} \tag{16-5}$$

路堑高边坡按传统方法开挖后,往往要数月才能防护,将遭到严重风化。

岩土体风化破碎后,强度降低,易于发生边坡坍滑和水土流失。Skempton 的资料(卡森、柯克拜,1984)显示,作为风化终极产物的黏粒($<2\mu m$)的百分含量 x 与土体内摩擦角 φ(°)之间,可回归出如下反比直线关系:

$$\varphi = 31.9 - 0.295x \tag{16-6}$$

即黏粒含量每增大 1 个百分点,土体内摩擦角就约降低 0.3°。

(2)卸荷

坡体开挖出的临空面的卸荷作用,引起内部应力重分布,在边坡脚形成剪应力集中带,在坡顶形成张力带。同时,卸荷回弹的差异性可形成张裂隙和剪切裂隙。卸荷的这两种效应共同作用,可导致未支护边坡的变形破坏。边坡的变形破坏过程具有时间效应,即蠕变特性。对软弱岩体,蠕变应变 ε 与时间 t 的关系为(张倬元等,1981):

$$\varepsilon = \frac{\sigma}{E_1} + \frac{\sigma}{E_2}\left\{1 - \exp\left[-t \cdot \left(\frac{E_2}{\eta_2}\right)\right]\right\} + \frac{t(\sigma - \sigma_y)}{\eta_1} \tag{16-7}$$

式中:σ——正应力;

σ_y——屈服应力;

E_1、E_2——弹性模量;

η_1、η_2——黏滞系数。

如果边坡暴露的时间相当长,蠕变将进入加速阶段而最终导致失稳破坏。

(3)雨水入渗

坡体由于开挖而受扰动,边坡面松糙,易于雨水入渗,对裂隙发育的岩土体尤甚。雨水入渗坡体后,会降低岩土体的抗剪强度,产生孔隙水压力,从而增大下滑力。

以北京亚黏土的室内三轴试验的资料(李兆平等,2001)为例,随含水量(或饱和度 G)的增加,土体强度尤其黏聚力 c 明显降低,可得经验式:

$$c = 161.6 \times 10^4 G^{-2.677} \tag{16-8}$$

对膨胀性岩土,雨水入渗更易导致边坡失稳。这既因为干湿循环会致使岩土体强度急剧衰减,又因为含水量增加直接导致了岩土体强度的降低。南昆铁路典型的第三系膨胀性泥岩,经两次干湿循环后,黏聚力 c 值降低 89%,内摩擦角 φ 值降低 84%;含水率每增加 1 个百分点,综合内摩擦角约降低 3°(蒋忠信等,1994)。

(4)水土流失

路堑边坡在防护前,水土流失来自雨滴溅蚀、片流面蚀和细沟侵蚀,以细沟侵蚀为主。路堑边坡侵蚀量的综合估算目前仍采用经修正的美国通用水土流失方程(ULSE 模型):

$$A = \alpha \cdot R \cdot K \cdot L \cdot S \cdot C \cdot P \tag{16-9}$$

式中:A——单位面积土壤流失量;

α——综合修正系数,对深圳某工程取为 0.247;

R——降雨侵蚀力因子;

K——土壤可蚀性因子;

L——边坡坡长;

S——边坡坡度;

C——作物经营管理因子;

P——水土保持措施因子。

因边坡尚未防护,故 C 取 0.45,P 取 1.0,各因子均无量纲。

坡面侵蚀以风化破碎软弱岩质和土质边坡侵蚀为甚,边坡暴露时间愈长则侵蚀愈烈。

16.6.2 路堑机械化拉槽与坡体响应

1)机械化拉槽的问题

在路堑边坡开挖中,由于施工机械化程度的提高,自上而下逐级人工开挖的传统方法已逐渐被放弃,代之为先沿道路中线进行机械化大拉槽,然后再向两侧阔修至边坡面的开挖程式。机械拉槽在两侧形成的临时边坡往往过陡,长大拉槽又易于积水,极易引起临时边坡坍滑和坡面冲蚀。同时,人工跳槽开挖坡脚挡土墙基坑的方式也逐渐被机械贯通式开挖所取代。贯通式基坑无侧限,易在砌筑墙基前引发坑壁失稳坍塌,进而牵引边坡变形破坏。

2)坡体响应

(1)细沟侵蚀

机械拉槽所形成的临时边坡已被松动,边坡上挖掘机的明显抓痕是产生细沟流的主要原因。据美国新的细沟侵蚀模型:

$$D_{\mathrm{f}}=K_{\mathrm{r}}(\tau_{\mathrm{f}}-\tau_{\mathrm{c}})\left(1-\frac{G}{T_{\mathrm{c}}}\right) \tag{16-10}$$

细沟冲刷率 D_{f} 与土壤可蚀性系数 K_{r}、水流切应力与土壤临界切应力之差($\tau_{\mathrm{f}}-\tau_{\mathrm{c}}$)成正比,故机械抓挖出的坡面有利于细沟侵蚀。

(2)坡脚浸泡

机械开挖出的长大路槽,其基底多起伏不平,易于积水,浸泡坡脚,从而降低本已形成应力集中的坡脚处岩土体强度,并叠加孔隙水压力和动水压力,边坡常被泡垮。

以与浅层蠕滑相类似的无限边坡为例,当坡角为 β 时,其安全系数为(李爱国等,2003):

$$K=\frac{c'+(\gamma_{\mathrm{t}}z-u_{\mathrm{w}})\cos^{2}\beta\tan\varphi'}{\gamma_{\mathrm{t}}z\sin\beta\cos\beta} \tag{16-11}$$

式中,有效黏聚力 c'、有效内摩擦角 φ' 皆与有效法向应力有关,抗剪强度 $\tau=c'+(\sigma-u_{\mathrm{w}})\tan\varphi'$。当岩土体浸水饱和时,孔隙水压力 u_{w} 为正,从而 τ 和边坡安全系数 K 减小。

(3)边坡坍滑

机械拉槽所形成的临时边坡往往过陡,边坡变形会很快经历表层蠕滑、后缘开裂、潜在剪切面剪切变形等阶段,直至潜在剪切面贯通,发生坍滑。

以最简单的平顶边坡的平面型滑动为例,其边坡稳定系数 K 可表述为:

$$K=\frac{cH}{W\sin^{2}\alpha}+\frac{\tan\varphi}{\tan\alpha} \tag{16-12}$$

式中:W——变形体重量。

$$W = 0.5\gamma H^2 \cdot \tan\alpha - \frac{1}{\tan\beta} \tag{16-13}$$

显然，当式(16-13)、式(16-14)中的滑移面的倾角 α、黏聚力 c、内摩擦角 φ 和坡高 H、变形体重度 γ 一定时，边坡坡度 β 愈大，则 W 愈大，稳定系数 K 愈小。

事实上，对伦敦黏土浅层滑坡的研究成果 $\tan\beta = 0.5\tan\varphi'$ 是有代表性的，即临界坡度的正切值为有效内摩角正切值的一半，再陡则不稳定。

3)坡体的反作用

边坡一旦坍滑，由于坡体对工程的反作用，修复边坡的清方、支护等工程与原边坡工程相比，数量大增，投资巨大；历时甚长，拖延工期。坡体对工程的反作用表现于下述几方面。

(1)增大对边坡支挡工程的推力

边坡坍滑或沿已有的软弱结构面发生，或因剪应力集中带扰动扩容而滑动，因此滑动面的抗剪强度低于岩土体的原生强度。且坍滑后，滑动面的抗剪强度又从峰值降低为残余值。因此，坍滑后支挡工程所受推力远大于坍滑前所受的主动土压力，使修复工程增大。

(2)增大边坡修复工程的规模

边坡潜在破裂角 $\theta = 45° + \varphi/2$。因为滑动面抗剪强度小于岩土体的原生强度，其内摩擦角 φ 值降低，因此边坡坍滑角 α 要小于原在破裂角 θ，坍滑体的后缘比潜在破裂角的后缘要远。

(3)牵延扩展边坡坍滑的范围

坍滑体的后缘和两侧壁形成临空面，后壁失去抗力，侧壁失去侧阻力，因此坍滑体会随时间而向后、向两侧牵延扩展。例如，南昆铁路膨胀泥岩边坡坍滑出现陡临空面后，抗压强度降低3/4，钢纤维混凝土短锚杆支护边坡从局部坍塌到牵延坍塌至长133m，仅历经了18h。

16.6.3 自上而下分级支护和坡脚预加固的施工减灾设计原理

为解决路堑边坡传统的工程路径带来的诸多问题，并顺应现代机械化施工的潮流，必须更新设计理念，即摈弃自上而下开挖、自下向上支护的工程路径，更新为自上而下分层开挖、分级支护的工法；摈弃手工作业、跳槽挖基的开挖方法，更新为坡脚预加固后再行机械开挖的工程路径。从而组合成自上而下分级支护和坡脚预加固的路堑边坡设计施工新理念。

1)上部堑坡自上而下分级支护及施工路径

对上部边坡，按稳定坡率自上而下分级刷坡、留平台，并及时施工坡面防护工程。其施工路径，当边坡采用浆砌片石、骨架草皮、干砌片石等防护工程时，应向下开挖一级就立即砌筑一级；当采用框架锚杆、喷混锚杆等护坡工程，则应每挖下1层(锚杆排距)就施作该排锚杆，逐层向下，待该级边坡的各排锚杆全部完成后立即挂网、喷射混凝土或浇筑框架、框架间植草。

自上而下分级刷坡、逐级逐层支护后，坡体的响应有利于边坡稳定和减轻坡面冲蚀：

(1)边坡被及时防护，坡面的风化、卸荷和雨水入渗的历时甚短，影响不大。

(2)全封闭型护坡基本阻断了水、热向坡面岩土体的传递，使坡体的温度、含水率的变化甚微，所受风化作用甚弱。

(3)全封闭型护坡能阻止地表水向坡体入渗和坡面侵蚀；骨架(框架)草皮护坡能部分地阻止地表水入渗，减轻坡面侵蚀。

(4)防护工程的自重可部分平衡开挖坡面的回弹应力，减弱坡体的卸荷作用。

2)堑坡坡脚锚固桩预加固及施工路径

为避免机械拉槽的临时边坡因过陡、未跳槽开挖和坡脚浸泡而坍滑，应对边坡坡脚部位进行预加固。预加固工程一般采用埋式锚固桩。施工路径为：从上方边坡平台向下开挖桩井—浇注锚固桩—初凝后开挖桩前土石方直至路基面。桩间支护工程，如采用挡土墙，则在挖至路基面后由下而上砌筑；如采用土钉墙、喷混锚杆，则应逐层下挖和逐排施作土钉、锚杆，最后再挂网、喷射混凝土。

坡脚预加固后，坡体的响应有利于边坡的稳定。

(1)桩增加了坡体的刚度，使坡体不致受上部边坡开挖的较大扰动，保持其原生强度。

(2)桩前路槽开挖后，预加固桩能阻止临时边坡坡脚剪应力集中带的应变软化，抵抗边坡变形外鼓进而抑止坡顶拉裂隙的形成，使较陡的临时边坡能保持稳定。

(3)桩前路槽开挖后，预加固桩成为悬臂桩，其所受主动土压力远小于边坡坍滑后的下滑力，工程数量小得多。

3)锚索桩、土钉墙工程及施工路径

当地面横坡过陡时，为避免路堑边坡过高，坡脚预加固桩应尽量加高，可考虑在桩的悬臂段加预应力锚索，形成锚索桩结构；在上部边坡也可放陡采用坡率可达1∶0.2的土钉墙。

桩上锚索的施工路径是：浇筑锚固桩时留准锚索通道，开挖至锚孔以下1个机高时打孔、制安锚索、锚孔灌浆，浆体和桩体混凝土初凝后分级分次张拉后锁定。土钉墙的开挖边坡不是稳定边坡，更要严格按以下路径施工：自上而下分层开挖，逐层喷底层混凝土和逐排施作土钉，达到分层稳定的目的；该级边坡的各排土钉打完后再整体挂网、喷面层混凝土。

本章参考文献

陈光曦，王继康，王林海，1983. 泥石流防治[M]. 北京：中国铁道出版社.

陈光曦，严碧玉，罗鉴银，等，1995. 南昆线段家河泥石流减灾试验工程规划[J]. 中国地质灾害与防治学报，6（专）：115-123.

胡余道，1988. 铁西滑坡发生发展规律与整治工程实践[C]//中国典型滑坡. 北京：科学出版社.

蒋忠信，1991. 云南滑坡分布的坡向性浅析[C]//国际滑坡与岩土工程学术会议论文集. 武汉：华中理工大学出版社，217-221.

蒋忠信，1998. 四川盆周的工程滑坡灾害及其防治对策[A]. 海峡两岸山地灾害与环境保育研究（第一卷）[C]. 成都：四川科学技术出版社，226-231.

蒋忠信，2002a. 帕隆藏布河流纵剖面演化的最小功模式[J]. 山地学报，20（1）：26-31.

蒋忠信，2002b. 西藏帕隆藏布河谷崩塌滑坡、泥石流的分布规律[J]. 地理研究，21（4）：495-503.

蒋忠信，陈光曦，吴宗俭，等，1996. 中国山区道路灾害防治[M]. 重庆：重庆大学出版社.

蒋忠信，冯升龙，韩会增，等，1994. 百色盆地膨胀岩强度试验条件效应的研究[J]. 中国地质灾害与防治学报，5（1）：55-63.

蒋忠信，姚令侃，艾南山，1999. 铁路泥石流非线性研究与防治新技术[M]. 成都：四川科学技术出版社.

蒋忠信，曾令录，李安洪，2002. 南昆铁路路基边坡工程技术研究[J]. 岩石力学与工程学报，21（9）：1408-1414.

卡森 M A，柯克拜 M J，1984. 坡面形态与形成过程[M]. 北京：科学出版社.

李爱国，岳中琦，谭国焕，等，2003. 土体含水率和吸力量测及其对边坡稳定性的影响[J]. 岩土工程学报，25（3）：278-282.

李海光，2002. 路基工程中软质岩边坡的几种不良地质现象及其防治[J]. 岩石力学与工程学报，21（9）：1404-1407.

李远富，2000. 滑坡区域铁路选线决策理论及方法研究[D]. 西南交通大学博士学位论文.

李兆平，张弥，赵慧丽，2001. 含水量的变化对非饱和土强度影响的试验研究[J]. 西部探矿工程，13（4）：1-3.

罗菲，2019. 安宁河冕宁至西昌段滑坡发育特征及危险性评价[D]. 成都：成都理工大学.

吕儒仁，唐邦兴，朱平一，1999. 西藏泥石流与环境[M]. 成都：成都科技大学出版社.

倪化勇，王德伟，白永健，等，2016. 孙水河流域地质灾害链类型结构与断链对策[J]. 山地学报，34（4）：451-459.

孙德永, 2000. 南昆线八渡车站滑坡整治[J]. 工程地质学报, 8(s): 587-590.

汤康民,蒋忠信, 1994. 膨胀性红土铁路路基基床动力反应分析[J]. 西南交通大学学报, 29(1): 71-78.

唐邦兴, 周必凡, 吴积善, 2000. 中国泥石流[M]. 北京: 商务印书馆.

王涛, 吴树仁, 石菊松,等, 2013. 国内外典型工程滑坡灾害比较[J]. 地质通报, 32(12): 1881-1899.

吴积善, 田连权, 康志成,等, 1993. 泥石流及其综合治理[M]. 北京: 科学出版社.

吴树仁, 王涛, 石菊松, 等, 2013. 工程滑坡防治关键问题初论[J]. 地质通报, 32(12): 1871-1880.

杨林, 姚令侃, 2019. 复杂山区高速公路工程与环境协调的选线技术[J]. 地质灾害与环境保护, 15(3): 70-74.

姚令侃, 1993a. 计算机模拟在泥石流地区选线风险分析中的应用[J]. 中国地质灾害与防治学报,4(4):19-26.

姚令侃, 1993b. 泥石流地区铁路选线优化方法初探[J]. 中国地质灾害与防治学报, 4(s): 98-106.

殷跃平, 2001. 重庆武隆"5. 1"滑坡简介[J]. 中国地质灾害与防治学报,12 (2): 98.

余廖, 2019. 公路工程滑坡灾害防治[J]. 交通世界, (7): 46-47.

张倬元, 王士天, 王兰生, 1981. 工程地质分析原理[M]. 北京: 地质出版社.

中国科学院成都山地灾害与环境研究所, 1989. 泥石流研究与防治[M]. 成都: 四川科学技术出版社.

朱平一, 冯清华, 陈瑞,等, 1995. 川藏公路南段(西藏境内)山地灾害及防治对策[M]. 北京: 科学出版社.